甘肃省张掖中学 校史

GAN SU SHENG ZHANG YE ZHONG XUE XIAO SHI

1917—2017

甘肃省张掖中学校史编纂委员会 编

丁 一 王学舜 主编

甘肃文化出版社

图书在版编目（CIP）数据

甘肃省张掖中学校史：1917—2017 / 甘肃省张掖中学校史编纂委员会编. -- 兰州：甘肃文化出版社，2017.11
ISBN 978-7-5490-1490-3

Ⅰ. ①甘… Ⅱ. ①甘… Ⅲ. ①甘肃省张掖中学—校史—1917-2017 Ⅳ. ①G639.284.23

中国版本图书馆CIP数据核字（2017）第281402号

甘肃省张掖中学校史（1917—2017）

甘肃省张掖中学校史编纂委员会｜编

责任编辑｜鲁小娜

封面设计｜张　青

出版发行｜ 甘肃文化出版社

网　　址｜http://www.gswenhua.cn

投稿邮箱｜press@gswenhua.cn

地　　址｜兰州市城关区曹家巷1号 ｜730030（邮编）

营销中心｜王　俊　贾　莉

电　　话｜0931-8454870　8430531（传真）

印　　刷｜甘肃鑫统印务有限责任公司

开　　本｜787毫米×1092毫米　1/16

字　　数｜834千

印　　张｜35

插　　页｜25

版　　次｜2017年11月第1版

印　　次｜2017年11月第1次

书　　号｜ISBN 978-7-5490-1490-3

定　　价｜150.00元

编 委 会

主　任：丁　一　王学舜

副主任：王学龙　李富贵

委　员：（按姓氏笔画为序）

于战军　牛新军　王学荣　刘宗新　刘　喜

孙学文　孙学明　何正文　吴国光　张　元

张　勇　李红元　李晓明　李德胜　杨天军

杨兴明　杨学峰　苏天武　郑翠亭　姜　洪

祝　孔　赵　予　郝　云　桑进林　殷祥廷

袁　泽　钱守忠　常国福

编 辑 部

主　编：丁　一　王学舜

副主编：祝　孔　袁　泽　刘宗新

成　员：（按姓氏笔画排序）

王　丹　王嘉玺　何正文　张　勇　李晓明

郑翠亭

学 校 文 化

办学理念：

一切为了学生的主动发展

校　　训：

诚　勤　博　雅

学校精神：

自强不息　追求卓越

办学宗旨：

办人民满意的省级示范性高中

校　　风：

厚德　博学　进取　求真

教　　风：

敬业　爱生　严谨　创新

学　　风：

砺志　勤学　善思　笃行

办学目标：

办好具有中国特色世界水平的一流教育

培养具有家国情怀国际视野的一流人才

校　　徽

学校校徽为圆形徽章。

下方颜色为肥沃土地之色，寓学校地处河西走廊、黑河绿洲的位置。

"≈"流线型图案，为"张中"拼音字母"ZZ"的变形，又为拼音"S"的变形，寓"丝绸之路"之意。

上方为"太阳色"，象征张掖中学如旭日东升，蓬勃向上。

中间为"木塔风铃"，蕴含张掖中学和木塔的历史渊源。

蓝色环形内上方为中文校名"甘肃省张掖中学"；下方为"1917"，表明学校建校早，历史悠久。

蓝色环形内下方为英文校名"Gansu Zhangye High School"，与上方汉语校名两相映衬，意为张掖中学将面向世界，面向未来。

外圆为蓝色背景，蓝色是天空之色，寓张掖中学前景无限广阔。

内外两个同心圆，寓地处河西走廊的张掖中学团结一心，同心同德，像一轮东升的太阳，蒸蒸日上，沿着古丝绸之路的辉煌，走向未来。

校 歌

（1944 年）

张掖中学校歌

作词 袁定邦
作曲 汪西林

1=C 4/4

缅 黎山 之青绮， 与 黑水 之渺溁，

古 雍州 地属兹， 文化 启迪 神禹 时。

四 千余 载，代代 英奇，彦昭昌 化 最堪 师。

继 往开来，责 无旁辞，努力 当及 少 年 期。

秉 八德 尚四悌 立 定作 人根 基。

慎思明辨，力行笃 志 当前学业 莫荒 嬉。

掌 握世界新知， 锻炼健 康身 体。

他 年尽 作好儿女， 吾校光荣 无 已。

校　印

一、原张掖中学校印

1933 年校印
"张掖县立初级中学校之钤记"

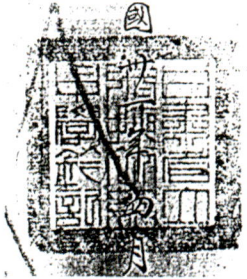

1942 年校印
"甘肃省立张掖初级中学钤记"

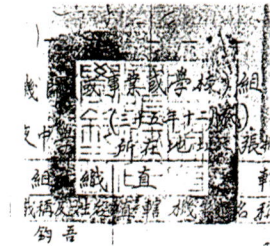

1946 年校印
"甘肃省张掖中学钤记"

1950 年校印
"甘肃省立张掖中学印"

1951 年校印
"甘肃省张掖中学"

1958 年校党支部印章
"中国共产党张掖市
张掖中学校支部委员会"

1966 年"文革"时期校印
"甘肃省东方红中学
革命委员会"

1988 年学校及校党支部印章

1993 年校党总支印章
"中国共产党甘肃省
张掖中学总支委员会"

1998 年校印及校党总支印章

二、原地区育才中学校印

1953 年育才中学校印
"中国人民志愿军
第三兵团育才小学校"

1964 年育才中学校印
"中国人民解放军
8120 部队育才中学校"

1971 年"文革"时期
育才中学校印
"甘肃省红卫兵中学"

1982 年育才中学校印
"甘肃省张掖地区育才中学"

1996 年"中国共产党张掖地区
育才中学支部委员会"印章

2000 年"中国共产党张掖地区
育才中学总支委员会"印章

三、重组新建后学校校印

2001 年重组新建后校印和学校党委印章

1935年的校园（万寿寺）

20世纪40年代以前的张掖中学教室旧址
（今甘州区中心幼儿园内）

1927年的张中大楼（藏经楼）

20世纪50年代原育才中学
八一礼堂（苏式建筑）

1959年的校园（部分师生合影）

20世纪50年代的张掖中学
（木塔寺内建筑物相对齐全）

20世纪80年代初的张掖中学
（前景为学校会议室）

20世纪60年代末校园里的合影

20世纪80年代初张中校园鸟瞰

20 世纪 80 年代前期的校园（平房教室）

20 世纪 80 年代后期的张掖中学

2000 年的教学环境和校园面貌

两校合并初期的张中校园（2002 年 12 月）

原北校园改建的学生公寓（2005 年 8 月）

2010 年新建的学生餐厅（馔玉楼）

全新的校园环境（2016 年 10 月）

早期的平房教室（20世纪70年代）

1985年竣工的教学大楼

20世纪80年代修建的一号教学楼

20世纪90年代修建的逸夫教学楼（立德楼）

2002年两校合并后修建的教学楼（厚德楼）

2002年两校合并后修建的教学楼（明德楼）

教学区鸟瞰图（2009年8月）

2002年两校合并后修建的阶梯教室

20 世纪 50 年代张掖中学校门前合影

20 世纪 60 年代张掖中学校门前留影

20 世纪七八十年代的张中校门

1989 至 1995 年的张掖中学校门
（万寿寺山门）

1996 至 2001 年张掖中学校门

20 世纪 80 年代育才中学校门

2001 年两校合并时的张掖中学校门

2017 年张掖中学校门

早期简陋的操场

20 世纪 80 年代在校门外广场举行运动会

20 世纪 90 年代育才中学操场

20 世纪 90 年代的简陋运动场

2003 年两校合并后新建的运动场

2007 年新建的标准塑胶运动场

篮球训练场地（2016 年）

2016 年升级换代的全新标准塑胶运动场

准备实验课（20世纪50年代）

校医室（20世纪80年代）

学校文体用品商店（20世纪90年代）

物理实验仪器（20世纪80年代）

摄影兴趣小组（20世纪80年代）

第一代微机教室（20世纪90年代）

互联网计算机教室（2003年）

新一代互联网计算机教室（2015年）

3D创客实验室（2016 年）

多功能远程教学未来教室（2017年）

校园春色（2002 年 5 月）

校园风光（2007 年）

科技广场上中外科学家雕像

文化长廊（2008 年）

科技广场鸟瞰（2008 年）

校园夜色（2008 年）

如画校园（2016 年 10 月）

校园秋色（2017 年 10 月）

教师的业余生活（1959 年）

教室门前的合影（1959 年）

理化生教研组老师合影（1959 年）

同事合影（1959 年）

1959 年的陈拱和、苏政、王克孝老师

汪永正老师在给学生讲解（1987 年）

1946年（民国三十五年）省立
张中三五级全体同学毕业合影

1956年张掖中学高中毕业合影

1959年张掖中学高三毕业留念

1961年共青团张掖一中
教二支部全体同志合影留念

1963年张掖一中初三1班毕业合影

1962年1月欢送返乡参加农业生产同志留影

1962年7月高一（1）班欢送参军同学留影

1964年7月张掖中学高初中毕业生母校留念

1973年10月欢送张临香老师带下乡
知识青年分别留影

1979年6月张掖中学高二（1）班毕业留念

1980年6月张掖中学高二（2）班毕业留念

1982年5月张掖中学初三（2）班毕业留念

1989年5月张掖中学高三（1）班毕业留念

1984年张掖中学高三全体毕业生合影留念

20世纪80年代学雷锋上街咨询服务

田径运动会间隙（1988年）

1976年校门外广场上的集会活动

田径运动会教工接力比赛（1995年）

建校86周年庆典
（2003年9月）

退休老教师老人节合影留念（2012年）

1967年学校毛泽东思想宣传队赴平山湖演出合影留念

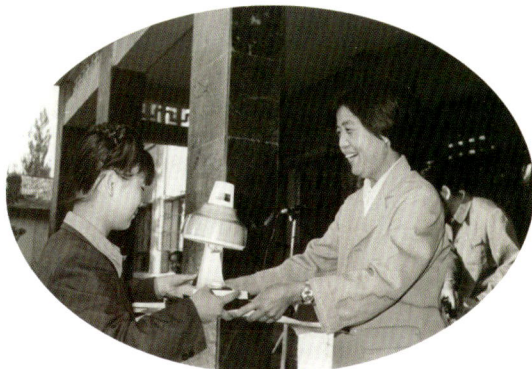

1987年行署副专员孙朝霞为获得"全区故事大王"的学校初二（2）班张黎同学颁奖

开学典礼（1987年）

开学典礼（2000年）

开学典礼（2004年）

开学典礼（2017年）

共青团张中第七分支全体团员留影（1956年）

共青团支部合影（1960年6月）

颁发团员证（1988年5月）

瞻仰临泽烈士陵园（1990年）

新党员入党宣誓（1993年）

新党员入党宣誓（2001年）

表彰先进党员（2001年）

保持先进性，当好排头兵（2005年）

青年党校结业典礼（2005年5月）

"纪念红军长征胜利"广场文艺演出（2006年7月）

交纳特殊党费，支援灾区建设（2008年）

缅怀先烈，不忘初心（2009年4月）

诵读红色经典，弘扬革命精神（2010年7月

团员代表大会（2015年4月）

青年党校党课讲座（2015年11月）

重温入党誓词（2017年7月）

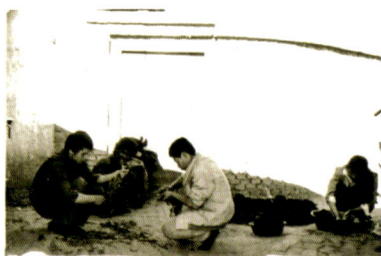

张中共青团员多年坚持义务照
顾西来寺社区残疾孤寡老人肖忠义
（20世纪80—90年代）

参加甘泉公园义务劳动（20世纪80年代）

张掖中学青年志愿者
服务队成立（2003年）

走上街头，义务服务（1996年）

新生军训野营拉练（2003年8月）

社会实践野外考察（2004年7月）

参加城区街道卫生清洁（2012年）

植树造林，绿化家乡（2016年）

社会实践滑雪训练（2017年1月）

武术教学（20世纪70年代）

乒乓球比赛（1985年）

古钱币展览（1988年4月）

艺术教育汇报会（1997年

历史知识智力竞赛（1999年5月）

校园之声歌咏比赛（2000年9月）

主题辩论会（2000年12月）

驰骋绿茵，追逐梦想（2017年5月）

演绎经典，传承文明（2017年5月）

学生社团成立（2008年10月）

高二年级语文课本剧表演

地理社团开展活动

播音与主持社团诵读红色经典

摄影社团活动（2009年）

管乐社团进行乐队合练（2012年

书法社团举办展览

国学社团演绎经典

器乐社团管弦乐合练

微影视社团师生共赏

围棋社团实战演练

瑜伽训练优雅不凡

首次聘请外教（1990年）

上海控江中学来访（1995年）

清华学子来到张中（2000年）

新西兰外教劳瑞（2005年）

中外师生英语夏令营（2005年）

河西普通高中联合会成立（2007年4月）

美国记者指导校刊编辑（2010年）

2013年6月与上海复旦附中结为友好合作学校

2014年9月与上海浦东复旦附中分校签署友好合作协议

2011年11月与上海七宝中学签署友好合作协议

清华大学学生来学校社会实践（2017年）

高二学生赴上海进行研学旅行活动（2017年）

史地教研组乡土教材峡口考察（1986 年）

教师业务基本功考核（1990 年）

奖励高考优秀学子（2012 年）

第一届教职工代表大会（2001 年）

第四届"师德标兵"表彰（2013 年）

全市高中新课改观摩交流会（2013 年）

"高效课堂"读书交流会（2014 年 6 月）

教科研工作暨表彰奖励大会（2017 年）

歌唱祖国，赞美生活（1996年）

升旗仪式（1999年）

20世纪90年代为退休老教师庆祝节日

爱心捐助，扶贫济困（2005—2015年）

师生同行保护湿地（2009年5月）

优秀毕业生受表彰（2009年）

校友李正合为母校捐赠（2013年）

升旗仪式（2016年）

民族团结，互帮互学（2016年）

广播操（20 世纪 80 年代）

课间操（20 世纪 90 年代）

教职工参加全市广播操比赛（1996 年）

科技艺术体育节（2003 年 5 月）

早操（2012 年）

阳光大课间（2016 年）

田径运动会（2016 年）

1917—1927年，余炳元任乙种师范讲习所、甲种师范讲习所所长

1927年2月—1929年12月，张声威任省立张掖中学校长

1929年12月—1933年9月，高登云任省立张掖中学校长

1933年09月—1937年8月，杨茂春任省立张掖中学校长

1942年1月—1944年7月，仇涟清任省立张掖中学校长

何人镜
1937年8月—1942年1月，
1947年6月—1952年12月任校长

张聿修
1944年8月—1947年5月
任校长

马 英
1953年1月—1958年任校长、
中共张掖中学党小组长

刘士林
1958年10月—11月任张掖中学
三好人民公社社长，1965年7
月—1968年2月任中共张掖中学
总支书记，1978年3月—6月任
张掖中学革委会主任，1978年
3月—1983年5月任张掖中学
总支书记

王力生
1958年12月—1965年6月
任张掖中学校长

1965年7月—1968年2月，张镒任甘肃省张掖中学校长

蔡镈麟
1958年12月—1965年6月
任张掖中学文教总支书记

刘增胜
1968—1978年3月任
张掖中学革委会主任、
张中文教总支书记

王少峰

1978年6月—1983年5月任张掖
中学校长，1983年5月—1991年
5月任中共张掖中学总支书记

张相贤

1983年5月—1991年5月
任张掖中学校长

罗思哲

1991年5月—1994年2月任
中共张掖中学党总支书记

张金生

1991年5月—2001年12月任张掖
中学校长，1997年10月—2002年
9月任中共张掖中学党总支书记

郭天金

1994年3月—1997年10月任
中共张掖中学党总支书记

闫维祯

2001年9月—2013年12月
任张掖中学校长兼党委副书记

毛永胜

2003年11月—2013年12月任
张掖中学党委书记兼副校长
2013年12月—2016年3月任
张掖中学校长兼党委副书记

丁一

2013年12月至今
任中共张掖中学党委书记
兼副校长

王学舜

2016年3月至今
任张掖中学校长
兼党委副书记

1941年时任国民政府监察院长的于右任先生视察张掖，曾为张掖中学题写校牌

甘肃省张掖中学

于右任书民国廿九年

维往开来
再铸辉煌

马西林
二〇〇三年
九月

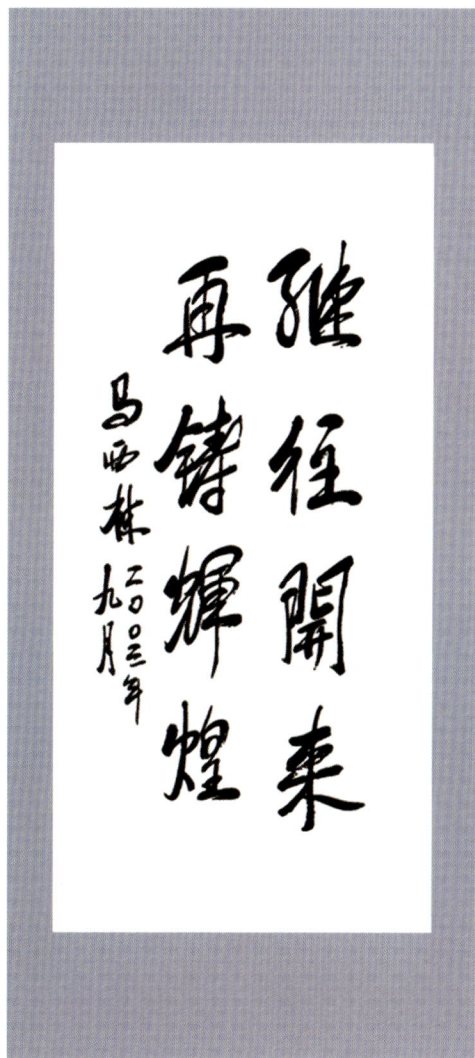

甘肃省委原副书记马西林为学校题词

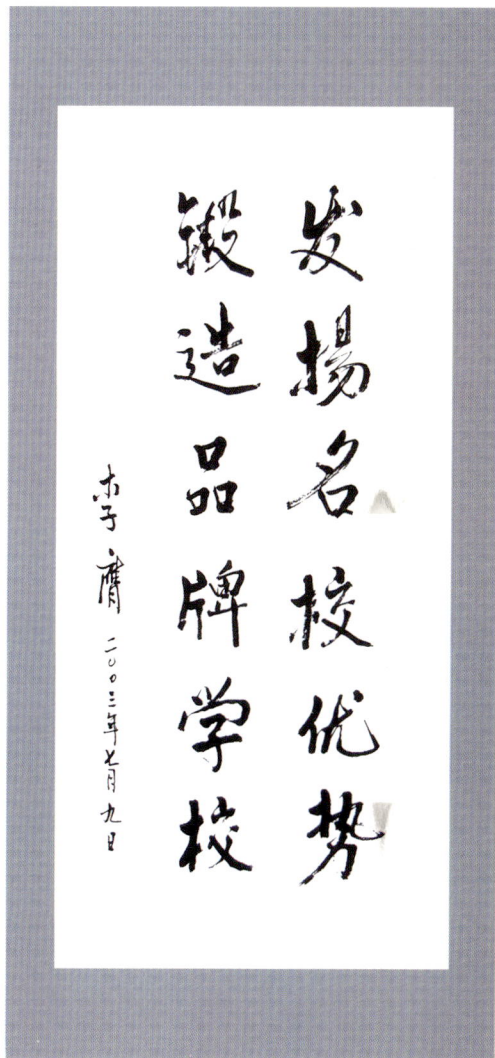

发扬名校优势
锻造品牌学校

李膺
二〇〇三年七月九日

甘肃省原副省长李膺为学校题词

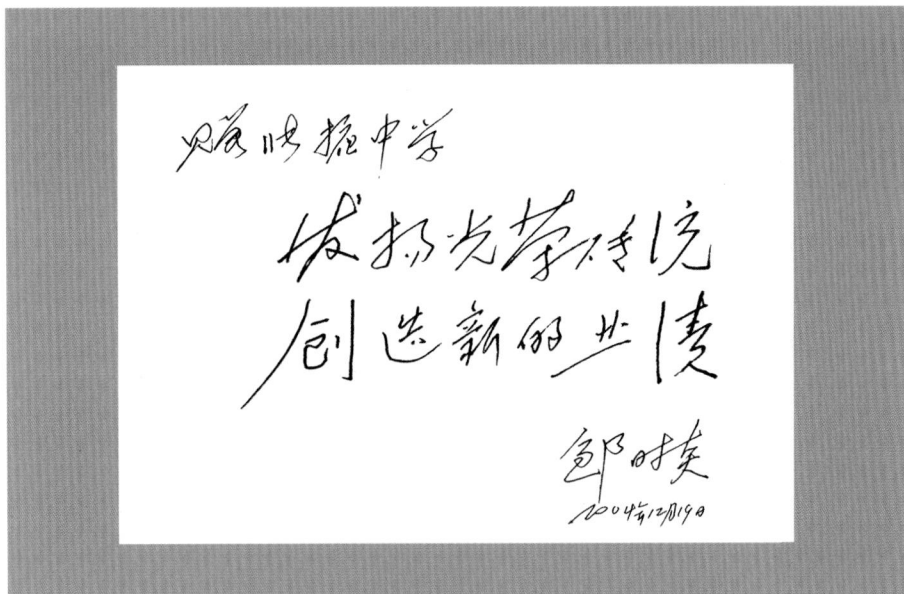

敬爱镇原中学

发扬光荣传统
创造新的业绩

邹时炎
2004年12月19日

教育部原副部长邹时炎为学校题词

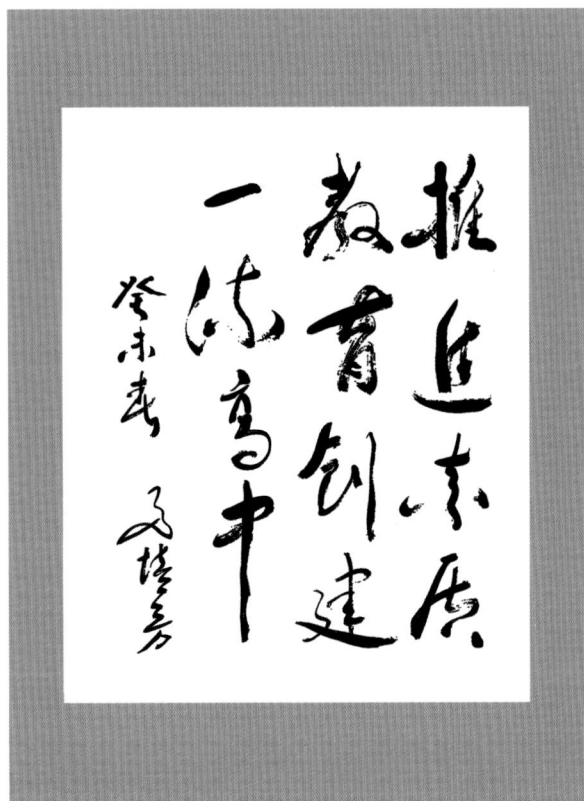

推进素质
教育创建
一流高中

荣宋春 马培芳

甘肃省教育厅原副厅长马培芳为学校题词

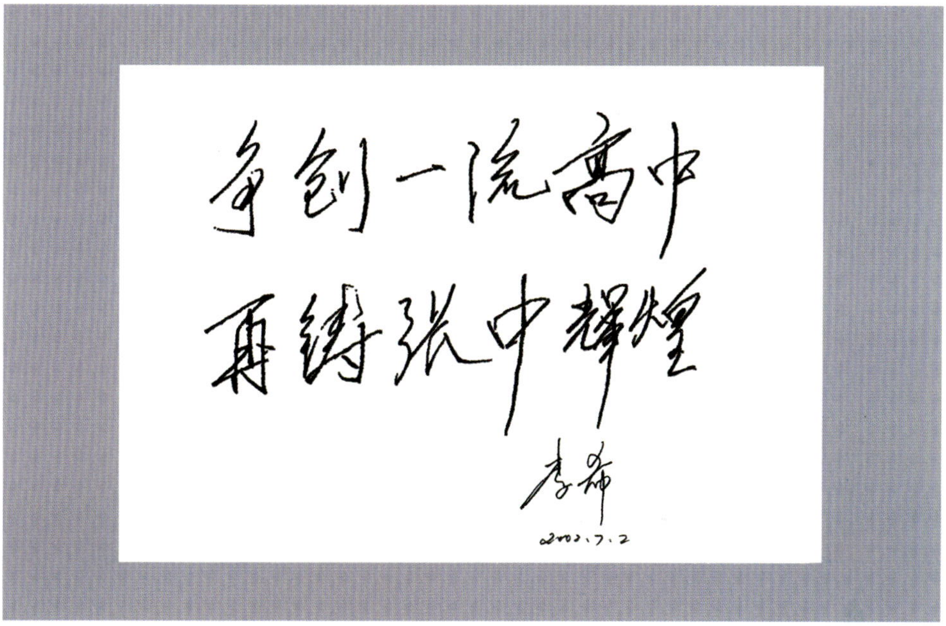

争创一流高中
再铸张中辉煌

李希
2003.7.2

张掖市委原书记李希为学校题词

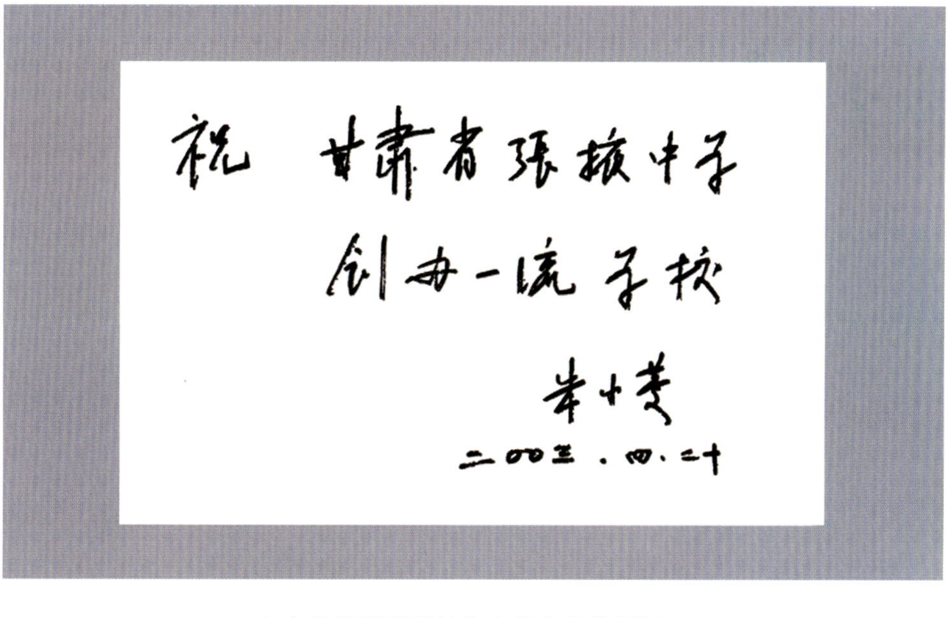

祝 甘肃省张掖中学
创办一流学校

朱小蔓
二〇〇三.四.二十

中央教研所原所长朱小蔓为学校题词

2004 年 9 月 16 日，中科院院士李灿访问张掖中学

2014 年 9 月 23 日，复旦大学校长、中科院院士杨玉良访问张掖中学

1995年9月20日，甘肃省教委主任阎思圣（左2）来学校视察，张掖地委副书记梁国安陪同

1999年6月2日，张掖地委书记洪毅（左4）到学校现场指导工作，张掖地区教委主任杨作忠陪同

2003年1月23日，张掖市委书记李希（左3）到学校慰问老教师，张掖市委常委秘书长吴雄成、副市长吴明明陪同

2003年7月9日，甘肃省副省长李膺到学校视察工作并题词，张掖市委副书记、市长田宝忠陪同

2003年10月10日，省教育厅厅长白继忠（右2）来学校视察，张掖市教育局长贾天杰陪同

2003年11月5日，西北师大党委书记刘基、校长王利民一行来学校参观

2005年9月31日，张掖市市长何振中（右3）来学校视察调研，张掖市教育局长王兵陪同

2008年9月10日，张掖市委书记陈克恭（左5）到学校视察工作并进行调研，市委常委宣传部长徐永成、副市长董永芳陪同

2011年12月20日，上海航天技术研究院领导来学校指导工作，张掖市教育局局长郑生新陪同

2017年9月8日，中共张掖市委书记
杨维俊（左3）来学校慰问教师

2014年9月9日，中共张掖市委副书记、
市长黄泽元（左1）来学校视察、指导工作

2014年12月17日，中共张掖市委常委、
宣传部长康清（右2），张掖市副市长王向机
（左1）来学校视察指导工作

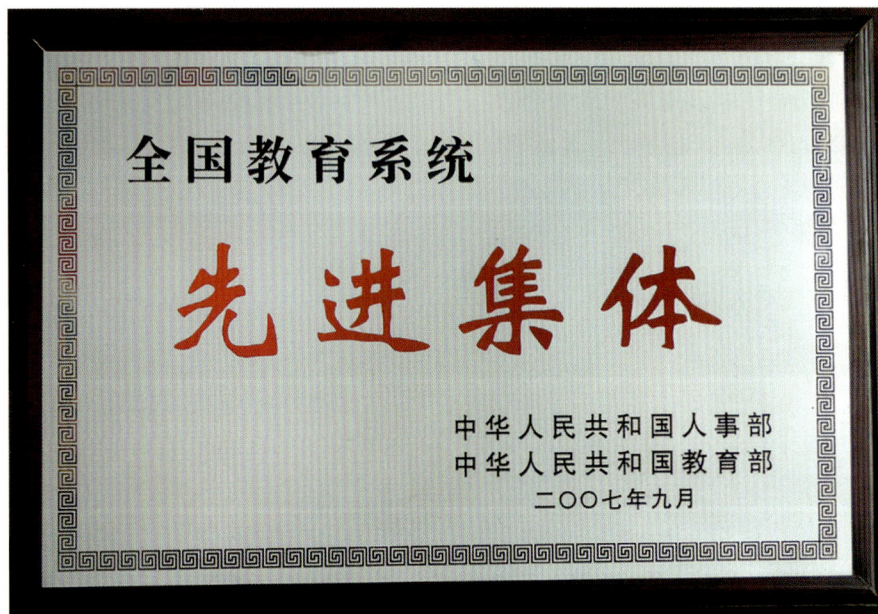

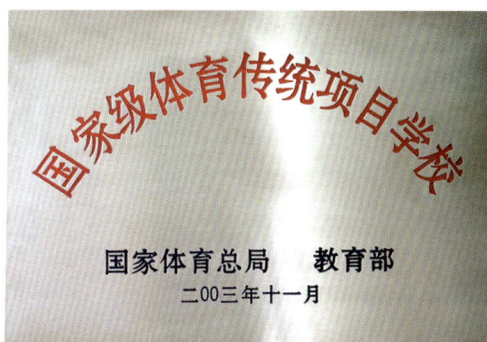

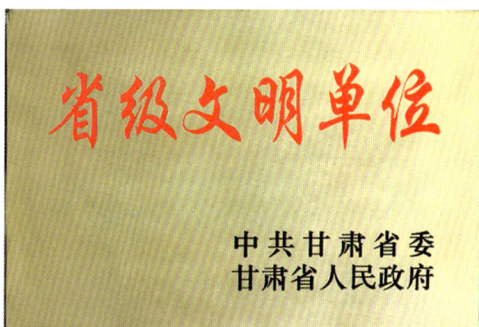

奖给·滋致的中学生的"先进学校"
张掖县张掖中学
开辟多种渠道
培育新型人才
共青团中央
一九八五年二月

奖给 全省民族团结先进集体
加强民族团结
努力振兴中华
中共甘肃省委
甘肃省人民政府
一九八四年九月

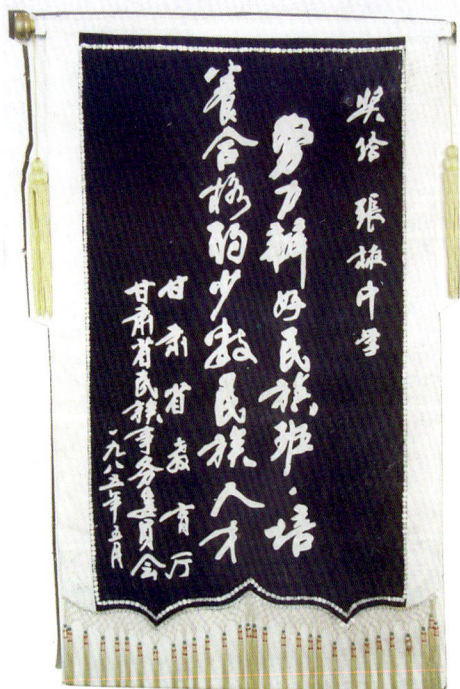

奖给 张掖中学
努力办好民族班·培
养合格的少数民族人才
甘肃省教育厅
甘肃省民族事务委员会
一九八五年五月

赠给 在侨务工作中做出优异成绩
的先进单位张掖中学
保护和发扬侨胞爱国的热情
为振兴中华做出新的贡献
中共张掖地委
张掖地区行政公署
一九八七年九月十日

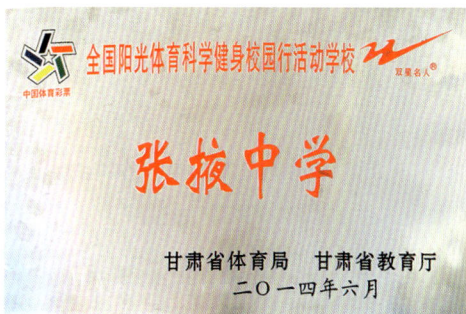

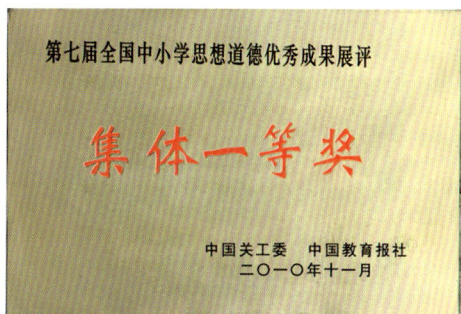

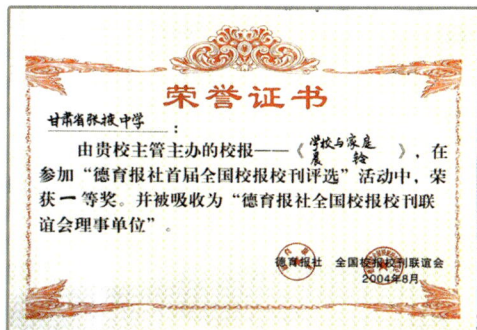

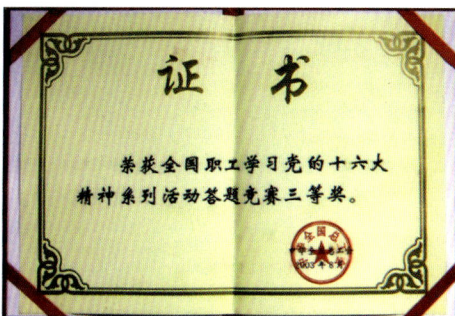

三八红旗集体

甘肃省妇女联合会
二〇〇九年九月

全国教育网络系统 编号 1067

示 范 单 位

全国教育网络系统建设工作委员会
二〇〇四年

奖给 张掖中学

张掖市普通高校招生考试先进考点

张掖市招生委员会
二〇〇八年五月十四日

赠:二〇〇四年全省高考市县"状元学校"

张掖中学

甘肃经济日报·教育界
二〇〇四年九月

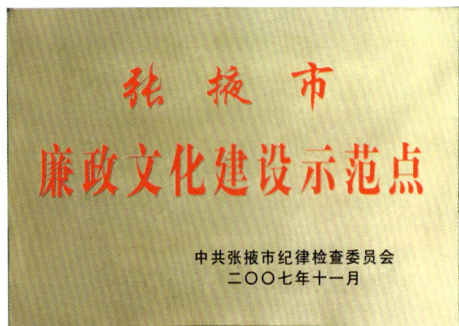

张 掖 市
廉政文化建设示范点

中共张掖市纪律检查委员会
二〇〇七年十一月

UNESCO

甘肃省联合国教科文组织协会
UNITED NATIONS OF EDUCATIONAL,
SCIENCE AND CULTURAL ORGNIZATION G. S. P. A.

会员单位
COUNCIL MEMBER

张掖市艺术教育特色学校

张掖市教育局
二〇一三年十二月

证 书

第五届张掖市青少年科技创新大赛

优秀组织奖证书

兹发给优秀组织奖获得者,以资鼓励

张掖中学

张掖市科学技术协会 张掖市教育局
二〇一四年十二月

序　言

2017 年，是甘肃省张掖中学百年华诞。

河西形胜，钟灵毓秀；弱水之畔，人文渊薮。

张掖中学创建于 1917 年，肇造之际，适值民国时期，山河破碎，战乱频仍，先贤筚路蓝缕，艰苦创业，矢志教书育人，业绩煌煌；迨至人民共和国成立，斗转星移，重焕日月，学校旧貌换新颜；改革开放年代，学校为地方经济建设提供智力支持，为高等院校输送了大批优秀人才，声名著于陇上。进入新世纪，社会对升学预备教育有了更高要求，学校与时进，2001 年 6 月与张掖地区育才中学合并重组，实现了办学历史的突破和飞跃。

一代又一代的张中人，秉承"自强不息、追求卓越"的张中精神，坚持"一切为了学生主动发展"的办学理念，注重学生自主发展和终生可持续发展，为河西走廊文化昌盛、经济繁荣做出了卓越贡献。面对新时代教育发展的要求，学校坚持立德树人，提出了"办好具有中国特色世界水平的一流教育，培养具有家国情怀国际视野的一流人才"的"双一流"办学目标，确立了在新时代办人民满意教育的发展方向，更新教育理念，全面深化改革，拓展合作发展途径，创新管理模式，进一步完善现代化教学手段，不断提升硬件设施档次，精心打造高效课堂，校风校貌焕然一新，教育教学质量又上新的台阶，高考成绩实现新的突破。

漫长的百年办学征程中，张掖中学历经了初创的艰难、抗战的烽火、内战的磨难、建国后的新生、"文化大革命"的曲折和新时期的振兴，始终坚持以"民族复兴、为国争光"为己任，深思力行，应时创新，百折不挠，追求卓越，谱写了一部气壮山河的创业史、一部可歌可泣的革命史、一部精英辈出的人才史、一部与时俱进的发展史。

物换星移，时光流转。张掖中学虽数易其名，数迁校址，但内涵依旧未变，文脉绵长，元气充沛。学校办学历史悠久，文化底蕴深厚，是张掖市建校时间最长、最有影响的高级中学，也是甘肃省原 24 所重点中学之一，在省内外享有较高的声誉。2004 年学校被甘肃省教育厅命名为"省级示范性普通高中"。

志史知兴替，舆图识山川。作为一所具有百年办学历史的学校，理应有一部完整可信的校史，通过钩沉稽考，来叙写先贤创办张掖中学，开启地方民智、殚尽竭虑、创业维艰的感人的细节。故此，撰写校史，记载如歌岁月，为后人提取记忆、拾捡遗忘、传承精神、提供可靠资料，就成了每个张中人的涓涓诚愿。适逢百年华诞，学校新一届领导班子开拓进取，不忘初心，决定在 2003 年版张掖中学、育才中学校史的基础上修正、续编一部内容翔实、图文并茂、可信度高的百年校史，以告慰前贤先辈，继承其立德树人之精神；启迪后学者不忘历史，奋发有为。

编撰校史，贵在真实。学校抽调相关人员，成立校史编纂办公室，确定编纂思路，编制项目进程表，分工负责，各司其职。参与编纂的同志以高度的责任心和事业心，广采博取，内查外访，在补漏查缺、去伪存真的基础上，精心梳理不同历史时期的办学线索，客观公正地记载学校的发展变化。经过近十个月的艰苦努力，一部承载学校百年发展历史的校史终于问世了。

由于时间短，任务紧，资料缺乏，很难再现那峥嵘岁月。但昨日的成就是刻在前行者身后的丰碑。明日的辉煌是历史赋予后来者的责任。我们将这岁月的果实，浓缩的辉煌，创业者的心血，开拓者的足迹，进一步完善，为后来的修史者提供可靠依据。

借学校百年华诞之际，谨向曾在张掖中学工作过的所有教职员工表示衷心的感谢；向长期以来关心、支持学校发展的各级领导、各界人士和广大的校友表示崇高的敬意！

历经百年沧桑，回首青春犹在。愿学子，厚积薄发、乘风破浪；愿师者，志存高远、锲而不舍；愿张中，崇德求新、和美共进，百年树人，再创辉煌！

是为序。

王学舜

2017 年 8 月

凡　　例

一、本校史坚持历史唯物主义、历史辩证法和实事求是原则,详今略古,客观地记载张掖中学从 1917 年建校到 2017 年的发展历史。力求用科学的观点、翔实的材料、纪实的方法进行编纂,只述不评。

二、本校史采用编年体,以时系事。上自 1917 年建校起,下至 2017 年百年诞辰止,将 100 年的发展史按独立办学至合并办学体制分为原张掖中学发展简史 (1917—2001),原张掖地区育才中学发展简史 (1950—2001),重组新建的张掖中学发展简史 (2001—2017) 三个阶段。因时代分章,按纪事分节,横排纵述,力求纵不断线,横不缺项,线索明晰,要事不漏。

三、本校史以编、章、节、目设计篇目,遵循史书体例,以规范的现代语体文记述,并运用述、记、图、表、录等手段,以记述为主,图表为辅,文图并茂,存真纪实。

四、本校史卷首冠以“概述”,卷末设有后记。书附彩页,照片图表插入各篇章。文录史料维持原貌,未做文字改动,只对原件明显个别错漏进行订正。

五、《大事记》所记内容,是学校建校以来有关教育教学的大事要事。以年代顺序记述,具体事件按月逐日编排,具体时间不可考者以“是年”“是月”标记。

六、本校史对入史人物分简介、列表、名录三个层次录入:

(一) 本校史按照史书“因人记事”的原则,将两校历任领导、专业技术职称副高以上的教师,曾在两校工作过的知名教师和原张掖中学老教职工列入“简介人物”,两校中级职称的教师和教职员工列表记之。中华人民共和国成立前及中华人民共和国成立以来两校曾任、现任教职工,离退休教职工及曾工作过的人员名录记之。原张掖中学、原张掖地区育才中学考入高等院校的学生，列入"校友"记之。

（二）凡 2001 年以前考入大专院校学生，2001 年后考入高等院校二本以上学生，均在历届高考录取名单中名录记之。

七、本校史对地理名称、历史纪年、数字运用、计量单位等的使用，均按国家出版行文规范标准执行。

八、本校史按现行校名，定名为《甘肃省张掖中学校史（1917—2017）》。

九、本校史资料来源于省、市、区档案局，学校档案室、原张掖中学、育才中学 2003 版校史，采访核实的口碑资料，不再注明出处。

目　　录

第一编　原张掖中学发展简史
（1917—2001）

第二编　原育才中学发展简史
(1950—2001)

第三编　重组新建的张掖中学
(2001—2017)

第四编　人物辑录

第五编　成果与奖项

第六编　诗词文赋　文献资料

概　述

　　张掖中学百年发展史由三部分组成，甘肃省原张掖中学（1917—2001）、张掖地区育才中学（1956—2001）和合并重组的甘肃省张掖中学。

　　张掖中学的前身是 1917 年张掖县在张掖原行台衙门旧址（今甘州区中心幼儿园处）创办的乙种师范讲习所，翌年改为甲种师范讲习所。1927 年，在甲种师范讲习所原址上，正式建立张掖县立初级中学，由张声威任校长，聘任教师 9 名，招收学生 139 名。1937 年，学校渐具规模，并迁入木塔寺办学。1941 年，张掖县立初级中学在地藏寺新扩校址。同年 9 月，国民政府监察院院长于右任先生来张掖考察，为学校题写"甘肃省张掖中学"匾额。1942 年秋，学校始设高中班，改名为甘肃省立张掖中学，有教职员 20 多人。1949 年，学校发展为初中每级 2 个班，高中每级 1 个班，共计 9 个班的规模，毕业学生 200 多名，成为甘肃河西走廊近现代颇具影响的学校。

　　1949 年至 1965 年，是张掖中学革故鼎新的阶段。1949 年 9 月张掖解放，学校仍用"甘肃省立张掖中学"的校名。解放后，学校设立党组织，学习老区教育经验，发放贫寒学生补助金，为工农子弟享有受教育的权利提供了便利。1951 年，学校更名甘肃省张掖中学。学校加强思想领导和政治课教学，强调教学中心工作，组织教师学习苏联凯洛夫教学法，对学生进行五级记分法教学，学生的各科成绩大幅度提高。学校成立教职员学习委员会，通过《教职员爱国公约》，表达建设新中国的决心。"大跃进"时，学校同样参与大炼钢铁，组建校办工厂，学生勤工俭学。从 1953 年起，学校修建平房教室 40 多间，大规模改善教学条件。1957 年 12 月，地级张掖市撤销，张掖中学易名为张掖县第一中学。1958 年秋，学校又修建 1000 多平方米的大礼堂一座，提升办学条件。1959 年，学校被张掖专区评为文教口先进集体。1962 年 10 月，学校被列为省属重点中学，校名改为甘肃省张掖第一中学。从 1962 年起，学校在礼堂南北各建起 300 平方米的两栋平房教室，扩充办学容量。截至 1965 年，学校办学条件得到显著改善，教学成绩较以往有很大提高，当年高考录取 27 人，为张掖县区之首。

　　1966 年至 1976 年，是张掖中学曲折前行的阶段。1966 年，"文化大革命"开始，学校更名为张掖地区东方红中学，成立校革委会，原有规章制度遭废弃，干部、教师受到批判，正常教学秩序遭到破坏，学校成为十年动乱的重灾区。

　　1978 年至 1998 年，是张掖中学奋进发展的阶段。"文革"结束后，1977 年恢复高考制度，1978 年，张掖地区东方红中学改名为甘肃省张掖中学。学校纠正"左"的思想，落实知识分子政策，整顿恢复教育秩序，激发教师工作热情，开展班级学习竞赛。1978 年 7 月，8 名学生考入大学。1979 年，学校首次建成教职工宿舍 1200 平方米，解决了教师的居住问题。1980 年，甘肃省政府确定张掖中学为全省首批 24 所重点中学之一。20 世纪 80 年代，学校全面贯彻党的教育方针，注重升学预备教育。1985 年，学校修建教学大楼及教工宿舍楼，同年，108 名学生升入大专院校。从 1977 年到 1985 年，累计升入大专学生 456 名。1987 年 7 月，高考录取 79 人，学校连续 6 年保持全区高考成绩第一，被省政府评为"省教育系统先进集体"。1988 年欢庆元旦，校门张贴对联"建校七十年，风风雨雨，众生芸芸，多成栋梁材；耕耘五十载，月月岁岁，群芳萋萋，少是凋谢草"，表明学校曲折发展的历程和教书育人的成果。1991 年，张掖中学制定发展规划，进行内部管理体制改革，强化课堂教学，注重教学实效。1991 年和 1993 年，学校参加全区首届高中优质课和初中优质课评选，获奖人数为全区之首。在主抓教学的同时，学校扩大对外交流，与上海等发达地区学校结为友好学校，选送教师进行交流锻炼。学校注重在教学一线培养学科带头人，带动整体教学质量不断提升，培养出众多优秀的学生。20 世纪 90 年代，张掖中学高考升学率和录取重点本科人数一直高居全市之首。学校形成了"团结、进取、求实、创新"的校风，"敬业爱生、教书育人、启导善诱、言传身教"的教风以及"尊师守纪、勤学多思、解疑克难、立志成才"的学风。截至 1998 年 6 月，张掖城区普通教育结构进行调整，原张掖中学调整为独立高中。整个学校工作健康向上，稳步有序，成为全省知名的重点中学。

　　张掖地区育才中学原为中国人民解放军 0029 部队创建于中华人民共和国成立初期的子弟学校，校址原在四川省清木关，1953 年迁至河北邢台，1963 年迁至甘肃省张掖现址（今南环路 610 号），1965 年移交地方，校名改为甘肃省张掖地区育才中学。20 世纪 50 年代，育才中学师生生活实行供给制，教育、教学质量高，广受军队与地方的关注与赞誉。1966 年夏，"文化大革命"开始，育才中学校更名为张掖地区红卫兵中学。原有规章制度被废弃，正常教学秩序遭到破坏。1977 年，育才中学被确定为地区重点中学，定名为张掖地区育才中学，学校的教育教学工作逐渐步入正轨。80 年代初，育才中学建起教学大楼和教工宿舍楼，吸引了大批教学人才，许多本科大学生及富有经验的教师调入育才中学任教，学生的学习积极性空前高涨。从 1977 年恢复高考到 1979 年，育才中学的高考成绩在全区名列前茅。1981 年、1985 年、1987 年，育才中学高考获得理科全区第一的佳绩。1985 年，育才中学被共青团中央授予"活跃的中学生生活"先进学校称号。1987 年始首批评定教师职称时，育才中学的高、中级教师人数也远超全区绝大多数完全中学。育才中学以师资力量雄厚，教学、生活条件优良而著称。90 年代以后，育才中学部分土地被有关部门征用，但仍然是张掖地区占地面积最大的学校之一，学校加快基本建设，更新教学设施，改进教学手段，在 1998 年在全区校园文化建设评比活动中，荣获先进单位称号。1998 年 6 月，张掖城区普通教育结构调整，育才中学被调整为独立初中。结构调整后，学校整体推进教育和教学改革，不断提高初中六科合格率，注重教师基本素质和能力的提升。2000 年 12 月，学校被评为"全区中小学德育工作先进集体"。据不完全统计，自建校至调整止，育才中学为社会输送的合格高、初中毕业生就达 15000 多名，为高等院校输送大学生 1000 余名。校友遍布全国各省区、地方和军队，各行各业，桃李满天下。

随着城市建设的拓展，原张掖中学校园面积缩小，不能满足省属重点中学办学的要求。根据普及城区高中阶段教育需求和地委行署要求把张掖中学"做大、做实、做强"的指示精神，2001 年 6 月，甘肃原张掖中学和原张掖地区育才中学合并，重新组建新的甘肃省张掖中学，重组建制为独立高中，迁址于原育才中学。

重组后的新张掖中学实施"文化立校、质量强校、科研兴校"战略，努力打造品牌学校，实现了跨越式发展。

重组初始，学校加大基础建设力度，除完成原逸夫教学楼的加面扩建工程之外，又新建两栋综合教学楼，到 2003 年 3 月，全校教学班级搬入新校址，旧校址辟为学生公寓。2004 年，学校通过省级示范性普通高中评比。学校制定出台《内部管理体制改革实施方案》，倾心改革，聚力高考，2006 年、2007 年创下"三清一北"和"两清一北"的佳绩。2008 年高考摘取张掖市文理两科状元，2 名学生考入清华大学。在高考成绩连年提升的形势下，学校把校园文化建设作为学校文化的载体，营造人文氛围，构建和谐校园。张掖中学按照"诚、勤、博、雅"的校训，形成了"自强不息、追求卓越"的张中精神，"厚德、博学、进取、求真"的新校风，"敬业、爱生、严谨、创新"的新教风，"励志、勤学、善思、笃行"的新学风。2010 年以来，学校制定出台了《张掖中学新课程实施方案》，结合特色学校建设，彰显"文化育人、书香内质"的文化特色，2012 年高考取得了学校有史以来最好的成绩，2 名同学分别包揽了全市文理科状元，3 名学生被清华大学录取，9 名同学跻身全省文理科前 100 名，人数在全省 48 所省级示范性高中学校位居第四，社会反响巨大。

2013 年，张掖市委、市政府调整张掖中学领导班子。学校进一步完善《张掖中学新课程实施方案》，在实践中探讨、提升、改进新课程教学模式，被省教育厅、省科技厅等部门确定为"甘肃省科技创新实验学校"。学校开展"三风"整治活动，以正教风带学风，以正学风促校风，实现了校风、教风、学风建设的新突破。学校重视对外交流，与复旦大学附属中学等名校建立友好关系，实现合作共赢的目的。学校党委制定《张掖中学培育和践行社会主义核心价值观工作方案》，进行师德师风建设，全面提升教师师德素养。学校爱心基金捐助贫困学生完成学业。2016 年 3 月，市委、市政府调整学校领导班子成员。新班子树立教师第一的治校理念，营造人文和谐的校园氛围。学校广派教师赴西峡一高、衡水中学等名校学习，将外地名校的成功经验合理科学地借鉴运用到自身教学中来。各年级实行级部管理，形成横向合作竞争的新态势。教师学习借鉴"疑探"教学模式，深化高效课堂教学模式。学校以"立德树人"为核心理念开展德育活动，以富有特色的文化墙、校园网等文化载体，凸显环境育人、以文育人的氛围。学校继续改善基础设施条件，增扩校园面积，新修学生公寓，新建常态录播室和未来教室等硬件设施，为创建全市领先、全省一流、全国有影响的陇原名校奠定基础。百年校庆在即，学校改善校容校貌，继续聚力信息化建设，编纂出版百年校史，举行系列纪念活动，全面真实地再现学校百年发展的辉煌历程，展示学校在百年发展中所取得的突出成就，意义深远而重大。

回眸昨天、珍视今天、展望明天。百年张掖中学科学引领，文化育人，培植了众多优秀的人才，知名杰出的校友遍布海内外。学校的建设和发展凝结着上级领导和社会各界人士的关心帮助，倾注着历届师生的心血汗水。百年流转，虽然校址、校名随着社会发展几次移迁和变更，但"张中人"接力承继的精神信念没变，在百年积淀中更加深厚绵长。"张中人"将继续秉承"自强不息，追求卓越"的张中精神，给每个学生以希望，让每个个体都发展，创造属于"张中人"的美好未来。

校名历史沿革

一、张掖中学校名沿革表

时　间	名　　称	隶属关系
1917 年	张掖甲种师范讲习所	张掖县
1927 年 2 月	张掖县立初级中学	张掖县
1937 年 4 月	甘肃省立张掖初级中学	甘肃省教育厅
1942 年 6 月	甘肃省立张掖中学（增设高中部）	甘肃省教育厅
1949 年 9 月	甘肃省立张掖中学	甘肃省人民政府
1950 年 5 月	甘肃省张掖联合中学（张中、师范、农校合并）	张掖行政专署
1950 年 8 月	甘肃省张掖中学（附设师范部）	甘肃省教育厅
1957 年	张掖市第一中学	张掖市（地级市）
1958 年	张掖县第一中学	张掖县
1962 年 10 月	甘肃省张掖第一中学	甘肃省教育厅
1966 年 5 月	张掖地区东方红中学	张掖专区革命委员会
1978 年 3 月	甘肃省张掖中学	张掖地区行政公署
1998 年	甘肃省张掖中学（独立高中）	张掖地区行政公署
2001 年 6 月	甘肃省张掖中学（张掖中学和张掖地区育才中学合并，重组新建张掖中学）	张掖市人民政府

二、原张掖地区育才中学校名沿革表

时　间	校　名	地　址	隶属关系
1950 年 7 月	育才小学	四川省清木关	中国人民解放军第十二军、第十五军合办
1953 年 1 月	中国人民志愿军第三兵团育才小学	迁址河北省邢台市北关河佰祠	部队
1955 年 6 月	中国人民志愿军第一育才小学	河北省邢台市北关河佰祠	部队

续表：

时 间	校 名	地 址	隶属关系
1962 年 6 月	中国人民解放军 0029 部队育才中学	河北省邢台市北关河佰祠	部队
1963 年 3 月	中国人民解放军 8120 部队育才中学	西迁甘肃省张掖县	部队
1965 年 1 月	甘肃省张掖育才中学	甘肃省张掖县	移交张掖专署
1968 年 7 月	张掖地区红卫兵中学	甘肃省张掖县	张掖专区革委会
1969 年 3 月	张掖农业机械厂五七学校	甘肃省张掖县	张掖农业机械厂
1970 年 1 月	张掖农业机械厂红卫兵中学	甘肃省张掖县	张掖农业机械厂
1970 年 11 月	甘肃省张掖地区红卫兵中学	甘肃省张掖县	张掖地区革委会
1978 年 7 月	张掖地区育才中学	甘肃省张掖县	张掖地区行政公署
2001 年 6 月	育才中学和张掖中学合并，重组新建张掖中学	张掖市甘州区	张掖市人民政府

学校历任领导班子成员列表

一、原张掖中学历任领导班子成员简表

时　　间	校长、副校长	党（总）支部书记、副书记
1917 年—1927 年	余炳元（乙种师范讲习所、甲种师范讲习所所长）	
1927 年 2 月—1929 年 12 月	张声威	
1929 年 12 月—1933 年 9 月	高登云	
1933 年 9 月—1937 年 8 月	杨茂春	
1937 年 8 月—1942 年 1 月	何人镜	
1942 年 1 月—1944 年 7 月	仇涟清	
1944 年 8 月—1947 年 5 月	张聿修	
1947 年 6 月—1952 年 12 月	何人镜	马娴卿 马　英
1953 年 1 月—1958 年	马　英 栾雨田（副）	马　英
1958 年 10 月—1958 年 11 月	刘士林 （三好人民公社社长）	侯作先
1958 年 12 月—1965 年 6 月	王力生	白新云 蔡镈麟 刘士林
1965 年 7 月—1968 年 2 月	张　镒	刘士林
1968 年—1978 年 3 月	刘增胜（革委会主任） 马文辉 刘士林（革委会副主任） 王少峰（副）	刘增胜 刘士林（副） 马文辉（副） 王少峰（副）
1978 年 3 月—1978 年 6 月	刘士林（革委会主任） 王少峰（革委会副主任） 陈新鸣（革委会副主任）	刘士林 王少峰（副）

续表：

时　间	校长、副校长	党（总）支部书记、副书记
1978 年 6 月—1982 年 12 月	王少峰 陈新鸣（副） 张相贤（副）	刘士林 王少峰（副）
1983 年 5 月—1991 年 1 月	张相贤 罗思哲（副） 张金生（副）	王少峰（1981 年 8 月—1986 年 4 月） 郭天金（副）
1991 年 4 月—2001 年 6 月	张金生 张尔慧（副） 沈海润（副） 毛永胜（副）	罗思哲（1991 年 5 月—1994 年 11 月） 郭天金（1994 年 11 月—1997 年 7 月） 张金生（1997 年 7 月—2001 年 5 月） 马国瑞（副，1997 年 7 月—2001 年 5 月）

二、原张掖地区育才中学历任领导班子成员简表

时　间	校长、副校长	党（总）支部书记、副书记
1953 年 5 月—1955 年 6 月	林　影	胡庆祥（政治协理员）
1955 年 6 月—1968 年 7 月	陈天一 王金栋（副，1960 年 1 月—1963 年 2 月）	胡庆祥（政治协理员） 魏　刚（政治协理员，1965 年 1 月改任书记）
1968 年 7 月—1971 年 1 月	魏　刚（革委会主任） 王怀友（副主任） 王安济（副主任）	王怀友、鲁宏恩、王军、 宋德源、王录云、陈玉明、姚秉义
1971 年 1 月—1973 年 8 月	陈天一 魏　刚（副，1973 年 1 月任）	陈天一 魏　刚（副，1973 年 1 月任）
1973 年 8 月—1978 年 3 月	魏　刚 杨存林（副，1978 年 1 月任）	魏　刚 张万寿（副，1978 年 3 月任）
1978 年 3 月—1981 年 5 月	张万寿 王安济（副） 杨存林（副）	张万寿
1981 年 5 月—1985 年 1 月	周书铭 杨存林（副） 高永旭（副，1983 年 10 月任） 沈海润（副，1984 年 9 月任）	张万寿（至 1983 年 11 月） 李嘉茂（副，1983 年 3 月—1983 年 12 月）
1985 年 1 月—1990 年 2 月	杨存林 张尔慧（副，1985 年 3 月任） 何　秀（副，1985 年 3 月任）	李嘉茂（1982 年 12 月—1988 年 6 月） 沈海润（副，1986 年 10 月任）

续表：

时　间	校长、副校长	党（总）支部书记、副书记
1990 年 2 月—2000 年 1 月	张大正 何　秀（副，至 1996 年 8 月） 沈海润（副，至 1994 年 2 月） 张国林（副，1994 年 6 月任） 孙立民（副，1997 年 10 月任）	周书铭（至 1996 年 7 月） 张大正（1996 年 7 月任） 高红斌（副，1995 年 7 月任）
2000 年 1 月—2000 年 5 月	张国林（副） 孙立民（副）	高红斌（副）
2000 年 5 月—2001 年 6 月	闫维祯 孙立民（副）	张国林 高红斌（副）

三、重组新建后的张掖中学历任领导班子成员简表

时　间	校长、副校长	党（委）支部书记、副书记、纪委书记
2001 年 6 月—2003 年 11 月	闫维祯 毛永胜（副） 孙立民（副） 杨立木（副）	张金生（至 2002 年 9 月） 闫维祯（副） 马国瑞（副）
2003 年 11 月—2006 年 8 月	闫维祯 毛永胜（副） 孙立民（副） 杨立木（副） 吕国强（副）	毛永胜 闫维祯（副）
2006 年 8 月—2013 年 12 月	闫维祯 毛永胜（副） 孙立民（副） 杨立木（副） 吕国强（副） 朱多祯（副）	毛永胜 闫维祯（副） 杨立木（兼纪委书记至 2007 年 6 月） 张瑜载（2007 年 6 月任纪委书记）
2013 年 12 月—2016 年 3 月	毛永胜 丁　一（副） 孙立民（副） 吕国强（副） 王学龙（副） 李富贵（副）	丁　一 毛永胜（副） 王常青（纪委书记）
2016 年 3 月—	王学舜 丁　一（副） 王学龙（副） 李富贵（副）	丁　一 王学舜（副） 王常青（兼纪委书记至 2016 年 11 月）

大 事 记

（1917—2017）

1917 年

张掖县长高镜寰在乙种讲习所基础上创建甲种师范讲习所。

1921 年

甲种师范讲习所停办。

1922 年

高镜寰撰写《新修张掖师范讲习所碑记》。

1927 年

2 月，在甲种师范讲习所原址上建立张掖县初级中学。

1931 年

9 月，张掖县初级中学组织学生参加在武威举行的会考。

1933 年

张掖县立初级中学执行"三三"（初中 3 年，高中 3 年）新学制。

1934 年

张掖县立初级中学设教务主任一名，协助校长处理教务、训育事务。

1936 年

张掖县立初级中学执行教育部颁布的《教学规程》，改教务处为教育处。

1937 年

张掖县立初级中学归甘肃省教育厅管辖，改名为甘肃省立张掖初级中学。

1939 年

经甘肃省教育厅批准，甘肃省立张掖初级中学临时增设师训班，培养初级小学师资。

1941 年

甘肃省立张掖初级中学在地藏寺新扩校址。

9 月，时任国民政府监察院院长于右任来张掖考察，为学校题写"甘肃省张掖中学"匾额。

是年，甘肃省张掖中学师生上街游行示威，抗议一〇〇师师长韩起功临走时搜刮民财的行径。

1942 年

学校更名为甘肃省立张掖中学。

是年，甘肃省教育厅将木塔划归张掖师范，后张掖师范、张掖农校、张掖中学三校合并。

1943 年

冬，甘肃省立张掖中学高一学生伸张正义，打抱不平，持械痛打霸占操场的汽车夫，为百姓出气，受到群众的赞誉。

是年，甘肃省教育厅、甘肃省财政厅联合下文将甘肃省立张掖中学校门前广场（7700 平方米）划给学校作为操场，直至 1988 年。

1944 年

11 月 3 日，国民政府征集知识青年从军，甘肃省立张掖中学数十名学生报名参加青年军，开往陕西汉中集训，准备上前线对日作战。

是年，甘肃省立张掖中学教师袁定邦填词，汪西林谱曲创制张掖中学校歌《努力当及少年期》。

1945 年

暑假，甘肃省立张掖中学高一年级在升高二时奉命合并到武威中学。

1947 年

民盟盟员吴剑夫化名吴乾泰来甘肃省立张掖中学，以体育教师身份作掩护，进行民盟地下革命活动。

1949 年

9 月 19 日，张掖解放，甘肃省立张掖中学被人民政府接管，党组织派马娴卿（女）担任学校党小组长。

9 月 20 日，甘肃省立张掖中学师生参加地方各界人士与群众在大衙门街西操场举行的庆祝张掖解放的大会。教师袁定邦参加民主人士代表团，向第一兵团政委王恩茂赠送锦旗。

10 月，甘肃省立张掖中学发放"贫寒学生补助费"。

是月，甘肃省立张掖中学取消训导处，设立教育处，改事务处为总务处。

冬，甘肃省立张掖中学组织部分师生到碱滩、廿里堡乡宣传"二五减租"，剿匪反霸。

是年，甘肃省立张掖中学组织选举产生学生会。

是年，甘肃省立张掖中学制定《学生生活公约（二十二条）》。

1950 年

3 月，甘肃省立张掖中学成立中国新民主主义青年团，发展首批团员 52 名。

4 月，甘肃省立张掖中学与张掖师范、张掖农校合并，成立甘肃省立张掖联合中学，内设中学、师范、农林三部。

8 月，张掖农校从甘肃省立联合中学分出分离办学，原甘肃省立张掖联合中学更名为甘肃省立张掖中学。

10 月，为支援抗美援朝，甘肃省立张掖中学教职工捐款 3600 元，粮食 28 石。8 名学生踊跃参军，赴朝作战。

是年，甘肃省立张掖中学将"贫寒学生补助费"改为人民助学金，为工农子弟深造创造条件。

是年，甘肃省立张掖中学按西北军政委员会和教育部颁发的"暂行课程"教学规定，全部采用新课本。

是年，中国人民解放军第十二军、十五军合办育才小学，校址在四川省清木关。

1951 年

4 月 1 日，甘肃省立张掖中学举行建校纪念日演出活动。

是月，甘肃省立张掖中学通过《甘肃省张掖中学教职员爱国公约（五条）》。

7 月，甘肃省立张掖中学教师参加武威专署举办的教师暑期学习班。

秋，马英任张掖中学党小组长。

是年，甘肃省立张掖中学高二年级 10 名学生被保送上西北师范学院。

是年，甘肃省立张掖中学成立教职员学习委员会，何人镜、王家瑛、姜学玲、张任之、陈新鸣五人为委员。

1952 年

甘肃省立张掖中学师范班的学生享受人民助学金。中师生每人每月 10 元，初师生每人每月 5 元。

是年，甘肃省立张掖中学成立教师工会，首届主席高峻中。

1953 年

9 月，甘肃省立张掖中学成立青年团总支委员会。

是年，王力生任甘肃省立张掖中学代校长。

是年，甘肃省立张掖中学根据教育部颁发的《中学暂行规程》，实行校长责任制。

是年，甘肃省立张掖中学成立各科教研组。

是年，甘肃省建二公司为甘肃省立张掖中学修建平房教室 36 间。

是年，育才小学校址由四川清木关迁至河北省邢台市。校名为中国人民志愿军第三兵团育才小学。

1954 年

年初，甘肃省立张掖中学成立青年团总支。

4 月，甘肃省教育厅视导组来甘肃省立张掖中学检查指导工作。

11 月，根据省教育厅指示，甘肃省立张掖中学接收张掖农校原农、林、牧三科学生到初中班学习。

是年，甘肃省立张掖中学新建第一批建筑 2 幢，共 10 个教室。

是年，甘肃省立张掖中学在学生中发展共产党员。吴安国、陆瑜是最早发展的学生党员。

是年，甘肃省立张掖中学实行五级分制记分法，5 分为最高分，3 分为及格线，直至 1957 年结束。

1955 年

是年，甘肃省立张掖中学成立文体卫生委员会，确定每周三、周六为全校卫生日。

是年，甘肃省立张掖中学组织学生给志愿军、解放军书写慰问信 262 件。

是年，甘肃省立张掖中学组织各班学生开展《中学生守则》学习教育活动。

是年，甘肃省立张掖中学建立中共党支部，马英任党支部书记。

是年，育才小学和中国人民解放军第一军的保育中学（青海西宁市郊）合并。校名改为中国人民志愿军第一育才小学，合并后的校址仍在邢台。

1956 年

上半年，甘肃省立张掖中学将青年团总支改为团委。

3 月至 7 月，甘肃省立张掖中学培养上海支援张掖文教事业青年 365 人，共 7 个班，称为师速班。

4 月 27 日，张掖市开展整风运动。甘肃省立张掖中学教师参加市"鸣放会"。

秋，甘肃省立张掖中学给新成立的县一中（今市二中）拨入初二 2 个班，初一 4 个班，共 270 名学生。此为市二中初中最初的生源。

是年，甘肃省立张掖中学化学老师白凌霄被评为省级优秀教师。

1957 年

年初，张掖市（地级）成立，学校易名为张掖市第一中学。

12 月，地级张掖市撤销，学校易名为张掖县第一中学。

是年，张掖县第一中学对学生学业成绩考核实行百分制，60 分为及格线。操行成绩仍采用五级制记分。

1958 年

3 月，张掖县第一中学开展勤工俭学活动，组织师生到大满等乡劳动。

4 月，张掖县第一中学组织初二师生到黑河滩和红沙窝修渠加坝，开展植树造林。

6 月，张掖县第一中学副校长栾玉田被定为右派，送酒泉夹边沟农场劳改。

8 月至 10 月，张掖县第一中学部分师生到距城 90 多里的元娘山开采石膏。

9 月上旬，全省在酒泉召开"勤工俭学现场会"。会后，张掖县第一中学办了铁皮厂、自行车修理厂、滚珠轴承厂等 20 多个校办工厂。

10 月，张掖县第一中学部分师生到白塔社、古浪乡、十里行宫试验田深翻土地。

秋，由地建公司为张掖县第一中学修建 1000 平方米的大礼堂 1 座，平房教室 19 间，平房办公室 15 间。

10 月 15 日，张掖县第一中学、张掖县第二初级中学和张掖县第五中学成立"三好人民公社"。

11 月，张掖县第一中学开始大炼钢铁运动。

1959 年

2 月，张掖县第一中学被省教育厅重新确定为五年制新学制试点学校。

3 月，张掖专员公署下文，撤销"三好人民公社"。

是年，张掖县第一中学开展"反右倾"运动。

是年，育才中学交中国人民解放军 0029 部队管理，校名为中国人民解放军 0029 育才小学。9月，设初中班。

1960 年

12月，中央提出"调整、巩固、充实、提高"八字方针。西北局派工作组进驻张掖，发动群众开展生产自救。张掖县第一中学教学、生活有缓和。

1961 年

7月，因供粮困难，张掖县第一中学动员 118 名农村学生返乡回家。

1962 年

10月，张掖县第一中学被列为省属重点中学，校名为甘肃省张掖县第一中学。

是年，育才中学中学部与小学部分办，中学部名为中国人民解放军 0029 部队育才中学。

1963 年

3月27日，育才中学由河北邢台迁往张掖，仍由中国人民解放军 0029 部队（后改为 8120 部队）管理。

4月，甘肃省教育厅给甘肃省张掖县第一中学拨付业务费 2000 元，解决教学实习所需消耗性开支、图书购置及体育设施维修。

是年，在甘肃省张掖县第一中学大礼堂南修建各 300 平方米的 2 幢平房。

1964 年

12月12日，8120 部队和张掖专员公署签订《育才中学交接协议书》。

是年，甘肃省张掖县第一中学派部分教师参加社教运动。

1965 年

1月1日，育才中学移交地方，由张掖专区管理，校名改为甘肃省张掖地区育才中学。同年，增设高中部。

5月，甘肃省张掖县第一中学归属张掖专区文教局管辖。

是年，地委任命陈天一为育才中学校长，魏忠堂（即魏刚）为党支部书记。

1966 年

5月，甘肃省张掖县第一中学易名为张掖地区东方红中学，张掖地区育才中学更名为张掖红卫兵中学。

9月，张掖地区东方红中学和红卫兵中学推选 10 名师生代表到北京接受毛泽东检阅。

11 月，张掖地区东方红中学部分师生自愿组成"长征队"，向东徒步"串联"。

1967 年

10 月下旬，张掖地区东方红中学发生武斗事件。

12 月初，"造反派"闯入张掖地区东方红中学，撕毁并焚烧图书档案材料。

1968 年

3 月，"军宣队"进驻张掖地区东方红中学。

7 月 4 日，红卫兵中学革委会成立。学校定名为张掖地区红卫兵中学。

8 月，"工宣队"进驻张掖地区东方红中学。

8 月，张掖地区东方红中学教师被集中到地委党校办学习班，清理阶级队伍。

10 月，张掖地区东方红中学革命委员会成立。

是月，张掖地区红卫兵中学在新墩公社流泉大队建立"学农"基地。

12 月 26 日，张掖地区东方红中学举行纪念毛主席 75 周年诞辰及庆祝毛主席塑像落成大会。

12 月，经上级批准，张掖地区红卫兵中学成立民兵营，张掖地区东方红中学将年级、班级改为军队连排建制。

是年，张掖地区红卫兵中学创办校办工厂。

1969 年

2 月，张掖地区东方红中学革委会下设政治组、教育革命组和服务组。

3 月，张掖地区东方红中学和张掖地区红卫兵中学开始复课，张掖地区东方红中学和张掖地区红卫兵中学改秋季招生为春季招生，废除新生入校和毕业考试制。

3 月 8 日，张掖地区红卫兵中学更名为张掖农业机械厂五七学校。

是月，经地区革委会整党领导小组批准，张掖地区红卫兵中学成立整党领导小组。

是月，张掖农业机械厂五七学校在平原堡开办学校农场。

7 月 4 日，"军宣队"撤离张掖地区东方红中学。

8 月 24 日，张掖地区东方红中学革委会下设政教组、办公室和专案组。

9 月，张掖农业机械厂五七学校组织师生在校内开挖防空洞。

11 月 8 日，张掖农业机械厂五七学校党支部成立，魏刚任书记。

1970 年

1 月 3 日，张掖农业机械厂五七学校更名为张掖农业机械厂红卫兵中学。

9 月，张掖地区东方红中学与张掖东风机械厂联合创办小型机具厂，作为学校的学工基地。

11 月 28 日，张掖农业机械厂红卫兵中学恢复甘肃省张掖地区红卫兵中学校名。

1971 年

2 月 14 日，张掖地区东方红中学部分师生参加拉练活动，往返行程 300 多里。

5 月 15 日，张掖地区东方红中学革委会制定《张掖地区东方红中学红卫兵章程（草案）》。

是年，张掖地区东方红中学在龙渠公社胶泥洼开垦 140 亩耕地，创办校办农场。

1972 年

11 月，甘肃省张掖地区红卫兵中学首批上山下乡的学生通过参军、招工离开农场。

是年，行署在龙渠公社胶泥洼滩划拨荒地 300 亩给张掖地区东方红中学农场。

1974 年

下学期，张掖地区东方红中学组织师生到工厂、农村、部队开批判会和座谈会，请工农兵来学校讲阶级斗争，讲家史、村史、厂史，作"忆苦思甜"报告。

是年，张掖地区东方红中学和张掖地区红卫兵中学取消军事建制，恢复年级和班主任建制。

1975 年

暑期，张掖地区东方红中学参加地区教育局在张掖卫生学校举办的地直学校教师学习班，推广"朝农"和"板桥经验"。

9 月 10 日，张掖地区东方红中学革委会决定把胶泥洼校办农场命名为张掖东方红中学五七分校。

1976 年

3 月，张掖地区东方红中学 1400 多名师生在沙井公社及新墩公社参加春耕生产，召开批判会，书写批判稿，开办批判专栏。

7 月，张掖地区东方红中学取消暑假，全校老师集中到学校农场参加夏收劳动。

1977 年

10 月 7 日，张掖地区东方红中学召开揭批"四人帮"大会。

是年，张掖地区东方红中学组建政治外语、语文、数学、理化、体音美五个教研组。

1978 年

3 月，甘肃省教育厅确定张掖地区东方红中学为省重点中学，校名为张掖中学（简称"张中")。

4 月，张掖中学实行"全日制十年制中小学教学计划"。

是月，张掖地区红卫兵中学被确定为地区重点中学。

5 月，张掖中学对高二年级文理分科，编班进行高考复习。

6 月 13 日，刘士林任张掖中学党总支书记，王少峰任学校校长。

6 月 28 日，张掖中学改名为甘肃省张掖中学。

是月，甘肃省张掖中学实行初高中毕肄业制度。

是月，甘肃省张掖中学撤销革委会，恢复校长制。

7 月 10 日，学校启用甘肃省张掖中学新印章。

是月，撤销张掖地区红卫兵中学校名，恢复原名张掖地区育才中学。

11 月，甘肃省张掖中学在高二年级组建尖子班。

是年，张掖地区育才中学初中毕业生参加升学考试，平均成绩全区第一，合格率全城区第二。

是年，张掖地区育才中学学生陈东高考取得张掖县高考理科第三名的成绩。

1979 年

1 月，甘肃省张掖中学翻印《全国高考大纲》。

2 月，甘肃省张掖中学组织教职员工学习十一届三中全会公报。

5 月，张掖地区育才中学组织学生参加城区中学数理化竞赛，数学成绩获全区总分第一名。

是年，甘肃省张掖中学组织全校学生学习新颁布的《中学生守则》。

是年，张掖地区育才中学考生许晓玲、赵耀分别取得张掖县高考文科第二名、第三名的成绩。

是年，张掖地区建设银行占用张掖地区育才中学东南角土地 2090.638 平方米，拨款 6.8 万元作为补偿。

1980 年

8 月，甘肃省教育厅同意甘肃省张掖中学开办高中民族班。

9 月，甘肃省张掖中学被确定为甘肃省首批 24 所重点中学之一。

是年，甘肃省张掖中学获得"全省体育卫生工作先进单位"的荣誉。

是年，张掖地区育才中学代表队参加地区在临泽举办的中学生排球比赛，女子代表队获得冠军。

1981 年

3 月，甘肃省张掖中学开展"学雷锋，树新风"活动。

4月6日，甘肃省张掖中学传达省地招生工作会议，学校成立招生预选委员会。

是年，甘肃省张掖中学从新高一年级开始执行教育部颁发的全日制六年制重点中学教学计划。

是年，甘肃省张掖中学招收肃南裕固族自治县少数民族学生，办民族班1个。

是年，甘肃省张掖中学荣获甘肃省教委、甘肃省体委首批命名的"全省田径传统项目学校"的称号。

是年，地区行署统一规划，张掖地区育才中学多方筹资，建成全地区第一幢教学大楼（2016年拆除）。

是年，张掖地区育才中学被张掖地区体委评为"体育传统项目学校"。

1982 年

3月，甘肃省张掖中学和张掖地区育才中学分别召开动员大会，开展"文明礼貌月"和"学雷锋，树新风，创三好"活动。

5月，地区教育局组织地区教育质量检查组对甘肃省张掖中学和张掖地区育才中学各项工作进行检查。

是月，甘肃省张掖中学第一届高中民族班学生毕业。

是年，甘肃省张掖中学被评为"张掖地区教育系统先进集体"。

是年，甘肃省张掖中学和张掖地区育才中学实行初三毕业考试与升学考试一次进行的制度。

是年，张掖地区育才中学参加张掖地区田径运动会，获团体总分第三名。

是年，张掖地区育才中学修建两栋二层教职工住宅楼。

1983 年

3月，甘肃省张掖中学开始实行周一升旗仪式。

是月，张掖地区育才中学接受张掖师专物理、化学、美术3个系近百名实习生在校实习。

6月，地区机关党委评选甘肃省张掖中学党支部为全区教育系统的先进党支部。

是年，甘肃省张掖中学语文教师周光汉被评为全国"五讲四美、为人师表"先进个人和甘肃省优秀教师、甘肃省劳动模范。

是年，甘肃省张掖中学对校办工厂实行承包制，实行企业管理办法。

是年，张掖地区育才中学教师段柄麟被评为省级优秀班主任。

是年，张掖地区育才中学接受成人教育任务，开办职工双补（语文、数学）夜校。

是年，刘亚薇担任张掖地区育才中学校团委书记。

是年，张掖地区育才中学校办工厂实行承包制。

1984 年

2 月，甘肃省委、甘肃省人民政府命名甘肃省张掖中学为"民族团结先进集体"。

3 月 1 日，甘肃省张掖中学下发《建设精神文明学校的安排意见》，召开"文明礼貌月"动员大会。

是月，甘肃省张掖中学和张掖地区育才中学分别成立"五讲四美三热爱"领导小组。

是月，甘肃省张掖中学被张掖地区评为"文明学校"。

是月，学校购买汽车一辆。

4 月，甘肃省张掖中学制定出台《张掖中学教职工岗位责任制条例》。

5 月 2 日，甘肃省张掖中学表彰"五讲四美文明礼貌月"中涌现的积极分子。

5 月 22 日，甘肃省张掖中学进行高考招生预选考试。

7 月，张相贤被任命为甘肃省张掖中学校长。

8 月 30 日，中共甘肃省张掖中学党支部委员会启用新印章。

是月，甘肃省张掖中学决定扩大民族班招生数量。

9 月，甘肃省张掖中学印发《张掖中学党支部关于加强培养青年教师（职工）的安排意见》。

是月，甘肃省张掖中学开展"尊师周"活动。

是月，甘肃省张掖中学制定《张掖中学教职工考勤奖惩办法》。

10 月 4 日，地直机关党委批复中共甘肃省张掖中学党支部改选，王少峰任党支部书记，郭天金任党支部副书记。

是月，甘肃省张掖中学成立基建办公室。

10 月 12 日，甘肃省张掖中学教学大楼开工修建。

12 月 15 日，共青团张掖地委同意甘肃省张掖中学设立团委。

是月，甘肃省张掖中学被甘肃省教育厅、甘肃省体委表彰评为体育达标优秀单位、传统体育项目先进单位。

是年，甘肃省张掖中学被张掖县文明委命名为"文明单位"。

是年，甘肃省张掖中学数学教师张淑敏被评为全省优秀班主任。

是年，甘肃省张掖中学民族班 14 名少数民族学生全部考入大学。

是年，张掖地区育才中学修建一栋三层教师住宅楼。

1985 年

1 月，张掖行政公署下文任命杨存林为张掖地区育才中学校长。

2 月，甘肃省张掖中学荣获共青团中央颁发的"活跃的中学生生活"锦旗一面。

3 月，马国瑞任校长办公室主任，陈幼和任团委书记。

3月，甘肃省张掖中学实行校长负责制。

4月，甘肃省张掖中学制定出台《甘肃省张掖中学关于改革学校管理制度的计划》。

是月，张掖地区育才中学设立校务委员会。

6月，甘肃省教育厅、甘肃省民族委员会对举办民族班工作中取得优异成绩的甘肃省张掖中学予以表彰。

9月10日，甘肃省张掖中学庆祝第一个教师节，省、地、县领导来学校慰问全体教职工并赠送慰问品。

9月20日，甘肃省张掖中学制定《张掖中学教师给外单位上课的管理办法》。

9月21日，甘肃省张掖中学讨论通过《张掖中学教职工考勤条例》。

9月23日，甘肃省张掖中学制定《关于维护正常教学秩序，确保学校内部安全的规定》。

11月23日，甘肃省张掖中学制定《甘肃省张掖中学教职工代表大会暂行条例》。

12月2日，甘肃省张掖中学总务处制定《张掖中学教学大楼管理使用办法》。

12月26日，甘肃省张掖中学召开第一届教代会。

是年，甘肃省张掖中学史地教研组长阎正礼和张思隋、刘宗新老师考察全区名胜古迹，在峡口发现"锁控金川"石刻四字。

是年，张掖地区育才中学设立工会储金委员会。

1986 年

元旦，甘肃省张掖中学为少数民族班学生举行迎新春联欢会。

5月，张掖市政府批复，张掖中学龙渠农场移交张掖祁连山水源涵养林研究所。

6月，甘肃省张掖中学党支部被地委表彰为先进党支部。高峻中被评选为优秀共产党员。

是年，甘肃省张掖中学团委组织学生给老山前线战士写信，赠送礼物。

是年，张掖中学和张掖地区育才中学在全区率先实行了校长负责制。

是年，张掖地区育才中学创造了20世纪80年代高考居全区第二的最佳成绩。

是年，"六一"期间，张掖地区育才中学举办第二届"仲夏之声"文艺演出。

是年，张掖地区育才中学师生在五十五师礼堂听取老山前线英雄战斗事迹报告。

是年，张掖地区育才中学翻修操场，重建4个篮球场。

1987 年

元旦，甘肃省张掖中学250名学生参加地区组织的越野赛跑。

3月14日，中共张掖地委、行署表彰学校为全区侨务工作先进单位，李孟发老师被评为先进个人。

3月，甘肃省张掖中学贯彻中共中央1987〔1〕号文件，对全校师生进行"坚持四项基本原则，反对资产阶级自由化"的教育。

5月1日，甘肃省张掖中学学生会举办"五一"联欢会。

是月，经张掖地区机关党委批准，成立中共甘肃省张掖中学党总支。

7月，甘肃省张掖中学文科支部委员会被评为全区先进党支部，任作屙被评为全区优秀共产党员。

是月，甘肃省张掖中学学生参加高考，79名学生被大专院校录取。

8月，甘肃省张掖中学出台《职称改革评聘工作安排意见》及《教师职务聘任制实施方案》。

9月24日，甘肃省张掖中学在东方红广场（今中心广场）举行秋季田径运动会。

11月，甘肃省张掖中学组织党团员参观地区化肥厂。

是年，甘肃省张掖中学被省政府评为"甘肃省教育系统先进集体"。

是年，甘肃省张掖中学学生会开展"一处有难、八方支援"的捐献活动，为贫困山区学校捐赠书籍共3200件。

是年，张掖地区首次进行教师评定职称,地区育才中学有17人被评为中学高级教师。

是年，张掖地区育才中学实行教师聘任制和岗位责任制。

是年，张掖地区育才中学团委被团地委评为全区优秀团委。

1988 年

2月，经甘肃省中学高级职务评审委员会审定，甘肃省张掖中学张相贤等22名教师获中学高级教师职务任职资格。

3月，甘肃省张掖中学校办工厂推行承包制。

4月，甘肃省张掖中学举行第二届教代会。

7月，甘肃省张掖中学工会改选，祝良先任工会主席。

9月15日，甘肃省督导组来甘肃省张掖中学评估教育教学工作。

9月27日，甘肃省张掖中学被张掖地区行政公署表彰为民族团结进步先进集体。

9月，甘肃省张掖中学党总支成立退休教师党支部，王少峰当选为党支部书记。

11月28日，甘肃省张掖中学教师高峻中和周光汉被录入中国教育学会编辑出版的《中国普教系统、职教系统优秀教师名录》。

是月，甘肃省张掖中学成立离退休教育工作者协会，王少峰当选为教协理事长。

是年，张掖地区育才中学对校园、农场土地进行丈量、测绘，完成向上申报工作。

1989 年

3月，甘肃省张掖中学起草制定《木塔管理办法（讨论稿）》。

5月4日，甘肃省张掖中学团委举行大会，表彰优秀团支部、团干部及优秀团员。

是月，甘肃省张掖中学制定《张掖中学治安管理办法》。

6月6日，地区行政公署《专员办公会议纪要》确定：木塔寺原则同意划归张掖中学管理，文物管理部门在业务上进行指导，地区教委和文化处共同协商，拟定管理方案，经审定后下发执行。

6月9日，甘肃省张掖中学召开团委、学生会干部座谈会，要求团干部、学生会干部提高觉悟，成为遵守纪律努力学习的模范。

8月30日，甘肃省张掖中学向地委行署上报《关于管理木塔环境的初步意见》。

是月，甘肃省张掖中学组织教职工学习党的十三届四中全会决议及中央领导的讲话。

是月，在地区物资局支持下，甘肃省张掖中学老教协举办文理科高考辅导班。

9月18日，甘肃省张掖中学研究决定，凡本校教职工不经学校同意，不得私自在校外兼职代课。

10月6日，甘肃省张掖中学教师张相贤先进事迹材料被收入甘肃省中小学幼儿奖励基金所编写的《陇原园丁颂》一书。

11月，甘肃省张掖中学组织全校学生歌唱社会主义、歌唱中国共产党的歌咏比赛。

12月12日，市审计工作组对甘肃省张掖中学校办工厂财务进行审计。

12月26日，甘肃省张掖中学党总支召开领导班子民主生活会。

是年秋，张掖地区育才中学邀请外校教师听课和评教评学，开展"开放型教学活动"。

1990 年

1月15日，张掖地委组织部确定甘肃省张掖中学高级教师张相贤、罗思哲为全区首批专业技术拔尖人才。

1月23日，甘肃省张掖中学党支部召开扩大会议，根据审计局对校办工厂审计情况，通报对校办工厂负责人处理的结果。

2月，地区行署调任周书铭为张掖地区育才中学党支部书记，张大正为张掖地区育才中学校长。

3月5日，甘肃省张掖中学召开"学雷锋、学赖宁"动员大会。

3月15日，甘肃省张掖中学党总支会议决定成立年级组。

4月，甘肃省张掖中学举行"向雷锋同志学习，弘扬雷锋精神"讲演会。

5月，经地直机关党委批准，新一届张掖地区育才中学党支部成立，周书铭任书记。

6月27日，甘肃省张掖中学党总支被张掖地区机关党委表彰为先进党支部。

是月，甘肃省张掖中学团委组织青年团员暑假到小满等乡进行"了解国情，学习工农"的社会实践活动。

是月，甘肃省张掖中学开展"我为亚运做贡献"活动，全校师生共集资1857.86元。

8月，张掖地区育才中学设立政教处，职能部门有教导处、总务处、政教处和办公室。

9月4日，张掖地委、行署表彰甘肃省张掖中学王少峰、鲁玲为张掖地区先进离退休工作者。

11月10日，地区档案局授予甘肃省张掖中学档案管理省二级单位。

是月，甘肃省张掖中学党总支开展民主评议党员工作。

12月3日，地县公安部门来学校检查验收治安保卫工作，学校获内部治安良好单位称号。

12月19日，甘肃省张掖中学张相贤、罗思哲被甘肃省委、甘肃省人民政府批准为特级教师。

是年，甘肃省张掖中学成立《晨铃》文学社。

是年，张掖地区育才中学成立以周书铭为组长的"二五"普法领导小组。

是年，张掖地区育才中学组织全校学生参加全市"迎亚运、庆国庆"大型游行活动。

是年，张掖地区育才中学创建德育展室。

是年，张掖地区育才中学档案管理工作被省档案局评为省二级单位。

是年，张掖地区育才中学获全省中学生文艺会演三等奖。

是年，张掖地区育才中学代表队获全省中学生文艺会演三等奖。

1991 年

1月1日，甘肃省张掖中学组织师生参加全市元旦环城长跑比赛。

1月31日，地委、行署表彰甘肃省张掖中学为全区档案工作先进集体。

3月，甘肃省张掖中学组织团员青年上街进行义务劳动，清理木塔卫生。

是月，甘肃省张掖中学成立治安保卫委员会。

4月6日，行署副专员赵家瑞来甘肃省张掖中学听取教育教学基建工作汇报。

4月19日，甘肃省张掖中学党总支与甘州区城关镇劳动街党支部签订《1991年张掖市城区单位精神文明建设目标管理责任书》。

4月30日，张掖地区行政公署任命张金生为张掖中学校长。

5月6日，地区工会批复甘肃省张掖中学工会改选结果，管正敏任工会主席。

6月27日，地区机关党委表彰张掖中学总支委员会为先进基层党组织，李孟发、柴述鲁、王少峰被评为优秀共产党员，郭天金被评为优秀党务工作者。

6月28日，甘肃省张掖中学党总支举行庆祝建党70周年纪念大会。

7月，甘肃省张掖中学教师为江苏、安徽洪涝灾区捐款1540元，粮票490斤；学生捐款1681元，粮票1072斤。

9月24日，甘肃省张掖中学党总支下发《关于加强学校治安综合治理若干问题的决定》。

是月，甘肃省张掖中学停办民族班，少数民族学生插入各班学习。

是月，甘肃省张掖中学"晨铃"文学社编印《晨铃》创刊号。

是年，张掖地区育才中学工会组织职工选举产生新一届工会委员会，胡雄飞任工会主席。

1992 年

1月，甘肃省张掖中学制定《小车管理使用制度》。

1月19日，甘肃省张掖中学党总支委员会召开党员大会进行换届选举，罗思哲任总支书记。

1月22日，张掖地区教委批复，姜洪任甘肃省张掖中学团委副书记。

5月1日，甘肃省张掖中学在七一剧场举行"校园之春"文艺会演。

8月5日，经地区编制委员会批复，甘肃省张掖中学增设政教处。

8月13日，汪锡昌被张掖地委、行署表彰为地级优秀教师。

是月，军民共建单位84801部队通讯连对甘肃省张掖中学高一年级新生进行为期一周的军训。

是月，甘肃省张掖中学首次在高一、高二年级开设劳动技术课，组织学生到明永乡参加农田水利建设。

10月3日，甘肃省张掖中学被甘肃省人民政府评为"民族团结先进集体"。

10月5日，甘肃省张掖中学成立关心下一代工作委员会。

11月20日，甘肃省张掖中学下发文件，严禁向学生乱收费。

12月5日，经甘肃省张掖中学行政会议研究决定，许根扣任校办工厂厂长职务。

12月7日，甘肃省张掖中学制定《关于教职工请假规定和考核办法》。

是年，张掖地区育才中学组织学生参加《希望在改革》读书竞赛活动，获得张掖市第一名。

是年，张掖地区育才中学开展双拥共建活动，与五十五师警调连联合，成立军民共建领导小组。

是年，张掖地区育才中学被张掖市命名为市级"双拥"先进单位。

1993 年

4月，甘肃省张掖中学组织师生到红沙窝义务植树。

是月，甘肃省张掖中学开展第五个"爱国卫生月"活动。

6 月，甘肃省张掖中学被评为张掖市体育先进学校。

9 月，甘肃省张掖中学组织初一和高一年级新生参观校史展览。

10 月 4 日，甘肃省张掖中学组织全校师生观看影片《新中国第一大案》。

12 月 25 日，甘肃省张掖中学组织师生到中心广场参加宣传《教师法》活动。

12 月 27 日，甘肃省张掖中学举行纪念毛泽东 100 周年诞辰"毛主席诗词演唱会"。

是年，甘肃省张掖中学获得甘肃省教委、甘肃省体委重新命名的"全省田径传统项目学校"称号。

是年，甘肃省张掖中学党总支组织全校教职工学习《中国教育改革发展纲要》。

是年，张掖地区育才中学新修两栋职工住宅楼。

1994 年

1 月，甘肃省张掖中学举办"张掖中学元旦师生书画展览"。

3 月，甘肃省张掖中学组织师生收听徐洪刚英雄事迹报告。

4 月 12 日，甘肃省张掖中学组织部分年级组长、班主任到小满中心小学参观学习。

4 月 17 日，甘肃省张掖中学教师张淑敏被推荐为《甘肃省妇女志》列表人物。

4 月 26 日，甘肃省张掖中学举行"中学生思想教育座谈会"，市广播电台记者现场采访。

4 月 30 日，甘肃省张掖中学出售公有住房 50 套。

5 月 17 日，甘肃省张掖中学工会换届选举，张瑜载任工会主席。

5 月 28 日，甘肃省张掖中学在七一剧场举办第五届"校园之声"文艺会演。

6 月 1 日，甘肃省张掖中学制定出台《张掖中学内部管理体制改革方案（试行）》。

6 月 14 日，甘肃省张掖中学参加张掖市中小学田径运动会，获中学组团体总分第二名。

是月，甘肃省张掖中学政教处编辑《班主任工作经验选编》。

7 月 1 日，甘肃省张掖中学党总支组织全体党员到张掖面粉厂农场参观学习。

是月，甘肃省张掖中学组织团体操队参加"金张掖马蹄寺旅游观光节"开幕式文艺演出，获组织奖。

9 月，甘肃省张掖中学成立"校园之声"广播站。

是月，张掖地区育才中学成立学生广播站。

10 月，张掖地区育才中学组织党员和部分职工参观酒泉钢铁公司，了解酒钢创业历程。

是月，甘肃省张掖中学校长办公会决定，任何人不得在校内外办各类形式的补习班。

11 月 1 日,甘肃省张掖中学被甘肃省体委、甘肃省教委表彰为"全省先进体育传统项目"学校。

11 月 18 日,地委、行署领导马西林、梁国安、李龙海、孙荣乾到甘肃省张掖中学视察,座谈学校建设布局规划问题。

11 月 24 日,甘肃省张掖中学成立妇女工作委员会,田秀兰兼任妇委会主任。

是月,甘肃省张掖中学组织教职员工学习《中共甘肃省委、甘肃省人民政府关于加快教育改革和发展若干政策的决定》

12 月 21 日,经地区机关党委批复,中共张掖中学总支部委员会进行改选,郭天金任总支书记。

12 月 24 日,甘肃省张掖中学成立家长学校。

12 月 26 日,学校印发《张掖中学规章制度》。

是年,地区平原堡砖厂支援甘肃省张掖中学红砖 4.6 万块,整铺教学楼后院 1250 平方米。

是年,全区中学生文艺调演,张掖地区育才中学代表队"敦煌舞"获二等奖。

是年,张掖地区育才中学利用香港邵逸夫先生捐资助学基建项目,建成逸夫教学楼。

1995 年

3 月 24 日,甘肃省张掖中学确定学生宿舍楼修建方案。

4 月 1 日,甘肃省张掖中学制定出台《甘肃省张掖中学爱国主义教育实施意见》。同日,学校组织初一、高一年级新生参观爱国主义教育基地——张掖大佛寺。

6 月 5 日,甘肃省张掖中学党总支制定《张掖中学党政科级以上干部廉洁自律规定》。

7 月 1 日,甘肃省张掖中学举办家长学校第二次家长经验交流活动。

是月,甘肃省张掖中学理科党支部被地区机关党委授予先进党支部称号,马国瑞、祝良先被授予优秀共产党员的称号。

是月,甘肃省张掖中学与上海市控江中学结为"友好学校",签订《合作意向书》。

8 月 23 日,地区教委党组决定,毛永胜任张掖中学校长助理。

9 月 10 日,甘肃省张掖中学教师黄兰英获甘肃省委、省政府优秀教师"园丁奖"表彰奖励。

9 月 19 日,张掖地区省人大代表到甘肃省张掖中学检查《教师法》落实情况。

9 月 20 日,省教委主任闫思圣到甘肃省张掖中学视察指导工作。

10 月 5 日,甘肃省张掖中学参加全区第三届中小学文艺调演,音乐史诗《胜利颂歌》获二等奖。

10 月 27 日，甘肃省张掖中学退休高级教师施生民被张掖地区老龄委评为全区"老有所为"先进个人。

11 月 2 日，甘肃省张掖中学住宿楼竣工验收。

11 月 10 日，甘肃省张掖中学制定《张掖中学十年规划和"九五"计划要点（草案）》。

12 月，张掖地区育才中学被甘肃省档案局评定为机关档案管理省一级单位。

是年，甘肃省张掖中学高中招生面向全区，提前单独录取。

是年，牛新军任育才中学团委书记，兼任政教处副主任。

是年，张掖地区育才中学党支部被地直机关工委评为先进党支部。

是年，张掖地区育才中学实行"三互二卡制"制度（即学校、家长、学生互相联系，设立《家长学校联系卡》和《家庭情况调查卡》）。

是年，张掖地区育才中学被评为全区"二五"普法地级先进单位。

1996 年

1 月 11 日，甘肃省张掖中学党总支召开领导班子民主生活会。

1 月 20 日，甘肃省张掖中学制定出台《张掖中学民主决策制度》《张掖中学资金管理使用制度》《张掖中学干部管理使用制度》和《张掖中学接待工作制度》。

1 月 30 日，甘肃省张掖中学政教处工会小组被评为地区"模范职工小家"，柳春老师被评为模范工会小组长，柳兆春老师被地区工会表彰为"职业道德标兵"。

2 月 10 日，甘肃省张掖中学投票推选张金生老师为特级教师人选。

4 月 1 日，万寿寺由甘肃省张掖中学移交张掖市文化部门管理。

4 月 1 日，地区教委聘任甘肃省张掖中学原校长、中学特级教师张相贤为兼职督学。

4 月 26 日，甘肃省张掖中学传达全区教育工作会议精神，强调加强校园文化建设、创办示范性高中。

是月，甘肃省张掖中学整治校园内外环境，解决校内摆摊设点问题。

是月，张掖地区育才中学组织部分教师到辽宁省参观魏书生所在的盘锦市实验中学。

5 月 13 日，甘肃省张掖中学召开教代会。

是月，甘肃省张掖中学制定《教师量化考核方案》和《张掖中学师资培训传帮带条例》。

6 月 25 日，甘肃省张掖中学理科党支部被张掖地委表彰为全区先进基层党组织。马国瑞被评为优秀共产党员。

7 月 1 日，甘肃省张掖中学参加全区建党 75 周年歌咏比赛，获得二等奖。

是月，甘肃省张掖中学制定《张掖中学教师业务基本功训练实施方案》。

是月，张掖地区育才中学荣获全区"纪念建党75周年学习特色理论"知识竞赛优秀组织奖。

9月5日，甘肃省张掖中学党总支召开全体党员大会，安排"双学"（学特色理论、学党章）活动。

9月27日，全区校园文化建设检查组来甘肃省张掖中学检查工作。

是月，首届金张掖马蹄寺旅游观光节，张掖地区育才中学组织学生参加大合唱《奔向未来》，荣获二等奖。

10月31日，甘肃省张掖中学教师肖培林、毛永胜、杨自齐、吕国强被张掖地区行政公署确定为全区第一批跨世纪学术技术带头人。

是月，甘肃省张掖中学组织学生参观"纪念红军长征胜利60周年"图片展览。

12月31日，甘肃省张掖中学组织"庆元旦，爱祖国"联欢游艺活动。

是月，甘肃省张掖中学团委被共青团张掖地委评为1996年度先进团委。团委副书记李德胜被评为全区优秀团干部。

是年，甘肃省张掖中学获得全区校园文化建设评比第三名。

是年，甘肃省张掖中学教师宋彩霞代表张掖地区参加甘肃省中学英语优质课评比活动，荣获三等奖（全省第5名）。

是年，张掖地区育才中学代表队参加张掖市第六届运动会，获中学组团体总分第二名。

是年，张掖地区育才中学投资30万元建成微机室和语音室。

1997 年

1月20日，甘肃省张掖中学党总支书记郭天金被地委、行署表彰为全区廉洁勤政好干部。

2月，教师刘佑如突患白血病，甘肃省张掖中学党总支号召全校师生募捐，收到校内外捐款共计44800余元。

3月10日，甘肃省张掖中学决定收取校园摆摊设点管理费。

3月18日，甘肃省张掖中学临时成立护校巡逻队。

是月，李诚任张掖地区育才中学工会主席。

4月，甘肃省张掖中学党总支组织党员及入党积极分子赴临泽西路军烈士陵园，缅怀先烈，接受教育。

5月，甘肃省张掖中学组队参加全区香港回归智力竞赛。

是月，张掖地区育才中学校长张大正兼任党支部书记。

6月22日，张掖地直机关工委表彰甘肃省张掖中学教师刘希龙为优秀共产党员。

是月，甘肃省张掖中学组队参加城区各中小学第八套广播体操比赛，获优秀组织奖。

7月10日，地委任命张金生担任甘肃省张掖中学党总支书记。

7月14日，甘肃省张掖中学党总支召开领导班子民主生活会，领导干部对照《廉政准则》进行自查。

是月，甘肃省张掖中学组织师生参加张掖市"庆七一、迎香港回归"大游行。

8月，地委决定张掖地区育才中学党支部升格为党总支，张大正任党总支书记。

9月4日，甘肃省张掖中学校长张金生获省"园丁奖"。

9月，甘肃省张掖中学给初一、高一年级新生配发校徽牌，武警支队官兵对其进行军训。

是月，张掖地区育才中学修建职工6号住宅楼。

10月5日，甘肃省张掖中学获地区教育处校园文化建设检查评比二等奖。

12月24日，甘肃省张掖中学校长张金生被地委、行署表彰为全区民族团结进步模范个人。

12月31日，甘肃省张掖中学教师宋彩霞被确定为1997年度张掖地区跨世纪学科技术带头人。

是年，甘肃省张掖中学退休教师严琦国被评为省级"老有所为"先进个人。

是年，甘肃省张掖中学配合张掖市拓宽修建街道工作，拆修学校大门两侧围墙80米，拆除北围墙开发门市部19间。

是年，张掖地区育才中学投资16万元新修校门。

年末，张掖地区育才中学将校园东部10.3亩土地有偿出让给地区审计处、计划处、物价处，学校土地流失面积12.7%。

1998 年

2月20日，经张掖地区妇联批复，申岩任甘肃省张掖中学妇委会主任。

3月20日，经张掖地区工会批复，王建强任甘肃省张掖中学工会主席。

3月30日，张掖地区房改办批复，同意甘肃省张掖中学将现有80套公有住房出售给本校教职工。

是月，甘肃省张掖中学改造完善档案室设施，为档案管理晋升国家二级标准做准备。

是月，张掖地区育才中学被行署教育处确立为"全区素质教育试点学校"。

4月5日，甘肃省张掖中学党总支组织党员去山丹艾黎博物馆参观，进行爱国主义教育。

4月30日，甘肃省张掖中学教师陈铭被张掖地区工会评为职业道德标兵。

是月，甘肃省张掖中学团委组织优秀团干部赴高台烈士陵园，进行爱国主义教育。

6月23日，甘肃省张掖中学党总支举行庆"七一"表彰大会。

是月，地委行署正式批准，对城区中学结构布局进行调整，张掖地区育才中学被确立为独立初级中学。

7月15日，甘肃省张掖中学调整16名教师到地区育才中学报到。

7月16日，张掖地区育才中学调整14名教师到甘肃省张掖中学报到。

8月，甘肃省张掖中学组织参加"98金马节旅游观光"活动，获先进单位奖。

是月，张掖城区普通教育结构调整，甘肃省张掖中学被确立为独立高中。

9月1日，地委行署召开表彰大会，甘肃省张掖中学张尔慧被评为优秀教育工作者，刘荣被评为优秀教师。

9月3日，甘肃省张掖中学举行结构调整后的开学典礼。全校师生向长江流域、松花江流域受灾群众捐款。捐款合计13359.5元。

9月26日，甘肃省张掖中学被地区教育处授予"全区校园文化建设先进学校"称号。

是月，甘肃省张掖中学实行年级组教研组并存、以年级组为主的管理方式。

是月，张掖地区育才中学在全区校园文化建设评比活动中，获先进单位称号。

是月，张掖地区育才中学组织全校师生开展抗洪救灾捐助活动。

10月20日，经甘肃省人民政府批准，甘肃省张掖中学校长张金生成为甘肃省特级教师。

是月，甘肃省张掖中学被甘肃省民族事务委员会、张掖地区行政公署联合表彰为民族团结进步模范集体。

是月，张掖地区育才中学校领导带领语数外三科青年教师到大窑中学考察"分层次教学法"。

11月18日，甘肃省张掖中学四号住宅楼竣工验收。

12月3日，地委讲师团来甘肃省张掖中学作"实施科教兴国战略和可持续发展战略"专题辅导报告会。

12月10日，甘肃省张掖中学档案管理晋升为国家二级标准。

12月17日，地直机关工委批复，张金生任甘肃省张掖中学党总支书记，马国瑞任甘肃省张掖中学党总支副书记。

是月，根据地委组织部文件精神，甘肃省张掖中学进行干部"三定"（出生年月、参加工作时间、学历）审定工作。

是年，张掖地区育才中学制定《法制教育规划》，并聘请法制副校长作法制报告。

是年，张掖地区育才中学被张掖市政府授予"园林化学校"称号。

是年，张掖地区育才中学在全区校园文化建设评比活动中荣获先进单位称号。

1999 年

1月1日，甘肃省张掖中学制定《张掖中学高考、会考奖励方案》。

1月14日，甘肃省张掖中学党总支通报表彰马维平见义勇为事迹。

是月，张掖地区育才中学成立内设机构教研督导室。

2月9日，甘肃省档案局授予甘肃省张掖中学"事业单位档案管理国家二级"称号。

3月23日，中共张掖市委、张掖市人民政府表彰甘肃省张掖中学为城市绿化美化活动中成绩突出的先进单位和"园林化单位"，赵治国被评为先进工作者。

4月，甘肃省张掖中学被确立为张掖师专教育教研室心理健康教育咨询试点，与张掖师专共同实施"高中生心理教育行动方案"。

是月，甘肃省张掖中学组织师生参观山丹长城博物馆和艾黎博物馆。

5月8日，甘肃省张掖中学组织高三成人宣誓仪式和谴责以美国为首的北约轰炸我驻南使馆野蛮行径的抗议大会。

是月，甘肃省张掖中学组织学生参加全区传统项目学校田径运动会，获团体总分第三名。

6月2日，地委书记洪毅来甘肃省张掖中学视察工作。

6月26日，中共张掖地委表彰甘肃省张掖中学离休干部王少峰为优秀共产党员。

6月30日，地直机关工委表彰甘肃省张掖中学教师黄兰英、杨天军为优秀共产党员。

7月12日，张掖地区育才中学召开20世纪90年代首届教职工代表大会。

9月23日，张掖地区教育处聘请史明芳兼任张掖中学法制副校长。

10月29日，甘肃省张掖中学召开行政会议，张金生传达全省教育工作会议精神。

是月，全区中小学庆祝建国50周年文艺会演，张掖地区育才中学获地直学校三等奖。

11月23日，甘肃省张掖中学确立校级骨干教师和学科带头人名单。

11月24日，地市领导在学校召开"张掖中学建设与发展现场办公会议"。

12月1日，甘肃省教委表彰甘肃省张掖中学张金生为全省民族班先进个人。

12月23日，甘肃省张掖中学综合教学楼竣工验收。

是年，甘肃省张掖中学完成对初高中实验仪器及设施清理分离，登记造册，与张掖地区育才中学进行了实验仪器设备的交换与调配。

是年，张掖地区育才中学教师参加大窑中学校长李培植来张掖进行的"分层次教学"经验交流会。

是年，行署教育处与张掖市教委对城区3所独立初中综合办学能力进行联合督导评估，育才中学名列第二。

是年，全国初中数学竞赛，张掖地区育才中学参赛学生获甘肃赛区一等奖；全国初中化学竞赛，张掖地区育才中学学生获甘肃赛区三等奖。

是年，张掖地区育才中学筹集修建学校东部花园。

是年，张掖地区育才中学党总支被地直机关工委评为先进党组织。

2000 年

1月4日，甘肃省张掖中学成立创建示范性普通高中领导小组，张金生任组长。

是月，张掖地区育才中学原校长兼党总支书记张大正退休，地委行署决定，副校长张国林负责学校全面工作，党总支副书记高红斌临时负责党总支工作。

3月14日，甘肃省张掖中学被张掖市综治委、文明委授予"安全文明小区"称号。

5月，地委、行署决定，任命闫维祯为张掖地区育才中学校长，张国林为中共张掖地区育才中学党总支书记。

6月4日，甘肃省张掖中学组织中层干部及教师代表到民乐一中参观学习。

6月13日，甘肃省张掖中学被甘肃省体育局表彰为全省群众体育工作先进集体。

6月28日，张掖地区育才中学副科以上干部、年级组长、教研组长、党支部书记一行赴民乐一中、民乐三中参观学习。

8月15日，地区教育处在甘肃省张掖中学举行学校建设发展座谈会，教育处处长杨作忠，副处长兰英文、贾天杰等参加。

8月30日，甘肃省张掖中学教师吕国强、肖培林被甘肃省教委确定为全省中小学省级学科带头人。

9月2日，张掖地区育才中学召开第一届第二次教职工代表大会。

9月22日，甘肃省张掖中学领导参加地区行署召开的广场拆迁协调会。

是月，张掖地区育才中学制定《张掖地区育才中学规章制度汇编》。

11月24日，甘肃省张掖中学和肃南一中签订对口支援协议书。

是月，张掖地区育才中学为张掖市中心广场修建捐款7010元。

12月12日，行署确定甘肃省张掖中学教师马永新、李晓明老师为张掖地区跨世纪学科技术带头人。

12月15日，甘肃省张掖中学总支成立学生业余党校，党总支副书记马国瑞任校长。

12月22日，张掖市三建五公司为甘肃省张掖中学修建综合教学楼捐资人民币11.54万元。

是月，甘肃省张掖中学和张掖地区育才中学被评为"全区中小学德育工作先进集体"。

是年，甘肃省张掖中学组织第八届校园文化艺术节"校园之声"歌咏比赛。

是年，甘肃省张掖中学组织高一、高二年级学生参观五十五旅军营，对学生进行国防教育。

是年，甘肃省张掖中学英语教师宋彩霞、吴玉梅承担的《英语阅读能力的培养》课题获甘肃省第三届基础教育科研优秀成果三等奖。

是年，由于扩建广场的需要，甘肃省张掖中学拆除房屋50多间。

是年，张掖地区育才中学团委被团地委评为先进团组织。

2001 年

1月，甘肃省张掖中学与校办工厂工人一次性补偿买断工龄后解除劳动合同。

3月2日，地区教育处在学校召开"张掖中学建设与发展研讨会"。

4月12日，中共张掖地委、张掖地区行署同意行署教育处关于张掖中学与张掖地区育才中学合并重组新建的报告，成立了"张掖中学重组建校工作领导小组"和"张掖中学重组建校筹备委员会"，各项筹备工作启动。

5月30日，行署教育处召开组建新张掖中学筹备委员第四次会议，确定了新张掖中学校园建设详细规划方案，重组新建的张掖中学迁入原育才中学校址。

是月，张掖地区育才中学拆除了20世纪60年代以来的旧平房教室。

6月1日，中共张掖地委决定，张金生任张掖中学党总支书记，闫维祯、马国瑞任张掖中学党总支副书记。

6月4日，地区行政公署任命闫维祯为张掖中学校长，毛永胜、孙立民、杨立木为张掖中学副校长，张国林、张尔慧、沈海润为张掖中学调研员。

6月8日，召开重组后的甘肃省张掖中学第一次全校教职工大会。

6月26日，张掖中学基建领导小组成立，负责全校基建领导工作。

8月10日，张掖地区行政公署审核批准了张掖中学校园建设规划。

8月15日，学校第一届教职工代表大会第一次会议召开。会议讨论、审议并通过了学校管理制度。

8月19日，甘肃省张掖中学表彰奖励2001年高考优秀学生。学校对考入北京大学的余建辉等26名优秀学生给予表彰奖励。

8月19日，张掖中学面向全省公开选拔高中优秀教师，有12名教师办理调入手续。

9月3日，中共张掖中学总支委员会进行选举，张金生任总支书记，闫维祯、马国瑞任总支副书记。

10月17日，成立张掖中学2003版校史编写工作领导小组，闫维祯任组长，张金生、张国林、张尔慧、沈海润、马国瑞任副组长，张相贤、郭天金任顾问。

12月10日，张掖中学校刊编辑委员会成立，创办校刊《教育探索》。

2002 年

1月12日，张掖中学逸夫教学楼加面扩建工程竣工验收，交付使用。

3月1日，国务院批准撤销张掖地区和县级张掖市，设立地级张掖市和县级甘州区，市委、市政府7月1日正式挂牌成立。

3月2日，学校新建2幢教学楼破土动工。

3月21日，共青团张掖中学第一届委员会改选，王学龙任书记，杨学锋任副书记。

3月25日，学校成立了"营造发展环境年"活动领导小组。

5月15日，"共青团张掖中学委员会业余青年党校"成立。

6月7日，省市领导来学校检查指导工作，省教育厅厅长李膺为学校题词"努力把张掖中学办成全省一流水平的示范性高中"。

6月28日，中共张掖中学总支委员会举行纪念中国共产党诞辰81周年活动。高三年级等2个先进支部，何正文等13名优秀共产党员、优秀党务工作者受到表彰。

7月2日，市委书记李希、市长田宝忠一行，在市教育局局长贾天杰等领导陪同下到学校视察工作。李希、田宝忠为学校题词"争创一流高中，再铸张中辉煌"。

7月22日，高考成绩揭晓，刘瑜以642分夺得全市理科状元。本年度本科上线率为23.09%，高考录取率为79.88%。

8月1日，《张掖中学教职工工作量核定办法》出台。

8月13日，张掖市检查分院政治部主任张文有被行署教育处聘为学校兼职法制副校长。

8月22日，"甘肃省延安精神研究会"接收学校为集体会员，成立"甘肃省延安精神研究会张掖中学分会"。

9月10日，学校教育科研学术委员会成立。

9月11日，学校党总支书记、特级教师张金生在工作期间突发急性心脏病，抢救无效因公殉职，享年57岁。

9月23日，学校实验活动教研组和现代信息技术教研组成立。

10月18日，学校第一届教职工代表大会第二次会议召开。

10月29日，张掖市政府对《张掖中学学校内部管理体制改革实施方案》做出批复，同意执行。

11月15日，张瑜载任学校专职工会主席。

12月16日至18日，《张掖中学各类人员聘任办法》《张掖中学对高中级专业技术人员聘任实行动态管理的实施办法》出台，下发《甘肃省张掖中学学校内部管理体制改革方案及实施细则》《张掖中学规章制度汇编》。

2003 年

2 月 4 日, 学校被张掖市教育局评为"张掖市第二批信息化花园式示范学校"。

2 月 19 日, 共青团张掖市委授予学校团委"2002 年度全市先进集体"称号。

2 月 24 日, 校团委被共青团甘肃省委表彰为"甘肃省五四红旗团委"。

3 月, 全校启动"十星级文明班级建设"活动。

3 月 25 日, 三号四号楼交付使用。北校园最后一批师生全部搬至南校园, 结束两校合并以来"两园"上课的历史。

4 月 5 日, 停办两年多的"晨铃文学社"恢复活动, 由学生会主办, 政教处、团委负责编辑并创办《晨铃》文学报。

4 月 12 日, 学校与张掖市文联共同举办"张掖中学第一届书画联谊会"。

5 月 7 日, 市委书记李希、市长田宝忠来学校视察指导工作。

5 月 10 日, 校园网站正式开通。

5 月 17 日, 第一届校园艺术节正式拉开帷幕。

5 月 23 日, 学校下发《张掖中学建校 86 周年筹备方案》。

6 月 24 日, 中共张掖中学总支委员会表彰先进党支部 2 个、优秀共产党员 10 名、优秀党务工作者 3 名。

6 月 28 日, 祝孔被张掖市委授予优秀共产党员称号。

是月, 学生公寓正式挂牌。校史馆、艺术馆、法制教育室、心理咨询室、科技展室正式建成。

7 月 3 日, 甘肃省委副书记马西林为学校题词。

7 月 12 日, 甘肃省副省长李膺、省政府副秘书长梁国安为学校题词。

8 月 1 日, 高考成绩揭晓, 刘舒怡以 591 分夺得全市理科状元桂冠, 被北京大学录取; 王震以 572 分居全市理科第二名, 焦锐以 566 分居全市第三名。

8 月 13 日, 甘肃省教育厅厅长白继忠来校视察指导工作。

是月, 学校荣获"全国职工学习党的十六大精神系列活动知识竞赛"三等奖。

9 月 4 日至 6 日, 学校举行建校 86 周年庆典活动。9 月 4 日举行教学科研学术研讨会, 9 月 5 日举行新课程学术报告会, 9 月 5 日晚在张掖市体育馆举行题为"灿烂的明天"的大型迎宾文艺晚会, 9 月 6 日上午建校 86 周年庆典仪式在学校隆重举行。

9 月 8 日, 学校表彰了 2002—2003 学年度校内先进集体 16 个、优秀教师 42 名、模范班主任 10 名、先进工作者 10 名。

9 月 25 日, 学校通过全市"信息化花园式学校"验收。

9 月 28 日, 学校省级示范性高中通过市级验收。

11 月 11 日, 中共张掖市委批复同意成立中国共产党张掖中学委员会、中国共产党张掖中学纪律检查委员会。

11月20日，学校被国家体育总局、教育部命名为100所国家级体育传统项目学校。

11月24日，吕国强任学校副校长，马国瑞任张掖市教育局调研员。

12月10日，学校评选第一届"师德标兵"。

12月19日，第二届教职工代表大会第一次会议召开。

2004 年

2月，学校中层干部实行轮岗。杨自齐任教导处主任，牛新军任科研室主任，魏剑英任办公室主任。

3月1日，学校被甘州区委、区政府确定为"区级文明单位"。

3月23日，甘肃省教育厅专家组来学校调研创建省级示范性高中工作。

4月，学校被市总工会评为"先进职工之家"。

4月23日，中国共产党张掖中学第一次党员大会召开，选出了第一届党委委员。毛永胜任党委书记，闫维祯任党委副书记，杨立木、吕国强、张瑜载、杨自齐任党委委员。

4月27日，学校首次实行副科级干部竞争上岗。

6月18日至21日，张掖市第一届田径运动会在学校举行，学校代表队获团体总分第一名。

7月12日，学校与联合国教科文组织联合举办中外师生英语夏令营活动，900多名师生参加了活动。

7月20日，高考成绩揭晓，郭静以711分的成绩摘取全省理科状元桂冠，周大苏以689分名列全省理科第37名（全市理科第二名），张园媛以662分名列全省文科第15名（全市文科第一名），吴沛芸以660分名列全省文科第19名（全市文科第二名）。

8月，校报《学校与家庭》《晨铃》在德育报社主办的全国中小学校报评比中荣获一等奖，学校被吸收为"德育报社全国校报联谊会理事单位"。

8月23日，学校被张掖市教育局、人事局授予"全市教育系统先进集体"荣誉称号。

是月，编写出版《张掖中学学生养成教育手册》。

9月17日，中科院院士李灿博士访问学校，会见全校师生，并题词"培育英才、造福国家"。

是月，学校获"张掖市'铁骑杯'职工技能（计算机）大赛"团体总分第一名。

10月，学校确定"一体两翼，研推并举"的办学特色。

10月25日，甘肃省教育厅省级示范性普通高中评估验收专家组进行评估验收，学校以936分高分顺利通过。

11月26日，"西部开发助学工程"助学金发放仪式在学校举行。

11月，学校举行师生科技作品大赛，共收到科技制作500多件，科普文章500多篇，共有54件（篇）作品和文章获奖。

12月6日，学校被甘肃省外国专家局授权获得聘请外国文教专家资格，成为当时河西五地市唯一获得这一资格的普通高级中学。

12月16日，学校被甘肃省教育厅命名为"省级示范性普通高中"。

2005 年

1月19日，张掖中学第二届教职工代表大会第二次会议召开。

1月29日，甘肃省档案局、张掖市档案局对学校档案工作按省级示范性档案室标准做了检查验收。

2月21日，学校被甘肃省档案局确定为"全省档案工作示范单位"。

2月26日，校团委被共青团张掖市委表彰为"2004年度五四红旗团委"。

3月1日，学校被张掖市委、市政府确定为"市级文明单位"。

3月2日，学校被市财政局确定为"会计基础工作规范化优秀单位"。

3月10日，全校师生举行新学期开学典礼，对100名优秀学生颁发了奖学金。

3月12日，校工会被张掖市总工会表彰为"工会工作先进单位"。

3月16日，学校被张掖市绿化委命名为"张掖市园林绿化达标单位"。

4月28日，团委召开"纪念'五四'表彰先进暨第三届青年党校学员结业典礼"大会。

是月，学校第二届科技、艺术、体育节活动开幕。

4月30日，学校举行"我为劳动而歌唱"的文艺演出，部分教师现场进行了书法、绘画等才艺展示。

5月25日，全国著名机械制造工程技术专家魏庆同教授来学校作"创新思维和创新方法"的专题报告。

6月24日，高考成绩揭晓，于冲以700分的高分夺得全省理科第二名、全市理科状元。

7月1日，学校召开庆祝中国共产党成立84周年暨表彰大会。

7月5日，学校召开"保持共产党员先进性教育"动员大会。

8月28日，学校聘请的新西兰外语教师Lorraine（劳瑞）来学校执教。

9月8日，全校师生举行新学年开学典礼。

9月20日，龚南杰、张楠等6名学生参加第22届全国物理竞赛，龚南杰和张楠分获二、三等奖。李文辉老师获优秀辅导教师奖。

9月26日，校党委组织学校全体党员到市委党校观看"甘肃省反腐倡廉大型展览"。

9月27日，学校举行2005年秋季田径运动会。

9月30日，市长何振中来学校视察调研。

10月22日，据市招生办统计，2005年学校高考录取率达86.4%，名列全市第一。

10月25日，国家审计署对学校危改资金和工程进行检查验收。

11月5日，甘肃省教育收费专项检查组一行对学校各项收费逐项进行检查。

12月6日，法制副校长、张掖市人民检察院副检察长魏文德来校作法制安全教育专题报告。

12月8日，学校被表彰为"兰州军区国防运动委员会学生军训工作先进单位"。

12月23日，学校被"德育报社校报校刊联谊会"评为"优秀理事单位"。

12月26日，学校被张掖市教育局确定为"中小学'绿色网吧'学校"。

2006 年

2月17日，校团委被共青团甘肃省委表彰为"2005年度甘肃五四红旗团委"。

2月19日，学校召开第二届教职工代表大会第三次会议。

2月22日，学校"爱心"基金会成立。

2月28日，学校被张掖市教育局表彰为"全市教育科研工作先进集体"。

是月，学校荣获工会工作先进单位称号。

3月13日，学校举行第二届"教学能手"和"师德标兵"颁奖大会，20名教师受到表彰奖励。

4月14日，学校举行"爱心"捐赠仪式，张掖市委宣传部、张掖市教育局、工会、妇联、团市委等单位领导参加活动并捐款，向第二批接受捐助的62名品学兼优的学生发放了助学金。

5月24日，张掖市委宣传部、组织部，张掖市教育局对学校思想政治工作进行全面考评验收。

5月25日，学校举行创建省级文明单位动员大会。

6月，朱多祯任副校长。

6月26日，高考成绩揭晓，张楠以679分摘取张掖市理科第一名，程雁以636分摘取张掖市文科第二名、甘州区文科第一名。

7月1日，校党委被中共中央组织部命名为"全国先进基层党组织"。

7月1日，召开庆祝中国共产党成立85周年暨表彰大会。

7月17日，学校举行高考优秀学生表彰会，对11名高考优秀学生给予表彰奖励。

张楠、龚南杰、王国澎被清华大学录取，殷晓涛被北京大学录取。

8月3日，学校撤销办公室，设立党委办公室、行政办公室、实验电教中心、督导室4个科室。

9月8日，全校师生举行"庆祝第22个教师节暨新学年开学典礼"大会，248名学生和68名教职工受到表彰奖励。

9月10日，市委副书记王锐、市政府副市长安永红到学校慰问老教师。

9月28日，学校举行秋季田径运动会，高一、高二年级800名运动员进行了23个田径项目的比赛。

10月12日，学校举行全校教职工大会，宣布11名科级干部任免决定，对公开竞聘副科级岗位的工作作了总结。

10月31日，省教育厅副厅长旦智塔到学校视察工作。

11月1日，市教育局、市"纠风办"检查组来学校组织行风建设评估，综合评估学校名列全市第一。学校被确定为"行风评议活动优秀单位"。

11月23日，航空航天专家、上海市十大杰出青年、上海航天局朱芝松校友回访母校。

12月22日，学校被中共甘肃省委、甘肃省人民政府表彰为"省级文明单位"。

12月25日，学校被省总工会表彰为"甘肃省模范职工之家"。

2007 年

1月22日，第三届教职工代表大会第一次会议召开。

2月7日，学校被市委、市政府授予"全市平安单位"荣誉称号。

3月21日，学校被市委、市政府表彰为"全市绿化造林先进单位"。

3月22日，学校举行第三次爱心助学捐助仪式，全校师生向学校"爱心基金会"捐资50603元，发放捐助款19700元，80名学生受助。

4月22日，河西28所普通高中105名代表参加的"甘肃省河西五市普通高中联合会成立大会暨第一次会议"在学校隆重举行。

4月29日，"全国亿万学生阳光体育活动张掖市中小学生参加活动启动仪式"在学校隆重举行。

5月20日，国家七部委领导来学校检查规范教育收费、治理教育乱收费情况。

6月10日，学校塑胶操场修建工程启动。11月18日竣工，12月10日投入使用。

6月21日，张瑜载任纪委书记。

6月27日，学校举行第一届教育科研工作大会，对学校重组六年来教育科研工作进行了总结，对39名教育科研工作先进个人进行了表彰奖励。

6月29日，校党委举行纪念建党86周年暨表彰大会，表彰先进党支部1个、优秀党员 12 名、优秀党务工作者 6 名。

7 月 18 日，学校对 2007 年高考取得优异成绩的 14 名学生给予了奖励。俞静、周涛被清华大学录取，王炎被北京大学录取。

9 月 4 日，学校被国家教育部、人事部表彰为"全国教育系统先进集体"。

9 月 7 日，全市"庆祝第 23 个教师节暨表彰大会"在学校举行，市委常委、宣传部部长徐永成，市人大副主任谈树德、副市长周双喜及市教育局局长王兵出席会议，市委、市政府为学校颁发高考奖金 10 万元。

10 月 30 日，学校被市文明办、教育局、环保局命名为"绿色文明学校"。

是月，共青团甘肃省委、甘肃省青年联合会授予学校学生会"甘肃省优秀学生会"荣誉称号。

11 月 1 日，学校举行第四批"爱心助学"捐赠发放仪式，发放助学金 20045 元，101 名学生受到资助。

11 月 6 日，学校通过市级"信息化花园式学校"复评验收。

11 月 12 日，学校被张掖市纪委命名为张掖市"廉政文化建设示范点"。

11 月 22 日，学校举行第二届共青团员代表大会，选举产生了共青团第二届常务委员会。

11 月 30 日，38 所普通高中 136 名代表参加的"甘肃省河西五市普通高中教育联合会第一次会议暨河西高中校长论坛"在学校举行。

12 月 21 日，学校被甘肃省总工会授予"模范职工之家"荣誉称号。

2008 年

1 月 16 日，学校第三届教职工代表大会第二次会议召开。

2 月，学校英语学科组被甘肃省总工会授予"甘肃省五一巾帼奖"。

3 月 19 日，学校成立"文化建设策划领导小组"，全面启动学校文化建设工作。

3 月 25 日，学校举行第五批"爱心助学"捐赠发放仪式，发放助学金 8 万元，148 名学生受到资助。

是月，学校获市级工会工作先进单位称号。

5 月 15 日，学校举行"情系灾区、抗震救灾募捐仪式"，全校师生为汶川地震灾区捐款 138647.9 元。

5 月 20 日，学校举行第六批"爱心助学"捐赠发放仪式，发放助学金 3 万元，100 名学生受到捐助。

5 月 28 日，学校举行特殊党费缴纳仪式，152 名共产党员共为地震灾区缴纳特殊党费 57420 元。

6 月 22 日，高考成绩揭晓，秦丹阳、贺阿亚达分别获全市文理科状元。7 月，秦丹阳、贺阿亚达被清华大学录取。

6月30日，学校召开"庆祝中国共产党成立87周年暨表彰大会"，表彰先进党支部1个、优秀党员13名、优秀党务工作者5名。

8月3日，学校举行高考优秀学生表彰会，对秦丹阳、贺阿亚达等15名高考优秀学生给予表彰奖励。

9月10日，市委常委、宣传部部长徐永成，副市长董永芳及市教育局局长王兵来学校庆祝第24个教师节，并为学校颁发高考奖金10万元。

9月26日，学校举行2008年秋季田径运动会。

9月，学校被中共张掖市委评为"张掖市离退休教育工作先进单位"。

11月8日，省教育厅对学校进行省级示范性高中督导复评。

11月20日，市委常委、宣传部长徐永成等领导来学校调研精神文明建设和文化建设工作。

12月29日，学校被张掖市教育局命名为"首批市级语言文字规范化示范校"。

2009 年

1月11日，学校第三届教职工代表大会第三次会议召开。

1月18日，校团委被共青团甘肃省委表彰为"2008年度甘肃省五四红旗团委标兵"。

2月13日，校团委被共青团张掖市委表彰为"2008年度先进团委"。

2月26日，学校工会被张掖市总工会表彰为"工会工作先进单位"。

3月20日，学校被甘肃省总工会表彰为"甘肃省厂务公开民主管理先进单位"。

3月20日，市教育局组织的"2009年语、数、外高考研讨会"在学校进行。

3月24日，学校举行"爱心基金会"第四次捐助活动，全校师生共计捐款67135.7元。

3月26日，学校举行第七批"爱心基金"助学金发放仪式，发放助学金30233元，受助学生100人。

4月20日，学校被甘肃省总工会授予"甘肃省五一劳动奖状"。

4月23日，校团委被共青团张掖市委表彰为张掖市"五四红旗团委"。

5月8日，学校通过"省级示范性普通高中"督导复评，12日，省教育厅对复评情况进行通报。

5月22日，学校获得"第七届全国中小学思想道德建设优秀展评活动先进学校"和"集体一等奖"的荣誉称号，36名教师的论文、教育案例、调研报告分获一、二等奖。

5月31日，学校被甘肃省教育厅确定为甘肃省普通高中课程实验样本校。

6月1日，学校英语学科组被甘肃省城镇妇女"巾帼建功"活动协调领导小组表彰为全省"巾帼文明岗"。

6月28日，高考成绩揭晓，全市文理科前10名中，学校共计6人；全市文理科600分以上共计48人，学校占13人。普通本科以上上线率为38.73%，位居全市各普通高中第二位。

6月30日，学校党委召开"庆祝建党88周年暨表彰大会"，表彰先进党支部1个、优秀共产党员15人、优秀党务工作者4人。

7月10日，学校表彰第三届教学能手。

7月14日，学校表彰第三届师德标兵。

8月18日，学校被张掖市语言文字工作委员会办公室评为"张掖市城区中小学社会用字调查实践活动先进学校"。

8月25日，高三年级组被甘肃省妇联表彰为"甘肃省三八红旗集体"。

8月31日，学校被中共张掖市委表彰为"全市思想政治工作先进集体"。

9月17日，"张掖市中小学精神文明建设现场会"在学校隆重召开，会议由市教育局局长王兵主持，市委常委、宣传部长徐永成等领导参会。

9月29日，市直学校深入学习实践科学发展观活动领导小组来学校检查指导学习实践活动。

9月28日，学校举行秋季田径运动会，共有近1200名学生、200名教师参加了14个单项5个团体项目的比赛。

10月12日，学校被市委组织部表彰为"2009年全市党刊发行征订先进单位"，获三等奖。

10月16日，省、市文明委领导来学校进行"甘肃省精神文明单位"复评检查工作。

10月27日，学校与天津市第四十五中学签订《缔结友好合作学校协议书》。

11月2日，2008年度党风廉政建设责任制考核，学校领导班子被评为"好班子"。

11月13日，张掖市人民政府决定，政府2号锅炉房拆除，锅炉房用地无偿划拨张掖中学使用。

12月3日，校园网站被张掖市教育局评为"2009年度全市十佳校园网站"。

12月22日，张掖市委"学习实践活动领导小组"第三指导检查组指导推进学校整改阶段工作，学校召开了"学习实践科学发展观活动整改落实推进工作会议"。

12月29日，张掖市人民政府市长办公会议决定，同意学校在目前专业技术人员聘任限额之外，对取得高级教师专业技术职务任职资格的教师予以聘任。

2010 年

1月22日，学校第四届教职工代表大会第一次会议召开。

3月1日，由教育部主办的"第三届全国中小学生艺术展演"在上海举行，学校艺术团29人代表甘肃省演出的舞蹈《红缨帽子》荣获"中学组二等奖"。

3月5日，学校获"2009年市直学校目标责任书完成情况一等奖"。

3月19日，学校组队参加了2010年张掖市高中生运动会。

3月23日，学校举行了"第五次爱心捐助活动、'爱心基金会'第九批爱心捐款发放暨中国教育基金会助学金发放仪式"，全校教职工捐款23520元，学生捐款42411.8元，150名同学得到8万元的资助。各班开展了"爱心捐助和感恩教育"为主题的教育活动。

4月8日，学校召开"特色学校建设研讨会"，印发《张掖中学创建特色学校方案》。

5月4日，学校召开校园安全工作会议，并与各科室签订了安全目标责任书。

5月7日，中共张掖市委书记陈克恭到学校视察工作并进行调研。

5月20日，由甘肃省教育厅、甘肃省教科所确定，甘肃省高中教育委员会主办的"甘肃省普通高中新课程实验校长论坛"会议在张掖中学举行，来自全省的260余名高中校长参加了会议。

6月18日，张掖市中学生篮球运动会在学校举行，学校代表队获得男子篮球第二名、女子篮球第三名的好成绩，并获得"体育道德风尚奖"。

7月1日，学校党委举行"建党89周年纪念暨表彰大会"，表彰先进集体1个、优秀党务工作者4人、优秀党员15人。

7月3日，高考成绩揭晓，二本以上上线率达41.02%，居张掖市各普通高中第一。

7月8日，学校被教育部中国教师发展基金会表彰为"全国'十一五'教育科研先进集体"。

7月28日，学校获"张掖市第三届青少年科技创新大赛优秀组织奖"。

7月，学校工会被中华全国总工会评为全国"职工书屋示范点"。

8月，学校工会被甘肃省总工会评为全省"优秀职工书屋"。

8月6日，学校参加甘肃省第一届中学生运动会，篮球比赛获第四名。

8月21日，校友朱芝松为学校赠送航天航空模型。

8月30日，全校师生举行新学年开学典礼，对2009—2010学年度三好学生、优秀学生干部、文明礼貌优秀学生和优秀宿舍进行表彰奖励。

9月10日，召开"庆祝教师节暨表彰大会"，表彰2009—2010学年度先进集体11个、优秀班主任13人、优秀教师32人、先进工作者18人。

9月14日，市教育局对学校安全工作进行检查。

9月16日，全体教职工参加了"规范语言文字培训会"。

9月28日，学校举行第八届秋季田径运动会，全校41个班级1420名运动员参与了14个大项的比赛。

10 月 15 日，中共甘肃省委思想政治工作检查组来学校检查指导工作。

11 月 30 日，学校获市纪委、市教育局"我做廉洁小卫士"征文大赛活动"优秀组织奖"。

12 月，学校获得"2010 年度全市十佳校园网站"称号。

12 月 8 日，甘肃省外专局、公安厅、外事办、教育厅四部门检查组来校检查学校外教工作。

12 月 28 日，学校被确定为"甘肃省教育学会高中教育委员会会员单位"。

2011 年

1 月 16 日，学校第四届教职工代表大会第二次会议召开。

2 月 25 日，学校获"2010 年市直学校目标责任书完成情况一等奖"。

2 月 28 日，《张掖中学禁烟工作实施方案》出台，积极创建无烟学校。

3 月，学校相继出台《中层以上干部常规及目标管理服务工作评价考核实施办法》《班主任、年级组长、教研组长等工作评价考核实施细则》《教职工常规工作评价考核细则》《教师教学工作评价考核细则》《处科室工作人员工作评价考核细则》《骨干教师、拔尖人才、学术学科带头人工作评价考核细则》6 个文件。

4 月 5 日，学校举行第六次"爱心基金"捐助活动，全校教职工捐款 21100 元，学生捐款 51193.6 元，100 名同学得到 30000 元的资助。

4 月 12 日，市人大常委会对学校"五五"普法工作进行调研检查。

4 月 22 日，由甘肃省教育厅、甘肃省教科所、兰州一中、兰州二中等单位专家组成的工作组来学校进行"全省普通高中新课程实验跟进调研张掖反馈会"。

4 月 25 日，全市"科普大篷车进百校活动"和学校"科技活动周启动仪式"在学校举行。

5 月 11 日，学校爱心基金会及师生为患白血病的学生段雅晴捐款 32718 元。

6 月，高考成绩揭晓：郭芳君、卢春宏 2 名同学获全市理科状元和全市理科第三名（全省理科第 28 名和第 48 名），被清华大学、北京大学录取；闫瑾、赵宸、张宁 3 名同学获全市文科第 3、4、5 名（全省文科第 41、48、49 名）；重点上线 168 人，上线率 12.68%，普通本科以上上线 541 人，上线率 40.83%；重点上线率和普通本科以上上线率位居全市第一，各学科平均分全部超过兄弟学校。

9 月 16 日，上海航天技术研究院朱芝松院长回访母校，向张掖市中小学捐赠航天模型，捐赠仪式在学校科技广场举行。

11 月 18 日，学校爱心基金会及教师学生代表为患白血病的毕业生段雅晴第二次捐款 30128 元。

11 月 21 日，上海市七宝中学校长兼党委书记仇忠海一行 9 人来学校参观考察，学校与上海七宝学校签订《友好协议书》，两校缔结为友好学校。

11 月 23 日，酒钢三中领导和教学骨干一行 18 人应邀来学校听课交流，指导教育教学工作。

11 月 29 日，学校举行"甘肃省普通高中家庭经济困难学生助学金发放仪式"，共发放助学金 108 万元，惠及 1440 名学生及其家庭。

12 月 20 日，高三年级为学生家长举办"家有考生——与孩子共同赢得高考"的辅导讲座。

2012 年

1 月 12 日，学校第四届三次教代会召开。

3 月 2 日，在学术报告厅举行第十二批爱心基金发放仪式，共发放爱心基金 3.4 万元，受助学生 68 名。

3 月 4 日，校领导班子成员到民乐县新天镇山寨村践行"联村联户为民富民"行动，拿出自己年度考核所获奖金，给予 7 户困难农户每户 5 百元的资助。

3 月 14 日，校党委书记毛永胜和有关科室人员前往"双联"村——民乐县新天镇山寨村，为该村小学捐赠 150 套标准升降式课桌椅，总价值 16950 元。

3 月 26 日，学校开展第十七个全国中小学安全教育日活动。

4 月 2 日，校党办、团委组织 200 多名师生代表赴甘州区高金城烈士纪念馆举行以"缅怀革命先烈，传承革命精神，励志奋勇前进"为主题的教育活动。

5 月 19 日，一线教育家讲坛"全国中小学班主任整体管理能力高级研讨班"在学校举办，全体班主任、45 岁以下教师和来自青海、内蒙古及河西五市共 500 多名教师参加了研讨培训。

5 月 27 日，校班子成员到"双联"村——民乐新天镇山寨小学，为该校捐赠 120 吨水泥，用于改善校园环境，价值 39600 元，同时捐赠电脑 10 台。

6 月 15 日，普通高中国家助学金发放仪式在学校举行，共为 1101 名学生发放助学金 82.58 万元。

是月，高考成绩揭晓：绪亮和袁伟涵 2 名同学分别包揽了全市文理科状元；9 名同学跻身全省文理科前 100 名，6 名同学进入全市文理科前三甲之列，袁伟涵、安振华、舒涛被清华大学录取。

8 月 8 日，学校举行高考优秀学生表彰会，对 6 名优秀学生给予表彰奖励。

8 月 29 日，由市政府召开的全市群众体育工作先进集体和先进个人表彰大会上，学校荣获"全市群众体育工作先进集体"荣誉称号。

9 月 7 日上午，学校隆重举行"庆祝第 28 个教师节暨表彰大会"，对 11 个先进年级组、先进学科组和 65 名优秀班主任暨优秀教师、优秀教育工作者予以了表彰。

9月7日下午，全校师生4000多人走上街头，参加全市万名师生美化张掖活动，对市区划定的街道路面进行了彻底的清理打扫。

9月10日，市委书记陈克恭看望慰问退休老教师周光汉和原党总支书记郭天金。

9月27日，学校举行了以"开展阳光体育，展现青春风采"为主题的秋季田径运动会。

10月18日，经市委、市政府积极争取，确定上海复旦大学附属中学同张掖中学建立友好合作交流关系。同日，由市教育局局长郑生新陪同，上海复旦大学附属中学党委书记王德耀莅临学校参观视察。

12月3日，由张掖市司法局、市依法治市办、市教育局、张掖中学联合举办的"12·4全国法制宣传日暨法律进校园集中宣传月"启动仪式在学校举行。市委常委、政法委书记韩正明，副市长关尧出席。各县区司法局代表及全校师生近4000人参加启动仪式。

2013 年

1月，学校团委被共青团张掖市委表彰为2012年度"全市先进团组织"。

2月，学校获市教育局2012年度市直学校目标责任考核一等奖、市直学校安全工作考核三等奖。

3月13日，《张掖中学节能减排工作实施方案》出台。

4月2日，学校举行第八次爱心捐助活动。全校师生捐款147613.9元，是历年来最多的一次。

5月14日，学校与西来寺社区、南街派出所共同举办了心理健康教育专题讲座，高二年级1200多名师生参加了听讲。

5月20日，校长办公会研究决定，建设学校心理健康教育辅导室。

6月13日，学校男子篮球队代表张掖市代表团参加甘肃省第二届中学生运动会，获先进集体二等奖。

6月23日，高考成绩揭晓：郭小雨以596分并列全市文科第二名；王莅晟等20名同学（全市77人）取得高考理科600分以上优异成绩。

6月28日，上海复旦大学附属中学考察组在校长郑方贤教授、党委书记王德耀教授率领下，与学校进行了交流合作，签订友好学校合作协议。

7月，学校被甘肃省化学奥林匹克竞赛委员会评为甘肃省化学奥林匹克竞赛明星学校。

8月11日，台湾昆山科技大学创办人李正合先生（1943届校友）为母校捐赠电脑8台。

9月2号，在升旗仪式上隆重举行2013年新教师宣誓仪式。

9 月 10 日，举行 2013—2014 学年度开学典礼暨庆祝第 29 个教师节表彰大会。

9 月 27 日，市教育局在学校召开全市普通高中新课程实验观摩交流会议。

9 月 28 日，学校举行 2013 年秋季田径运动会，本次运动会有 46 个班级的 920 名运动员参加了男女共 18 个单项、3 个混合项目的比赛。

10 月 7 日，上海复旦大学附属中学 45 名师生来到学校，进行为期一周的社会实践调研活动。

11 月 11 日，学校选派 23 名教师参加全市高中优质课比赛，获一等奖 4 人，二等奖 9 人，三等奖 7 人。

11 月 5 日，市委、市政府宣布张掖中学领导班子调整，毛永胜任张掖中学校长、党委副书记，丁一任党委书记、副校长，王常青任党委委员、纪委书记，王学龙和李富贵任党委委员、副校长。

12 月 27 日，学校举行第四届"师德标兵"表彰会。

是月，学校被张掖市教育局授予"张掖市艺术教育特色学校"称号。

是月，学校被省教育厅、省科学技术厅、省科学技术协会表彰为"2013 年度甘肃省科技创新实验学校"。

2014 年

1 月 16 日，学校五届二次教职工代表大会召开。

1 月 27 日，学校被中共甘肃省委宣传部、甘肃省文明办、甘肃省教育厅表彰为"甘肃省首批中小学德育示范学校"。

2 月 23 日，学校召开第二批党的群众路线教育实践活动部署动员大会。

2 月 27 日，高三年级举行高考备考百日誓师动员大会。

3 月 5 日，校团委组织学校 1300 多名青年志愿者参加了"2014 年市、区青年志愿服务日活动"。

3 月 7 日，校党委组织中心学习组成员及党员代表，赴甘州区高金城烈士纪念馆开展以"缅怀革命先烈，坚定理想信念，密切联系群众，提升办学质量"为主题的革命传统教育实践活动。

3 月 10 日，学校球类运动会开幕。

3 月 23 日，4 月 14 日，市委第 11 督导组在学校组织召开党的群众路线教育实践活动研讨交流会。

4 月 23 日，高一年级举行"实践社会主义核心价值观"主题演讲比赛。

4 月 24 日，副市长王方太来学校进行调研。

5 月 8 日，校团委组织开展纪念五四运动 95 周年表彰活动及业余党校学员结业典礼。

5月12日，市委第11督查组来校对党的群众路线教育实践活动第一环节工作进行专项督查。

5月14日，高三年级举行了主题为"十八岁的铿锵号角"成人宣誓仪式。

5月29日，学校领导、中层干部到民乐新天镇山寨村山寨小学进行了"联村联户、为民富民"捐赠活动。

5月30日，2014届高三年级学生毕业典礼。

6月5日，学校被甘肃省体育局、甘肃省教育厅命名为"全国阳光体育科学健身校园活动学校"。

6月13日，民盟张掖中学支部举行换届选举大会。

6月18日，市委第11督导组就群众路线教育实践活动情况，与学校领导班子成员开展谈心谈话活动。

6月21日，以"培育和践行社会主义核心价值观"为主题的张掖市教育系统理论宣讲志愿者报告会在学校举行。

6月23日，高考成绩传来喜讯：600分以上考生理科18人，文科3人，其中5名同学进入全市文理科前10名，10名同学进入甘州区文理科前10名；一本上线人数比去年增加12人，二本上线人数突破700人大关，本科上线率89.44%，比去年提高4.16个百分点。

6月24日，学校举行"七一"表彰大会，庆祝建党93周年。

6月30日，校党委组织全体党员到山丹艾黎博物馆参观。

9月9日，市委副书记、市长黄泽元，副市长王向机一行看望慰问学校退休老教师周书铭、张尔慧。

9月10日，学校举行庆祝教师节暨表彰大会。

9月18日，学校被省教育厅确定为甘肃省中小学心理健康教育特色学校首批创建学校。

9月23日，复旦大学校长杨玉良院士在市委常委、宣传部长康清，河西学院校长刘仁义陪同下访问了学校。

9月24日，校长毛永胜与复旦大学附属中学上海浦东分校校长虞晓贞签订了友好学校合作协议。

9月28—30日，学校举行2014年秋季田径运动会。

10月11日，复旦大学附属中学副校长杨士军在学校作了题为《带给学生更宽广的教育——因材施教培养模式的有效实践》的学术报告。

10月17日，学校举行党的群众路线教育实践活动总结大会。

11月11日，学校举行"文祥民间慈善扶教助学"资助捐赠仪式。

11月21日，学校举行"爱心基金"发放仪式。

12 月 2 日，甘肃省消防协会教官为学校师生进行了消防知识讲座。

12 月 17 日，中共张掖市委书记毛生武来学校视察工作。

2015 年

1 月 8 日，学校内设机构更名：教导处更名为教务处，政教处更名为德育处。

1 月 9 日，学校中层干部实行轮岗。

1 月 14 日，张掖中学第五届教职工代表大会第三次会议召开。

2 月 10 日，校长毛永胜、纪委书记王常青带领相关科室人员，到民乐县新天镇山寨村看望慰问"双联户"，开展送温暖春节慰问活动。

3 月 7 日，高三全体教师及部分联系学科领导，分学科赴山丹一中、高台一中参加张掖市 2015 年高考大纲解析研讨会。

3 月 8 日，高一年级全体师生参加全省"3·12 植树节暨保护母亲河建设美丽家园"活动启动仪式。

3 月 9 日，学校被市教育局评为"2014 年度教育系统宣传工作先进单位"。

3 月 18 日，校团委被共青团张掖市委表彰为"2014 年度全市共青团工作先进团组织"。

3 月 25 日，学校召开全校教职工大会，13 名教师进行副科级干部上岗竞聘。

3 月 26 日，学校被中共张掖市委"双联"行动协调推进领导小组授予"全市联村联户为民富民行动先进单位"。

3 月 31 日，校党委会议确定 10 名中层拟聘任人选及岗位。

4 月 10 日，高一全体师生义务植树。

4 月 15 日，共青团张掖中学第三次代表大会召开。

4 月 20 日，学校召开距高考 50 天誓师大会暨联考表彰会。

4 月 22 日，高三年级召开学科质量分析会。同日，妇委会召开换届选举大会。

4 月 30 日，校长办公会议决定，8 人被聘任为中层干部。

5 月 6 日，学校举行 2015 年春学期"爱心基金"发放仪式。受助学生 64 人，受助金额 32000 元。

5 月 9 日，学校召开住校生搬迁工作会议。

5 月 9 日，2015 年张掖市高中学生田径运动会在学校进行。

5 月 20 日，团委举办"纪念'五四'运动 96 周年暨表彰大会"。

5 月 21 日，学校出台《张掖中学德育工作规划》。

5 月 29 日，学校举行高三年级"十八岁成人仪式"暨毕业典礼。

是月，教师郭维、梁秋燕率领学校"数模星空"社团组队参加 2015 年第 18 届美国高中生数学建模赛获奖。

6月6日，学校设置全市50个高考理科考场，103名教师分别赴高台县、山丹县及肃南县进行高考监考。

6月10日，学校组织高三教师一行60人，赴复旦大学附属中学进行参观学习。

6月11日，市委、市政府召开全市民族工作会议暨第七次民族团结进步表彰大会，学校被授予"全市民族团结进步模范集体"荣誉称号。

7月1日，学校隆重召开党建工作暨表彰大会，纪念中国共产党成立94周年。

7月11日，学校被张掖市教育局表彰为张掖市青少年校园足球联赛高中组第一名。

7月20日，学校被甘肃省教育厅命名为"甘肃省中小学心理健康教育特色学校"。

8月1日，学校投资54万元，建成了高清自动五机位录播室；投资10万元建成正合计算机教室。更换了校园网站服务器、网管机、网络交换机。

8月21日，学校被国家教育部命名为"全国青少年校园足球特色学校"。

9月2日，台湾昆山大学创始人李正合回访母校。

9月8日，全校举行2015—2016学年度开学典礼。

9月9日，学校召开全校教职工大会，庆祝教师节暨表彰先进。

9月18日，复旦大学附属中学90多名师生分两批到学校参加"菁英培养计划"社会实践活动。

9月20日，学校参加全市纪念抗日战争暨世界反法西斯战争胜利70周年文艺演出。

9月30日，学校被市教育局、市卫生和计划生育委员会、市食品药品监督管理局命名为第一批市级"健康校园"。

10月9日，学校被国家教育部确定为"第一批全国学校体育工作示范学校"。

10月10日，爱心基金会举行2015年秋学期爱心卡发放仪式。

10月20日，学校下发《张掖中学卓越班教育教学管理实施方案》《张掖中学教师次第成长平台设置及管理办法》《张掖中学骨干教师考核办法》。

10月27日，高一年级举行了"诚勤博雅，追求卓越，书香校园，诗韵张中"诗歌朗诵演讲比赛。

11月13日，学校组织34名学生到复旦大学附属中学进行为期9天的"励志卓越"游学活动。

12月15日，高二年级举行"铸就诚勤博雅品质，做卓越张中学子"的演讲比赛活动。

2016 年

1月15日，学校六届一次教工代表大会召开。党委书记、副校长丁一致开幕词，校长、党委副书记毛永胜作工作报告。89名正式代表、8名特邀代表和2名列席代表出席了大会。

是月，学校投资 230 万元，为全校 72 个教室安装高清超短焦距互动投影仪。

2 月 27 日，张掖市 2016 年新课程高考大纲解析与命题趋势研讨会在张掖中学举行。会议邀请全国高考试题命题与阅卷权威专家及先期进入新课程实验的北京等多地 9 名资深专家作了专题讲座，全市各普通高中校长及一线教师共 640 人参加了会议。

3 月 9 日，学校被市教育局评为 2015 年度教育系统宣传工作先进单位。祝孔荣获 2015 年度教育系统宣传工作先进工作者称号。

3 月 13 日，北京红西路军研究会胡滨江、刘延淮一行 11 人到学校考察远程教育工作。

3 月 18 日，校党委召开中心组学习扩大会议，对开展"两学一做"学习教育进行动员安排部署。

3 月 22 日，学校召开德育研讨及安全工作会议，会议由党委书记丁一主持，五位教师在会上作了德育工作研讨交流。

3 月 23 日，学校召开教职工大会，市委宣布任免决定：王学舜任张掖中学校长、党委副书记，张掖中学原校长、党委副书记毛永胜调张掖市政府教育督导室任副总督学。

3 月 28 日，张掖市事业单位登记管理局更换张掖中学《事业单位法人证书》。

3 月 29 日，学校参加 2016 年张掖市高中生球类运动会，获团体第五名、男子篮球第四名、女子篮球第三名、女子排球第四名、乒乓球男子团体第五名。

3 月 30 日，甘南藏族自治州合作藏族中学刘四湖一行 16 人来学校考察学习省级示范校创建工作。

3 月 31 日，学校举行 2016 年春学期"爱心基金"发放仪式，85 名学生受助，资助金额 42500 元。

4 月 6 日，张掖中学召开六届一次教职工代表大会第二次会议，补选王学舜为张掖中学教代会代表、张掖中学教代会主席团成员和常务委员会委员；通过了拆建一号楼、筹备百年校庆的决议，并对试用期满科级干部进行了述职考核。

4 月 13 日，学校组织 50 名教职工、600 余名青年志愿者赴甘州区现代畜牧业产业园区开展了义务植树活动。学校共种植各类树苗 12000 余株。

4 月 22 日，学校举行"2016 届 18 岁成人仪式暨距高考 40 天备考誓师大会"。校领导、高三年级全体师生及 600 余名家长参加了大会。

4 月，在甘肃省第五届中小学生艺术展演活动中，作品《反璞系列》荣获艺术作品中学甲组一等奖；节目《春到湘江》《查尔达什舞曲》荣获艺术表演类中学甲组二等奖。

4 月 29 日，学校开始拆除已被鉴定为 D 级危楼的一号楼。该楼建于 1982 年，建筑面积 3400 平方米，砖混结构。

5 月 14 日，召开春学期家长会，党委书记丁一主持会议，校长王学舜作了视频讲话。

5月22日，市林业局原办公楼主楼移交张掖中学使用。

5月24日，学校被中共甘肃省委宣传部、省委统战部、甘肃省民族事务委员会命名为甘肃省第三批"民族团结进步创建活动示范单位"，并颁发了奖牌。

5月27日，高一年级举行张掖中学"人文张中"课本剧大赛。

5月28日，教育系统"两学一做"学习教育主题演讲会在张掖中学举行。

6月6日，学校建成卡索3D创客实验室。这是1991年毕业的校友李琛为母校百年华诞敬献的礼物。

6月12日，学校组织60余名教师到复旦大学附属中学考察学习。

6月13日，学校组织学科骨干教师26人前往河南西峡一高进行了区域教育均衡发展论坛暨"三疑三探"教学模式实操培训。

6月22日，高考成绩揭晓，学校600分以上学生13人，一本上线人数280人，二本上线人数689人，三本以上上线人数1017人，马子超取得甘州区文科第一名的好成绩。

6月30日，学校召开纪念建党95周年暨表彰大会，对19名优秀党员、4名优秀党务工作者进行了表彰奖励。

是月，学校参加张掖市青少年校园足球联赛，获高中组第一名和道德风尚奖。

是月，高考成绩揭晓：理科一本上线率高达30.88%，文科上线率为27.04%，一本总上线率为29.79%，居全市第一。理科范思源659分，被北京大学录取。

7月9日，退休高级教师周光汉因病去世，享年92岁。周光汉曾被国家教育部表彰为"五讲四美"为人师表活动优秀教师。

7月20日，学校开始对原2、3、4号教学楼已渗漏的卫生间进行改造，对三栋教学楼外墙进行喷漆装修，对原4号教学楼内墙进行粉刷，维修更换了操场草坪和跑道。

是月，学校被张掖市人民政府表彰为"全市群体体育先进集体"。

是月，学校参加张掖市第四届运动会，荣获跳绳（高中组）女子团体第一名，全队优秀组织奖。荣获"体彩杯"高中组男子足球第一名、男子篮球第三名。

7月28日，校友李正合一行回访母校。

8月，学校荣获甘肃省2016年"我爱足球"中国足球民间争霸赛（甘肃赛区）海选赛第一名。

9月9日，全校召开庆祝第32个教师节暨表彰大会，对63名先进个人、10个先进集体进行了表彰奖励。

9月16日，高三年级进行2016—2017学年度第一学期第一次学情诊断考试。

9月，学校细化级部管理，每年级设2个级部，实行部主任、级部支部书记负责的管理机制。

10月7日，高三年级进行2016—2017学年度第一学期第二次学情诊断考试。

10月9日，学校党委召开党员大会，选举丁一为张掖市第四次党代会代表。

10月12日，学校党委书记丁一主持召开百年校史编纂工作会议，校长王学舜参加，百年校史编纂工作正式启动。

10月13—14日，高一、高二年级进行了2016—2017学年度第一学期第一次学情诊断考试，采取学校统一组织、考教分离、交叉命题、考生交叉编排的考试方式。

10月14日，学校召开2016—2017年度高考工作会议，签订高考目标责任书，下达了高考任务指标。

是月，学校与宁夏中卫中学、内蒙古集宁一中签订《共建中国西部教育均衡发展联盟协议书》，学校派70多名教师到内蒙古集宁一中、宁夏中卫中学交流学习。

11月10—17日，复旦大学附属中学43名师生赴学校进行了"菁英培养计划"社会实践活动。

11月16日，全校师生参加"我的大学梦"距高考200天誓师动员大会，中原基础教育院培训中心李帅老师为学生作励志演讲。

是月，学校被中共张掖市委、张掖市人民政府表彰为2011—2015年全市法治宣传教育先进单位。

12月13日，根据省教育厅关于开展2015—2016年度"一师一优课、一课一名师"活动的通知精神，学校组织教师开展晒课活动，有14名教师获一等奖，9名教师获二等奖。

12月6日—12日，山丹一中、民乐一中，陇南宕昌一中，民勤一中、民勤四中领导、教师先后到学校参观交流学习。

12月12日—16日，全校以大学科组形式开展"疑探教学"外出培训心得及校本研训活动经验交流汇报会。

12月14日，张掖中学农场（原育才农场）按照市政府要求移交张掖市现代农业投资股份有限公司。

12月15日—16日，高三年级学生参加张掖市高三联考，进行2016—2017学年度第一学期第四次学情诊断考试。

12月19日，学校组织高三卓越班学生到肃南祁连山国际滑雪场开展"行走课程，社会实践"的滑雪活动。

12月22日，学校举办迎新年"卓越杯"学生声乐、器乐比赛活动。

12月25日，全市"非遗文化赠书"活动在学校举行，高二年级全体师生参加。

12月26日，市档案局考核组来学校考核档案工作，考核结果为优秀。

12月30日，工会组织教职工在学校运动场举行徒步行走竞赛活动。

是月，学校参加全市高中优质课竞赛活动，10名教师获一等奖，8名教师获二等奖，3名教师获三等奖。

是月，学校获2016年张掖市中小学校园足球"星级"锦标赛高中组第一名。

是月，甘肃省中小学教育教学优秀论文（教学设计、案例）、课题阶段性成果评选中，学校4名老师获奖：一等奖2人，三等奖2人。

是年，学校对固定资产进行了明细清查。

2017 年

1月4日，学生公寓区拆迁。

1月10日，市委第四考核小组考核学校的领导班子。

1月14—15日，学校六届二次教代会召开。

1月20日，学校派专人赴民乐县南丰乡黑山村，对六户贫困家庭进行春节慰问。

2月13日，学校组织高一、高二部分师生赴衡水一中和成都参观学习。

2月24日，召开全校教工大会，党委书记丁一主持，校长王学舜对新学期的工作提出了明确要求，副校长王学龙、李富贵分别汇报了赴衡水一中和成都参观学习的情况。

3月18日，学校举办了2017年全省联考表彰奖励暨距高考80天励志誓师动员大会，高三年级全体师生和学生家长参加。

3月22日，学校召开党员大会，选举产生了张掖中学新一届党委委员、书记和副书记。丁一当选为新一届党委书记，王学舜当选为新一届党委副书记。丁一、王学舜、王学龙、李富贵、郑翠亭当选为新一届党委委员，146名党员参加会议。

3月31日，学校召开全校安全工作会议。

是月，由教师王红生牵头制作，常国福、张鹏协助完成的"两用化学生物实验仪器盒"，于2016年8月荣获第九届全国"优秀自制教具"奖。该教具于2016年3月荣获甘肃省教育厅"优秀自制教具"一等奖，12月荣获"张掖市职工优秀技术创新成果"三等奖。

4月1日，学校组织高一、高二年级学生代表100余人，前往高台红西路军烈士陵园，举行"缅怀革命先烈，传承英雄遗志"为主题的扫墓活动。

4月6日，清华附中培训与对外交流部主任吴新胜一行莅临学校考察交流。张掖市人大副秘书长安永香、市教育局相关领导及校长王学舜、副校长李富贵陪同考察。

4月10日，2017年学校体育艺术节启动。

4月11日，学校召开第五届教科研总结表彰大会。党委书记丁一主持，校长王学舜讲话，全校教职员工参加会议，桑进林等15名教师被学校授予教科研工作先进个人称号。

4月13日，学校召开校庆工作协调推进会，安排校庆工作相关事宜。

4月25日，高二年级选派37名学生和3名教师赴复旦大学附中开展为期一周的"研学旅行"实践活动。

4月26日，北京大学甘肃招生组组长熊校良、沈扬一行到学校进行考察交流2017年招生事宜。

5月8日，高一年级举行"经典浸润人生，传承华夏文明"诗文朗诵比赛。

5月22日，学校举行大会，表彰奖励在学校体育艺术节中取得优异成绩的班级和学生。

5月30日，高三年级举行18岁成人仪式和毕业典礼。

6月6日，学校派出103名教师赴民乐、山丹、高台、临泽、肃南县参加2017年全国普通高等院校招生考试监考工作。

6月7—8日，2017年全国普通高等院校招生考试举行，学校设立理科44个考场。

6月11—14日，河南省西峡一高13名教师来学校，进行了"西峡一高专家进课堂"活动。

6月22日，高考成绩揭晓，学校2017年高考一本上线率、二本上线率均为全市第一。学校一本上线401人，首次突破400人大关，本科上线人数首次突破1000人大关，张宏伟同学被北京大学录取。

7月4日，学校承办全市普通高中创新课堂教学模式教研活动。

7月14—17日，清华大学8名优秀学生来学校开展社会实践活动。

7月30日—8月4日，高三年级教师在张掖市示范性综合实践基地进行封闭性高考备考集中研训。

8月18—27日，高一年级学生在张掖市示范性综合实践基地军训。

8月29日，2017年甘肃省化学奥林匹克竞赛初赛成绩揭晓，学校23名学生获奖。其中3名学生荣获一等奖，9名学生荣获二等奖，11名学生荣获三等奖。蔡国芳荣获优秀指导教师一等奖，张雪梅、丁双胜荣获优秀指导教师二等奖，毛振烜、刘振国、杜立斌荣获优秀指导教师三等奖。

9月7日，学校隆重举行2017—2018学年度开学典礼暨庆祝第33个教师节表彰大会。桑进林被评为市级优秀教师，杨兴成被评为市级模范班主任。13个处科室、年级教研组被评为先进集体，68名教职工被评为先进个人。

9月22日，学校隆重举行庆祝建校100周年秋季师生田径及趣味运动会。

10月6日，学校在学术报告厅举行"青年教师拜师结对仪式"，27对师徒签订协议，学校领导为导师颁发聘书。

10月15日，复旦大学附属中学"菁英培养计划"，43名师生来学校开展为期9天的研学旅行活动。

10月24日，在甘肃省教科所组织的"甘肃省'龙杯'第五届中小学幼儿园教学技能大赛"中，学校教师罗寿晶荣获高中数学组一等奖。赵南西荣获心理健康组一等奖。李富贵副校长、袁积凯老师荣获优秀指导教师奖。

第一编　原张掖中学发展简史
（1917—2001）

第一章　民国时期

　　张掖中学初建于1917年。张掖县在原行台衙门旧址（今甘州区中心幼儿园处）创办乙种师范讲习所，学制为一年。翌年，改为甲种师范讲习所，学制为二年，1921年停办。1927年5月，在甲种师范讲习所原址正式建立张掖县立初级中学。1937年，学校归甘肃省教育厅管辖，改为甘肃省立张掖初级中学。1942年设立高中部，改名为甘肃省立张掖中学。至1949年，学校规模虽然不断扩大，但发展缓慢。

图1-1　张掖原行台衙门旧址（今甘州区中心幼儿园处）

第一节　创建初中与增设高中

一、创建初中

　　中华民国建立后，全国先后实行"壬子学制"和"壬戌学制"，学堂改为学校，承认男女受教育平等，倡导国民义务教育和少数民族教育。

　　1927年5月，张掖县县长柴春霖在甲种师范讲习所旧址创办张掖县立初级中学，任命张掖县国民党县党部书记张声威为校长，聘任教师9人，从张掖、山丹、民乐、临泽招收学生139名。这是清末甘州学堂停办后，张掖创建的第一所普通中学。至1930年，学校有3个班，学生69人，教职工13人。

二、增设高中

1942 年，甘肃省立张掖初级中学增设高中部，开始招收高中生，学校更名为甘肃省立张掖中学，有 4 个班，学生 139 名，教职员 11 名。翌年，发展到 6 个班，学生 263 名，教职员 23 人。

1948 年，初中每个学级 2 个班，高中每个学级 1 个班，实行"三三"（初中3 年，高中 3 年）学制，全校共有 9 个班，学生 246 名，教职员 26 人。虽然学校设了高中班，但是每到高二时，不是因为学生少，就是缺教师，或者没教室，因此高二学生不得不合并到武威中学。直到 1949 年，学校规模稍有发展扩大，高中第一届学生毕业。他们是：焦承祖、李人捷（女）、左尚义、周廷虎、王重全、王增禄、韩羡唐、阎增良、吴永峰、陈聚

图 1-2　甘肃省立张掖中学 1935 级全体同学毕业合影

贤、马世榕、王立朝、范琦、傅得玺、彭兴盛、雷振海、王成邦、李生瑞、陈人炳、张达智、白增辉、张学正、白大英、王兴第，共 24 人。

第二节　学校管理与教师队伍

一、学校管理

1927 年，学校普遍实行校长领导下的教务、训育、事务三课分掌制。教务课分管教学工作，训育课负责管理学生，事务课分管行政工作和后勤事务。各课主任均受命于校长。当时的张掖县立初级中学因学生少，教师少，规模小，暂时没有实行三课分掌制，只设教务课，管理教学工作。采取相应措施开展其他方面的工作。1935 年，学校有 3 个学级。

1934 年，甘肃省教育厅颁发的《各中等学校应行改进事项》中规定，未满六学级的学校，在校长下设教导主任一人，协助校长处理事务、训育事宜，取消原设教务、训育、事务主任。1940 年，教育部

图 1-3　1927 年张掖中学大楼（黑楼）

颁布《中等学校组织规程》，规范学校行政组织。规定九学级以下学校仅设教导处。教导处内分设教务、训导、体育卫生等组。

按照《各中等学校应行改进事项》的规定，1935—1949 年，当时的张掖县立初级中学（后改为甘肃省立张掖中学）仅设教导处。教导处以下分设教务组、训导组，各设组长一人，分管各处。此外，学校还设有独立的会计处、军训团、童委会。

为了加强管理，学校定期召开各种会议。校务会议，每学期举行两次；教导会议每月召开一次；导师会议每两周召开一次；事务会议及经费稽核委员会，每月举行一次。各种会议按时举行，及时研究解决学校出现的各种问题，保证了学校工作的正常开展。

训导教师遵照教育部颁发的《中等学校训导标准》要求，加强对学生的管理教育，其方法分为个别训导与团体训导两种。个别训导，在课内外随时随地进行。团体训导拟定，每周利用级会、升降旗及早晚点名时进行。

学校纪律严明，对学生要求十分严格。每天早操后各班点名，晚自习后全校集合点名（有时以班为单位进行）。违反校规校纪的学生，根据情节给予警告、记过、记大过、留校察看、开除学籍等处分。每个学级有级会，分年级召开或全校集体举行，每周召开一次。

学生自治会遵照部颁组织法从事活动，全校学生全部参加。

二、教师队伍

民国时期教师实行聘任制。张掖县立初级中学成立后，师资多为前清举人、廪生、贡生充当。

1931 年后，学校逐渐聘请学有专长的王致舜、高登云、何人镜、吕钧吾等各科教师，教师队伍的结构发生了新的变化，为教育教学工作的正常进行奠定了基础。

每年暑假，学校都聘请教师，如果教师接不到聘书，就意味着被解聘和失业。因此，许多教师不得不低声下气，以求延聘。每学期开学教师变动频繁。

抗日战争时期（1937—1945 年），学校出现了快速发展的局面。教师人数有所增加。学校充分利用"人才西流"这一时机，征聘了较多的外籍知识分子、公务人员执教，以提高教师队伍的素质。如英国剑桥大学毕业的法学博士张素琴，南京金陵大学毕业的高才生张国鉴、徐国光，西北师范学院历史系教授王振钢等人，纷纷前来学校受聘，在艰苦的环境中传授知识，培育人才，使学校教育教学局面出现了前所未有的大好势头。

1945 年 1 月，甘肃省立张掖中学向甘肃省教育厅上报当年教职员名册。学校共有教职员 22 人，全为男性。其中本省籍 11 人。校长兼教员张聿修，时年 32 岁，甘肃会宁人，毕业于北平中央政治学校教育行政科。教员汪忠五，甘肃天水人，毕业于甘肃公立法政专门学校政经本科。教员鲁璵，甘肃临泽人，毕业于北平大学医学院。干事兰杰，甘肃会宁人，毕业于苏州工业学校高级纺织科。干事苟崇俭，甘肃临洮人，甘肃省立张掖中学毕业，时年 29 岁，为教职员中年龄最小者。教导主任兼教员袁定邦，甘肃张掖人，毕业于甘肃省立第二师范学校本科。教员左西严，甘肃张掖人，毕业于旧制师范学校。卫生组长兼校医张云章，甘肃张掖人，毕业于张掖师范讲习所。文书组长王诚，甘肃张掖人，毕业于张掖自治讲习所，1927 年来校供职，时年 59 岁，为教职员中年龄最大校龄最长者。书记员张瑛，甘肃张掖人，张掖高等小学毕业。书记员王培荣，甘肃张掖人，张掖高等小学毕业。外省籍 11 人，分别是事务主任兼教员张森亚，河南舞阳人，国立北平大学肄业，军委会干训班毕业；训导组长兼教员解瑞五，河北新城人，河北省立大学文科毕业；体育组长兼教员毕华林，35 岁，安徽芜湖人，东亚体育专门学校毕业；教员张秀东，辽宁人，哈尔滨中东铁路专科学校毕业；教员吕钧吾，山东烟台人，齐鲁大学文史系毕业；教员于宝泉，辽宁人，吉林大学预科毕业；教员王又新，河北磁县人，国立西北农学院农业经济系毕业；教员蒋廉池，江苏崇明人，上海市江南大学文学系教育组毕业；教员纪子奇，山东蓬莱人，国立北平大学农学院林学系毕业；军训教官龚迫萍，35 岁，福建上杭人，中央军校西分校中央训练团教官班毕业；会计员李雨亭，河北文安人，北平民国学院政经科毕业。教职员来自全国各地，平均年龄 39.5 岁。他们善于接受新思想，为学校教育教学工作注入了活力。教职员收入随学历、职务及能力不同拉开差距，最高的工资每月 360 元，最低者每月 60 元。

解放战争时期，一些地下共产党员吴详泰、卜详开等，受聘于张掖中学，以教师身份作掩护，传播革命火种，进行秘密活动，成为学生思想进步的引路人。当时，地方上的一些有声望的博学之士曹学禹、袁定邦等都在学校当教师，传授知识，培养人才，造福桑梓。

曹学禹古文根底扎实，是国学名家，长于音韵训诂、诗词文赋，讲课有分析、有对比，讲得活灵活现，娓娓动听，很受学生欢迎。他批改作文也很卖力，家长们看了啧啧称赞。有一次，曹学禹给初三学生出作文题为《民以食为天，食以谷为主》，学生田守荆（已 28 岁）对古文较有研究，对作文题稍加思索，便模拟《阿房宫赋》体裁，洋洋洒洒写了数千言。经教师批阅，得到很高的评价。曹老师将原文抄贴于墙报，号召师生观摩、学习。给初二学生出的作文题目是《巨人传》（看了身高一丈二尺有余的云南巨人后出的题），该班学生孟培尧以《种树郭橐驼传》的结构写成，交曹老师审阅，满篇红圈红点，很少改动。曹老师让孟培尧抄写了一份，送张掖油印厂，在《旬刊》发表，供学生、社会人士欣赏。曹学禹向其他教师们夸赞田守荆、孟培尧是学校的文魁，是"青出于蓝而胜于蓝"。学生们深受激励与鼓舞，闻鸡苦读，劲头十足。

袁定邦在淳朴的外貌中透着中年学者的成熟与睿智。他虽然国学造诣很深（案有一部甲种《辞源》，每日必翻一番，勤学苦读，咏诗赋词），但是在 20 世纪 30 年代却教初二、初三年级代数。他先把理论和公式讲解清楚，而后面向黑板，在纷纷扬扬云雾般的粉笔灰中，汗涔涔地写满所授内容，便持教鞭向学生反复讲授。他在讲课时常说：

"数学是枯涩无味的，但它是一门科学，与我们关系密切，离开它是不行的！"以此培养学生学习数学兴趣。他对城乡学生一视同仁，有教无类，爱护学生、贴近学生是他的信条。他常训导学生说："爱迪生有句名言，天才是百分之十的灵感，加百分之九十的汗水，须艰苦奋斗，勤学刻苦。希望你们把上面的话奉为圭臬，将来必能成就！"20 世纪 40 年代，袁定邦教国文，也很受学生欢迎。每当所教学生毕业离校时，他就将自己创作的《甘州行：赠毕业诸君》一诗赠给学生。诗云："诸君行矣暂且留，听我把盏歌甘州。甘州古属月氏地，形势险峻若金瓯……诸君行矣好自勉，莫将岁月等闲遣。前哲不远犹可希，继

图 1-4　袁定邦

往开来志莫舛。"他历数甘州历史上，为得天独厚、人杰地灵的家乡增光添彩的仁人志士事迹，对学生进行热爱家乡的教育，勉励学生珍惜光阴，自强不息。

这些博学之士，挤出时间给学生讲骆宾王的《为徐敬业讨武曌檄》、文天祥的《正

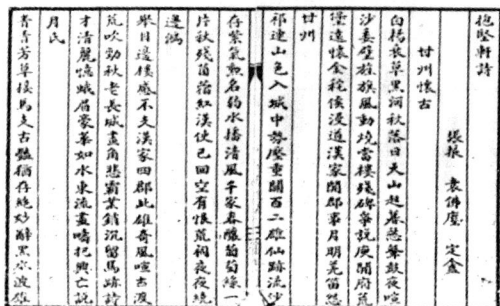

图 1-5　《抱坚轩诗》书页

气歌》《过零丁洋》、王之佐的《上马安良书》，激发学生的爱国热情。在讲诗文的过程中，大诉国内、省内、县内贪官污吏祸国殃民的罪恶，培养学生疾恶如仇的思想。学生们都能奋发向上，勤学苦练，准备为国、为民、为乡服务。

这一时期学生的思想好，学风正，勤奋学习，遵守纪律，重要的原因之一，是

有一支德高望重的教师队伍，是教师的言传身教影响和带动了学生。

1947 年，西北师范学院毕业的高中语文教师吴详泰，除了教好国文课，还组织学生编印《学习园地》，让学生从《甘州日报》上收集当时有关形势材料，登载于园地，供学生阅读，以了解形势，开阔视野，关心国家大事。几个月后，兰州地下共产党组织被国民党特务破坏，吴详泰"家中"连续来信让他离开学校，起初校长何人镜不给准假，后来才准了假。吴详泰把不重要的书籍捆起来，重要的东西作了处理，很快离开了学校。张掖解放时，他随军进了新疆。解放后，吴详泰来学校见到何人镜说明了此事。何人镜问："你当时为啥不给我说？"吴详泰说："我当时若告诉你，我就没头了。"

代数教师卜详开，生活很浪漫，日常穿着一件旧长袍。上课前 10 分钟才来校备课上课。学校里还流传着卜详开在农村里放高利贷的小道消息（卜以此作掩护）。1947 年卜详开参加解放军，后随军进新疆。中华人民共和国成立后，任新疆财经学院副院长。

国文教师孙颜彬，第一堂国文课上完，就出作文题《笃学》，让学生写自传，以此

了解学生的学习态度和未来志向，了解学生的家庭情况和社会关系。一年后离开学校（后来听说是地下党员）。

还有像国文教师汪忠吾，代数教师钟惠芳，化学教师白凌霄、马文海，英语教师白玉光，历史教师吕钧吾（马文海、吕钧吾、白玉光三人先后任学校教导主任），几何教师徐永昌（或叫徐永霖）等。他们忧国忧民，热心教育事业，知识渊博，讲求教学艺术，教态亲切，讲课生动清晰，很受学生欢迎。这些教师给学生灌输了新思想和新知识，为学生的进步发展作了奠基工作。

张掖县立初级中学成立初期，教师工资主要由县财政支付。由于县上财政困难，教师工资异常拮据。

1935年以后，在国民党统治者敲骨吸髓的压迫剥削下，通货膨胀，法币贬值，教师的待遇和生活更是江河日下。1946年以后，全国内战开始，国库空虚，财力十分困难。为此，张掖县对教师工资实行了"粮薪制"，即用教师工资基金储存粮食，每月按教师工资等级发给一定数量的粮食。教师们为了摆脱贫困，解决生计问题，想方设法增加收入。有的教师给外校带课，如白凌霄、马文海、李典邦等就给农校、师范上课，增加额外收入；有的教师在街头摆摊卖零星，补贴家用；有的教师家属在街头卖零食。即使是这样，教师生活还是难以维持，过着半饥半饱的艰苦日子。

第三节　教育教学与思想教育

一、教育教学

（一）学制课程

1927年至1932年，学校初高中修业期限均为四年。1933年，缩短初中修业年限，学制改为三年。1939年至1948年，初高中各修业为三年。1927年，学校执行省教育厅制定的初级中学课程表。开设的课程为公民、国语、作文、写字、外国语、历史、地理、算术、自然、图画、手工、音乐、体操等。翌年，"公民"课改为国民党的"党义"课。1933年，学校执行教育部颁布的中学课程标准，开设公民、国文、英文、算学、物理、化学、历史、地理、卫生、图画、音乐、体育等课程，每周35至36课时。另成立童子军团，进行军事训练，开设劳作、植物、动物等课程。

1942年后，学校根据教育部新修订的中学课程标准，高中停授卫生课，增设军事训练、生物学、矿物、劳作。初中、高中每周均为31课时。各科教材多采用教育部审定的中正书局、商务印书馆等各书局出版印刷的教科书，劳作、体育照课程标准规定自选教材。教材内容，如国文，编选传统诗文《诗经》《论语》《史记》《资治通鉴》等书中的篇章。一些课程的教材，随着形势的发展变化，也补充一些新的内容。如抗日战争时期，"国文"增加激发爱国思想及发扬民族精神的散文，爱国志士的言行、传记及爱国尚武的诗歌，记载中国国耻的文学、有关救国的名人言论等。音乐课教唱冼星海创作的《抗战歌曲集》等。

1940 年甘肃省立张掖中学课程设置及每周教学时数表

	初　　中						高　　中						备注
	一年级		二年级		三年级		一年级		二年级		三年级		
公民	1	1	1	1	1	1	1	1	1	1	1	1	
体育	2	2	2	2	2	2	2	2	2	2	2	2	
童子军	2	2	2	2	2	2							
军训看护							3	3	3	3	3	3	
国文	6	6	5	5	5	5	5	5	6	6	6	6	
外国语							5	5	6	6	7	7	
算学	3	3	4	4	4	4	4	4	5	5	5	5	
博物	4	4											
生理卫生			1	1	1								
生物							3	3					军事训练或
矿物											1	1	军事看护
化学			3	3					5	5			
物理					3	3					5	5	
历史	2	2	2	2	2	2	2	2	2	2	2	2	
地理	2	2	2	2	2	2	2	2	2	2	2	2	
劳作	2	2	2	2	2	2	2	2					
图画	2	2	2	2	2	2	1	1	1	1			
音乐	2	2	2	2	2	2	1	1	1	1			
选修	3	3	3	3	3	3							
每周总时数	31	31	30	31	31	31	31	31	34	34	34	34	

（二）教育教学

张掖县立初级中学成立初期，聘请举人、廪生、贡生充当教师。他们没受过正规师范教育的专门训练，教育思想落后、教学方法单一，国文等课只要求学生死记硬背，很少讲解。而数理课因难以请到教师，更是教学的薄弱环节，学校教学管理也不太正规。但是，教师们的教学态度严谨，要求学生很严格。学生年龄普遍较大，自制能力较强，学习也很刻苦。1931 年后，学校逐渐聘请具有专业知识的大学毕业生，为教师队伍注入新鲜血液，教育教学质量大为提高。

1934 年，学校组织英语、历史、地理课教师，参加省上举办的暑假文科讲习班学习。之后的三年之内，学校各学科教师均获得了一次参加暑假短期讲习班进修的机会。学校组织了教育研究会、各科教学研究会，教师们积极参加，开展教学研究，提高专业水平。学生自治会学艺部组织了数学研究会、史地研究会、文学研究会、艺术研究会等，分别聘请各科教师进行指导，并按期刊出《张掖中学周报》、各级级刊，供学生课外阅读交流。

1939 年后，遵照省教育厅制订的《中学各科课程纲要》的规定，学校要求教师加强课业练习指导，认真批改学生作业，严格限制学生请假，学生不得旷课。

国文课和作文课推行白话文教学，侧重于应用文、说明文和议论文等实用文体的训练。学校规定，作文每学期不得少于 16 次；数学作业除当堂练习随时订正外，每周至少批改订正一次；英语亦然。其他各科作业量都有具体规定。

在各科教科书中，增加编选的甘肃省乡土教材。学校鼓励学生阅读课外书籍，开阔视野，增长知识，提高文化修养，升华精神境界。

1940 年，学校聘请的数理科教师多系甘肃玉门油矿工程师，他们利用工作之余和休假时间来张掖中学教课。虽属业余兼课，但教学态度端正，工作认真，对学生要求严格，给学生奠定了数理知识之基础，令学生景仰与钦佩，亦使学生获益匪浅。学生李正合等慕名而来。当时，学校对音乐、手工课也很重视。陕西籍教师吕淑琴教音乐和手工课。上音乐课时，他先教一些音符，而后引吭高唱《打倒列强》《苏武牧羊》《岳武穆满江红》等歌曲。他嗓音洪亮，音律宽广，学生容易掌握歌唱的技巧，尤其是学生合唱时，他用自己的口琴伴奏，学生很快就学会了一些歌曲。从此，校园里常有歌声荡漾。他在上手工课时，教学生用棉花、羊毛、驼毛捻线，编制鞋袜、衣裤、手套、帽子等生活用品。还利用麦秸、马莲草等制作草帽、筐篮等编制物。学生们都喜爱自己编制的实用物件。有的学生举一反三，竟能创作出手工精品——衣帽、鞋袜等，这些手工作品，被陈列在教室进行展览，受到师生赞扬。

（三）军事训练

民国时期，地方驻军派军训教官，对张掖中学学生进行军训。1942 年 6 月 15 日，省军区派张树亚为学校军训教官。8 月，仇连清任校长，兼任军训团长。副团长由白玉光、张树亚担任。

1947 年 4 月 11 日，武威团管司令部派吴国祯为学校军训教官。翌年，吴国祯调张掖农校后，军训教官为少校副营长刘德信，后由曾庆兰接任。1947 年，在第一学期的军训中，设军训团六队，以高中各年级为单位，建立了第一、二、三中队。一年级军训的内容是步兵操典、射击教范、作战细要、军队内修、夜间教育和防毒常识；二年级军训的内容是步兵操典、陆军礼节、作战纲要、作战常识、夜间教育、军事讲话和兵役法则。同年 4 月 7 日，经张掖县县长杨慕震批准，学校借来七九步枪 2 支，校长何人镜又从当地驻军处领来射击子弹 120 发。

为了加强军训，政府对军训教官加薪加粮，以资奖励。如 1948 年 6 月，给军训教官刘德信加半薪国币 9240000 元，并发给军官服装、绑腿。省军区司令部命令，如遇当地紧急情况，学校军训教官应随同学校校长与当地专员、县长一致行动。当时，军训成了学校工作的一项重要内容。

（四）成绩考核

1927 年后，张掖县立初级中学逐步建立了学生入学考试、成绩考核、毕业考试和升留级等教学管理制度。学生成绩考核的内容包括学业、操行和体育三个方面，学业考核方式有平时考查、学期考试和毕业考试，均以百分制计算，60 分为及格分数线。操行成绩的考核以学生的"行为、志趣、才能"为标准，成绩分甲、乙、丙、丁 4 等，丙等为及格。

1929 年后，学生成绩考核有日常考查、临时测验、学期考试和毕业考试四项。各科学业成绩的考查，分为平时成绩考核与学期成绩考核两种。平时成绩占 60%，学期成绩占 40%。

学校有严格的入学考试制度、升留级制度和会考制度。高中 3 门课程不及格的学生留级；毕业年级 2 门课程不及格的学生，发给修业证书。初中有 2 门课程不及格留级。入学考试由校长亲自把关，测验学生智商之高低，以便因材施教。如仇连清任校长期间（1942—1944 年）的 1943 年秋，学校进行了一次初一入学考试。考试结束后的第二天，仇校长把 200 多名考生集中在校园内（事先已摆好桌子、试卷），让其入座，讲清要求。以摇铃为号学生即开始答卷，再摇铃即停止答卷，时间为一小时，这叫"智力测验"。学生入学时，仇校长亲自注册，口问笔录，进行目测，亲力亲为，以观学生形神。经过笔答目测，仇校长对这一届学生的整体素质有了基本了解，以便要求教师因材施教，有针对性地进行教育教学活动。

1931 年 9 月，学校组织学生参加了在武威举行的会考，取得了较好成绩。

1933 年后，全省初高中实行毕业会考，由省教育厅命题，统一组织考试。初中的考试课目为"党义"、国文、算学、外语、自然、史地。高中增加理化，成绩以百分制计算。学校每届初中毕业生都参加全省组织的统一会考，成绩较好。

学校每学年都举行作文竞赛、数学竞赛、图画竞赛等活动，并将竞赛成绩张榜公布，以激发学生学习的积极性。

二、思想教育

1928 年，张掖县立初级中学按照教育厅的规定，将公民课改为"党义"课，讲授"三民主义"，并开展"党义"讲演、《党歌》竞赛等活动，对学生进行"党化教育"。

1933 年，教育部确定以"礼、义、廉、耻"为各学校共同校训。学生的思想教育，以"忠孝、仁爱、信义、和平"为中心内容，被灌输为国民党服务的思想。要求学生遵守《青年守则》十二条："有恒为成功之本，助人为快乐之本，体育为强身之本……"以"三民主义"为指导思想，养成统一意志，将"党化教育"与传统道德融为一体。

1939年，根据省教育厅《甘肃教育设施方案》，学校对学生强化"一个党、一个主义、一个领袖"的思想训练，同时推行"导师制"。每学级设导师一人，负责考查和指导学生的思想、行为、学业等。导师注意学生日常生活习惯的培养，出现问题随时作个别谈话，并将谈话情况记入操行表内，再根据学习成绩的优劣、行为表现的勤惰，评定操行成绩，详拟评语，通知家长。

抗日战争后期的思想教育，实行"军事化、生产化和普及化"的方针，以"三民主义"统一学生的信仰。每学年新生入校，首先唱会校歌，其歌词为："缅黎山之青绮，与黑水之渺泷，古雍州地属兹，文化启迪神禹时。四千余载，代有英奇，彦昭昌化最堪师。继往开来，责无旁辞，努力当及少年期。秉八德，尚四悌，立定作人根基。慎思明辨，力行笃志。"（袁定邦作词）然后进行军训，再组织学生进行劳动教育。

每周星期一上午的第一节课，学校召开"纪念周会"。全校师生在校园集合，校长主持仪式，合唱国歌，向孙中山总理遗像、党旗、国旗行三鞠躬礼，然后向总理遗像默哀三分钟，之后由校长引领全体学生诵读《总理遗嘱》。校长读一句，学生跟上读一句，从"余致力于国民革命，凡四十年，其目的在欲求中国之自由平等"，直到全文读完为止。然后校长讲话，从学习、纪律、卫生等方面对前一周情况进行全面总结，并对本周工作提出具体要求，或讲抗战建国大道理，才算完毕。这一制度，周周进行，年年继续，成为对学生进行思想教育的主要方式之一。在这种教育模式下，不允许有任何"分歧错杂思想"的渗入。

第四节　办学环境与经费设备

一、办学环境

张掖中学建校后，学校有国民党、三青团组织，大量发展党团员。学校设立国民党区分部，有党员60余人，区分部书记由校长兼任。三青团是区分队，区分队长有时也由校长兼任。如1944年，三青团分队长是校长仇连清。三青团活动频繁，除组织学生听取三青团的有关报告外，还在学生中开展学习蒋介石的《中国之命运》等文章，从政治上、思想上钳制学生思想。

国民党查禁革命和进步书籍报刊。1943年，在国民党掀起第三次反共高潮时，严令查禁毛泽东、周恩来等共产党领袖的《关于统一战线一年来我们的抗日救亡主张》《抗日战争的战略问题》和《我们对于保卫武汉与第三期抗日救亡主张》等文章；严禁阅读鲁迅、郭沫若、茅盾等进步作家的 226 种书籍，以禁锢学生思想。但是，在学校工作的东南沿海地区和东北籍的教职员，通过讲课和日常交谈，给学生带来了先进文化和民主思想，学生认识了日本侵华的种种暴行和国民党消极抗战、积极反共的本质以及钳制学生思想、镇压爱国民主运动的罪恶行径。许多教师还把鲁迅、郭沫若、茅盾、巴金、曹禺等进步作家的书籍借给学生阅读，学生们深受爱国民主思想的影响和熏陶。

二、经费设备

（一）学校经费

张掖县立初级中学成立初期阶段，由于当时张掖县的经济凋敝，教育经费筹措十分艰难。

1931 年，学校全年经费为 2700 元。1937 年，学校的经费为国币 379 元。1939 年，全年省拨经费 6824 元，地方补助 1416 元。1942 年，全年经费为国币 3790 元。1944 年 3 月始，省教育厅每月拨社教经费 100 元，设备经费 3000 元，修建经费 3 万元。翌年，省教育厅拨给学校设备经费 5000 元，修建经费 3 万元，冬季追加煤炭经费 1375 元。

解放战争时期，学校经费更加困难。高登云任校长期间，为振兴地方教育，增添教学设施、改善学生食宿条件，解决课桌与图书不足的问题，征得县政府同意，曾邀请地方富商、绅士，多方筹集过资金，添置了一些课桌，购置了学生从来未见过的许多体育用品，深受学生和家长的欢迎。不过，筹集的这些资金只是杯水车薪，并不能从根本上解决问题，经费困难问题一直困扰着学校的发展。

（二）教学设备

张掖县立初级中学是在张掖甲种师范讲习所原址创办的。办学初期，仅有教室 5座。校园狭窄，校舍陈旧破烂。教室设有回廊，光线不足，没有天花板。课桌大小不一，参差不齐，破烂不堪。冬天师生用一个土炉子取暖，学生冻得手脚生了冻疮。

20 世纪 40 年代，教学设备还是十分简陋。学校有一年招的学生稍多，就不得不在地藏寺的大殿里并班上课。到 1948 年，学校还只有教室 7 座，饭厅 3 间，办公室、会议室、教职员宿舍、图书室、阅览室、体育室、卫生室等共 110 间。

学校的图书刊物有世界地图、中国新地图、历史分合图、历代系统图（28幅）、断代历史挂图，还有各类书籍 60余种，共 1800 余册。

图 1-6 20 世纪 40 年代的校园

理化实验仪器只有量筒、烧杯、漏斗、热涨球、传热比较器、公升、虹吸管、倒像箱、验恒性器、光线反射器、七色陀螺等 30 余种。

生物教具有一二百件植物标本、10多个动物模型、10多张动植物挂图。

数学教具有大圆规、大三角板等。

体育器材只有篮球、排球、垒球、铁饼、双杠、单杠、跳高架、乒乓球、拔河绳等10余种。

这些设备设施，远远不能满足教育教学工作的需要，制约和影响了学校教学质量的提高。

第五节 办学成就

1927—1948年的22年，学校初中毕业200多名学生，其中只有少数人考上了高一级学校，如武威中学、河西中学、肃州师范学校等。又有少数人充当了地方机关的小职员或小学教员，大多数学生毕业后只得回家务农或闲居。

图1-7 2016年7月28日，李正合回访母校。图为校友李正合（左）、校长王学舜（中）、副市长关尧（右）

1949年，高中第一届学生毕业。由于校风好，管理严格，民国时期学校为国家培养了一批高素质的人才。如1940年初中毕业生李正合，于1948年在国立边疆学校毕业之后，被分配到台湾的嘉义女中任教，他罄捐积蓄创办的昆山工业专科学校，后来发展为昆山科技大学，他担任校长。

1948年初中毕业生袁国祥，张掖刚解放就参军（和他一起参军的还有王宗孟、宋增太、刘继成、阴继昌等）进军新疆，1987年，任南疆军区纪检委副军职专职副书记。在50多年的戎马生涯中他多次立功受奖，有1000多幅摄影作品被多家报刊和出版社采用。

图1-8 袁国祥和当地老乡合影

1945年的初中毕业生满增曷，1949年后参加革命工作，后任中共甘肃省委组织部副部长。

20世纪40年代的学生施生民，后成为张掖中学高级教师，曾任学校教导主任。退休后，编写地方史志，在诗词方面多有建树。他在七律诗《六五述怀》中写道："弹指流光六五年，身逢退休未偷闲。伏槽老马思千里，落魄参军奋杏坛。浏览书城寻胜境，任凭笔杆写乡谈。前情不忘师先世，鉴古评今识甘甜。"这是他精神风貌的写照，也表达了老教师的心声。著有诗文集《伏枥集》等。

1949 年第一届高中毕业生焦承祖，在湖南长沙市有色金属研究所工作，任主任高级工程师，为祖国的有色金属科研事业做出了贡献。

另外，学生的民族尊严，爱国情怀，侠肝义胆，疾恶如仇，在民族存亡的关头也充分地表现了出来。

抗日战争时期，面对日本帝国主义的疯狂侵略，国民党采取"攘外必先安内"的政策，对外投降，对内镇压，激起全国学生日益高涨的抗日民主运动，张掖中学学生也发起了抗日救亡活动。

1944 年 11 月 3 日，数十名学生积极报名，与张掖农校、张掖师范学生共 180 余名参加了青年军，开往陕西汉中集训，准备上前线对日作战，将保卫祖国的豪情宏愿付诸行动，产生了很大的社会效应。

英语教师白玉光倡导组建了"抗日话剧团"。剧团的张文华、张志宏等十几名同学，从来张掖宣传演出的"陕西抗战话剧团"处借来了《毁家赴难》《复仇》《放下你的鞭子》《难民曲》等剧本进行排练，率先在张掖城区最繁华的大南街上演出《放下你的鞭子》，吸引了上千名群众围观，不少群众流下热泪。首次演出成功后，在社会各界的热情支持下，演出地点也由街头搬向山西会馆戏楼和财神庙戏楼（今东街第二针织厂处），前来观看的群众最多的一次达 4000 多人。张文华还通过关系，向八路军驻兰办事处要来《张家店》《送郎参军》《凤凰城》《大义灭亲》等剧本，排练上演后，更是受到城乡人民的欢迎。为扩大影响，激发群众的爱国热情，话剧团

图 1-9　1947 年张掖中学女学生留影。从左到右，张慧珠、陈志英、张淑达、王茹芝

又在教师白玉光的带领下，利用星期天和节假日，赴张掖城外的南清明堂和北清明堂演出，利用端阳节赴山丹县城上演《复仇》。由于受日本侵略者的欺侮，演员在台上痛哭，群众在台下高呼打倒日本侵略者！台上台下形成共鸣，气氛十分热烈，演出场面壮观。上演《张家店》，前来观看的群众更多，抗日救国的情绪更加高涨。师生们还深入各乡给群众教唱聂耳、冼星海创作的《义勇军进行曲》《黄河大合唱》《大刀进行曲》等抗日歌曲；在城乡书写"打倒日寇，保卫祖国"等抗日标语，激发了群众抗日爱国热情。

1942 年初，针对马步芳军驻张掖一〇〇师师长韩起功搜刮民脂民膏、敲诈勒索之罪恶行径，学生纷纷上街，手持反韩标语，高呼反韩口号，示威游行，受到群众支持。翌年冬，学生对老百姓坐"黄鱼车"（人力三轮车）被敲诈，动辄车翻人亡（因超载过多）之事非常气愤。一天下午，学生纷纷持械，痛打在学校操场上停车的汽车司机。学生伸张正义、打抱不平的行为，为老百姓出了一口恶气，深受群众赞誉。

1949年9月19日，张掖解放，张掖人民迎来了新生。次日上午，全校师生和数万名人民群众一起，敲锣打鼓，鸣放鞭炮，高举彩旗，热烈欢迎解放军进城。之后，师生又参加了由地方各界人士与群众在大衙门街西操场举行的欢迎大会，隆重庆祝张掖解放。学生演出《兄妹开荒》《夫妻识字》等节目，以示庆祝。教师袁定邦等参加民主人士代表团，向一兵团政委王恩茂赠送了一面锦旗。

第二章　中华人民共和国成立初期

1949 年张掖解放，张掖中学历史揭开了崭新的一页。从此学校在党和人民政府的领导下，办学规模不断扩大，学校管理逐步民主，教学设施日益改善，教学质量稳步提高，各项工作步入正轨，为国家培养了一大批高素质人才。

第一节　步入正轨与学校管理

一、军管会接管

1949 年 9 月 19 日，中国人民解放军第一兵团第二军解放了河西重镇张掖，成立了张掖军事管制委员会接管学校。

21 日，军管会在张掖中学高三教室召开文教界人士座谈会，参加会议的人大部分是张掖中学、张掖师范、张掖农校的教师及张掖其他学校的一部分小学教师，还有少数高三学生。张掖中学教职员马文海、白玉光、高振基、苟崇俭等出席。会上，第一兵团政委王恩茂阐述了党的文教方针政策，传达了党对旧社会过来的知识分子采取"团结、教育、改造"的政策。要求学校教师做好准备，力争 10 月初上课。鼓励全体教职员工安心工作，教好学生，为祖国的革命与建设事业做出应有的贡献。不久，军管会派人来校进行人员登记。当时学校校长何人镜（1952 年底离任），教导主任王家瑛，全校教职员 28 人，学生 313 人，9 个班级（高中 3 个，初中 6 个）。接着组织上派来马娴卿（女）任学校党小组长。

1951 年秋马娴卿调离学校后，马英任党小组长（当时张掖城区为文教党支部，张掖中学只有马英、姜学玲、王力生 3 名党员，故只设党小组）。

《中华人民共和国政治协商会议共同纲领》规定："中华人民共和国的教育为新民主主义的，即民族的、科学的、大众的文化教育，人民政府的文化教育工作，应以提高人民文化水平、培养国家建设人才，肃清封建的、买办的、法西斯主义思想，发展为人民服务的思想为主要任务。"甘肃省人民政府确定："先恢复和维持现状，再逐步改造，稳步前进。"遵循党的教育方针和学校工作的实际，学校停止了国民党、三青团及其他组织在学校的一切活动；取消训导制度，取消"公民""党义""军训"等课程及其他教材中的陈旧内容；开设新的政治理论和思想教育课，建立校务委员会、学生会等组织，实行民主管理。从 1950 年秋季起，全部采用教育部审定的新课本。1952 年教育部颁发了《中学暂行规程》，学校根据《规程》规定，贯彻"学校为工农服务"的方针。在国民经济恢复时期的三年，学校招收新生时，对工农子女年龄上不加限制，入学考试成绩按录取标准降低 25%，因而录取的比例逐年有所增长。1951 年报考高中的工农子女 19 人，录取 12 人，占报考人数的 63%；报考初中的工农子女 91 人，录取 59 人，占报考人数的 64.8%。1952 年，报考高中的工农子女 11 人，全部录取；报考初中的工农子女 79 人，录取 49 人，占报考人数的 70%。为帮助贫困学生求学，从 1949 年 10 月起，学校实行了"贫寒学生补助费"，1950 年改为人民助学金，给工农子女深造创造了条件。同时，结合政治学习，批判资产阶级思想，树立教师热爱工农子女，以教育培养工农子女为荣的思想。旧学校的制度得以初步改造，为后来学校的发展初步奠定了基础。

二、地方管理

中华人民共和国成立前的学校，直辖为省政府教育厅，在上下级联络上，只有公文往返。学校的行政往来，都遵守着死板条文的规定。中华人民共和国成立后，学校由张掖专署教育科领导，学校重要事件的处理，完全废除以往形式规定，直接和教育科磋商，学校和上级领导机构密切沟通，在一定范围内给予行政上不少的便利（摘自 1949年《学校工作报告》）。

1949 年张掖解放后，根据陕甘宁边区政府发布的《关于中等学校改革的指示》，学校组织机构和领导管理体制进行改革。取消训导处，设立教育处；改事务处为总务处。两处各设主任一人。

学校建立了校长领导下的由教育主任、总务主任和教师以及学生代表组成的校务委员会，统一领导学校工作。设立由教职员代表和学生代表组成的经济稽核委员会，对学校财务收支和管理进行监督。废除学生自治会，建立学生会、班委会，领导学生开展各项活动。

1950 年，遵照西北军政委员会《关于建立工作请示汇报制度的指示》精神，在每学期开学初、期中和期末，学校向上级教育行政部门汇报工作。汇报的主要内容是：学校工作计划、各种报表、教学进度、人民助学金评定、期末工作总结、寒暑假教师的学习安排等。这种工作请示汇报制度，密切了学校与上级教育行政部门的联系，保证了党的教育方针政策在学校的贯彻执行，推动了学校工作。

1953 年，根据国家教育部颁发的《中学暂行规程》要求，学校实行校长责任制。马英任代理校长，后来组织上又派栾玉田任副校长。

1956 年底，教育处改为教导处，设教导主任，在校长领导下负责制定教学计划，组织和检查教学工作，并负责对教师进行思想政治教育，考核教师的教学工作和学生的学习、品德修养，组织各科教研组会议，指导学生生活，安排校内外各种活动等。教导处设教育干事若干人，分工明确，管理教务工作，指导学生生活，管理图书、仪器、文书等项工作。总务处设总务主任，在校长领导下管理全校行政事务工作，负责经费收支，购置、修缮、保管学校财产，办理寄宿学生的食宿，安排校内生产劳动，搞好全校清洁卫生工作。总务处设干事若干人，分别担任会计、出纳、保管、庶务等工作。取消级主任导师制，各教学班设班主任一人，负责组织全班学生学习、生活、思想品德教育和社会活动，并与各科教师和家长取得密切联系。

1955 年 5 月，根据省教育厅颁发的《关于执行甘肃省人民委员会〈关于对中等学校统一领导、分级管理的指示〉的若干具体问题的规定》精神，学校直接处理的事项是：审定学生成绩，决定学生考试、补考、升级或留级等事宜；对开除学籍的学生，通过校务委员会决议后，逐级上报省教育厅核准执行；处理学生退学、休学、复学及转学事项；决定学生奖惩等问题。

学生成绩考核有平时考查、阶段考查和学期考查三种形式，均采用百分制记分法。思想品行的鉴定，是根据学生在校的思想、学习和生活等方面的表现，写出评语，评定成绩。品行成绩分甲、乙、丙、丁四等，丙等以上为及格。评定方法，采用班主任指导下的小组民主评定。评定操行的目的在于教育学生，肯定学生成绩和优点，指出不足和缺点，明确今后努力方向，鼓励其上进。在学习苏联先进教学经验过程中，从 1954 年开始，学校实行五级分制记分法进行品行鉴定，5 分为最高分，3 分为及格线，这种办法一直实行到 1957 年。

1955 年建立中共张掖中学党支部，马英任党支部书记，领导学校思想政治工作和党的建设工作，指导共青团、学生会、工会和其他群众组织的工作，教育党员团结群众，严格执行党的教育方针政策。1955—1956 年，在党支部的领导下，学校的重大问题由党政工团联席会议研究解决。

第二节　师资力量与教育教学

一、师资力量

（一）师资队伍

新中国成立后，为了改造思想，提高工作效率，学校成立教职员学习委员会，计划并促进全校教职员学习。在业务方面，组织了教学研究会，依任课性质及个人兴趣分语文、政治、数理、史地、艺术五个学习小组，定期举行研讨。在政治学习方面，由学习委员会指定专人负责，教职员自行阅读。阅读的书籍有《中国革命与中国共产党》《论人民民主专政》《论联合政府》《在延安文艺座谈会上的讲话》、政协三大文献及每日报纸等，遇有疑难问题，即开小组讨论会。无论政治还是业务的难题，小组不能解决时，召开全体教职员学习会展开自由争论，最后达成认识上的统一。在这种普遍学习的号召下，很多人丢掉妄自尊大的错误观念，虚心学习。这对于教职员政治水平及教学效率的提高，有很大的作用。

1951年上半年学校第一次工作报告中写道："学校全校教职员经过酝酿，订出了《教职员爱国公约（五条）》：（一）坚守工作岗位，提高工作效率，为实现新民主主义教育而奋斗。（二）加强师生团结，服从组织领导，反对个人自由主义的作风。（三）加强业务学习，虚心交流经验，保证做好教学改革工作。（四）加强时事学习，为'抗美援朝保家卫国'贡献一切力量。（五）积极学习'惩治反革命条例'及'土改文件'，协助政府肃清反革命分子，完成土改任务。总务主任王力生和化学教员白凌霄表态，要以实际行动支持政府工作。不久，学校下乡宣传抗美援朝爱国运动，教职员工都争着去，爱国觉悟有很大提高。"

图2-1　1951年上半年学校第一次工作报告封面

报告中还写道："加强了对时事政治的学习。学校组织了教职员学习委员会，由何人镜、王家瑛、姜学玲、张任之、陈新鸣五人为委员。三月十三日召开了第一次学习会，由姜学玲报告中教研究会的精神，然后分配了学习材料，如教育文选、土改文件、普通学校思想政治教育文选，通过学习小组研读，提出问题，大会讨论，并定于每周二、四、六及星期日学习两小时。学委会还布置问题、准备发言提纲，引导大家展开热烈的讨论。三月二十三日，张掖县学委会又布置学习'惩治反革命条例'，并指定了阅读的文件：一是学习彭真副主席的报告，二是学习史良部长的报告，三是学习人民日报的社论《对反革命的宽容，就是对人民的残忍》。学委会针对这些文件提出讨论问题，大家热烈发言，每个人对时局和任务有了明确认识。四月一日至四日，县学委会举行学习测试，学校参加测试者共二十八人，列入甲乙等者共二十三人。"

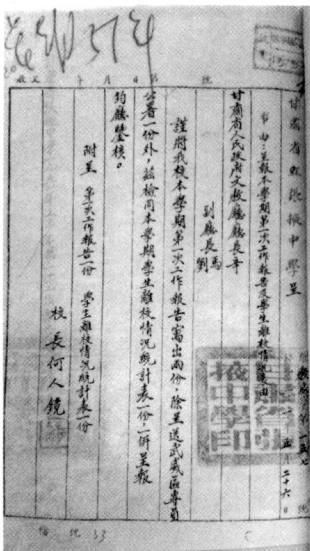

图2-2　1951年上半年学校第一次工作报告

1951年上半年，出现教师缺额。学校共12个教学班，教师24人（校长、总务主任在内），开学后，部分课程没有教师上。经县政府同意，学校另聘张掖师范编余代数教师王秉炎等补充，但还是不能满足教育教学需要。学校把教师缺额的情况向学生进行解释，希望得到学生理解，同时，组织教职员在学习会上提出讨论教师缺额问题，教师们一致表示愿意多代课，为学校分忧解愁，许多教师跨学科承担教学任务。物理教员高峻中因肺病请假休养，耽误高三物理课已近两月，学生经常找学校领导，要求上物理课，但其他教师的教学负担太重，一时无法安排。学校多次向上面反映，希望政府设法解决教师缺额问题。

1953 年，学校有教员 26 人（校长、教导主任在内），职员 9 人（总务主任、校医在内）。学生 570 人，共青团员占总人数的 20.9%，少先队员 126 人。

教职员除坚持每天半小时的时事政治学习外，每周星期一、二、三早自习时间又继续安排学习，学习政治常识读本等。教职员加强业务学习，讨论制定工作计划，学习旅顺中学的教学经验，理论水平和业务水平都有一定程度的提高。教师普遍采用苏联课堂教学的方法，制定课时计划，认真备课、上课。课堂上经常提问学生，根据学生回答问题的情况打分，作为平时成绩进行记载，督促学生专心听讲，认真学习。学校还把任课教师分配到各班，协助班主任工作，并指导学生学习，检查学生作业，解决学生在学习中遇到的困难和问题。

20 世纪 50 年代中期，是学校发展最好的时期之一。政治清明，社会安定，道不拾遗，夜不闭户。师生出于对党的无限感激，出于对新社会的无比热爱，焕发出崭新的精神面貌。不论是老教师，还是刚参加工作的青年教师，都勤奋工作，热爱学生，颇受学生欢迎。当时的教师有白凌霄、高峻中、施生民、王家瑛、邱洁美、鲁玲、陈克彬、段燕萍、李兰昌、张志清、张任之、孔宪珂、张源、高振基、栾玉田、蒋同堂、魏振沂、杨祖海、肖忠义、陈容庆、王健、陈守恭、彭一才、李金珍、何荣第、阎正礼、杨孟玉等。

从 1955 年开始，先后又分派来周光汉、张嘉琳、王守芬、杨赞琦、王天祥、张相贤、罗思哲、周问华、陈启民、付维民等人。这一批教师风华正茂，抱着为教育事业献身的理想，跨入校门登上讲台，成为学校的新生力量。这样，师资队伍逐步壮大，为提高教学质量创造了有利条件。

（二）工资待遇

中华人民共和国成立初期，学校教师的工资一律实行实物工资制度，即每月发给教师一定数量的小米作为工资。省教育厅规定：中学教员每月发小米 200 斤，职员每月发小米 160 斤，工人每月发小米 120 斤。

1952 年 7 月，为了保障教师生活不受物价波动的影响，工资一律由"粮薪制"改为"工资分制"（即按一定数量的实物折算货币工资分）。高级中学教职员平均工资分191 分，初级中学教职员工资分平均 143 分。每个工资分的含量是当月小米 1 市斤 + 面粉 0.2 市斤 + 布 0.1 市尺 + 盐 0.03 市斤 + 清油 0.02 市斤 + 煤 1.5 市斤的市场价格。

1955 年 7 月，教师工资由"工资分制"改为"货币工资制"。

1956 年 6 月，全国进行工资改革，统一工资标准，普通中学教师工资定为 10 个等级，其中最高等级是 169 元，最低等级为 48 元。行政人员为 13 个等级，其中最高等级为 175.5 元，最低等级为 34 元。工资改革后，学校教师工资平均为 63.00 元。与中华人民共和国成立初比较有显著提高。如教师白凌霄，中华人民共和国成立初每月的工资是 205 个工资分，即 38 元至 40 元，工资改革后，升到中教 4 级，每月的工资是 104元，是学校教师中工资最高的。高峻中工资升到 90 多元，李金珍、阎正礼、王家瑛、周光汉工资升到 80 多元。

1958 年以后，教师工资无多大变动，一直保持低水平工资。

二、教育教学

（一）学制课程

中华人民共和国成立后，学生修业年限仍为 6 年，分初中、高中两级，各修业 3 年。

1949 年，学校贯彻新民主主义教育方针，废除旧的教育内容，停授公民、军事训练等课程，增设政治常识课。国文、地理采用人民政府审定的教材。初中停授英语，高中英语改为选修。历史课因无课本，暂时停授。其余课程暂从旧课本中择其好内容的教材讲授。

1950 年，遵照甘肃省文教厅对中学入学条件的规定，初中招收小学毕业生或具有同等学力的学生，入学年龄为 13 至 18 岁；高中招收初中毕业生或具有同等学力的学生，入学年龄为 16 至 22 岁。1953 年，初中入学年龄为 12 岁，高中入学年龄为 15岁。

同年，学校按照西北军政委员会的要求和教育部颁发的"暂行课程"进行教学，全部采用新课本。

1950 年张掖中学授课时数表

时数 学科 年级		国文	数学	政治	历史	地理	动植物	生物	化学	物理	生理卫生	音乐	体育	美术	英语	合计
初中	一年级	6	5	4	3	3	3					2	1	1		28
	二年级	6	5	4	3	2			3			2	1	1		27
	三年级	6	5	4	2					3		2	1	1		24
高中	一年级	6	5	4	2	3		3				1	1	1	3	29
	二年级	6	5	4	2	3			4			1	1	1	3	29
	三年级	6	5	4	2	2				4	2	1	1	1	3	31

1952 年，学校执行教育部颁布的教学计划，对课程设置和教学时数作了一些调整和补充。

1952—1953 年学年度张掖中学教学计划（草案）

学科	初中 第一学年 上	下	第二学年 上	下	第三学年 上	下	三学年总计	高中 第一学年 上	下	第二学年 上	下	第三学年 上	下	三学年总计	六学年总计
本国语文	8	8	7	7	6	6	756	6	6	6	6	6	6	648	1404
数学 算术	6	6					216								216
数学 代数			3	3	3	3	216	2	2	2	2	2	2	216	432
数学 几何			2	2	2	2	144	3	3	2	2			180	324
数学 三角										2	2	1	1	108	108
数学 解析几何												3	3	108	108
物理			2	2	2	2	144	2	2	3	3	4	4	324	468
化学			2	2	2	2	144	2	2	2	2	4	4	288	432
生物 植物	3	3					108								108
生物 动物			3	3			108								108
生物 生理卫生					2	2	72								72
生物 达尔文理论基础												2	2	72	72
地理	3	3	2	2	2	2	252	2	2	2	2			144	396
历史	3	3	3	3	3	3	324	3	3	3	3	3	3	324	648
中国革命常识					2	2	72								72
社会科学基础知识								2	2	2	2			144	144
共同纲领												1	1	36	36
时事政策	1	1	1	1	1	1	108	1	1	1	1	1	1	108	216
外国语	3	3	3	3	3	3	324	4	4	4	4	4	4	432	756
体育	2	2	2	2	2	2	216	2	2	2	2	2	2	216	432
音乐	1	1	1	1	1	1	108								108
美术	1	1	1	1	1	1	108								108
制图								1	1	1	1	1	1	108	108
每周教学时数	31	31	32	32	32	32	3420	32	32	32	32	32	32	3456	6876
每学期上课周数	18	18	18	18	18	18	108	18	18	18	18	18	18	108	216
教学总时	558	558	576	576	576	576	3420	576	576	576	576	576	576	3456	6876

　　1956 年，根据省教育厅《关于 1956—1957 学年度授课时数的通知》精神，结合学校教育教学的实际情况，从当年秋季起，重新确定了每学期上课时间，教学计划中增加了一部分新的学科，对原有部分学科的名称、设置和授课时数作了适当调整。每学年，

初高中各年级上课时间一律改为 34 周；初高中各年级增设实习课，每周教学时数均为 2 课时；原语文课改为汉语、文学两门学科，初中一、二年级汉语课每周各 3 课时，初三年级汉语课每周 2 课时；初中一、二年级文学课每周各 6 课时，三年级文学课每周 5 课时；高中一、二、三年级汉语课每周各 1 课时，文学课每周各 4 课时；各年级历史课实行新的教学标准，初一年级学习中国古代史，初二年级学习中国近现代史，初三年级学习世界史；高一年级学习世界近现代史，各年级历史教学每周均为 3 课时。初一年级算术由每周 7 课时改为每周 6 课时，初二年级代数由每周 3 课时改为每周 4 课时。高二年级物理由每周 2 课时改为每周 3 课时，高三年级第一学期由每周 4 课时改为每周 5 课时。

1953 年，贯彻执行国家教育部颁布的《中小学暂行规程（草案）》，把教育工作的重点转移到提高教学质量上来。1954 年，学校加强对教学工作的管理，规范教师的教学行为，突出教学工作的计划性，制定了学生休学、退学、转学等学籍管理办法。

根据省教育厅的规定，每年从 8 月 1 日为学年之始，至次年 1 月 31 日为第一学期。3 月 1 日至 7 月 31 日为第二学期。

1956 年，根据省教育厅的新规定，每学年度第一学期从 9 月 1 日开学，至次年 1 月 12 日结束，共 18 周；第二学期从 2 月 15 日开学，至 7 月 7 日结束，共 16 周。全学年上课 34 周。暑假 55 天，因甘肃农忙季节一般在暑假当中，教育部规定的农忙假 14 天，改为春假 3 天，其余延长于暑假之中。寒假 33 天。其他节日如国庆、元旦、妇女节、劳动节等均按国家规定放假。

（二）教育教学

中华人民共和国成立后，国文、历史、地理课采用人民政府审定的教材，培养学生为人民服务的思想。数学、物理、化学适当精简，在教学中贯彻理论与实际相结合的原则，面向社会生产和生活实际。因当时教师基本上都是刚从旧社会过来的，世界观、人生观还未彻底转变过来，而且大多数没受过师范院校专门培训，政治思想和业务素质尚跟不上时代的需要。课堂上多为"填鸭式"教学方法，要求学生死记硬背，不能根据学生的年龄特点和接受能力进行教学。

1949 年下半年，学校因为开校较迟，学生课本又买不到，课程进行一般由任课教师自编笔记，全凭板书教学，抄写浪费时间，所以各科教学多未能达到应有的进度。此外学校图书仪器以及各种教学设备缺乏，更经中华人民共和国成立前为长官公署占用校址，所受破坏严重，损失很大，学生学习上也多有不便。中华人民共和国成立后，整个时局翻新，学生的政治觉悟普遍提高，对于一般文化科目大感兴趣，加之图书馆添设少量新书，学生阅读极为踊跃。在学生学业方面，原则上要启发并鼓励学生积极学习，但为了鼓励落后学生进步，也制定了督促和考核的办法。

1949 年的学校工作报告中写道："教育的基本动力教育工作者，课本、图书仪器及一切教学设备，是加强教学效能的决定因素。因为教师薪金基数低微，家口较多者，就无法维持最低度的生活。虽然一般教育工作者，对于茹苦含辛为人民服务有着久远的素养，不过他们生活不安定，对业务方面的影响也会存在。虽然学校不能提高教师薪金基数，但要尽量辅助发展其福利事业，提高教师待遇，使教育者能全力发展其在业务上的积极性和创造性。课本问题，必须由政府指令全国各大书局，统筹翻印，供应学生学习。图书仪器及一切教学设备方面，均应尽可能地添设和补充。"

1951 年，学校成立了各学科教研组，教研组利用每周星期日晚自习时间，组织教师学习报纸杂志上有关各科教学改革经验，研究教学上存在的问题。教研组还组织开展公开课、观摩课等教学活动，以提高教师教学能力。定期组织同一科或相近学科的教师，集体研究教育方针，研究教材和教学方法，研究学生的学习情况，总结交流教学经验，改进教学工作，完成教学计划，努力提高教育教学质量。

1954 年初，甘肃省教育厅利用寒假在兰州女中举办了假期学习会。学校派王力生、施生民、郭振宗、杨祖海、阎正礼五名教师参加。会上介绍了省教育参观团赴北京、东北各主要城市参观中学教育的情况；有关人员作了《怎样学习苏联先进教学经验》《领导教学提高教学质量》《学校工作的计划检查与总结》《理化教学经验介绍》《语文教学经验介绍》《数学教学经验介绍》《班主任工作经验介绍》《健康教育经验介绍》等 9 个专题报告。参会教师回校后，在全校教师中进行了认真传达。随后，省教育厅又将 9 个专题介绍编印成册，分发到全省各学校学习推广。这次取经传宝活动，对学校教育教学的改革、提高教学质量起了很大推动作用。

同年，学校组织教师系统学习了苏联教育专家普希金的《教育讲演录》和凯洛夫的《教育学》（教师人手一册），学习掌握"量力性、系统性、直观性、巩固性、积极自觉性"五个教学原则和"组织教学、复习检查、讲授新课、巩固练习、布置作业"五个教学环节，并运用于实践。在学习运用苏联教育科学的过程中，学校特别强调课堂教学中重视运用教学直观性原则，用形象语言、图表、教具和实验等直观教学形式，提高教学效果。推广使用简化汉字、说普通话工作。要求教师用普通话讲课，学校派 4 位教师去兰州培训，回校后先在语文组推广，教师的教学业务水平得到提高。

1955—1956 年，学校要求学生说普通话。这一时期，学校出现学说普通话的热潮。

从 1955 年开始，在教学过程中注意指导学生进行参观、访问、实验、实习，把课堂教学与社会实践活动有机结合。学校要求教师在备课时，不仅备教材，备学生，还要注意备教学方法。教师上课要有教案，教课要认真负责，要把概念讲清楚。教学方法要灵活，循序渐进让学生掌握知识。作业全收全阅，一丝不苟；要苦口婆心，循循善诱，严格要求学生。白凌霄教高中化学课，功底扎实，业务熟练，讲课理论结合实际，教学效果好，1957 年被评为省级优秀教师。高峻中是上海同济大学机械制造系毕业生，鉴于家乡文化教育落后，师资缺乏，1949 年张掖解放后，毅然改行当了物理教师，他工作兢兢业业，勤勤恳恳，认真备课，刻苦钻研教材，课堂教学联系日常生活实际，注重实验，很受学生欢迎。王力生教政治课，在课堂教学中能结合革命形势和学生思想状况，把理论和实际有机统一起来，课堂气氛活跃，教学效果好。

图 2-3　白凌霄省级
优秀教师奖章

（三）学生状况

教师们常常教导学生说："读书为祖国、为人民。生活苦一点是坏事也是好事。自古寒门出好汉，纨绔子弟无伟男。"以此来激励学习斗志，培育学生艰苦奋斗精神。教师们言教身带，有一定说服力，学生从中受到启发教育，刻苦学习，勤奋攻读，艰苦朴素，自强不息。上课做到专心听讲，上晚自习教室里鸦雀无声，四个人围着两盏煤油灯看书、做作业，专心致志。虽然第二天早上鼻孔里充满黑物，但是学生们乐在其中。晚上 10 点熄灯就寝，校长、值周教师、班主任往返巡查，发现学生蹬了被子，轻轻盖上，关心学生胜似关心自己的孩子。

1951 年上学期，学生人数减少。上半学期开学至第 8 周，共注册报到的学生 372 人，未注册的学生 112 人。经过调查，大部分学生有求学的意愿，很多学生是因为家庭贫困，家长无力供给，不得不辍学。

同年，西北师范学院生源缺乏，学校将 10 名高二学生全都保送上了西北师范学院。这批学生大学毕业后都成为大中学校教师，部分学生后来成为著名的专家、教授。如新疆大学工作的许设科、侯新惠夫妇等。1953 年，学生高中毕业的 14 人，全部考入大学，以后几届学生考试成绩都很好。

许设科，甘肃民勤人，教授，中共党员。1955 年毕业于西北师范学院生物系，1991 年获新疆"高等学校先进科技工作者"称号，为新疆科研工作做出很大贡献。

图 2-4　黎泉书法作品

1955 届高中毕业生陈西峰，玉米育种专家，1996 年获甘肃省"有突出贡献的科技推广工作者"称号，享受政府特殊津贴。

赵正，笔名黎泉（1955 届高中毕业生），当代书法家。1993 年荣获国务院社会科学突出贡献奖，享受政府特殊津贴。

季成家（1955 届高中毕业生），笔名祁渠，中共党员。1959 年毕业于兰州大学中文系。历任西北师范大学中文系教授、中国西部文学研究所所长、教授，《丝绸之路》杂志社社长，《丝绸之路》旅游文化月刊主编，享受政府特殊津贴。

此外，这一时期毕业的学生有的还成为党、政、军、财贸、金融、工农业战线等部门领导人、英雄模范人物，可谓灿若群星，举不胜举。

第三节　思想教育与政治活动

一、思想教育

自 1949 年张掖解放后，学校就建立了经常性的政治学习制度。在中共张掖县委领导下，学校组织教职员工系统学习《新民主主义论》《论人民民主专政》《论联合政府》《共同纲领》等毛主席的论著和党的文件精神。每周学习 3 次，每次 2 小时。以自学为主，辅之以讨论、考试、检查笔记等措施。通过学习，教职员工统一了思想，提高了认识，坚信没有共产党就没有新中国这一真谛。

1950 年学校工作报告中指出：学校通过以下途径加强思想政治工作。一是通过课堂教学进行政治思想教育。教师根据教学目的、教材内容发挥教材本身具有的思想性，避免空洞说教。如白凌霄同志在化学教学上，通过饱和烃和未饱和烃及周期的讲解，使学生确信物质由量变到质变的规律，又通过化学观察和实验，让学生理解物质在发展变化中互相依附互相制约的关系。语文组老师通过语言文学教养进行政治思想教育。通过学习《李官祥》《国家的》两篇文章，教育学生要爱护公共财产。二是结合党的政策及社会活动对学生进行政治思想教育，提高社会主义觉悟。学校组织学生学习宪法草案及第一届全国人民代表大会第一次会议文件，教育学生模范遵守国家法律，养成守法精神；组织学生学习国家棉布统购统销政策，认识实行棉布统购统销的重大意义，如初三（5）班学生谢全山在班会发言中说，在旧社会他们家盖的是毛毡，穿不上棉布衣服；解放后他们家添置了新棉被，穿上了新棉布做的衣服。组织学生学习义务兵役制度，增强学生的爱国热情，学生纷纷要求报名参军，保卫国防。一天之内报名参军的学生达 78 人之多，初一学生苗苍发年龄尚未达到应征年龄的十六岁，也要坚决报名参军，当别人劝慰他时，他哭着说，我报上一年就长大了，说明青年学生的爱国热情是诚挚的，意志是坚定的，他们为可爱的祖国愿意牺牲一切。三是通过班主任耐心细致的工作对学生进行思想教育。班主任重视对学生的了解，如初一（1）班班主任萧福广，开校前了解学生的毕业成绩、性格特点和家庭状况，因材施教。如学生王玉兰，入校成绩不好，学生冷落她。班主任帮助她分析原因，并召开女生座谈会，帮助其建立良好的同学关系。初二（5）班班主任陈容庆，发现学生朱绍武经常迟到旷课，进行家访了解情况，得知他是家里老大，由于父母溺爱的原因，导致其纪律松懈，但家长对他寄予的希望很大，于是在生活上关心，纪律上严格要求。四是学校利用班会对学生进行《学生守则》教育。新生入校，纪律性差，学校开学后利用班会统一进行《学生守则》的教育，如初一（2）班班主任张之清，对班级提出严格要求，学生上操、上课不得迟到，学校集会要避免乱吵乱闹，养成动作要快，保持安静的良好习惯。五是指导学生阅读课外读物，对学生进行思想教育。初三（1）班班主任杨祖海和语文老师张源给学生推荐《卓娅和舒拉的故事》《古里亚的道路》《生活在英雄们中间》《谁是最可爱的人》《把一切献给党》《为了幸福的明天》《三千里江山》《普通一兵》《真正的人》等书籍，学生阅读的兴趣大，积极性高，把书中的英雄人物当成自己的榜样，增强班级团结，鞭策自己努力学习。

学校组织学生学习时事政治，使学生了解祖国社会主义建设进展情况和当前国内外革命运动斗争形势，激发学生的爱国主义与国际主义热情。学校在各班统一规定时事学习时间，班主任组织学习，教导处编辑刊出《教导报》，刊登国内外时事大事，提出学习提纲，帮助学生学习，效果很好。

1950 年至 1952 年，在中共张掖地委和省教育厅领导下，学校先后利用寒暑假时间（少则 15 天，多则 20 天），派教师在张掖师范、张掖觻得小学、武威和兰州等地，参加教师假期学习会和社会实践活动，不断改造思想。学校派教师何荣第到西北人民革命大学（西北政法大学）学习（该校专门设有西北教师学习班），思想觉悟逐渐提高，能够自觉批判旧思想、旧意识，树立为人民服务的思想。教职员工忠诚党的教育事业，积极完成党赋予的任务，为培养无产阶级革命事业接班人奋斗不息。

学校遵照《共同纲领》中规定的文化教育方针，对学生进行思想政治教育。废除旧的教育制度，建立班主任制度。根据民主集中制的原则，制订了一系列学习和生活制度。

1949 年开始，学校在各年级开设政治课，系统讲授新民主主义革命理论。结合校友孔庆云的英雄事迹，进行革命英雄主义教育。

孔庆云，河南人，张掖中学学生。参军后曾任中国人民解放军文化教员，1951 年 3 月在新疆剿匪战斗中活捉匪首乌斯满，被评为全军特等战斗英雄，并由西北军政委员会授"人民功臣"称号。张掖县人民政府授予"人民功臣"匾额。

1949 年下半年，学校成立了学生会。

1950 年 3 月，建立中国新民主主义青年团支部。第一批团员有张淑达等人。5 月，发展第二批团员。

1951 年 4 月 1 日是学校成立 34 周年纪念日，这一天，学校各班举行篮球、排球、乒乓球等球类比赛，又精心编排了

图 2－5　剿匪英雄孔庆云

图 2 - 6　第一批
青年团团员张淑达

12 个短剧，分别在 2 日和 3 日晚上演出，除本校师生观看外，还有外面的老乡观看。学生排演的技巧虽然不高，但他们都很努力，收到了很好的演出效果。校庆期间，张掖县委副书记及青少年工作委员会书记来校给师生作报告。学校制定通过了师生《爱国公约》，在全校师生中深入开展抗美援朝爱国主义教育，支援抗美援朝。《爱国公约》通过后，学校在学生中进行执行公约情况的检查。

1954 年初，学校成立团总支，下设 6 个团支部（一个年级一个支部）。在初一年级建立少年儿童队，有队员 38 人。教师杨祖海和陈容庆为初一年级团支部辅导员。1956 年上半年，学校团总支改为团委，初三年级以上的班级，1 个班建立 1 个团支部，全校共 8 个团支部，团员 400 多人，刘文浩、李培友先后任学校团委书记。当时对团员进行党团思想教育和革命事业接班人教育。

1952 年，学校成立工会组织，高峻中任工会主席。工会为会员配发一枚印有"钟声"二字的铝质证章和中华人民共和国工会会员证。学校设立工会活动室，备有报纸、乒乓球案、扑克等，休息时间和节假日，供教职工开展健身活动。

1954 年，学校开始在学生中发展共产党员。起初，成立党课学习小组，组织学生学习党章和党的方针政策，进行培养教育。高中学生吴安国、陆瑜是学生中最早发展的党员。高一年级的学生牛芳，学习成绩突出，思想表现好，也加入了中国共产党。教师中最早入党的是刘文浩。此后，工会、团委、学生会、少年队组织配合学校开展各种形式的思想教育活动，生气勃勃，效果颇佳。

图 2-7　工会会员证

学校对学生进行"爱祖国、爱人民、爱科学、爱劳动、爱护公共财物"的五爱教育。教育方式主要通过课堂教学、时事政策学习和课外集会活动进行。1950 年开始的抗美援朝运动中，学校通过教唱《中国人民志愿军战歌》，号召学生给志愿军写慰问信，做慰问袋，开展募捐活动等方式，培养学生爱国主义与国际主义精神。1952 年，根据国家教育部《关于中等学校政治课略有变更的通知》的规定，初中一、二年级每周讲授时事政策 1 课时；初三年级每周讲授《中国革命常识》2 课时；高中一、二年级每周讲授《社会科学基本知识》2 课时；高三年级讲授《共同纲领》2 课时。通过政治课教学，对学生进行马列主义基本知识和无产阶级道德品质教育，鼓励和指导学生在课余阅读报纸，讲革命故事，参加社会宣传和义务劳动等，培养学生为人民服务的思想。

1952 年，在学生中开展课外阅读活动，高中阅读《钢铁是怎样炼成的》，初中阅读《卓娅和舒拉的故事》，教职员阅读《把一切献给党》。阅读活动搞得有声有色，效果显著的班级被称为"保尔班"和"卓娅班"，当时高三和初二乙班获得此项荣称。学生毕业时找接替班级，以此进行爱国、爱党和革命英雄主义教育。1954 年，中学政治课中增加了过渡时期总路线的教育内容。

劳动教育是学生思想教育的重要内容之一。1954 年，根据省教育厅《关于加强中小学劳动教育的几点意见》精神，学校加强对学生进行热爱劳动的教育。通过参加校内外劳动和参观工厂、农业生产合作社等形式进行。努力纠正学生轻视体力劳动和轻视劳动人民的错误思想，把参加生产劳动看作是光荣的事。在安排劳动中，注意学生的年龄、生理特征和发育情况。1956 年，学校增设工农业生产知识课，对学生进行基本生产技术教育，使学生在理论指导下掌握一定生产技能。

1955 年，学校贯彻全面发展的教育方针，对学生进行德、智、体全面发展教育。在学生中开展"身体好、学习好、思想好"的"三好学生"评比活动。同年秋季开始，实行教育部制定的《中学生守则》，要求学生以《中学生守则》作为学习、生活和日常行为的准则，把《中学生守则》中对学生的各项要求，作为教师评定操行成绩的标准。

二、政治活动

中华人民共和国成立初期的各项政治活动频繁，学校积极组织师生参加。1949 年冬季，学校组织部分师生，利用一个月的时间，到碱滩、廿里堡乡，深入农民家中宣传"二五减租"、剿匪反霸思想，提高群众阶级觉悟和反封建斗争的积极性。1950 年抗美援朝开始后，学校进行了仇美、蔑美思想教育，组织师生深入城乡进行广泛宣传。学生袁克武和袁克诚（张掖中学教师袁定邦的两个儿子）、段梦桐（张掖中学教师段燕萍的儿子）、黄清、曹殿士、季学禄、胡一平、袁定国 8 位同学，踊跃参军，赴朝作战。袁克武在战斗中英勇牺牲，表现了崇高的爱国主义与国际主义精神。段梦桐在战斗中立功受奖，20 世纪 80 年代任某军分区司令员（大校军衔）。在捐献飞机大炮活动中，学校 28 名教职员共捐献旧币 36331000 元（折合人民币 3600 元）、粮食 28 石。

图 2-8 袁克武烈士

1951 年土地改革运动开始后，学校派教师积极参加，并大力宣传土地改革。为配合"土改"宣传工作，学校组织了文工团，由教师高峻中负责排练节目，师生共同排练大型歌剧《白毛女》《保卫村政权》《王秀鸾》等，在城乡多次演出，提高了广大贫苦农民群众的思想觉悟，对于土地改革的进行起了一定的推动作用。文工团员苏普（女）、刘文浩、马良名、王爱国、徐成才等都是文工团的积极分子。尤其是苏普，嗓音清晰洪亮，韵味较足，歌声深受群众欢迎。同时学校抽调 10 名教师，在新丰区（包括甘浚、明永、沙井、西洞 4 个乡）的明永乡参加"土改"工作。广大教师经过土改运动得到了锻炼，思想觉悟进一步提高。

1951 年 1 月开始的反对贪污、反对浪费、反对官僚主义的"三反"运动和 1952 年 1 月开始的反对行贿、反对偷税漏税、反对盗窃国家财产、反对偷工减料、反对盗窃国家经济情报的"五反"运动中，教职员工积极检举揭发学校存在的贪污浪费行为，揭发出 XX 贪污公款（旧币）8190726 元（折合人民币 819 元），浪费资金 503745 元（折合人民币 50.3 元）。

1955 年，"肃反审干"运动中，教职员工认真学习党的方针政策。部分教师忠诚老实地向党交代自己的历史问题，得到宽大处理，争取到了继续教书的机会。

在合作化和工商业的社会主义改造运动中，学校组织师生员工认真学习党在过渡时期的总路线，充分认识促进生产资料私有制改造的重大意义，树立走社会主义道路的坚定信念，激发培养社会主义事业建设者的积极性。

第四节　体育与卫生健康教育

一、体育工作

中华人民共和国成立后，党和国家十分重视体育和卫生健康教育。1950 年，学校每周安排 2 课时体育课，每天保证 1 课时课外活动时间。学生每天都上早操，课外活动人人参与。

1951 年，利用早操、课间操和体育课，全面学习推广第一套广播体操，全校学生和部分教师每天早上坚持做广播操。冬天因天气寒冷，早晨跑操继续进行，第二节课后课间活动做广播操。学生体育锻炼的内容有百公尺短跑、跳远、垒球掷远、持久跑步、爬绳、跳箱、单双杆、跳绳八个项目，根据身体状况选择运动项目。男同学分甲乙丙丁四组，女同学分甲乙两组，根据具体情况定出不同标准，每个学生在八个项目中任选四项（一百公尺短跑、跳箱、垫上运动为必选项目）进行锻炼。体育课根据班级人数多少分成小组（四十人以下分两组，五十人以上分三组），每组选定正副组长，正组长着重负责运动技术，副组长注重了解学生思想情况，清点学生。体育课重视安全教育，学生严格遵守体育课纪律，做好体育课前的准备动作，划定体育课场地，对体育器械进行经常性的检查补常。

同年国庆节，学校举行了一次小型运动会，但标准较高，如百公尺短跑的最低标准是 12 秒，结果没有一个学生达到标准，这次运动会最好的成绩是 13 秒；还有单双杠和跳远，达不到最低标准的学生占半数。

1954 年，学校体育课教学采用苏联体育教学大纲东北地区体育试用教材，对学生进行田径、体操和各种球类的学习和训练。同年，学校开始推行国家制定的《准备劳动与卫国制预备级体育锻炼标准》（简称劳卫制，是中华人民共和国成立初期从苏联引进的鼓励民众积极投身体育锻炼的一种制度，后来演变成现在的《国家体育锻炼标准》，这种制度对促进我国民众体育的开展，具有一定的积极意义）。学校以"劳卫制"为中心改革体育教学，体育成绩标准分为及格、良好、优秀三级。学校组织了篮球、排球、垒球等校队，有专人经常组织训练，技术提高很快。

20 世纪 50 年代，张掖城区各界组织的文体活动特别活跃，尤其是球类比赛活动。当时，张掖县有以原副县长花多寿为首的县篮球队，解放军五十五师一六四团团长向志毅为首的篮球队，铁路篮球队等，这些球队实力都较强。但是张掖中学以吴越和、赵正、王开华等为主力的篮球、排球队实力更为突出，是当时张掖城区实力最雄厚、竞技水平最高的拔尖球队。每年"五一""五四"节期间，在木塔寺前学校的操场（今中心广场公路以东）举行篮球、排球比赛，冠军几乎都由张掖中学队获得。有时也举行垒球比赛，优胜者仍为张掖中学队。张掖中学、张掖师范、张掖农校之间的球类比赛活动也很频繁。这些体育竞赛活动，不仅为学校争得荣誉，也促进了学校体育活动的开展，增强了学生体质，激发了学生的集体荣誉感和为校争光的自豪感。

二、卫生健康教育

1951 年，学校根据政务院《关于改善各级学校学生健康状况的决定》和甘肃省文教厅《关于重视中小学生健康教育》的文件精神，对学生的健康教育作了适当调整。学生每日上课和上自习时间 8 小时，睡眠时间 9 小时。夏季增加午睡时间，星期日保证学生休息。

学校成立爱国卫生运动委员会，管理学校卫生工作。各班级制定爱国卫生公约，建立经常性的洒扫和检查制度，学校卫生面貌大为改观。

学校设立卫生室，聘请义务校医。要求学生购置毛巾、牙刷、脸盆等洗刷用具，搞好个人卫生。1953 年，学校聘请杨廷珍为校医，成立了校医室，购置了必要的医药和简单的医疗器械，及时诊治一般性的疾病，为师生开药打针，师生的健康得到了一定保障。

1955 年，学校组织成立卫生委员会，全面负责领导全校卫生保健工作，校领导分工负责。对学生进行健康卫生教育，校医室每年组织两次季节性卫生大检查，请县卫生院给女学生定期作妇女卫生报告；学生会配合医务室刊出黑板报，给学生介绍健康卫生和疾病预防法的常识；为学生宿舍内喷洒"六六六"粉，达到预防效果；建立各种卫生制度，对校园环境、个人寝室、教室、厨房、厕所等卫生工作都有具体要求。学校规定每周星期三、六定为全校卫生日，实行定期或不定期的检查制度，采取全面检查和重点抽查两种方式进行检查，每次检查结果利用集会或板报予以通报。重视食堂卫生，改善学生伙食，注意营养搭配，提高饭菜质量。

第五节　扩大规模与完善设备

一、扩大学校规模

中华人民共和国成立初期，张掖中学校址在劳动街一校（今甘州区中心幼儿园处）。仅有教室7座和地藏寺大殿1处，供学生上课。教师办公室、住宿用房和学生宿舍也都狭窄而破烂。

1950年5月，武威专员公署根据甘肃省教育厅关于省立中小学整编原则，将省立张掖中学、省立张掖高级农业职业学校和省立张掖师范三校合并，成立甘肃省张掖联合中学（内设中学、师范、农林三部），校址扩大到木塔寺（原师范校址）。8月，农校复校，甘肃省张掖中学恢复原名（附设师范班一个），并将原师范校址改为张掖中学的一部，张掖中学原校址改为二部。学校共有13个班，其中高中4个班，初中9个班，学生484人（高中92人，初中392人），教师31人。1954年开始新建第一批校舍2幢共10个教室。学生班级由原来的13个班扩大到23个班，教职员工共70人，其中教员44人，职员13人，工友13人，学生人数1025人。

1950年5月，张掖专区将张掖师范并入张掖联合中学。8月，张掖联合中学更名为"省立张掖中学"，在一部设师范部，附设师范班一个，专门培养小学教师。1951年学校师范部开始招收师资训练班和短期培训班，1952年2月，开办师范速成班，招收学员56人，后又招收两批学生94名。1952年秋，因全区小学教师缺乏，从第一批师范速成班中选拔10名成绩优秀者提前毕业，任小学教师。原任张掖行署副专员王文元就是其中的一位。其余140名学生于1953年毕业分派工作。

图2-9　王文元

王文元，男，1937年1月出生于民乐县新天镇王什村一农民家庭。1951年小学毕业，进张掖中学读初中。后考入本校开办的师资培训班，期满结业，正式分配工作。1953年秋至1955年秋在张掖县建华小学（后改名为青年西街小学）任教。1955年秋调至张掖县党政机关。之后四十多年，相继在县、市及地区多个岗位工作。历任地委副秘书长、秘书长，地委委员、张掖县委书记，地委委员、地委宣传部长，地委委员、张掖地区行政公署常务副专员，行署党组副书记、党组书记，1998年正地级退休。

1952年秋，学校招收三年制初师班学生90名，1955年7月毕业，充实小学教师队伍。1956年省人民委员会批准张掖师范复校。张掖中学只办了支援张掖的上海知青师速班7个。

1956年3月，为了进一步解决小学师资短缺问题，省人民委员会从上海、天津等地招收的4000余名知识青年到达甘肃。3月16日，支援张掖地区的上海知青365人到达张掖。随后，按照甘肃省教育厅统一安排，委托学校进行专业培训。上海知青分成7个师资速成班，时间为5个月（3月16日—8月15日）。班主任依次为杨春魁、周光汉、王守正、魏振沂、苟崇俭、张伯壬、刘文浩。开设语文、数学、教育学、语音、音乐5门课程。周光汉、刘文浩教语文，张伯壬、魏振沂、苟崇俭教数学，杨春魁讲授教育学，王守正教语音，宋世儒教音乐。教导副主任邱洁美专管上海支边知青。经过半年多的刻苦努力，顺利完成了教学计划，上海知青毕业后分配到张掖、山丹、民乐、临泽、高台五县任小学教师，促进了张掖教育的发展。

图2-10　1956年师速班毕业留念

几十年来，上海知青挥洒热血和汗水，无私地奉献青春年华，为张掖地区的教育事业做出了积极贡献，涌现出许多先进模范人物。其中有的成为全国、省、地、县优秀教师，受到表彰。有的成为一些部门领导骨干。如韩惠如（女），浙江上虞人，曾任张掖青西小学高级教师，在班主任工作中，根据学生年龄特征开展丰富多彩的班队活动，将德、智、体诸方面的教育寓于活动中，收到良好效果。其讲课中能巧妙用对口令、唱儿歌的形式，突出教学重点、突破教材难点，还经常组织学生进行课外游戏、表演节目等活动，使学生在轻松愉快的活动中获得知识，1986年获全国优秀教师称号。

邢新华曾任甘肃省"监察院"副监察长。周书铭曾先后任张掖市教育局局长、张掖地区育才中学党支部书记，报刊上发表多首诗词和文章。周有义，原来是青东一校的校长，曾任张掖地委统战部副部长。徐宝根，曾任张掖地区体委副主任等。因种种原因，许多人后来调离张掖。但有60多人在张掖地区安家落户，扎根边疆。其中在中小学和教育部门工作的有30多人。周书铭《离沪支甘四十年》一诗中写道："五十年代到甘州，奉献青春已白头。勤奋执教酬壮志，满园桃李竞风流。""今逢盛世春潮涌，四十春秋数喜忧。沥血呕心烛将尽，莘莘学子布神州。"当年师资速成班既当班主任又教语文课的周光汉也赋诗："喜逢春秋几十年，身为师表力支边。三更灯火暖寒夜，两袖清风凉暑天。眼底诗书才入味，园中桃李已先妍。功夫不负园丁汗，若个山乡没状元。"

1956年，张掖中学二部与明德小学（教会学校，后为劳动一校）对换校址，以后逐年拓地建房，校园面积扩大了四五倍，而且新建教室30座，仪器室、实验室各4座，图书阅览室1座，教职员办公室、会议室2座（共20间），茶水锅炉房、灶房食堂各1座（可供500人上灶用），男女生宿舍2院（能住宿学生300人），家属宿舍10座（能住50户）。在修建教师办公室期间，全校师生自己动手和泥、脱土坯、递土块、送砖头、当小工。只请技工，虽然又苦又累，劳动量大，但师生

图2-11 1956年学校部分团员留影

毫无怨言，甘于吃苦，乐在其中，不仅给学校节约了资金，师生在劳动中也得到锻炼，养成了热爱劳动的优良品质。经过校园修建，学校面貌大为改观。

1956年秋，学校已发展到26个班级（高三年级1个班，高二年级2个班，高一年级3个班；初三年级4个班，初二年级6个班，初一年级10个班），学生990人。当年学校还给新成立的县一中（今张掖市第二中学）拨过去初二2个班，初一4个班，共270名学生。随学生调到县一中的教师有肖忠义、单鹤村、李兰昌、张源等。学校教职工69人，与中华人民共和国成立初期相比较，教职工与学生都增加了两倍多。

二、完善教学设备

20世纪50年代初，省教育厅每年给学校下拨维修经费、增班设置经费、体育器材购置经费、图书经费等。这些经费都是专款专拨，用于完善教学设备。

中华人民共和国成立前，学校的图书很少，教学器材缺乏。中华人民共和国成立后，省教育厅每年给学校配发新出版的各类图书。学校逐年挤出一点经费购置图书，加上社会贤达的捐赠，至1956年，约有近2万册图书。其中文学类书籍最多。小画册、画报也较丰富。学生凭借书证一次可借阅2本图书，限一周内归还再借。

图 2 - 12　20 世纪 50 年代
教师自制教具

　　从 1953 年开始，省教育厅给学校配发大量的教学器材，学校的教学设施不断完善，其中有数理化教学仪器 1000 多种，计 7000 多件，加上教师自制的教具，可满足 20 个小组同时分组实验的教学需要。有生物实验教学的显微镜 10 多台。有音乐教学用的钢琴 1 架，风琴 2 架。体育器材包括篮球架、单双杠、高低杠、肋木、平衡木、联合器械、鞍马、跳箱、垫子、跨栏架等，基本满足教育教学的需要。

第三章 "反右""大跃进"时期

1956年，在全党开展的整风运动很快波及学校。之后连续开展了反右派斗争、"大跃进"运动、勤工俭学和教育革命，学校贯彻执行三结合（结合政治、结合生产、结合实际）的教育方针，给正常的教育教学工作带来了很大的影响。

第一节 整风工作与反右派斗争

一、整风工作

1956年4月27日，张掖市（地级）开展整风运动。27日至29日，市委书记薛剑英在张掖电影院向全体干部和中小学教师作了三天报告，传达毛泽东主席2月27日在最高国务（扩大）会议上的讲话——《关于正确处理人民内部矛盾的问题》。之后，市委号召党外各阶层人士及广大群众"畅所欲言，大鸣大放，帮助党整风"，且召开不同类型的"鸣放会"。

二、反右派斗争

1957年6月19日，人民日报发表了《关于正确处理人民内部矛盾的问题》，提出了辨别"香花毒草"六条标准。8月初，张掖中学、县一中（今张掖市二中）、县二中（1961年停办）、张掖师范4个学校的教职员工在县一中集中学习，会上进行"大鸣大放"，教职工给领导提意见。两三天之后，会上又提出反击右派的口号，要求教职工以"大鸣大放"、大字报的形式，批判"鸣放"中提了意见的人。之后，进行集中批判。

8月底，集中批斗结束，历时45天，学校有5位教师被定为右派被揪出。这些人有的是由于历史问题造成的，有的不过是捕风捉影的臆测，查起来并无实据。当时，被定为右派的人，送往酒泉夹边沟农场或安西农场进行劳动改造。

十一届三中全会后，中央对被错划为右派的人给予纠正平反。有些教师虽已长眠黄泉，但对其政治问题依然平反。幸存的教师，多数已年过半百，平反后自奋自强，忠心耿耿，努力为党的教育事业做出了自己的贡献。

第二节　勤工俭学与教育革命

一、勤工俭学

1958 年，党的八大二次会议通过"鼓足干劲，力争上游，多快好省地建设社会主义"的社会主义建设总路线，开始了"大跃进"运动。农业战线和工业战线纷纷拟定"大跃进"目标。农业上大力推广土地深翻，工业上掀起了空前规模的"全民大炼钢铁运动"，同时，教育系统开展了勤工俭学"大跃进"运动。

1958 年春季开学后，学校领导向全体师生作了关于开展勤工俭学意义的动员报告，结合省党代会精神及河南长葛、贵州仁怀等学校开展勤工俭学的经验报道，学校组织师生进行学习和讨论。随后，提出了勤工俭学 3 年规划和当前的具体安排意见，提交教职工大会进行讨论修订，统一思想，然后交给学生，开展深入讨论，提出修改意见。一时，学生纷纷写大字报和决心书，表示一定要完成学校下达的勤工俭学任务，全校师生在短时间内制定了个人红专规划。

3 月份春播，勤工俭学活动正式开始。由陈克彬、刘文浩领导，一部分教师组织全校师生到大满区三个大队协助农民进行春耕生产，学生们自带行李，步行前往，分别居住在新华大队和新新大队，同农民一道整地、施肥、播种、浇水，参加农业生产劳动。

4 月初，学校组织初二年级师生 230 人，到距城 20 里的黑河滩，修建河西"绿色长城"，经过 18 天的劳动，修建了 2000 多米长的渠道 4 条；加固堤坝 400 米；栽种树木 20 余万株。其他师生去红沙窝、火车站植树造林，并参加了整修街道，清理鼓楼、大佛寺垃圾和修建烈士纪念碑等社会劳动。除此之外，还组织学生开展了校内各种勤工俭学活动和义务劳动。

5 月，学校上课一周后，根据张掖地委（大专区）在酒泉的文教工作会议及稍后分别召开的中小学校长会议精神，决定更大规模地开展勤工俭学活动。8 月份，省勤工俭学现场会在酒泉召开。会后，张掖县委选择了勤工俭学进展较为迟缓的单位进行观摩，召开现场会，相互评比，采用大字报方式进行批评，并提出改进建议，于是勤工俭学活动掀起了新的高潮。7—8 月份，为响应技术革新运动号召，学校开始种植试验田（现张掖市人民医院处）；开办托儿所、缝纫厂、大食堂、自行车修理厂，铁皮、滚珠、化肥烧碱、电池、芒硝、制糖、人造棉、粉笔等工厂；开展养鸡、养鸭、养猪、养羊等活动。此外，还给火车站搬木料、挖芦根；为农场进行机耕整地、砸石头、运土、搬砖、运肥料、做小工。8 月 24 日至 10 月 15 日，部分师生去距城 90 多里的元娘山开采石膏，为学校创收 13 万元，后用来修建校舍两栋。10 月中旬至 11 月中旬，全校师生 750 多人到白塔社、古浪乡、十里行宫实验田等处深翻耕地。11—12 月，全校师生开展了一个多月的大炼钢铁运动，学生搬运土块到冶炼地点（现农垦局），砌高炉，装原料，炼生铁。各班开展劳动竞赛，对收集废铁多、炼出钢铁多的班级或个人进行表扬。师生白天上课，晚上轮流看护炼铁炉，还不断探索、改进生产技术，力争多炼钢铁，为国家做更大的贡献。由于各方面条件的限制，冶炼出来的是一堆不能用的废钢废铁，既浪费了资源，又消耗了人力。

勤工俭学劳动，时间长、劳动强度大。由于采取了许多行之有效的措施，学校较好地完成了上级下达的劳动任务。当时，学校党政工团积极分子组成勤工俭学指导委员会，由党支部书记挂帅，集体领导，委员分工包干各项工作。重大问题，经党支部研究，勤工俭学指导委员会执行。教师被调配到一定的岗位，具体指导工作。学生以班为单位组成生产队，每个生产队下设3~4个生产小组，由班主任、团支书任正副队长，学生分到啥活干啥活，有多少干多少。各班建立了劳动日志，记载每天学生的劳动情况，学校及时加以评比，并将评比结果张榜公布。

为加强师生思想教育工作，勤工俭学劳动中建立了副班主任制度，把任课教师和职员分配到各班，担任副班主任，协助班主任进行工作。为了调动学生勤工俭学的积极性，在生产劳动中采取了记工分制。

在技术革新运动中，学校不断进行检查评比。1958年6月中旬，全校评出了勤工俭学积极分子40名。6月底，学校根据各班学生的学习、纪律、卫生、技术革新成果等综合表现又进行了一次全面的评比，评出全面跃进班级6个，对评选出的先进班级和个人分别给予表彰奖励。

勤工俭学活动，锻炼了师生生产劳动能力，增加了学校收入，取得了一定成效。但由于全年劳动时间多，上课时间少，严重影响了教学工作。各科教学任务不能按计划完成，教学质量严重下降，家长意见很大。

1958年秋季学期，学生流失情况极为严重，导致了开学困难和学校正常的教育教学工作。部分学生觉得到校不上课，劳动多，在学校劳动不如在家劳动；还有一些学生家庭经济困难，得不到乡、社及时解决（当时粮食由乡、社管理分配），不能安心学习导致辍学；张掖县及外县市各学校乱招乱拉学生情况严重。据1958年9月7日统计，开学一周后，全校有463名学生未到校报到，占学生人数的42%。开校3个月之久，仍有202名学生未报到，占学生人数的18.2%。流失最为严重的是初高中新生。秋季学期学生不能按时报到，给教师安排课程造成了一定的困难。高一新生原计划招收5个班，每班50人左右，开学后只报到160人，只能将已到校的学生合并成3个班上课（每班53人左右）。开校3个多月后，初高中新生仍有127名学生未入学。

勤工俭学期间所办工厂大都是在一无资金、二无设备、三无技术的情况下白手起家的，原料无来源，产品无销路，维持不了几年，甚至几个月后大都关停。所办农场也因种种原因没有坚持下来。1958年以来边办边停的农场有十里行宫、下二闸、谢家湾等多处，这些农场都因资金不足、经营不善而荒废或被转卖。

二、教育革命

1958 年 9 月，中共中央发表了《关于教育工作的指示》，提出了"教育为无产阶级政治服务，教育与生产劳动相结合"的教育方针。

为更好地贯彻党的教育方针，贯彻教育大革命的精神，1958 年 10 月 15 日，由张掖中学、张掖县第二初级中学、张掖县第五初级中学联合成立了三好人民公社社务管理委员会，公社书记为侯作先（张掖中学书记），社长刘士林（县二中校长），副社长康和厚（县五中校长），委员会委员由各学校提名的 23 名同志担任，他们是侯作先、刘士林、康和厚、徐林（县二中书记）、代武昌（县五中书记）、施生民、陶新民、刘世武、杨祖诲、阮正伦、霍增华、魏效贤、李佳栋、高收丰、刘文浩、陆瑜、苏得礼、周问华、刘茂德、狄吉荣、茹淑琴、吴英及家属代表一人。

图 3-1 三好人民公社校牌，现珍藏于校史馆

管理委员会根据教育方针，对各学校的教学进程、教学内容、教学方法等方面的改革进行了统一规划，提出了具体要求。其主要内容有：第一，政治挂帅，在政治课中密切联系现实斗争和学生的思想认识进行教学；第二，组织学生实地参观、听报告、讨论和辩论，提高学生的认识水平；尽可能深入工厂、农场进行社会实践，做到边讲、边看、边做；第三，积极创造条件，开设生产劳动课；农业实习课和手工劳动课。为解决师资不足的问题，学校要派理化老师到机械制造厂和手工作坊当指导教师，聘请农民为学生讲学；第四，教师到学生中备课，编写乡土教材，进行现场讲学；第五，创立教具制造厂，自制大型教具；第六，改革教育教学方法，要求学生哪里有劳动，就到哪里学习，学生能学什么，教师就教什么，力求把教学搬出教室，移到田间地头。课外练习、作业和考试题目要多注意联系生活实际。学生成绩重在平时测验，注重考查学生解决实际问题的能力。要求教师对教材内容进行大胆删减。删减教材中（特别是语文、历史教材）厚古部分，充实薄今部分；删减重外部分，充实轻中部分；删减合并教材中重复烦琐部分，充实不结合生产的部分；删减教材中不适应三结合（结合政治、结合生产、结合实际）的内容。教师对删减后的教材内容进行重新组合。对教师中存在的重业务、轻政治、迷信专家、迷信洋人、轻视实践、轻视群众等思想认识进行改造。

学校组织大量人力，结合生产、生活实际编写乡土教材，编写的乡土教材有《测量》《簿记》《张掖乡土文学》（选讲安振的《英雄大战梨园口》）、《高歌一曲唱河西》（语文）、《张掖气象》《河西地理乡土》（地理）、《工业基础知识教学大纲》《土法炼钢》（化学）、《家兔饲养》（生物）、《珠算教材》（数学）、《固定的范性与弹性》（物理）等，发动师生自制教具。各科教师根据学校要求，认真学习贯彻教育方针和上级指示精神，讨论制订教材改革方案，制定具体措施，将生产劳动引入教学计划。师生进工厂、下农村进行现场教学，参加调查研究，学校聘请"土专家"、劳动模范、生产能手任教，工人、农民上讲台。

教育大革命把教材难度的循环上升，改成为直线上升。编写的乡土教材，仅仅是供展览检查、应付门面而已，缺乏必要的深度和系统性。由于劳动太多，课堂教学时间少，正式教材的内容都无法完成，乡土教材更没有时间拿到课堂上去讲授。

这次教育革命和改革，给正常的教育教学工作带来了很大的影响。

第四章　三年困难和国民经济恢复时期

总路线、"大跃进"和人民公社化运动，导致了国民经济的严重困难，影响了正常的教育教学工作。从 1962 年下半年开始，学生劳动时间减少，劳动时数严格按照教学大纲安排进行，并减少了师生不必要的社会活动，保证了师生正常的教学活动。学生开始逐年增加，班级也随之扩充，规章制度逐步完善，办学条件进一步优化，教学工作被置于学校工作的首要地位，教学质量随之得以提高。

第一节　"反右倾"斗争与困难中跋涉

1959 年下半年，在"反右倾、鼓干劲、继续跃进"的口号下，学校在全校教师中开展"反右倾"运动，批判了部分教师。党的十一届三中全会后，这些教师都得到平反，恢复了工作。

1959 年至 1961 年，学校经历了一个非常困难的时期。学生、教师口粮严重不足，许多学生家中兄弟姐妹多，粮食不够吃，靠挖野菜、刮树皮维持生活。学生每月供粮 25 斤，早上喝一碗清得能见人影的稀饭，中午、下午各吃一个 2 两重的高粱面馍，忍饥挨饿，难以坚持上学。加上学校劳动多，学生流失现象严重，学额不足。据统计，1959 年 2 月，学校初中 10 个班，学生 421人，比 1958 年秋季学期减少 33 人。1960—1961 年春季学期，学生流失率达 30% 左右。教师每月供粮 20 斤。由于严重缺粮，部分

图 4 - 1　1959 年部分师生留影

教师靠自己种甜菜、北瓜等农作物维持生计，许多教师患上了浮肿病，要求回家，影响了正常的教学。

针对学生流失严重的状况，学校采取必要措施进行扭转。从学生以"学"为主入手，教育学生端正学习态度，明确学习目的，提高学习成绩。对申请休学、退学的学生

进行严格审批。学期开学时，学校组织部分教师四处奔走，动员学生，访问家长，巩固学额。对家庭确有困难的学生，学校暂免学费和伙食费，减轻学生家庭负担。但学校条件毕竟有限，无法从根本上解决学生流失问题，学额巩固成效甚微。

1960年5月，部分师生因营养不良，生活安排不当，得了浮肿病和其他一些疾病。

图4-2 1960年，初中学生刘宗瑛、张成达、唐泰年合影

为保证师生健康，学校把办好食堂当作一项重要工作来抓，努力提高伙食质量，并适当地减少劳动和学习时间，增加了睡眠休息时间。不再搞运动量大的活动，不再安排学生参加校外义务劳动，严格控制重体力劳动，并调整教学要求，不搞突击竞赛，师生健康状况有所好转。1960年12月，中央提出"调整、巩固、充实、提高"的八字方针。西北局派工作组进驻张掖地区（张掖大专区包括酒泉、武威在内），从"抢救人命，安排生活"入手，发动群众开展生产自救，学校教育教学和生活情况稍有好转。

1961年7月，因供粮困难，学校奉上级指示将部分农村学生动员回家，已回家的学生不再动员返校。当时，共有118名学生返乡回家。其中，高中生110人，初中生8人。学校将高一年级3个班合并为2个班，高二年级3个班合并为2个班。

同年，张掖县五中撤销高中，1个高中班的学生并入张掖中学。

1961年，学校有教职工90人（编外16人），教学班级20个，学生共940人。同年春，上级部门要求精简教职工。部分教职员返乡参加农业生产劳动。1962年，学校人员精简后，有教职工65人。其中教员46人，教学班级17个，学生645人。同年9月，教育部提出，教育事业要坚决贯彻"八字方针"，大力进行调整工作，统筹安排，合理布局，保证重点，提高质量。学校采取相应措施，教育教学逐步走向正规，教学秩序得以重建。

图4-3 1962年学校欢送返乡参加农业生产的老师

第二节　学校管理与思想教育

一、学校管理

1957 年，校党支部统一领导全校工作。学校设有教导处和总务处。教导处主管全校教学工作和学生管理工作，总务处负责教学外其他工作和师生生活方面的工作。成立了共青团、少先队、工会等群众团体。共青团的主要任务是：在党的领导下，以共产主义精神教育团员，带领好团的队伍，团结教育全体学生和青年职工，贯彻执行党的教育方针。教育学生努力读书，学好功课，同时参加一定的生产劳动。工会的主要任务是：加强教职工的社会主义思想教育。1958 年，学校实行党支部领导下的校务委员会负责制，侯作先任党支部书记，对学校工作全面负责。当年学校有党员 9

图 4-4　蔡镈麟

人。1959 年，侯作先调任县教育局局长，全校工作由施生民、刘文浩负责。1960 年，蔡镈麟任党支部书记，王力生任副书记兼校长。全校有党员 13 人。1963 年，实行校长负责制，校长对学校工作全面负责。党支部的主要任务是：领导学校思想政治工作和党的建设工作；领导学校共青团、学生会、工会和其他群众组织，教育党员，团结群众，正确执行党的方针政策，对学校行政工作负有保证和监督责任。1965 年，学校党支部书记刘士林，校长张镒，有中共党员 8 人。

二、思想教育

1957 年，学校组织学生参加工农业生产，规定初中生每周劳动 6 小时，高中生每周劳动 8 小时。通过劳动锻炼，培养学生热爱劳动、热爱劳动人民的思想。1958 年，实际劳动时间远远超过 1957 年的学校规定。全年劳动时间近 3 个月。之后几年，勤工俭学始终贯穿于学校教学活动之中，教育和生产劳动相结合是当时办学的宗旨。1960 年，学校广泛开展了"学习刘文学，做毛主席的好孩子"的活动。学校结合政治课教学，要求学生向刘文学学习，自觉用共产主义精神对待生活、学习，努力把自己锻炼成为共产主义新人。同年，学习毛主席著作已形成热

图 4-5　1960 年高三年级团支部成员毕业留影

潮。初中学生还结合政治课讲一些有关毛主席的革命故事。

1963 年，学校的思想教育主要是以马克思主义、毛泽东思想为指导，对学生进行劳动观点、阶级观点、集体主义观点和辩证唯物主义观点的教育，把学生培养成为无产阶级革命事业接班人。为加强对学生进行阶级教育和革命传统教育，学校组织学生下工厂、进农村，开展社会调查，了解家史、村史、厂史、校史；利用节假日、团队活动日，请老红军、老党员、老工人、老贫农作"忆苦思甜"报告；组织学生欣赏革命文艺节目，观看革命电影和革命戏剧，读红色小说，唱红色歌曲。

1963 年，毛泽东发出"向雷锋同志学习"的号召。学校广泛开展学习雷锋活动，组织师生认真学习毛泽东、周恩来、刘少奇等国家领导人对雷锋同志题词，成立学雷锋小组。各班广泛开展学习上互相帮助，生活上互相关心，争做好事和争当积极分子的活动。助人为乐、拾金不昧的好人好事不断涌现。在校园内，学生发扬"不怕苦，不怕累"的精神，主动帮助老师打扫办公室，清理校园内卫生死角，打扫厕所卫生。教师在学习上帮助学生，生活上关心学生，深入学生宿舍问寒问暖。在社会上，学校为孤寡老人、残疾人打扫卫生，赠送生活用品，开展慰问演出。少先队组织和共青团支部，把做好事列为一项日常工作，助人为乐成为一种社会风气。《毛泽东选集》《论共产党员的修养》成为教师必读之物。

同年 5 月，教育部重新制定颁布《中学生守则（草案）》（共八条），学校组织师生认真学习，贯彻执行新守则。1963 年 9 月至 1964 年 7 月，《人民日报》《红旗》杂志连续发表 9 篇评论苏共中央《给苏联各级党组织和全体共产党员的公开信》的文章，反击苏共中央对中国共产党的诽谤和攻击。学校结合学习"九评"的有利时机，对学生进行"反修防修"教育和艰苦奋斗建设社会主义教育。各年级以班为单位，组织学生学文章，讲思想，谈认识，表态度，写心得。通过大讨论、大学习，澄清思想上一些糊涂认识，消除错误观点，认清修正主义的本质和危害性，明确阶级斗争的含义，坚定革命意志，树立实现共产主义的远大理想。

1964 年，全校师生学习毛泽东的《矛盾论》《实践论》，并联系实际，积极开展教学改革活动。加强政治课教学，鼓励学生利用课余时间听报告、读报纸、看红色小说，对学生进行革命理想教育。

1965 年，学校开展了学习王杰同志"一不怕苦、二不怕死"革命精神的活动，争做好事、助人为乐的热潮再一次在校园内掀起。

第三节　充实师资与教育教学

一、充实师资力量

1961 年秋，鉴于全县中小学在校学生的大量减少和面临的实际困难，上级教育主管部门根据实际情况采取果断措施，将全县中小学布局作了统一调整，部分中小学应撤销的撤销，该合并的合并。张掖师专、张掖农校、张掖二中相继撤销，被撤销学校的教师调入各县学校。

学校布局调整后，为了充实师资力量，大量选调教师，先后从张掖师专调入的教师有钟育骏（语文）、叶蒙骏（数学）、杨有源（数学）、蒋德瀚（物理）、白凌霄（化学讲师）等；从农校调入的教师有阚维琦（数学）、李秀豪（生物）；从五中（今市二中）、三中（今临泽中学）、八中（今乌江中学）调来的老师有吴克勤、胡宗周、李宗明、汪永正、陈俊杰等；从县二中调入的教师有纪汉滨、张炳贤、白璇、王守芬、孙先素、任作局；从高台调来了窦占域；从张掖师范调来了王家瑛；从福利院调来了陈拱和。另外，省教育厅分配到张掖中学的教师有王克孝、白元祥、吴俊

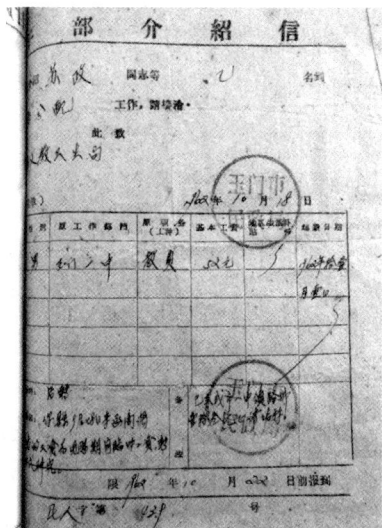

图 4-6　干部介绍信

文、汪锡昌、韩宝惠、薛建中、李志贤、陈进、郭天金、陈振泰、李成业、孟学儒、黄秀芬、张孝、张可喜、张振民、赵嘉琴、张英、贺天钰、于彬。还从外地调来了一批教师，主要有玉门调来的苏政，从甘肃师大调来的杨继文，从武威中学调来的白锦麟，从酒泉调来的李孟发、白玉英。加上学校原有教师施生民、周光汉、张相贤、罗思哲、陈启民、黄国桂、魏振沂、付维民、阎正礼、李金珍、王守正、孔宪珂等，这时，张掖中学教师阵容强大，时任校长王力提高教育教学质量提供了有利条件。

图 4-7　1963 年学校初中毕业证

从 1962 年下半年开始，随着国民经济的迅速恢复，学生开始逐年增加，教学班级得到了扩充，由原来的 20 个班增加到 24 个班，特别是高中学生和班级增加较多。

为提高教学质量，学校在全校范围内开展了教学改革活动，初步肯定并推广了"精讲多练"教法。为丰富学生课外活动，利用节假日，举办丰富多彩的文体活动和社会性文艺活动。

1963 年 11 月，学校有教师 73 人，其中初中教师 54 人，高中教师 19 人，全校学生 809 人。

二、教育教学

（一）学制课程。

1957 年，学校实行初高中"三三"（初中 3 年制，高中 3 年制）分段制。1959 年 2 月，学校被省教育厅重新确定为五年制新学制试点，部分学科采用五年一贯制教材，但未实行五年一贯制学制。学校初高中开设课程语文、数学、历史、地理、生物、物理、化学、音乐、体育、图画。各年级增设政治课，初一、初二年级政治课讲"青年修养"，初三年级政治课讲"政治常识"，高一、高二年级政治课讲"社会科学常识"，高三年级政治课讲"社会主义建设"。初二年级政治课每周授课 1 节，其余各年级政治课均为每周 2 学时。下半年，政治课改为以反右派为中心的社会主义思想教育。为全面贯彻教育方针，让学生学习生产知识，为将来参加生产劳动做好知识准备，初三、高三年级增设农业基础知识课，每周授课 2 学时。文学课中适当增加应用文，体育课中增加卫生教育，其他课程与 1956 年设置相同。

1958 年，汉语和文学又恢复为语文，停授制图课。在语文课中增选毛泽东诗词，初中数学增加珠算。初三年级、高二年级、高三年级分别停授政治常识、社会主义科学常识和《中华人民共和国宪法》。初高中各年级开设"社会主义"课，每周 2 学时。各年级体育每周 2 节。初中一、二年级音乐课每周 1 节。个别科目增加乡土教材，初高中各年级增设生产劳动技术课。

1956—1957 年张掖中学授课时数表

顺序	学科		初 中						高 中					
			一年级		二年级		三年级		一年级		二年级		三年级	
			第一学期	第二学期	第一学期	第二学期	第一学期	第二学期	第一学期	第二学期	第一学期	第二学期	第一学期	第二学期
1	汉 语		3	3	3	3	2	2	1	1	1	1	1	1
2	文 学		6	6	6	6	5	5	4	4	4	4	4	4
3	数学	算 术	6	6										
		代 数			4	4	3	3	4	3	2	2	2	2
		几 何			2	2	3	3	3	2	2	2	2	2
		三 角									2	2	2	2
4	历史	中 国 历 史	3	3	3									
		世 界 历 史			3	3								
		世界近、现代史					3	3						
5	政 治 常 识				2	2								

续表：

顺序	学科		初中						高中					
			一年级		二年级		三年级		一年级		二年级		三年级	
			第一学期	第二学期	第一学期	第二学期	第一学期	第二学期	第一学期	第二学期	第一学期	第二学期	第一学期	第二学期
6	社会科学常识								1	1				
7	中华人民共和国宪法												1	1
8	地理	自然地理	3	3										
		世界地理			2	3								
		中国地理					3	2						
		外国经济地理							2	2				
		中国经济地理									2	2		
9	生物	植物	2	2	3									
		动物				3	2	2						
		人体解剖心理学							2	2				
		达尔文主义基础									2	2		
10	卫生常识		1	1										
11	物理				3	2	2	2	3	3	3	3	5	4
12	化学						2	3	2	2	2	2	3	3
13	外国语								4	4	4	4	4	4
14	体育		2	2	2	2	2	2	2	2	2	2	2	2
15	音乐		1	1	1	1								
16	图画		1	1	1	1	1	1						
17	制图								1	1	1	1	1	1
18	实习		2	2	2	2	2	2	2	2	2	2	2	2
19	总计		30	30	35	34	29	30	33	28	30	29	28	27

1957—1958 学年度张掖中学教学计划

顺序	学科		初中			高中		
			一年级	二年级	三年级	一年级	二年级	三年级
	语文	汉语	2	2	2			
		文学	5	5	5	5	5	5

续表:

顺序	学　科	初　中			高　中		
		一年级	二年级	三年级	一年级	二年级	三年级
数学	算　术	6/5					
	代　数		4	2	4/3	2	2
	几　何		2	3	2/3	2	3
	三　角				2	2	
历史	中 国 历 史	3	2	3			
	世 界 历 史			3			
	世 界 近 代 史				3		
政　　治		2	1	1	2	2	2
地理	自 然 地 理	3/2					
	世 界 地 理		2/3				
	中 国 地 理			3/2		2	
生物	植　物	3	/2				
	动　物		2/4	2			
	人体生理解剖				2		
物　　理			3/2	2	3	3	4
化　　学				2/3	2	2	3
外　　语					4	4	4
体　　育		2	2	2		2	2
音　　乐		1	1	1			
图　　画		1	1	1			
农 业 基 础				2			
总　　　　计		21/26	27/31	34/34	31/31	26	25

注：①/线左为上学期，/线右为下学期；②每月进行一次时事教育；③高二为中国经济地理。

　　1959 年政治课的教学内容有所变动,初中设政治常识课,包括共产主义道德、社会发展简史、社会主义革命和建设等方面的常识,高中设政治常识课、经济常识课、辩证唯物主义常识课,初中一、二年级定时进行时事教育,其他课程不变。1963 年,根据省教育部颁布的《全日制中学暂行工作条例（草案）》规定,初中设置语文、数学、外国语、政治、历史、地理、生物、物理、化学、工农业生产知识、体育、音乐、图画、劳动等课程;高中设置语文、数学、外国语、政治、历史、地理、生物、物理、化学、体育、劳动等课程。考虑到学生毕业后要大力支援社会主义农业建设,初三年级设生产知识课,讲授农业生产知识,每周 2 课时。

初中一年级每周设 1 课时写字指导课,以加强写字教学。

1963 年 7 月张掖中学教学计划

时数年级 学科	初中一	初中二	初中三	高中一	高中二	高中三	上课总时数	备注
周　会								每周 1~2 节
政　治	2	2	2	2	2	2	412	
语　文	8	7	7	6	6	5	1444	
外 国 语	7	6	6	6	6	5	1238	
数　学	7	6	6	7	6	6/0	1216	
物　理		3	3	4	4	4	616	
化　学			3	2	3	4	406	
生　物	2	3			2		245	
历　史		3	3			3	303	
地　理	3			3			210	
生产知识					2		66	
体　育	2	2	2	2	2	2	412	
音　乐	1	1					70	
图　画	1	1					70	
选 修 课						2/5	111	
总 时 数	33	34	32	34	31	33/30	6708	
劳　动	中学每年劳动一个月				34/31		6919	

注：/线左为上学期,/线右为下学期。

(二) 教育教学

1957—1965 年,学校对教学的管理形式主要以教研组为单位,侧重考查教师的政治素质、业务能力,结合工作实际、进修培训、年终鉴定等情况进行考核。在历次的政治运动中,按当时的要求和标准,对教师政治思想和教学工作进行考核。1957 年,学校实行班级授课制。教学管理以"教"为主,教师依照教学能力、政治表现划分为四个层次,能力强、教学好、思想好的为一类,依次类推为二类、三类,最差为四类。同年,学生休

图 4-8　1957 年学校高中毕业证

学、退学、复学、升级、留级、旷课、请假等制度及奖惩制度趋于完善。对要开除学籍的学生，必须经校务会通过后，报上级教育行政部门批准，方能执行。学校对学生学业成绩考核实行百分制，60分为及格。学业成绩考核分平时考查、期中考试和学期考试。平时成绩考查包括课堂提问、书面测验、课外作业及实验等。学期成绩的评定，按平时成绩占30%，期中成绩占30%，期末成绩占40%的标准计算。学年成绩的评定，按两学期成绩各占50%计算。初高中修业期满不举行毕业考试，根据三年成绩评定毕业成绩。操行成绩以《中学生守则》为依据，采用五级制记分，5分为满分，3分为及格。

1958年秋季，学校提前于8月21日开学，但大部分教室作为教师整风学习会场被占用，除初一学生从9月1日上课外，其余学生组织起来上山下乡参加劳动，造成学生失学现象严重。同时，由于突击性的社会活动多，抽调教师在外工作的现象也比较严重。仅春季学期外调教师就多达14人，时间最长达5个月之久。各科教师都有外调现象，尤以美术、体育教师外调情况突出。上课的教师严重不足，有些主课，只能让其他老师兼任，副课（如历史）只能停上。有些科目，如俄语，只能100多名学生集中在一起上课，学生没有练习的机会。体育课借调其他学校的教师来上，音乐课始终没能开课。这一年上课时间少，全年上课13周。自习时间也因劳动而缩短。

1959年，学校规定全年教学时间37周，每周劳动时间高中生8小时，初中生6小时，学生睡眠时间每天8～9小时。

1960年冬，中央对国民经济恢复制定

图4-9　1959年学校理化生教研组教师合影

了一系列方针政策，发出了《关于1961年和今后一个时期文教工作安排指示》。指示认为，从1958年始文教工作发展过快，规模过大，与国民经济发展不相适应；贯彻党的教育方针有片面性；政治活动和劳动过多，教学质量受到极大影响；对知识分子斗争过多，处理过重，挫伤了他们的积极性。提出要缩短教育战线，调整学校布局，稳定教学秩序，提高教学质量，认真执行党的知识分子政策等各项要求。

1961年，由于粮食紧缺，各种物资供应困难，学校教学及生活条件差，社会性活动多，运动多，不能保障上课时间，学习质量难以保证。有一部分学生参军，学生数量减少。学校于1月15日

图4-10　1961年学校欢送参军同学留影

放寒假，3 月 20 日开校，延长寒假 20 天。

1962 年，学生失学人数占全校人数的 7.1%。学校规定，学生操行成绩的评定只写评语不记等级。春学期，因无音乐、美术教师，初一、初二年级的音乐、美术课停开一学期。

1963 年 3 月，学校积极贯彻教育工作会议精神，完善教学计划和学生管理制度，制定了课堂教学、成绩考核、作业批改、课外辅导、班主任工作考勤等制度。遵照省教育厅《关于全日制中小学教学、劳动和假期规定》的要求，全学年安排上课时间 9 个月，共 39 周，节假日时间 1 周。第一学期上课 18 周，第二学期上课 17 周，学生全年劳动 1 个月，寒暑假期共 2 个月。同年，学校实行《全日制中小学暂行工作条例（草案）》，培养学生德、智、体全面发展。学校规范教学行为，制定规章制度，包括听课制度、公开教学制度、互相交流学习制度、学习外地先进经验制度，严格教学环节的管理，要求教师认真备课、精讲多练，加强课外辅导、作业批改。狠抓课堂教学，实行领导分管制度，每个校级领导分抓分管一个教研组的工作，认真制定教研工作计划，开展全校性课堂教学检查 6 次。学校领导深入课堂听课，与任课教师进行交流。为保证学生的学习时间，学校规定初三以上年级劳动时间一周不超过 8 小时，初一、初二年级劳动时间一周不超过 6 小时，每周的社会活动不超过 1 小时，学生的学习时间每天 9 小时。重申了教职工请假、缺勤、缺课的相关规定，有效保障师生的教学活动。这一年，学生成绩较以往有大幅度提高。

1963 年 11 月 8 日张掖中学几次期中考试成绩对比表

成绩项目 时间	考试人数	平均分	各分数段所占人数比例			
			60~80 分	79~60 分	59~20 分	19~0 分
去年同期期中考试	650	60.95	23.5%	36.5%	37.8%	2%
上半学期期中考试	630	64.2	25%	42%	29.2%	3.8%
本学期期中考试	802	67.95	30.8%	43.9%	23.2%	1.83%

1964 年，为提高升学率，学校强化课堂教学，增加授课时数，加大对学生的管理力度。这种做法挤掉学生课外活动时间，加重了学生课业负担，影响了学生的休息和健康，削弱了政治教育和生产劳动教育。为纠正片面追求升学率的偏向，学校结合自身实际，教学上采取了一系列措施。一是严格执行教育计划、教学大纲。二是大力改进教法，充分备课，精讲多练，严格要求学生。三是合理布置作业，政治、史地、生物、音体美等不留作业，作文要当堂完成，外语、理化作业最多只留全部作业的三分之一，数学作业不超过全部作业的二分之一，课外作业题要有典型性。四是改进考试办法，严格控制考试次数。理化、政治、史地等学科每学期进行一次期末考试，语文、数学、外语进行期中和期末两次考试，音、体、美只进行平时考查，不作考试要求。试题均以教材为标准，不得出怪题、偏题和难题。五是合理安排课外辅导。六是合理安排自习时间，

早自习学生朗读语文、外语，第一个晚自习学生学习数学，第二个晚自习学生学习理化。七是调整课程表，增加数理科课时，减少文史科课时。八是进行分班试点工作，按学生成绩分重点班和普通班，确定高一（1）班、高二（1）班、初一（1）班3个班为重点班，领导分工蹲点管理，高一（1）班王力生负责，高二（1）班高峻中负责，初一（1）班施生民负责。还有其他方面的要求，如加强体育课教学，体育课不准挪作他用；每周进行2次全校性的课外活动；距离学校远的走读生不上早操和晚自习，保证学生每天有8~9小时睡眠时间；改善学生生活条件，加强卫生保健教育等。结合"五四"青年节、"六一"儿童节，学校先后举行了作文竞赛、红领巾画展、革命故事朗诵会、少年乒乓球赛、少年团体操表演、文艺晚会等活动，开发学生智力，丰富学生生活。

1965年，学校贯彻毛泽东主席的"七三"指示，把学生每周学习时间由过去的60多小时，控制在高中学生不超过48小时，初中学生不超过46小时，保证学生的休息和自由支配时间，减轻学生的学习负担。严格控制考试次数，平时作业不计分。同年，学校归张掖县领导。

3月，根据甘肃省教育厅颁布的《甘肃省全日制中学生学业成绩考核暂行办法（草案）》，学校对学生考查方式和考试内容进行了统一要求，考试内容以教材为依据，注重考查学生理解基础知识和运用基本技能的情况。命题要从大多数学生的程度出发，注重联系实际，有启发性，能训练学生独立思考的能力。期中和期末考试的学科，初中为政治、语文、数学、外国语；高中为政治、语文、数学、外国语、物理、化学，其余学科只教不考。在期中考试后，可以进行一次测验，不计分。语文只考作文、语法、修辞、逻辑等知识。数学按代数、平面几何、立体几何、三角、解析几何等分别进行考试，分别计算成绩。学期成绩的评定，期中考试成绩占40%，期末考试成绩占60%。学年成绩的评定，第一学期成绩占40%，第二学期成绩占60%。初高中毕业不进行毕业考试，最后一学期的成绩，作为学生毕业成绩。

（三）教学质量

1957—1961年，运动多，劳动多，自然灾害多，严重阻碍了学校的发展。1962年后，学校工作步入正常轨道，教学质量随之提高。1964年高中毕业考入大专院校人数占全校参加高考人数的73.8%，居全省第三名。

随着学校教学秩序的恢复，教学质量逐步提高。1962年到1965年，学校为国家培养了一大批优秀人才。

刘国荣，副研究员，1962年高中毕业后，考入甘肃农业大学畜牧系。1966年毕业并留校任教。曾任甘肃农大副校长，现任农业部甘肃省草原生态研究所党委书记、副所长。

李建林，教授，1963年高中毕业，考入兰州医学院医疗系。1989—1991年参加援外医疗队赴马达加斯加工作两年，并获卫生部奖励。1993年创建甘肃省急救中心外科。2000年调省肿瘤医院并创建骨科病区。在国内外杂志上发表医学论文10余篇，发明专利一项，获省科技进步奖两项。

李映兰，主任医师。1964年高中毕业，考入兰州医学院医疗系，曾任张掖地区医院内一科主任、内一科党支部书记，多次被授予"十佳医生""优秀党员""卫生部有突出贡献的中青年专家"等荣誉称号。

王世泽，高级政工师，1964年高中毕业，1968年毕业于中国人民解放军军医大学，曾任中国人民银行张掖地区分行党委书记、行长。

以上四位校友只是优秀人才的代表，各条战线上还活跃着一大批张掖中学毕业的优秀人才。

日本友人佐佐木敦子，生在中国东北，长在张掖，是学校1964届高中毕业生。1964年，随母亲、兄弟返回日本。1980年12月，在阔别多年后专程探望母校，见到老师和同学，她高兴地说："我的青年时代是在各位老师的教育下成长的，现在我能作中文翻译，为中日友谊做点工作，全是老师们教育的结果。今天，看到我中国故乡的变化和发展，我由衷地高兴。"当年的班主任陈俊杰给她赠送了一个笔记本，扉页上题了诗句："甘泉滋润樱苗壮，塔下百花情谊长。阔别十六风雨频，喜迎八零樱花放。愿作海燕播友谊，誓为白鸽搭桥梁。百侣联袂绘大同，和平凯歌六合扬。"后来，佐佐木敦子定居中国，生活在北京，为中日友谊做出了积极的贡献。

1962年，甘肃教育学院成立。根据个人申请和教学需要，学校先后送施生民、白璇、任作侗、刘金谷、陈俊杰、杨有源等赴该院进修。1963年3月，学校被确定为全省重点中学。

1964年，农村社会主义教育开始，学校先后派教师白元祥、刘金谷、施生民、周光汉、刘国强、白璇、张振民、付维民、吴克勤、任作侗、苏政等参加社教，向劳动人民学习，在革命斗争中锻炼提高。

图4-11　1964年学校初三（1）班毕业生合影

第四节　体育卫生与基础设施建设

一、体育卫生工作

1957年，学校推广以《准备劳动与卫国体育制度暂行条例和项目标准》为主要内容的体育锻炼活动。1960年，为保证师生身体健康，降低了体育活动要求。

　　1963 年，学校坚持"三操、两课、一活动"（三操是早操、眼保健操、课间操，两课是每周两节体育课，一活动是一次课外体育活动）制度；每学期对各班早操、课间操进行 2～3 次检查评比，并将评比结果在全校通报；组建体育运动队，指定体育教师按计划进行训练，积极参加校内外各类体育比赛活动。

　　1964 年，学校推广第四套少年广播体操，并进行广播操比赛，比赛结果张榜公布。

　　学校重视卫生工作，1958 年春天，学校开展了以"除四害"（当时的四害指老鼠、麻雀、苍蝇及蚊子）为中心的爱国卫生运动，提出"四害不除，誓不罢休"的口号。

　　结合学生特点，开展生理卫生教育。注重校园环境卫生，每周进行一次卫生小检查，每月进行两次卫生大检查。规定"五一"劳动节前一周为卫生突击周，在期中考试后，进行一次灭虫、灭蝇评比活动。校医室定期进行师生健康检查和疾病防治。加强食品安全工作，不断健全制度，认真办好食堂。

二、基础设施建设

　　1958 年秋季，学校修建 1000 平方米的大礼堂 1 栋，地处今北校园教学大楼及喷泉处。同年在礼堂西侧修建 400 平方米的餐厅 1 栋。

　　1959 年，在今操场中心处，修建 1200 平方米的蝴蝶展翅形办公室 1 栋，中间为会议室，会议室东侧依次为教导主任室、教导处、外语教研室、语文教研室，会议室西侧依次为校长室、史地教研室、理化教研室、数学教研室。

　　1962 年，在大礼堂北面建起各 300 平方米的平房 2 栋，由西向东依次为小库房、教师餐厅、大库房、总务处、教师宿舍。

　　1963 年，在大礼堂南面修建各 300 平方米的平房 2 栋，西面 1 栋为理化实验室，东面 1 栋为生物实验室。

　　1964 年夏季，学校将 3 栋旧办公室改造成为教师宿舍，面积 1200 平方米。同年秋，在北院（今 1、2 号楼处）的东、北侧各建起 200 平方米的新房 2 栋，北面 1 栋为书记室和教导副主任室，东面 1 栋为医务室，医务室两旁各有 2 间教师宿舍，两面有各 200 平方米的新房 4 栋，其中 3 栋为教师宿舍，1 栋为学生宿舍。

　　1965 年，在前院（今木塔寺南北两侧）兴建教室 2 栋，各 400 平方米，每栋 5 间教室，加上原有 2 栋，共 4 栋教室。新建房屋，除 2 栋实验室为砖木结构外，其余均为土木结构。此外，前院有教师休息的八卦厅，厅后有图书室。木塔北有旧教师宿舍 20 余间，办公室西南有 2 个四合院，为教师家属宿舍，四合院西有各 200 平方米的学生宿舍 3 栋。

第五章　"文化大革命"时期

1966—1976年，是"文化大革命"时期，教育战线一片混乱。学校正常的教育教学工作遭到严重破坏。学校易名为张掖东方红中学，全面停课，党组织和行政机构全面瘫痪。

第一节　学校管理与教育教学

一、学校管理

1968年10月，张掖东方红中学革命委员会成立。

革委会由领导干部、"工人毛泽东思想宣传队""解放军毛泽东思想宣传队"负责人及学校两派群众组织代表组成。地区革委会委派领导干部刘增胜任校革委会主任，"工宣队"队长、"军宣队"队长和群众组织代表1人任副主任，群众组织代表3人任委员。1970年10月14日，地区革委会任命马文辉为校革委会副主任。1978年1月13日，任命王少峰为校革委会副主任。1978年2月，刘增胜调离学校。3月29日，任命刘士林为校革委会主任、陈新鸣为校革委会副主任。

1969年2月27日，校革委会设政治组、教育革命组、服务组。组长由校革委会副主任或"工宣队"成员担任，副组长由"工宣队"成员或教职工担任。三个组共有工作人员20人。8月24日，校革委会改设政教组、办公室和专案组。组长仍由革委会副主任或"工宣队"负责人兼任。办公室下设油印室，刻印学校有关文件和学习材料。政教组下设毛泽东思想备课组、革命文艺备课组、工业及农业基础备课组。学校2名领导干部和38名教师担任各备课组教学工作。1969年5月16日，校革委会组建的整党领导小组做出整党工作安排计划，决定整党过程分四个阶段，为期45天。整党期间建立了新的党支部。9月8—23日整团。整团工作结束时，共青团员全部恢复组织生活，全校750名青年学生，有303名学生写了入团申请书。11月2日，新党支部召开会议，通过1965年就已成为中共预备党员的1名教师党员转正。

1972年6月29日，校革委会制定《张掖东方红中学关于学生成绩考核、考勤、学籍管理和奖惩制度的暂行规定》。1973年9月15日，校革委会制定《关于学籍管理的几项暂行规定》，对学生休、转、退学及管理做出具体规定。10 月 10 日，校革委会又制定《关于行政管理方面的几项要求》，对教职工上班、请假、值周、课堂管理、借阅图书等事项做出规定。此外，1972 年 5 月 15 日，校革委会还制定了《张掖地区东方红中学红卫兵章程（草案）》，将"红卫兵"活动列入校革委会工作内容。

二、教育教学

在"教育要革命"的口号下，遵照 1969 年 3 月甘肃省革委会批转全省《中小学教育革命座谈会纪要》通知精神，学校废除秋季招生制，改为春季招生。将中学原开设的 17 门课程"精简"为 5 门。

1970 年，校革委会制定《张掖东方红中学 1970 年上课、劳动与社会活动安排》，规定 2 月 21 日开学，7 月 18 日放暑假，共 21 周。

1970 年张掖东方红中学开设课程及全学期教学课时表

课时\课程\年级	毛泽东思想教育	语文	数学	工业基础	农业基础	革命文艺	军事体育	外语
初一	54	90	54	54	54	18	36	36
初二	54	90	54	54	54	18	36	
高一	54	90	54	54	54	18	36	
高二	54	90	54	54	54	18	36	

毛泽东思想教育主要学习国内外形势、新《党章》、九届二中全会公报、两报一刊(《人民日报》《解放军报》《红旗》杂志)重要文章、毛泽东哲学思想等。语文课选编部分沿用课本的内容，增加应用文。数学课增加测量知识。工业基础课主要讲"三机一泵"(拖拉机、柴油机、电动机、水泵)。革命文艺课包括音乐和美术，教唱《毛主席语录歌》、画"忠字牌"等。外语课开设英语，只在初一年级开设，课文有《李玉和的一家》等。

由于经常参加社会活动，加上不定期的各种劳动，教学内容和课时均未按计划进行，有的课程授课时数不足一半。

1975 年，学校开设的课程增加到 10 门。

1975 年张掖东方红中学第一学期课程安排表

课时\课程\年级	政治	语文	数学	物理	化学	农业基础知识	卫生	体育	革命文艺音乐美术	外语
高二	3	5	5	3	2	3	2	2		
高一	3	5	5	3	2	3	2	2		
初二	3	6	5	2	2	2	1	2	2	
初一	4	7	6					2	2	3

政治课学习国内外形势、四届人大文件、《马、恩、列、斯、毛论无产阶级专政》、评论《水浒》等内容。语文课除学习课本内容外，增加法家著作的内容，结合评论

《水浒》，介绍有关资料，指导学生写评论文章，补充应用文知识。数学课除学习数学知识外，增加量具部分，由工人师傅讲授，把"识图"作为重点内容。物理课除学习物理学知识外，主要讲"三机一泵"工作原理和日光灯安装方法等。化学课补充农业化肥、灭火实验等实用知识。农业基础知识课增加大寨农业生产经验，张掖小满公社、古浪八队农业生产经验等。卫生课以自编教材为主，内容包括人体结构、疾病诊疗常识、中草药知识等。英语课依照课本教学。

1970 年 7 月，校革委会制定《张掖东方红中学对学生学习情况考查的初步意见》，包括考试目的、考前准备、命题原则、考试方法、成绩评定等内容。考试方法规定为笔试、口试和实际操作能力检测。由于"开门办学""批判资产阶级"的社会活动频繁，学生经常参加劳动，后来又几次刮起"反回潮""反复辟"之风等，教学任务很难完成，考试制度并未按规定进行。

第二节　批斗教师与思想教育

一、批斗教师

"文化大革命"中，学校教师队伍遭到严重摧残。1966 年 7 月至次年 7 月，先后有18 名教师被当作"专政"对象，关入"牛棚"遭到批斗。还有 10 名教师因历史或其他问题受审查。

1970 年 4 月，"一打三反"（打击反革命破坏活动、反对贪污盗窃、反对投机倒把和反对铺张浪费）运动期间，有 7 名教师遭到审查和批判。"批林批孔"期间，有 3 名教师受到重点批判。

1970 年，地区革委会派工作组驻校，令教师写揭发材料。1971 年，地区革委会政治部召集会议，要求学校把年老体弱、历史复杂、出身不好、不适合当教师的名单报上去，作退职处理。后因故未执行。1976 年 7 月，学校取消暑假，集中全校教师到农场参加夏收劳动。教师们不分男女老弱，分片包干，完成收割小麦的任务，之后又参加打场、浇水、平田整地等劳动。劳动之余开办学习班，进行思想教育。

二、思想教育

"文化大革命"时期，始终把阶级斗争和路线斗争当作学生思想教育的主要内容。开展"革命大批判"，既是"革命斗争"的重要形式，也是进行思想教育的主要方式。校革委会成立后，组织学生批判《三字经》《千字文》《女儿经》《弟子规》《神童诗》《治家格言》等，清除"封建主义"的毒害。

1972 年，以"批林批孔为纲"，进行儒法斗争宣讲，讲读《法家著作选读》。各班学生每月出"评法批儒"黑板报一块，每周开批判会一次，半月出批判专栏一期，每月召开读书心得或批儒座谈会一次。

在"文革"期间学雷锋活动的主要内容是"和雷锋同志比童年""不忘阶级苦,牢记血泪仇"。1970年学校重新办工厂和农场,次年在龙渠公社胶泥洼新建农场,农场有耕地140多亩。1971年,全校学生有1650人次到校办工厂和农场参加劳动,进行劳动教育。每学期开学后,学校安排初二和高一学生轮流赴校办农场劳动两周,徒步往返,由班主任带队。此外,也安排学生经常去与学校挂钩的工厂、生产队参加劳动,培养劳动观念。

20世纪70年代,中苏关系一度紧张。学校相应地加强了对学生的战备教育。1970年,全校各年级都按军队连、排编制,组织学生进行步兵操练,进行8次野外军事拉练,参加的学生有4000多人次,累计行程1100多公里。1971年2月14日,部分学生在学校领导和教师带领下参加拉练活动,从学校出发,经过张掖县的和平、花寨两个公社,到达民乐县南固公社柳固大队,在那里参加修建水库劳动,停留数日后又经民乐新天公社、六坝公社返校,往返行程300多里。在野外拉练中,学校要求学生学会"四会",即会行军走路、会做饭、会休息、会放哨,培养学生的战备意识。

学校师生还参加战备劳动。1969年后,全校师生修建校外防空地道24米,修建校内防空地道217米,出入口在办公室及地下档案室;去"黑水国"等处拾废砖79000多块,用来箍地道墙面;拉战备施工用砂230立方米,黏土500立方米,碎石子138立方米。战备劳动由学校统一安排,任务分配到各排,学生自带铁锹、架子车等工具完成劳动任务。

全校师生积极参加社会实践活动。为了"了解农村、认识农民",1969级学生赴民乐县参加"毛泽东思想宣传队",与农民同吃、同住、同劳动,共同参加大批判,历时一个月。1970级学生去张掖县花寨公社边远山区参加为期两周的社会实践活动。学生深入农民家中"访贫问苦",进行社会调查,宣传党的政策,参加生产劳动,帮农民挑水、扫院子,培养学生与劳动人民的思想感情。

第三节 "厂校挂钩"与上山下乡

一、"厂校挂钩"

1969年,甘肃省革委会大力推广"厂办校、两挂钩"经验,要求中学实行"开门办学"。翌年9月11日,经地区革委会政治部、生产指挥部批准,学校与东风机械厂挂钩,联合创办小型机具厂作为学工基地。

学校把地区运输公司保养厂、地区农业机械修造厂、地区化肥厂、张掖县电机厂、五金厂作为学工分点,定期安排学生到这些工厂参加劳动和学习。将平原堡砖瓦厂定为

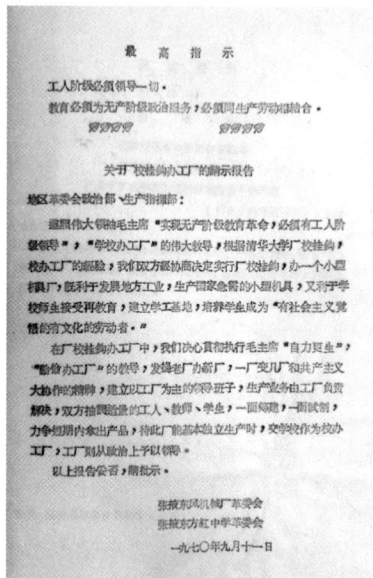

图 5-1 "厂校挂钩"请示报告

勤工俭学单位,连续数年派学生到那里参加劳动,具体任务是两个学生使用一辆架子车,为造坯车间供土。一般每批次派 2 个班,劳动半个月进行轮换,学生食宿均在砖瓦厂。

1976 年,东风机械厂易名省轻机厂,经该厂党委和学校党支部研究协商,决定成立学工领导小组,组建工人讲师团。由省轻机厂办公室主任担任学工领导小组组长,校革委会一名委员任副组长。轻机厂的铸造、五金、木工、齿轮、工艺美术 5 个车间各确定一名负责人,具体安排学工事宜。工人讲师团从全厂抽调 10 名工人师傅分别担任政治、数学、物理、化学各科讲师,结合学工劳动给学生上课,将课堂搬进工厂,学校派教师协同管理学生,并对学生进行适当的辅导。

依据毛泽东"以学为主,兼学别样,学工、学农、学军"的指示精神,1970 年,经有关部门批准,将张火公路 3 公里附近、原属张掖农校的 70 亩荒地划作学校学农基地。次年,又把龙渠公社三青湾大队胶泥洼 140 亩土地拨给学校建成校办农场。校办农场与毗邻的森管局农场联合建成两级提灌工程,用高压水泵引入黑河水,进行农田灌溉。校办农场先后购置大型拖拉机、拖车、三铧犁、圆盘耙、播种机等农机具,师生自己动手,修建了库房和两栋教室,学生分批轮流赴农场劳动。结合劳动实际,学校派专职教师讲授农业基础知识。除校办农场之外,学校还把小满公社、九公里科技大队、地区农科所、新墩公社的四个大队作为学农分点。学生外出参加劳动是"开门办学"的重要内容和任务之一。在外出参加劳动期间,班主任老师大多备有"保健箱",内装常用药品,供学生临时生病和受伤使用,还携带"工具箱",备有铁锤、凿子、小型锯、钉子等,便于随时修理损坏的劳动工具。

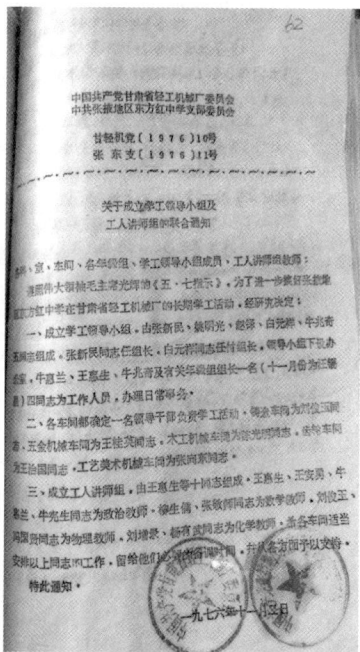

图 5-2 成立学工领导小组和组建工人讲师团的通知

1975 年,全国掀起学习辽宁省朝阳农学院的热潮,提出"大学就是大家都来学"的观点,宣称学校要"越办越大,越办越向下;越办质量越高,越办越革命化",要培养"农民—大学生—农民"式的"新型毕业生",实行"工分—补贴—工分"的分配制度。1973年4月《甘肃日报》发表《一所贫下中农欢迎的学校》的文章，全面介绍临泽县板桥中学"在沙滩上建成园林化学校"的经验，地区要求将"学朝农与学板桥结合起来"，校革委会邀请板桥中学负责人来"送宝"，作报告两场，专题介绍板桥中学的做法和经验。接着，学校组织全体教师赴板桥中学参观"取经"。

1975年9月10日，校革委会决定把胶泥洼校办农场命名为"张掖东方红中学五七分校"，由3人组成的领导小组负责具体工作。

二、上山下乡

1966年，全国高等院校停止招生，到1969年春，已有六六届、六七届、六八届三届初高中毕业生，这部分学生既不能升学，也不能就业，只能待在家里。"学不学，全

图5-3　1966年高三（3）班学生毕业合影

毕业；会不会，都插队"。遵照毛泽东"知识青年到农村去"的最高指示精神，学校革委会决定将这三届毕业生中的大部分人安排上山下乡、插队落户，少部分人被分配到工厂工作。六六届高中毕业3个班，学生75人，其中8名农村学生回乡，22名城镇学生赴肃南县牧区插队，19名学生去九公里园艺场工作，16名学生被分配到张掖地区纸板厂、地区运输公司第二车队和第八冶金公司当工人，有10多名部队子女大多参军，剩余7名学生暂挂，等待以后分配。六七届高中毕业2个班，学生71人，其中10名农村学生回乡，16名学生去肃南山区插队，17名学生到园艺场工作，8名学生分配到工厂当工人，1名学生参军，18名学生暂挂等待分配。六八届高中毕业2个班，18名学生去肃南插队落户，9名学生到陇南山区白龙江林场当工人，13名学生去白银公司、变电公司和796矿等处当工人。六七届初中毕业3个班，学生141人，其中49名学生升入高中，14名学生考入卫校，4名学生升入技校，74名学生未继续升学。六八届初中毕业的学生，33名学生去肃南牧区插队，13名学生去园艺场当工人，6名学生被分配到第八冶金公司、张掖地区纸板厂、运输公司第二车队当工人，12名学生暂挂。

1972年12月24日，根据地区知青办

图5-4　1966年高三（3）班男生毕业留影

公室的要求，学校安排七二届初高中毕业的 251 名学生赴张掖县甘浚、明永、党寨、碱滩、三闸、乌江 6 个公社的 17 个生产队集体插队。1974 年 3 月，学校组织七三届高中毕业生和未升学的初中毕业生，举办专题学习班，13 日，一次安排 207 名学生下乡插队，占学生总人数的 96%。

自 1969 年至 1975 年，学校先后有 7 批初高中毕业生，这些学生集体插队落户，除身体患有严重疾病和家庭确有实际困难者外，绝大多数学生上山下乡，接受贫下中农再教育。插队学生一般集体居住在生产队"知青点"，每个点安排 10 人左右，国家发给一定数额的安置费，生产队补助一定量的口粮，插队学生与农牧民一起参加农牧业生产劳动，接受教育。有个别学生被抽调担任民办教师或生产队会计。

各级革委会均设有知识青年上山下乡办公室，主管知青工作。学校革委会抽调一名教师负责该项工作，不定期到知青点进行慰问，了解学生的生活状况，帮助学生解决生活、生产中遇到的困难和问题。

第六章 拨乱反正时期

　　1976 年粉碎"四人帮","文化大革命"结束。1977 年 5 月邓小平同志提出"要办重点小学、重点中学、重点大学。要经过严格考试,把最优秀的人集中在重点中学和大学"。党的十一届三中全会之后,经过拨乱反正,教学秩序逐渐恢复,教学质量逐年提高,学校面貌日益改观,各项工作步入正轨。1978 年,张掖中学被甘肃省教育厅确定为省属重点中学。

第一节 全面整顿恢复

　　党的十一届三中全会之后,按照党的知识分子政策,学校认真做好冤假错案的平反工作。对"文化大革命"中受冲击、被揪斗的 30 多人,平反昭雪,落实政策。"文化大革命"结束后,学校先后有 24 名教师返回原籍,或调往其他单位,师资力量明显不足,为了改变这种状况,学校先后从其他学校调入了一批教师,加上 1978 年新分配教师 14 人,师资力量不断壮大。1978 年 1 月,全校教职工 90 人,到 1980 年增加到 102 人,其中教师 63 人,师资不足的状况得到扭转。学校组织教师参加地区文教局举办的各学科教师培训班,提高教师的业务水平。重新调整教研组长,4 名富有教育教学经验的老教师分别担任语文、数学、物理、外语教研组长,并承担重点班的教学任务。

　　"文化大革命"的 10 年期间,全校只有 1 名教师加入中国共产党。"文革"结束后,学校党支部积极培养、发展新党员,开办入党积极分子学习培训班,组织教职工学习马列主义、毛泽东思想,学习党章和党的基本知识,1979 年发展新党员 3 人。加强对共青团组织的领导,引导学生勤奋学习,遵守纪律,追求进步,全校有 400 多名学生向团组织递交了入团申请书,占青年学生人数的 30%。1978 年,团委发展新团员 198 人。1979 年评选先进班集体 10 个,三好学生 151 人。

　　由于落实了知识分子政策,极大地调动了教师工作的积极性。学校经过一系列的整顿改革,教育教学质量逐年提高。1977 年,国家恢复高考。次年,有 11 名学生考入大专院校。1979 年,有 23 名学生考入大专院校。1980 年,有 39 名学生考入大专院校。随着教学质量的稳步提高,考入大专院校的人数逐年上升。

第二节　学校管理与德育工作

一、学校管理

"文化大革命"结束后，学校实行党支部领导下的校长分工负责制，建立校长领导下的校务委员会，一些重大问题，都召开校务委员会决定、部署，管理体制不断健全。

1978年6月，中共地委任命刘士林为学校党支部书记，地区行署任命王少峰为校长，陈新鸣为副校长。张掖地区东方红中学改为甘肃省张掖中学。撤销学校革委会，撤销1978年2月设立的政工组、教革组和后勤组，恢复教导处和总务处。经文教局批准，学校任命教导处副主任3名，总务处

图6-1　刘士林

正副主任各1名。教导处负责学生思想教育和学籍管理，制定教学计划，安排教研组及班主任工作。此外还兼管图书室、仪器室、打字室工作。总务处管理财务、基建、食堂、校医室等后勤服务机构，兼管校办工厂、校办农场工作。党支部下设办公室，负责党务工作以及公文收发、文书档案等事项。废止"文化大革命"期间推行的班、排、连编制，恢复年级、班级的教学编制；恢复各学科教研

图6-2　王少峰

组；恢复学校共青团、少先队和工会等组织，从而保证了教学工作的正常进行。

1978年8月制定了《张掖中学课堂规则》，对教师的备课、上课、课外辅导、作业批改等环节提出明确要求，重新修订了《甘肃省张掖中学学生成绩考核和升留级、考勤、学籍管理、奖惩制度暂行规定》，进一步规范了常规管理行为。

1979年，教育部颁布《中学生守则》，各年级加强对学生行为习惯的养成教育，各班开展学习评比、对照检查活动。翻印北京市教育局编写的《中学生守则宣传提纲》，对《中学生守则》作了进一步细化。

学校每学期开学有工作计划，学期结束有工作总结。教导处每周印发"工作安排"，部署具体的教育教学活动内容，做到长计划、短安排，教育教学工作有序进行。

二、德育工作

"文化大革命"结束后，学校全面贯彻执行党的教育方针，把学生的思想品德教育放在首位，不断加强德育工作。德育工作内容有以下几个方面：

第一、进行马列主义、毛泽东思想教育。在师生中组织"学习马列小组"，做到"三坚持"（坚持经常学习，坚持写心得体会，坚持评比检查）。初一年级学生读《毛泽东著作选读》（甲种本）下册，初二年级学生读《毛泽东选集》第一卷，高一、高二年级学生分别读《毛泽东选集》第二、第四卷。还组织学习党的"十一大"文件精神、新《党章》、邓小平同志在党的"十一大"《闭幕词》等重要文献。

第二、进行革命传统和共产主义品德教育。各班召开班会，介绍老一辈无产阶级革命家的光辉历程，讲革命英雄抛头颅、洒热血的感人故事，教育学生学习老一辈无产阶级革命家的伟大胸怀、高尚情操和无私奉献精神，学习刘胡兰、黄继光、雷锋等人物为革命勇于献身的精神和全心全意为人民服务的英雄模范行为。

第三、进行革命理想和革命前途教育。组织全校师生学习毛泽东《为人民服务》《反对自由主义》等著作，教育学生树立为祖国、为人民勤奋好学、刻苦钻研、勇于上进的思想。

第四、进行革命纪律和法制教育。教育学生树立"加强纪律性、革命无不胜"的思想，自觉遵守国家法律，严格遵守《中学生守则》和学校的各项规章制度。

第五、广泛深入开展学雷锋、争"三好"活动。各班成立"学雷锋小组"，教育学生以雷锋同志为榜样，努力学习科学文化知识，在德、智、体几方面都得到发展。争做"身体好、学习好、工作好"的学生。

通过政治课、语文课、历史课及其他课程的课堂教学活动，指导学生树立正确的世界观、人生观和价值观，不断提高思想觉悟。加强班主任工作，要求班主任把学生的思想品德教育工作同其他工作紧密结合起来，力求把德育工作的具体要求落到实处。充分发挥共青团员、少先队员的模范带头作用，组织开展丰富多彩的活动，在活动中让学生受到潜移默化的教育。

第三节　教育教学与后勤保障

一、教育教学

（一）课程设置

1978年元月，国家教育部颁布了《全日制十年制中小学教育计划（试行草案）》，提出"学制要缩短，课程设置要精简，教材要彻底改革""坚持《五七指示》，以学为主，兼学别样，把教育同三大革命斗争结合起来。按照教学大纲和教材要求，完成教学计划，提高教学质量"的要求。学校严格执行《草案》要求，全学年文化课上课时间（包括复习、考试）初中36周，高中34周。初中每周上课28课时，高中每周上课29课时，自习课6课时，科技活动课5课时，形势教育和班团队活动3课时。"兼学"主要是学生学工、学农、学军，规定初中学生每周劳动 6 小时，高中学生每周劳动 8 小时。劳动时间一般集中使用。

学校开设 14 门课程，即政治、语文、数学、物理、化学、外语、历史、地理、生物、农基、生理卫生、体育、音乐、美术。

当年招收的初一年级开始使用全国统编教材，其他年级使用省编教材。

1978 年张掖中学课时安排表

节次课程年级	政治	语文	数学	物理	化学	英语	地理	历史	生物	生理卫生	体育	音乐	美术
初 一	2	6	6			5	3		2		2	1	1
初 二	2	5	6	4	3	3	2	2		1	2		
高 一	2	5	7	5	4	4	2	2			2		
高 二	2	4	6	5	4	4			2		2		

（二）教育教学

政治课主要学习马列主义和毛泽东思想的基本观点、社会发展简史、无产阶级革命和无产阶级专政理论、政治经济学和辩证唯物主义，选读《毛泽东选集》的主要篇章。语文课包括讲读、写字、作文，选读中国古代作品和外国作品，讲授语法、修辞、逻辑，培养准确、鲜明、生动的文风。外语课按照课本内容和要求讲授。数学课注重基础知识的掌握和基本技能训练。物理课学习现代科学技术所需要的物理学基础知识。历史课包括初中中国历史和高中世界历史。地理课的内容是初中中国地理和世界地理。生物课在初中学习植物、动物、生物进化的基础知识，高中学习遗传变异基础知识。农基课在初中学习农业"八字宪法"，学习作物栽培和动物饲养的基本知识，高中学习农业科研的初步知识。生理卫生学习人体生理构造、青春期卫生、常见病防治知识。体育课执行《国家体育锻炼标准》。

根据教育部《全日制十年制中小学教育计划（试行草案）》中提出的"积极创造条件，保证教学计划的试行""从实际出发，因地制宜""加强领导，不断总结试行经验"的要求，学校遵循政治与业务相统一、理论与实际相结合的原则，研究学生的认知规律和接受能力。学校领导深入教学第一线，参加教研组活动，进课堂听课。教研组开展教学研究和学科讲座，教学中采用电化方式，作为教育教学的辅助手段。1978—1979 年度下学期，各学科结合教学需要放映科教片 19 部，共 101 场，观看 13000 人次。学校定期安排学生去校办工厂和校办农场进行学工、学农活动，并开展军训活动。

1977 年下学期开始，高二年级期中考试后文理科分班，理科班开设的课程有：政治、语文、数学、物理、化学、体育、美术、音乐，文科班开设的课程有：政治、语文、数学、历史、地理、体育、美术、音乐。每周开设两节体育课。

1979 年 3 月，学校按新编的《体育教学大纲》进行教学，并实施《国家体育锻炼标准》，对学生进行达标测试。1979 年学校体育达标 260 人，占学生总人数的 39.6%，1980 年体育达标 370 人，占学生总人数的 41.6% 。每学年举行春、秋季田径运动会各 1 次。是年开始，高考文理课均增加外语。

1980 年，学校组队参加全省重点学校田径运动会，748 名学生参加，占全校学生人数的一半以上，这次运动会打破学校原纪录 13 项，涌现出三级运动员 5 名，少年运动员 42 名。少年甲组 1 名运动员跳高达 1.72 米，获全省第一。学校组织男女篮球队各 1 个，由 30 名学生组成；乒乓球队 1 个，由 10 名学生组成；足球队 1 个，由 16 名学生组成。这些球队经常参加校内外组织的各种比赛活动。

二、后勤保障

学校组织后勤工作人员，认真学习党和国家关于后勤工作的方针政策，树立全心全意为师生服务的思想，根据后勤人员的工作性质，进行合理分工，责任到人，为教育教学工作提供优质的后勤保障。

进行基本建设。1976 年，学校新修沿县府街围墙 138 米，修建学生宿舍 20 间、办公室 10 间。1979 年建成教职工宿舍 1200 平方米，17 户教职工搬入新居。

改善基本设施。1978 年，学校将 28 个教室及所有实验室进行粉刷；对各班教室的电灯进行全面改造；新购置学生课桌凳 100 套；改造教室、办公室和师生宿舍冬季取暖用设备；采取防冻、防水、防煤气中毒措施；办好食堂，提高食堂饭菜质量；做好开水供应。

加强疾病预防。1977—1979 年，校医室为学生播种布疫菌苗 1375 人，流感菌苗喷雾 1392 人，注射预防破伤风疫苗 739 人。每年春季，校医室负责对教室、学生宿舍和厕所喷洒药剂进行消毒。

加强对校办工厂、农场管理。每年制定生产计划，安排生产任务。1979 年校办农场收获各类粮食及油料 4.3 万斤。

图 6-3　1978 年部分教师在农场参加劳动

第七章　20 世纪 80 年代

20 世纪 80 年代，经上级教育主管部门批准，学校实行校长负责制。党支部充分发挥保证监督作用，教职工积极参与民主管理。坚持"德育为首、五育并举"的办学方针，强化学校思想政治工作，实行教师职称评定和聘任制。改革各学科教学方法，加强基础知识的教学和基本技能的训练，教育教学质量稳步提高，各项工作步入正轨。

第一节　实行校长负责制

1983 年，中共张掖地委任命王少峰为学校党支部书记，郭天金任党支部副书记。地区行署任命张相贤为校长，罗思哲、张金生任副校长，陈新鸣任督导员。1987 年，郭天金任党总支书记。

图 7-1　张相贤

1986 年改革学校管理制度，实行校长负责制。学校人事、教学、财务等工作统由校长直接负责，党支部发挥保证监督作用，教职工积极参与学校民主管理。

为充分发挥以校长责任制为核心的管理功能，学校下设校长办公室、教导处和总务处；两位副校长协助校长工作，分管教学和总务后勤工作。校长和学校党组织协商提名处室主任人选，报地区教育处批准任命，直接对校长负责。教导处通过教研组和班主任贯彻执行学校工作计划，完成教育教学任务。总务处负责财务、食堂、基建、校办工厂等方面的工作，努力为教育教学工作提供可靠的后勤保障。

全校教职工实行定职务、定岗位、定工作量的"三定"制，按要求进行考核考评。考评分日常考评、学期考评和学年考评三项。依据考评结果对教职工进行奖惩。

为了加强学校管理，1985 年，制定了《甘肃省张掖中学关于改革学校管理制度计划》《张掖中学实行岗位责任制，执行教职工奖励条例》和《张掖中学岗位责任、考勤、实行计分办法》等规章制度。

学校内部党政分工明确。书记、校长各司其职，各负其责，并团结一致，协调配合。校长通过教职工代表大会实行民主管理。教职工代表大会在党支部领导下发挥职能作用，主要听取校长工作报告，讨论学校工作计划，对学校工作提出意见建议，对学校领导干部进行监督，收集教职工的提案，督促学校有关部门落实教职工的提案。根据《张掖中学教职工代表大会暂行条例》规定，教代会每两年一届，设常委会主任、副主任各1人，委员5~7人。1988年4月，张掖中学举行第二届教代会，参加大会的代表33人。大会选举产生主任、副主任各1人，委员5人。校长张相贤向大会作工作报告。

校长定期召开行政会议，研究学校重大事项。行政会议由校长、副校长、科室主任参加。党支部书记、副书记、工会主席、团委书记列席会议。

1986年设立校长基金，基金来源是由学校经费内抽取1%，全校师生集资2000元，校办工厂利润提成2000元，累计1万元。基金用于班主任津贴，奖励每学年评选的模范班主任、优秀教师、先进工作者、优秀体育教练员以及三好学生、优秀学生干部。班主任和教研组长每月津贴7元，教导主任和总务主任岗位每月津贴8元。

第二节　职称评定与聘任

1987年8月，开始评定职称的准备工作，学校组织全体教师学习中央、省、地有关中学教师职称评聘的文件精神。9月，成立职务评聘工作领导小组，组建文、理科业务考核小组，制定《张掖中学教师职务聘任制实施方案》和《张掖中学教师职务聘任制考核办法》，制定评定职称的考核标准，对申请中高级职称的人员进行资格审查和民主测评。11月，对申请中高级职称的教师进行审议，审查论文，上报张掖行署教育处职称改革领导小组。

1988年初，学校在职教师中有中学五级教师9人，四级教师7人，三级教师3人（陈俊杰、阎正礼、刘国强），二级教师2人（张相贤、施生民），一级教师3人（高峻中、周光汉、陈拱和）。一级教师是中学教师的最高级别。

1988年2月，经张掖地区中小学教师职称评审委员会评议审查，评审出学校首批中学高级教师共22人，职称评定后即有6人办理离退休手续；评定中学一级教师28人，职称评定后有1人办理退休手续。3月，公布具备中学中高级教师职务人员名单。被聘人员与学校签订责任书。

同年6—12月，学校先后4次进行教师职称评审，评定中学一级教师14人。

学校聘任了所有在职中高级教师，返聘离退休的中学高级教师6人，一级教师1人。

1988年6月，经学校教师职务评审小组审查评议，报经行署教育处及职改办批准，确定中学二级教师20人，中学三级教师9人，12名教师的职称待评。当年，学校具备中学高级教师职称条件的教师31人，实际评定26人（含离退休6人）。

从1988年起，学校实行教师聘任制度，根据教师本人工作表现和业务能力，每年聘任一次，并将聘任结果报上级主管部门批准备案。

第三节 教学改革

一、课程课时

1980 年，教育部颁发了《全日制六年制重点中学教学计划（试行草案）》，从 1981 年招收的高一年级新生开始，学校执行部颁教学计划，使用教育部颁发统编教材。

1980 年张掖中学课程设置与课时安排表

节次 年级 ＼ 学科		政治	语文	数学	外语	物理	化学	历史	地理	生物	生理卫生	体育	音乐	美术	必修课合计	选修课	合计
初中	一年级	2	6	5	5			3	3	2		2	1	1	30		30
	二年级	2	6	6	5	2		2	2	2		2	1	1	31		31
	三年级	2	6	6	5	3	3				2	2	1	1	31		31
高中	一年级	2	5	5	5	4	3	3				2			29		29
	二年级	2	4	5	5	3	3	2				2			26	4	30
	三年级	2	4	5	4	3	3			2		2			26	4	30

1981 年到 1983 年，学校开设的课程是：政治、语文、数学、外语、物理、化学、历史、地理、生物、生理卫生、体育、音乐、美术。1983 年，高中数学、物理、化学三门课按教育部颁发的教学要求进行教学，教材为甲种本。1984 年秋开始，计算机教学被列入高中选修课。学校装备中华学习机 24 台、苹果机 2 台。1986 年，《中华人民共和国义务教育法》颁布，义务教育教学计划适当增加了基础学科的教学时数，在教学计划中给课外活动留出了足够的时间。

二、教学改革

1980 年，学校在课堂教学中加强基础知识的教学和基本技能的训练，改革各科教法，初中语文和数学进行课堂教学改革试验。学校要求教师认真学习教学大纲，把握教材编排体系，明确教学目的和任务；教师吃透教材，深入备课，以两年为期限通读教材，熟悉学生，狠抓"双基"；教师不断改进教学方法，引导学生由浅入深，由具体到抽象，循序渐进掌握

图 7-2 1987 年学校运动会开幕式上广播操比赛

知识；教师采取启发式教学方法，精讲多练，及时辅导。理化课教师在课堂教学中要上好演示课、实验课、观察课。

1981年建立高中学生档案，内容有学习成绩、社会实践活动、体育达标成绩、操行评语等。学校每年举行春季和秋季两次运动会。

1983年学校制定《教学常规》《教研组长职责》和《教研组工作要求》，规范备课、上课、作业批改、辅导的环节，要求教师书写教案和教学笔记要眉目清晰，重点突出，教案要设计学生课堂活动的内容。每节课都要有学生练习的环节。教师授课要面向全体学生，兼顾不同层次学生。坚持"打好基础、改进教法、培养能力、发展智力"的教学原则，明确打好基础是根本，培养能力是目标。

各学科教学广泛展开教学改革，探索有效的课堂教学方法。语文课教学采取"六课型单元教学法"，积累了成熟的经验；政治课教学采取"六段式"教学法，把课堂教学过程分作"朗读、讲授、议论、书写、交流、总结"六段，充分体现"教师为主导、学生为主体"的原则；高三政治课课堂复习采取"四循环复习"法，用图表和幻灯片进行教学和复习，增强课堂教学的直观性和系统性；数学课注重"双基"教学，提出"施教之功，贵在引导，要在转化，妙在开窍"的教学理念，精心设疑，巧解难题，培养学生学习兴趣，调动学生学习的主动性和积极性，学生数学成绩普遍提高。1981届毕业生杨生荣数学高考成绩108分。1982届学生蒋小平数学高考成绩110分。同届学生曾力平参加全国数学联赛获全省三等奖。1988届高中毕业生，参加高考280人，数学成绩100分以上的有16人。物理、化学教学重视理论联系实际，激发学习兴趣，开拓思维，培养能力。注重实验教学。

1984年，省教育厅颁发《关于全面提高普通中学教学质量的意见》，指出："中学教育，要面向全体学生，大面积提高教学质量，严格执行教育部颁发的教学计划。对数学、物理、化学和外语4科，重点中学和条件好的学校实行较高的教学要求，一般中学实行基本要求，加强初中教育，打好基础。"要求学校实行教学责任制。同年，学校初一年级和高一年级政治课开始使用新教材。

1985年，史地教研组长、年近六旬的阎正礼老师，在学校和行署教育处等部门的大力支持下，同张思隋等老师，利用三年节假日时间，先后13次外出考察全区各地古迹名胜。他们穿荒滩、越草原、翻山岭、跨沟壑、顶风冒寒，足迹踏遍全区五县一市，行程2000多公里。先后实地考察了张掖黑水国，高台骆驼城，肃南马蹄寺，民乐永固城、东灰山、童子山，山丹大黄山、峡口、六坝遗址等。在峡口发现了"锁控金川"（明嘉靖二十三年）石刻四字。他们边采访、边考察、边拍照、边记录。1987年编成全省第一部乡土历史教材《张掖溯古》，包括2万多字的文字讲稿及彩色反转幻灯片80张，录制了20分钟、40分钟、80分钟录音教材各1盘。这部教材史料翔实，试用之后引起师生极大兴趣，受到有关部门的关注，先后获得地区电化教学教材评比一等奖和全省电化教学教材评比三等奖。

语文教研组在校长张相贤的亲自参与下，由全组教师参加编写的《语文基础知识练习》《初中文言文参考资料》和张掖中学《学生作文选》几本书，被张掖地区各学校和青海省祁连县部分学校采用。

图 7 - 3　《语文基础知识练习》书影

1989 年学校举行优质课评优活动，为全区优质课评选做好准备。同年 11 月地区教委开展初中政治、语文、物理、化学优质课评选活动，1990 年开展全区高中政治、语文、数学、物理、化学、生物、历史、地理、英语各科优质课评选，学校派教师参加，多数优质课获一等奖、二等奖，不少青年教师榜上有名。

1989 年，学校各学科继续进行教学改革。初中语文在"六课型单元教学法"试验的基础上加强对学生口头表述能力的训练；历史课采取"读、议、讲、练"四步教学法；地理课注重图文结合，培养学生的识图能力；物理、化学学科注重培养学生分析问题和独立解决问题能力的培养，让学生动脑分析，动手实验，在教师的指导下得出科学结论。

1983 年，各学科陆续成立课外活动小组，如作文写作小组、数学兴趣小组、无线电小组、绘画小组、地震观测小组、初一年级古钱币收集小组等，高一年级创办油印《文史之窗》小报，普及文史知识。每学期，各学科分年级举行各种竞赛活动，竞赛活动的内容有讲故事、诗歌朗诵、查字典、联成语、作文、演讲、辩论、速算、歌咏、拔河、球类、书画展览、摄影展览、文史知识、数理化智力竞赛等，参与人数众多。学校成立乒乓球队、田径运动队、男女篮球队等，由体育

图 7 - 4　1984 年学校参加庆祝中华人民共和国成立 35 周年地县篮球比赛，女子篮球队荣获冠军

教师专人指导，定时训练。各体育代表队参加地、县运动比赛均获得较好成绩。1984 年，学校参加地县举办的庆祝中华人民共和国成立 35 周年篮球比赛，女子篮球队获得冠军。同年，学校获得省教育厅颁发的"体育传统项目优秀奖"。

1983 年，初中毕业考试与升学考试合并举行。从 1988 年起，初中毕业与升学考试由

图 7 - 5　1986 年学校初三（2）班毕业留念

全省统一命题，统一安排时间进行，全县集中统一阅卷。各科按百分计，60 分为及格线，各学科成绩及格者准予毕业。高中招生由各学校划定分数线进行录取。

高考实行预选考试制度。高中毕业学生按规定先参加高考预选考试，按照教育行政部门分配的限额，按考试成绩确定高考人选。取得预选资格的学生方可报名参加高等学校统一招生考试。高考分文科、理科两个大类。文科考试科目为政治、语文、数学、外语、历史、地理六科；理科考试科目为政治、语文、数学、外语、物理、化学、生物六科。音乐、美术、外语专业考生考文科，体育考生考理科，音乐、体育、

图 7-6　1988 年高三（1）班毕业留念

美术专业考生在文化课统考前加试专业课，外语考生在笔试后加试口语。

第四节　教师培训与教学质量

一、教师培训

20 世纪 80 年代，学校加大教师培训力度，每年多次组织教师赴兰州、西安、北京、上海、苏州、福州参观学习，参加各学科学术研讨会。学校曾停课数日，组织大部分教师赴武威一中、武威二中交流学习，促进了教师的专业成长。1985 年，学校派 18 名教师分两批赴北京二中参加教学研究班，全面学习该校的管理方法和教改经验；曾派两名教导主任分别在北京二中和上海复旦大学附属中学挂职锻炼，学习交流。学校邀请、接受兄弟学校教师来校听课、参观、指导教学工作。1985 年，玉门一中全校教师来学校参观学习，这次活动规模大，人数多，玉门一中教师深入课堂听课，学校组织两校教师召开座谈

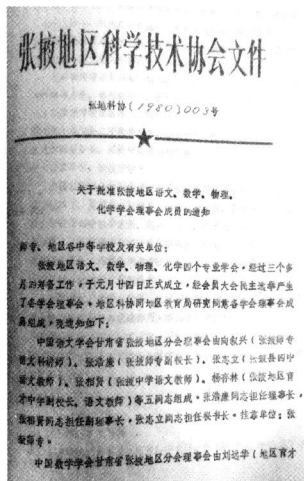

图 7-7　1980 年地区科协关于批准张掖地区语文、数学、物理、化学学会理事会成员的通知

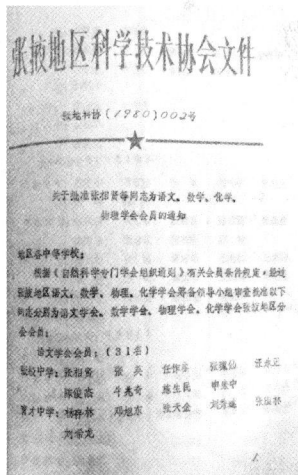

图 7-8　1980 年地区科协关于批准张相贤等同志为语文、数学、化学、物理学会会员的通知

会,交流各自的做法和经验,达到相互交流学习、共同提高的目的。

1980 年甘肃省成立中学各学科教学研究会。张掖地区相应成立中学语文、数学、物理、化学、语文、政治、历史、生物、外语等教学研究分会。各教学研究分会吸收相关学科的教师为会员。学校部分领导和教师还分别担任了中学语文、数学、政治、历史、外语教学研究分会的理事长、副理事长或理事职务。学校积极支持各教学研究会的活动,并鼓励教师参加相关学会,开展教学研究和交流。

1981 年 10 月,省中学语文教学研究会理事、张掖地区语文教学研究分会理事长张相贤赴福州参加全国中学语文学会年会,学习语文课教改方法。派部分教师参加在兰州、张掖等地召开的各学科中学教学研究会例会、交流会,并进行观摩教学,向会议提交科研论文,开展教学经验交流活动。1984 年,派 4 名教师分别赴武汉、昆明、鞍山、平凉参加学术会议。1988 年,派 1 名教师赴苏州参加教学研讨会。

学校重视对青年教师的培养工作,1983 年以来,有 7 名青年教师被送到上海外国语学院、西北师范大学、甘肃省教育学院、张掖师专、市委党校等院校进行委托培养,为青年教师的成长提供了良好条件。

二、教学质量

20 世纪 80 年代,学校教育教学质量稳步提高,中考成绩的平均分、及格率、优良率连续多年在城区各学校中名列前茅。高考成绩连年攀升,录取到大专院校的学生人数逐年增加。

图 7-9　1987 年期中考试考场

1981 年,被大专院校录取的学生 41 人,占报考人数的 31%;1982 届毕业学生冼云波和郑晓林在高考中,分别摘得张掖市理科、文科高考成绩第一名。1984 年报考大专院校的学生人数首次突破百人大关,达到 126 人,高考录取率为 54.4%;1985年、1986 年、1989 年考入大专院校的学生人数均超出百人,各学科成绩平均分多次超出甘肃省、张掖区、张掖县平均成绩,部分学生以优异成绩考入全国重点高等院校。1980 届毕业学生廖国勤、周晴考入浙江大学。1981 届毕业学生杨生荣考入天津大学。1983 届毕业学生沈晔以全市外语类最高成绩考入北京外语学院。1984 届毕业学生周志刚考入北京大学物理系,汉吉军以全市理科第 3 名的成绩考入天津大学,舒建军考取南京大学;文科学生刘晓梅、陈世忠、吴娟分别取得全市文科第一、二、三名的好成绩,同时被兰州大学录取。杨鸿祥考入北京广播学院;1985 届毕业学生马新文高考成绩名列全市理科第二名,考入中国科技大学;王海龙以全市理科第三名的高考成绩考入大连理工学院;张掖市文科高考成绩第一名的何林海考入武汉大学;张掖市高考外语类成绩第一名的骆勤被西北师范学院录取。1986 届高考全市理科成绩第二名的张为民、第三名的李世祖分别考入西安交通大学和北京邮电学院；全市文科高考成绩第二名的马瑞红、第三名的何红涛则分别考入中国人民大学和兰州大学。1987届毕业学生刘原麒取得了理科高考第三名的好成绩，考入南京航空学院；全市高考文科第一名杨多木、第二名陈潇考入中国人民大学；高考外语类成绩第二名的刘晓岚考入兰州大学。1988届毕业学生申自勇、牛可、汪海分别取得了全市高考理科、文科和外语类第一名的成绩，被兰州大学、北京大学、天津外贸大学录取；全市外语类第二名申红，考入东北财经大学；第三名罗亚明，考取中南商学院。1989届毕业学生李俊峰、郭强和王晓东，取得了全市高考理科前三名成绩，分别考入上海交通大学、北京大学、兰州大学；全市文科高考成绩第一名许青春，考入西北政法学院。

学校享有向高等师范院校保送学生的资格。1989年，刘东红被保送到西北师范大学外语系。之后的几年中，李炎被保送到西北师范大学历史系，刘雪英被保送到西北师范大学外语系，张蕊被保送到西北师范大学政教系。

1980年6月，省教育厅发出《关于在有关重点中学开设民族班的通知》，根据《通知》精神，学校开设少数民族班。1980年肃南县没有初中毕业生，只能在高一年级学生中招生。8月进行招生考试，考试科目为语文、数学、理化。最后依照成绩按限定人数录取。此后，学校每年在肃南县招收裕固族、藏族等少数民族初中毕业生15人。

图7-10 1982年学校首届民族班学生毕业合影

省教育厅给民族班下拨专款，发给助学金每人每年200元（按10个月计），免费供给课本、练习簿，为困难学生补助路费。重大节日，学校为少数民族学生免费加菜，改善生活；节假日为少数民族学生放映电影，丰富少数民族学生生活。

1982年至1986年（1983年无高中毕业生），学校民族班共毕业学生59人，其中有47人考入大专院校，升学率为80%。

1980年，裕固族学生安永贵、安永禄、安永寿弟兄三人考入学校民族班，他们遵守纪律、刻苦钻研、勤奋学习，1982年安永寿、安永贵考取兰州医学院，安永禄考进中央民族大学。

1986届，学校民族班的14名学生分别

图7-11 1984年学校第二届高中民族班同学合影

来自裕固族、藏族和土族等少数民族，入学时学习基础普遍较差。针对这一现状，学校在生活上加倍关心，在纪律上严格要求，在学习上加强辅导。经过三年努力，14名少数民族学生全部考入大专院校，其中6名学生考入重点大学。

截至1987年，学校民族班共招收裕固族、藏族、土族、满族、回族等少数民族学生105名。有20多名少数民族学生担任班、团和学生会干部。藏族学生朵金明担任学生会副主席，负责学生生活方面的工作，工作积极，表现突出，受到学校奖励。升入大专院校的少数民族学生大多表现良好。1982届裕固族学生钟进文考入北京师范大学，毕业后又继续攻读硕士、博士学位，后来成为研究裕固族文化史的学者，编辑出版《裕固族文化研究》《西部裕固语》《中国人口较少民族书面文学研究》等多部学术著作。

第五节　党的建设与群团工作

一、党的建设

党的十一届三中全会之前的近30年之中，学校党支部在教师中仅发展过3名党员。1979年全校有共产党员15人。之后的5年中，在教师当中发展9名党员。

1981年，学校党支部对党员及教职工进行"四项基本原则"教育，要求全校教职员工认真学习和深刻理解党的十一届三中全会确立的思想路线，正确认识坚持四项基本原则与改革开放之间的辩证统一关系。1982年，学校党支部组织党员认真学习党的"十二大"文献和新党章，整顿党的作风，加强党的建设。中共张掖地委派工作组到学校进行整党。通过学习文件，深入讨论，开展批评与自我批评等环节，澄清了党员的模糊认识，提高了全体党员的思想认识。1984年，学校党组织活动制度化、经常化。

图7-12　1984年学校领导为获奖教师颁奖（学校大礼堂）

学期、学年制定党支部工作计划，部署工作内容，提出具体要求。学期、学年结束时进行工作总结。党员每两周参加一次党组织活动，内容有学习理论、参观访问、社会调查、听辅导报告、上党课等，形式多样。

党支部制定发展党员计划，1985年，全校有党员39人，其中教师党员21人。1986年，全校党员增至41人。同年学校党支部被中共张掖地委评为地区先进党支部，2名党员被地委机关党委评为优秀共产党员。

实行校长负责制后，党组织发挥保证监督作用，切实加强改革开放条件下的政治思想工作和党组织的自身建设。

1987年3月，经上级党委批准，成立中共张掖中学总支委员会，由张相贤、罗思哲、张金生、柴述鲁等人员组成，设组织、宣传、纪律检查和青年委员。党总支下设行政支部、文科支部、理科支部及离退休支部共4个党支部，各党支部由党支部书记、组织和宣传委员组成支委会。

1988年，学校有党员43人，占全校教职工总数的30.6%。党组织充分发扬民主，重大问题集体决定，严格组织纪律，健全组织生活，动员广大党员积极发挥先锋模范作用。

1988年11月开始，依照上级党委要求，党总支组织民主评议党员活动。评议活动分准备阶段、学习阶段、民主评议、总结表彰阶段等环节。在党员评议过程中，学校领导班子成员举行民主生活会，全体党员参加组织生活会，各支部评选出优秀党员，报学校党委批准进行表彰奖励，这项活动于1989年1月结束。

二、群团工作

（一）共青团工作

1981年，学校共青团组织开展"三查三看"活动：查入团动机，看对共产主义的

图7-13　学生参加社会实践

信念强不强，四项基本原则坚持得好不好；查团的观念，看对团的组织热爱不热爱，组织观念牢不牢；查团的作用，看自己的模范带头作用发挥得好不好。全校170名学生向共青团组织递交了入团申请书，72名学生加入了共青团。

1984年12月，成立共青团张掖中学委员会，张临香任团委书记。1985年，全校有共青团员371人，初中一年级有少先队员245人。同年11月，学校任命陈纫和为学校团委书记。1986年，全校有共青团员392人，校团委组织青年团员进行寒暑假社会实践活动。1987年，学校团委开展理想、纪律、法制教育，提高共青团员素质；举办"共青团之歌"歌咏比赛，开展美学讲座以及摄影小记者等活动。1988年，学校成立业余团校，校团委获团地委"完成1988年目标管理责任书的团委"称号。1989年，校团委在"五四"青年节时表彰优秀团员、先进团支部，发展新团员。校团委组织团员和青年参加团省委举办的"陇原新一代五四青年博览会"活动，获优秀组织奖。不断完善和改进业余团校工作，做好共青团、少先队衔接。健全高一、初二年

图7-14　1988年学校业余团校开校典礼

级团支部，对团干部进行培训。同年9月，校团委组织团员对假期实践活动进行总结，每人写一份社会实践活动调查表。团委要求各团支部加强团的组织建设，以团带班、班团共进。组织开展辩论会、知识竞赛、郊游等形式的活动。下半年，校团委颁发共青团员证，进行"做一个合格共青团员"的教育活动；又有119名青年学生加入共青团组织，全校共青团员发展到506人，占学生总数的37%。

1986年4月，成立张掖中学学生会，高二学生马咏梅当选学生会主席。1988年成立第二届张掖中学学生会，高二学生杨瑛当选主席。

1987年，学校团委与学生会联合创办《朝霞》《木塔晚钟》《银河系》等小报，刊发师生的优秀文学作品；组织摄影小组，先后举办四次摄影展、两次摄影技术专题讲座，收集照片资料一百多帧。

图7-15　1988年第二届学生会换届留念

（二）工会工作

1983年和1985年，肖桐春、申维善先后被选为学校工会主席。1988年7月，祝良先当选第三届工会主席。工会委员会由5名委员组成，分管教师文体、生活、宣传及妇女等工作。各教研组分别设立工会小组，每个工会小组选组长一名。

学校工会是党领导下的教职工自愿结合的群众组织，是校党支部联系教职工群众的桥梁和纽带，是会员和教职工利益的代表。学校工会坚持围绕中心、服务大局、全面履职的原则，贯彻落实上级工会及校党支部和行政的决议、工作要求，紧紧围绕学校的总体工作目标及中心工作，教育教职工不断提高思想道德素质和科学文化素质，忠诚党的教育事业，教书育人，为人师表。维护教职工的合法权益和民主权利，密切联系群众，听取和反映教职工的意见和建议。组织群众性的文化体育活动，每年在全校田径运动会期间，组织教职工进行篮球定点投篮、接力赛跑、跳远、掷铅球等项目比赛；每年11月，组织各工会小组进行排球循环赛，丰富和活跃教职工的文化生活。

1989年，学校组织教职工参加张掖地区职工歌咏比赛，荣获一等奖。

工会协助学校，安排暑假期间教职工的旅游工作；每年中秋节、教师节、春节期间慰问离退休教职工；及时慰问生病住院的教职工；帮助教职工料理婚丧嫁娶事宜。协助学校做好女教职工工作，每年安排"三八"妇女节的各项活动。协助学校做好幼儿园的管理和服务工作。

（三）教协工作

1987年之后，学校离退休教职工逐渐增多。同年，成立张掖中学教育工作者协会，简称教协，王少峰任教协理事长。

学校大力主持教协工作，建立了离退休教职工活动室，内设乒乓球案、象棋、麻将等活动用具，另有报纸阅览室，丰富老年教职工的体育文化生活。

1988年和1989年，由学校教协组织，聘请退休及在职教师在地区物资局大楼，举办了两期高考补习班。每期有文科和理科2个班，共有30多名学生考入大专院校。

第六节　德育工作

学校始终把德育工作放在教育教学工作的首位。

1980年，全校开展"革命人生观教育"，通过演讲比赛、主题班会等形式，教育学生树立正确的人生观，区分真、善、美与假、恶、丑，做到思想美（纯正、诚实、坦率），仪表美（整洁、朴素、大方），语言美（文明、礼貌、谦逊），遵纪守法，培育高尚文明的行为，陶冶健康向上的情操。从学生的行为习惯入手，培养学生良好的生活习惯，严格执行卫生部《中小学生卫生暂行规定》，教育学生养成"五要""六不"的良好卫生习惯。"五要"是要定时作息，要睡前刷牙，要勤换衣服勤洗澡，要勤剪指甲，要勤理发。"六不"是不喝生水，不吃不洁食物，不吸烟，不用公共毛巾、茶杯，不乱扔果皮及纸屑，不随地吐痰。

1981年，全校开展坚持"四项基本原则"教育和革命理想教育。教育学生坚持社会主义道路，坚持党的领导，坚持无产阶级专政，坚持马克思主义、毛泽东思想，为祖国"四个现代化"（工业现代化、农业现代化、国防现代化、科学技术现代化）建设而努力学习。开展"五讲""四美""三热爱"教育，即讲文明、讲礼貌、讲卫生、讲秩序、讲道德，心灵美、语言美、行为美、环境美，培养学生热爱祖国、热爱社会主义、热爱中国共产党的情怀。当年，学校荣获张掖县"五讲四美三热爱"文明单位称号。

1983年，根据国家《关于加强爱国主义宣传教育的意见》精神，在全校开展爱国主义教育，利用升国旗、集会和政治课，普及国旗、国歌、国徽知识，开展"振兴中华"读书活动，培养学生热爱社会主义祖国的真挚感情。

1984年，学校组织教职员工学习《邓小平文选》和中国特色社会主义理论。1986年，全校组织问卷调查，在"学习和崇拜的人"一栏，填写最多的是周恩来、张海迪、爱因斯坦、马克思、恩格斯、邓小平、撒切尔夫人、牛顿、爱迪生、张华、居里夫人、徐霞客、保尔、鲁迅、方志敏等，各班以此为契机，召开主题班会，介绍英雄人物的事迹，激励学生以伟人、名人为榜样，勤奋学习，立志成才。

1987年，校团委开展"三个一"活动，即给老山前线战士写一封信，送绣字手帕等心爱的礼物一件，做一件好事，以此教育学生热爱人民解放军。9月，学校建立优秀学生奖励基金会，基金来源是高峻中老师捐款500元（教育部颁发的"优秀人民教师"

奖金），学校筹资 500 元，并逐年增加基金金额，奖励每年高考成绩在全市排列前三名并报考师范院校的优秀学生。1988 年，学校组织教师学习《建设有中国特色的社会主义》报告，组织学生学习《中学生日常行为规范》。初三 1 名学生患精神分裂症，全校师生捐款 566 元，帮助其及时赴外地就医治疗。

加强民族班学生的德育工作。民族班大部分学生来自比较边远的地区，有的学生学习基础差；有的学生行动散漫，纪律松懈；个别学生还有抽烟喝酒等不良行为。学校通过组织学生到高台烈士陵园扫墓，赴山丹艾黎捐赠文物展览馆参观，去城郊农村和工厂进行社会调查等方式，对民族班学生进行革命理想教育、民族团结教育和纪律教育，鼓励学生努力学习，为国家建设做贡献。同时，对少数民族进行生活上照顾，学习上关心，不少学生思想进步大，成绩提高快，刚入校时少数民族学生与汉族学生貌合神离，相互戒备，高中毕业时难分难舍。

学校重视师德师风建设，要求教师要以高尚的行为感染学生，对学生平等相待，严禁体罚和变相体罚学生。注重用身边的人和事教育全校教职员工。

教导主任高峻中严以律己，对事业忠心耿耿。他把精力和时间都投入教学管理和教学工作中，待人和蔼可亲，对学生进行严格要求。每天从早到晚，坚持在办公室、教室里办公和辅导学生，1986 年被评为全国教育系统劳动模范，国家教育部授予人民教师奖章。语文教师周光汉德高望重，业务功底深厚，常常废寝忘食，选编材料，亲手刻蜡版，一页一页地油印，常常是双手油墨，满脸倦意，却仍不懈怠，乐在其中，常常在节假日加班加点，不计报酬，1982 年被评为甘肃省优秀教师，1983 年被评为"全国五讲四美先进个人"和甘肃省劳动模范。英语教师陈拱和年逾花甲，因师资短缺他仍然坚持在三尺讲台，不幸患牙龈肿瘤需要切除一块牙骨，手术的前一天他为学生上好最后一节课。王以湖是物理教师，班主任工作伴随他直到退休。他因材施教，循循善诱，鼓励学生刻苦学习，锐意上进。青年学生把他当作最可近、最可亲、最知心的朋友和引路人。张瑰仙是位语文教师，身体较弱，长期担任班主任工作，为学生倾注了大量心血。数学教师张淑敏是全省的模范班主任，她作风扎实，工作细致，受到全校师生的尊敬。数学教师陈启民讲课言简意赅，生动形象，板书清晰，很受学生欢迎。

第七节　民主党派工作

民盟：20 世纪 50 年代，学校有民主同盟盟员一人。

民进：1979 年，民主促进会张掖县小组成立，学校财务会计张凤辉为组长。1982 年正式建立民进张掖县支部，共有 8 名会员，学校有 4 名会员，张凤辉任主任委员。1988 年，成立民进张掖市委员会，张凤辉担任第一届委员会主任委员。张掖市民进委员会下属 3 个支部，学校和育才中学会员组成 1 个支部。此间，民进在学校教师中又发展 1 名会员，张掖中学民进会员共有 5 名。1979 年至 1988 年，民进在学校的活动比较频繁。1984 年，由民进张掖县支部牵头，以张掖中学教师为主，举办高考补习班文科和理科各一个，招收补习学生 110 余人，次年，有 30 多人考入大专院校。1985 年至 1988 年期间，民进多次邀请知名教育专家和省特级教师来张掖讲学，交流经验。

民革：张掖中学教师鲁玲是张掖市最早的民革成员。1984 年 10 月，成立民革张掖县小组，鲁玲担任组长。1985 年 6 月，成立民革张掖县支部，鲁玲任主任委员。此后，民革在张掖中学没有发展新成员。

九三学社：1986 年 5 月，张掖中学英语教研组长刘佑如参加九三学社，1991 年担任九三学社张掖市委员会副主任委员及市第六届政协委员。

侨联：1981 年 11 月，成立张掖地区归侨、侨眷联合会，同时选举产生了第一届地区侨联委员会。印尼归侨、张掖中学教师李孟发担任侨联主席。1984 年 10 月、1990 年 6 月地区侨联召开第二次和第三次代表大会，李孟发连续当选为第二届、第三届侨联委员会主席。20 世纪 90 年代，张掖中学教师党可平参加侨联。

第八节　基本建设与后勤保障

1980 年 3 月，制定《张掖中学财务财产管理制度》。当年学校经费 17.5 万元，基本建设资金 2 万元。学校投资 3600 元，添置双层钢架床 30 张；投资 1800 元，购置学生课桌凳 60 套。修建宿舍平房 10 间。1981 年，学校经费 20.25 万元，民族班拨款 4 万元。1982 年，学校经费 22.25 万元。1983 年，学校经费 20.7 万元，民族班专款 3 万元。1984 年，学校经费 25.4 万元。动工修建教学大楼，建筑面积 3996.72 平方米，位置在藏经楼西边原大礼堂处。

为改善教职工住宿及生活条件，1985 年，学校修建家属楼 1 幢，建筑面积 1710 平方米，24 户教职工迁入新居。自筹资金购置石油液化气罐及打火式液化气炉盘 76 套，分配给 1970 年之前进校的教职工；补助资金购置简易洗衣机 79 台，分发给部分教职工；给中教五级以上教师发放书报费。

图 7-16　1987 年学校教学大楼

1985 年，新建教学大楼竣工。经重新丈量测定，学校占地面积 72 亩，校舍建筑面积为 8400 平方米。

1986 年，校办工厂完成产值约 12 万元。5 月，学校将龙渠胶泥洼校办农场土地移交给祁连山水源涵养林研究所。同年，由甘肃省教育厅拨专款建立学校微机室，添置微

图 7 - 17　1986 年学校微机室

机 45 台。

1987 年，校办工厂产值 21 万元，超出当年初学校下达的指标。在木塔南侧平整操场，拆除原办公室平房，修建 300 米环形田径跑道。

经统计，学校实验室有各类教学器材价值 10 万余元，其中电教设施 4.8 万元，物理仪器 2.7 万元，化学器材 1.1 万元，生物标本及数学模型等 1.6 万元。学校有仪器室 3 个，其中物理仪器室 1 个，化学仪器室 1 个，生物和数学共用 1 个仪器室，仪器室占地面积 150 平方米；有实验室 3 个，分别用于物理、化学、生物各科，实验室面积 150 平方米；有微机室 1 个，面积 90 平方米；电教室 1 个，面积 100 平方米。另外，学校有木制实验台 45 张，各种仪器柜架 64 件。

1988 年，财政追加工资、修缮费、购买锅炉金经费共计 62.4 万元。学校购买 4 吨水暖锅炉及茶浴炉，解决教职工供应开水和洗澡问题；同年，校办厂由学校总务处接管。学校投资 38.1 万元，修缮学生宿舍 790 平方米，学生宿舍全部安装上暖气；改造教职工家属宿舍 11 间；修建家属楼侧小库房 24 小间；修筑学校围墙 202.6 米；扩建幼儿园 8 间；翻修学生食堂屋顶 36 平方米；改建电影放映室 224 平方米；更换教学楼教室门 60 合；补充教学仪器 45 台（件）。

图 7 - 18　1987 年学校生物标本

当年制定《张掖中学校办工厂管理办法》。校办厂完成产值 22.7 万元，比上年增长 3.1%，利润 33592.32 元，纯利润 24849.3 元，上缴学校 1 万元。

图 7 - 19　20 世纪 80 年代的木塔和学校平房

1989 年 4 月，学校起草《甘肃省张掖中学校权土地归属沿革》说明，上报行署教委。该文内容显示："张掖中学现有房屋面积 19240.3 平方米，实际占地面积 14843.8 平方米。计平房教室 36 间（1953 年省建二公司修建），平房教室 19 间（1958 年地建公司修建），平房办公室 15 间（1958 年建），平房办公室 11 间（1972 年建），单身宿舍 40 间（1957 年前建），家属宿舍 76 间（1976—1980 年建），家属楼一幢四层 1710 平方米（1985 年行署计划处自筹基建项目，由省教育厅下拨款项 63 万元），锅炉房 244.2 平方米（1986 年行署批文下达修建），学生平房宿舍 58 间（1958—1970 年建，后又经多次翻修）。修建学生食堂 517 平方米，总造价为

15.1万元，4月开工，10月竣工（1988年10月行署教育处下文拨款），四层教学楼建筑面积3996.72平方米（1985年建成）。"

6月6日，地区下达《张掖地区行政公署专员办公会议纪要》，决定"木塔寺原则同意划归张掖中学管理，文物管理部门在业务上进行指导，地区教委和文化处共同协商，拟定管理方案，经审定后下发执行"。6月8日，学校制定《木塔管理办法》。

是年，校办工厂实行承包制，学校委托张掖市审计局对校办工厂1986—1988年2月底前收支情况进行审计。

第八章　20世纪90年代

20世纪90年代，学校始终以《中国教育改革和发展纲要》为指针，全面贯彻党的教育方针，积极实施素质教育，坚持以教学为中心，深化教育教学改革，面向全体学生，拓宽课堂的主渠道，充分发挥教师主导作用和学生的主体作用，切实提高课堂效率。积极开辟第二课堂，发展学生的特长，开发学生潜能。高考和会考成绩在全市区一直名列前茅。学校党总支加强党的建设，狠抓德育工作，各项工作取得显著成绩。

第一节　学校管理与师资建设

一、学校管理

1990年，张相贤任学校校长，郭天金任党总支副书记，罗思哲、张金生、张尔慧任副校长。1991年4月17日，罗思哲被中共张掖地委任命为党总支书记，郭天金任总支副书记。1991年4月30日，张掖地区行署任命张金生为校长。同年5月张相贤退休。1994年11月，罗思哲退休。11月14日，中共张掖地委任命郭天金为党总支书记。沈海润调入张掖中学任副校长。1997年7月，中共张掖地委任命张金生为学校党总支书记，马国瑞任副书记。郭天金任正处级调研员。1997年11月，张掖行署任命毛永胜为副校长。

中共张掖中学党总支委员会于1998年11月26日进行了换届选举，新一届总支委员会委员由张金生、马国瑞、张尔慧、沈海润、毛永胜、祝良先、黄兰英7人组成，张金生任总支书记，马国瑞任总支副书记。下设高三、高二、高一年级组三个支部和离退休支部，支部书记由教师兼任。

1994年12月学校召开教职工代表大会，广泛征求广大代表的意见，审议通过了张掖中

图8-1　20世纪80年代至90年代初学校校门

学各项规章制度和实施办法，包括《教师考勤办法》《班主任工作量考核条例》《学生学习规程》《教学规程》《学生学籍管理办法》《艺术教育工作计划》《张掖中学岗位职责》等。

1998年10月，学校制定了《张掖中学内部体制改革方案》和《张掖中学教育教学量化考核办法》，规范了学校的管理行为，推动了教育教学改革的深入开展。

二、师资建设

学校始终把建设一支具有良好政治素质、业务精湛、结构合理和相对稳定的教师队伍作为重要工作来抓。为了落实科技人才培训工程计划，学校制定《张掖中学关于实施〈地区教委实施千名科技人才培训工程的意见〉的意见》，明确提出学校人才培训工作的指导思想和奋斗目标，并采取积极措施把各项工作落到实处。

为了提高教师学历合格率，学校组织未达到国家学历合格标准的中青年教师通过在岗函授、自学考试和脱岗进修等方法，参加各种形式的学历教育，取得国家规定的合格学历。对已达到国家规定学历标准的教师，通过在岗培训的方式参加继续教育，拓宽视野，更新知识，进一步提高教育教学水平。

学校实行"导师制"，高级教师与青年教师签订《传帮带责任书》，明确对青年教师的培养目标，结对培养，以老带新，共同提高，并把结对培养的结果纳入教师年终考核。新老教师共同备课，互相听课，交流经验，提高教育教学的能力和水平。

学校制定《张掖中学教师业务基本功训练方案》，开展教学练兵活动，要求全体教师写好钢笔字、毛笔字、粉笔字，说好普通话。1996年，全校举行"三笔一话"考核，98%的教师成绩合格。

学校鼓励教师开展教学研究，撰写发表教育教学论文。1993年，学校向地区教委申报了八个教育教学科研课题，有三个课题被列为省级项目，五个课题被列为地级项目。20世纪90年代，学校有200多篇教育教学论文分别发表于国家、省、地学术报刊上，如周光汉撰写的论文《谈谈中学学生的认字问题》等8篇文章刊登在《甘肃日报》《甘肃师范大学校刊》和《甘肃教育》等刊物上。任作扃老师撰写的论文《在阅读中学写法》等5篇论文刊登在《甘肃教育》和《少年文史报》上。

学校重视学科带头人的培养。依照地区"双千人才工程"的标准，校长张相贤、副校长罗思哲1990年被确定为首批张掖地区专业技术拔尖人才，并被评为中学特级教师。

1995年，中共张掖地委确定杨自齐等5名地区骨干教师。1996年，行署确定毛永胜等4名教师为"跨世纪学术技术带头人"。

高级教师苏政，长期担任语文教研组长，在多年的教学中，态度严谨，深受学生的欢迎。参加编写了《初中文言文赏析辞典》，在市级刊物上发表《木塔吟》等多篇诗文，1992 年获省"园丁奖"，1994 年被评为中学特级教师。

高级教师汪锡昌多年担任数学教研组组长，长期担任高三和高三补习班的数学课教学。参加编写了《高考数学应试解题策略》等书，发表论文多篇。1994 年被评为中学特级教师。

物理教师王以湖、校长张金生、语文教师杨自齐被评为中学特级教师。

美术教师任吉茂、教导主任张临香、历史教师黄兰英、校长张金生先后被甘肃省委、省政府评为优秀教师，并授予甘肃省"园丁奖"。

1998 年，全校有教师 95 人。其中有特级教师 6 名，高级教师 20 名，一级教师 51 名。教师学历达标率、高级职称和中级职称教师人数均居全区中学之首。

第二节　教育教学

一、教学管理

教师坚持周前备课，备教材、备学生、备教学方法，教案由教研组长审查签字。校长和主管教学的副校长深入课堂，每周听课 2 节，及时掌握教师的教学情况。教师每学期听课 10～20 节，互相学习，共同提高。教师不断改进教法，提高课堂教学的时效性，充分发挥教师的主导作用和学生的主体作用。

学校每学期都有计划地举行教改教研活动，邀请骨干教师作报告，讲经验、谈体会；教师之间互相交流，力求教法上的艺术性，传授知识的科学性，培养学生的能力，全面地提高教学质量。

二、课程与课时

1990 年张掖中学课时安排

节次 年级＼课程	政治	语文	数学	物理	化学	英语	地理	历史	生物	生理卫生	体育	音乐	美术
初　一	2	6	6			5	2	2	2	1	2	1	1
初　二	2	6	6	3		5	2	2	2	1	2	1	1
初　三	2	6	6	3	3	5			2	1	2	1	1
高　一	2	4	4	3	3	4	3	2			2		
高　二	2	4	4	3	3	4		2			2		
高　三	2	5	5	3	3	4					2		

1992 年，国家教委第一次将"教学计划"改称为"课程计划"，学校组织各学科

教师认真学习，严格执行课程计划。

三、教研工作

学校设教研组9个，分别为政治教研组、语文教研组、数学教研组、外语教研组、物理教研组、化学教研组、史地教研组、生物教研组、音体美教研组。学校指派一名教师担任教研组长。

图8-2 教师基本功考核

教研组每周开展一次教研活动，制定教学计划，研究教学方法；采取个人备课与集体备课相结合方法，坚持周前备课，每学期分文、理科进行全校性示范课，组织教师听课和评课；每学期学校对教研组工作进行检查评比，对工作突出的教研组进行表彰奖励。

学校坚持开展"三课"（示范课、优质课、汇报课）活动。每学期由高级教师上1~2次示范课，中级教师上一堂优质课，青年教师特别是新来的教师上一堂汇报课。1990年，在全区中学初中优质课评比中，教师薄晓梅获化学学科一等奖，马国瑞获政治学科二等奖。1991年全区高中化学、语文、政治优质课评比中，肖培林、杨自齐、吕国强分别荣获化学、语文、政治优质课一等奖。在以后地区组织的历次优质课评比中，学校教师频频获奖，学校的知名度不断提升。

图8-3 教学研讨

学校采取"走出去、请进来"的办法提高教师教育教学水平。每学期都派一定数量的教师到兰州、北京、上海等地学习交流，邀请知名专家来学校作报告。1993年校长张金生率部分教师到上海控江中学学习交流，并邀请控江中学的领导和教师到学校来讲学送经。学校和上海控江中学结为友好学校。1998年请陕西师大生物系教授王德兴到学校作学术报告，"传经送宝"。

四、素质教育

学校注重素质教育，积极开辟第二课堂，组织建立了数理化竞赛辅导小组、生物活动小组、音体美兴趣小组等，指定教师进行辅导，定期开展活动，取得了较好成绩。

1991年，学校成立了《晨铃》文学社，定期编印刊发，登载师生诗文。

1994年8月，在甘肃省中等师范、重点中学音体美比赛中，学生王龙获全省中学

图 8-4　《晨铃》创刊号

组毛笔书法二等奖，刘扬获中学组硬笔书法三等奖，孟刚获中学组绘画三等奖。

1995 年 1 月，在《中国青年报》《政治教育》编辑部联合发起的全国部分省市中学生参加的小论文评选活动中，政治课教师李孟发、马国瑞、毛永胜、吕国强、汪安山、李晓明、柴述鲁、马永新将学校征集的小论文编印成册，推荐参加全国比赛。高二年级学生张惠玲的"师傅引路与个人勤学精思"、高三（3）班学生卢婧的"社会主义精神文明建设任重道远"和高三（6）班学生牙俊锋的"对'知足者常乐'的思考"荣获三等奖。

1995 年教师节，在张掖地区教育处举办的全区师生书画比赛中，高一年级学生孟刚和翟鹏程分别获得绘画二等奖和三等奖；高二学生王文苑荣获绘画三等奖。

1996 年，高一年级学生杨伟、谯洁荣获全国青少年爱国主义征文活动二等奖。

五、教学班级

20 世纪 90 年代张掖中学教学班级简表

学年度	年级	班级	人数	女生	全校总人数	全校女生	全校少数民族	全校团员
1991—1992	初中	13	681	386	1282	742	87	374
	高中	12	601	356				
1992—1993	初中	13	808	403	1408	748	93	413
	高中	12	600	345				
1993—1994	初中	12	765	409	1336	656	55	423
	高中	12	571	247				
1994—1995	初中	13	814	282	1413	557	78	436
	高中	11	599	275				
1995—1996	初中	13	844	417	1513	724	56	469
	高中	12	669	307				
1996—1997	初中	13	897	438	1682	802	74	476
	高中	13	785	364				

六、高考会考

20世纪90年代是张掖中学高考辉煌时期。学校加强高考工作的领导，安排专业知识扎实、工作认真负责的教师担任班主任和授课教师，加大高考辅导的力度，取得显著的成效。

1990届高三学生张明，在高考中取得了全区理科第一名的成绩，考入东南大学；1991年，赵晓亮高考中取得了全区理科第一名的成绩，考入南开大学；1993届高三学生高鹏峰、1994届高三学生黄蔚欣、1995届高三学生吴锦璐高考成绩均为全区理科第一名，都考入清华大学。1995年，高三学生陈海鲤以全区文科第一名的高考成绩，考入南开大学；文科第二名的高微，考入四川联合大学。1996年，高三学生姜煊辰以全区理科第一名的成绩，考入中国电子科技大学；外兼文第一名刘玲，考入西安外国语大学。1997年，高三学生马荣以全区理科第一名的成绩，考入北京医科大学；刘扬以全区文科第二名的成绩，考入中国人民大学。

20世纪90年代，学校高考录取率和重点大学录取人数均居全市第一。

20世纪90年代张掖中学高考录取情况表

年　度	报考人数	录取人数	录取率
1990	259	89	34.4%
1991	276	88	31.9%
1992	271	92	33.9%
1993	376	111	29.5%
1994	288	84	29.2%
1995	295	101	34.2%
1996	340	96	28.2%
1997	345	111	32.2%
1998	308	107	34.7%

对具有音体美特长的学生，学校安排专业教师强化训练，加强文化课的辅导，在高考中也取得了优异成绩。

甘肃省高中会考从1992年开始，会考科目为高一年级地理，高二年级历史、物理、化学、生物，高三年级政治、语文、数学、外语。

学校重视对会考工作的组织领导，加强辅导，强化训练，提高课堂教学效率。在历年的高中会考中，各学科成绩在全市一直名列前茅。

张掖中学 1992—1998 年会考成绩统计表

年 度	科 目	及格率%	优良率%	生均	名次（本市）
1992 年	政 治	94.83	65.40	79.32	1
	语 文	96.95	62.10	72.47	1
	数 学	91.95	49.32	61.59	2
	外 语	87.93	78.01	89.76	1
	物 理	84.82	63.03	69.70	2
	化 学	96.30	78.20	78.40	1
	历 史	97.52	80.10	83.20	1
	生 物	87.82	64.43	73.20	2
	地 理	93.12	74.30	84.60	1
1993 年	地 理	98.25	84.20	86.28	1
	历 史	95.70	67.30	81.61	1
	物 理	96.77	40.80	76.04	2
	化 学	96.24	64.50	79.76	1
	生 物	93.01	47.80	71.74	2
	政 治	97.68	34.50	70.74	2
	语 文	96.05	50.08	68.38	1
	数 学	94.35	38.00	71.18	2
	外 语	94.92	49.00	68.34	1
1994 年	物 理	64.06	60.10	64.52	1
	化 学	59.68	52.30	62.27	4
	历 史	81.11	68.20	70.44	3
	生 物	86.18	74.10	74.67	1
	地 理	91.90	71.04	73.39	3
	语 文	87.45	73.02	74.65	2
	数 学	89.20	78.40	73.21	2
	外 语	93.10	84.02	78.54	1
	政 治	93.20	81.60	77.45	1

续表：

年 度	科 目	及格率%	优良率%	生均	名次（本市）
1995年	政 治	52.60	78.90	83.14	1
	语 文	99.48	52.60	82.47	1
	数 学	93.30	28.90	69.51	1
	英 语	96.39	48.40	85.42	1
	物 理	96.00	39.00	76.70	2
	化 学	95.50	45.50	81.50	1
	历 史	97.00	69.00	84.50	1
	生 物	96.65	63.00	99.05	1
	地 理	99.05	86.70	90.80	1
1996年	政 治	93.21	78.10	77.20	1
	语 文	84.71	73.20	71.30	1
	数 学	82.35	75.30	82.30	2
	英 语	86.14	62.30	80.10	1
	物 理	91.31	76.54	84.30	1
	化 学	93.21	78.10	86.10	1
	历 史	95.62	78.81	90.20	1
	生 物	90.18	68.30	82.10	1
	地 理	92.34	77.30	78.60	1
1997年	物 理	93.72	77.30	81.15	1
	化 学	86.19	72.10	78.34	1
	历 史	92.05	81.30%	79.26	1
	地 理	93.25	82.40	78.78	1
	生 物	72.67	63.50	67.74	2
	政 治	84.35	72.10	77.32	1
	语 文	90.21	82.30	78.10	1
	数 学	94.14	84.50	80.20	1
	外 语	86.75	71.60	75.40	1

续表：

年　度	科　目	及格率%	优良率%	生均	名次（本市）
1998 年	物　理	92.31	73.10	76.30	1
	化　学	84.36	78.20	84.20	1
	历　史	94.21	81.60	86.36	1
	地　理	91.53	75.43	82.60	1
	生　物	88.72	80.21	88.42	1
	政　治	92.16	86.20	85.20	1
	语　文	93.31	85.10	80.30	1
	数　学	96.21	74.30	72.40	1
	外　语	85.72	70.32	73.50	1

第三节　思想政治与群团工作

一、思想组织工作

1997 年 7 月，校长张金生兼任学校党总支书记，马国瑞任总支副书记。党总支下设 4 个党支部，即文科党支部、理科党支部、行政党支部和离退休教工党支部，支部书记由教职工兼任。每周星期五下午，各党支部组织党员集中学习；中心学习小组两周组织学习一次，由学校领导、中层干部、各支部书记参加，主要学习党的理论知识和中央、省、市的文件精神，加强队伍的思想建设；领导班子民主生活会一年进行两次，集中开展批评和自我批评；离退休支部每月 10 日开展组织生活。

1990 年，学校党总支组织全体党员学习中共十三届七中全会文件《中共中央关于制定国民经济和社会发展十年规划和"八五"计划建议》《关于社会主义若干问题学习纲要》以及江泽民总书记有关加强思想政治工作的论述。

1992 年以来，学校党总支组织党员认真学习党的十三届八中全会通过的《关于进一步加强农业和农村工作的决定》、江泽民"七一"讲话精神和《邓小平文选》第三卷。

1997 年，学校党总支组织党员学习党的十四届三中全会《关于加强社会主义精神文明建设的决议》、江泽民《关于"三个代表"的重要论述》和在中纪委四、五、六次会议上的讲话等一系列文件；学习《党章》，重温入党誓词；学习孔繁森的光辉事迹，以榜样的力量激励党员；联系实际学习讨论社会主义市场经济的有关论述，统一思想，提高思想认识；组织全校党员瞻仰高台、临泽烈士陵园，参观山丹艾黎博物馆，缅怀革命先烈，提高党性修养；参观临泽工业小区、张掖市碱滩乡新星村等，了解工农业建设新成就。党员每人订阅一份《党建》或《党的建设》等杂志，以供政治理论学习。

1998年至2000年，学校党总支组织党员认真学习中共"十五大"对邓小平理论的新阐述，并结合学习了《学习中共十五大精神，深化对教育战略地位的认识》《教师是培养合格人才的关键》等文章。举办了《共产党员必须认真执行党的政策》《加强市场经济条件下的党性锻炼》等系列党课，积极培养和吸纳师生中的先进分子入党。各党支部认真组织党员评议工作。

2000年3月21日，学校党总支成立了"三讲"（讲学习、讲政治、讲正气）学习领导小组。张金生任组长，马国瑞任副组长，张尔慧、沈海润、毛永胜为成员。开展为期两个月的"三讲"教育活动。中共张掖地委派李正本一行四人到学校检查指导"三讲"教育工作。在这次教育活动中，通过自己查、群众提、上级点、互相帮等方式，征求到对学校各方面意见建议71条，其中对学校领导班子的意见51条，对领导干部个人的意见20条。学校领导干部以积极态度对待群众意见，认真对照检查，深刻反思，努力改进工作作风，不断提高党性修养。通过"三讲"教育活动，转变了学校领导干部的工作作风，提高了党性修养。

同年，全校师生结合"法轮功"问题，深入揭批其反人类邪教的反动本质，深刻认识邪教的危害。

为了贯彻中央、省、地关于加强和改进思想政治工作的精神，不断探索思想政治工作的有效途径和方法，加强和改进新时期的思想政治教育，学校党总支成立青年学生业余党校，马国瑞担任校长，聘任副地级离休干部、学校原校长、党支部书记王少峰为名誉校长，聘请8名党员教师为辅导员。业余党校下设办公室，制定了《关于开展学生业余党校的工作意见》，从办学原则、教学内容、教学方法、管理措施等方面提出了具体工作要求，将首批70余名要求入党的学生积极分子划为6个学习小组，集中进行党课辅导，定期进行《党章》和党的知识学习教育活动，要求入党的学生不断增加。学生业余党校在培养教育学生、加强思想政治工作方面发挥了重要作用。

1990年至2001年，学校党总支在教职工中培养发展新党员34名，党员人数由42人增加到76人。广大共产党员在教育教学工作中充分发挥了先锋模范作用。

1995年和1996年，学校党总支两次被地区机关党委评为"先进党组织"称号；1999年，被中共张掖地委授予学校"先进党组织"称号；1995年，理科支部被评为地级先进党支部，祝良先被地直机关工委授予"优秀共产党员"称号；1996年，马国瑞被中共地委授予"优秀共产党员"称号；1997年郭天金被评为全区"廉洁勤政的好干部"。

二、群团工作

（一）共青团工作

1992年1月，姜洪任校团委副书记。1994年11月团委改选后，由李德胜任校团委副书记。

1992年1月，建立业余团校，组织青年团员学习《团章》，讲团史，帮助团员及要求进步的青年学生学习共青团的光荣历史，了解共青团的性质、任务和在不同历史时期所起的作用。请党员上党课，讲解共青团的助手作用。每年"清明节""五四""国庆节"等节日，组织共青团员和广大青年瞻仰高台、临泽烈士陵园，参观山丹艾黎捐赠文物展览馆，进行革命传统教育；组织学生利用寒暑假深入甘肃省轻工机械厂、碱滩永星村、五十五师通讯营等地，了解改革开放所取得的伟大成就；组织看爱国主义影片《开国大典》等，激发共青团员的爱国主义热情。

1999年3月，以美国为首的北约在南联盟炸毁我国驻南使馆大楼，校团委及时组织全校团员青年愤怒声讨其侵略罪行，维护民族尊严。2001年2月1日，校团委组织团员青年学习了《中国教育报》《中国青年报》关于批判"法轮功"邪教的有关材料，观看了1月23日在天安门广场发生的"法轮功"痴迷者自焚事件，用血淋淋的事实教育学生，使学生进一步认清了"法轮功"反人类、反社会、反科学的邪教本质。

广大青年学生积极向共青团组织靠拢，纷纷向校团委递交入团申请书。1991—1997年，学校发展团员3177人。

1990—1998年，学校先后有30多人被评为地级优秀共青团员；1992年，在全区团的工作目标管理考核中，校团委被评为合格团委；1994年，校团委被团省委评为优秀中学团委；1998年，地委宣传部、团地委组织的全区纪念五四运动80周年歌咏比赛中，学校团委荣获二等奖；1999年，团省委组织的全省大中学生庆祝建国50周年、迎接澳门回归知识竞赛中，有10名学生获奖；同年，学校团委被团地委评为先进团委。

（二）工会工作

学校工会在党总支领导下，认真贯彻落实省、地工会工作精神，依照法律和工会章程独立自主地开展工作。以各教研组为单位，下设工会小组9个，各小组设工会组长1人，委员3人。每两年组织召开一次职工代表大会，为学校发展献计献策。

1991年，张瑜载任工会主席，田秀兰、谈玲、唐志英任工会女工委员。1997年，工会进行换届选举，王建强任工会主席。

工会配合学校开展丰富多彩的文体活动。每学期举行篮球、排球、乒乓球和象棋比赛，活跃教职工生活；组织教职员工每年向遭受自然灾害的地区和贫困地区捐款捐物一次，向灾区人民奉献爱心。1997年学校教师刘佑如在患白血病期间，工会动员全体教职工捐款8730元；1998年我国南方部分地区发生水灾，学校为灾区人民捐款1234元，捐赠衣物430多件。

据统计，1990—2000年，学校向灾区和贫困地区共捐款3万多元，捐赠衣物2030件。退休教师任作俏在《金缕曲·咏扶贫济困》中写道："济困扶贫举，暖和着，万家心悦，募捐粮物。送了精神和物质，生命相亲相赖，冷日子还能温热。人世谊情嵩山重，困帽摘奔向峥嵘月。朝阳卉，满山岳。轩辕子孙高风格，两心结雪中送炭，貌神偕合。经济特区腾飞起，赢取五洲歌乐。难创业坎坷折挫。折百不挠更开拓，愿共同富裕齐飞跃。尽翡翠，德泽国。"

每年重阳节，组织慰问离退休老教师；及时探望住院治疗的教职工，帮助料理教职工的丧事。1996年，学校教导处工会小组被地区工会评为模范职工之家，王建强、柳兆春被评为地区职工职业道德标兵，1998年，陈铭被地区工会评为职工职业道德标兵。

（三）妇委会工作

1990年，学校有女教工26人。1994年11月24日，学校建立了妇女工作委员会，田秀兰任主任。1998年，妇委会进行改选，申岩任主任，女教职工增加到31人，其中25人在教学第一线。

妇委会组织女教工认真学习贯彻《中华人民共和国妇女权益保障法》和《甘肃省实施妇女权益保障法办法》，维护妇女的合法权益，促进男女平等。配合学校积极开展女教师的业务培训，通过离职进修和函授提高学历，王晓艳等8名女教师取得本科学历。

组织女教工积极参加"巾帼建功"活动。1992年，全校女教工为中华女子学院捐款250元。1995年，在地区妇联举办的《妇女法》知识竞赛中，学校妇委会代表队获二等奖。1996年，为肃南县明花区黄土坡村一名失学女童（裕固族）捐款550元；黄兰英被评为地区"巾帼建功"先进个人。1997年，评选出学校"五好家庭"4户，评选出敬老养老好儿女2人；"三八"妇女节期间，组织女教工参加地区妇联举办的"自行车环城赛"，荣获三等奖。1999年，宋彩霞、蔡瑞君被地区妇联评为"巾帼建功"先进个人和"三八红旗手"。

（四）老龄委工作

1991年，学校离退休教职工有75人，其中特级教师5人，高级教师21人。异地安置离休干部1人，退休教师3人。1992年，成立了张掖中学老龄工作委员会，党支部书记郭天金任主任，原校长王少峰、在职副校长张尔慧任副主任。

1997年11月，党总支副书记马国瑞担任离退休教协协会理事长，王少峰、申维善担任副理事长，任作局担任秘书长，成员是王以湖、张淑敏、白璇。同年11月14日，学校老龄委组成人员进行了调整，主任是张金生，副主任是马国瑞，成员是王少峰、张瑜载、王永发。

学校设立老年活动室，订阅《人民日报》《甘肃日报》《中国老年报》《张掖日报》《老年人》杂志等，购置麻将、象棋、乒乓球案等，供老年人娱乐消遣，丰富老教师的生活。

老龄委建立了学习制度，规定每月10日为党员学习日，要求老教师按时缴纳党费，按时参加学习活动。每月25日为老教协学习日，要求离退休人员积极参加。老教协积极配合学校，每年给灾区捐款捐物一次，奉献爱心。从 1990 年开始，学校先后聘请退休教师周光汉、李孟发、刘国强、苏政、汪锡昌等承担教育教学工作，为学校发展发挥余热。

　　一部分离退休教师积极参加社会活动。老教师施生民参加编写张掖地、市《教育志》，校正《甘镇志》（清乾隆年间的编刊），校正、整理和主审《新修张掖志》，注释《张掖地区金石录》，为张掖市《文史资料》撰写、发表文章 19 篇，约 5 万字，在省、地级报刊上发表诗词 20 余首（阕），出版诗文集《伏枥集》一本，有两首选载于《中国当代诗词大辞典》。老教师周光汉为《张掖地区教育志》撰写了 3.5 万字的稿件（已出版），创作诗词 800 余首，在省、地级报刊上发表 100 多首，出版《标点符号用法举例》一书，整理其爱子的遗作《汉字入门》，编撰了《汉字选解》（40 万字）。老教师杨继文创作、出版了《河西风情歌曲集》一书，收录了 60 多首歌曲。原校长张相贤被聘为地区老年大学教务长，编印了《中国的传统节日》《八仙考辨》等书。严琦国担任老年大学书法课教学，参加省、地市书法大赛并获奖。杨有源参加地市举办的老年运动会，并多次获奖。

　　学校老龄委还多次组织全体退休人员参拜高台烈士陵园、临泽烈士陵园，参观山丹艾黎纪念馆。

　　1995 年，学校教协被省教协授予"教育系统离退休工作先进集体"，被地区老龄委授予"全区老龄工作先进集体"，1998 年王少峰、申维善、白璇、任作肩被地区教协评为"老有所为"先进个人。

第四节　德育工作与体育艺术

一、德育工作

　　学校认真贯彻执行《中学德育大纲》《中学德育工作规程》的要求，以《中学生日常行为规范》为依据，制订了《张掖中学学生日常行为规范》，坚持对学生进行马列主义、毛泽东思想和邓小平理论常识教育，以养成教育为重点，从学生行为习惯入手，把德育工作渗透到各学科教学与学校各项工作中。

　　1990 年，学校成立德育工作领导小组，建立了以校级领导、年级组长、班主任、政治课教师、团干部为骨干的思想政治工作队伍，确立了"人人都是德育工作者"的观念。通过课堂教学、班会、年级集会等渠道，各班广泛召开爱国主义、集体主义、社会主义思想教育，把树立共产主义远大理想同塑造高尚的人文品格结合起来，培养学生艰苦奋斗、诚实简朴、孝敬父母的道德品质和立志成才、敢于创新、不断进取的竞争意识，树立正确的人生观和价值观。

1991 年，学校狠抓了学生的文明行为养成教育，初一年级组织学生观看了《中学生守则》《中学生日常行为规范》录像片；高一年级举办了《中学生守则》《中学生日常行为规范》知识竞赛。对初一年级和高一年级新生进行为期一周的军事训练，加强纪律教育。

1992 年，学校对学生的德育成绩进行量化考核。每学期进行两次德育成绩评定，将德育成绩与学生毕业、升学挂钩。利用每周星期一举行的升国旗仪式，加强对学生进行爱国主义教育。升旗仪式由班级轮流主持，升旗仪式上进行"国旗下的演讲"，演讲内容为国际国内形势、讲好人好事、讲学校和自己身边发生的事情、讲先进人物的事迹。

1993 年，学校积极探索德育工作的新途径、新方法。一是狠抓养成教育。二是广泛开展"两史一情"（中国近现代史和国情教育）系列教育活动，利用广播、电视、黑板报、宣传栏、手抄报、征文竞赛等形式，把德育工作落到了实处。三是创设良好的育人环境，充分利用"校园之声"广播站，定期报道校园内好人好事，通报学生的不良行为。高二（2）班荣获"甘肃省优秀班集体"称号，学生董欣荣获中国首届"报国之志、效国之行"的英才称号，并代表学校参加了 1993 年北京夏令营活动。

1994 年，学校结合学生实际，开展美育教育，政教处组织举办"我们需要美"专题讲座，各班组织了"在生活中发现美"等主题班会。

1995 年，针对学校德育工作出现的新情况、新问题，学校积极探索德育工作的新机制，提出了德育工作的新措施。一是开展四项建设，即德育规章建设，德育队伍建设、德育教材建设、德育基地建设。二是开辟四条途径，即各学科渗透途径，课外活动途径，家庭教育途径，社会教育途径。

1996 年，学校参与中央教科所德育研究中心承担的"九五国家级重点课题——整体构建学校德育体系的研究与实验"。与张掖师专教育系联合实施《中学生心理教育行动方案》，提高学生心理素质，让学生全面发展。

1997 年，学校加强法制教育和国防教育，邀请司法部门干警到学校作专题报告，摆事实，讲道理，对学生进行遵纪守法教育和交通安全教育。邀请部队官兵到学校作报告，讲解放军的战斗生活故事，对学生进行国防教育。

二、体育艺术

学校贯彻落实《中小学体育教学大纲》和《中小学体育工作暂行规定》，加强体育教师队伍建设，规范体育课课堂教学。要求教学按教案施教，每学期都安排体育观摩课，严禁利用体育课上群团课程。坚持开展两课（每周二节体育课）三操（每天做早操、课间操和眼保健操）两活动（每周保证两节体育课外活动），每年举行春季达标运动会、秋季田径运动会和元旦越野赛，不定期进行篮球、足球、排球、乒乓球比赛等。

学校积极开展体育锻炼"达标"活动，项目主要有男女 50 米短跑、女子 800 米、

男子 1000 米中长跑、男子引体向上、女子仰卧起坐，每学年有
96% 的学生达到了国家体育锻炼标准，全校参加传统项目训练
的学生超过 70%。加强对体育特长学生的训练，部分体育特长
生考入大专院校，1996 年，高三学生申伟以优异的成绩考入西
安体育学院。

图 8 - 5　1992 年体
育公开课

　　学校重视体育代表队的训练，由体育教师精心指导，每天
在规定的时间按时训练，在省、市举办的体育比赛中均取得较
好成绩。1990 年，张掖市举办中小学篮球比赛，学校获男子篮
球比赛第三名、女子篮球比赛第二名的成绩；1991 年，张掖市

图 8 - 6　20 世纪 90 年代课间操

举办大型体操比赛，学
校取得团体操比赛第二名；1992 年，在全市中学
生田径运动会上，学校取得团体总分第一名的成
绩，同年，在全区中小学传统体育项目比赛中，
获张掖地区传统体育项目团体总分第二名；1993
年，在张掖市中小学篮球比赛中，学校荣获张掖
市中学生篮

球赛女子第一名和男子第二名；1994 年，在张掖
市中学生运动会上，学校获全市中学生运动会团体
总分第一名，同年，获甘肃省重点中学、中等师范
学校田径比赛田径乙组第四名、田径甲组第二名的
成绩；1995 年，在张掖市举办的中小学田径运动
会上，学校荣获全市田径比赛团体第一名；1997
年，在张掖市举办的中小学田径运动会上，学校获

图 8 - 7　1997 年学校田径运动

团体总分第三名；1998 年，在张掖市举办的中学生乒乓球比赛中，学校取得全市乒乓
球男子单打第一名、女子单打第三名的成绩，同年，在全市中小学传统体育项目比赛

中，荣获张掖地区传统体育项目团体总分第二名
的好成绩。

　　1990 年，学校荣获全市体育先进学校完成任
务单项奖，同年，获全市体育先进学校二等奖；
1993 年，学校被评为甘肃省体育先进学校；1994
年，学校被甘肃省体委、省教委确定为"体育传
统项目学校"；1995 年，学校被张掖地区表彰为
"体育达标先进单位"。

图 8 - 8　20 世纪 90 年代学校操场

　　1994 年，学校体育教师车兴国被评为甘肃省

传统项目优秀教练员；1997年，体育教师冯进炜被评为张掖地区体育锻炼"达标"先进个人；1998年，体育教师樊立功被评为张掖地区体育锻炼"达标"先进个人；1999年，体育教师张云海被评为甘肃省学校体育工作先进个人。

学校重视艺术教育，贯彻落实《甘肃省贯彻学校艺术教育总体规划实施方案》《九年义务教育全日制小学、初级中学课程计划》。初中开设音乐、美术课，每周各一课时。有专业的音乐和美术教师，依照教学大纲要求，按照教材的内容，采取灵活多样的教学方法进行教学。

学校成立音乐、美术活动兴趣小组，由专职教师辅导，每年举行一次全校师生书画展和"校园之声"文艺演出，丰富校园文化生活。

音乐、美术特长学生由专业教师辅导。美术教师辅导的内容主要以人物素描、色彩、速写为主；音乐教师辅导的内容主要以声乐、器乐为主。学校设立音乐、美术特长生训练的专用教室。音乐活动室配有钢琴1架、手风琴1架、架子鼓1架、中西弦乐7把、电子琴2架、脚踏琴1架；美术活动室配有人体石膏像8个、几何形体模型1套、专业画凳30个、画架20个、聚光灯1个。

1993年，在全区中学生文艺会演中，学校小提琴齐奏荣获一等奖；同年，在地委宣传部、地区机关党委举办的"纪念毛泽东100周年诞辰"文艺演出中，学校有四个节目分别获二等奖和优秀奖。1994年9月，在全区文艺调演中，学校教师表演的自创舞蹈《烛光颂》，荣获表演一等奖、创作奖、组织奖；在全省重点中学、中等师范学校声乐大赛中，学校荣获中学组独唱三等奖；在金张掖马蹄寺旅游观光节开幕式上，张掖中学学生表演的百人大型团体操《青春红似火》荣获表演一等奖。1995年，在团地委举办的纪念"五四"青年节青少年音乐比赛中，学校分别荣获第一、二、三等奖；在团地委等单位联合举办的全区少儿钢琴比赛中，学校2名学生分别取得第一、二名的好成绩；在全区中学生文艺会演中，学校以学生乐队为主，由器乐合奏、女声独唱、小提琴齐奏、小号独奏等形式组成的音乐史诗《胜利颂歌》，荣获二等奖。1996年，在张掖地市联合举办的庆"七一"大合唱比赛中，学校组织120名学生，组成合唱团参加比赛，荣获二等奖；在张掖地区举办的全区中小学乐器演奏比赛中，学校荣获一等奖2人、二等奖4人、三等奖1人；在全区中学生文艺会演中，学校自编自导的舞蹈《校园新曲》，荣获表演一等奖、创作奖。1997年8月，在甘肃省第二届大中学校学生文艺会演中，学校排练的舞蹈《祁连山下的小姑娘》，荣获中学组二等奖，舞蹈《春华秋实》荣获中学组二等奖和创作奖，男生独唱的歌曲《再见了，大别山》荣获中学组三等奖，器乐合奏《斗牛士之歌》荣获中学组三等奖。1996年，在张掖地区举办的第三届全区书画大赛中，学校1名教师荣获二等奖，3名学生分别荣获绘画一、二、三等奖；在第一届甘肃省青少年科学幻想绘画比赛中，学生鲁文潇的作品《未来课堂》荣获三等奖。

1997 年，美术教师任吉茂被评为全国优秀美术教师；2000 年，音乐教师管政敏被评为全国艺术教育先进个人。

1994 年，学校通过了甘肃省教育厅、张掖地区教委和张掖市教委对艺术教育的联合督查评估，并对学校的艺术教育工作给予高度评价。

第五节　基本建设与后勤保障

改革开放以来，我国面貌发生翻天覆地的变化，省、市各级领导对改善学校办学条件非常重视，从财力、物力给予大力支持，学校的硬件、软件建设得到很大改善。

从 1990—2000 年，学校先后建成建筑面积4252 平方米的教学大楼 1 幢，可容纳 30

图 8-9　20 世纪 90 年代中后期的校门

个班级；建筑面积 750 平方米的实验楼 1 幢，设有 3 个理化实验室、1 个生物实验室；建筑面积 860 平方米的图书楼 1 幢；教师住宅楼 5 幢，一号楼建筑面积 1703.88 平方米，入住 24 户教职工，二号楼建筑面积 1175 平方米，入住 16 户教职工，三号楼建筑面积 1175 平方米，入住 16 户教职工，四号楼建筑面积 4134.01 平方米，入住 48 户教职工，五号楼建筑面积 1519.42 平方米，入住 16 户教职工；修建锅炉房 212.14 平方米，水房 121.96 平方米，学生宿舍楼 1802.92 平方米，学生食堂饭厅 571 平方米，综合教学楼 2013.81 平方米，阶梯教室一个；另外还修建了学校语音室、音乐室、美术室和教师办公室。全校建筑总面积为 19108 平方米（含平房）。

学校有物理实验室、化学实验室、生物实验室各 1 个，实验仪器、标本 13840 台件。实验设施齐全，基本能满足教育教学需要。每年学生分组实验开出率 95%，演示实验开出率 100%。

学校有占地 600 平方米的田径场 1 个，篮球场 4 个，排球场和羽毛球场各 1 个，有单杠、双杠等体育器械 30 多件。

学校投资 13500 元，修建乒乓球台 18 对，为师生开展体育活动和锻炼身体提供了设施和场地。

学校图书馆藏书 68000 多册，生均达 50 册，主要书籍有《四库全书》《二十四史》《史记》《资治通鉴》《鲁迅全集》《中国百科大字典》等。图书阅览室每年订阅的各类报

图 8-10　20 世纪 90 年代学校图书阅览室

纸杂志有105种。

学校投资1.2万元，修建了18个宣传橱窗和由18块黑板组成的宣传专栏。投资3.5万元，修建了校园马路（马路长150米，宽6米），马路两旁安装了13盏路灯。投资2.5万元，整修了250米跑道的田径场。投资1.6万元，在田径场西面和南面修建了长320米、高1.5米的防护栏。投资2.5万元，修建了操场主席台和标准升旗设施（旗杆高18.8米）。投资3.4万元，修建了宽2.8米、高3米、长85米的校园文化长廊。投资7.8万元，在教学楼前修建了含有彩灯、喷泉、花坛、雕塑的综合文化设施，增强了校园文化氛围。

教学楼、实验楼、图书楼、学校宿舍楼共设置名人画像和名言警句共170帧（条），教学楼大厅两侧，建有卫生评比栏、纪律评比栏、好人好事栏、校园生活栏、光荣榜等专栏。

学校设有德育室（含校史展览）、广播室（设有"校园之声"广播站）、科技劳作成果展览室和艺术活动展览室。

1998年，学校组织高中三个年级师生（约1000人），利用课余时间，参加校园建设劳动，共拉运沙土280立方米，拉运灰石270立方米，平整了花坛，修建了1080平方米的草坪。投资13000多元，栽植各种风景树120棵，校园环境大为改观。

学校经费较为困难，每年的支出都大于收入。

1990—1997年张掖中学收支情况表

年度	收入（万元）	支出（万元）	年度	收入（万元）	支出（万元）
1990	63.3	91.4	1994	180	194.2
1991	63.8	66.4	1995	183	196.3
1992	85.4	101.1	1996	232	257.2
1993	102.0	112.3	1997	320	354.3

第九章　1998 年学校改制

1998 年 6 月，根据张掖地区行署办公室关于实施《张掖城区普通中学结构调整方案》的批复精神，张掖中学系省重点中学，办学历史长，师资条件好，在区内外有较大影响，拟办独立高中。育才中学办学条件较好，占地面积大，但高中生源较差，拟办独立初中。张掖中学的初中学生一次性调入育才中学，育才中学高中学生一次性调入张掖中学。调整后，两校的总规模不变。调整工作分三步进行：第一步，5 月份制定调整方案，报请行署批准，并着手制定实施细则；第二步，6 月份宣传动员，做好调整前的各项准备工作；第三步，7 月份完成调整任务，做好下学期的开学准备工作。

第一节　学校改制

1998 年 6 月 25 日，地区教育处处长杨作忠一行四人，进驻学校进行调研，多次召开学校领导班子和全体教师会议，统一教职员工的思想，提高教职工对改制的认识，为学校改制做准备。根据行署决定，7 月，张掖中学由完全中学改为独立高中。

学校调配 16 名教师到育才中学工作，育才中学调配 14 名教师到学校工作。7 月 16 日，被调配的教师分别到所在学校报到。张掖中学初三、初二两个年级 370 名学生到育才中学上课，育才中学高一、高二两个年级 250 名学生到张掖中学上课，原班主任不变。学校改制工作全面完成。

学校改制后，张金生担任校长兼党总支书记，马国瑞担任党总支副书记，张尔慧、沈海润担任副校长。

学校下设政教处、教导处、总务处、办公室四个职能科室，实行年级组与教研组并存的管理运行模式。

1998—2001 年张掖中学教职工情况表

年度	高中教师	行政	工勤人员	合计
1998—1999	95	13	17	125
1999—2000	95	13	18	126
2000—2001	95	13	19	127

第二节　教育教学

一、课时课程

学校改制后，严格执行课时计划和教学大纲，开全课程，上足课时，认真设计活动课程，使学生一周的活动时间合理分配。开设的课程有政治、语文、外语、数学、物理、化学、生物、历史、地理、体育，音乐和美术课主要以兴趣小组的形式组织活动，由专业教师组织特长生定期辅导。

1998 年改制后张掖中学的课程安排表

节次 年级	课程	语文	数学	外语	物理	化学	生物	政治	历史	地理	体育	美术欣赏	音乐欣赏	劳技课
高一		5	5	5	2	2		2	2	2	2	1	1	1
高二	文	5	5	5	2	2	2	2	2		2	1	1	1
	理													
高三	文	5	5	6				4	4	4	2			
	理			5	4	4	3	2						

二、班级学生

1998 年学校改制后张掖中学的班级和学生情况统计表

学年度	年级	班级	人数	女生	全校总人数	全校女生	全校少数民族	全校团员
1998—1999	高一	10	492	193	1247	518	23	738
	高二	6	364	150				
	高三	7	391	175				
1999—2000	高一	10	632	263	1441	604	26	746
	高二	9	472	185				
	高三	6	337	156				
2000—2001	高一	11	742	294	1774	718	75	1396
	高二	10	584	244				
	高三	8	448	180				

三、教学质量

1998 年改制后，学校加大教学管理的力度。实行校级领导分管分抓年级组制度，着力解决教育教学方面存在的问题。坚持以课堂教学为中心，以教研活动为抓手，不断改进教学方法，提高教学质量，鼓励教师开展教育教学研究，撰写论文，用科研成果指导工作。

学校改为独立高中后，教育教学质量不断提高，高考成绩连年攀升。1998 年，被高等院校录取的学生 107 人；1999 年，被高等院校录取的学生 155 人；2000 年，被高等院校录取的学生 213 人；2001 年，被高等院校录取的学生 452 人。会考成绩也在全区名列前茅。

1999 年张掖中学高中毕业会考情况统计表

学科	及格率%	优良率%	地区名次	本市名次
生物	98.32	88.60	2	1
地理	98.11	79.80	3	1
历史	98.73	86.80	3	1
物理	93.34	64.90	4	1
化学	94.07	69.50	4	1
政治	98.54	88.90	1	1
语文	98.94	83.24	2	1
数学	96.86	84.73	3	1
英语	86.32	78.92	2	1

学校重视素质教育，成立各学科兴趣小组，加强辅导，强化训练。学生在省、市组织的各类比赛中获得多项奖励。

1998 年，高二年级学生夏玺、张龙在全国中学生物理竞赛中，同时荣获张掖赛区一等奖，张晓康荣获张掖赛区二等奖，冯小磊、曾耀国、李伟、白丰、王伟、程明杰、张海明、柴方明荣获三等奖。同年，学生雷思温荣获全国数学竞赛省级二等奖。

1999 年，在全区中小学器乐比赛中，学生武子赫荣获一等奖，张婷荣获二等奖，左曼丽、侯莉荣获三等奖。同年，在地区教育处举办的全区师生书画大赛中，美术教师任吉茂荣获书法比赛二等奖，美术教师蔡瑞君荣获绘画比赛二等奖，学生司马旭坤、王景荣获绘画比赛二等奖。

2000 年，在全国中学物理竞赛中，臧宗新、常兴滨荣获张掖地区优秀辅导员称号。同年，在张掖地区教委、科技处等单位组织的中学生科技制作大赛中，高三（4）班学生冯小磊制作的"电磁大炮"荣获一等奖。

2000 年，学校被评为全省体育先进集体。吕国强、肖培林被确定为全省首批中小学骨干教师和省级学科带头人。

第二编　原育才中学发展简史
（1950—2001）

第一章　学校创办

第一节　四川初建与迁址河北

一、四川初建

张掖地区育才中学原是一所部队子女学校。

1950 年 7 月，驻四川省的中国人民解放军第二野战军所属十二军、十五军领导机关，为了解决随军干部子女学习文化的问题，联合办起了一所学校，校名"育才小学"，地址在四川省清木关，校长李承祥。时有教师 6 人，均为部队文化教员。学生 20 余人，设 1~6 年级复式班。教材为中华人民共和国成立后新编教材。

二、迁址河北

图 1-1　邢台的校门及部分教职员
（20 世纪 50 年代）

图 1-2　邢台的学校操场及教室
（20 世纪 50 年代）

朝鲜战争爆发后，中国人民解放军第二野战军所属十二军、十五军于 1951 年先后奉命入朝参战，抗美援朝、保家卫国。学校遂于 1953 年迁址河北省邢台市北关河佰祠，校长为林影。

由于十二军留守处划归第三兵团留守处直接领导，学校又更名为中国人民志愿军第三兵团育才小学。4 月，调任原邢台师范董仁堂同志为育才学校教导处主任，王俊甫为副主任。又从部队、地方学校、基层干部中抽调了一批教职工。

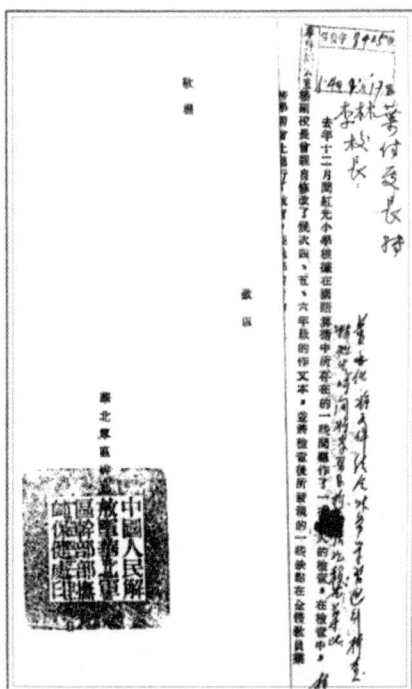

图 1 - 3　1954 年，华北军区干部部抚恤保健处给学校下发的文件

图 1 - 4　1953 年学校《行政工作总结报告》

全体教职员工分工合作，热情高、干劲大，在新的校址上建起了新校舍，购置了教学设备，包括教学仪器、体育器材、音乐美术教具和图书资料等。改善了生活设施，学校各项工作很快步入正轨。

1953 年，学校《行政工作总结报告》中指出："十二军留守处于 3 月 1 日起才归第三兵团直接领导……（教职工）虽然都是'外行'，刚从部队里、农村地方学校抽调来的，业务生疏，经验缺少，可同志们都满怀热情，有决心、有信心把工作搞好，将学校办好。"

1955 年 6 月，中国人民志愿军干部部决定，把第一军在青海省西宁市东郊所办的保育小学，合并到第三兵团育才小学。后来任育才中学副校长的王安济等同志就随着这次合并来到育才小学。学校更名为中国人民志愿军第一育才小学。任命陈天一为校长，胡庆祥为政治协理员。后来又任命王金栋为副校长。

图 1-5　校长陈天一

图 1-6　1955 年保育小学离开西宁前的师生合影

图 1-7　1955 年时的校徽

两校合并后，全校有学生 100 多名，6 个教学班，57 名教职员工。其中专职教师 20 人。育才小学由第三兵团干部部委托华北军区干部部领导，业务由邢台市教育局代管。

第二节　学校管理与教育教学

一、学校管理

育才小学设校长、副校长、政治协理员各一人。校长全面负责行政工作，副校长协助校长工作，政治协理员负责党务、思想教育与宣传工作。下设教导处、总务处、卫生所。教导处负责管理教学、纪律、体育、学生学籍等工作；总务处负责学校财产设备、财务、基建、后勤服务、师生食宿等工作；卫生所负责师生医疗保健、体检、公共卫生等工作。

由于学生年龄小，又全部在校食宿，所以后勤队伍比较庞大，人数多于教师。有会计、管理员、医生、护士、保育员、司药、炊事员、理发员、大车驭手等。

志愿军归国后，经中央军委批准，从 1959 年元月起，学校交由中国人民解放军 0029 部队（后改称 8120 部队）管辖，并更名为 0029 部队育才小学，陈天一仍任校长，王金栋仍任副校长。

1959 年初，0029 部队又在北京筹建第二育才小学，并从本校抽调人员赴京协助做好筹建相关工作。是年 12 月，任命第一育才小学教导主任董仁堂为第二育才小学校长兼支部书记。两校虽在两地，但关系密切，联系紧密，实为一体。

1962年7月，抽调董仁堂同志去大西北某基地中国人民解放军0029部队，筹建东风小学，并任校长兼书记。董仁堂同志调离北京后，由教导处副主任王安济、卜庆荣主持学校工作。

育才小学始终把教育教学作为重点工作来抓。教导处积极组织开展各项教学活动，教职工认真落实学校提出的四方面的要求和任务。

一是学。学校要求，学好业务是硬功夫，要结合实际学，要快学、巧学。教职工认真学习管理学、心理学与教育学，从学生的实际出发，认真施教，努力提高教学质量。学校里出现了师生共

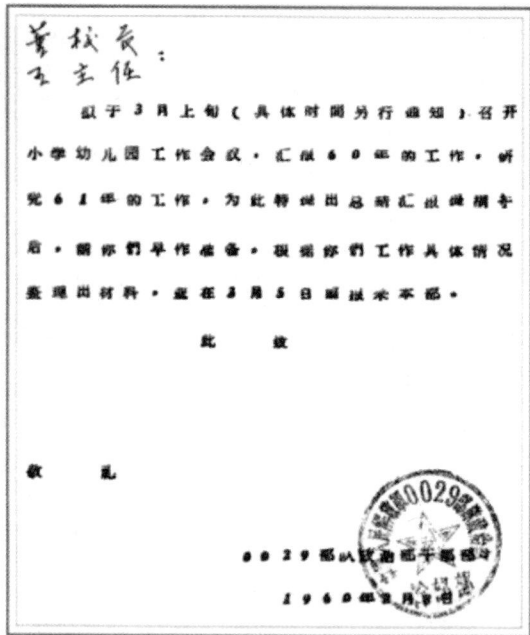

图1-8　1960年0029部队政治部给学校发的会议通知

同学，向优秀师生学，边教边学，互帮互学的热潮，在学习中教职工的业务水平逐渐得到提高。

二是严。学校要求，教职工要对学生严格要求、大胆管理，对教学工作要精益求精，认真备课、上课，认真批改作业，做到严中有爱，严中有度，严中出成绩，严格与活泼结合，坚决杜绝教职工自由散漫、不求上进的消极情绪，做积极有为青年，达到"严师出高徒"的目的。

三是爱。学校要求，教职工要以生动的教育方式，灵活多样的教学方法，教育学生爱祖国、爱人民、爱父母、爱老师、爱学习、爱公物、爱帮助别人做好事，教师把爱作为教育的基础，关爱每一个学生，为学生打下爱的心灵根基。

四是实。学校要求，教职工要扎扎实实，做好本职工作，认真落实学校的要求和个人的教学计划。教导处认真抽查教师教案，检查学生作业完成与教师批阅的情况。学校领导要参加教研组活动，深入课堂听课，并及时进行讲评。每次考试后，都要进行教学总结，安排教师对个别学生进行补课或补教，提高学生的学习成绩。

每周星期一，由教导主任组织周会，全校师生参加，对上周工作进行全面总结，充分肯定成绩，指出存在的问题。对少先队工作中表现突出的教师和学生中的好人好事进行表扬。

学校要求，教师对学生要进行正面教育，多鼓励、少批评；教职工之间要相互支持，加强团结；学生之间要团结有友爱，互帮互学，努力建设团结和谐的班集体和教研组。

二、教育教学

育才小学的学制、课程设置和教学进度均与地方学校同步,实行小学六年四、二分段

图 1 - 9　1960 年学校团小组

制,开设语文、算术、自然、历史、地理、图画、音乐、体育 8 门课。1958 年后,又增设政治常识,教学上按照苏联模式,贯彻直观性、量力性、积极性、系统性、巩固性 5 个教学原则和组织教学、复习旧课、讲授新课、巩固练习、布置作业 5 个环节。建立语文、算术等教研组。学生成绩按 5 级分制评定,3 分以上为及格。每学期进行期中、期末两次考试,平时各科进行月考。

第三节　初中招生与办学成效

一、初中招生

1960 年 9 月,经上级部门批准,学校招收第一届初一新生。虽然招收的学生人数少,但学校还是十分重视初中招生工作,为初中教育教学配备了设备,安排水平较高的教师承担教学任务。学校教导主任兼任班主任,并担任初一年级语文课教学工作。

二、办学成效

育才小学经过不懈努力,教学质量不断提高,社会声誉不断扩大,深受当地军民赞誉。学校历年的升学率均为百分之百,绝大多数小学毕业生考上邢台一中,少数学生考入外地中学或参军。学校的文体活动丰富多彩,在邢台市教育局每年举办的体育比赛和歌舞会演中,育才小学都获总分第一,并夺得锦旗。邢台师范学校连续几届毕业班学生和其他学校的师生也经常到育才小学参观学习。

1958 年,育才小学毕业的学生耿莲凤,后来成为北京军区战友文工团歌唱演员,是著名的歌唱艺术家。

1960 年,教师文清香出席全国文教工作群英会,会上,国务院给学校颁发了"先进单位"奖状,河北省政府给学校颁发了一面锦旗。教师李玉敏参加了全国民兵代表会议,获得自动步枪一支。学校进行自制教具展览,河北省内外各地学校纷纷派人前来参观。

1961 年,育才小学五年级学生秦小丽参加全国普通话比赛,荣获一等奖。下半年,河北省在第一育才小学举办全省少

图 1 - 10　中国著名女高音歌唱家耿莲凤

先队活动现场会。同年，大队辅导员赵逸菊荣获全国少年儿童先进工作者称号。

　　1960 年，学校在校学生 200 多名。不仅有志愿军干部子女，还有华北军区、河北省军区、邯郸军分区、邢台军分区、邯郸专区、邢台专区等单位的干部子女。学校规模逐步扩大，管理制度更加健全，师资力量不断加强。当时，学校的师资、设施、经费、管理与教学质量等各方面都优于地方同类学校，许多家长都以能把子女送入育才小学学习而自豪。

第二章 西迁张掖

第一节 中学部独立与西迁张掖

一、中学部独立

0029 部队从朝鲜回国后不久，即调到甘肃清水实验基地。根据中央军委命令，1962 年初，0029 部队政治部干部部和北京军区政治部干部部签署了《关于育才小学交接议定书》。《议定书》规定："到五月三十一日止，0029 部队将所属育才小学现有组织机构、人员、营房、营具、教学设备和其他物资器材等全部移交北京军区。从六月一日起，育才小学的人事、党政、财务等一切关系，由北京军区负责。中学部独立，仍归0029 部队领导，暂住邢台原校址，待条件成熟后再行西迁。"校名定为"中国人民解放军0029 部队育才中学"。至此，育才中学的校名正式产生。学生的校舍及设备等也相应进行了分割。学校前院供小学使用，后院供中学使用，操场及体育设备等小学和中学共同使用。

二、西迁张掖

1963 年元月，学校派总务主任石天柱带领张道明等 4 名后勤人员来到张掖，维修和改建新校舍，为西迁做准备。

3 月 27 日，在校长陈天一带领下，中国人民解放军0029 部队育才中学正式由河北省邢台市迁到甘肃省张掖县城。

新校园位于张掖县城西南隅，是原中国人民解放军 513 医院所在地。该医院已于1962 年迁往 8120 部队（即 0029 部队）所在地。新校园占地面积为 120 亩，房舍多，且有部队修建的"八一"大礼堂和操场等，但房屋的布局不如邢台校园。

图 2 - 1 1964 年修建的教室（1992 年摄）

随学校搬来的有四个教学班，110 名学生，39 名教职工，其中专职教师29 人，大学本科学历的教师13人，党校、专科学历的教师9人，中师学历的教师1人，高中学历的教师5人，初中学历的教师1人。教职工中有8名军官，4名战士。同时搬来的还有图书、仪器等各种教学设备和一些办学物资。

图2-2　中国人民解放军于1950年修建的"八一"礼堂（2002年摄）

学校搬迁到张掖后，校名为中国人民解放军8120部队育才中学，由8120部队政治部干部部管理，业务由张掖专区文教局代管。

1963年9月，学校增设高中部，开始招收了17名高一新生，全部是部队子女，他们是：李大壮、赵苍生、齐正军、丁登来、李成志、李刚毅、毕文华、李兴华、陈秀娟、卫艳丽、高祝捷、程翠仙、孙茂玲、杜小明、张国华、褚庆祥、郭兆礼。

由于高一学生人数少，不便于教学，一学期后，学校将这17名学生全部转入张掖一中（现张掖中学）学习。

图2-3　"八一"礼堂侧面（2002年摄）

第二节　学校管理与教育教学

一、学校管理

迁到张掖后，8120部队育才中学设校长1人，下设教导处、总务处、卫生所3个部门。教导处负责管理年级组、教研组和实验室工作；总务处负责管理财会、炊事班和司机；卫生所有所长、医生和护士，负责卫生保健工作。

8120部队政治部干部部重新任命了学校领导班子成员。陈天一任校长，王安济、卜庆荣任教导处副主任，王怀有任总务处副主任，赵世忠任卫生所所长。1964年1月，任命原基地通讯营教导员（团级）魏刚为学校政治协理员。

西迁张掖后，8120部队育才中学修建了几幢标准教室，并不

图2-4　1964年调任8120部队育才中学政治协理员魏刚

断改造原有房舍，校园面貌大为改观，成为张掖城区办学条件较好的学校之一。1964年6月，为加强高中部的师资力量，8120部队又派专人去甘肃师大选拔优秀毕业生。贺尚仁、狄云、范承先、严琦国四人被分配到8120部队育才中学任教。同时，原在北京军事博物馆担任美术编辑的胡有全，被调到8120部队办报，后因报纸停办，被派到8120部队育才中学任美术教员。

二、教育教学

8120部队育才中学自分设之日起，就严格执行教育部颁布的教学计划。每周的教学总时数，初一、初二年级为31课时，初三年级为32课时。学校开设语文、代数、几何、外语、政治、物理、化学、植物、动物、生理卫生、历史、地理、音乐、美术、体育等课程。8120部队育才中学属部队管辖，受各种政治运动的干扰相应较少，教学时间基本上能够得到保证。1963年搬迁到张掖后，学校贯彻执行教育部《全日制中学暂行工作条例（试行草案）》，学生劳动时间没有地方学校多，教学秩序稳定，各种教研活动得以正常开展，教学质量不断提高。

第三节　师生待遇与后勤保障

8120部队育才中学从成立到1964年底，各项费用都从部队军费中开支，所需物资和设备器材由部队无偿调拨，实行实报实销制度，办学条件优于地方同类学校。

教师待遇：1950—1955年，实行供给制。从1956年开始实行月薪制，教师工资按军队部门人员待遇对待，工资高于地方学校。1964年教职工平均工资达70元。1950—1964年，全校教职工一直免费在学校食堂就餐。教工中的军官还享受现役军人的各种待遇。教职工出差，也享受部队人员待遇。

学生待遇：1958年以前，实行供给制，学生的吃饭、穿衣、住宿、生活用品及医疗费用全由部队供给。1959—1962年实行半供给制，即学生的服装由家长负担，其他费用仍由部队供给。1963年迁到张掖后，学生费用原则上全由家长负担，但伙食费仍由部队给予补助。

图2-5　1961年学校干部的出差介绍信

1964 年 12 月 10 日学校上报给部队的全年各项经费决算表

科目编号				科目名称	决算金额	编造决算依据
46				教育事业费总金额	77169.53 元	
		1	1	工资	42463.44 元	教工 59 人实际开支
		3 3		职工福利费	1840.00 元	军官、战士、教职工 23 人全年实际开支
		44		办公费 邮电费 自行车修理费	2696.21 元	全三项共实际开支
				水电费	5530.35 元	全年实际开支
				取暖费	8060.17 元	全年实际开支
				旅差费	3730.03 元	全年实际开支
		5		房屋修缮费	2300.00 元	全年实际开支
		6 6		教学设备费	10549.33 元	购置各项教学和厨食用具实际开支

第三章 移交地方

第一节 移交协议

　　1963年，中共中央主席毛泽东在一份反映部队子女学校情况的材料上作出批示，认为部队办的子女学校生活条件过于优越，脱离社会，学生缺乏对工人和贫下中农的阶级感情，这样下去对革命军人的后代成长不利。据此，1963年10月5日，国家教育部、财政部，中国人民解放军总政治部、总后勤部联合发出《关于军队子女学校移交教育部门接管的通知》。不久，甘肃省教育厅、财政厅，兰州军区政治部、后勤部转发了这一通知，要求有关地区和部队做好工作，尽快落实中央四部的通知精神。经过一年的准备，1964年12月12日，8120部队和张掖专员公署签订了《育才中学交接议定书》，决定将8120部队在张掖的育才中学移交地方管理。

　　《议定书》的主要内容：①育才中学建制为完全中学一所，现有5个班。男女生共167名（全部为住宿生），教职员（包括军官、战士）、教学设备、校舍全部移交。②关于领导关系及供应问题，自移交之日起即将校名改为甘肃省张掖育才中学，由张掖专员公署领导，专署文教局具体管理。经费方面，1964年度所开支的各项经费均由8120部队负担。自1965年1月1日起改由张掖专员公署按省财政厅、教育厅规定的教育经费标准拨发。粮食、棉布均按地方标准供给。③今后8120部队干部子女的升中学问题，由张掖专署文教局按国家招生计划，尽可能在张掖育才中学或其他学校统一安排。④学校规模问题，目前由于当地中学较少，容量有限，难以解决今后大量学生的升学要求，双方认为：该校规模暂定为15个班（初中一、二、三年级各4个班，高中一、二、三年级各1个班）。⑤⑥⑦项略。⑧根据该校的建制、规模、人员配备、学校设备及今后发展条件，为更好地贯彻党的教育方针，提高教育质量，双方建议改为省重点中学。

移交人员名单及校产领导人员

姓名	性别	职务	级别	说明
陈天一	男	校长	行政14级	移交地方前，部队为了稳定人心，将从邢台迁来的教职工、军官根据不同情况，分别将工资提高1~2级，表中级别是指提高后的级别。
魏忠堂	男	协理员	行政16级	
王安济	女	副教导主任	中学行政7级	
卜庆荣	女	副教导主任	中学行政7级	

教员（共 31 人，其中大学本科 16 人，专科 9 人）

姓名	性别	姓名	性别	姓名	性别	姓名	性别
张紫薇	女	付兴玉	女	王桂芬	女	吴桂欣	女
杨存林	男	贾淑珍	女	王桂英	女	吕继春	女
李玉贞	女	万锦荣	女	胡有全	男	张宝荣	男
崔泓	女	刁占芳	男	郄晋峰	女	严琦国	男
范承先	男	狄云	男	贺尚仁	男	宋麟图	男
杜淑琴	女	韩月英	女	姚琢琳	女	刘淑清	女
惠芳	女	黄选春	男	柴习俭	男	马凤岗	男
车金陵	女	邢惠玲	女	王林英	女		

后勤服务人员（24 人）

姓名	性别	职务	姓名	性别	职务
王怀有	男	总务主任	刘成仁	男	管理员
杨庆荣	女	会计	章塑福	男	会计
张道明	男	收发员	徐希清	男	给养员
许国锡	男	给养员	崔贵成	男	给养员
陈祖福	男	炊事员	杨鸣儒	男	炊事员
张洪涛	男	炊事员	王进才	男	炊事员
谢福	男	炊事员	杜纪德	男	炊事员
杨德林	男	炊事员	梁廷虎	男	炊事员
喻康仁	男	下士	郭泽	男	司机
赵世忠	男	医生	宋明英	女	医士
冯金枝	女	护士	杨素芬	女	保育员
唐素英	女	保育员	乔自敏	女	保育员

根据对教师的学历统计，育才中学大学本科毕业的教师比例高达 51.6%，大学专科以上学历的教师占 80%。这在当时同类中学是不多见的。

移交学生统计表

	总计		高中一年级		初中三年级		初中二年级		初中一年级	
	女	男	女	男	女	男	女	男	女	男
育才中学	84	83	13	14	16	17	19	24	36	28
备注	五个班总计男女生 167 名，全部在校食宿。									

移交各类仪器、图书统计表

总称	类别	数量	总称	类别	数量
物理仪器	力学	525 件		石膏像	15 件
	声学	22 件	广播器材类	扩大器	1 架
	热学	107 件		收音机	1 架
	电学	203 件		话筒	1 个
	光学	43 件		唱片	45 张
化学	玻璃仪器	2024 件		喇叭	9 个
	药品	228642 克	图书类	政治理论	142 册
其他各类	生物标本	111 件		社会科学	939 册
	地理模型	14 件		自然科学	94 册
	各种挂图	549 幅		文艺	2723 册
	体育机械	320 件		各科参考书	883 册
	音乐	38 件	备注		
	数学	41 件			
	工具	90 件			

根据《议定书》的规定，学校校址东至县府大街，西至陈家花园，南至专署马路，北至城墙，占地面积 80110.36 平方米，折合 120 亩。

移交地方管理后，校园内有房舍 36 栋，建筑面积 11957 平方米，使用面积 9522 平方米。各类营具 2200 件，嘎斯 51 汽车 1 辆。

第二节　发展状况

1965 年 1 月 1 日移交地方后，张掖专署确定育才中学为县级建制，重新任命了领导班子成员。陈天一任校长，魏忠堂（即魏刚）任党支部书记。学校内设教导处、总务处。地委组织部任命王安济为教导主任，卜庆荣为副主任，王怀有为总务主任。卫生所降格，归总务处管理。

移交地方后，学校走上了迅速发展的轨道。1965 年秋季，学校开始招收地方学生，规模扩大，学生人数比原来只招部队子女时增加了 1 倍。为满足学校扩大规模的需要，

图 3-1　1953 年部队修建的营房，后改为职工宿舍（1994 年摄）

专署文教局从其他学校抽调部分教师到育才中学任教，又分配了一批当年的高校毕业生，师资力量大大加强。与此同时，上级部门为学校调拨了一批数量可观的教学仪器和设备。拨款修建了 960 平方米的新教室，学校的教育教学条件大为改观。

1965 年 9 月各年级在校学生统计表

年级	高二	高一	初三	初二	初一	合计
人数	27	40	43	64	160	334

　　为了逐步让部队学生和地方学生融合（当时部队学生和地方学生在生活上差异很大），在 160 名初一年级新生分班时，将部队子女和部分地方学生组建一个混合班，其余班级全部由地方学生组成。

　　移交地方后，学校认真贯彻毛泽东 1964 年关于减轻学生负担的"春节指示"，学生授课时数由每周 60 课时减为高中 48 课时，初中 46 课时，严格限制学生的作业量，解决学生学习负担过重的问题。初中的课程设置和移交前相同。高中开设政治、语文、数学、俄语、物理、化学、历史、生物、体育等课程。

　　根据省教育厅的规定，学校每学期进行期中、期末两次考试。初中只考政治、语文、数学、外语，高中只考政治、语文、数学、外语、物理、化学。学业成绩实行百分制。学期成绩的评定，期中考试占 40%，期末考试占 60%。学年成绩的评定，上学期占 40%，下学期占 60%。考试形式为闭卷。

　　1965 年，地区财政拨给学校的经费总额为 71020 元，比移交前的 1964 年少了 6149 元。学校移交前，部队给教职工提升了工资级别，加上新调入人员的工资支付，工资支付净增 7097 元。学校经费紧张，各项支出受到严格限制。由于部队子女继续在校就读，学校经常向 8120 部队求助。几乎是有求必应，部队在经费和物资上给予学校大力支持。这种支持一直持续到"文化大革命"结束后，20 世纪 80 年代中期才逐渐停止。

第四章 "文化大革命"时期

第一节 学校管理与师资状况

一、学校管理

"文革"初期,学生到外地"大串联",参与派性武斗,学校领导机构处于瘫痪状态。1968年初,"军宣队"进校后,全面负责学校各项工作。7月,革委会成立后开始全面主持学校工作。校革委会下设教革组、行政组。王安济和赵世忠分别任教革组长和行政组长。1968年,"工宣队"进校后,参与学校的各项管理工作。12月,经上级批准,学校成立民兵营,任命王怀有为营长,魏刚为教导员。学校遂将年级和班级改为军队建制,年级称连,班级多的年级设两个连。连部设连长和政治指导员,连长由教师担任,指导员由教师中的党员或"工宣队员"担任。教学班被称为排,排长由学生担任,班主任称为辅导员。军分区下发了步枪、轻机枪,对师生进行军训,定期进行实弹射击。1974年取消军事建制,恢复了年级和班主任建制。

图4-1 20世纪60年代末教师在校园留影

二、师资状况

"文化大革命"初期,从部队移交地方时的学校教职工大部分陆续被调走,为改变学生增加、教师减少的困境,数年中,地区教育局先后从"文化大革命"前考入大学的毕业生、"文化大革命"后期的工农兵学员和张掖师范毕业生中分配了近30名教师到学校任教。1970年,又分配两名复员军人来校任教,当时叫作"掺沙子"。1973年,全校教职工总人数68人,教师44人,工勤人员24人,其中大学本科学历36人。1976年,全校教职工总人数75人,其中教师51人,工勤人员24人,基本满足了教育教学的需要。

第二节　教育教学与思想教育

一、教育教学

根据上级文件精神和统一要求，学校于 1969 年春季开始复课，并将初高中改为"二二"分段制（高中学制 2 年，初中学制 2 年），把秋季招生改为春季招生。复课后，

图 4 - 2　20 世纪 60—70 年代育才中学教室

旧课本全部废除，学生没有课本，只是坐在教室里学习"语录"和报纸上有关大批判的文章，学习"两报一刊"（《人民日报》《解放军报》《红旗》杂志）社论等。4 月初，根据上级通知，开设毛泽东思想、革命文艺、数学、工业基础、农业基础、英语、军体等课程。1969 年秋季开学后，学校贯彻"九大"

精神，以战备为中心进行教育教学。革命文艺课程增加了批判苏联社会帝国主义侵华罪行的内容。工业基础课程增加了如何防护原子化学武器的袭击和如何灭火等内容。数学课程增加了如何计算防空洞的挖土量等内容。农业基础课程增加了"备战、备荒为人民"和"深挖洞，广积粮"等内容。军体课程增加了如何利用地形地势和敌人作战等内容。

1971 年，上级提出"中学教育应以课堂教学和学习书本知识为主"，学校教学秩序日渐好转。此时开设的课程有政治、语文、数学、英语、历史、物理、化学、农基、体育等，使用省编教材。学校制定了升留级制度，实行闭卷考试，采用百分制记分。

图 4 - 3　1972 年时的毕业班合影。二排右五为陈天一校长，右六为杨存林同志

从 1973 年起，"读书无用论"又一次流行。教师的教学和管理行为受到错误的批判，积极性再次受到打击，课堂教学的主导地位被取消。

1975 年，学习朝阳农学院的办学"经验"（1974 年 12 月国务院科教组、农林部和中共辽宁省委联合召开会议，会上宣扬朝阳农学院的经验是：坚持在农村办学，分散办学；教学工作实行"三上三下"；学生"社来社去"，毕业当农民，挣工分等。会

图 4 - 4　1975 年高二（1）班毕业合影

议认为，不仅农林院校，而且各级各类学校、各级教育部门的领导机关都应当学习、研究朝农的经验）和临泽板桥中学防沙治沙的办学"经验"，根据要"坚决把教学工作纳入农业学大寨的轨道"的思想，学校调整了办学思路，要求教师按照农村三大革命斗争的需要，改革课程设置，充实教学内容，于是数学、物理、化学各科都根据张掖农村的实际，对省编教材进行删减，增加了相关的内容。考试仍实行开卷考试，但减少了考试科目和考试次数。初中只考政治、语文、数学、外语，高中只考政治、语文、数学、外语、物理、化学。每学期只进行期中、期末两次考试，其他任何形式的考试一律取消。

体育课按照国家体委颁布的《国家体育锻炼标准》进行教学，分少年一组、少年二组和青年组，每年举行两次运动会，以田径和球类比赛为主。

1975 年，全校师生自己动手，由体育教师刁占芳、李辅元设计，在操场修建了 400 米跑道，用炉渣铺面，同时，在 8120 部队的支持下，用沥青铺设了 3 个篮球场，添置了各类体育器材，使学校的体育设备、设施达到当时全区一流标准。

1976 年春季，提出以实际行动回击所谓的"右倾翻案风"，要求教师对省编教材进行大刀阔斧的删减，课堂教学不受课表的限制和时间的约束，要敢于打破旧的教学秩序，用走出去、请进来的方法，让学生学到对三大革命有用的知识。这一做法，实际上取消了课堂教学。经过几年的折腾，学校的教学工作又一次受到极大的破坏，教学质量根本得不到保证。

1972—1976 年育才中学班级、学生人数统计表

1972 年			1973 年			1974 年			1975 年			1976 年		
班级		总人数	班级		总人数	班级		总人数	班级		总人数	班级		总人数
初中	高中		初中	高中		初中	高中		初中	高中		初中	高中	
8	10	791	10	8	864	10	10	1001	10	14	1231	10	16	1286

二、思想教育

"文化大革命"时期，学校的思想教育主要有以下内容：

一是进行"三忠于"教育。"三忠于"即指"忠于党，忠于毛主席，忠于毛主席的无产阶级革命路线"。

二是进行"阶级斗争"和"路线斗争"教育。采用的方法主要是开展"革命大批判"和学习"两报一刊"社论及其他一些评论文章。

三是进行战备教育。1969 年,苏联军队入侵黑龙江珍宝岛地区,发生了武装冲突事件。学校举行了声讨和批判"苏联修正主义"侵华罪行,组织学生学习"沙俄侵华史",了解西方列强侵华罪行,在各学科教学中增加了"提高警惕,准备打仗"的内容。

四是进行"上山下乡"教育。"文化大革命"开始后，学校停课长达三年之久。1968 年 10 月，全国掀起知识青年"上山下乡"的热潮，学校组织学生学习毛泽东"知识青年到农村去，接受贫下中农的再教育，很有必要"的指示精神，多次召开座谈会，教育学生听毛主席的话，到农村去，扎根农村，在"广阔天地大有作为"。从 1972 年开始，学校把这种教育活动正式列入教学计划，要求老师进一步学习毛泽东"五七"指示，把坚持下乡、立志务农的思想教育贯穿到教学的全过程，各学科都结合自身特点，突出以农业为基础的思想，讲清本学科知识在农村的用途，组织学生到新墩、明永、长安、党寨、农科所和张掖农业试验场等地一边劳动，一边学习，"受锻炼，长才干"。高中生每学期接受劳动教育一个月，初中学生每学期接受劳动教育三周。

第三节　创办农场与校办工厂

一、创办农场

根据"学工""学农""学军"的指示和当时形势的要求，1968 年 10 月，学校在新墩公社流泉大队建立了"学农"基地。1969 年 3 月，学校被交张掖农业机械厂领导，放弃原"学农"基地，与张掖农业机械厂共同在平原堡联合创办农场，学生每学期去劳动锻炼两周。1974 年底，在原农场北面的沙漠中独立创办"学农"分校。

1975 年 3 月 6 日，高一年级两个班的学生，在校领导和班主任的带领下到农场参加劳动，之后师生每月轮换一次，当时师生吃住条件很差，劳动强度很大。经过艰苦劳动，开垦荒地 100 多亩，打大口井一眼，盖房 17 间。1976 年，又打机井一眼，购买耕牛 5 头，种树 3 万余棵，农场的总面积发展到 280 多亩。当年，农场收获小麦、胡麻等农作物共 15000 公斤，学校给教职工每人补助小麦 50 公斤、食油 5 公斤，并在农场安置了四户教工家属。

学校还在"学农"分校盖起了 15 间教室和办公室，购置了桌凳，根据"学农"分校的实际编写了教材。原打算派一个年级的学生常住在"学农"分校上课，1976 年粉碎"四人帮"后，这一计划被取消。

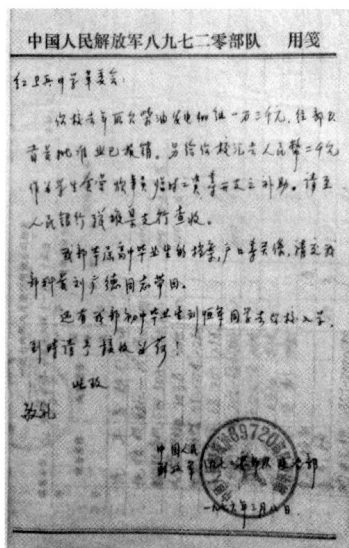

图 4-5　部队支援育才中学的公用笺

在农场创办初期，学校得到了 8120 部队的大力支持。部队支援 12 千瓦发电机 2 台，其中一台卖掉后购置东 28 拖拉机一台。学校投资架设了高压线路，解决了农场的用电问题。

二、校办工厂

1968 年冬季，在张掖农业机械厂和 8120 部队的大力支持下，学校在校内创办了校办工厂，其指导思想是全面贯彻"五七"指示，为教育革命服务，为农业服务。学校先后抽调 17 名教职工参加校办工厂的管理和生产劳动，不到一年的时间，校办工厂初具规模，修建厂房 500 平方米，购置车床 2 台，磨床 1 台，冲床 1 台，钻床 1 台，台钻 2 台。此外，还购置了电焊机、砂轮机、氧气瓶及各种生产工具，主要生产大车轴承、架子车轴头、钢制大梁、篮球架、水桶、炉子、烟筒等产品，还承接大门加工和自来水安装工程，学生和相关学科的教师轮流参加劳动。

1972 年，校办工厂总产值达 1 万元，纯利润 2000 元。1981 年，因修建教学楼要占用校办工厂的场地，校办工厂停办。

第五章 整顿恢复

第一节 拨乱反正与学校管理

一、拨乱反正

1976 年粉碎"四人帮"后,学校组织教职工学习全国科学教育工作座谈会和《关于科学和教育工作的几点意见》的讲话精神,学校党支部清理和复查"文化大革命"运动中的各种案件,对"文化大革命"期间受迫害教职员工的平反昭雪工作开始进行,积极落实知识分子的各项政策,教育教学工作逐步走向正规。

首先,彻底平反冤假错案。从 1978 年 4 月至 1979 年 4 月,学校先后为 10 名教职员工进行平反,积极落实知识分子的各项政策。

其次,恢复正常的教育教学秩序。整顿"文化大革命"造成的混乱局面,整章建制,恢复年级和教学班级制度,学校工作的重心逐步转向教育教学工作。

第三,加强教师队伍建设。"文化大革命"期间,学校分配来 14 名教师,均为大学本科毕业。之后又陆续调来一批教师,师资力量进一步加强。这些教师绝大部分成为学校教育教学的骨干力量,为学校的发展做出了积极的贡献。

1978 年 4 月,学校被确定为地区重点中学。7 月,取消"张掖地区红卫兵中学"的校名,恢复原名"张掖地区育才中学"。同年,撤销学校革委会,恢复校长制。

二、学校管理

1977 年,学校(当时称"红卫兵中学")党支部书记兼革委会主任为魏刚,革委会副主任兼党支部副书记为张万寿、党建国,革委会副主任为王安济。

1978 年 1 月 13 日,地委任命杨存林为学校革委会副主任,党建国调离学校。3 月,魏刚调任地区教育局局长,张万寿任学校党支部书记兼革委会主任。1978 年 6 月,撤销革委会,恢复校长制。学校设校长 1 人,副校长 1~3 人。下设教导处和总务处,两处均设主任、副主任各 1 人,办事员若干。

根据教育部颁发的《全日制中学暂行条例(试行草案)》要求,学校实行党支部领导下的分工负责制。张万寿任学校党支部书记兼校长,王安济、杨存林任副校长兼党支部委员，任墨林、徐立新、狄云、冯才德为党支部委员。

1978 年 12 月 8 日，学校党支部召开大会，宣布党支部委员的分工，张万寿统管全局，宣传委员为王安济、狄云，组织委员为任墨林，青年委员为杨存林、冯才德，保卫委员为徐立新。

随着校长制的实行，学校相应地改革了中层机构。撤销原政教组，成立学校办公室、教导处。撤销行政组，成立总务处。任墨林任办公室主任，狄云任教导处主任。陈国华任教导处副主任。冯才德任总务处主任。徐立新任总务处副主任。

1979 年 6 月，白元祥调任学校教导处副主任，9 月，杜幼德调任学校副校长兼党支部委员。年底，副校长王安济调任 8120 部队实验基地中学任党支部书记兼校长，狄云调任湖南省常德市教育局副局长。1980 年，学校党支部由张万寿、杨存林、杜幼德、任墨林、白元祥、冯才德、沈海润 7 人组成，张万寿任书记。

1978 年 10 月，学校团委由薛忠（教师）任书记，师生共 8 人为团委委员。由于人事变动，1980 年 11 月底，学校团委由张文辉（教师）任书记，师生 8 人为团委委员。

1978 年，学校工会由徐立新负责，教职工代表 11 人为工会委员。

第二节　教师队伍与教育教学

一、教师队伍

学校从 1963 年开始增设高中部，成为一所完全中学。

"文革"结束后，学校大力加强教师队伍建设，努力提高教育教学质量。1978 年，全校共有教职工 107 人，其中编内教职工 91 人，专职教师 56 人（初中专职教师 26 人，高中专职教师 30 人）。大学本科学历的教师 41 人，占专职教师的 73%，比例远超张掖地区其他同类学校。大专学历的教师 5 人，占专职教师的 8.9%，中专、高中学历的教师占专职教师的 17.8%。在 56 名专职教师中，有 32 人受过师范院校教育，占学校专职教师的 57%。

1979 年 9 月，学校专职教师增至 60 人（初中 29 人，高中 31 人），绝大多数教师都是"文化大革命"以来分配的大学毕业生，年轻有为，精力充沛，为学校 1978—1980 年连续 3 年高考取得优异成绩提供了有力师资保障。

二、教育教学

（一）课时课程

1976—1978 年上半年，学校一直使用省编教材。开设课程为语文、数学、外语、政治、物理、化学、生物、体育、音乐、美术等。没有开设历史、地理、生理卫生课。

1978 年，根据教育部颁发的《全日制中小学教学计划（试行草案）》，初中开设语文、数学、外语、政治、历史、地理、物理、化学、生物、音乐、美术、体育，高中除音乐、美术、生理卫生课外，其余课程与初中相同。从当年招收的初一年级开始，使用全国统编教材，其他年级暂使用省编教材。

1978 年育才中学课程设置及周教学时数

年级 \ 课程节次	政治	语文	数学	物理	化学	英语	地理	历史	生物	生理卫生	体育	音乐	美术	总计
初 一 年 级	2	6	6			5	3		2		2	1	1	28
初 二 年 级	2	5	6	4	3	3	2	2		1	2			30
高 一 年 级	2	5	7	5	4	3		2			2			30
高 二 年 级	2	4	6	5	4	4			2		2			29

1978 年，教育部颁发《全日制六年制重点中学教学计划（试行草案）》，规定中学全学年 52 周，在校时间 40 周（包括文化课学习、复习、考试及劳动实践），每学期上课 16 周，复习考试 2 周，劳动和社会实践 2 周。从当年开始，初中学制改为三年，高中学制仍为二年。

1979 年，学校从高二年级开始分文理分科教学，文科学生不再学物理、化学和生物；理科学生不再学历史、地理。

（二）教学管理

"文化大革命"结束后，教学管理步入正轨。1978 年，将"文化大革命"中实行的年级为连、班级为排的建制取消，恢复年级组、班级和教研组，以班级为单位进行教学管理。

1978 年，学校恢复招生和毕业考试制度，学生成绩考核采用平时考查、期中考试、期末考试和毕业考试，平时考查和期中考试成绩各占 30%，期末考试或毕业考试成绩占 40%，考试成绩不及格的学生进行补考，考试成绩及格的学生准予升级或毕业。考试成绩采用百分制计分，60 分为及格线。实行初高中招生和毕业的考试制度。

在教学管理中，学校主要抓"教、考、学"三个方面，要求教师严格执行教育部颁发的教学计划。为适应当时国家经济建设的需要，早出人才，快出人才，根据考试成绩，将各年级学生划分为三个层次，编成快班、中班和慢班。

在教学过程中，教师注重加强基础知识的教学和基本技能的训练，不断改革教学方法，充分调动学生学习的积极性。学校领导深入教学第一线听课、评课，了解教育教学情况，分管教学的副校长每学期听课时数在 30 课时以上。1978 年，学校组织全校性的教学观摩课 8 次，并对每节课进行评议。

不断加强教师的业务进修。学校先后派出 10 多名教师参加地区组织的语文、数学、物理、化学业余进修班学习。

高二年级上学期期中考试后，学校进行文理科分班，进行集中辅导复习，为高考做准备。1978年秋学期期中考试后，学校为63名品学兼优的学生进行表彰奖励，张贴光荣榜，佩戴大红花。

积极参加竞赛活动。1978年，高一、高二年级20名学生参加了张掖城区数学竞赛，取得良好成绩；高一、初二、初一年级34名学生参加了地区科委、团地委组织的数理化游戏竞赛活动，成绩优良。

开辟第二课堂。1978年，语文教研组组织了小说《班主任》的阅读辅导讲座；数学教研组组织了《中国古代数学成就》报告会，编辑了《数学竞赛题解》专刊；理化教研组组织了《怎样学好物理、化学》讲座，介绍国内外8位科学家成才的事迹。学校团委组织初一、初二年级学生进行智力测验游戏。开展课外科技活动，扩大学生视野，激发学生兴趣。

1979年5月，学校选派学生参加城区中学生数理化竞赛，其中数学竞赛总分取得城区第一名的成绩。谭谦在物理竞赛中，以98.5分成绩取得第一名，邵继新以93分成绩取得第三名。1980年，根据教育厅《关于"保证教学时间，完成教学计划"有关问题的通知》精神，学校实施三项措施。一是教师必须严格执行统一的教学计划，不能自行其是。二是面向全体学生进行教育教学，不能只抓少数学生，把多数学生提前推出校门。三是加强对教学工作的领导。纠正了之前让学习差的学生提前毕业，只抓尖子学生、不管大多数学生的偏向。同时，经校务委员会讨论，制定了教学常规18条，从备课、课堂教学、作业批改、考试、教研组工作等方面提出了具体要求。

当年元月，成立了张掖地区语文、数学、物理、化学四科学会，学校副校长杨存林任张掖地区语文学会理事，教导主任白元祥任张掖地区物理学会理事长，数学教师刘远华任张掖地区数学学会理事，物理教师杨树谓任张掖地区物理学会秘书长，外语教师段炳麟任张掖地区外语学会秘书长、副理事长。夏季，数学、物理教师参加了学会组织的为期10天的教研活动。

各教研组每学期组织进行公开课教学，学校按照文理科，每学期组织2次全校范围的示范性公开课教学。

1980年开始，学校开始运用电化教育手段进行教学。外语口语、听力教学运用录音磁带；教学、生物、地理课堂教学运用幻灯片。

（三）高考和中考

1977年冬季，国家恢复高考制度。

学校重视高考工作，每年早计划、早动员、早复习，加之部队干部子女多，学生整体素质较好，为高考创造了良好的条件。

1978年，高一年级7名学生参加高考复习，2名学生被大专院校录取，学生夏芬考入苏州医学院（后到美国哈佛大学攻读博士），张文考入甘肃师范大学。高二年级 21 名学生考入大专院校，2 名学生考入高中中专，被录取人数为张掖地区第一。1979 年，学校考入大专院校的学生 18 名，考入高中中专的学生 20 名，考入初中中专的学生 4 名，被录取人数为张掖地区第二。1980 年，学校考入大学的学生 21 名，考入高中中专的学生 33 名，被录取人数为张掖地区第三。

1978 至 1980 年 3 年间，学校共有 62 名学生考入大专院校，55 名学生考入高中中专，4 名学生考入初中中专。从考生的个人成绩看，在 1978 年高考中，陈东取得张掖县理科第三名的成绩；在 1979 年高考中，许晓玲取得张掖县文科第二名、赵耀取得张掖县文科第三名的成绩。

1978 年，学校初中毕业生 228 人，当年参加升学考试，平均成绩居张掖地区第一，合格率居城区中学第二。

第三节　德育工作与体育卫生

一、德育工作

粉碎"四人帮"后，学校及时组织师生员工认真学习中央有关文件精神，开展真理标准问题的讨论，把"坚持共产党的领导、坚持社会主义道路、坚持人民民主专政，坚持马克思列宁主义、毛泽东思想"作为思想教育的主旋律。

1978 年 4 月，全校召开学习宣传中国共产党新时期总任务的誓师动员大会，1 名教师在大会上作专题发言。会后，学校组织师生宣传队，走上街头，进入农村，广泛宣传党在新时期的总任务，听宣讲的群众达 1300 人次。

1978 年春季，学校组织师生学习毛泽东的《为人民服务》《发对自由主义》等著作，结合学雷锋，对学生进行阶级教育和革命理想教育。3 月，学校开展"向雷锋同志学习"的活动，邀请部队官兵作雷锋事迹报告，各班制定学雷锋计划和具体措施，班级之间互相挑战，学生纷纷走上街头，捡垃圾、做卫生，争做好人好事。各班举行"我与雷锋比童年""我与父母比童年"的专题讨论活动。组织学生到烈士陵园扫墓，缅怀革命先烈的丰功伟绩。开展"查学习态度、差学习效果、查作业效果"的"三查"学习教育活动，督促学生勤奋学习。

夏季，学校贯彻省教育厅、团省委联合发出的《关于在中小学青少年中开展"五爱"教育的联合通知》精神，通过班会、黑板报、手抄报等多种形式对学生进行"爱祖国、爱人民、爱劳动、爱科学、爱护公共财物"的"五爱"教育。各班制定班级公约，成立为人民服务小组。

1979—1980 年，学校以"整顿校容、整顿纪律、整顿教学秩序"为主题开展了

"树理想、爱学习、守纪律、有礼貌、讲卫生"和"心灵美、仪表美、语言美、行为美"的教育活动。从整顿学生仪容仪表入手，培养学生良好的行为习惯。学校建立了"领导干部值班制度""任课教师值周制度"，加强对学生行为习惯的监督检查。各班组织学生学习教育部修订颁发的《中学生守则（试行草案)》，把《中学生守则（试行草案)》的要求贯穿到学生的日常行为中，使其形成良好的行为习惯。对学生进行法制教育，邀请司法部门干警对学生作法制报告，把法制教育的内容纳入政治课教学计划，增强学生遵纪守法观念。1980年，学校建立了三好学生档案。

二、体育卫生

1977—1980年期间，学校加强体育教师队伍建设，规范体育课课堂教学，要求教学按教案施教，每学期安排体育观摩课。除上好两操（早操、课间操）两课（每周两节体育课）两活动（每周两次课外活动）外，学校经常组织各种球类比赛、越野比赛等活动，丰富了学生课余生活，锻炼了学生的体魄。每年组织春季和秋季两次田径运动会。

1980年，参加张掖地区在临泽举办的中学生排球比赛，学校女子排球队荣获全区中学生女子排球比赛冠军，并取得了参加全省排球比赛的资格。1981年，学校制定了体育卫生工作的安排意见，对体育和卫生工作提出了明确要求。

1977年12月，校医室配合地区卫生防疫站对在校的1377名学生进行了视力检测。校医室不定期在教室、食堂、厕所等处喷洒消毒液，向师生宣传卫生保健常识。

1980年9月，学校成立爱委会，建立了颁发卫生流动红旗制度。

第四节　基本建设与后勤保障

1977—1980年间，学校后勤工作的主要任务是建立健全后勤管理制度，改善办学条件，严格财产管理制度，加强校办工厂和校办农场的管理，提高后勤服务质量，为学校各项工作的顺利开展提供可靠保障。

1978年10月，学校制定《育才中学校办工厂岗位责任制》。1979年3月，制定《育才中学学生宿舍财产管理制度》《育才中学财务财产管理制度》等制度，建立了财产登记账目，实行学生宿舍床铺缴纳押金办法，损坏公物照价赔偿。

学校严格财务管理，坚持原则，做到年初有预算，年终有决算，日清月结，收支清楚，专款专用。

1979年，地区建设银行与财政处占用学校东南角土地2090.638平方米作基建用地。建设银行给学校拨款6.8万元作为土地补偿。1980年，上级部门在国家财政预算内给学校拨款，加上地方财政给学校的拨款，共4.5万元，修建化学实验室与物理实验室各1幢,建筑面积400平方米,修建职工宿舍楼4幢34户,砖混结构,总面积499.7平方米。

1977年,学校农场有东方红28农用拖拉机1台,机井1眼,固定劳动力4人。在100亩土地的基础上,再开垦荒地20亩。当年生产粮食约2万斤,胡麻籽约1000斤,蔬菜约6000斤。农场饲养骡马6头,生猪10口。1980年,师生在农场植树1590棵,当年农场生产小麦48000斤,杂粮5200斤,胡麻籽9000斤,猪肉500斤。

校办工厂生产体育器材,加工炉具、水桶,制作大门。1977—1980年,三年收入9200元,除用于再生产外,给学校交纳资金2200元。

为办好食堂,学校加强食堂物资管理,进行成本核算,改善工作人员的服务态度,提高饭菜质量。组织炊管人员认真学习地区工会制定的单位食堂炊事员评比竞赛条件,参加竞赛。

第六章　20世纪80年代

第一节　校长负责制与教师聘任制

一、校长负责制

1980年，张万寿任学校党支部书记兼校长，副校长为杨存林、杜幼德。1981年3月至1985年元月，校长为周书铭，副校长先后为杨存林、杜幼德、高永旭、沈海润。1981年至1983年，党支部书记为张万寿，1983年至1988年，党支部书记为李嘉茂。

1983年，省教育厅在全省重点中学会议上提出：重点中学要逐步实行校长负责制，校长有一定的人事、财务、教学、奖惩等决策权，设立由校长主持的校务委员会，

图6-1　张万寿

作为审议机构。建立健全以教师为主体的职工代表大会，加强民主管理和监督。中学党组织主要保证和监督党的各项方针、政策的落实。

图6-2　周书铭

1985年元月，地委、行署派以副专员孙兆霞为组长，地区教委主任刘士林为副组长的工作组到学校进行校长负责制改革的试点工作，在充分征求广大教职工意见的基础上，决定由杨存林出任校长，

图6-3　李嘉茂

组建新的领导班子。最后行署下文，正式任命杨存林为学校校长，张尔慧、何秀为副校长。党支部书记由李嘉茂担任。

1986年沈海润担任党支部副书记，1988年李嘉茂退居二线，任督导员。

图6-4　杨存林

1985 年，学校对处室负责人进行了调整，几位有丰富教学经验的中年骨干教师进入处室领导岗位。

在新学期开始时（春季），学校采用了矩阵式管理模式，即年级组和教研组并从的管理模式，年级组侧重学生管理，教研组侧重教学研究。同时把以教研组为基础的教学管理体制改为以年级组为基础的教学管理体制。全校设立了六个年级组，每个年级由校长聘任组长 1~2 人，统筹管理本年级师生的教学、德育、纪律、体育卫生等工作。年级组相对独立，成为一个有职有权的教学管理实体单位。各年级组根据本年级组实际情况，创造性地开展工作。年级组内相同科教师组成备课小组，进行教学研究。教研组由教导处直接管理，教研组有计划地组织各学科进行教学方法探讨、教材教法研究，并组织观摩教学活动。设立体育教研组，体育教师集中办公，负责全校的体育活动。

1985 年 4 月，学校成立了校务委员会，对学校工作有审议、批评、建议的权利，对干部有评议监督、咨询的权利。

试点工作期间，学校多方筹措资金 2 万元，建立了校长基金，制定了《校长基金使用条例（试用）》。校长基金用于教工的奖励金额占基金的 70%，用于学生的奖励金额占基金的 10%，机动金额占 20%。各种奖励均以嘉奖令的形式公之于众，各种处罚一律大会宣布，并记录在案。

校长基金共设以下几种奖项：1. 教职工全勤奖。2. 教职工岗位津贴奖。3. 年级组长工作突出奖。4. 班主任工作突出奖。5. 毕业班工作突出奖。6. 教学工作成绩突出奖。7. 合理化建议效果奖。8. 优秀学生和优秀集体奖。9. 体育成绩突出奖。此外，还实行超课时津贴。在设立各项奖励的同时，制定了校长负责制的各项管理措施，汇编为《育才中学各处室及教师岗位责任制》。

学校的试点工作提供了校长负责制的成功经验。1986 年，育才中学和张掖中学在全区率先实行了校长负责制。校长负责制的实行给学校的教育教学工作增添了活力，各方面的工作有了新的变化。这一年，学校取得了 20 世纪 80 年代高考的最佳成绩，录取人数居全区第二。

二、教师聘任制

1987 年开始，学校实行教师聘任制和教学岗位责任制。教师由校长聘任。经选举产生考核小组，每学期对教职工工作进行考核。考核的方式是对全校专业技术人员采用定量考核和民主评议相结合的办法，重点考核政治态度、履行岗位职责能力和完成规定任务的情况，并将考核结果及名次通知本人，记入档案，作为学校续聘、辞聘、晋升、晋级、奖惩的依据。根据有关规定，学校可以按考核成绩实行低职高聘或高职低聘，甚至解聘，解聘后的教师成为编余人员，最后按编余人员规定处理。但由于各方面条件不成熟，低职高聘或高职低聘的制度未能实行。

学校成立职称改革领导小组，由杨存林、沈海润、张尔慧、何秀、范承先五名同志组成，杨存林任组长。

第二节　思想政治工作

20 世纪 80 年代，学校进一步加大了落实知识分子政策的力度。党支部从三个方面入手，加强党的组织和作风建设，调动教职员工工作的积极性。

一是从政治上关心教职员工，切实解决知识分子入党难的问题。1981 年，学校共有党员 21 人。其中专任教师党员 11 人。1983 年以来，学校党支部先后吸收 18 名优秀中青年教职工加入中国共产党。提拔 7 名教师担任中层干部，推荐 3 名中层干部担任校级领导。

二是加强教师培训，不断提高教师的教育教学能力。在教学人员紧张的情况下，先后让 13 名教师离职参加各类学历进修，提高了师资学历的达标率。进修回校的教师，业务水平和教育教学能力都有一定程度的提高。

三是从生活上关心教职工。1978 年以来，学校积极与相关部门联系，先后帮助解决了 8 名教师家属共 24 口人"农转非"的户口问题。1982 至 1984 年间，先后有 40 户教职员搬上新楼房。同有关部门协商，先后解决了 7 对夫妇长期分居两地的问题。1981年至 1989 年底，学校先后 4 次组织教师体检。1983 年到 1987 年成立假期旅游领导小组，每个暑假分别组织部分教师去北京、青海、西安、天水、兰州、敦煌等地考察学习和参观旅游，以开阔眼界，增加阅历，丰富学识，活跃假期生活。1985 年，组织全校教职工去西安等地旅游，大大地增强了教职工的凝聚力和主人翁意识。达到工作年限的教职工，学校及时地配发石油液化气设备，并定期组织到玉门拉供液化气，保证教职工的生活需要。学校还创办幼儿园，新建园舍，增添设备，解决了全部教职工子女入托问题。

1981 年至 1982 年，学校党支部组织支委带头学习十一届六中全会的决议，深刻领会并坚决贯彻六中全会精神，做到和党中央保持一致。组织党员深入学习中央六中全会《决议》《党员八条准则》《论共产党员的修养》等重要文件精神，进行以"党的路线政策""党的宗旨""党的三大作风""党的纪律"等为内容的党性、党风、党纪的教育，增强党员的党性修养。党支部工作中，积极宣传和认真执行党的路线方针和教育工作的方针。保证学校的正确的政治方向。坚持集体领导，一切重大问题支委会集体讨论决定，不个人专断。支委与党员之间开展谈心活动，了解每个党员的思想、工作和学习状况。在发展党员的工作中，坚持条件，严格标准，慎重发展。

按照党章要求，校党支部每年确定入党积极分子培养对象，及时发展新党员。20世纪 80 年代，学校有 25 名教职工加入中国共产党。

在教职工思想政治工作中，学校定期召开教职工大会，学习党的路线、方针、政策。及时传达中央的重要决定、指示和中央领导同志的讲话精神，提高教职工的思想认识。加强对教职工进行爱国主义教育和遵纪守法教育，发扬主人翁精神，增强事业心和责任感，培养高尚的道德风尚。

1982—1983年，学校党支部组织教职工学习邓小平《中国共产党第十二次代表大会开幕词》和胡耀邦《全面开创社会主义现代化的新局面》的报告，作专题辅导讲座9次。组织学习了中央、省、地重要文件精神。组织学习了聂荣臻《努力开创我国科技工作的新局面》的讲话精神和省委、省政府颁发的《关于改善知识分子工作和生活条件的暂行规定》的精神，广大教师深受鼓舞。对个别教师在历次政治运动中的遗留问题，进一步落实解决，解除教师的精神枷锁。1983年元旦，学校举行中老年教师座谈会，不少老教师抚今追昔，感慨万千，感谢党的关怀，决心半生要好好工作，为四化培养人才。组织召开了青年教师座谈会，统一青年教师的思想认识。广泛开展学习罗健夫、蒋筑英先进事迹活动，增强教职工的事业心

图6-5　1982年学校党支部表彰优秀共产党员的决定

和责任感。段炳麟在班主任工作中耐心细致，成绩显著，得到全校教师认可，家长好评，被评为甘肃省模范班主任，这是学校20世纪80年代第一个省级模范班主任。

1984年上半年，学校党支部作为全区教育系统试点，进行整党工作。学校多次召开领导班子会议，分析班子存在的问题，制定整改的措施，以达到沟通思想、增强团结的目的。4月份，根据中央"五讲四美三热爱"活动委员会关于"各地区各部门各单位都要把建设文明单位，作为今年和今后五讲四美三热爱的基本形式和基本内容"的指示精神，省、地"五讲四美三热爱"活动委员会关于建设文明单位的具体要求，学校成立了"五讲四美三热爱"领导小组，把建设文明学校同整党工作紧密结合起来。党支部本着积极慎重的态度，在广泛征求党内外群众意见的基础上，培养、发展了8名教师党员，还有35名教职工参加党课学习培训。

1985年，党支部工作的重点是加强教工队伍的思想建设，理顺和稳定人心，充分调动各方面工作的积极性、创造性和主动性。组织党员和全体教职工认真学习四中全会和五中全会的精神，收听了彭珮云、何东昌、钱其琛等领导的讲话录音报告，对教职工进行形势和政策教育。党支部本着"成熟一个，发展一个"的原则，先后4次发展6名教师党员。

1986年，党支部注重加强领导班子建设，充分发挥领导班子的整体功能。正确处理好学校党政关系，充分发挥党支部的保证监督作用。

1987年至1988年，党支部在教工中主要进行了坚持四项基本原则，反对资产阶级

自由化的思想教育。党支部每月制定学习计划。坚持职工两周一次、党员一周一次的学习制度。组织教职工认真学习了邓小平《关于坚持四项基本原则，反对资产阶级自由化》《建设有中国特色社会主义国家》等讲话精神。

1989年，党支部加强思想组织工作，坚持社会主义办学方向。秋季开学前，各支部组织教师集中学习一周，主要学习邓小平讲话和十三届四中全会精神；在反思中澄清模糊认识；检查开学前的各项准备工作。通过学习，统一了教职工的思想，理清了新学期的工作思路，增强了教职工的责任心。

第三节 教育教学与德育工作

一、教育教学

（一）课程设置

从1981年秋季招收的高一年级新生开始，学校实行国家教育部颁发的《全日制重点中学教学计划（试行草案）》。学校教学时间和课程设置均根据《试行草案》安排，在高中二、三年级开设选修课。

高中各学科教材，根据人民教育出版社《关于全日制重点中学高中使用现行高中教材的过渡办法及附件》实行。《试行草案》规定，初中每学期上课20周（实际上课17周，复习考试2周，劳动技术教育1周），高中每学期上课20周（实际上课16周，复习2周，劳动技术教育2周）。

1981年育才中学初高中课程及周教学时数表

学科\年级（每周时数）	政治	语文	数学	外语	物理	化学	历史	地理	生物	生理卫生	体育	音乐	美术	必修课合计	选修课	合计
初一年级	2	6	5	5			3	3	2		2	1	1	30		30
初二年级	2	6	6	5	2		2	2	2		2	1	1	31		31
初三年级	2	6	6	5	3	3			2		2	1	1	31		31
高一年级	2	5	5	5	4	3	3				2			29		29
高二年级	2	4	5	5	3	3		2			2			26	4	30
高三年级	2	4	5	4	4	3			2		2			26	4	30

（二）教育教学

1980年，学校制定了《育才中学教学工作常规》，对教学计划的制定、备课、授课、作业批改、考核和学生成绩评定等环节都做了具体规定和要求。这一时期，学校狠抓课堂教学，向课堂要质量、要效率。要求教师提前一周备课，抓纲务本、备教材、备教法、备学生，备学习方法,精讲多练,每节课做到备课认真充分,讲解清晰准确,课堂教学安排紧凑合理,课堂气氛严肃活泼,注重学生能力培养。坚持教研组组长批阅教案制度。

　　加强教学研究,注重教研组建设。学校选派业务能力强、教学业绩突出的教师担任教研组长,学校领导分管年级,协助教研组长工作。教研组实行集体备课、集体听课,共同研究教材的重点、难点,探讨教学方法,做到同一个年级的教学目的和要求统一、教材重点、难点统一,作业布置统一、教学进度统一。

　　建立听课制度。学校领导每学期听课 25 节,并深入教学一线,掌握各学科的教学情况,发现问题,及时解决。教师每学期听课 10 节,对课堂教学情况进行评估打分。1981 年下学期,地区教委组织教育质量大检查,采取检查教案、听课、评课、听汇报等方式进行,并将检查结果进行反馈。

　　学校安排教学经验丰富的教师进行全校性观摩教学和公开课教学,各教研组每学期安排 4~5 次组内公开课。

　　从 1982 年秋季开始,每学期制定校历,对教学工作进行详细安排。各项教育教学工作有布置、有落实、有检查。学校组织教案评比活动,生化组、音体美组、史地组的 16 名教师的教案参加评比,2 名教师教案获一等奖,4 名教师教案获二等奖,6 名教师教案获三等奖。

　　1983 年春,学校接受张掖师专物理、化学、美术 3 个系近 97 名学生的教育实习工作,这是育才中学接受张掖师专教育实习生人数最多的一次。

图 6-6　1982 年学生毕业证

　　同年秋,学校初三毕业生升高中文化课考试成绩较低,有 241 名学生参加六科统考,成绩较高者仅 45 人。针对学生考试成绩差的状况,学校及时研究对策,对各年级任课教师提出新要求。一是进一步明确普通中学教育教学的任务,强调面向大多数学生。二是处理好重点班和普通班之间的关系。三是加强教师责任心,坚决制止任课教师任何形式的不负责任、放任自流的做法,班主任要进一步摸清学生底子,对症下药,因材施教。1984 年,初中毕业生的统考成绩有所提高。

　　1984 年,省教育厅下发的《关于全面提高普通中学教学质量的意见》中提出:"中学教育要面向全体学生,大面积提高教学质量,严格执行教育部颁发的教学计划,对于数学、物理、化学和外语四课,重点中学和条件好的学校实行较高教学要求,一般中学实行基本要求,加强初中教育,打好基础。"学校作为地区重点中学,认真贯彻落实《意见》精神,加强教学改革,抓好教学常规制度的落实,努力提高教育教学质量。采取"请进来,走出去,坐下来"的措施,请肃南一中教师介绍"最优教学法"实验教学做法；分管教学的副校长赴兰州、武威等地考察学习先进教学经验；组织老教师上观摩课，青年教师上示范课。

1985年暑假，学校组织13名教师去北京二中参加高考研讨会，同年，学校把岗位责任和教师经济利益挂钩，实行奖罚制度。当年下学期，根据考核结果，为教职员工发放了全勤奖、岗位津贴奖等单项奖。

1986年，学校设立学科联络员，成立教学指导小组，采取"领导苦抓，教师苦教，学生苦学"办法，从常规教学环节入手，狠抓课堂教学，要求教师认真研究教学大纲，深入钻研教材，精心设计教学方法，全年进行了2次教学检查。

1987年5月，学校贯彻普通中学劳动教育大纲，对学生进行劳动技术教育，具体安排是，初一年级进行工艺制作，每周1课时，由美术教师组织完成教学；初二年级女生学习刺绣和毛线制品，男生学习自行车修理和植树造林技术；初三年级开展公益劳动。高一年级，学习家政烹调；高二年级进行公益劳动；高三年级展开社会调查及实践。同年，学校教学取得显著成绩，高考升学率位居城区第三名。1988年，初中毕业考试与高中、中专升学考试一次性进行，由省上统一命题、统一考试，张掖市教委组织阅卷，60分为及格线。高中录取新生，按分数高低，择优录取。

1989年秋，学校借鉴外地学校经验，尝试改封闭型教学为开放型教学，即把教学活动置于社会的监督之下。邀请兄弟学校的教师、学生家长、地区教委有关人员来校听课，开展评教评学活动，每学期进行一周，称为"开放型教学活动周"，受到学生和社会的好评。

（三）十年教育成果

1981—1990年，是学校继往开来的新时期，10年间，为国家培养了大批人才。初中毕业学生2230名，高中毕业学生2292名。考入大专院校的学生337名，考入高中中专的学生13名，考入初中中专的学生38名。1986年，初中中专和高中中专录取人数居城区第三名，高考录取人数名列城区第二名；

图6-7 2015年，部分校友回访母校

1987年，有39名学生考入大专院校，23名学生考入高中中专，录取率达43.6%。

二、德育工作

1981年春天，全国总工会等九家单位发出《关于开展文明礼貌活动的倡议书》，学校党支部动员各方面力量，加强宣传，大造舆论，各班成立"学雷锋小组"，学生争做好人好事。当年学校德育工作的主要内容是，对学生进行四项基本原则教育、共产主义道德教育和劳动教育。开展了"学雷锋、创三好"和"五讲四美"活动。教育学生从小事做起，养成良好的行为习惯。在地区教育局与团地委联合召开的全区三好学生表彰大会上，学生王予娟、王燕萍荣获"张掖地区三好学生"的光荣称号。

1982 年春，学校在"文明礼貌月"的过程中，大力开展"学雷锋，树新风，创三好"活动，制定了《关于开展"文明礼貌月"活动的决定》，召开誓师动员大会，号召全校师生积极投入文明礼貌活动月的各种活动中。清明节前，学校组织团干部、三好学生到临泽扫墓，请解放军同志给初中学生讲战斗故事。"六一"儿童节期间，学校组织学生两次参加由地、县组织的文艺演出，均荣获优秀组织奖，"七一"期间，学校组织文艺演出，纪念中国共产党的成立。

1983 年，根据中共十二大报告指出的"在今后五年内，要通过一切可能的途径，采取一些有效的方法，努力实现理想教育、道德教育、纪律教育在全国人民首先是全国青少年中的普及，这是争取五年内使社会风气根本好转的一项根本措施"要求精神，学校开展了以"有理想、有道德、有文化、守纪律"为核心的文明礼貌教育。制定了《学生文明礼貌公约》和《教学楼使用管理制度》，规范学生行为。6 月，学校开展学习张海迪活动，教育学生以张海迪为榜样，克服学习中的各种困难，为四化建设勤奋学习。学校制定了升降国旗的制度，对师生进行热爱国旗、国徽、国歌的宣传教育。

1984 年上半年，学校以共产主义教育为核心，加强了学生的品德教育。结合学生的年龄特征、认知水平，采取多种形式，有的放矢加强思想教育。邀请离休老干部作了"青年人要树立远大理想"的专题报告；历史老师作了"共产主义和爱国主义"的讲演报告；清明节前夕，组织青年学生去高台、临泽革命烈士陵园扫墓，进行缅怀革命先烈的活动；坚持每周升降国旗的制度；举行"党在我心中"的知识竞赛活动；"五四"青年节，举行全校游艺联欢活动；6 月组织全校师生参加了以"爱国主义教育"为主题的演讲会；各班分别召开"热爱祖国，争做四有新人"的观摩主题班会；利用广播大力宣传好人好事。课外阅览是对学生进行品德教育和开展课外活动的一项重要内容。学校制定学生课外阅读计划，每周组织各年级进行课外阅读。1984 年，学校组织高一、高二两个年级学生在阅览室进行课外阅读 13 次，参加学生 2700 多人次。期中考试后，全校进行纪律整顿。

下半年，学校提出了全面发展，培养"四有"新人的要求，配合社会上"打击社会犯罪活动"的第二战役，狠抓纪律教育。实行教师值周制度，加强班主任工作，要求班主任必须做到"四到"（班会到、课外活动到、早操到、课间操到），"三查"（查课外学科小组活动情况、查自习、查卫生），"二访"（访重点学生家长，访任课教师），"一掌握"（掌握本班每个学生的品学表现）。结合建国 35 周年庆祝活动，"十一"前后，举办了新中国建设成就展览和歌唱祖国演唱会。对初一年级新生进行"怎样做一个合格中学生"教育活动，组织学生学习《中学生守则》和学校的各项规章制度。

1985年学校主要抓了学风和校风建设。在学风建设方面，进行"树立远大理想，明确学习目的"的教育，教育学生努力学习，励志成才。在校风建设方面，加强纪律教育，建立卫生检查制度，颁发流动红旗，净化美化校园环境。学校成立治安领导小组，加大值班检查力度，维护学校正常的教育教学秩序。全年召开两次家长会，密切了学校与家庭的沟通和交流。

1986年，学校制定了德育工作的要点，各班都制定了加强德育工作的计划，确定每周二下午自习为学生固定政治学习时间。组织学生学习党的路线、方针、政策，提高学生的政治素质。进行学风教育、纪律教育，努力培育"四有"新人。各年级各班分别举办"树立理想，勤奋学习"演讲会。组织学生参观山丹艾黎博物馆，瞻仰高台烈士陵园。观看电影《少年犯》，各班进行《〈少年犯〉观后感》主题班会。办法制专栏，举办法制图片展览。"六一"期间，举办第二届"仲夏之声"文艺演出，以丰富多彩的活动进行思想教育工作。

图6-8　1986年，迎接从老山归来的英雄来学校作报告

学校组织全校师生参加了欢迎老山前线参战指战员胜利归来的盛大仪式，并在五十五师师部礼堂聆听英雄们的战斗事迹介绍。开展为"前线战士写一封信，送一件礼物"活动，学生为老山前线将士写书信66封，赠锦旗4面，赠书籍、日用品、娱乐品等1128件，价值500多元。收到老山前线解放军来信40多封，纪念品19件。通过校园广播，及时宣读解放军前线来信，各班进行"英雄洒热血，我们怎么办"的讨论。组织4个年级934名学生观看老山英雄报告团的录像。

在全省青少年中开展的"为采种支甘绿化陇原纪念群雕捐献一角钱"、张掖地市在青少年中开展的"为城市文化体育设施建设增砖添瓦"的活动中，学生共捐款966.22元。高三年级的3名学生从1981年到1986年五年间，坚持帮助一位孤寡老人料理生活，从未间断，老人很感动，先后两次给学校来感谢信，表达感激之情。

1987年，对学生进行坚持四项基本原则，反对资产阶级自由化的思想教育。让学生知道什么是四项基本原则，什么是资产阶级自由化，为什么要反对资产阶级自由化，为什么要维护安定团结的政治局面，我们为什么要遵守纪律，怎样才能保持井然有序的良好局面，三中全会路线的两个基本点是什么，为什么要热爱祖国、热爱党、热爱社会主义等一系列重大问题。学校以"四有"教育为中心，加强学生养成教育、爱校爱国教育。根据"四有"新人的要求和《中学生守则》的具体要求，学校制定了校训，其内容是"热爱祖国，尊敬师长，遵纪守法，勤奋刻苦，为四化大业而学习"，要求学生会背、会讲解，使校训深入人心。全校师生开展支援大兴安岭灾区的募捐活动，共捐款922.06元，粮票15斤。

学校建立德育工作室，举办校史展览，定期组织学生参观，让学生了解学校的光荣历史，更加热爱母校。

1988年，组织教职员工学习国家教委颁发的《中学德育大纲（试行稿）》《关于改革和加强中小学德育工作的决定和意见》等文件精神，明确德育工作的方向、内涵、方法和重要性。学校召开德育工作专题会五次，增强思想工作的针对性。进行操行评语量化评分，对毕业班进行了"做合格毕业生"的教育。对初一年级和高一年级新生进行为期一周的军训，组织学生参观校史馆。

1989年春，学校继续组织学习《中共中央关于改革和加强中小学德育工作的通知》精神，制定了德育工作实施意见，结合教育教学工作的实际，查找学校德育工作的薄弱点。大力开展爱国主义教育、遵纪守法教育和形势教育，倡导学生的文明行为。同五十五师警调连开展军民共建活动，组织师生参观"五十五师战士荣誉馆"，举办师生和部队战士迎新春文艺联欢晚会，对学生进行国防教育、革命传统教育和热爱解放军的教育。

图6-9　警调连与学校师生在五十五师礼堂举办迎新年文艺联欢晚会

第四节　群团工作与体育卫生

一、群团工作

（一）工会工作

1977年，恢复工会组织以后，学校工会工作由徐立新负责。1984年10月25日，地区工会批复学校工会改选的报告，由杨存林、任墨林、徐立新等11人组成学校工会委员会。副校长杨存林兼任工会主席，任墨林、徐立新任副主席。1985年，实行校长负责制，杨存林任校长后，任墨林任工会主席。1988年王启文任工会主席。1984年以前，工会除组织一些正常活动外，配合学校先后帮助8名教师解决了家属户口"农转非"的问题。1981—1989年，工会先后4次组织教师体检。

1985年，召开了首届教职工代表大会。1985年至1987年，每年暑假组织部分教师外出旅游。配合学校党组织，在全校广泛开展为"四化"立功、做"四有"新人的"双文明"工会竞赛活动。

每年在"五一"劳动节、教师节、"十一"国庆节、元旦、春节等重大节日时，组

织教职工开展文体活动。做好教职工的福利
工作。1985年，成立了"职工之家"，建立
乒乓球室、象棋室、台球室，工会组织教职
工定期举行比赛，活跃了教职工业余文化生
活。1986年，成立女工工作小组，加强对
妇女工作的指导，帮助女教职工解决实际问
题，让妇女充分发挥"半边天"作用。工
会对患病的职工进行及时探视、慰问。做好
计划生育工作，加强学校幼儿园保教人员的
管理。

图6-10　首届教代会代表合影（1985年）

（二）共青团工作

1977年张文辉担任学校团委书记。1983年刘亚薇担任团委书记。

1981年，学校有团员253人，占全校青年学生的28%，团支部在团员青年中进行
"做合格团员"的教育活动，在少先队中开展"少先队教育我成长"的主题队会活动，
在超龄少先队员中开展团队衔接活动，回顾入队以来的成长和进步，过好最后一次少先
队生活。开展"当我十四岁时"和"你何时加入团组织"的专题讨论会。评选优秀少
先队员，发展新团员，集体办理超龄离队手续。学校团委成立"学雷锋小组"20个，
校内外做好事31件（次），拾金不昧5人。经团地委推荐，学校团委参加了全省学校
团委工作会议，介绍了学校团委的工作经验和具体做法。

1982年，在团队衔接活动中，校团委对初二年级学生进行团的知识的教育，56%
的学生写了入团申请书。1983年，教工团支部接受两名青年教师加入共青团。1984年，
团队工作紧密配合学校总体工作安排，有目的地开展各项活动。1985年"五四"期间，
学校团委举办了全校性的文艺联欢会。9月份，开展尊师重教活动，要求学生"为老师
做一件好事"，组织学生给教师写慰问信，举办"我的老师"为主题的征文、演讲比
赛；开展日常文明礼貌10字用语，倡导学生使用四句规范的尊师语言："老师早""老
师好""谢谢老师""老师再见"等。培养尊师爱生的良好风尚，建立新型的师生关系。
各团支部和少先队利用演讲会、故事会、联欢会、歌咏比赛等形式，加强爱国主义教育
和集体主义教育，引导青少年树立全心全意为人民服务的思想。新学年开始后，请共产
党员给团员上党课。学校成立学党课小组，为发展学生党员作准备。开展了"团徽在
我胸""为团徽增光彩"教育的活动，引导青年遵纪守法、遵守社会公德。1986年，在
全省青少年"为采种支甘绿化陇原纪念群雕捐献一角钱"和在地市青少年"为城市文
化体育设施建筑增砖添瓦"的活动中，有40名学生受到表彰奖励。1987年，高一年级
团支部被团地委评为"晋等升级先进团支部"，高三年级团支部被团省委评为"晋等升
级先进团支部"，初三年级一个班被团省委评为"共产主义教育主力军集体"，15名学

生被团地委评为"共产主义教育主力军队员"。在地区中学生思想政治工作会议上，校团委就如何做好学生思想政治工作为内容作经验交流发言，学校团委被团地委评为全区优秀团委，刘亚薇被评为全区优秀团干部。1988年，学校成立第三届学生会。1989年，团委组织的主题团会生动活泼，在高中8个团支部举行了"优秀团支部活动观摩比赛"。实行团支部活动量化评分制度。组织少先队开展"学赖宁、学十佳，争做优秀少先队员"活动。团委还组织早操时段的校园广播，播放校园新闻。

二、体育卫生工作

20世纪80年代，学校重视体育卫生工作，学生坚持上好"三操、两课、两活动"（早操、眼保健操、课间操，一周两节体育课，一周两次体育课外活动），定期进行体育活动比赛，体育卫生工作成绩突出，有些体育项目在校外比赛中多次获奖，受到有关部门好评。

图6-11　20世纪80年代学校操场

1981年，学校被地区体委评为"体育传统项目学校"。1982年，学校参加张掖地区田径运动会，在20多个团队中，学校田径运动代表队获得团体总分第三名的成绩。5月，在全区中学生篮球比赛中，学校代表队获女子篮球冠军，并代表张掖地区参加了第二年在平凉举行的"三好杯"全省中学生篮球赛，荣获亚军。学校对升入高中的学生进行百米跑、立定跳远、引体向上（女生俯卧撑）三个项目的达标测验，达标的成绩记入升学考试总成绩。1983年，组织初一、初二年级组举行了放风筝比赛。同年，在全区举办的中学生象棋

图6-12　1985年，学生在八一礼堂进行乒乓球比赛

比赛中，高中、初中组均获团体冠军；在全区举行的篮球选拔赛中，男子篮球队荣获冠军，女子篮球队荣获亚军；在全区乒乓球比赛中，乒乓球队荣获得男女亚军，学校被评为全区体育工作先进单位。1984年元旦，学校组织师生代表参加元旦城区环城赛，1名教师获中年组第二名，1名教师获青年组第九名，5名学生取得前20名的名次。同年，学生体育达标率68.8%。1985年，全校学生体育达标率71.2%，有8个班达标率达到80%以上。学校积极组织开展群众性体育活动，每年举行春季球类运动会、秋季田径运动会和冬季环城越野赛。组建运动队，包括篮球、排球、乒乓球、田径运动队，指定体育教师按时进行训练。

1986年，学校翻修操场，经过翻松、筛石、换土、埋设洒水管道和压平等工序，改变了操场高低不平的状况，改善了师生的运动环境。对四个篮球场进行重建，把沥青铺设的场地换为混凝土铺设的场地。学校组织了球类运动会，篮球比赛共进行52场，乒乓球比赛共进行44场。1987年，学校举行了秋季田径运动会，3名学生打破两项（跳高、铅球）学校记录，6名学生达到了

图6-13 20世纪80年代学校排球比赛

国家三级田径运动员标准。学校田径代表队参加张掖地区中学生运动会，比赛总分获全区第四名。学校女子足球队代表张掖地区参加甘肃省中学生运动会，取得全省第三名的成绩，并以良好的球风获本次赛事体育道德风尚奖。同年，学生体育达标率达76%。1988年，学校体育组学习《学校体育工作条例》，根据省教委《实施〈中学生体育合格标准试行办法〉的意见的通知》，认真实施《中学生体育合格标准试行办法》，要求学生经常锻体身体，不无故缺席体育课，自觉参加测试，养成参加体育锻炼的良好习惯。全校有23个班级进行了《中学生体育合格标准试行办法》的理论题测试。

学校设有校医室，有专职校医2名，经常性对师生进行健康教育。1983年，校医室针对青少年学生视力下降的状况，对初一、初二年级部分学生进行假性近视治疗，有学生些近视有明显好转。10月，地区教委对学校体育卫生工作进行检查验收，学生假性近视治疗考核得分名列全区第一，副校长杨存林被评为地区优秀体育卫生工作先进个人，校医左玉兰被评为全省学校优秀卫生工作者，赴天水参加全省优秀校医经验交流会。

校医室建立了《药品和经费管理制度》，加强了药品管理，严格校医室收费制度。1986年，校医室为初一年级和初二年级分别作《口腔卫生与龋齿预防》《保护视力预防近视》《少女卫生》三次专题讲座。与教导处配合，全面建立学生健康档案，对全校学生进行了体检工作，定期检查学校食堂卫生状况。1988年，校医室为634名高一、初一新生进行了体检。

第五节 基本建设与后勤保障

为规范学校总务工作，使后勤更好地为教学服务，1981年，学校制定了《总务工作制度》，学校组织后勤工作人员认真学习党和国家关于学校后勤工作的方针政策，树立全心全意为师生服务的思想，组织年轻职工补习文化，提高其文化水平。根据后勤人员的工作性质，合理分工，责任到人，定岗定责，严格管理。总务处认真做好学校财务、食堂、校医室、托儿所、校办工厂、校办农场的管理，并开始筹建教学楼。1982

年，总务处对全校财产进行登记；修建60平方米的教职工食堂；为学校托儿所配发了配置设施，健全幼儿园管理制度。1984年，学校改善教师的住宿条件，为教师宿舍安装了暖气。及时维修学生课桌凳，整顿学生食堂。1985年，学校为平房办公室安装了暖气，改装了物理、化学实验室的供水管道，修缮了三层住宅楼厕所的下水管道和窗子，修建了学生自行车棚。

图6-14　20世纪80年代的校门及教学楼

图6-15　20世纪80年代学校食堂

　　1987年，学校投资1500元，为物理实验室添置了实验架、实验板等实验仪器；投资2660.7元，为校办农场种植苹果树500棵、沙枣树3000棵、杏树70棵，补栽白杨树7300棵。铺设校园东马路；修整操场；校园内修建洒水井8个，控制井1个；改造、维修旧平房暖气；绿化校园，植树种草。

　　1988年，总务处对校园和农场的土地进行了丈量、测绘；春季组织师生到校办农场种树250棵；按照上级部门要求，在西城驿植树造林42亩；为操场制作了足球门；对校办农场和食堂进行承包；修建住校生值班室2间。

　　20世纪80年代，地区财政处下拨的经费主要保障教师的工资，收取的学费只能维持日常开支。

1981年与1986年育才中学经费收支情况简表

资金活动情况报表（1981年1月—11月，单位：元）

	预算资金部分	其他资金部分
资金收入	189978.82	58003.28
资金支出	179295.04	38826.49
资金结存	10683.78	19176.79

资金活动情况报表（1986年1月—9月，单位：元）

	预算资金部分	其他资金部分
资金收入	201437.94	123236.16
资金支出	199985.91	85262.49
资金结存	1452.03	37973.67

　　1986年春，学校新购买图书1200多册，学习资料410册，教学辅导材料7194册，

订阅报纸杂志 176 种；1989 年秋，学校新购买图书 267 册，教学资料 700 份，学生每学期阅览 11 ~ 15 次，阅览人数每学期在 1400 ~ 2700 多人次，学校图书馆被地区新华书店评为先进单位，并在表彰大会上作了经验交流发言。

图 6 - 16　图书馆一角

1982 年起，学校扩建物理实验室和化学实验室。1983 年秋，实验室全面使用，化学实验从初三到高三全部开齐。物理实验从初二到初三全部开齐。

1984 年春，高中物理实验全面开通，到 1990 年春学期，学校各年级物理演示实验次数多的班级可达到 127.5% ，少的班级达 80% 以上。各年级化学演示实验最多的班级达 103.5% ，最少的班级在 80% 以上。

1983 年上半年，学校开始进行电化教学。学校投资 5000 多元，购置电教设备，由专人负责管理使用，上学期为学生放映科教片 80 场次，观看学生达 6500 多人次。1985 年 6 月张掖地区电教教材调演评比会在学校召开，4 名教师制作的课件参加了调演，其中教师范承先制作的课件获得二等奖，被推选参加全省电教教材调演。

1986 年上学期，学校进行了电化教学评比，有 8 名教师获学校表彰。下学期放映教学影片 26 部，放映 57 场次，观看学生 6180 人次；高三和补习班学生收看高考电视录像片 130 小时，内容涉及所有高考科目。

1986—1989 年，学校每学期为学生放映教学影片 28 场至 30 场，观看学生达 2000 至 3000 人次不等。高三、补习班的观看录像每学期在 120 ~ 140 小时之间。

据 1988 年审核统计，学校占地面积 80 亩，总建筑面积为 14826.27 平方米。

1981 年，财政给学校拨款 40 万元。1982 年，财政给学校拨款 12 万元。

1981 年，为解决行署老干部的住宅建设用地问题，学校南半部与东半部 40 余亩地先后出让给行署财政处、林业处、建设银行、老干处、供暖站等部门，并由行署统一规划，开始修建教学大楼一幢四层，面积 3663 平方米，总投资 52 万元，这是张掖地区中学修建的第一幢教学大楼。1982 年 9 月，教学大楼竣工投入使用，因学校资金紧张，当年没有装配暖气设备，教学楼的每层楼放两个铁皮炉生火供暖，1983 年，正式通暖气。

1982 年，学校利用地区林业处补偿给学校拆迁房屋的资金 12 万元，加上地区教育局拨付学校校舍修建和学生课桌添置费 4 万元，共 16 万元，修建了教职工 2 层住宅楼 2 幢，砖混结构，建筑面积 1460 平方米，每幢住宅楼 10 户，当年秋季，住宅楼竣工并投入使用。

1983 年，学校投资 15 万元修建教职工住宅楼一幢，砖混结构，建筑面积 1150 平方米，3 层 3 个单元共 18 户。

1981 年，校办农场占地面积 120 亩，播种面积 115 亩，固定劳动力 5 人，骡马等大牲畜 5 头，农用拖拉机 1 台。1982 年，农场收成较好，共收小麦 32800 斤，榨油 2987.1 斤，经济作物收入 3000 元，总收入 9803 元，盈利 1357.8 元。之后几年里，农场一直处于亏损状况。农场种植粮食、胡麻、西瓜等经济作物，培育白杨树苗，种植白杨树和沙枣树。1983 年，校办工厂实行了承包责任制，改变了过去亏损的状况，扭亏为盈。

1989 年 9 月，学校以合资形式重建校办工厂，学校享有主权。

第七章　20世纪90年代

第一节　学校管理与教育教学

一、学校管理

1990年2月，地委行署对育才中学领导班子作了重大调整。地区科协副主席周书铭调任学校党支部书记，张掖市一中校长张大正调任学校校长；原学校党支部副书记沈海润任副校长，副校长何秀与督导员李嘉茂继续任原职。原校长杨存林调张掖师范学校任党委书记，原副校长张尔慧调张掖中学任副校长。1994年，原政教处主任张国林任副校长。1997年10月孙立民任副校长。1990年8月，学校设立政教处，学校职能科室由原来的两处一室变为三处一室，即教导处、总务处、政教处和办公室。

图 7 - 1　张大正

教导处负责管理日常教学工作、教研工作。同政教处配合进行年级组管理（从初一年级到高三共6个年级组），负责图书馆、刻印室、电教室、物理实验室和化学实验室的各项工作。1995年，学校筹建生物实验室，1996年，筹建微机室和语音室，归教导处直接管理。

1990年8月—1994年5月，陈国华任教导处主任。1994年至1997年，李诚任教导处主任。1997年2月，孙立民任教导处主任。教导处设干事2~3人。

总务处主管学校后勤工作，负责管理学校财产设备、财务室、校办工厂、校办农场、校医室、学生食堂和幼儿园。幼儿园因孩子过少等原因，于1992年停办。1995年以前冯才德任总务处主任。1992年12月，杨立木任总务处副主任，1995年秋，杨立木任总务处主任。

政教处负责学生的思想品德教育工作。1990年8月，张国林任政教处首任主任，1994年升任副校长后，江东耀任政教处副主任，全面负责政教处工作（当时没设政教处主任）。1995年江东耀去西北师范大学外语系进修。学校任命牛新军为政教处副主任，1997年任政教处主任。1997年江东耀回校后仍任政教处副主任。政教处自1990年成立后，主要负责管理学生的德育、纪律和卫生工作。政教处设干事2人。

1985年至1999年底学校办公室主任为徐立新，办公室设有干事3人，主要负责学校各部门的协调、档案管理、文件收发、工资人事、考核记录、保卫和门房管理等工作。

1990年，学校档案管理工作被甘肃省档案局评为省二级单位；1995年12月，被甘肃省档案局评定为机关档案管理省一级单位。1996年，学校被地委秘书处授予"档案管理先进单位"的荣誉称号。

图7-2　1995年，档案管理验收时合影

在学校管理中，注重发挥学校领导的表率作用，在处理学校问题时，都要照章办事，做到客观公正，实行民主管理，坚持从群众中来，再到群众中去，重要工作和重大问题都要通过教代会讨论，然后审议决定。实行校务公开，每年将财务收支情况、重大建筑材料的订货、重大教学设备的采购、年终考核结果、职称评聘等需要公开的事项都张榜公布，自觉接受教职工的监督和质询。

二、教育教学工作

（一）课程设置

1993年至1994年，根据中学教学大纲的修订变化，学校各学科先后使用最新修订的全国统编教材。初中英语教材侧重于口语化、实用化，并增加了听力训练。政治教材增强时代特色，用更加贴近生活的政治常识和社会常识引导学生认识、理解现代社会。物理教材体现启发性和形象性的风格。严格执行课程计划和教学大纲，开全课程，上足课时。

1994年，推行新工时制，由每周六天工作制改为五天半工作制，1995年又改为每周五天工作制，相应的学科课程设置也随之变更。

1995年育才中学初中课程设置表

科目　周课时　年级	初一	初二	初三	三年合计
思想政治	2	2	2	200
语文	6	5	5	534
数学	5	5	5	500
外语（Ⅰ）	3	3		204
外语（Ⅱ）	4	4	4	400
物理		2	3	160

续表：

周课时年级科目	初一	初二	初三	三年合计
化学			3	96
生物	2	2		130
历史	2	2	2	200
地理	3	2		170
体育	2	2	2	200
音乐	1	1	1	100
美术	1	1	1	100
劳技	2	2	2	200
周学课时	29	29	26	2804
班团队活动	1	1	1	100
科技文体活动	2	2	2	200
周活动课时	3	3	3	300
地方安排课时	1	1	1	
周总课时	33	33	33	3300

注：1995 年秋季入学的初一年级开始执行。

1995 年育才中学高中课程设置表

周课时年级科目	高一	高二	高三	三年合计
思想政治	2	2	2	184
语文	4	4	5	392
数学	4	4	5	392
外语	4	4	4	368
物理	3	3		204
化学	3	3		204
生物	3			102
历史	2	2		136
地理	3			102
体育	2	2	2	184
艺术	1	1		68
社会实践	每学年安排两周。劳动技术课、课外活动或学科教学活动时间内安排。			
每周必修课总时数	31	25	18	2336

续表：

周课时 年级 科目	高一	高二	高三	三年合计
选修课		4	11	
课外活动	4（体2 其他2）	5（体2 其他3）	5（体2 其他3）	426
周活动量	35	35	34	3162

注：1995 年秋季入学的高一年级开始执行。

（二）教育教学

20 世纪 80 年代学校制订了教学常规管理七项制度，一是周前备课制度；二是教案审批制度；三是作业批阅制度；四是听课制度；五是课题研究制度；六是备课小组活动制度；七是旷课旷辅导处罚制度。七项制度一直贯穿在八九十年代的教学工作中，并不断得到补充完善。

1996 年，学校进一步完善《张掖地区育才中学教学规程》《张掖地区育才中学学习规程》《张掖地区育才中学教学工作主要环节的质量要求》等制度，印发到各年级组、教师和班级。从教学计划、备课、上课、批改作业、课外辅导到听课、评课、教学反思、成绩评估等各环节都有质和量的明确规定和具体要求。全体教师坚持周前备课和教案审批制度。数理化课任教师的作业批改量超过学校要求，绝大多数教师都能完成听课任务，每学期每位教师听课平均 10 节，主管教学的副校长每学期听课在 30 节以上。

1990—1997 年，每学期进行各类公开教学平均达 23 次，撰写的教学总结有 40 多篇。教研组坚持每两周活动一次，以研讨教法、听课评课或学习大纲等为主要内容；物理、化学课注重发挥实验教学的优势，每学期，学生实验完成率均在 90% 以上；组织各类学科竞赛 8 次左右。

1990 年，学校开展以语文课为主的教改实验，充分发挥学生在课堂教学中的主体作用，初二、高一年级语文教师联合研究的课题《如何发挥课堂教学中教师的主导作用》获地区教育局优秀科研奖。1991 年学校组织语文教研组教师赴兰州一中交流学习，探讨教学改革方式方法。倡导教师积极开展教学研究，化学教研组确定了《如何上好初中化学实验课》《搞好初中化学双基教学适宜方式方法》两个课题。生物教研组的教研课题是《指导学生搞好生物迎考复习方法》。

1995 年，学校派两位副校长赴上海杨浦区有关中学挂职锻炼，学习"成功教育"的教改经验；同年 4 月，学校组织部分教师到辽宁省参观教育改革家魏书生所在的盘锦市实验中学；5 月，组织语文、数学、外语三门学科共 13 名教师赴兰州，先后在兰州一中、兰铁一中、西北中学、兰州五中听课学习，座谈交流教育教学改革和学校管理等方面的做法和成功经验。回校后，学校通过教研组活动和年级组会议，对省内外兄弟学校的教改成就，在全校教师中进行了多角度、多方位的深入宣传，树立了全体教职员工强烈的改革意识。

1995 年 7 月，魏书生来张掖讲学，学校组织教师参加学习，给各班主任购置了魏书生的《班主任工作漫谈》，要求班主任认真学习。8 月，学校确定把魏书生的教改经验、"成功教育"和心理健康实验相互融合，应用于教学，简称"三合一"教学模式。9 月，开始在初一年级、初二年级和高一年级进行教改实验，以语文教学为突破口，一改过去每学期八篇命题作文的传统模式，要求从写日记、小作文、模仿作文等形式做起，结合语文单元教学，着力培养学生动口、动手能力，扭转学生被动学习、教师授课吃力的教学状况，语文教改初见成效。学校不断探索其他各科教学改革，数学、物理、化学教研组教师学习魏书生的教学方法，让学生自己出试题测试并相互批阅。学校每学期组织开展"三课"活动，即特级、高级教师示范课，中级教师观摩课，青年教师过关课，以达到教师之间相互交流、共同提高教学质量的目的。

1995 年，根据地区教委《全区中小学教师基本功达标活动的意见》，学校制定了教师基本功"三字一画"达标三年规划，开展了"三字一画"（即毛笔字、钢笔字、粉笔字和简笔画，后来把简笔画改为普通话）比赛，对比赛成绩突出的 7 名教师进行了表彰奖励。学校要求教师在课堂上讲普通话，写规范字。截至 1998 年，全校教师基本功全部达标。学校对教师工作的评价和学生成绩跟踪挂钩，每次期中、期末考试成绩与学生入校成绩进行跟踪对比，对学生考试成绩提高幅度大的任课教师进行奖励，对成绩下降的任课教师进行处罚。

1996 年 7 月，学校安排英语教师参加由地区教育处组织的张思中外语教学经验报告会，学习"适当集中、反复循环、阅读原著、因材施教"的教学方法。组织教师参加地区教育处组织的上海市杨浦区教育代表团培训和教学经验交流、黎世法异步教育报告会等活动。通过学习和交流，广大教师开阔了眼界，增长了见识，学到了经验，找到了差距，增强了课堂教学的改革意识。

1997 年，学校大力提倡素质教育，组织教师开展现代教育理论和素质教育的学习，观看汨罗素质教育录像。

（三）会考高考

1992 年，全区初高中实行毕业会考制度。初三毕业会考，由省教委统一命题，张掖市教委组织阅卷，会考科目为政治、语文、数学、化学、物理和英语。高中会考科目为高一地理，高二物理、化学、生物、历史，高三政治、语文、数学、英语。由省教委统一命题，地区教委组织阅卷。会考不及格的学生要参加补考，补考不及格，拿不到高中毕业证。高中毕业证由省教委统一印制，地区教委审核验印。初中毕业证由地区教委统一印制，市教委审核并验印。

1994 年，为提高会考成绩，学校改革了考试制度，把政治、语文、数学、外语、历史、地理、物理、化学、生物全部列入期中、期末考试科目，其余科目随堂考查。定期召开学生代表座谈会，广泛征求学生意见，督促教师改进教学方法，提高教学质量。期中考试后召开家长会与优秀学生表彰会，并逐渐形成制度。

1993 年至 1997 年育才中学初中会考六科合格率统计表

项目＼年份	1990	1991	1992	1993	1994	1995	1996	1997
六合率（％）	7.3		19.1		19.5	22.0	48.7	43.4

1993 年至 1997 年育才中学高中会考情况表（排名为城区五所中学平均分）

年份	科目	平均分	优良率（％）	及格率（％）	排名
1993	政治	76.3	41.8	94.1	2
	语文	78.0	20.2	100.0	5
	数学	68.5	29.6	91.0	3
	外语	78.6	28.2	90.6	5
	地理	79.9			5
1994	政治	73.3	44.1	96.6	4
	语文	68.8	45.7	91.9	3
	数学	60.9	24.1	89.7	2
	外语	68.4	26.2	84.5	4
	物理	73.2			5
	化学	66.6			5
	历史	81.4			4
	生物	81.8			1
1995	物理	60.4	14.6	87.4	5
	化学	74.3	46.3	90.2	4
	历史	77.0	42.3	96.8	2
	生物	77.2	66.7	100.0	1
	地理	80.1	58.3	97.7	4
1996	物理	66.1	18.9	82.1	3
	化学	69.4	48.6	94.6	2
	历史	79.7	72.9	100.0	1
	生物（高二）	83.9	81.9	100.0	1
	生物（高一）	75.8	63.9	93.2	2
	地理	79.8	72.0	97.5	1
1997	物理	75.4	61.4	89.3	4
	化学	75.9	58.7	88.7	4
	历史	84.9	84.3	98.7	1
	生物	71.6	34.1	94.1	1
	地理	76.3	67.6	96.3	3

20世纪90年代，学校加强对高考工作的领导，强化对高三学生的辅导和训练，高考升学率稳中有升，各项指标高于张掖城区其他学校。

美术专业高考成绩优良。1986年学校成立美术组，每年都有学生学习美术。截至1997年，学校共有50多名学生被大专及以上院校美术专业录取。

图7-3 张掖地区育才中学1991届高三 (2) 班毕业留影

20世纪90年代，学校每年考入大学的学生都有4~6名，其中1991年、1993年和1994年都有6名学生被大专及以上院校录取。

1990年至1997年育才中学高考情况表

项 目 \ 年 份	1990	1991	1992	1993	1994	1995	1996	1997
报名人数	253	248	200	174	147			
通过预选人数	177	192	133					
被大专以上录取人数	49	40	29	63	21	23	38	24
高中中专录取人数	14	5	24	8	4			

备注：1. 1993年起取消高考预选考试。
2. 1993年张掖市计划外招生134人，其中育才中学占31人。

第二节　办学条件与师资力量

一、办学条件

（一）逸夫教学楼

1994年元月，在上级部门支持下，学校争取到香港地区邵逸夫先生捐助80万港币、地区财政处出资80万元共160多万元基本建设项目资金，修建了逸夫教学楼。逸

图7-4 省教委主任闫思圣与地区领导参加逸夫教学楼竣工典礼

夫教学楼于3月15日正式开工修建，8月20日竣工验收，并举行了隆重的竣工典礼，省教委主任闫思圣与地委、行署领导参加。逸夫教学楼建筑面积约3418平方米，有教室24间，办公室12间，会议室2个，主体工程造价193.96万元，附属设施工程19余万元，合计210余万元。逸夫教学楼建成后，被省教委评为优质工程二等奖，颁发奖金5万元。被国家教委评为优质工程一等

奖，颁发奖金 3 万元。校长和总务主任被评为邵氏捐款先进个人。逸夫教学楼的建成，大大改善了学校的办学条件。

在修建逸夫教学楼之前，撤除了 20 世纪 70 年代修建的办公室。

（二）图书馆

学校图书馆每学期按时给师生发放教学用书和作业本，并不断增加图书库存量。1993 年，学校建立图书阅览室，为教师提供开架借阅服务。当年，学校购买图书 405 册，征订各类杂志 118 种、报纸 18 种，整理历年来的杂志 7000 余册。1994 年，图书馆搬迁到综合办公

图 7-5　20 世纪 70 年代修建的办公室
（1994 年摄）

楼，结合图书馆的搬迁工作，学校对图书馆藏书进行认真清理，同时对学生进行远离"黄色"书籍的教育。学校投资 5000 多元，购置书架，更换阅览室的桌椅，改善图书馆环境。1998 年，图书馆藏书达到 21000 多册。

（三）校园文化建设

1994 年 9 月，学校成立了学生广播站，建立学生投稿与播音制度。学生的稿件由

图 7-6　美丽的校园

政教处和校团委审核后广播。广播站每天在早操、课间操时段按时播音，每学期播诵学生稿件 300 多篇。

学校要求办好各班的黑板报和手抄报，定期进行评比检查，黑板报每两周更新一次。1996 年，学校制定了《1996—1998 校园文化建设》规划，提出了"求实、苦学、团结、奋斗"的校训；"勤学守纪、尊师爱生、团结向上、奋发进取"的校风；"热爱专业、钻研业务、教书育人、为人师表"的教风；"勤学刻苦、多思多问、博学强记、持之以恒"的学风。这些内容用大字书写，悬挂在学校最显著的地方。学校在操场上修建了升降国旗的设施。修建了包括 6 块黑板、4 个文化橱窗的文化墙。设立读报橱窗。在教学楼大厅放置整容镜。要求学生统一穿校服，佩戴校徽。住校生统一床单、被套、枕巾。1996 年，在地区教委组织的校园文化建设评比中，学校在全区各中学名列第五名。

1997 年，学校投资 16 万元，改建了学

图 7-7　20 世纪 90 年代的校门及教学楼

校大门，在两栋教学楼间，修建喷泉一处、假山一座、花架长廊2个、雕塑2座、蘑菇亭3个，种植花坛、草坪800平方米，栽植国槐29棵。

图7-8 校园一角（仿古亭与假山）

（四）改善教学设施

1995年学校投资15000元为刻印室购置486微机系统一套，提高了学习资料的印刷质量。同年，学校投资建立生物实验室，购置生物标本、生物模型和实验工具等。

1996年,学校投资30多万元,建立微机室和语音室,微机室有32台微机,同年,开设微机课。语音室装配语音教学系统,有主机一台,分机56台,用于外语语音教学和听力训练。投资2万多元,购置了调音广播、音箱、影碟机、大屏幕电视等教学器材。

二、师资力量

（一）师资培训

1990年，学校教职工103人，其中教师85人。高级教师14人，中级教师35人，初级教师21人，无职称的教师15人。1995年有教职工105人，其中教师94人。高级教师20人，中级教师39人，初级教师29人，无职称的教师6人。

1995年地区教委组织开展"双千人才工程"。学校经过征求意见、民主测评等形式，选拔和培养骨干教师。到1997年，经地区有关部门审核，学校有骨干教师6名，后备高级科技人才2名，中级科技人才5名，后备跨世纪学术带头人4名。

学校重视对青年教师的培养，每学期都组织青年教师进行岗位练兵和教学比武竞赛。1990年，组织了校内优质课评选活动，分文理两组进行，学校领导、特级教师和高级教师组成评委，10年以下教龄的24名教师参加评选活动，共上优质课180节，根据评委打分，评出一等奖2名，二等奖4名，三等奖6名。当年，学校派出校内优质课获奖的6名教师，参加地区教育处举办的首届初中优质课评选活动，在政治、语文、外语、数学、物理、化学6个学科的评选中，学校有5名教师获奖。邓国宝获物理课一等奖，李浮萍获英语课一等奖，李振勇获政治课二等奖，郑大帮获数学课三等奖，殷雪梅获语文课三等奖。

学校要求教师立足岗位无私奉献，勤奋工作，对工作业绩突出的教师在住房、晋升、进修和学习等方面进行政策倾斜。倡导教师加强学习，在职进修，提高学历层次，脱产进修和参加函授学习以提高学历的教师逐年增多。1994年，有4名教师参加西北师大函授学习，1995年，有11名教师参加西北师大函授学习。有计划地选派教师到外地观摩学习，开阔视野，提升教育教学能力。

1996 年起，开展以老带新"一对一"的结对活动，骨干教师与青年教师自主选择，定对象，定时间，定计划，让青年教师尽快熟悉教材和大纲，掌握教育教学的常规要求和方法，1997 年，结成 13 个"传、帮、带"对子，签订目标责任书，年终进行考核，加速青年教师成长。

从 1990—1997 年，学校 5 名教师先后获得甘肃省园丁奖，2 名教师被评为省特级教师，6 名教师获地区优秀德育工作者称号，4 名教师被评为地区优秀教师，1 名教师被评为地区"十佳"青年教师，1 名教师被评为地区"新长征突击手"。

1991 年 10 月在地区举办的首届高中优质课评选中，学校 9 名教师参加优质课评选活动，有 7 名教师分别获得不同等级的奖励。其中，聂宏获物理课一等奖，牛新军获历史课一等奖，贺天朝获生物课二等奖，程旭东获语文课二等奖，孙立民获地理课三等奖，王睿获数学课三等奖，魏剑英获政治课三等奖。1993 年 11 月，在地区组织的初中优质课评选中，张元获数学课一等奖，宋海英获政治课三等奖，王玉花获物理课三等奖。

图 7-9　1997 年学校领导和部分教师留影（左起：杨晓梅、张国林、张大正、魏建英、祝孔、聂宏）

1994 年，在地区高中优质课评选活动中，周建仁获数学课一等奖，任红琳获英语课三等奖。1995 年，全区体育优质课评选中，李培伟获二等奖。1996 年，在全区初中优质课评选中，王晓健获语文课二等奖，祁新军获数学课二等奖，申丽君获英语课三等奖。同年，聂宏在电教录像课比赛中，先后获高中物理课全区一等奖和全省一等奖；王晓健获地区语文课一等奖；刘锋获地区生物课三等奖。1997 年，在地区高中优质课评选中，朱钰获政治课二等奖，杨晓梅获化学课二等奖，王宗保获语文课三等奖，赵予获英语课三等奖。

（二）教师待遇

1. 工资待遇提高。20 世纪 90 年代，随着社会进步和经济发展，教师工资逐步上涨，尤其是 1993 年和 1994 年工资涨幅较大。

1993—1996 年育才中学教师工资对照表

时　间	1990	1991	1992	1993	1994	1996
	1—12 月	1—12 月	1—12 月	10—12 月	3—9 月	1—12 月
平均工资（元/人）	209.82	221.31	255.54	314.65	440.79	490.45

2. 住宿条件改善。1993 年以前，学校住宅比较紧张，居住面积小，生活设施简陋。校园内教职员工的住房有两栋二层小楼，一栋三层住宅和五栋平房，居住 80 多户教职工。当时学校的住宿条件在张掖地区各学校是最好的。1993 年，学校新修建两栋职工

住宅楼，工程于4月1日开工，于当年年底竣工。两栋住宅楼编号为4号、5号。4号住宅楼4层，每层4户，共16户；5号楼5层，每层8户，共40户。5号住宅楼竣工后，3个单位进行分配，学校职工住20户，地区教育处住10户，地区计划处住10户，学校绝大部分职工都住上了楼房。1997年，为彻底解决住房问题，动工修建6号住宅楼。当年9月开工，1998年底完工。

第三节　生源困境与对策

　　1989年育才中学高考成绩骤然下跌，各项指标均明显低于张掖城区其他各中学，在社会上引起强烈反响。当年，初一计划招生200人，实际只招了157人，高一计划招

生180人，实际只招了140人，生源不足的问题开始显露出来。

　　步入20世纪90年代，育才中学学生总数从80年代中期的1500多人减少到1200多人。1993年和1994年，在校学生人数在1000人左右，生源不足的问题愈发突出，给学校发展带来很大压力。

　　1993年地区教委决定张掖城区实行初中划片招生，以缓解学校生源不足的问题，但实际并未得到充分执行，分配给育才中学

图7－10　育才中学1994届高三（2）班毕业留影

的初中新生大多数分数较低，高分学生流失，初中新生入学平均成绩在张掖城区各中学排行最低，高中生源更是严重不足。1995年，高一招生录取分数线低于城区其他中学100至120分，生源不足与学生学习成绩差直接导致高考、会考成绩连年下降，形成恶性循环，最终使学校陷入生源不足的困境。

　　针对高中生源严重不足的问题，1992年3月，学校采取了下乡寻找生源的办法，学校分管教学的副校长和教导处副主任专程走访了张掖市（今甘州区）的大部分农村中学，民乐的南古、杨坊、六坝、民联和山丹的东乐、霍城等地的中学，联系生源，动员学生报考育才中学，经过努力，学校高中生源不足的矛盾得到缓解。此后学校每年都派人下乡联系生源。1993年，招收农村学生45名，1994年，招收农村学生32名，下乡寻找生源的做法坚持到1998年学校改制方停止。农村招来的学生，学习基础差，尤以外语基础差，加之家庭经济比较困难等原因，部分学生半途而废，不能完成高中学业，城区招来的学生也没有高分段的，面对这种状况，1991年开始，学校挖掘内部潜力，把教育教学的目标和重心放在转化后进生上，提出转化一个学习困难的学生同教育一个优等学生同等重要的要求，在初中各年级，实行年级组长、班主任、家长和学生四

方面签订学习帮扶合同，每学期确定100多名学习困难的学生作为帮扶对象，曾取得了一定成效。

1994年起，学校每学期对6名转化后进生工作有成绩的教师进行表彰奖励，对20名"进步最大的学生"进行表彰，激励后进生转化。学校每学期召开转化后进学生经验交流会，使后进生转化工作更见成效。1995年，初一年级实行"三互二卡制"，即学校、家长和学生互相联系，共同教育学生，增强教育合力，设立《家长学校联系卡》《家庭情况调查卡》，力争做到因材施教，部分班级建立档案，详细记录后进学生的进步与变化情况，这种做法深受家长好评。1995年底，学校大幅度进行教学改革，要求教师从生源素质差、学生缺乏学习动力和信心不足的实际出发，实行分层次教学，大力推广教育改革家魏书生的"成功教育"和心理健康教育的经验，课堂教学从最基础的知识开始起步，使学习困难的学生不再感到困难，从而消除学生的心理障碍，增强学习信心和兴趣，提高学习的自觉性，从而提高学习成绩。注重培养学生自我管理、自我监督的能力，努力解决学生的心理障碍，开发非智力因素以提高办学水平。

第四节　党建与思想政治工作

一、党的建设

1990年5月，经地直机关党委批准，新一届学校党支部委员会由5人组成：周书铭任书记，张大正任组织委员，沈海润任纪检委员，冯才德任青年委员，陈国华任宣传委员。1994年党支部改选后，周书铭、张大正任职不变，张国林任纪检委员兼青年委员，徐立新任政保委员，李诚任宣传委员。1995年，高红斌任学校党支部副书记。1996年，周书铭退休。1997年5月，张大正兼任党支部书记。8月，中共张掖地委决定把学校党支部改建为党总支。改建后党总支委员会由张大正、高红斌、张国林、徐立新和于兴国5人组成，张大正任党总支书记，高红斌任党总支副书记。党总支下设文科、理科、行政和离退休4个党支部。

党支部按照"坚持标准，保证质量，改善结构，慎重发展"的标准和中央组织部制定的《党员发展细则》要求发展党员。1990年到1997年，共发展党员12名。党总支加强对党员和入党积极分子的思想教育，及时为预备党员办理转正手续。

党支部认真做好一年一度的党员民主评议工作。党建工作年初工作有计划，年终工作有总结。定期组织中心组学习，每年开好领导干部的民主生活会和教职工党员的组织生活会。民主生活会常邀请非党员校级领导和上级部门领导参加。中心组学习由校级领导、中层干部和年级组长参加，中心组成员认真学习党和国家的大政方针。校党支部于

1995 年和 1997 年两次被地直机关工委评为先进党支部。1990 年至 1997 年先后有 7 名党员被评为张掖地区优秀共产党员。

党支部注重党员的政治理论学习，制定了《教职工政治学习制度》。1990 年，主要学习《党的十三届六中全会决定》《中共中央关于制定国民经济和社会发展十年规划和"八五"计划建议》《关于社会主义若干问题学习纲要》，邓小平和江泽民有关加强党的建设的论述，深刻反思发生在 1989 年夏季的"两乱"。1991 年重点学习了《关于社会主义建设若干问题学习纲要（试用本）》，学校领导带头学习并撰写心得体会，向全体职工作辅导讲座，要求党员要有学习笔记和心得体会。

1992 年，党支部集中传达学习江泽民总书记视察甘肃的讲话精神，要求不唯上、不唯书，增强科技和人才意识。开展形势教育活动，及时组织师生观看教育录像片。国庆节放假期间组织党员和部分教师参观镍都金昌，以开阔眼界，了解国家经济建设的大好形势。当年的民主生活会，上半年以"结合本职工作谈廉政、勤政的情况"为主题，下半年以"以十四大精神为指导，结合分管工作检查本校教学改革发展情况"为主题，开展批评和自我批评，找差距，改进工作。

1993 年，全校教职工和党员广泛学习和宣传邓小平同志南方谈话和十四大精神，深入领会"解放思想，实事求是"的思想精髓，采取集中学习和分散学习的方式，定期检查党员的学习笔记和心得体会。

1994 年，学校党支部组织学习《邓小平文选（第三卷）》《中共中央关于建立社会主义市场经济体制若干问题的决定》《中国教育改革和发展纲要》等文件精神，为进行"四制"改革

图 7 - 11　1993 年地委书记李宝峰检查指导学校工作

奠定思想基础。"十一"期间，学校党支部组织党员和部分职工参观了酒泉钢铁公司，了解了酒钢的创业发展历程。在 11 月举行的地区文教卫生系统县处级干部"两论知识竞赛"中，张大正、何秀、张国林组成的育才中学代表队获二等奖。1995 年，重点学习《中国教育改革和发展纲要》和《建设有中国特色的社会主义理论》，广泛学习和借鉴外校教改经验。1996 年学习贯彻六中全会精神，联系实际探讨社会主义市场经济理论、现代科学技

图 7 - 12　1994 年学校党员和部分教职工参观酒泉钢铁公司

术。宣传学习孔繁森，组织党员参加"认真学习党章，争做合格党员"辅导讲座。7 月，参加张掖地区组织的"纪念建党 75 周年，学习《中国特色社会主义理论》和党

章百题知识竞赛"活动，学校获优秀组织奖。

1997年，党支部组织党员学习十四届六中全会《关于加强社会主义精神文明建设的决议》和甘肃省委《关于加强社会主义精神文明建设的决议实施意见》。1997年香港回归祖国，举国欢腾，学校开展了各种庆祝活动。学校组织教工代表队参加张掖地区组织的"迎香港回归现场知识竞赛"，获得全区第二名。

二、思想政治工作

20世纪90年代的思想政治工作紧紧围绕学习和贯彻落实党的路线、方针、政策进行。以个人自学、集体讨论、听辅导讲座、撰写心得体会等形式为主。1991年，党支部组织全校师生开展了"一风带四风"活动，即以党风带动校风、班风、教风、学风的根本好转，总的要求是抓教育、树新风。对五风的要求是：党风，克己奉公为人民；校风，勤奋学习，团结奋斗；班风，诚实友爱，勤学互助；教风，教书育人，创新求精；学风，求实苦学，立志成才。具体措施是，第一、加强学习，提高认识。第二、发挥好组织作用，保证活动的有效开展。第三、注重实效，促成良好风气的形成。

20世纪90年代，随着改革向更深层次发展，社会主义市场经济秩序逐步建立，人们的思想观念也发生了很大变化。在教育领域，存在着"如何正确认识和处理市场经济与教育的关系，如何培养适应市场经济需要的人才，作为教育工作者如何紧跟快速发展的改革大潮，做一名合格的人民教师"等问题的困惑。面对这些问题，校党支部组织广大党员认真学习有关文件精神，积极进行专题辅导和座谈讨论，统一党员干部的思想认识，进而带动全校教职工投身于教育改革和发展的大潮。学校党支部提出必须坚持党的教育方针不能变，坚持社会主义办学方向不能变，坚持德、智、体全面发展的人才培养目标不能变，与家长紧密配合，引导学生健康成长，培养有理想、有道德、有文化、守纪律的社会主义建设人才。学校以形势报告、参观学习和文艺活动等形式开展思想教育。组织师生观看《海湾风云》《平平仄仄话江山》《桃源之路——外国人眼里的中国人》等形式教育片，组织教师学习市场经济理论和现代教育理论，观看各地教育改革成果录像，外出参观学习兄弟学校的教育教学方法，深入农村、工厂进行考察，了解社会主义建设的巨大成就。

1990年，学校成立了"二五"普法领导小组，周书铭为组长。在"二五"普法学习中，领导干部带头学习，并组织教职工利用周一下午政治学习时间集中进行学习，以学习《宪法》为核心，先后学习了《义务教育法》《教师法》《教育法》《未成年人保护法》《妇女权益保障法》等法律法规。普法学习期间组织职工参加各种形式的法律常识考试10次。通过"二五"普法教育，教职工的法制意识明显提高。1995年3月，学校农场负责人被社会上无业人员殴打致伤，学校起诉，经乌江乡法庭调解，校方胜诉。普法期间，同违法犯罪行为做斗争的好人好事多次出现，保卫干事和教师多次阻止社会上一些不法人员殴打、侮辱、威胁、敲诈师生等行为。全校师生员工遵纪守法的意识不断增强，五年中学校内部没有发生重大违法违纪事件。1995 年全区"二五"普法工作验收，学校名列榜首，被评为"二五"普法地级先进单位，为"三五"普法打下良好的基础，开了好头。

第五节 四制改革与德育工作

一、四制改革

学校在 20 世纪 80 年代实行校长负责制、岗位责任制、专业技术人员聘任制的基础上，1992 年至 1994 年，依据相应政策，对教职工工资进行了两次套改，逐步完善了结构工资制。1994 年，学校对教职员工统一进行年度考核，并将考核结果与分配挂钩。当时，把校长负责制、岗位责任制、教职工聘任制和考核奖惩制（结构工资制）称为"四制改革"。

临泽县在一些学校实行四制改革，并积累了成功的经验。1994 年，学校邀请临泽县教育局负责人给全校教职工作四制改革经验介绍。1995 年，学校多次派人赴兰州、武威及外省市考察学习。同年 8 月，根据学校发展实际，结合考察学习的经验，制定了《育才中学实行全员二级聘任制和津贴发放的实施方案（试行）》，经地区教委批准后，于 1996 年开始实行。

学校实行全员二级聘任制。校长根据"任人唯贤、德才兼备"的原则聘任中层干部，中层干部和年级组长依据学校下达的编制，在教师中聘任班主任、课任教师和工作人员，双方都有选聘、应聘、拒聘的权利，最后由校长统一协调，完成年级和部门工作人员的聘任。第一次未聘到教学一线的教师，经过办公室、教导处、政教处、总务处进行二次聘任，根据学校工作需要，安排其他工作。对第二次未聘教师，实行以下办法：一是下岗"转业"，未聘教师经校长协调，在校内有关处室安排适当工作。二是下岗待聘，对未聘任的教职工，经学校领导协调后仍无部门聘任，视为待聘人员，待聘期间只发本人职务工资，待聘时间不超过 3 个月。三是自找出路，期间只发本人职务工资，其他津贴一律停发，待聘时间不超过 3 个月。四是按"试用期"使用，未聘任的教职工，自己找不到调动单位，而又坚持要在本校继续工作的，按"试用期"使用，"试用期"内，工作表现良好，成绩突出，经有关部门评估后，可转为聘用工作人员，"试用期"1 至 3 个月，试用期间只发本人基本工资。

津贴发放办法，教师根据工作量，每月进行考核，计算个人得分，按得分多少发放津贴。计分方法如下：

育才中学教师计分表

科目	语文		数学		外语		政治		物理		化学		地理		生物		历史		音乐	美术	体育
	高中	初中	高中	初中	高中	初中	高中	初中	高中	初中	高中	初中	高中	初中	高中	初中	高中	初中			
规定代课节数	10	12	10	12	12	14	12	14	12	14	12	14	14	16	12	14	14	16	16	16	16
计分系数	1.6	1.34	1.6	1.34	1.34	1.14	1.34	1.14	1.34	1.14	1.34	1.14	1.4	1	1.34	1.14	1.4	1	1	1	1
备注	得分 = 系数 × 节数																				

行政工作人员，平均每天按 2 课时计工作量，根据本人完成工作情况，由所在处室负责人每月进行考核，考核结果分三个等级。一级占处室人员的 30%，每天按 2.2 节课计工作量；二级占处室人员的 50%，每天按 2 节课计工作量；三级占处室人员的 20%，每天按 1.8 节课计工作量。中层干部每天按 2.8 节课计工作量，校级领导每天按 3 节课计工作量。计分系数均为 1.65。兼课不再加分。

育才中学行政人员加分项目表

工作任务	每周跨课头并满工作量	年级组长（每周）	教研组长（每周）	体育教师带操(每周)	负责体训队（每周）	组织课外活动（每周）	老教师（男55岁以上，女50岁以上，每周）	当月出满勤（每月）
加分	2	2～4	1.6	1	2	1	1	2

　　说明：兼两职以上，只计其中最高一项。初高中毕业班将原计分系数的基础上提高 0.1，高三补习班文化课教师计分系数，在毕业班计分系数的基础上再提高 0.2。跨头备课满工作量每周加 2 分，不满工作量每周加 1 分。安排临时工作有必要加分的经学校领导审定后酌情进行。

　　津贴计算方法：教职工个人当月津贴金额 =（全校教职工当月津贴总额÷全校教职工当月积分总数）×某人当月所得总分。

　　津贴来源：（1）从国家拨发的津贴中每人提取 30 元。（2）从学校创收中给每人配置 30 元（待学校资金状况改变后进行调整）。假期只发国家拨发的津贴部分。

　　1996 年，四制改革试行后，全校绝大多数人员都被聘任，极个别年龄大的教职员工退休。由于制度不完善，二级聘任在一个学校内难以落实，加上津贴发放办法和工作量计算方法需要不断改进，1998 年，因学校财力紧张，四制改革终止。

　　为配合四制改革的实行，学校先后制定出台了《育才中学干部使用制度》《育才中学民主决策制度》《育才中学资金管理使用制度》《教职工考勤制度》《教职工请假制度》等，不断规范办学行为。

二、德育工作

　　1990 年，国务院发布《关于改革和加强中学德育工作的通知》，学校成立德育工作领导小组，周书铭为组长。8月，成立政教处，加强对德育工作的领导。

1991年，国家教委颁发《关于中小学加强中国近代史及国情教育总体纲要》。学校组织各年级组认真学习《纲要》精神，各班通过主题班会、专题讲座、知识竞赛等方式，加强对学生进行中国近代史及国情教育。1992年，国家教委发布《中共中央关于进一步加强中小学德育工作的通知》，对中小学德育工作提出了新的要求。学校以《中小学德育教学大纲》《爱国主义教育实施纲要》为指导，坚持德育为首、全面发展的教育方针，努力培养德、智、体、美、劳全面发展的社会主义建设者。

20世纪90年代，学校把爱国主义教育、革命传统教育、形势教育、纪律教育、品德教育、卫生习惯养成教育等为内容的德育工作渗透到学校教育教学的各个环节。

第一，进行爱国主义教育。

（1）举行升降国旗仪式。每周一早晨举行升国旗仪式，全校师生庄严列队，伴随着雄壮的国歌声，注视着鲜艳的国旗冉冉升起。每周末下午举行降旗仪式。1994年，在升国旗仪式上，值周领导进行值周总结。1995年，升国旗仪式上，由值周班级学生代表作国旗下的演讲，以此进行爱国主义教育。

（2）组织学生观看爱国主义教育影片。学校不定期组织学生观看爱国主义教育影片，写观后感，举行座谈会。还组织形势报告会，让学生关注国际形势和国家大事。组织学生参观英雄人物图片展和党史图片展，进行国情教育和形势教育。

（3）组织大型活动，在活动中接受爱国主义教育。1990年，学校组织全校学生参加了全市迎亚运、庆国庆大型游行活动，参加了亚运会火炬接力跑，举办了亚运会知识讲座和竞赛。从1995年起，每年对年满18岁的学生举行成人宣誓仪式，增强学生的社会责任感。每年国庆节前夕，各班组织召开"爱我中华"主题班会，举行"祖国在我心中"主题演讲比赛，进行"热爱中华"历史知识竞赛等。

第二，进行道德品质教育。

（1）加强纪律和卫生教育，养成学生良好的习惯。1991年起，学校实行"三操三自习"（早操、眼保健操、课间操和早自习、午自习、晚自习）检查评分制，环境、教室卫生检查评分制，课堂纪律评分制，学生集会纪律评分制，根据评分成绩，每月颁发纪律流动红旗和卫生流动红旗。1992年8月，学校出台《德育工作岗位责任制》，提出要充分发挥课堂教学的德育功能，注重三个结合，即课堂内外结合、校内外结合、党政工团结合，形成全校齐抓共管的局面。1994年，学校制定了《育才中学班级管理量化评分制度》和《育才中学学生操行量化评分制》，把对班级管理、学生管理制度规范化。实行学校领导、处室干事、年级老师三位一体的值班制度，加强对年级管理和班级管理的监督检查。建立班主任奖励基金，每年对班主任工作突出的教师进行表彰奖励。

（2）参观德育展室，了解学校发展的光辉历程。1990年，学校建立了德育展览室，陈列学校发展过程的各种图片、文字资料、取得的成绩和获得的荣誉。每年秋季,组织初一、高一年级新生参观,让学生充分了解学校发展的光辉历程,接受爱校、尊师和重教的传统美德教育。

(3)广泛开展学雷锋活动,进行集体主义和助人为乐的教育。1990年,学校广泛开展学雷锋、做好事活动,各年级成立49个学雷锋小组,建立了学雷锋小组评比制度。

图7-13 20世纪90年代全校师生学雷锋活动

拾金不昧、关爱他人等好人好事每天都会出现。学校组织师生开展各种捐助活动,培养学生助人为乐的高尚情怀。1990年,全校师生为贫困地区捐赠衣物1100多件,为亚运会捐款1465.37元。1994年,逸夫教学楼建成后,由于缺乏资金,各种设施不完善,学校在师生和家长中开展"我为学校做贡献"活动,全校师生和社会各界为学校捐款4968.62元。同年,学校为一名重病学生捐款2568.5元。1995年,全校师生为希望工程捐款1074.2元,为贫困小学捐赠衣物75件、学习用具1660多件。1996年,学校为金张掖马蹄寺旅游观光节开幕式捐款833.9元。

(4)开展"五心"系列教育活动,培养学生的社会责任感。1994年,针对学生的心理特征、思想状况和独生子女的特点,在全校开展"忠心献给祖国、爱心献给社会、关心献给他人、孝心献给父母、信心留给自己"的系列教育活动。通过主题班团会、演讲比赛、主题报告会等形式不断把教育活动引向深入。"五心"教育活动着眼于学生成长成才的需要,以增强学生的社会责任感为中心,努力营造"宣传'五心'、倡导'五心'、实践'五心'"的良好氛围,教育学生将高度的社会责任感自觉地转化为奋发成才的实际行动,以增强德育工作的针对性和实效性。一年中,涌现出各种好人好事百余件,学生对社会的爱心有了,对父母的孝心强了,对他人的关心热切了,对自己的信心足了。1995年,学校组织高二学生参加张掖市举行的成人宣誓仪式,增强学生的社会责任感。

第三,进行遵纪守法教育和国防教育。

图7-14 1995年在广场举行成人宣誓仪式

(1)开展普法教育。1991年至1995年,在"二五"普法期间,每学期各班召开法制宣传主题班会2次,组织学生观看法制宣传教育影片与录像片上百场次。开展以《未成年人保护法》《国旗法》为主要内容的知识竞赛、演讲比赛数十次。把法制教育与《中学生守则》《中学生日常行为规范》结合起来，加强对学生进行遵纪守法教育。

（2）开展军民共建活动。每年秋季，初一和高一年级新生入学后，学校与部队联系，对新生进行为期一周军训，培养学生的国防意识。每年清明节，都组织新生到高台

图 7-15 军民党团活动知识竞赛

或临泽烈士陵园扫墓，缅怀革命烈士的光辉业绩（20世纪80年代全校师生参加，考虑到安全问题，90年代只组织新生前往）。1992年，根据国家教育部要求，开展双拥共建活动。学校与五十五师警调连联合成立军民共建领导小组，开展双拥活动。每年"五一"劳动节前夕，学校和部队联合组织"爱我中华、争做'四有'军人、'三好学生'"演讲比赛，并给参赛学生和警调连战

士现场颁奖。"五四"青年节期间，组织军民拔河比赛、篮球比赛和乒乓球比赛。举办军民党团活动知识竞赛。学校聘请部队官兵讲团课。组织学生参观警调连军营、宿舍和部队操练，请警调连战士到住校生宿舍做内务示范教育。双拥共建活动，增强了学生的国防意识和纪律意识，加深了军民鱼水之情。1993年，学校被张掖市政府评为"双拥"工作先进单位。

第四，进行劳动教育。

每年春季，学校组织师生完成上级下达的植树造林任务，派学生去校办农场进行植树劳动。每年秋季，派学生到农场进行平田整地劳动，在生产劳动中锻炼学生的体魄与意志，培养尊重劳动和爱惜劳动成果的优良品质。

第六节 群团工作与体育艺术

一、群团工作

（一）工会工作

早在1985年，学校成立工会储蓄金委员会，工会会员每月交纳5元储蓄金，年底返还，工会会员平时遇到困难可以借用储蓄金，以解燃眉之急。1991年，因人员变动，学校组织教职工选举产生了新一届工会委员会。胡雄飞当选工会主席。1997年3月，李诚任工会主席。工会经常听取职工意见，

图 7-16 20世纪90年代第一届第一次教代会代表合影（1999年）

组织开展职工文娱、体育活动。每年都组队参加地、市职工运动会。1999 年暑假期间，学校召开了一届一次教代会，之后，每年定期召开教代会。工会每年都组织职工观看爱国主义等方面的影片。加强对会员进行集体主义、革命传统和职业道德教育。每年"五一"劳动节前夕，评选先进会员、先进工会小组、职业道德标兵、五好家庭、文明院落等。过年过节开展送温暖活动，及时慰问老职工和生病住院教职工，调解教职工间的矛盾纠纷。认真履行工会组织的各项社会职能，并完成上级工会交办的其他工作任务。

（二）共青团工作

1983 年至 1995 年，刘亚薇任校团委书记。为了充分发挥团组织作用，1990 年，校团委建立业余团校，聘请教师对要求入团的青年学生进行定期辅导，组织高年级团员为低年级团员上团课。每周星期五下午自习为团队活动时间。1994 年，学校业余团校被共青团甘肃省委授予优秀业余团校的光荣称号。1995 年秋季，刘亚薇调任张掖卫校党总支副书记后，牛新军任校团委书记，并兼任政教处副主任，学校开始实行团委与政教处合并办公，政教处工作与团委工作统一部署，整体推进。1996 年 5 月，团委制定了《班团干部管理考核方案》，每年对班团干部从德、能、勤、绩方面进行考核。各班团支部加强团干部建设，做到团干部明确分工，团结协作。各团支部工作年初有计划，年终有总结。团员每年写一份自查报告，从思想表现、学习态度、考试成绩、团结同学等方面进行全面总结，团支部对团员表现进行评议，并写出评议意见，存入团员档案。建立"六簿一册"（团员活动考勤簿、支部会议记录簿、好人好事登记簿、团员违纪处分登记簿、支部活动记录簿、团费收缴记录簿和团员花名册）制度，各班团支部配合班委会在教室内开辟宣传阵地和墙报，按期更换黑板报内容，做好校内外文艺演出和宣传工作，开展社会实践和各种文体活动。

（三）妇委会工作

1994 年 12 月，学校成立妇女委员会，选举产生三位委员，杨春艳任主任。妇委会关心女职工生活。每年"三八"妇女节，举办庆祝活动。1997 年 7 月，妇女委员会组织女职工，参加地区妇联举办的"庆三八、迎回归"万名妇女自行车友谊赛，学校妇委会获优秀组织奖。

二、体育艺术

20 世纪 90 年代，学校每年举办一次田径运动会，一次达标运动会。冬季举行越野长跑比赛。坚持上好"三操两课"（早操、眼保健操、课间操和两节体育课），适时开展拔河、篮球、排球、广播操等比赛。

1990 年，组织学生参加全市中学生象棋比赛，学校代表队取得团体总分第二名的成绩，1 名同学荣获女子象棋比赛亚军。1991 年元旦，在全市越野团体接力赛中，学校

图 7-17　1994 年学校秋季田径运动会

图 7-18　20 世纪 90 年代育才中学操场

代表队获第七名，同年，在全区中学生田径对抗赛中，学校代表队取得总分第二名的成绩。1993 年"五四"期间，组织学生参加全市团体操比赛，学校代表队取得团体操比赛总分第二名的成绩。1995 年，学校重新组建了体育训练队，1996 年 9 月，参加全区中学生篮球比赛，女子代表队荣获全区篮球比赛亚军；同年，参加张掖市中学生拔河比赛，学校荣获亚军。组织学生参加张掖市第六届运动会，学校取得中学组团体总分第二名的好成绩。

20 世纪 90 年代中期，艺术教育逐渐兴起。学校组织的美术、音乐等兴趣小组常年开展活动，培养了一批具有美术和音乐特长的学生。

从 1995 年起，学校每年在"五四"国际劳动节期间，举办以歌颂青春为主题的歌舞演唱会；每年教师节期间，举办以歌颂教师和祖国为主题的大型文艺会演；每年元旦举办"迎新春"文艺晚会或元旦联欢活动；每学期举办两次学生书画作品展。这些活动丰富了校园生活，促进了学校艺术教育的发展。

学校在参加大型文艺活动中多次获奖。1994 年，在全区中学生文艺调演中，学校表演的"敦煌舞"荣获二等奖，"山村女教师"获优秀节目奖。1995 年 4 月，在全区第三届青少年文化艺术节上，学校荣获合唱三等奖和优秀组织奖。1996 年 9 月，首届金张掖马蹄寺旅游观光节上，学校组织上百名学生参加的大合唱《奔向未来》荣获二等奖；同年 10 月，在全区合唱比赛中，学校荣获三等奖。1997 年"五四"青年节期间，地区组织的"青年文明之歌"晚会上，学校荣获优秀节目奖。

在美术教育中，学校定期举办师生书画展览。1996 年和 1997 年，学校两次参加地区书法家协会和金张掖墨缘斋举办的"墨缘杯书画大赛"，共有 5 名学生获一等奖，8 名学生获二等奖，13 名学生获三等奖。学校被主办单位授予优秀组织单位奖。

第七节　基本建设与后勤保障

20 世纪 90 年代以来，学校总务后勤工作人员坚持为教学服务、为师生服务的指导思想，认真做好后勤供应和保障工作，保证工资发放与教学经费的支出，及时修补添置教学设施，改善、美化教学环境。

1991年春季，学校组织15个班级，用时15天，义务植树7200株，校园内种槐树50株，开辟花坛3个，参加这次植树劳动的学生850人次，教职工296人次。1993年春季，学校组织15个班级，经过33天劳动，完成市林业局分配的植树任务，并在校园内种松树17棵，柏树26棵，绿化了校园环境。总务处及时修配课桌凳。1990年，学校新添置课桌凳400多套。1992年，维修课桌凳539件，新购置课桌凳150套。1993年，新购置课桌凳300套。1994年，逸夫教学楼建成以后，配置新课桌600套；翻新课桌凳650件，讲桌25张，办公桌67张，椅子67把。大修课桌305张，课凳206个，小修课桌98张。为办公室、会议室添置会议桌25张，会议凳220条，办公桌4张，单人沙发34个。

总务处工作人员在每年入冬取暖时要检查维修暖气管道。1990年，给学生宿舍、图书馆安装暖气，取暖面积897.8平方米。1991年，更换平房旧暖气，取暖面积3000平方米。

1990年，学校新修茶炉房140多平方米，为教职工供应开水。1991年，重修德育展室，改造职工活动室，对学校固定资产进行全面清查，并登记造册。1996年，修建校门两侧平房14间，全部出租。修建门房和收发室各一间，翻修学校大门，重新油漆逸夫教学楼墙裙。

1994年，逸夫教学楼建成后，原教学楼一、二层西半部分借给张掖电大分校进行教学与办公，操场共用。两年后电大分校撤回原址办学。

1990年，学校购买北京吉普车一辆，1994年转卖。1997年，张掖有年建筑公司赞助学校20万元的桑塔纳轿车一辆。

图7-19　省教委主任闫思圣与地区领导参观逸夫教学楼

学校校医室坚持以预防为主、防治结合的工作方针。经常开展卫生讲座，分期分批给学生和职工子女注射麻疹、流脑预防针，狂犬疫苗等。发放各种预防药品，适时进行各类体检。1995年建立卫生档案。每年校医室给教职工进行抽血化验，并注射乙肝疫苗。

20世纪80年代末，校办工厂对外出租经营，学校派人员参加监管，主要生产炉筒子、浴盆等产品。90年代初，因经营不善、效益不佳等原因近乎倒闭，学校投资基本未收回。1994年秋，学校重新创办保温材料厂，由当时政教处副主任江东耀直接管理（当时无政教处主任），聘用几名校外人员组织生产和推销保温材料岩棉管、薄纤布等，江东耀去兰州等地跑材料，去嘉峪关等地搞推销，很快打开生产局面和销路，发展势头很好。校办工厂当年创利润53000多元，江东耀等受到学校奖励。1995年秋天，江东耀离职进修，学校另派人员负责校办工厂，继续生产原有产品。同年又扩建育新纸箱厂，由于产品没有销路等原因，效益下滑，致使很快停产，后来又陆续办起蜂窝煤厂，但效益不佳。

20世纪80年代中期到90年代中期，学校每年向农场投资3万多元，并派师生进行集中性劳动。农场以种植小麦、油料为主，同时发展林果业。1992年，苹果梨市场前景看好，张掖、民乐许多地方栽种发展苹果梨，学校也把栽培苹果梨列入农场经济林改造计划。当年秋，组织师生砍伐白杨林60亩，栽种苹果梨苗1491棵，参加农场劳动的师生达1832人次。1993年春，学校组织学生奋战15天，又砍伐白杨林45亩，改造经济林50亩，栽种苹果梨苗3200株。至1995年7月，农场的经济林面积达140余亩，有的苹果梨树开始挂果，学校又为农场修建上千米的围墙，根除了与相邻单位的地界纠纷。1995年起，农场实行承包制，承包经费每年3万元。1996年，苹果梨价格下跌，农场效益下降。1997年，遭遇冻灾，苹果梨产量大减，在这种情况下，学校连年减免承包费，后来由于苹果梨生产供大于求，市场疲软，农场重新调整生产结构。

1990年，地区财政拨给学校的公用经费为607377.54元，比较充足。1993年，包干经费共632.9万元，其中公用经费156.4万元。上半年，张掖市为解决教育经费不足的矛盾，制定并实行教育储蓄制度，学校也执行这一制度。初一、初二、高一、高二年级学生一次性交储金250元，新招初一、高一学生每人交储金300元。存储利息作为学校经费，每年可为学校增加收入。1993年，学校修建4号、5号住宅楼，欠款20多万。1994年，修建逸夫教学楼，又欠款50多万，使学校负债近80万，学校资金拮据。1995年冬季，学校取暖费需支付16万元，而财政拨款只有9万元，差额6万多元，学生每人收取取暖费10元，合计1万元，远不能解决问题。

学校多方面设法筹集资金。1994年至1997年与张掖地区电大联合办学，为电大提供教学用房和设备，每年收入4万元，农场也有少量收入。1994年至1995年，校办工厂年创收数万元，为缓解学校经费困难起到了一些作用。后来学校农场和校办工厂效益都下滑，创收不能保证。1996年，又在校门两旁临街位置修建门店14间，装修后出租，每年可增加一些收入。经费不足的问题一直困扰着学校发展。

1997年末，学校将校园东部的10.3亩土地，以每亩20万元的补偿价格出让给地区审计处、计划处、物价处等单位，这几个单位各自建起一栋住宅楼，东侧马路共用。经这次转让，学校土地流失达12.7%，占地面积减少为47160平方米。

第八章　1998 年改制

第一节　结构调整与学校管理

一、城区学校结构调整

张掖城区原有 5 所完全中学，即张掖中学、育才中学、县一中、县二中、县四中，分别隶属于地区教育处与张掖市（县级张掖市即今甘州区）教委。

进入 20 世纪 90 年代后，各校都积极扩大生源，加快学校的发展。由于种种原因，一些学校的生源严重不足，教育资源得不到充分利用，进而影响到办学效益与质量。城区中学结构与布局的调整问题，不断被提上议事日程。经过较长时间的酝酿和考证，并听取多方面意见后，地委、行署正式批准，对城区中学的结构布局进行调整，并于 1998 年 6 月下发了《张掖城区中学结构调整方案》（张署办发〔1998〕59 号文件）。

按照地委、行署的文件精神，原城区 5 所完全中学，2 所改为独立高中，即张掖中学和县二中，3 所改为独立初中，即地区育才中学、县一中、县四中。其中，地区直属的两所中学，一所办为独立高中，一所办为独立初中。育才中学被确定为独立初级中学。

1998 年 7 月，行署教育处处长杨作忠一行两次来学校，先在学校中层以上干部会上公布了调整方案和实施办法及步骤，然后又在全校教职工大会上宣布调整方案。结构调整后学校校名不变，县级建制不变，中层以上领导成员、人事、财政关系等均维持原状，学校仍隶属于行署教育处。

7 月 14 日，学校负责人、原年级组长、班主任将原育才中学高中一、二年级学生全部整队带往张掖中学。次日，张掖中学相关人员也将原张掖中学初一、初二年级学生带到育才中学（初三、高三学生均已毕业放假），学校组织了欢迎仪式，依学生花名册逐一清点核对后，学生调整工作即告结束。

教育处对张掖中学和育才中学的教师也做了适当调整。两校领导对教师基本情况进行摸底，行署教育处与两校负责人对人员调整问题进行了认真研究和协商，提出了调整意见。为了使教师调整工作稳妥进行，两校以不同方式在原两校高中教师中进行征求个人意愿的工作。行署教育处派调研员高闻善等组成工作组进驻学校，协助学校做好教师的调整思想稳定工作，并最后确定调整教师名单。

为了保证教育教学工作的连续性和适应性，减小学生情绪的波动，行署教育处决定，两校原班主任不变，一律随所带班级调动，任课教师根据学历、年龄、授课经历及个人意愿等进行调整。50 岁以上的教师一般不再变动。

7 月 15 日，张掖中学领导陪同调整到育才中学的 16 名教师来学校报到，并跟学校中层干部、年级组长、教研组长见面，进行交流座谈。

次日，育才中学调整到张掖中学的 14 名教师，由学校负责人带领送往张掖中学。随后，根据教育处安排，对两校的学生桌凳和实验仪器做了一些调整。至此，学校的结构调整基本完成。

二、学校管理

根据地委、行署关于调整学校布局的要求，育才中学调整为独立初中后，原领导班子保持不变。张大正任校长兼党总支书记，张国林、高红斌、孙立民仍任原职。副校长何秀要求退休，经教育处同意离开工作岗位，8 月 1 日，经有关部门批准，提前 4 年正式退休。

改制后，学校仍实行校长负责制，下设办公室、政教处、教导处和总务处 4 个职能科室。

学校党总支下设 4 个支部，即行政支部、理科支部、文科支部和离退休党员支部。党总支由 5 名委员组成，每个党支部由 3 名委员组成。

学校的群众组织是工会、团委和妇委会。在学校党总支和上级组织领导下，依各自章程与学校实际开展工作。

1998 年，学校先后提拔王荣军、魏剑英、于战军、马金萍、杨春艳、王学龙 6 名教师为中层干部，分别安排在办公室、政教处、教导处、总务处、妇委会和团委任职，同时调整了教导处与政教处负责人。

改制后，学校将初中三个年级分为六个年级组。每个年级设甲、乙两个年级组。每个年级组管辖四到五个教学班。班主任和任课教师（体育教师除外）根据带班和任课情况分配到相关年级组，集体办公。

学校对教研组也进行了调整，设立语文、数学、外语、物理、生化、政治、史地及音体美 8 个教研组。各教研组在不同年级组设立备课小组，教研组除进行常规教学研究工作外，一般情况下，每两周开展一次教研组活动，开展一次备课小组活动，每次活动时间为一至二小时。

1999 年元月，学校成立内设机构督导室，设正、副主任各一名，在主管教学的副校长领导下开展工作，担任教学科研、教学督导、教学咨询、学情分析、新教师的考核、课题立项等工作。

改制后，学校教师的状况也发生了很大的变化。改制前，学校共有教职工 107 名，改制当年，从张掖师专等校分配来 7 名新教师，又从农村乡办初中及外县调来 5 名教师，加上从张掖中学调整来 16 名教师，学校共增加 28 名新教师。学校改制后，部分年龄较大的老教职工集中退休，这样，学校教师的年龄结构、学历结构等都发生了较大变化，年青教师的比例上升。

第二节　生源状况与挑战

进入20世纪90年代以来，育才中学的生源渐趋紧张，学生数量严重不足，从80年代的1600多名学生下降到1200人左右，有时甚至不足1100人。高中各年级更为突出，有的班仅30余人，优秀学生数量更少。每年初一、高一招收的新生，小考、中考成绩在中等以上的学生寥寥无几，新生数量与质量远低于城区及周边县市其他完全中学。虽经学校多方努力，但生源状况改变不大，学校的各种教学资源得不到充分利用。这种情况，严重制约了学校的发展，影响了教育教学质量的提高，也影响了学校的社会形象，在一定程度上又形成恶性循环。

改制后，初中生源范围扩大，学生数量充足，质量也有所提高，生源状况有了明显的改善。1998年初，学校初高中六个年级共23个班。初中三个年级共15个班，学生781人。高中三个年级共8个班，学生300余人。在校学生1083人。学校改制后，学校高中班学生调到张掖中学。张掖中学初一、初二两个年级9个班的600多名学生到育才中学。学校的学生人数大为增加，加上张掖城区学校实行划片招生，优秀学生的数量有了较大幅度的提高。1998年8月，全校有30个教学班，1513名学生，比1998年初增加了7个教学班，增加学生430名。

1998年，城区学校结构调整，解决了学校的生源困难的问题，但出现了新的挑战。一是学校经费紧张。高中不招生，学费收入比原来减少近20万元。住校生从有到无，学生宿舍、食堂，甚至开水房都无法满足学生增加的需要。地区财政拨付的公用经费由263800元减至232700元，净减31100元，学校水、电等费用紧张。初中学生不上晚自习，导致教师临时补助性收入减少。政策规定给职工增加的200元生活补助费中，地区财政仅拨款50元。学校经费每年缺额近30万元，教职工工资不能按时发放，1999年12月全校教职工工资被拖欠近一个月，后来，在学校与地区财政处等部门的通力合作下，教职工的工资问题才得到解决。二是教师资源的应用不尽合理。学校数十名高级教师和其他一些教师，多年来一直从事高中教育和教学工作，不仅富有教育教学经验，还有良好的师德风范，曾为张掖地区的高中教育做出过巨大贡献，为学校的发展付出了辛勤劳动。学校结构调整后，这些教师普遍产生失落感，对初中教学工作一时感到难适应，因而一部分人纷纷提前退休或申请调离。这对高中教师紧缺的张掖来说，不能不说是人才资源上的一种浪费。三是学校从创办到发展，历经半个世纪，具有光荣的发展历程，经过军队办学到地方办学两个时期，行迹四省，并不断发展壮大，在社会上具有很大影响。学校改为独立初级中学，给学校领导、师生及校友造成思想困惑，加大了思想政治工作的难度。

第九章 改制后的发展

第一节 素质教育与教师培训

一、素质教育

学校改制后，大力推行素质教育，实行分层次教学。1998 年，学校被行署教育处确定为"全区素质教育试点学校"。

借鉴外地开展素质教育的经验，结合学校实际，学校制定了《张掖地区育才中学素质教育实施方案》，确定了"面向全体、因材施教、促优转差、提高素质、全面发展"的办学指导思想，推行"低起点、小步子、多活动、快反馈"的教学原则，提出了争创"四个一流"的办学目标，即一流的师资、一流的管理、一流的质量、一流的设施。明确素质教育的基本要求，坚持面向全体，杜绝学生流失，突出教师的主导作用和学生的主体地位，尊重学生的主动性和创造性，培养德智体美劳全面发展人才。学校制定和修改对学生的评价制度，编印了素质教育情况报告册，改变对班主任工作的评价方法，把家长、学生、任课教师评价逐步引入班主任工作考核中。减少部分课程尤其是非会考课程的作业量，减轻学生负担。初一、初二年级学生取消晚自习。鼓励教师加强对后进生的转化工作，改革教学方法，学习和推广魏书生、张思中等人的教学方法，抓好学生养成教育、心理健康教育和公民意识教育，提高教育质量。

学校制定了《张掖地区育才中学素质教育实施方案》，此方案报行署教育处后，被批转到全区各学校，要求普遍推广。1998 年 9 月，地区教育处组织各县市教育局、各中学主要负责人赴山东省烟台市牟平区大窑乡大窑中学等地，考察学习"分层次教学""分流施教"的做法和经验，校长张大正参加。"分层次教学"主要是贯彻面向全体的教学思想，力求使不同层次的学生互相促进，共同发展，使差生不差，优生更优。10月，张大正带领学校语文、数学、外语三个学科的三名青年教师第二次去山东烟台大窑中学考察学习，考察回来后，在校内进行认真学习和广泛宣传。学校积极推广大窑中学的经验，大力推行"分层次教学""分类指导""分流施教"等教育教学方法，依托三年发展规划，按照"关注差异，开发潜能，多元发展"的教学理念，从课堂教学入手，针对不同学生的差异，实行分层教学，不断探索新的教学方法，优化课堂教学结构，努力提高教学效率。考察大窑中学的三名教师分别进行了"分层次教学"示范教学。学校要求 45 岁以下的教师，必须采用"分层次教学法"进行课堂教学。对 45 岁以上的教师则要求逐步掌握"分层次教学法"。教导处对教师书写教案的格式、内容等进行了调整，增加了"学法指导""预习提纲""思想教育""能力培养""板书设计""课后反馈"等内容。

1999 年暑假，行署教育处邀请大窑中学校长李培植，在张掖进行"分层次教学法""分类指导""分流施教"的经验介绍，学校派数十名教师参加了学习。

经过学习和教育教学实践活动，教师在课堂教学中普遍渗透分层次教学方法，并加强课前预习、课堂自学、教师点拨、课堂训练、课后反馈等教学环节。同年，学校在初三年级进行"分流施教"实验，由学习较困难的学生自愿报名组成分流班，挑选有管理经验的教师担任班主任，并尝试对课目、教材内容等进行调整改革。

学校对改革考试方法进行进一步探索。在"交叉出题、流水阅卷、统编考场"的基础上，明确提出"考教分离"。对期中、期末试卷进行密封装订、集体阅卷，教导处抽人进行登分和统计，并进行成绩分析评比。积极开辟第二课堂，建立包括美术组、作文写作组、声乐合唱组、篮球组、足球组等课外兴趣小组，发展学生特长，提高学生素质，挖掘学生潜力。1998 年，学校投资 16000 元，购置了一批音乐器材，在初一、初二年级成立了器乐兴趣小组和舞蹈兴趣小组，由专业教师进行指导，利用双休日进行训练。1999 年，学校开设电子科普课与微机课，并列入课程表。

推行素质教育和分层次教学，提高了办学质量。1998 年，学校初三年级六科合格率为 63.2%，1999 年，初三年级六科合格率上升为 67%。1999 年，在全国初中数学竞赛中，1 名学生获甘肃赛区一等奖，2 名学生获甘肃赛区三等奖；在全国初中化学竞赛中，1 名学生获甘肃赛区三等奖。

1999 年，行署教育处与张掖市（县级）教委对城区三所独立初级中学办学能力进行综合督导评估，学校名列第二。

二、教师培训

1999 年，学校制定《育才中学教师继续教育培训计划》，提出教师继续教育培训的目标与要求，确定了措施与方法。学校大力开展"岗位练兵"活动，组织开展优质课竞赛。加大"三字一话"的培训与考核力度。要求 45 岁以下的教师，掌握微机的一般操作技能，会用微机打印试卷、文件和表格。通过在职进修、自学考试、函授以及在张掖电大分校学习等方式提高学历层次。同年，学校有 10 名教师参加学历进修，其中 3 名教师脱产学习，7 名教师函授学习。学校有 6 名教师荣获省、地初中优质课二、三等奖，3 名教师荣获全国初中学科竞赛辅导员二、三等奖。在全区初中中青年教师课改实验课评选活动中，有 5 名教师获奖。

学校重视教育科研工作，鼓励教师发表教研论文。1998—1999 年，教师在地级以上学术刊物上发表论文 37 篇。

第二节　党的建设与群团工作

一、党的建设

1998 年以来，学校党总支以十五大精神为指导，高举邓小平理论伟大旗帜，全面贯彻执行党的教育方针，不断加强党的建设，努力做好思想政治工作，推进学校各项工作健康发展。

在理论学习中，实行学习"三定"制度，即定时间、定内容、定人员，力求取得学习实效。采取集中讨论和专题辅导相结合、集体学习和个人自学相结合的学习方式，组织教职工认真学习党的十五大报告、《邓小平理论读本》《关于深化教育改革，全面推进素质教育的决定》《十五大知识问答》及中央、省、地委有关形势教育的文件精神。

学校每周星期一召开教工大会，星期二各处室、年级组政治学习，星期三中心学习组学习，星期四党员组织生活，组织党员和教职员工认真学习政治理论和党的路线、方针和政策。

党总支举办理论专题辅导报告。聘请地委讲师团、机关工委等部门的同志对邓小平理论、十五大精神进行专题讲座，对《邓小平理论的科学体系》《社会主义的本质特征》《认真学习党章，争做合格党员》《生产力标准问题》《关于政治体制改革》等进行理论辅导。组织教职工积极参加宣传部门、司法部门及学校组织的政治理论测验和竞赛活动。

根据行署教育处统一安排，每个假期，学校利用 5 天左右的时间，举办学习班，集中学习有关理论和上级文件精神，进行形势教育。学校要求广大党员和教职工订阅党报、党刊及其他刊物，每个党员都能至少订一份党刊或报纸，党总支定期购买一些理论书籍，供党员干部集中学习。1998 年订购《邓小平教育理论学习纲要》《党的建设理论学习纲要》等书籍 225 本，下发到党员干部手中。

根据地委部署，学校党总支安排党风廉政建设和反腐败工作，以促进领导班子作风建设。1999 年，学校党总支出台《育才中学党风廉政建设制度》，进一步健全了民主集中制，完善了政治理论学习制度、领导班子民主生活会制度等。

1999 年 6—9 月，在全校开展了民主评议行风的工作。学校成立了行风评议领导小组，组织教职工学习《行署教育处关于在全区教育系统开展民主评议行风的安排意见》《关于校务公开民主管理制度的意见》等文件精神，结合城区独立初中办学水平督导评估工作中反馈的问题，开展自查自纠。先后组织召开了教师代表会、家长代表会和学生代表会，广泛征求意见，共发出问卷调查表 380 张。学校认真分析各方面反馈意见和建议，要求各处室、各年级组对集中反映的问题提出解决对策，制定全校性整改措施。

加强学校的民主管理和民主监督工作。1999 年 7 月 12—13 日，学校召开了 20 世纪 90 年代的首届一次教职工代表大会，标志着民主管理和民主监督工作迈出了重要一步。参加这次大会的正式代表 39 名，列席代表 4 名。校长作了《振奋精神，团结拼搏，为建成全区素质教育示范学校而努力奋斗》的工作报告；审议通过了《教代会条例》《校务公开制度》《职业道德建设规定》等规章制度；审议通过了学校《财务工作报告》。教代会期间，共收到代表提案 17 条。

坚持校务公开制度。学校制定了校务公开内容，包括向学生的各项收费、财产管理、设备购置、财务收支、校办农场和校办工厂承包经营情况，教职工福利分配、年度考核、工资晋升、职称评定和选拔任用干部情况，食堂承包、学校发展规划及重要规章制度的制定和落实情况，基建招投标情况等，以不同方式在不同的范围内进行公开，广泛接受教职员工和社会的监督和质询。

1999 年 12 月，根据市直机关工委的安排，学校党总支开展了以支部为单位的党员民主评议工作，在学习文件的基础上，全校党员对照党员标准，检查个人在政治思想、理论学习、本职工作、工作作风等方面存在的问题，重点对照检查两个方面的认识：一是对"法轮功"邪教组织反动本质的认识和态度，二是对推进素质教育与发挥党员模范作用的认识与态度。通过评议活动，统一了思想，提高了党员的思想认识。组织教职工收看中央电视台关于取缔"法轮功"邪教组织的新闻报道和民政部通知。同年，学校党总支被地直机关工委评为先进党组织。

二、群团工作

学校自 20 世纪 70 年代末以来，逐步恢复了工会和共青团组织。90 年代中期，正式建立妇委会。这些群众组织都是在学校党政与上级组织的领导下，依各自章程开展工作。

（一）工会工作

学校工会以《中华人民共和国工会法》《中国工会章程》为依据，以"维护、参与、建设、教育"为四项基本职能，加强自身建设，充分发挥学校党组织联系群众的桥梁纽带作用，团结广大教职工，积极维护教职工合法权益，鼓励和支持教职工做好本职工作。工会及时发展新会员。

协助党组织加强教职工的思想教育。工会积极开展丰富多彩的活动，如组织教职工观看电影、组织教职工举行球类比赛等，以活动为载体对教职工进行爱国主义、集体主义和职业道德教育。认真开展评选职业道德标兵工作，热情开展送温暖、献爱心活动。

积极开展扶贫济困和社会公益活动。1997 年，为张掖中学患白血病的教师刘佑如捐款997元。1998年9月，组织全校职工开展抗洪救灾捐助活动，共捐款4195元。10月，为洪涝灾区捐助衣物230件。1999年，为贫困地区捐赠衣物259件。2000年，为贫困地区捐赠衣服133件。全校教职工为张掖市中心广场修建捐款7010元。

（二）共青团工作

学校团委下设3个团总支，初二年级以上各班均成立团支部。成立教工团支部，积极引导青年教师加强政治理论学习，爱岗敬业，为党的教育事业无私奉献。

1998年，校团委与政教处联合办公，提高了团委工作时效性。团委对广大团员和青年学生进行思想品德教育和素质拓展系列教育，协助政教处做好学生纪律、卫生、文娱工作。

团委配合相关部门，办好学校广播站；每月编辑出版一期校报；组织召开团会与班会；开展禁毒宣传教育活动；组织学生深入揭批"法轮功"的反动本质，开展拒绝邪教签字活动；动员学生开展"手拉手、献爱心"和与扶贫学校结对帮扶等活动；定期发展新团员，表彰优秀团支部和团干部。2000年，学校团委被共青团张掖地委评为先进团组织。

（三）妇委会工作

1996年，学校成立妇委会。在党组织领导下，妇委会认真组织女教职工学习《妇女权益保障法》，开展"巾帼建功"活动，以培养"四有""四自"（即自尊、自信、自立、自强的简称）新女性为根本任务，努力提高妇女的综合素质。每年组织妇女参加庆"三八"活动、扶贫帮困和献爱心活动。协助工会做好不同节日的庆祝和慰问活动。

学校成立了老龄委员会，负责老年教职工的学习、文化、体育活动，维护老职工的合法权益，老龄委主任、副主任由学校校长、党总支书记兼任，委员由办公室、工会、离退休党支部负责人担任。

第三节　德育工作

1998年以来，学校狠抓养成教育，严格学生管理。政教处先后制定了《育才中学德育工作总体规划》《育才中学学生纪律及违纪处理办法》《育才中学学生文明礼仪规则》《班主任工作考核办法》等制度，使德育工作制度化、规范化。德育工作实行"三、二、五"管理模式，并积极推行。"三、二、五"，即"三会""两岗""五项常规"，"三会"是指每学期定期举行学生代表联系会、家长代表联系会和教师代表联系会，通过这些会议达到相互沟通、相互交流、相互督促的目的，使家长、社会和学校都关心学生德育工作。"两岗"包括年级组或班级设立的卫生监督岗和纪律监督岗，加大对纪律和卫生的监督检查。"五项常规"指《育才中学文明礼仪规则》《育才中学校园公共财产管理办法》《校园卫生管理及违纪处理办法》《校内自行车管理办法》等五项常规制度，要求学生遵规守纪，培养良好的行为习惯。

学校对学生进行爱国主义教育，坚持实行升国旗制度。每周星期一早晨，全校师生列队参加，升国旗、奏国歌后，学生代表作国旗下的演讲，值周领导对上周学校各方面工作情况进行小结，并颁发卫生、纪律与学风流动红旗。

学校对学生进行国防教育、养成教育和革命传统教育。与中国人民解放军五十五师警调连结成军民共建单位，不定期举办军民共建活动；每年初一年级新生入校后，进行为期一周的军事训练，对学生进行养成教育和纪律教育；每年清明节前后，组织新生赴临泽、高台烈士陵园扫墓，进行革命传统教育。

为了加强法制教育，1998 年，制定了《育才中学法制教育规划》，定期邀请兼职法制副校长作法制报告，各班组织模拟法庭，普及和宣传法律常识，让学生提高和增强学法、知法、懂法、守法的自觉性，增强法律意识，用法律保护自己，铲除学生违法乱纪行为。

学校广播站开播后，学生踊跃投稿，每天早操和课间操期间定时播放，内容主要是时政要闻、好人好事、校园见闻、学习经验介绍等。

学校坚持办好教室内的"学习园地"、手抄报，定期更换宣传橱窗的内容。据统计，全校每学期各班编辑更新"学习园地"240 期，编辑更新黑板报 60 期，团委和政教处定期进行检查和评比。每年在文化橱窗展出师生书画作品 200 多幅，照片 300 余张。

1999 年以来，政教处加强学生上学、放学时的纪律教育。实行值周人员和值周班级在校门口迎送学生的制度，每天中午、下午放学时，由班主任带队，各班学生排队走出校门，每天上午、下午上学时，值周人员在校门迎接学生。

学校紧紧抓住北约轰炸我国驻南斯拉夫大使馆这一典型事件，组织学生收看电视新闻，开展专题讨论，进行爱国主义教育。

重视卫生工作。学校要求各班实行"三扫两洒"的卫生制度，即每天早、午、晚对教室卫生各打扫一次，洒水两次。每周星期五下午进行卫生大扫除，半月清理一次卫生死角，由政教处组织检查评比。对学生仪容仪表进行不定期的检查或抽查，要求学生统一着装，上学期间必须穿校服，佩戴校徽，不穿奇装异服，不留奇型怪发。

学校每年组织一次全校文艺会演活动，各班学生参加活动的积极性普遍很高，演出水平逐年提升。组织学生观看 3～4 次以爱国主义教育题材为内容的影片，丰富学生的

图 9－1　20 世纪 90 年代学生课间操

文化生活。1999 年，在全区中小学师生庆祝建国 50 周年文艺会演中，学校获地直学校

三等奖。

学校加大对学生的管理力度，要求班主任做到"三勤"，即腿勤、眼勤、口勤，跟班管理，善于观察，勤于发现，耐心细致做好学生的思想工作。各班实行严格的考勤制度，包括学生到校情况、课堂纪律、眼保健操纪律、集会纪律等。学校每年组织召开一次班主任工作经验交流会，把经验交流材料整理打印，装订成册，分发给全校班主任学习交流。

为了提高广播操的质量，1998 年和 1999 年秋，两次举行全校广播操比赛，对各年级成绩突出的班级进行表彰奖励。

第四节　基本建设与后勤保障

1997 年初，由教职工筹资，动工修建 6 号住宅楼，工程为砖混结构，4 个单元 6 层，建筑面积 5384 平方米。1998 年底工程竣工，学校教职工 34 户乔迁新居（另外 14 套为行署教育处职工居住），至此，全校 154 名教职工（含 34 名离退休人员）中，有 112 户教职工入住校内住宅楼。同年，学校投资 10 余万元，修建了两幢教学楼间的假山、喷泉、雕塑、草坪、葡萄架长廊。1999 年，投资 10 多万元，修建了东部花园，建造了仿古亭、花坛、草坪等。拆除了用作物理实验室的旧平房，扩大了两教学楼间的草坪面积，用混凝土硬化了校园西边的马路和东边的篮球场，校园环境面貌大为改观。

1998 年，行署教育处和有关部门联合，对城区各学校园林化建设工作进行检查，学校被授予"张掖市园林化学校"称号。在全区校园文化建设评比表彰活动中，学校荣获校园文化建设先进单位称号。

1998 年，学校建立微机室，购置微机 65 台。同年，对校办工厂、校办农场实行承包经营，学校多次派校办工厂、农场负责人赴省外考察学习和参加培训，积极支持农场进行生产黑木耳的实验栽培工作，加大对校办工厂的投资力度，校办工厂在生产保温材料、岩棉管等产品的基础上，又投资蜂窝煤生产、作业本印刷等新项目。1999 年，校办工厂新建校服生产厂和印刷厂，并承包给校外人员经营管理，校服生产厂和印刷厂生产学生校服、作业本、教案本及稿纸等。

1998 年，学校对旧教学楼进行了瓷砖贴面工程，使其旧貌换新颜；拆除旧式厕所，新修水冲厕所一处；对师生食堂和校办工厂进行承包；与行署老教协所办的华晟学校签订联合办学协议，华晟学校租用学校教室，交纳相关费用。

1998 年，根据张地房改〔1998〕8 号文件精神，学校将 42 套公有住房（砖混结构，建筑面积 2917.96 平方米），按 70% 的产权的价格出售给所住职工，并办理了房产证。1999 年底，根据房改政策要求，学校对已售住房由部分产权向全部产权过渡，教职工补交了学校 30% 的产权差价，拥有了原购住宅楼的全部产权。

第十章　跨入新世纪

第一节　调整班子与形势教育

一、领导班子的调整

2000 年 1 月，校长兼党总支书记张大正提前一年退休。地委、行署决定，由副校长张国林负责学校全面工作。党总支副书记高红斌临时负责党总支工作。

2000 年 5 月，地委、行署任命高台县职教中心校长闫维祯为育才中学校长，张国林为中共育才中学党总支书记。同年 9 月，学校党总支换届改选，张国林、闫维祯、高红斌等 5 人为总支委员。

2000 年 6 月起，学校实行校务委员会制度，校务委员由校级领导、科级干部、党支部书记、年级组长、教研组长等组成。每学期召开 2 至 3 次会议，负责审议学校工作计

图 10-1　张国林

划、总结报告、决定决议、规章制度等。2000 年 8 月，学校办公室原负责人调往张掖中学任教。办公室工作由妇委会主任负责。同时，将原督导室并入教导处。

二、形势教育

2000 年，按照张掖地委的统一部署，学校领导班子和领导干部开展"三讲"教育活动。这次教育活动从 3 月 23 日开始，6 月 10 日结束，历时 70 余天。地委派出以李正本为组长的"三讲"教育第一巡视组进行具体指导和督促检查。学校成立了以张国林为组长、高红斌为副组长的"三讲"教育领导小组。教育活动分为"思想发动，学习提高""自我剖析，听取意见""交流思想，开展批评""认真整改，巩固成果"四个阶段。

在"三讲"教育过程中，学校组织党员干部认真学习《讲学习、讲政治、讲正气教育读本》，毛泽东、邓小平、江泽民的重要论述，中央、省、地领导同志的讲话精神。通过学习，党员干部受到了一次深刻的思想教育。张国林代表学校领导班子进行了

自我剖析。班子成员采取"自己找、群众提、上级点、互相帮"的办法，着重查摆和剖析了班子及个人从 1992 年以来党性党风方面存在的问题。在地委巡视组指导下，领导干部广泛听取群众意见，召开了领导班子成员民主生活会，并对民主生活会情况在全校范围内进行通报。结合群众反映的问题，学校制定了整改方案，对存在的问题逐步加以解决。在"三讲"教育活动中，全校共召开教职工大会 6 次，参与教职工 630 多人次。召开各种形式的座谈会 12 次，参与教职工代表、学生代表、家长代表共 200 多人次。发放各种意见征求表 299 份，面对面征求个人意见 121 人次，编印"三讲"简报 58 期。在校级领导干部"三讲"教育结束后，校党总支安排中层干部进行"三讲"教育理论学习，这一工作一直持续到 7 月 17 日结束。中层干部都撰写出了 3000 到 5000 字的学习笔记和心得体会。

9 月，根据中央《关于利用胡长清等重大典型案件对党员干部进行警示教育的意见》和省、地委召开的警示教育动员大会精神，学校组织党员干部开展警示教育活动，这次活动从 9 月 4 日开始，历时一个多月。学校成立了警示教育领导小组，统一部署警示教育活动，经过"宣传动员、安排部署""学习文件、观看影像""深入讨论、交流体会""检查验收、搞好总结"四个阶段，组织党员干部观看警示教育录像片《胡长清案件警示录》和电影《生死抉择》等，党员干部每人撰写心得体会 3 ~ 5 篇。通过警示教育，推动学校党风廉政建设和反腐败工作深入发展。

2000 年冬至 2001 年春，学校党总支认真组织全校职工学习揭批"法轮功"的文章，从深层次上认识"法轮功"反社会、反科学、反人类的邪教本质，对个别参与"法轮功"活动的人员进行思想教育，协助有关部门做好转化工作。

2001 年 4 月，学校党总支组织全体党员和入党积极分子开展"建党 80 周年党的知识竞赛"活动，54 名党员参加了竞赛活动，2 名党员获一等奖，4 名党员获二等奖，8 名党员获三等奖。4 月 9 日开始，学校党总支安排工会负责实施的职工职业道德标兵评选活动，11 名教职工被评为学校职业道德标兵。

第二节 改革与发展

一、深化改革

2000 年 6 月，学校采取措施，深化内部改革，努力改善学校的社会形象。针对教育教学质量不高、长期以来学校管理中存在的问题，6 月 28 日，学校组织中层干部、年级组长、教研组长、党支部书记一行，赴民乐县参观学习，先后考察学习了民乐一中、民乐三中课堂教学方法和学校管理的做法，带回了兄弟学校的规章制度。

6 月 30 日，学校做出全面完善、修订和建立规章制度的决定，在学校原有规章制度的基础上，借鉴兄弟学校做法，补充和完善规章制度。暑假期间，抽调相关部门人员集中力量补充和完善学校规章制度，并几易其稿，新学期开校前定稿，准备在教代会上进行讨论和审议。

9月2—3日，学校召开了一届二次教职工代表大会，参会代表39名。会议审议并通过了17项规章制度。主要有《校长岗位职责》《校长工作制度》《教职工请假制度》《校务公开制度》《工作失误一票否决制》《工会经费管理办法》《财务管理制度》《教职工年度职称考核办法》《目标考核奖惩办法》等，这些规章制度经教代会审议通过后，印刷装订成册，命名《张掖地区育才中学规章制度汇编》，发放到全校教职工手中，9月11日，新修订的各项制度全面执行。

这次制订的《张掖地区育才中学规章制度汇编》，主要包括岗位职责和管理制度两大类，共5编170余项内容，尽管有些制度需要进一步修改完善，但毕竟是学校发展历史上制定的内容最广泛、项目最多、最系统的规章制度，为加强学校管理，提高教育教学质量提供了制度保障。同年，学校重新实行校务委员会制度。秋学期，先后召开3次校务委员会议，学习和进一步贯彻落实修订的规章制度。

8月23日，召开教工大会，进一步明确学校办学思路，提出以邓小平理论为指导思想，以教育教学为中心，以抓管理为突破口，以改革为动力，以提高办学效益为重点，以作风建设为基础，大面积提高教育教学质量，办出特色，争创一流的奋斗目标。9月，实行校级领导、中层干部分抓分管年级制度，每个年级由1名校级领导和2名中层干部负责，全方位抓好各年级组的教育教学和管理工作。实行领导干部督查制度，要求副科级以上干部，每人每天督查一项自己分管分抓范围内的工作，周末将督查表交学校办公室统一汇总，作为年终考核的重要依据。

教学管理上，开始推行G值和B值管理办法，即把每学期学生期中、期末考试成绩的及格率、平均分，同学生入学考试成绩的及格率和平均分进行比较，根据学生考试成绩的变化情况，对会考科目的任课教师进行奖励或处罚，非会考科目的教师，则根据学生评价和学期考核成绩进行奖罚。

改变教职工年终考核办法，扩大学校考核领导小组的成员组成范围，由学校领导、中层干部、年级组长、教研组长组成，缩小领导打分的分值，减少因个人情感因素造成的打分不客观公正。对考核结果张榜公布，增加了考核的透明度。工勤人员的考核，在全校教职工范围内进行民主测评，根据测评的满意程度换算成绩，决定其奖惩幅度。

对毕业年级的教育教学工作，实行目标奖惩制度。2000年，初三毕业会考后，学校拨款一万余元，根据各班学生的考试成绩，对任课教师、班主任、年级组长进行了较大幅度的奖励。

为了扩大对外宣传，沟通学校、家庭和社会的联系，学校创办了校报《学校与家庭》，由政教处、团委、教导处主办，每月出版一期，内容包括学校重大活动、领导决策、教育教学经验介绍、法制教育、学生思想交流等。

为加强内部管理，严格岗位职责，强化劳动纪律，认真落实《教职工一日常规》，学校开始全面实行全员坐班制和签到制，每天上午、下午上班后，教职工在本处室或年级组内亲自签到，周末由本部门负责人汇总，交学校办公室统计，作为对教职工考核的一项重要内容和依据。

从 2000 年秋天起，学校加大值周力度。每周安排一名领导、两名教师或干事和一个班级学生值周。要求值周领导和教师 24 小时为学校管理负责，包括双休日，除检查学生出勤、纪律、教室卫生外，也要检查教职工坐班、办公室卫生等情况。

2001 年上半年，学校对高中级专业技术人员聘任实行动态管理，并制定了相应的制度。4 月，对 14 名高级教师和 45 名中级专业技术人员实行了为期一年的二次聘任。在教学上实行周前备课、教案会签制。教师的教案必须在每周星期一由年级组长、教研组长签字，分管分抓领导对年级组教师的教案进行检查、审批与评定等级。

对学校安全保卫、车辆管理、卫生人员的归属进行了调整。这些改革措施和管理办法的实施，改变了学校的校风、教风和学风，转变了教职员工的工作作风，推动了学校工作的不断发展。

二、开拓发展

2000 年以来，学校各方面工作有了新的起色，学校的社会影响进一步扩大。

2000 年初，全校 3 个年级，29 个班，学生 1500 余名，超过 20 世纪 90 年代的任何一年。是年，初三毕业学生 549 人，为历届初三毕业生人数之最。2001 年初，全校班级数增至 30 个，学生人数为 1340 人，初三毕业班人数为 376 人。

德育工作不断加强，并取得实效。学校制定了新的德育目标、内容和方法，从抓学生日

图 10-2 初一新生军训

常管理入手，通过班会、广播站、宣传栏、校报宣传等方式加强对学生行为习惯的养成教育，进一步抓好初一年级新生的军训和入学教育工作，继续实行卫生监督岗和颁发流动红旗的制度，对班级出现的问题在全校范围内及时通报，班级间争先创优意识明显增强，纪律状况和卫生面貌有了新的改观。

2000 年 12 月 1 日，学校被中共张掖地委宣传部、行署教育处联合授予"全区中小学德育工作先进集体"称号；被张掖地区国防教育委员会命名为"张掖地区国防教育示范学校"；被地区人大工委、少工委、行署司法处推荐为全省"少年维权岗"先进单位。

学校民主管理和民主监督工作进一步规范化，依法治校和以德治校有了新发展，教职工积极参与学校管理与民主监督，初步扭转了纪律涣散、作风漂浮的不良倾向。以教研促教学，向管理要质量，以质量求发展已成为学校共识。教学的环节管理与目标管理工作进一步加强。教案会签制度、教师听课制度、教学评价制度的环节不断完善，学生的主体作用进一步得到体现，竞争机制初步形成。

2000 年，"三机一幕"（电视机、电脑、投影仪和投影幕）进入课堂。学校建立了卫星接收系统和电教资料库，部分教师已会使用电教软件进行辅助教学。下半年，学校为校级领导、办公室、教导处、政教处、总务处和财务室配备了微机。2001 年上半年，学校为各年级组、图书馆配备了微机，改善了工作条件。

加大教师的培训力度。2000 年暑假，学校派 11 名教师去兰州参加业务培训和函授进修学习，10 名教师去张掖师范参加普通话培训，提高了教师的业务素质和教学基本功。当年，教师正式申报的地级科研课题 3 项，校级科研课题 35 项，在地级以上刊物发表论文 65 篇。

教学质量显著提高。2000 年，初三毕业会考的优秀率，在城区三所初中名列前茅，其中，8 名学生的毕业会考成绩在 700 分以上，占城区同类学生 14 人的近三分之二，刘舒怡以 733 分的成绩取得全区初三会考第一名。同年，在全国初中英语、化学、数学竞赛中，学校有 31 名学生获奖。在数学竞赛中，有 4 名学生获甘肃赛区一等奖。初三（9）班学生刘舒怡一人获数学、外语、化学三门学科一等奖，学校有 11 位教师获省级优秀辅导奖。2001 年，初三年级师生顽强拼搏，锐意进取。当年初中学生毕业会考六科合格率、平均分、优良率等各项指标，取得张掖城区第一名的好成绩。

总务后勤工作有了明显的变化。总务后勤工作人员转变思想观念，不断改善服务态度，提高服务质量，工作紧迫感、责任感和竞争意识增强。严格财务管理，加强内部审计，规范各种收费行为。2000 年，对校办农场清产核资后进行了新一轮承包，上调了承包费。制定规章制度，进一步规范校办工厂的管理行为。加强对学校出租门店的管理，加大租金及水电费的收缴力度。

积极改善办学条件。2001 年 1 月，学校安排学生进行勤工俭学活动，增加学校创收。2 月，学校为教职员工更换了办公椅。3 月，对勤工俭学活动进行总结，并对表现突出的班级和个人进行了表彰奖励。学校多网合一系统安装调试完毕，并正式投入使用。4 月，在教学区和东部住宅区之间安装隔离栅栏。5 月，华晟学校搬出校园，结束了与地区老教协所办华晟学校联合办学的历史。拆除了 20 世纪 60 年代修建的、曾用来做学生宿舍的旧平房教室。同年夏季，成立了物业管理委员会，对 5、6 号教职工住宅楼实行物业化管理。

2001 年 4 月，中共张掖地委、张掖行署做出决定，张掖地区育才中学和甘肃省张掖中学合并，重组建校。重组新建后的校址定在育才中学，校名为甘肃省张掖中学，张掖中学为独立高中，县级建制，由地区管理。

　　4 月 16 日，行署教育处召开了育才中学和张掖中学重组建校筹备委员会会议。学校召开教职工大会，行署教育处领导传达了地委、行署关于育才中学和张掖中学两校重组建校的文件精神。同日，学校配合有关部门，对财务工作进行审计。5 月 10 日，行署副专员周兴福主持召开重组建校领导小组现场办公会，对学校的规划布局提出明确要求和指导意见。5 月 14 日，

图 10 - 3　张掖育才中学简介石碑

教育处召开重组建校筹备委员会会议，通报了育才中学与张掖中学资金审计情况。5 月 15 日，行署专员田宝忠、副专员周兴福及地区建设处、教育处领导再次来校现场办公，专题研究学校的规划布局问题。总务处配合筹建小组进行了新校园的规划和基建准备工作。5 月 28 日，学校召开教职工大会，通报学校财务审计情况。6 月初，合并建校工作全部准备就绪。

第三编　重组新建的张掖中学
（2001—2017）

第一章　重组新建　扩大规模
（2001—2010）

2001 年 4 月，中共张掖地委、张掖地区行署决定由甘肃省原张掖中学和原张掖地区育才中学合并重新组建甘肃省张掖中学。甘肃省张掖中学重组后为独立高中，县级建制，核定学生 3500 多人。鉴于甘肃省原张掖中学校址不适合再办学校，新校址为原张掖地区育才中学，保留"甘肃省张掖中学"的校名，张掖地区育才中学的建制取消。重组新建后的张掖中学，扩大办学规模，制定发展规划，描绘美好远景，努力打造品牌学校。

第一节　重组新建与组织机构

一、重组新建

张掖中学是甘肃省原 24 所重点中学之一，是张掖地区建校时间最长、影响最大的高级中学，在区内外享有较高声誉。建校 80 多年来，为国家培养了大批人才，为张掖地区经济建设和社会发展做出了突出贡献。

原学校占地面积 79.67 亩。20 世纪 90 年代以后，由于保护木塔，扩建广场和街道，使学校占地面积日渐缩小，占地面积仅有 49.49 亩。同时广场上公益活动频繁，乐声及噪音整日不绝于耳，影响了学校正常的教育教学秩序，制约着学校的进一步建设和发展，张掖中学办学遇到的问题引起了地市领导、教育行政部门及社会各界的广泛关注。

根据张掖地区经济社会发展、张掖市创建河西中心城市、2005 年普及城区高中阶段教育的需求和地委行署要求把张掖中学"做大、做实、做强"的指示精神，本着有利于巩固"普九"成果，有利于发展高中阶段教育，有利于分级办学分级管理，有利于现有教育资源充分利用的原则，2001 年 4 月 9 日，行署教育处向地委、行署递交了

《关于重新组建张掖中学的报告》，提出将张掖中学与育才中学两校合并，重新组建张掖中学的建议。

2001年4月12日，中共张掖地委秘书处、张掖地区行署办公室下发了批转行署教育处《关于重新组建张掖中学的报告》的通知。通知指出，经2001年4月11日地委委员会议和4月9日专员办公会议讨论研究，同意行署教育处提出的《关于重新组建张掖中学的报告》。

同日，中共张掖地委秘书处、张掖地区行署办公室下发《关于成立张掖中学重组建校工作领导小组的通知》，重组建校工作领导小组成立。

通知指出，张掖中学和育才中学两校合并后，仍保留"甘肃省张掖中学"的校名，为独立高中，县级建制，容纳学生3500名，校址为现育才中学。育才中学建制和校名随之撤销。同日，行署召开张掖中学重组建校领导小组第一次会议，部署近期工作，研究成立组建新张掖中学筹备委员会。筹备委员会由行署教育处处长贾天杰任主任，行署教育处副处长武赞智、张掖中学校长张金生、育才中学校长闫维祯任副主任，原两校校级领导张国林、马国瑞、毛永胜、张尔慧、沈海润、高红斌任委员。会议决定着手对两校进行清产核资，账目审计，教职工登记清理工作，会议还确定成立规划基建工作小组，在建设处的指导下按照省级示范性高中的标准对育才中学原址重新规划，合理布局。重新组建后争取三年内达到甘肃省示范性高中的标准，为创建全省一流水平的高中奠定基础。

2001年5月15日，张掖中学重组建校筹备委员会向张掖市城建委递交基建立项报告、规划报告，并向张掖市规划设计局送交规划设计委托书，重组建校基建工作启动。

图1-1　张掖中学重组记

同日，行署专员田宝忠、副专员周兴福到新建张掖中学现场办公，研究解决重组建校中的有关问题。通过听取汇报、实地考察，田宝忠要求规划建设要立足长远，注重环境的美化和绿化，有关部门要积极配合搞好规划设计。

6月7日，学校召开了由校级领导、中层干部、年级组长和教研组长参加的会议。会上，地委组织部长常征宣布了新建张掖中学领导班子成员名单。6月8日，重组新建后第一次全校教职工大会召开，标志着重组新建的张掖中学正式成立。

二、组织机构

2001年6月1日，张掖地委委员会议研究决定：任命张金生为张掖中学党总支书记；闫维祯、马国瑞任党总支副书记。6月4日，张掖地区行政公署任命闫维祯为张掖中学校长；毛永胜、孙立民、杨立木为张掖中学副校长；张国林、张尔慧、沈海润为张掖中学调研员。张掖中学重组新建后，在原设办公室、教导处、政教处、总务处四个职能科室的基础上，增设了科研室、保卫科和财务科，有工会、团委、妇委会3个群众团体。8月，行署教育处党组任命吕国强为张掖中学校长助理。

2003年11月，成立了中共张掖中学委员会和中共张掖中学纪律检查委员会，毛永胜任党委书记，闫维祯任党委副书记，各年级分设党支部。11月24日，市政府任命吕国强为张掖中学副校长，马国瑞为张掖市教育局调研员。

2006年6月，杨立木任学校纪委书记，朱多祯任学校副校长。之后，学校内设行政办公室、党委办公室、教导处、政教处、总务处、科研室、财务科、保卫科、督导室、实验电教中心10个职能机构。2006年8月，学校进行中层干部轮岗，祝良先任督导室主任，王学荣任政教处副主任，任赋任总务处副主任。同时调整中层干部，郑翠亭任行政办公室主任，王建强任教导处主任，于战军任政教处主任，姜洪任实验电教中心主任，马金萍任财务科科长，李德胜任保卫科科长。9月，杨天军任教导处副主任。通过竞争上岗，学校聘任李晓明为行政办公室

图1-2　中层干部聘任

副主任，吴国光、孙学文为教导处副主任，杨兴明为政教处副主任，宋彩霞为科研室副主任，常国福为督导室副主任，李刚为财务科副科长，孙学明为保卫科副科长。学校党委聘任何正文为党委办公室副主任。

2007年6月21日，张掖市委任命张瑜载为张掖中学纪委书记。

2008年1月，学校先后召开群团组织会议，选举群团组织负责人，并报上级部门审批。任命张瑜载为工会主席（兼），申岩为妇委会主任，杨学锋为团委书记。同时，学校任命王学龙为党委办公室主任。

第二节　整章建制与教师队伍

一、整章建制

学校重组新建后，为加强内部管理，制定了一系列规章制度。2001年暑期，新建

张掖中学参照原张掖中学和育才中学的规章制度，借鉴其他兄弟学校管理经验，起草、修订和完善学校规章制度。8 月 16—17 日召开新建张掖中学第一届教职工代表大会第一次会议，审议通过了修订和完善的规章制度，并在当年秋学期开始执行。这次修订的规章制度共 190 多项，约 18 万字，汇集形成《张掖中学规章制度汇编》。

2002 年，结合《张掖中学内部管理体制改革实施方案》的实施，学校又相继出台了《教职工学期学年综合考核办法》《教职工常规考核细则》《各类人员聘任办法》《目标管理奖惩办法》《对高中及专业技术人员聘任实行动态管理的实施办法》《骨干教师培养选拔管理办法》等 10 多项制度。2005 年，学校制定了《张掖中学精细化管理实施方案》。2006 年 2 月制定出台了《张掖中学学生成绩跟踪管理暨教学目标奖惩办法》《张掖中学考勤制度》，修订了《张掖中学学期学年综合考核办法》。2008 年 10 月，学校将《张掖中学规章制度汇编》改编为《张掖中学质量管理手册》。2010 年 1 月，制定了《张掖中学办学章程》。

2002 年 4 月，开始进行学校内部管理体制改革。10 月，确定了以"四定"（定办学规模、定人员编制和专业技术职务职数、定工作岗位、定教职工工作量）、"四制"（校长职级制、岗位责任制、教职工聘任制、结构工资制）和"八项改革"（用人机制的改革，学校内部分配制度的改革，学校管理模式的改革，教职工学期学年综合考核办法的改革，教职工专业技术职务聘任办法的改革，骨干教师培养、选拔、管理制度的改革，高考、会考和学校内部自考科目奖惩机制的改革，年级组长、教研组长、班主任津贴发放制度的改革）为主要内容的《张掖中学内部管理体制改革实施方案》。实行政教处、教导处聘任年级组长，年级组长聘任班主任，班主任聘任任课教师的三级聘任制。

2003 年确立了教导处副主任兼年级主任、政教处副主任兼年级党支部书记的体制，年级主任全面负责本年级工作。同年，将原有的学科教研组设为年级学科组，隶属年级管理。至 2004 年，学校形成了以校长、中层领导、年级组长为主体的管理体系；以年级组和教研组分工协作，常规管理和目标管理结合的"双轨制"管理模式；以常规考核、目标考核、学期考核和学年考核"四结合"考核办法；实行领导督查工作制度，并将督查工作的质量与年终考核挂钩；加大值周监管力度；实行校级领导联系年级制度；实行 G、B 值评价办法，为评价教师教学质量提供了依据；坚持会考和高考奖惩激励机制。

2005 年，学校建立家长委员会，加强学校与家庭、社会的沟通联系。

图 1 - 3　2002 年学校召开一届二次职工代表会议

教职工代表大会制是学校民主管理的基

本形式。2001 年，学校完善了《张掖中学教代会条例》，召开张掖中学重组后的第一届教职工代表大会第一次会议，决议通过学校的重大决策、财务运行、管理制度等。此后，每年召开一次教职工代表大会。每次教代会都向教职工代表报告学校工作、财务预算及执行情况，审议通过学校重大事项和决策，征求提案、意见和建议，把征集到的提案、意见和建议及时反馈给各部门，及时办理或限期整改，并通过教代会反馈办理情况。

2001—2010 年张掖中学历次教代会一览表

届次	会议时间	代表人数		主　要　议　程
		正式	特邀	
一届一次	2001 年 8 月 15—17 日	79	17	1. 听取并审议《张掖中学 2001 年 4 月 15 日至 8 月 10 日财务工作通报》； 2. 听取并审议《张掖中学教代会条例》； 3. 听取并审议《教职工请假制度》《教职工常规管理考核细则》等学校管理制度； 4. 听取并审议《教代会代表提案、立案情况的报告》； 5. 推荐并通过第一届教代会常务委员会。
一届二次	2002 年 10 月 18—20 日	79	17	1. 听取并审议学校工作报告； 2. 审议并通过《张掖中学学校内部管理体制改革实施方案》； 3. 听取、审议并通过学校财务收支情况的通报。
二届一次	2003 年 12 月 19—21 日	86	13	1. 听取并审议学校工作报告； 2. 听取并审议《张掖中学关于基建项目资金及 2003 年财务收支情况报告》； 3. 听取并审议《张掖中学第二个三年发展规划》。
二届二次	2005 年 1 月 19—21 日	87	13	1. 听取并审议学校工作报告； 2. 听取并审议《2004 年度学校财务预算执行情况和 2005 年财务预算情况的报告》； 3. 讨论并审议《张掖中学教职工代表大会民主评议处科室工作和领导干部实施办法》； 4. 讨论并审议《张掖中学师德师风建设制度》； 5. 对各部门及中层干部年度工作进行评议考核。
二届三次	2006 年 2 月 19—21 日	86	13	1. 听取并审议学校工作报告； 2. 听取并审议《2005 年度学校财务预算执行情况和 2006 年财务预算情况的报告》； 3. 讨论并审议《张掖中学学生成绩跟踪管理暨教学目标奖惩办法》； 4. 讨论、修改并审议《张掖中学学期学年综合考核办法》《张掖中学考勤制度》； 5. 讨论并审议《张掖中学学校文化建设规划》《张掖中学爱心基金会章程》； 6. 对各部门及中层干部年度工作进行评议考核。

续表：

届次	会议时间	代表人数		主　要　议　程
		正式	特邀	
三届一次	2007 年 1 月 21—23 日	99	11	1. 听取并审议学校工作报告； 2. 听取并审议《2006 年学校财务预算执行情况和 2007 年财务预算的报告》； 3. 听取并审议《关于二届三次教代会代表议案办理情况和三届一次教代会代表议案审查情况的报告》，征集本次大会代表提案。
三届二次	2008 年 1 月 16—18 日	98	10	1. 听取并审议学校工作报告； 2. 听取并审议《2007 年学校财务预算执行情况和 2008 年财务预算的报告》； 3. 讨论并审议《张掖中学第三个三年发展规划》； 4. 通报 2007 年学校工会经费收支情况暨"爱心基金"收支情况； 5. 听取工会关于教代会提案工作的报告； 6. 对各部门及中层干部年度工作进行评议考核。
三届三次	2009 年 1 月 11—13 日	97	9	1. 听取并审议学校工作报告； 2. 听取并审议《2008 年财务预算执行情况和 2009 年财务预算的报告》； 3. 通报 2008 年学校工会经费收支情况暨"爱心基金"收支情况； 4. 听取工会关于教代会提案工作的报告； 5. 对各部门及中层干部的年度工作评议测评。
四届一次	2010 年 1 月 22—24 日	81	10	1. 听取并审议学校工作报告； 2. 听取并审议《2009 年学校财务预算收支执行情况和 2010 年财务预算的报告》； 3. 制定并通过《张掖中学办学章程》； 4. 听取工会关于教代会提案工作的报告； 5. 对各部门和中层干部的年度工作评议、测评。

学校还通过定期召开班子成员民主生活会、教职工座谈会、离退休教职工座谈会、学生代表座谈会、家长座谈会等形式，广泛征求意见和建议，促进学校民主管理。

2001 年开始推行校务公开制度，建立校务公开栏。2003 年 11 月，学校成立了政务公开领导小组，制订了《张掖中学政务公开工作的有关规定》，同时设置校务公开栏和财务公开栏。2003 年设置"校长信箱"。

二、教师队伍建设

重组新建时张掖中学共有在职教职工 242 名，其中专任教师 197 名。高级教师 40 名，占专任教师 20.3%，中级教师 97 名，占专任教师 49.24%，学历合格率为 87.82%。教职工队伍保持相对稳定。

随着办学规模扩大，学校实施"筑巢引凤"工程，不拘一格招纳贤才，及时补充新鲜血液，采取"调、培、引"等方式解决师资不足的问题：一是公开选拔。2001年9月，学校在全市范围内公开选拔一批教师充实师资队伍，之后，根据学校发展需要，不定期在全市范围进行教师选拔。2001年至2010年共选拔教师30名。二是在职教师学历提升。学校要求学历不合格教师必须在三年内通过在职进修、自学提高等途径，达到高级中学教育教学的学历要求。2001—2010年，共有18名在职教师取得了本科学历，学历合格率达到95.36%，提高了教师的学历层次。三是招考优秀大学毕业生。自2004年起，学校每年从高等院校招考优秀大学生充实教师队伍，至2010年，共招录优秀大学毕业生31人，全部为本科学历，其中硕士研究生4名。

学校开展了"正己、敬业、爱生、爱岗"为核心的师德教育活动。加强岗位培训和"三字一话"（钢笔字、粉笔字、毛笔字、普通话）达标考核。实行"导师制"，实

图1-4　2004年学校表彰教学能手和师德标兵

施新老教师结对工程，充分发挥老教师"传帮带"作用，促进青年教师业务能力的提高。自2001年以来，学校开展"十佳教学能手""十佳师德标兵"评选、"岗位练兵"和"三课"（优质课、示范课、汇报课）活动，组织"师德师风演讲会""师德师风建设交流会"，公开向社会做出"六不准"承诺，落实《专业技术人员聘任动态管理实施办法》《骨干教师培养、选拔和管理办法》，采用"走出去、请进来"的方式，先后选派230多名教师到北京、兰州、吉林、上海等地院校，参加业务培训和新课改理论学习。邀请白春永等专家来校举行专题辅导，加大对教师的培训力度。

2006年，学校启动"名师工程""青蓝工程"，开展说课、教改课竞赛等活动，提高教师业务技能和水平，加大青年教师的培养力度，努力造就一批师德高尚、业务精良、知名度高的教师队伍。每年组织45岁以下的任课教师进行业务考试，促进教师的业务水平提高。2010年底，学校有特级教师3名，省市级骨干教师29名，省市级学术学科带头人12名，市管专业技术拔尖人才9名，省级青年教学能手4名，市级"十佳青年教师"1名，硕士研究生8人，全国模范教师1名，省"园丁奖"获得者3人，高级教师81人。

第三节　教育教学与德育工作

一、教育教学

学校重组新建后，始终以教学为中心，以素质教育和大面积提高教学质量为宗旨，深化教育教学改革，实行分层次教学。2005年开始，推行学生成绩跟踪管理和教学目

标考核办法，实行教学过程精细化管理，教育教学质量稳步提高。

重组新建后，学校制订完善了《教案书写的具体规定》《作业布置、批改、考前训练的基本要求》《张掖中学教学常规》《教导处教学精细化管理细则》《教师课时津贴发放考核办法》《张掖中学目标跟踪管理办法》《张掖中学会考、高考奖励方案》《张掖中学学生学习规范实施条例》《张掖中学图书馆管理制度》等一系列制度，落实《青年教师培养实施方案》，实施《张掖中学学生成绩跟踪管理暨教学目标奖惩实施办法》。不断规范教师的教育教学行为。

2003 年，教学管理逐步实现由教研组管理向年级管理的转型。学校在高一、高二、高三年级分别设立年级组、学科组和艺术、体育、信息等专业教研组；各年级设年级组长、学科组长，专业教研组设教研组长，各班设班主任。学校任命年级主任、副主任，教导处副主任兼任年级主任，政教处副主任兼任年级副主任、年级支部书记。实行三级聘任制，即科研室、教导处共同聘任教研组长，政教处、教导处共同聘任年级组长，年级组聘任班主任，班主任与任课教师双向聘任。

学习定期召开"三会一活动"：即每学期召开家长委员会、家长会、期中表彰会和每学年举行 18 岁"成人仪式"主题教育活动。

全年 52 周，教学时间 40 周，假期（包括寒暑假、节假日）10～11 周，机动 1～2 周。

高一、高二年级每学年上课 35 周，复习考试 3 周，社会实践和劳动技术教育 2

图 1-5　每学期定期召开家长会

周；高三年级每学年上课 26 周，复习考试 12 周，社会实践和劳动技术教育 2 周。

每周 5 天安排教学，周授课总量 35 课时，每课时 40 分钟。

高一年级开设教学大纲所规定的所有课程，高二年级分文理科。

2001—2002 学年第一学期课程周课时安排

学科＼课时／年级		高　一	高　二	高　三
语文		4	5	6
数学		4	5	5
英语		5	5	6
物理	文	3		
	理		3	4
化学	文	3		
	理		3	4

续表:

课时 年级 学科		高 一	高 二	高 三
生物	文			
	理		2	4
政治	文	2	3	3
	理		3	3
历史	文	2	3	3
	理			
地理	文	3		4
	理			
体育		2	2	2
音乐		1	0.5	
美术		1	0.5	
信息技术		1	1	

2010 年，学校实施了新课程。新课程由学习领域、科目、模块三个层次构成。学习领域：课程设置语言与文学、数学、人文与社会、科学、技术、艺术、体育与健康和综合实践活动八个学习领域。科目：每一学习领域由课程价值相近的若干科目组成。八个学习领域共包括语文、数学、外语（英语）、思想政治、历史、

图 1-6 期中考试

地理、物理、化学、生物、音乐、美术、体育与健康、信息技术和通用技术 14 个科目以及综合实践活动。其中通用技术是新增设的科目。模块：每一科目由若干模块组成。

图 1-7 2003 年学校举办第一届
科技艺术节

模块之间既相互独立，又反映学科内容的逻辑联系。每一模块都有明确的教育目标，并围绕某一特定内容，融合学生经验和相关内容，构成相对完整的学习单元。采取模块教学的组织形式，实行学分管理。学生每修完一个模块经测试合格者，授予相应的学分。采取按年级编排行政班和按选课编排教学班的形式组织教学。必修课程和选修 I 课程在行政班上课，选修 II 课程根据学生选课实行"走班"

制。行政班和选修课教学班具体的管理工作由班主任和任课教师负责。

按照新课改的要求，新课程由必修、选修两部分组成，选修分为选修 I 和选修 II，

选修 I 又可分为限定选修（简称限选）和任意选修（简称任选）两部分。其中必修和选修 I 为国家课程，选修 II 为学校课程。高一年级集中开设必修课，高二年级起选修课程（包括选修 I 和选修 II）将有计划地开设，同时通过学分描述学生课程的学习状况。

由于高考的需要，在实际教学过程中，选修课的任务并没有完成。

二、德育工作

重组新建后的张掖中学始终把德育工作放在学校工作的首位，把德育工作作为事关学生健康成长、学校持续发展的系统工程来抓。学校德育工作坚持从实际出发，以学生活动为载体，将德育贯穿于教育教学各个环节。

为了加强德育工作，重组新建后学校建立以党总支（2003 年 11 月后为党委）为核心，以政教处、保卫科为龙头，以年级组、教研组为重点，以各项活动为载体，以团委、学生会、妇委会、工会为保障的"大德育"工作体系，强化育人氛围，建立学校、家庭、社会相沟通的德育网络，实现德育渠道立体化。

第一，加强德育队伍建设。学校分管德育副校长充分发挥指导作用，教导处、团委、班主任、政治课教师是实施德育工作的主力军，全体教师是德育工作的参与者和实施者。学校组织全体教师认真学习《预防未成年人犯罪法》《教师职业道德规范》《中小学幼儿园安全管理办法》《学生伤害事故处理办法》等法律法规，以学习促德育水平的提高。引导教师写教育随笔、德育论文。每学期召开一次班主任工作经验交流会，编印班主任学习材料。学校制定了

图 1-8　安全交通讲座

《张掖中学德育工作规划》《张掖中学法制教育规划》《张掖中学德育工作实施方案》，编印了《张掖中学学生管理制度手册》，从制度上保障了德育工作。从班主任自身素质、工作态度、工作能力、工作效果等方面进行全面评价，实行周评价、周公示、月汇总、期兑现，有效调动班主任工作的积极性。每学年组织召开一次德育工作经验交流会，通过交流反思，提升德育工作的水平，强化德育工作效果。

第二，坚持落实八项德育制度。①坚持进行校园广播制度。利用校园广播站，每天在早操、课间操时段进行广播，广播内容为表扬师生好人好事、抨击校园不良现象、开展道德观察。②坚持上好两周一次团课制度。团课是团组织对青年团员进行思想政治教育和团的基本知识教育的主要形式，是提高团员思想理论水平和政治素质的有效途径之一。团委在每次上团课前都定教师、定内容、定时间，通过上团课，引导和帮助青年团员学习马列主义、毛泽东思想、邓小平理论和"三个代表"重要思想，帮助团员了解和掌握辩证唯物主义和历史唯物主义的世界观和方法论，系统地了解团章的基本内容和

团的光荣传统，对团员进行团员的权利、义务和团的组织纪律教育；学习党的基本知识、党的光荣历史和传统，启发和提高团员的共产主义思想觉悟；宣传党的方针政策，要求每一个团员做党的政策的坚定拥护者和自觉实践者。③坚持规范升国旗制度。每周一早晨，组织全校师生举行庄严的升国旗仪式，开展国旗下演讲，对学生进行爱国主义教育、革命传统教育、理想信念教育、民主法制教育，培养学生热爱共产党、热爱社会

图1-9 每周星期一进行升旗仪式

主义祖国的真挚情感。④坚持定期召开家长会制度。每学期期中考试结束后，组织召开全校家长会。家长会分年级组进行，由各班级分别组织召开，密切学校与家庭的沟通和联系，广泛听取社会各界对学校教育教学工作的意见和建议，不断改进和完善学校教育教学以及班级管理工作。⑤坚持家长学校培训制度。学校以"提高家教水平、提高家长整体素质、更好地培养下一代、造就高素质的人才"为宗旨，每年组织2次家长培训，从家庭教育和学校教育实际出发，组织家长学习家庭教育的相关材料，根据学生表现指导家长做好家校配合工作，使家庭教育与学校教育互相促进、互相协调，形成教育合力，更好地促进学生素质的全面发展和家长素质的提高。⑥坚持做好"三好学生""优秀学生干部""进步之星"等各类先进的

评选制度。每学期期中考试结束后，各年级、各班根据学生考试成绩和思想表现，评选出"三好学生""优秀学生干部""进步之星"等各类先进个人，在年级期中考试总结表彰大会上进行表彰奖励，并张榜公布，培养学生的竞争意识。⑦坚持办好校报《学校与家庭》。为家长、学生提供交流体会、发表看法的平台，扩大家长、学生、教师之间的沟通和交流。⑧坚持落实"学生成长记录袋"制度。

图1-10 校报《学校与家庭》

"学生成长记录袋"记录学生的成长过程，展示学生的发展成果，让学生感受自己的成长与成功，从而引导学生健康成长。

第三，认真开展系列德育教育活动。①坚持对学生进行养成教育。每年高一新生入校，学校组织一次严格的军事训练，培养学生良好的卫生习惯、守纪习惯、文明习惯、学习习惯，组织新生学习相关的规章制度。养成教育从大局着眼、小处着手，坚持"校园无小事，事事育人；校园无闲处，处处育人"的思想。任课教师对课堂纪律评价与考核，培养优良学风。对学生宿舍实行规范化管理。②狠抓学生行为规范教育，实行精细化管理。认真贯彻落实《中学生守则》《中学生日常行为规范》的各项要求，通过班团会和学校集会，对学生行为提出明确要求。③加强法制教育。学校定期组织法制、安全、纪律讲座等教育活动，培养学生遵纪守法的行为习惯。④以"做一名合格的接班人"为重点，狠抓理想教

育。学校通过课堂教学、主题讲座等途径，指导学生树立正确的职业理想、生活理想、道德理想，从而树立远大理想。⑤以"三结合"为重点，增强教育合力。学校重视校外教育，通过社会调查、社会实践和家庭走访等活动，把学校教育、家庭教育和社会教育有机结合起来，增强教育合力。⑥以"四文明"活动为重点，狠抓精神文明建设。学校开展"做文明学生，建文明班级，创文明学校，树文明形象"的"四文明"活动，制定了"四文明"的具体要求，定期进行监督检查，促进校园精神文明建设工作水平的提升。⑦以"五心""五会"为重点，对学生进行正确的情感教育。针对学生的情感特征，学校积极开展"忠心献给祖国，爱心献给社会，关心献给他人，孝心献给父母，信心留给自己"的"五心"教育活动，要求学生热爱祖国，奉献社会，关爱他人，孝敬父母，提振信心。同时开展"会学习、会思考、会劳动、会生活、会做人"的"五会"教育。⑧以"注重仪表，美化环境"为重点，对学生进行正确的审美教育。学校要求学生统一穿校服，不穿奇装异服，不留长发怪发，值周人员对学生的仪容仪表不定期进行抽查。⑨以"预防与矫治学生的不良行为"为重点，开展德育科研工作。德育处、科研室组织班主任把"预防与矫治学生的不良行为"作为课题进行研究，研究成果在全校范围进行推广。⑩以社会主义核心价值观为重点，培养学生正确的世界观、人生观、价值观。学校利用校园电视台、"春蕾"广播站、宣传栏、黑板报、手抄报等途径，大张旗鼓宣传社会主义核心价值观，对学生进行爱国主义教育、集体主义教育和社会主义的教育。⑪加强心理健康教育，使学生形成健全人格。2013 年，学校先后招聘心理专业教师 3 名，成立了心理咨询室，以"敞开心扉，解开心结；认识自我，助人为乐；悦纳自己，全面发展"为目标，接访存在心理问题的学生，帮助学生解除心理困惑，增强心理承受能力，努力开发个人潜能，形成健康向上的心理素质。

第四节　党的建设与群团工作

一、党的建设

2001 年 9 月，地直机关工委批复张掖中学关于总支委员会选举结果（地直工发〔2001〕27 号），中共张掖中学总支委员会由 9 名同志组成，张金生任总支书记，闫维祯、马国瑞任总支副书记，毛永胜、杨立木、牛新军、祝良先、黄兰英、张瑜载为总支委员。

2002 年，学校党总支以学习十六大精神为重点，坚持理论联系实际的优良学风，加强政治理论学习，采取集中学习和个人自学相结合的学习方式，通过党课辅导、主题讲座、理论测试等措

图 1 - 11　2002 年市直教育系统学习十六大精神报告会在学校阶梯教室举行

施，着力提高党员干部和全体教职员工的思想政治素质。

2003 年 11 月，经中共张掖市委组织部批准，成立了中共张掖中学委员会。学校党委成立以后，加强党的思想建设、组织建设和作风建设，严格履行监督保障职能。学校党委创新工作方法，把支部建在年级，每个年级建立一个党支部，全面贯彻十六大精神。在防治"非典"、抗震救灾、送温暖活动中，广大共产党员积极带头捐款捐物，献出爱心，全体共产党员共捐款 10250 元。同年 6 月 30 日，学校隆重举行庆祝中国共产党成立 82 周年暨表彰大会，对为学校发展做出突出贡献的先进党支部、优秀共产党员举行了表彰奖励。

图 1 - 12　庆祝建党 82 周年大会现场

2004 年，以邓小平理论和"三个代表"重要思想为指导，全面贯彻十六大和十六届三中全会的精神，认真落实两个《条例》的要求。2005 年，形成"抓班子、带队伍、铸师魂、树形象"的基层党建形式。2006 年，校党委坚持以邓小平理论和"三个代表"重要思想为指导，认真贯彻党的十六大精神，紧紧围绕全面建设小康社会的奋斗目标和

图 1 - 13　保持共产党员先进性教育活动集中教育总结大会

改革发展稳定的大局，着眼于保持党员队伍的先进性、纯洁性，增强党组织的创造力、凝聚力、战斗力，组织广大党员深入学习实践"三个代表"重要思想，切实解决党员队伍中存在的突出问题，使广大党员进一步增强先进性意识，明确先进性标准，实践先进性要求，为开创学校教育教学工作新局面，提供坚强的组织保证。6 月，学校党委被中共中央组织部授予"全国先进基层党组织"称号，12 月，学校被中共甘肃省委授予"省级文明单位"，同年，学校成立了"爱心"基金会。

2007 年，学校被国家教育部、人事部表彰为"全国教育系统先进集体"；工会被甘肃省总工会表彰为"模范职工之家"；团委被共青团甘肃省委授予"甘肃五四红旗团委"；学生会被共青团甘肃省委、甘肃省学联授予"甘肃省优秀学生会"称号；妇委会被张掖市妇联表彰"城镇妇女工作先进集体"；学校被张掖市委组织部授予"党报党刊发行先进单位"称号。

"一方有难，八方支援"。2008 年，

图 1 - 14　全校师生为地震灾区捐款

四川汶川地区发生特大地震灾害后，全校师生积极行动，为灾区奉献爱心，踊跃捐款达138647元，党员缴纳特殊党费57420元。2009年青海玉树地震、防控"甲流"，2010年甘肃舟曲特大泥石流灾害，全校师生捐款达89640元。

2009年，校党委组织开展"学习实践科学发展观"的主题活动。学校被全国文明委确定为"做一个有道德的人"主题活动示范学校；组织参加第七届全国中小学思想道德建设优秀成果展评活动，被组委会评为"集体一等奖"；荣获"甘肃省五一劳动奖状"；被甘肃省总工会评为"校务公开民主管理先进单位"；荣获"甘肃省优秀学生会""甘肃省五四红旗团委标兵""甘肃省三八红旗集体"等荣誉称号；被市委表彰为"全市思想政治工作先进集体"。2010年，学校党委积极开展建设学习型党组织活动，积极创建省级"文明单位标兵"，完成"特色学校建设年"的各项工作。

二、群团工作

（一）工会工作

张掖中学重组新建后，工会组织教职工依法参与民主管理和民主监督，维护教职工的合法权益，不断充实、完善"职工之家"的建设。投资25万元，建起了多功能健身娱乐中心，添置了乒乓球台、跑步机等健身器材。2004年，学校工会被评为张掖市先进职工之家。2006年，学校工会被评为甘肃省模范职工之家。工会还定期组织全校教职工进行常规身体检查；看望生病住院的教职工；为教职工定制生日蛋糕；教职工家中有婚丧嫁娶之事，上门看望；积极关心和帮助离退休老教师，组织老教师参加各种有益健康的活动；每年教师节、重阳节和春节组织慰问离退休老教师。

（二）共青团工作

张掖中学重组新建以来，校团委紧紧围绕学校中心工作，加强团队自身建设，团结引领全校团员青年全面发展。2002年5月27日，学校成立张掖中学青年党校。2002—2010年青年党校共举办培训班九届，结业学员共1253名。青年党校前后共发展预备党员258名，从首届的几名优秀学员被发展为预备党员，到2010届结业学员中有81名优秀学员被发展为预备党员。2006年，学校被甘肃省委组织部、甘肃省教育厅确定为全省3个发展学生党员的示范校之一。

图1-15 2003年青年党校第二期学员结业典礼

团委紧紧围绕学校教育教学中心工作和德育目标，以"爱国、文明、感恩、砺志"为主线，分层次、按阶段开展丰富多彩的系列活动：二月、八月举办"实践·我能行"活动；三月举办"学雷锋、献爱心、文明美"活动；四月举办"缅怀前贤、传承民族

图 1-16　2001 年学校组织学生参加张掖市志愿服务活动启动仪式

精神"活动；五月举办"班歌创作、唱响校园"活动；六月举办"坚定信念、共创辉煌"活动；七月举办"党建带团建、颂党情跟党走"活动；九月举办"怀真诚·感师恩"活动；十月举办"普天同庆·弘扬爱国"活动；十一月举办"安全伴我行·普法教育"活动；十二月、元月举办"展素质才艺·靓青春风采"活动等。2001—2010 年学校团委连续 9 年被共青团张掖市委评为"先进团委（团总支）""五四红旗团委（团总支）"。2003 年和 2005 年度两次荣获"甘肃省五四红旗团委"。2007 年 11 月，学校荣获"全市学校团队工作先进集体"。2008 年和 2009 年度，两次荣获省市"青少年书信大赛优秀组织奖"。2009 年 1 月，荣获"甘肃省五四红旗团委标兵"。2010 年 2 月，荣获"全国第三届中小学艺术展演活动二等奖"。学校多次在全市举办的各项大型活动中，荣获一、二、三等奖和优秀组织奖。

学校充分发挥学生会的桥梁和纽带作用，积极开展校内外活动，2007 年、2009 年两次荣获"甘肃省优秀学生会"荣誉称号。

图 1-17　2002 年元旦，团委组织的班级新年音乐会

（三）妇委会工作

2001 年，学校重组新建时，张掖中学妇委会工作由申岩负责，育才中学妇委会工作由杨春燕负责。2002 年 3 月，召开全校女教职工大会，选举产生了第一届妇委会委员，申岩当选为第一届妇委会主任。2007 年 11 月 15 日，召开了第二届女教职工大会，选举产生了第二届妇委会委员，选举申岩为第二届妇委会主任。

图 1-18　2003 年庆"三八"座谈会

妇委会在学校党委的领导下积极开展工作。一是每年开展"巾帼建功"活动，全面提高妇女综合素质。二是每年"三八"节，召开一次座谈会，组织丰富多彩的活动。三是开展心理健康教育活动。根据高中女生的自身特点，在女学生中开展题为"认识自己""十六岁的花季""永不言败"等心理健康教育专题讲座。2007 年，学校英语学科组被张掖市妇联、张掖市教育局联合命名为"巾帼文明岗"；2008 年妇委会被张掖市妇联表彰为先进集体，英语学科组被甘肃省工会授予"甘肃省五一巾帼奖"；2009 年 3 月，英语学科组被甘肃省妇联命名为"巾帼文明岗"，

9月，被甘肃省妇联命名为"三八红旗集体"。

第五节　基本建设与教学设施

一、基本建设

学校重组新建后，为了满足教育教学工作需要，学校进行了一系列基本建设。

1号办公楼维修改造：1号办公楼原为育才中学教学楼，始建于1982年。从2001年起，命名为"诚信楼"。不断维修改造，成为综合办公楼，楼高三层，局部四层，楼顶立有"甘肃省张掖中学"的铜字，正墙悬挂"自强不息，追求卓越"的校训。楼内有会议室1个、艺术教室8个、办公室20多个。学校政教处、科研室、总务处、财务科、保卫科、妇委会集中在此楼办公。校医室位于办公楼一层。

图1-19　1号办公楼

图1-20　2号教学楼

2号教学楼加面加固：2号教学楼原为育才中学的逸夫教学楼，被命名为"启智楼"，始建于1994年，2001年8月，逸夫教学楼扩建工程开工，2002年1月竣工并经验收交付使用。楼高四层，局部五层，楼西侧墙悬挂"一切为了学生的主动发展"办学理念。有教室36个，教师办公室近20个，多功能厅5个。校电视台建在此楼上。

新建3号、4号教学楼：2001年10月开工，先后新建了教学楼两幢，2003年3月验收并交付使用。两幢教学楼包括学术报告厅及阶梯教室。3号教学楼被命名为"厚德楼"，楼西侧墙悬挂张中教风标语。楼内有教室35个，教师办公室20多个，多媒体教室5个，50座语音室1个，会议室1个，设物理实验室2个、化学实验室2个、生物实验室1个，并设有准备室、仪器室、药品室、标本室，设模拟法庭法制教育室1个。学校网络中心建在此楼六楼上，地下一层是图书馆和师生阅览室。4号教学楼被命名为"砺志楼"，楼西侧墙悬挂张中学风标语。楼内有教室32个，教师办公室近20个，多功能

图1-21　新建的教学楼

厅 10 个，多媒体教室 3 个，50 座语音室 1 个，报纸杂志阅览室 1 个，会议室 1 个，设物理实验室 2 个、化学实验室 2 个、生物实验室 1 个，并设有准备室、仪器室、药品室、标本室。学校校史馆建在此楼地下一层。

校门扩建：学校校门在原校门基础上重新设计，于 2006 年扩建完成。正中大理石墙面镌刻校名"甘肃省张掖中学"，背面镌刻"一切为了学生的主动发展"的办学理念。校门东侧建有校长接待室；西侧为保卫科及门房值班室。校门东侧大理石墙面上雕刻孔子像和《论语》精华语句"仰之弥高，钻之弥坚，瞻之在前，忽焉在后。夫子循循然善诱人，博我以文，约我以礼。欲罢不能，既竭吾才，如有所立卓尔。虽欲从之，末由也已"。西侧镌刻办学宗旨"办人民满意的省级示范性高中"。

塑胶操场：2007 年 6 月，开工修建塑胶操场，历时半年，到 2007 年 12 月完工。总投资 998 万元，建筑面积 17100 平方米。有八跑道四百米田径场 1 个，足球场 1 个，篮球场 8 个，排球场 2 个，网球场 1 个，羽毛球场 2 个，乒乓球台 12 个，教职工健身活动中心 1 个，办公室 2 个，体育器材室 1 个，附设主席台。

图 1-22　塑胶操场

科技文化广场和木塔书苑：学校投入 179 万元新建了科技文化广场和木塔书苑。工程自 2008 年 5 月开工，到 2008 年 11 月完工。科技文化广场位于 1 号 2 号楼之间，建

图 1-23　科技文化广场

有旱式彩色灯光音乐喷泉 1 个，彩色不锈钢雕塑 1 个，水泥雕塑 1 个，花岗岩雕塑 9 个（中国名人雕像 4 座：祖冲之、李时珍、毕昇、钱学森，西方科学家雕像 4 座：爱因斯坦、居里夫人、诺贝尔、达尔文，书托日晷雕塑 1 座），景石 2 个（刻有"校训" 1 个，刻有"凌云"字样 1 个）。木塔书苑位于东花园，主体建筑为仿汉唐风格古文化长廊，以"中华文明""张掖览胜""张中情深"为主体。园内建有仿明清风格古八角亭（育才亭） 1 个，景石 1 个（刻有"砺志"字样）。木塔书苑东部主体在 2010 年修建餐厅时拆除。

公寓区维修改建：原张掖中学校园（北校区）有教学大楼一幢，综合楼一幢，学生宿舍楼一幢，图书楼一幢，经 2003 年维修改建后，宿舍楼可住

图 1-24　木塔书苑

学生 400 人，综合楼可住学生 240 人，实验楼可住学生 150 人，教学楼可住学生 960 人，图书楼改为餐厅。宿舍内统一装备了电话、学生专用柜，改建了水冲式厕所，开办

图 1-25　学生公寓

图 1-26　学校餐厅

了洗衣房、理发室、浴室、超市等服务项目。2009 年，为各公寓学生购买了 9 台电茶炉，解决了学生饮用开水的问题。

学生餐厅改造修建：2003 年，学校改造修建了学生餐厅。2006 年完成了食堂大棚、地暖的修建改造。2010 年上半年学校在政府 2 号锅炉房旧址上修建新的学生餐厅"馔玉楼"，地上三层、地下一层，建筑面积 6900 多平方米，2011 年上半年竣工并投入使用。

二、教学设施

学校重组新建后，张掖中学校址以原张掖地区育才中学旧址为基础，范围扩大到陈家花园巷（小区）以东、县府街以西、南环路以北。2001 年 8 月，地区发展计划委员会、行署教育处及行署建设处制定了《张掖中学校园建设规划》，将张掖中学的建设与发展分近期（3 年）、中期（7 年）、远期（10 年）三期规划。2001 年底，基建的各项准备工作全部完成。

图 1-27　校园建设规划图

按照《张掖中学校园建设规划》，新建张掖中学的校园基本建设将在 2010 年完成，资金来源主要由原张掖中学校产变现。但由于种种原因，规划并没有实现。之后学校形成了以原育才中学校园为教学区、以原张掖中学校园为生活区的"一校两园"格局。

学校占地面积 110 亩，用于教学活动和学生生活的校舍建筑面积为 41200 平方米。校园内教学区、运动区、生活区分离。教学区内拥有教学大楼三幢，行政办公大楼一幢，建筑面积 30200 平方米。一个年级拥有一幢教学大楼。运动区内拥有八跑道四百米运动场 1 个，内有足球场一个；篮球场 8 个；排球场两处；拥有单杠、双杠等体育设施。体育器材有篮球、排球、足球、铅球、刀、剑、棍、乒乓球台、杠铃、哑铃、卧推器、跳箱、跨栏架、金属标枪、秒表、跳高海绵垫、大小体操垫等 2000 多件，设备完好率在 90% 以上。生活区主要在北校园，有宿舍、食堂、超市等生活设施。

学校有语音室 2 个，微机室 9 个，电子备课室 3 个，多功能厅 18 个。学校信息技术设备良好，通过宽带与互联网连接后，师生可在每台计算机上网。

学校有阶梯教室 2 个。南校园阶梯教室位于 3、4 号教学楼之间，内设桌椅 18 排，每排 24 座，可容纳 432 人，安装了中央控制系统、索尼数码投影仪和实物展台。通过计算机与互联网连接，可以接播 DVD、VCD、闭路电视、录像机、录音机。北校园阶梯教室位于原张掖中学教学楼旁边。

图 1-28　学校微机室

学校有学术报告厅 1 个。学术报告厅与 3、4 号教学楼相连，两边都有进出口，面积 325 平方米，配置长条桌凳，可容纳 200 多人。安装了中央控制系统、明基数码投影仪和调音台，通过计算机与互联网连接。

学校图书馆负责教材和复习资料的订购、发放，报纸杂志订阅，图书藏书的管理、

图 1-29　学校图书馆

借阅。图书馆设在 3 号教学楼地下一层，藏书量达 17.5 万册，电子图书 11 万余册，教学光盘 900 张，工具书、教学参考书达 250 种以上。学校每年订阅报纸杂志 420 余种。

2006 年，学校成立实验电教中心，负责实验室、网络中心、电视台、校园广播站等工作。实验电教中心先后制定完善了《多媒体教室及设施的管理与使用办法》《实验电教人员工作职责》《实验电教中心的

工作职责》《实验员工作职责》《微机室管理制度》《中心主任岗位职责》《实验室制度》《校园网管理制度》《张掖中学"春蕾"广播站工作职责》《张掖中学电视台工作职责》等制度。

校园网建于 2003 年 6 月，网络中心建在 3 号楼 6 楼，在 1、2、3、4 号楼顶层分别设有二级设备间。全校有 388 个一级信息点，多媒体机房、教师办公室布有信息接点共计 987 个，覆盖

图 1-30　学校实验电教中心

所有教室、办公室。校园网软件建设平台有科利华校园网平台、科利华校长办公系统、南京远志 EOD 音视频点播软件、三晨星空、中国教育资源库、中国教育资源网等大型软件。有初高中各科教学光盘、电影光盘近千张。

校园电视台组建于 2003 年 8 月，下设"春蕾"广播站，学生主持节目。电视台下设 4 个栏目：《校园新闻》《教坛群英》《才艺展示》《校园美与丑》。2004 年成立了校园广播站，后拓建为学校广播网。

第二章 与时俱进 砥砺前行
（2011—2017）

2011 年至 2017 年，学校全面贯彻党的教育方针。学校领导凝心聚力，真抓实干，调动教师工作积极性，学校教育教学质量不断提高，党的建设进一步加强，德育工作有声有色，教育科研成果显著，办学条件得到根本改善，高考成绩连年提升。学校进入了稳步快速发展的崭新时期。

第一节 班子调整与组织机构

2013 年 12 月，中共张掖市委、张掖市人民政府对学校领导班子进行调整，丁一任中共张掖中学党委书记，毛永胜任中共张掖中学党委副书记，王常青任中共张掖中学纪

图 2-1 2013 年市委宣布领导班子调整

律检查委员会书记；毛永胜任张掖中学校长，丁一、孙立民、吕国强、王学龙、李富贵任张掖中学副校长，闫维祯任调研员。学校下设行政办公室、党委办公室、教导处、科研室、政教处、总务处、督导室、实验电教中心、财务科、保卫科 10 个职能部门和工会、团委、妇委会 3 个群众团体。

全校有高一、高二、高三共 3 个年级组，各年级设年级主任和党支部书记各 1 名，教导处副主任兼任年级组主任、党支部副书记；政教处副主任兼任年级党支部书记、年级组副主任。年级组负责全年级的教育教学及管理工作，每个年级组分甲、乙两个组，设立年级组长，年级组长协助年级主任和党支部书记做好各年级工作。

全校有语文、数学、英语、文综（政治、历史、地理）、理综（物理、化学、生物）、音体美（音乐、体育、美术）、信息技术等学科组，每个学科组设学科组长 1 名，负责学科组的教研工作，定期组织学科组教师开展教研活动。

2016 年 3 月，张掖市委、市政府对学校领导班子进行再次调整，任命民乐一中校长王学舜担任张掖中学校长兼党委副书记，丁一担任党委书记兼副校长，王学龙、李富

贵任副校长。毛永胜调往市教育局工作。11 月，撤销学校纪委，王常青调往市教育局工作。学校将教导处改为教务处，政教处改为德育处，对各职能部门的负责人进行了调整：行政办公室主任李晓明，副主任殷祥廷；党委办公室主任郑翠亭，副主任张勇；教务处主任吴国光，副主任杨兴民、孙学文、钱守忠；督导室主任杨学锋，副主任苏天武；

图 2-2　市委、市政府宣布学校领导班子成员调整。左起：丁一、殷大斌、铁明峰、郑生新、毛永胜、王学舜

德育处主任杨天军，副主任张元、桑进林；科研室主任姜洪，副主任何政文；实验电教中心主任于战军，副主任常国福；总务处主任王学荣，副主任孙学明；财务科科长李德胜；保卫科科长孙学文，副科长刘禧；工会主席牛新军；团委书记李红元；妇委会主任赵予。

　　学校党委下设 13 个党支部，分别是高一 1 部党支部、高一 2 部党支部、高一 3 部党支部、高二 1 部党支部、高二 2 部党支部、高二 3 部党支部、高三 1 部党支部、高三 2 部党支部、高三 3 部党支部、高三 4 部党支部、行政党支部、离退休第一党支部、离退休第二党支部。全校有共产党员 141 名。离退休党员 55 名。

　　为了加强教育教学工作，强化学生管理，学校实行级部管理制度，每个年级设立 2～3 个部，级部主任由教务处、德育处副主任分别担任，并设立部长，协助级部主任做好工作，同年级级部之间相对独立，形成相互竞争态势。

第二节　师资建设与教育科研

一、师资建设

　　2012 年，学校按照"内外结合、骨干与新手结对、理论与实践兼重、师德与师能并举"的思路，采取"请进来、走出去"的方式，对教师实施校本教材培训。学校先后派出教师

图 2-3　专家讲座

100 多人次到澳大利亚、新西兰、上海复旦大学附属中学、上海中学、上海七宝中学以及北京、西安、兰州、天水、永靖、金昌、白银等地进行学习。2013 年，为加强教师业务培训，先后选派 150 人次赴北京、上海、西安、河北、山东、兰州等地参加培训学习。学校继续组织全校教师参加"国培计划"和新课程新教材远程培训。教科研部门先后组织骨干教师示范课、优秀教案学案设计、教学新秀评选等活动。学校还借助校友平台及甘肃省与复旦大学签订战略合作协议的契机，本着区域互

补、资源共享、共同发展、互利共赢的目的，与上海复旦大学附属中学签订了友好合作协议，扩大了教育教学交流途径。同年，学校以师德师风建设为重点，建立师德评价和考核机制，组织教师开展师德报告会，进行第四届"师德标兵"评选表彰工作，还要求教师签订师德承诺书，拒绝谢师宴，以此提升教师师德水准。

2014 年，上海复旦大学附属中学、上海复旦大学附属中学浦东分校分两批共 80 多名师生到张掖中学进行"菁英培养计划西部行"社会实践活动，与学校师生进行互动交流，《张掖日报》专版进行了宣传报道。复旦大学校长杨玉良院士、上海复旦大学附

图 2-4 正合计算机教室

属中学杨士军校长、省教科所靳建设所长、省内课改专家白春永、会宁一中实验创新名师韩独石等也先后到学校考察，并为教师进行高水平的学术讲座。学校继续组织高三年级 63 名教师前往上海复旦大学附属中学参加为期一周的学习培训，组织高三年级 75 名教师参加了市教育局组织的《2014 年高考大纲解析》培训班。学校选派 24 人次参加了省教科所举办的高考复习备考培训班，还选派 9 名英语教师前往北京参加为期 22 天继续教育培训，选派了 8 名语文教师参加了省教科所组织的高中语文课堂教学示范及专题研讨会，选派 20 名骨干教师前往山东、河北等地进行高效课堂学习考察，选派 15 名青年教师参加市教育局组织的班主任培训，组织卓越班任课教师前往酒钢三中、酒泉中学、嘉峪关一中、山丹一中听课学习，外出培训开阔了教书的视野，增长了育人的见识。

学校进一步完善青年教师培养制度，对青年教师业务素质、专业发展与成长进行专项督查评比。学校搭建教师专业成长的平台，放手大胆使用优秀的青年教师，给青年教师压担子、铺路子、出点子。学校逐步聘任有十年教龄的青年教师担任班主任，部分青年教师承担博雅班以上层次的班级教学工作，很快胜任卓越班（教学班级按学生成绩分诚勤班、博雅班、卓越班三个层次）的教学工作，青年教师在实践中积累经验，成为教学骨干。在此基础上，学校调动青年教师的工作热情，利用他们知识更新快，和学生有亲和力的特点，指派他们开展学校各种社团的辅导工作，社团活动有序开展，辅导课程受到学生的欢迎。

2015 年，学校出台了《张掖中学骨干教师梯次成长平台设置及管理办法》和《张掖中学骨干教师考核办法（试行）》，完善了骨干教师、市级优秀教师、优秀班主任等的评选条件和流程。学校组织评选校级骨干教师，评选工作着眼于工作实绩，坚持"师德与师能并举"原则，为热爱学校、师德高尚、业绩突出、踏实肯干、勇挑重担、学生满意、同行公认的优秀教师搭建起成长的平台。

2016 年，学校加大教师队伍建设力度，促进教师专业发展。一是强化师德师风建

设。通过签订《2016年党风廉政建设暨师德师风建设目标管理责任书》《张掖中学2016年度教职员工师德师风暨廉洁从教承诺书》，对全体教师提出要求，明确廉洁从教的"红线"和"雷区"，对有偿家教、参与家长宴请、收受家长礼物、体罚和变相体罚学生等违纪情况，在评优、晋级中实行"一票否决制"，在"七一"建党节和教师节期间，学校隆重表彰了一批师德优良、业务精湛、无私奉献、成绩突出的优秀共产党员和优秀教师，释放了廉洁从教正能量。二是注重教师专业培训。①教务处、科研室、实验电教中心共同组织全校256名教师参加了"全国中小学教师信息能力提升培训"。通过网络研修，提升教师信息能力。②学校先后组派25批224人次外出参加各种培训，培训费用达100万元。通过外出培训，拓宽了教师的教育教学视野，促进了教师专业能力的提升。③学校先后邀请北大漆永祥教授、北师大附中高级教师魏绍成等专家来校作讲座，让教师聆听专家经验，借此更新教育理念，提高教学能力。④学校对新招聘的8名教师进行了入职培训。聘请师德修养高、教学业务精湛的骨干教师做新入职教师的导师，指导他们开展教学工作，提升业务水平。师徒结对，引领专业成长。⑤本着"骨干与新手结对、师德与师能并举"的培养策略，学校细化骨干教师的考评指标，强化骨干教师的梯队建设，使学校教学人员老中青组合形成合理的配比。

2017年，学校着力教师专业发展，优化教师年龄结构。一是充分发挥老教师的引领作用。时代在发展，社会对学校教育提出更高的要求。进入新世纪，学校教师队伍年龄结构总体偏大，50岁以上教师达到教职工总数的24%，35岁以下教师仅占教职工总数的30%。为充分发挥老教师的帮扶作用，学校创造条件，搭建平台，通过新老教师师徒结对、聘请教育教学督导员、强化督导室职能作用等方式激发老教师的工作动力，使老教师在青年教师培养、教学质量监控、教育教学研究、高考备考指导等方面发挥应有的作用。二是加快青年教师成长步伐。学校坚持落实新老教师师徒结对"传帮带"的培养传统，与青年教师签订培养协议，建立跟踪培养机制。通过青年教师备课、师徒互相听课、同行评课、集体交流研讨等方式对新教师进行全方位追踪指导，促进他们的专业成长。学校教科研部门还通过汇报课、基本功竞赛、教学评比等形式为青年教师搭建展示才能的平台，提供成长的机遇。学校引导青年教师制定职业发展的长远规划，创造尽可能的条件，适度加压，及时激励，激发青年教师提升业务的内在动力。学校在青年教师中开展每学期读一本教育理论书籍、上一堂教学汇报公开课、提供一个典型案例、完成一篇高质量的教学反思、参加一次课题研究的"五个一"活动，使青年教师在不断改进教学的过程中，提升自己的教学实践层次。在培养提高业务素质的同时，学校重视培养青年教师良好的道德品质和心理素质，使青年教师爱岗敬业、积极进取、团结协作，逐步成为学校的骨干力量。三是积极搭建平台，创造条件，加大教师培训力度。学校不断完善教师培训的机制和方式，使其常态化和系列化。如高三毕业年级教师高考结束后，赴北京进行学习培训；高一、高二年级教师集中利用寒暑假进行班改、课改培训。通过"走出去"，深入名校课堂,实际操作,互动交流,开掘培训的深度;通过"请进来",与名师专家近距离地接触,面对面地对话,把名师的教学思想带进校园,把名师的教学气质融入课堂,用名师的治学精神熏陶教师,扩展培训的广度;通过"坐下来",扎实开展校本培训,让受训者现身说"法",示范演练,借鉴名校的办学办法,吸收名师的教学经验,把培训成果校本化、内在化,打造地方名校的品质,夯实教师专业的基础。

2017 年 4 月 6 日,受红西路军研究会副会长刘延淮委托,清华附中培训与对外交流部主任吴新胜一行三人莅临学校考察交流,他们参观了学校的"未来教室"、录播室及考试中心,听取了学校信息化建设及远程教材使用情况的汇报,就教育教学资源共享利用、完善网络远程培训、"智慧校园"云平台建设等情况和学校领导进行了深入交流,还就友好学校缔结及教师培训、学生研学旅行初步达成了合作意向。同年,学校积极推进课堂创新,大胆实践"疑探"教学,针对部分教师在实践"疑探"教学中操作不规范等问题,从"疑探"教学原创校河南省西峡一高请来 13 位专家,于 6 月 12 至 14 日深入课堂一线把脉问诊,现场指导。通过专家示范教学、同课异构对比教学、课堂教学案例分析、指导备课辅导答疑、学科互动对话交流及"疑探"教学策略讲座等方式,进一步廓清了"疑探"教学的四环节概念,明确了实施流程的操作要点,初步掌握了不同课型的核心关键,达到了形化"疑探"教学模式、神会"疑探"教学内涵的目的。

二、教育科研

2011—2012 年,学校教育科研紧紧围绕提高教育教学质量、新课程实施及教师专业化发展开展工作,树立"问题即课题、教学即研究、成长即成果"的科研意识,教科研工作更加贴近学校教育教学实际、贴近学生学习生活实际、贴近课堂教学的实际。一是加强教研组建设。学校突出教研组长在日常学科教学中的管理作用,加大对教研组长工作的考评力度。学校坚持并规范每周的教研组活动,坚持校级领导联系学科的制度,积极构建校本教研模式,丰富教研内容,拓展教研途径,为学科成绩的提高发挥积极的作用。二是促进教师成长。各年级积极开展岗位练兵活动,组织开展骨干教师示范课、"五段式"教学观摩课、青年教师汇报课等各类公开教学。通过听课评课、研讨交流,促使教师及时反思和总结课堂教学的得与失,学习和借鉴成功教学案例的经验,积极探寻提高课堂教学效益的方法和途径,促进教师专业的成长。三是提升教科研的质量。学校不断规范课题研究、学科竞赛、科技活动等工作,促进教科研质量不断提升。2011 年,学校上报的课题《高中新课程课堂教学模式转变的研究》通过省级鉴定;更有 10 项课题获张掖市第九届基础教育科研成果奖,1 名学生在全国物理竞赛中获甘肃赛区一等奖。2012 年,学校对 2 项国家级科研课题、29 项省级科研课题和 7 项市级科研课题进行阶段性研究检查。申报 5 项市级科研课题并立项,申报 12 项省级科研课题并立项,上报 3 项省级评奖科研课题。学校科研室出台《张掖中学各类竞赛辅导与管理办法》，对各类竞赛进行了分类定级。学校教科研部门积极策划并组织落实新课程实验阶段性总结交流、展示活动。四是倡导和支持学生的科技创新。学校组织开展了"科技创新活动周"的系列活动，学生有 2 项作品获全省青少年科技创新大赛一等奖。同年，上海航天局特地制作并赠送了"天宫一号""神舟八号"、卫星、火箭系列模型 20 多件给学校，为学校的科技创新活动助力添彩。

图 2-5　校友朱芝松为母校捐赠的航天模型

2013 年，学校科研室在继续办好内部教研刊物《教育探索》的基础上，组织开展"科技创新"系列活动，还做好国家、省市级教研课题的管理工作，先后立项 7 项省级科研课题，9 项市级科研课题。有 7 项课题获省、市科研成果奖，有 27 名教师在市级以上优质课等评比中获奖，教师在省级以上刊物发表论文 59 篇，师生参加科技创新大赛获省级以上奖励 20 项，参加学科竞赛 40 人获省级以上奖励。还辅助学校组织全市语文、化学、政史地、艺术等教学研究会开展工作。学校被省教育厅、省科技厅等部门确定为"甘肃省科技创新实验学校"。

2014 年，学校紧密联系教育教学工作实际，围绕特色学校建设和提高教育教学质量，出台校本课题研究实施方案。全校评审立项 62 项校本课题。继续做好省、市课题的立项及管理工作。学校教科研部门对 17 项省级课题和 13 项市级课题研究进展工作进行了定期检查和督导。同年，学校组织教师申报 8 项省级科研课题，12 项市级科研课题，有 2 项科研课题通过省级鉴定，教职工在市级以上刊物发表论文 59 篇。编辑出版《教育探索》3 期，编发《教研动态》8 期。学校组织部分学生参加全国高中化学、数学、物理、生物竞赛甘肃赛区活动，其中生物竞赛有 2 名学生获国家二等奖，1 名学生获国家三等奖，5 名学生分别获省级一、二、三等奖。学校还组织学生参加全省青少年科技创新大赛，3 项作品获省级二等奖。

2015 年，学校各年级围绕"五段式"教学模式，固定教研活动场所，通过集体备课、专题研讨、个人教学反思、听课评课等方式，立足校本教研，开展学科教研活动。随着教学对象对教师教学要求的不断提高，学校初步建立精品试题库，形成自己的智库资源。这一年，学校有 4 项科研课题通过省级鉴定，2 项科研课题的阶段性成果获得省级二等奖，2 项市级课题立项，3 项课题获市级一等奖，1 项课题获市级三等奖。同年，学校积极组织学生参加科技创新的各种竞赛活动。学校参加的"数模星空"社团在美国第 17 届高中生数学建模竞赛中获得 3 个奖项，组织参加全省青少年科技创新大赛获一等奖 2 项、二等奖 2 项、三等奖 8 项，3 名学生在第 32 届全国中学生物理竞赛中获得国家级三等奖。1 名教师参加甘肃省"创新杯"高中数学新课程单元教学设计优秀课例展示大赛获一等奖。1名教师在甘肃省第三届中小学教师课堂技能大赛中获三等奖。3名教师在甘肃省高中语文教学设计比赛中分获一、二等奖。9名教师在甘肃省第一届"创新杯"高中数学新课程单元教学设计比赛中分获一、三等奖。7名教师在全省教育教学优秀成果评选活动中分获一、二等奖。

2016年，学校优化学科教研，助力教学质量提高。一是规范教研活动。为进一步提高教研组集体备课的效率，在巩固已形成的教学探讨交流制度的基础上，学校不断拓展完善教研活动的形式和内容。学校为教研备课中心配备电脑、投影机及实物展台，学校要求教研组固定时间，固定地点，开展教研活动，科研室督导室加大对教研活动的同期现场检查。教研活动走上了科学规范化的路径。二是拓展校际之间的合作交流。学校先后组派教师赴上海复旦大学附属中学、西峡一高、集宁一中、中卫中学、衡水中学等名校学习，并与上述学校缔结为友好学校，资源共享、相互交流、共同发展。三是鼓励教师立足课堂开展课题研究，撰写有指导意义的教学论文。一年来，教师在省级以上刊物发表论文45篇，有6项课题通过省级鉴定。四是组织参加学科竞赛活动。学校语文教研组组织学生参加第十一届全国中小学生创新作文大赛及首届全国中小学生阅读能力大赛，获全国总决赛三等奖3项，全省复赛二等奖5项、三等奖5项。学校组织学生参加全省青少年科技创新大赛，获省级一等奖2项、二等奖4项、三等奖5项，参加全国中学生生物竞赛，获省级以上奖23项，2名教师分获甘肃省优秀自制教具一等奖和二等奖。

为继续推动课改工作的深入进行，2017年4月11日，学校召开了第五届教科研工作暨表彰大会。大会全面总结和分析了2013年至2016年四年间学校教科研工作取得的成绩和存在的不足，进一步明确了学校教科研工作今后的方向和重点。会议强调教学质量是立校之根本，名师是强校之基础，高考是名校之要件，科研是学校发展的必选路径。大会对桑进林等教科研工作成绩

图2-6 第五届教科研工作暨表彰大会

突出的15位教师进行表彰奖励。桑进林、王海花、郭维三位教师做了交流发言。

第三节 教育教学与德育工作

一、教育教学

（一）制度建设

2011年，学校结合发展实际，相继出台了《班主任、年级组长、教研组长工作评价及实施细则》等7项评价考核制度，进一步明确教学各类人员的工作职责和行为规

范。通过突出过程评价，落实工作职责，把工作质量和岗位津贴挂钩，把提高待遇和强化责任相联系，达到增强工作责任心、调动工作积极性的目的。2012 年，学校进一步强化领导干部目标责任书的制定和考核，用考核成绩评定领导干部的工作。在完善各类规章制度的基础上，开展了现代学校制度建设的试点工作。在上级有关部门的管理监督下，学校规范国家助学金管理发放制度，出台国家助学金申请、资格认定、管理发放等 3 个文件，张榜公布各类助学金的发放名单及金额标准，接受社会的监督。学校完善教学竞争激励机制，出台《专业技术人员内部等级岗位竞聘实施办法》《特级教师评选办法》《绩效工资实施办法》等文件和措施，鼓励教师终身学习，提升自我。

2013 年，学校开展省教科所确定的"新课程背景下建设现代学校制度"试点工作。按照"整体规划、分步实施、全面推进"的工作思路，通过学习、考察、调研等途径，初步确定了制度建设的框架。以"学校形象、学校规划、民主管理、学校德育、课程教学、科研心理、教育技术、后勤管理、校园安全"九个篇章为模块，每个篇章中包含"岗位职责、管理制度、评价考核"三个基本框架，点面结合，纵横相连，力求形成科学化、网络化的现代学校管理体系。在此基础上，学校借鉴先进地区学校的经验和成果，组织学习研究有关现代学校制度建设的理论，制定实施方案。学校纪委和督导室发挥工作职能，以监督、检查、评估为手段，在常规管理督导的基础上，加大对高考备考、课堂教学改革、师德师风建设、工作作风建设等方面的全面督导，编印《督查简报》《督导通报》，及时反馈，督促整改，促进教育教学各项工作有序开展，推进了建设现代学校制度的试点工作。

2014 年，按照省教育厅用三年左右时间建设一批省级特色实验校的要求，学校五届二次教代会通过了创建"人文情怀、卓越教育"省级特色实验校的发展规划，制定了《特色实验学校创建工作方案》，采用项目负责制推进特色学校的建设。学校围绕管理、文化、质量、课程、师资、德育、后勤 7 大模块，用 62 个项目课题加以推进落实，营造出人人参与建设的氛围。

2015 年，学校逐步构建起以全面目标责任为指导，以全面质量管理为核心，以全员考核评价为保证的现代学校制度，形成了 150 万字的《张掖市教育改革试点项目系列成果》丛书，在全市基础科研成果评审中获三等奖。同年，学校确定了教学科研六项重点工作，出台了《卓越班教育教学管理实施办法》《张掖中学教研组工作绩效考评实施办法》等一系列以提高教学质量、加强教师队伍建设为中心的管理制度，成立了 2015 届高考工作推进小组，修订《教职工学期学年综合考核办法》，全面实施教职工教育教学绩效月考核制度，强化了教育教学中过程管理和目标管理的有机结合，进一步突出教职工的工作实绩，使制度建设起到管理人、塑造人、引领人的作用。学校继续完善现代学校制度建设，修改完善了课题申报立项的制度、特色学校建设项目负责制、班主任年级组长工作绩效评价考核制度、社团活动制度、教职工学期学年综合考核办法，为学校依法治校、完善制度建设、激发教职工活力奠定了基础。学校继续完善学校领导、科室干部和教职工的三级目标责任制，全面实施了教职工教育教学绩效月考核制度，使过程管理和目标管理的工作跃上了新的台阶。

2016 年至 2017 年，学校本着依法办学、以人为本、校务公开等原则，不断完善管理机制，优化调整工作格局。在评优推先、考核评价、学校建设及涉及教职工切身利益的问题，新调整的领导班子坚持集中讨论、民主决策，张榜公示，学校的凝聚力和向心力得到明显加强。

（二）常规管理

2014 年，学校实行了教师目标责任绩效评价月考核制度，充分发挥教研组长对教师教学工作管理、指导、评价与考核的作用，教研组加大对教学常规的检查，开展以说课、评课为重点的教研活动，以此推动教师备课、作业批改、听课等常规要求落到实处。学校在第一学期期中考试后召开的各年级教学常规管理推进会，对引领教风起到了很好的督促作用。

2015 年，学校以落实教学常规工作的细节为抓手，规范教学常规要求，学校组织实施学科组周检查、年级组月检查的通报制度，将教学工作的定量与定性评价相结合，定期检查教师教学和学生学习的情况。学校实行"YLJP"教学成绩评价办法。进一步强调教师课前候课的必要性，给学生上课树立了良好的榜样。学校组织教龄在 10 年以下的 51 名青年教师参加业务考试，继续与新入校的青年教师签订培养协议书，落实新聘班主任的导师制，为学校教育教学的持续发展接续力量。

2016 年，学校着力教学管理，促进教学质量提高。一是重心下移，细化级部管理。教学管理部门规范分部分班办法，确保同层次平行分班，强化班级竞争意识。二是改进考试管理模式，凸显检测实效。教学管理部门合力组织全校各年级学情诊断考试，级部细化考试流程，班主任向学生强调考风考纪，督导检查人员巡查考场，教师在网上准确快速阅卷，综合提升了考试的效率及质量。三是学校统一评价，公布成绩。学情诊断考试结束后，各级

图 2 - 7　学生公寓

部及时召开质量分析会议，各学科查找原因，授课教师提出自我改进措施。四是强化学生公寓管理，弥补管理短板。在 2016 年北校园拆迁的特殊时段，学校安排值周领导、班主任及任课教师到学生公寓区巡查安全隐患，保障了学生正常的学习和生活。

图 2 - 8　学生宿舍

2017 年，学校聚焦课堂教学，打造高效课堂。

一是学习借鉴"疑探"教学模式，寻找与"五段式"教学模式的契合点，进一步探索适合学校实际的高效课堂教学模式；二是以骨干教师的示范课为引领，开展高级教师示范课、中级教师研讨课和青年教师汇报课；三是以全市普通高中优质课评比活动为契机，组织赛课活动，学校组织初评，推出参赛人选，参赛教师获全市优质课大赛一等奖10人，二等奖8人，三等奖3人；四是组织一师一优课"晒课"活动。同年，学校加大落实备考培优制度：一是狠抓备课、候课、上课、自习辅导、作业批改、考试、总结与评价等常规工作；二是以卓越班常态化培优为重点，以学科竞赛为平台，组建数理化学科竞赛辅导班，强化培优工作；三是及时下达高考指标，签订各级高考目标责任书，将高考目标细化分解到各班和每位任课教师，强化责任意识；四是高三强调突出"小张化"的训练。高三各学科每周进行"小张化"训练检测，对一周所学专题内容，进行即时、快速、有反馈的检测。经过全体高三教师的努力，2017年高考取得重点本科人数及二本以上升学率均超甘州区兄弟学校的好成绩。

（三）教学改革

2011年，是甘肃省普通高中新课程实施的第二年，学校在总结过去新课程实施经验的基础上，不断深化教学改革。一是优化课堂教学模式，在全校范围内实验并推广"五段式"课堂教学模式；二是层层落实教学精细化管理的环节，力求每一位任课教师授课达到"精、细、实"的教学标准和要求。

2012年，教学改革的重点是课程资源的开发。学校组织教师编写校本教材，开设选修课程、通用技术和研究性学习课程，制定学分认定和学生综合素质评定的办法，全面推进学生的社会实践、社区服务、社团活动的开展。

学校把2013年确定为"课堂教学改革年"，按照"积极落实，稳步推进"课改要求，学校聚焦课堂，积极研究、探索新课程实验的措施和办法，深化课堂教学改革。通过校本培训、自学提升、专题研讨、业务考试等形式，强化教师对新课程理念的掌握和运用。在新课程实验中，总结提炼出了"五段式"课堂教学模式。"五段式"教学模式的基本结构是：课

图2-9　2013年全市课改实验观摩交流会在张掖中学举行

前预习，学案导学；创设情景，提出问题；自主学习，合作探究；师生互动，引导点拨；巩固训练，拓展提高。各学科教师认真学习"五段式"课堂教学模式的结构，在全校范围内积极推进

图2-10　通用技术实验室汽车模拟驾驶

"五段式"课堂教学模式的实践。同年，各教研组组织"五段式"课堂教学模式的示范课、研讨课共230节，增进了对"五段式"课堂模式的了解认识。同年，学校制定并完善包括《张掖中学新课程实施方案》等14个文本。文本包括校本课程和研究性学习教材的编写、学分认定办法、落实综合实践活动课程等方面的内容。全体教师积极行动，参与编写了240种校本教材，确立了2706项研究性学习课题，建成了机器人制作、汽车模拟驾驶、电子电器维修等5个通用技术实验室，成立了13个学生社团。学校被市教育局命名为艺术教育特色学校。

2014年，学校在"五段式"教学模式的基础上，以集体备课为突破口，以导学案为抓手，根据学科特点构建高效课堂模式。各教研组严格集体备课制度，编写符合学生实际的导学案。学校为全校教师配发高效课堂建设学习材料，教学主管部门组织开展"读高效课堂专著，品教书育人成果"的读书活动。高一年级数学组举行了全校大学科读书成果经验交流会，高二年级编写出《五段式教学模式的实践与思考》和《高效课堂反思》等经验汇编材料。

2015年，学校组织教师进一步学习高效课堂理论，先后派出132人次参加高考备考研讨和高效课堂研讨会，组织召开河西五市普通高中联合会校长论坛，教导处科研室组织各级骨干教师、年级组长、教研组长上示范课35节，还组织参加省教育厅开展的"一课一名师，一师一优课"的网络晒课活动。

图2-11 距高考80天励志誓师动员大会

2016年，学校加大教师出外培训的力度，学校组织相关年级教师到河南西峡一高和内蒙古集宁一中参观学习，开阔眼界，引进外地好的教学做法和经验。学校在"五段式"教学模式的基础上，引进并实施"疑探"教学法，为教育教学注入新思想新活力。学校继续加大集体备课研讨的力度，确定各学科研讨备课的时间和地点，科研室督导室继续加大对各学科教研活动内容的同期现场检查。下半年，科研室组织举行全校范围的新课改晒课、赛课活动。各学科参与教师均得

图2-12 清华附中培训与对外
交流部主任考察学校

到表彰奖励。2017年，学校加大和外地知名大学的交流联系幅度。2017年4月，清华附中培训与对外交流部主任等来校进行考察，学校就与清华附中教学交流进行初步磋商，达成合作意向。2017年4月26日，北京大学甘肃招生组组长熊校良一行来学校洽谈招生事宜。学校领导介绍了张掖中学的办学历程、办学理念及近年来学校教育教学的管理情况。熊教授对张掖中学的办学业绩

给予了充分肯定，高度评价了学校向北大等名校输送优秀学子的行为。招生组老师还就北大专业选择、自主招生政策等话题与高三年级的学生进行了座谈交流，增强了学生报考名牌大学的信心和希望。

从 2016 年秋学期开始，高一年级文理分科，高一、高二和高三各年级的课时也做了相应调整。

2016—2017 学年第二学期周课时安排

学科 \ 课时 \ 年级		高 一	高 二	高 三
语文		8	8	7
数学		8	8	8
英语	文	8	7	7
	理		8	
物理	文	2		
	理	5	7	6
化学	文	2		
	理	5	6	5
生物	文	2	3	
	理	5	5	5
政治	文	5	6	5
	理	2	2	
历史	文	5	6	5
	理	2		
地理	文	5	6	5
	理	2		
体育		2	2	2
音乐		1	0.5	
美术		1	0.5	
信息技术		2		
心理健康		0.5		

2017 年，学校继续推进课堂教学模式的转变。各年级教研组将备课、辅导、实验及考评等环节融合为一个整体。"疑探"教学模式在师生日常课堂互动研讨中有序推进，在备考测试及高考成绩中呈现出效果。2017 年学校参加高考 1157 人（除特长生外），600 分以上 15 人，一本上线 401 人，首次突破 400 人大关，上线率 34.66%，超出 2016 年 4.89%；二本以上 733 人，升学率 63.36%，超出 2016 年 9.83%；三本上线

1059 人，首次突破 1000 人大关，升学率 91.53%，超出 2016 年 3.83%。为巩固以往"疑探"教学的成果，迎接 2018 年的高考，2017 年 8 月，学校组织新高三年级任课教师到甘州区国防教育师范基地进行为期一周的封闭式教学研讨，了解形势，研读考纲，及早制定出 2018 年高三年级各科的复习计划。

（四）体艺工作

学校体育艺术工作以丰富校园文化、活跃学生课外生活、提升学校艺术体育教学层次为主要内容。2010 年新课程改革后，体育课又被称为体育与健康课，属学生必修课。学校对体育课十分重视，不断探索体育艺术工作的新方法。新课改后，学校对体育课实行选课走班制教学，定期抽查教师上课情况，严禁将体育课挪作他用，保障体育课教学扎实有效地开展。学校按《国家体育锻炼标准》对学生体育成绩进行测试，这一阶段，本校毕业生体育合格率达 98%，体育达标率达 90%。

图 2 – 13　2016 年秋季田径暨趣味运动会

学校每年春季举行球类运动会，秋季举行田径运动会，上课期间举行激情早操和大课间活动。

2014 年，学校组织学生参加全市中学生男子篮球赛，取得第三名的成绩。学校组织学生参加全市"冰雪节"足球赛，获得第三名的名次。学校被命名为"全省首批快乐校园"示范校。2015 年，学校组织参加全市校园足球联赛，荣获第一名，学校被评为"全国青少年校园足球特色学校""全国体育工作示范校"。2016 年，学校积极推行阳光体育健身活动，借鉴外地经验，倡导激情早操，进行大课间跑操活动。高一和高二年级进行 2 次早操和大课间的比赛，给优胜班级颁发奖状。各年级积极寻找最佳载体，学生体育

图 2 – 14　校园体育艺术节宣传栏

活动开展得有声有色。2016 年 9 月，学校隆重举行了 2016 年秋季田径暨趣味运动会。此次运动会共设 8 个大项，20 个小项，全校师生踊跃参加。运动会展示了师生勇于拼搏的顽强斗志和追求卓越的精神风貌。从 2017 年 4 月开始，学校举办为期两个月的校园体育艺术节。4 月 11 日，学校举行了体育艺术节的启动仪式。此次校园体育艺术节形式多样，内容丰富。共设有篮球、足球、排球、象棋、羽毛球、书法、摄影、绘画、舞蹈、合唱等参赛项目，全校有 2000 多人次参

图 2 – 15　校园艺术节颁奖仪式

加。各级部高度重视，各班主任组织学生认真准备，精彩出演，表现出学生良好的精神风貌。5 月 22 日，全校师生在操场召开总结表彰会，学校领导为获奖班级和学生颁奖并总结经验。举办这次校园体育艺术节，展现出学生健康向上的精神风貌，表现了全员参与的特点，展示出既有个性又多样化的成果，促进了校园文化建设的全面发展。

二、德育工作

学校坚持德育为先、育人为本的德育工作理念，把学生的思想教育、品德培养、心理健康等摆在教育的重要位置。学校高度重视学生健全人格的塑造，充分发挥以家庭为基础、以社会为依托、以学校为主阵地、以课堂为主渠道的教育作用，探索德育途径，整合德育内容，完善德育体系。

2011—2012 年，学校重点加强班主任队伍的建设。学校把 2012 年确定为"班主任素质提升年"，制定了班主任、年级组长等考核评价细则，开展班主任培训，提高班主任管理水平，大幅度提高班主任的待遇。年级组织各班级先后召开了以养成教育、感恩教育、诚信教育、安全健康教育、理想与励志教育等为主题的班团会，开展德育系列活动。学校及早安排，对高一新入校学生进行为期 10 天的军训。学校组织高三学生举行"十八岁成人仪式"，举办"青春励志"主题演讲比赛和"班级誓言集体宣誓暨唱响班歌比赛"，培养高一新生适应新学校新学期生活，培养即将毕业的学生树立正确的人生观世界观，具备挑战未来的信心勇气。

学校通过校友回访的形式对学生进行人生观价值观的培养教育。2011 年 9 月 16 日，上海航天技术研究院朱芝松院长回访母校，向学校捐赠航天模型，学校把捐赠的航空模型陈放在校史馆，定期组织学生参观，增强学生的国防意识，培植学生的报国情怀。

图 2-16　上海航天技术研究院朱芝松院长向学校捐赠航天模型

2013 年，学校以构建"文明校园、和谐校园"为目标，以养成教育、感恩教育、礼仪教育为重点，彰显"实践感悟、德润人心"的德育特色。学校继续加强班主任队伍的建设，通过业务自修、外出培训、技能测试等活动促进了班主任整体素质的提高，继续推进"十星级文明班级"建设活动，全面推行阳光课间操活动。学校新建心理健康教育中心，开设心理健康教育课，关注学生心理健康，特别注重开展对学生考前心理辅导和女学生青春

图 2-17　阳光课间操

期的心理疏导，引导学生用健康的心态积极面对学习和生活的挑战和考验。2014年，学校组织开展了班级书屋读书活动，组织了以"践行社会主义核心价值观"和"诚勤博雅"为主题的系列演讲会、班团会。学校以《学校与家庭》报、"春蕾"广播站、校园文化橱窗、黑板报为载体阵地，对学生进行政治思想、革命理想和行为习惯的教育。学校编辑出版《学校与家庭》和《晨铃》各8期，更换宣传橱窗10期。

图2-18 十八岁成人仪式

同年，学校"爱心基金会"开展了第9次爱心捐助活动，全校师生捐款11万多元，为163名家庭贫困的师生发放了"爱心助学金"8万多元。学校完成"百名农村困难学生资助计划"国家助学金的发放工作。同年，学校团委还按照团市委支持的惠生工作的要求，资助6名贫困学生，助学金额3万元。与此同时，学校接收上海复旦大学附属中学刘文祥老师"文祥民间慈善团队"资助50名品学兼优学生的助学金5万元。

图2-19 文祥民间慈善扶教助学捐赠仪式

2015年，学校以制度引领，构建德育长效机制。学校制定《张掖中学德育工作规划》，提出以"提高人文素养，培育卓越品质"为特色育人的目标。以德育常规管理为基础，以细化学风建设为重点，以德育活动为载体，拓展德育途径。学校先后举行"少年向上，真善美伴我行""学风建设，从我做起""传承美德""做一个诚勤博雅的张中人"

图2-20 上海复旦大学附属中学浦东分校师生参加学校升旗仪式

系列主题班团会。组织"书香校园、诗韵张中"红色经典诵读比赛。继续组织高考誓师大会、"十八岁成人仪式""毕业典礼"等德育主题活动。开展千名学子"穿越湿地、磨砺意志"的活动。学校和上海复旦大学附属中学结为友好学校以来，双方教学交流密切，2015年，学校继续组织高二年级32名优秀学生赴上海复旦大学附属中学学习交流。同年秋季，上海复旦大学附属中学84名师生到学校进行"菁英培养计划西部行"社会实践活动。学校还组织参加了"全国中小学学科德育精品课程"征集展示活动，为建立学校精品德育资源库打下最初的基础。同年，学校继续开展第10次爱心捐助活动，师生捐款12万元，对品学兼优、家庭困难的学生进行爱心资助。

2016 年，学校围绕主题教育、常规活动和专项活动三个模块，开展了丰富多彩的德育活动。

第一，主题教育活动。以中华优秀传统文化、爱国主义和社会主义核心价值观为主线，各年级先后组织开展了"做诚信友善、善于合作的阳光好伙伴""共建阳光校园，携手共同成长""践行诚勤博雅校训，争做四雅中学生""缅怀革命先烈，勤学报国共圆中国梦""我身边的诚勤故事""传承长征精神，传承红色文化"等主题班会，对学生进行思

图 2-21　大课间活动

想品德教育，组织开展了热爱中国共产党、热爱祖国、热爱社会主义的"三热爱"教育，培养学生的爱国主义情怀。学校组织高三学生举行"难忘母校情，永铭师长恩"的毕业典礼，让学生学会感恩，用自己的事业回馈社会。2016 年 11 月，学校改革升

图 2-22　学校召开德育及安全工作会议

旗仪式，成立国旗班，统一购置礼服，将学生国旗下的演讲改为国旗下的经典诵读。各年级利用每周一的升旗仪式，选取中华传统国学经典朗读的内容，由学生代表主持领诵，全体学生跟读，让学生领略中国历史的悠久，感受传统文化的魅力。

图 2-23　"爱心基金"发放仪式

第二，常规活动。一是继续打造激情跑操和大课间活动，各年级级部不定期进行检查评比。二是组织教师参加张掖市中小学学科德育精品课程竞赛，其中有 2 人荣获省级优质德育精品课一等奖，10 人荣获市级优质德育精品课奖励。三是开展"博雅杯"学生艺术素质技能大赛、声乐器乐大赛、"墨香书法"大赛、手绘大赛、"传承红色文化，放飞青春梦想"广场文艺演出等活动。在甘肃省第五届中学

图 2-24　"传承红色文化，放飞青春梦想"广场文艺演出

生艺术展演中，学校 1 个节目获一等奖，2 个节目获二等奖。四是开展秋季田径运动会、冬季阳光体育健身月活动。同年，学校承办全市国家级中小学校园足

图 2-25　国旗班举行升旗仪式

球"星级"锦标赛,先后获甘肃省校园足球联赛第四名、"我爱足球"中国足球民间争霸赛(甘肃赛区)海选赛第一名、全市国家级中小学校园足球"星级"锦标赛高中组冠军、张掖市"市长杯"校园足球联赛第一名、张掖市第四届运动会足球第一名和女子跳绳团体第一名等荣誉称号。学校被张掖市人民政府表彰为"全市群众体育先进集体"。

第三,专项活动。学校精心设计组织"我的大学梦——距高考200天誓师动员大会",专门邀请到中央基础教育研究院李帅老师为高三学生作了专题报告和激情演讲,激发学生备考的热情。学校还利用地利优势,组织高三卓越班学生开展"沸腾青春·

图2-26 距高考200天誓师动员大会

舞动梦想·热爱家乡"的冬令营滑雪活动,培养学生吃苦耐劳的精神,磨炼坚韧顽强的意志。临近高考,学校又组织高三年级师生开展"亲近自然,磨炼意志,挑战高三"的徒步穿越湿地活动,让学生走出校园,亲近自然,养成保护环境的意识,坚定备考的信心和决心。学校组织开展第11次爱心捐助活动,师生捐款13万元,对品学兼优、家庭困难的学生继续进行爱心资助。2017年,学校转变育人理念,注重培养学生发展的"长板",学校以社团活动为素质教育的主阵地,将"走班式"社团活动纳入学校的课程管理,用丰富多彩的社团活动为学生搭建起了展示素质特长的舞台。为保证80多个社团活动出实效,学校聘请校内外有专长的人员担任指导教师,充分利用各种便利设备,固定活动时间和地点,开展形式多样的社团活动,定期组织开展社团活动成果展示评比活动,激发了同学们参与的热情,提升了社团活动的层次和水平。

为激励高三毕业生在高考的冲刺阶段再接再厉,2017年5月30日,学校德育处、校团委联合举办了"18岁成人礼暨毕业典礼"活动。1000多名高三学生与家长们在一起,用特殊的方式庆祝18岁的到来。高三学生们手持成人纪念册,佩戴十八岁成人纪念章,与家长手挽手穿过"成人门"。成人仪式结束后,举行了隆重的毕业

图2-27 学生与家长通过成人门

典礼,高一、高二年级表演了精彩的文艺节目,校长王学舜祝福高三学子高考顺利,金榜题名,寄语他们在将来的学习生活中坚守道德,学会做人,学会做事。

图2-28 校长王学舜在毕业典礼上致辞

学校一贯高度重视学生的心理健康教育工作,注重心理健康教育向学科教学、德育活动的渗透和影响。从制度、师资、培训、经费、场地等方面配

套保障工作的顺利进行。学校配备专职教师和兼职教师（均取得了国家心理咨询师证书），主持开展心理健康教育。2013 年 9 月，在整合和改建原有的"心理咨询中心"的基础上，正式成立了学校心理健康教育中心，中心占地 300 平方米，由心理档案室、个体咨询室、团体辅导室、个体宣泄室、沙盘游戏室、音乐放松室以及多功能厅等各种功能室组成。学校为心理健康教育中心配备音乐放松椅、标准沙盘、宣泄器材、宣泄人、计算机、投影仪等设备。购置了学生心理管理系统、沙盘训练系统、团体心理活动训练系统以及非反馈性音乐催眠放松系统，还购买了学生团体心理活动辅导箱及大量心理健康教育方面的书籍，更征订数十种期刊，为全校师生减轻压力、放松身心提供了适宜的环境条件。心理健康教育中心制定出了相应的规章制度，如《学校心理咨询室管理制度》《团体活动室管理制度》《咨询员守则》《学校心理健康教育工作内容》《张掖中学心理健康教育中心预约登记表》《张掖中学各功能室使用登记表》《心理危机干预机制》《张掖中学心灵驿站

图 2 - 29　心理健康教育

社团章程》等制度，保证了心理健康教育工作的有序开展。学校先后获得了"甘肃省心理健康教育先进单位""省级心理健康特色校"等荣誉称号。

第四节　党的建设与群团工作

一、党的建设

2012 年，学校党的建设主要围绕以下几方面进行：一是继续加强精神文明建设和师德师风建设，校党委要求全体教师"教书育人，敬业爱岗，仪表端庄，情趣健康"，打造和谐同心的师资团队，还以"五个一"（组织一次警示教育活动，一次先进典型教育活动，主要领导上一次党课，一次专题报告会，开展一次廉政文化活动）活动为主题，进一步强化工作纪律，加强行为文化建设。学校积极开展"无烟学校"创建工作，下大力气杜绝学生、教师在校园内吸烟的现象。学校规范教职工的着装，发挥

图 2 - 30　积极创建无烟学校

"为人师表""言传身教"的作用。校党委强化支部工作，工会组织各种活动丰富教职工的精神文化生活，培育团队的合作精神，以增强凝聚力和战斗力。二是以"基层组织建设年"活动为主题，大力开展创先争优活动和建设学习型党组织活动。校党委抓紧落实《中层干部年度考核方案》《各级骨干教师工作评价考核细则》，整体推进党的基层组织建设，认真推行民主评议行风工作，以活动引导为载体，把教书育人的责任意识和党员的党性教育结合起来，充分发挥党员的模范带头作用。三是继续深化学校的文化建设。校党委以"回顾·展望"为主题，以学校重组新建十年发展为主线，组织开展专题资料编辑、专场文艺演出，重新规划建设校史馆、科研展室、德育展室等活动及事项，突出学校文化建设的内涵。四是

图 2 - 31 庆祝建党 91 周年文艺演出

认真做实"联村联户"工作。校党委制定工作方案，落实工作任务，为"双联"点捐助帮扶资金、水泥、桌凳、电脑、衣物等，解决了联系户的实际困难，在市委"双联办"组织的年度考核中，学校考核成绩名列全市教育系统第一，"双联"工作得到了上级部门的充分肯定和高度评价。五是严格把关，组织做好爱心助学工作。2012 年，在学校第 7 次"爱心基金"捐助活动中，全校师生共捐款 88529.67 元，分两次为 134 名贫困学生发放"爱心卡"，金额共计 67000 元。高考期间，学校为高三住校生捐赠价值 4704 元的鲜奶。还为家庭困难的 4 名教职工捐助 15000 元。全体师生的爱心义举得到了社会各界的一致称赞。市民政局为学校爱心基金会捐助 30000 元，市工会捐助 10000 元，市妇联捐助 3000 元。校党委荣获 2012 年全市"先进基层党组织"的荣誉称号。

2013 年，学校党建工作和思想政治工作继续围绕提高教育教学质量这一中心，在完善"抓班子、带党建、促师德"基层党建形式的基础上，结合开展"基层组织建设年""党员民主评议""联村联户""中国梦"等主题教育活动，提高党员干部的政治理论水平，加强党员和教职工的作风建设。校党委认真办好青年党校，2013 年度培养教育青年党校学员 98 名，发展学生党员 35 名。同年开展的"爱心"捐助活动，共筹集捐款 20.17 万元，向 79 名贫困学生发放爱心捐款 6.53 万元，学校还通过国家助学金、甘肃省普通高中贫困学生助学金等途径资助品学兼优、生活困难的学生 1084 人，资助金额达 82.35 万元。

2014 年，党建工作的主要内容是扎实开展党的群众路线教育实践活动。按照省市统一要求，学校党委精心部署，周密安排，成立了群众路线教育实践活动领导小组，为党员干部印发了群众路线教育实践专用笔记本，编印《党的群众路线教育实践活动 100 问》等学习辅导材料，每周组织一次中心组集中学习，截至年底，共组织党员干部召

开 8 次学习心得交流会，组织群众召开近 20 场次的征求意见会，还组织党员干部理论考试 3 次，梳理归纳意见建议 167 条。在校党委召开的领导班子专题民主生活会和各支部组织生活会上，党员干部对群众提出的意见即知即改，完成了学习教育征求意见，查摆问题开展批评，整改落实建章立制三个环节的工作任务。

在中国共产党成立 93 周年之际，学校党委组织了以"继承革命传统，缅怀国际友人；践行群众路线，培育核心价值观"为主题的革命传统教育活动。6 月 30 日，学校党委书记丁一、校长毛永胜带领全校党员 80 多人，赴山丹瞻仰艾黎与何克陵园，参观艾黎文物捐赠博物馆和山丹培黎学校，进行革命传统和爱国主义教育。

图 2 - 32　党委书记丁一、校长毛永胜带领全校党员在山丹瞻仰艾黎与何克陵园

自"联村联户"行动开展以来，学校认真贯彻落实省、市委"双联"工作会议精神，完善"双联"行动工作机制，立足学校的"双联点"民乐县新天镇山寨村的实际，校党委以改善山寨小学办学条件为突破口，扎实开展"双联"行动。自"双联"工作开展以来，学校每年都组织开展对山寨村贫困

图 2 - 33　纪委书记王常青与山寨小学校长签订帮扶协议

户的节日慰问活动，累计送去 12000 多元的慰问金及慰问品，还为山寨村捐赠水泥 120 吨，帮助山寨小学硬化操场和校园的道路，又为山寨小学捐赠电脑 30 台，为小学装备了微机室，捐赠课桌凳 150 套，帮助山寨小学改善了办学条件，学校更多次组织发起为山寨小学捐赠少儿图书和体育用品，价值 1 万多元，丰富了山寨小学校园文化生活。与此同时，张掖中学 12 名青年党员教师还与山寨小学 7 名教师签署结对帮扶协议，邀请山寨小学全体教师到甘州区优秀小学观摩交流，积极协助山寨小学争取到国家"全面改薄"（全面改造薄弱学校）的资金 19.2 万元。学校被市委评为 2014 年"全市联村联户为民富民行动先进单位"。

校党委组织全校教职工认真学习习近平总书记系列讲话精神，特别是习总书记教师节讲话中对"好老师"的要求。积极开展培育践行社会主义核心价值观的活动。学校制定《张掖中学培育和践行社会主义核心价值观工作方案》，制作 58 个宣传版面，组织全校教职工和学生代表参加了全市道德模范事迹宣讲会。在 2014 年教师节期间，表彰了 39 名优秀教师、13 名优秀班主任、15 名先进工作者。学校纪委与各支部、各处科室签订了《2014 年度党风廉政建设暨师德师风建设责任书》，与全体教职工签订了

《2014年度师德师风承诺书》和《教师拒绝有偿家教暨谢师宴承诺书》，对校内外反映和信访举报的教育教学问题，学校纪委认真组织进行查处，明确廉洁从教的红线和底线，学校风清气正，教师敬业爱岗，行业自律意识及效果显著。

2015年，学校扎实开展"三严三实"专题教育活动，认真落实党委主体责任和"一岗双责"制度。学校纪委严格履行监督责任，对师德师风建设中出现的苗头性、倾向性问题早发现、早提醒、早纠正。学校纪委出台了《张掖中学教职工师德师风承诺制度》，对有偿家教、红白喜事大操大办等违纪行为实行"一票否决制"。学校更出台了《张掖中学聘请师德师风校外监督员制度》，从社会各界人士中聘请师德师风校外监督员72名，全方位强化师德师风建设工作。在"七一"建党节和教师节期间，学校隆重表彰了一批师德优良、业务精湛、无私奉献、成绩突出的优秀共产党员和优秀教师，为全体教师树立了榜样。

学校还高度重视对外宣传工作，积极构筑宣传网络途径，学校宣传部门不断完善工作机制，按照"贴近教育、贴近学校、贴近教师、贴近学生"的原则，围绕学校中心工作，大力宣传学校育人的新举措、办学出现的新成果，积极报道优秀师生的典型事迹，进一步提升了学校在社会上的知名度、美誉度和影响力，为学校发展营造了良好的舆论环境。学校被市教育局评为2015年度教育宣传工作先进单位，获得了荣誉证书。

图2-34 学校召开宣传工作会议

2015年，学校改革管理模式和用人机制，实行中层干部聘任制和轮岗制。完成了10名科级干部的轮岗和2名正科级、10名副科级干部的竞聘上岗工作。同年，校党委把"强化三风建设、锤炼名校品质"活动作为党建工作的重要内容，开展了以正教风带学风，以正学风促校风的"三风"专项整治活动，开展"教风督查活动、学生评价教师"课堂教学活动；还组织召开"扬正气、做先锋、促发展"为主题的专题辅导讲座，在各年级中开展学生形象"十标准"和日常行为"十不准"主题教育活动，表彰"学习标兵""形象标兵""进步标兵""艺术之星""科技之星""体育之星"共计1332人。"三风"专项整治活动强化了教师的责任感，增强了学生学习的紧迫性，表现出全员参与教学管理、提升办学质量的决心和毅力。

2016年，校党委组织开展了学党章党规、学系列讲话、做合格党员为内容的"两学一做"学习教育，采取有效措施，使学习教育不断深化。一是开展党员"自学"活动。校党委编辑印发了"两学一做"学习材料六册，印发了"两学一做"专用笔记本，要求党员结合自身工作实际，开展自学活动，逐条逐句学习党章党规原文，深刻把握精神实质，准确领会立意内涵，把党规党纪刻印在心上、体现在行动上、落实到工作上。

二是开展领导"领学"活动。由校党委委员带头在党委中心组领学，在各支部大会宣讲，到分管部门座谈。以引导全校党员真学、真懂、真用，将其精神实质内化于心、外化于行。三是开展专项"促学"活动。要求各党支部根据省、市"两学一做"的要求，制定详细的学习计划，认真学习贯彻党章党规和系列讲话精神。同时，由分管校领导牵头进行跟踪指导，督查学习活动，随机检查学习笔记，及时了解掌握各支部的学习情况，交流好的经验做法，把学习教育工作落到实处。四是开展媒体"导学"活动。校党委及各支部通过校园网络、广播电视等媒体及宣传橱窗、标语横幅、海报展板等平面宣介形式，宣传党章党规，传达习近平总书记系列讲话精神，及早安排学习计划，为党员干部学习交流搭建平台。网络媒体及平面宣介扩大了影响面，提高了知晓率，为"两学一做"学习教育营造出良好的氛围。

学校党委继续做好"联村联户、为民富民"和精准扶贫工作。10月份，学校派部分中层干部和教师分两次赴民乐县南丰乡黑山村，认真开展"双联"行动"大走访、回头看"工作，走访农户210户，学校还将调剂出来的30套课桌凳和一批办公用品捐赠给"双联点"民乐县南丰乡黑山村，用于改善黑山小学办学条件，受到了黑山村村民的夸赞。春节前，学校又派人前往黑山村进行春节慰问，给六户贫困户送去了面粉、大米和清油等慰问品。

学校一贯重视民族团结教育工作。自1980年以来，根据甘肃省教育厅有关文件和张掖市教育局普通高中招生计划，学校每年从肃南裕固族自治县招收裕固族、藏族、土族等少数民族学生50名。学校对少数民族学生重点关照、精心培养，让少数民族学生"进得来""留得住""学得好"。学校还同肃南一中、肃南二中、马蹄寺学校结成友好学校。学校还选派具有丰富教学经验的中层干部、高级教师到甘南自治州开展支教活动，以实际行动推动少数民族教育的发展。授课教师注重对少数民族学生的学法指导，采取"低起点、慢语速、反复讲、多练习、重订正、细讲评、促创新"的教学方式，积极探索培养教育民族学生的新途径，提高少数民族学生的高考升学率。近三年来，张掖中学高考报考的少数民族学生共计268人，其中被高等院校录取264人，录取率达98.5%。学校被甘肃省委宣传部、省委统战部、甘肃省民族事务委员会命名为甘肃省第三批"民族团结进步创建活动示范单位"，并获得匾牌。张掖中学是张掖市教育系统近年来唯一获此殊荣的学校。

为了迎接建校100周年，从2016年5月份起，学校筹划百年校庆事宜，领导班子决定重新编纂学校百年校史。10月12日，学校成立校史编纂工作办公室，召开校史编纂委员会第一次会议，党委书记丁一主持会议，校长王学舜对编纂工作提出具体要求，纪委书记王常青对编纂工作进行分工。11月，纪委书记王常青调往张掖市教育局，校史编纂工作由党委书记丁一总负责。校史办工作人员发布征集校友公告，访问知情校友，赴省、市档案馆查阅、收集资料，经过半年多的努力，2017年8月底，校史编纂工作基本完成。

2017 年，学校以党的十八大及十八届五中、六中全会和习近平总书记系列重要讲话精神为指针，坚持从严治党、依法治校、立德树人。学校党建工作围绕"一个中心"（即提高教育教学质量），突出"两个重点"（即教育教学改革创新和促进教师专业化发展），加强"三项建设"（即加强制度建设、课程建设、学校文化建设），实现"四个提升"（即高考质量提升、教师素质提升、基础设施条件提升、学校品牌形象提升），以构建民主团结、人文关怀、平安绿色的和谐校园，为学校百年华诞献礼。

3 月 22 日下午，学校党委隆重召开换届选举大会，选举产生了张掖中学新一届党委委员、书记和副书记。146 名党员同志参加会议。

大会在雄壮的国歌声中拉开帷幕。会议由上一届张掖中学党委副书记王学舜主持，

图 2－35　中共张掖中学委员会换届选举大会

党委书记丁一代表上一届党委作工作报告。报告从创新党建工作模式，激发基层党组织活力；注重思想政治引领，扎实推进主题实践活动；履行党风建设责任，抓好师德师风建设；优化培养选拔机制，提升党员干部队伍水平；全面开展文化建设，努力提升精神境界；加强群团组织建设，助推统战深入开展六个方面总结了上一届党委的工作。会议审议通过

了《中国共产党张掖中学委员会换届选举办法（草案）》，并按照选举办法规定的程序，以无记名投票的方式进行了学校党委委员选举。丁一、王学舜、王学龙、李富贵、郑翠亭五位同志当选为新一届张掖中学党委委员，丁一同志当选为张掖中学党委书记，王学舜同志当选为张掖中学党委副书记。

图 2－36　党委书记丁一作工作报告

4 月 13 日，学校召开校庆工作协调推进会，安排校庆工作相关事宜。党委书记丁一主持会议，校长王学舜就做好校庆工作提出明确要求。校史办、党办、行办、实验电教中心、德育处、科研室、艺术教研组等部门人员参加会议。

6 月 2 日，学校各党支部分别召开党员大会，选举 2017 年度优秀共产党员和优秀党务工作者。

"七一"期间，学校党委召开庆祝中国共产党成立 96 周年暨表彰大会。

这一时期，学校党委重视教师入党对象的培养和发展工作，尤其是学生党员的发展工作，按照"坚持标准，保证质量，改善结构"的原则，对入党对象进行至少一年的

图 2-37 全体共产党员重温入党誓词

考察培养。考察培养期间，组织入党对象上党课，听讲座，收看培训录像教材。对发展对象从年龄、学业成绩、德育评定、班团民主推荐、党的基本知识考试成绩、家庭主要成员及主要社会关系的政治面貌等方面进行严格审查，支部大会讨论通过，上报学校党委审查批准。2010 年到 2014 年，全校计有 6044 名教师及学生向党组织递交了入党申请书，共发展党员 123 名，获市级以上表彰的"优秀共产党员"5 人。

二、群团工作

（一）工会工作

学校工会在市总工会和学校党政部门的正确领导下，以科学发展观为指导，以"办人民满意的省级示范性高中"为宗旨，以学校的三年规划和年度工作计划为依据，围绕学校教育教学开展工作。切实行使工会维护、参与、教育和建设四大职能。强化民主管理机制建设、职业道德建设、职工素质建设和工会自身能力的建设。校工会团结广大教职员工，以打造"高效课堂""提高全体教职工的思想素质和师德素养"为工作重点，在开展精神文明建设、师生教育、教学教研、校务公开、民主管理、教职工文化建设等工作中，发挥桥梁纽带作用，增强工会组织的吸引力和凝聚力。校工会积极投入特色学校的建设，努力促成"人文情怀，卓越教育"的建设目标。荣获张掖市总工会授予的"全市先进工会""张掖市全市厂务公开民主管理工作先进单位"等荣誉称号。

教职工代表大会是学校民主管理的基本形式。2011—2015 年，学校先后召开了四届二次、三次，五届一次、二次、三次教职工代表大会。2016 年 1 月 14 日—15 日，召开了六届一次教职工代表大会。教代会听取并审议学校的工作报告，听取并审议学校的财务工作报告，听取工会关于提案工作的报告，书面审议"爱心基金会"收支情况报告，

图 2-38 六届一次教代会会场

书面审议工会经费收支情况报告；对各部门和中层干部的年度工作进行了测评。

2017 年 1 月 14 日—15 日，学校召开了六届二次教职工代表大会。审议通过校长王学舜作的题为《凝心聚力共谋发展，开拓创新再谱新篇》的工作报告，报告全面总结了 2016 年工作，对 2017 年工作进行了安排部署，审议通过《张掖中学办学章程》，审议通过《张掖中学教职工考核办法》，审议通过学校财务工作报告，审议工会经费收支情况，审议"爱心基金会"的收支情况。在教代会期间，全体与会代表本着对学校深

图2-39　甘肃省张掖中学第六届教职工代表大会第二次全体会议代表合影

厚的感情和对学校未来发展诚挚的关心，围绕学校转型发展、管理方法、教学模式、教学科研等议题进行了广泛热烈的讨论，提出了宝贵的意见建议。大会共收到来自各处室、各年级组的提案65件，主席团对提案进行梳理汇总，形成较为一致的意见，在大会闭幕式上向代表做了说明。

学校工会还坚持走访慰问家庭困难的教职工，看望患病住院的教职工。校工会帮助落实职工医疗互助保障102人次，慰问并帮助料理教职工亲属丧事70多人次。学校"爱心基金会"向上争取资金5万余元，向生活困难的职工发放补助费3万余元。每逢春节，学校领导上门慰问在张掖的离退休教职工百人以上。五月高考临近时，校工会都组织慰问高三年级的教师，以助力学校的备考工作。教师节、重阳节时，校工会还邀请离退休教职工参加座谈会，参加健身活动，组织他们参观湿地公园、滨河新区等。在每位教职工生日时，学校工会为他们送上生日蛋糕，对新婚的教师送上志喜祝贺。

（二）共青团工作

2011年，校团委召开两次全校班团干部培训学习会，配合党委举办了第二届"红色经典诵读比赛"活动。校团委发出倡导，号召全校师生进行了第6次爱心捐助活动，共收到爱心捐款73723.6元。组织青年党校学员代表分赴高台烈士陵园和甘州区高金城烈士纪念馆开展缅怀先烈活动。校团委举行了"十八岁成人主题教育仪式"和"五四表彰大会暨2011届青年党校学员结业典礼"等主题活动。2012年，校团委号召动员3800多名师生进行了第7次爱心捐助活

图2-40　学生诗歌朗诵大赛

动，共收到爱心捐款7万多元，学校向校内100多名贫困学子发放助学金。校团委还组织1500名师生向民乐等贫困地区捐书5000多册，组织2300多名同学开展了"安全伴我行""文明促成长"手抄报、黑板报及征文比赛活动。2013年，校团委组织带领预备党员及入党积极分子等300多名学生开展"缅怀革命先烈·传承革命精神"主题教育活动，举行"成长学会感恩，奉献托起责任"主题教育活动，又号召全校师生进行第8次爱心助学活动，全校师生捐款逾15万元。学校团委被共青团中央授予"全国五四红

旗团委"光荣称号。2014 年，校团委组织开展了"人文情怀""爱心捐助""书香伴我""青春责任"等多项倡议宣传活动和"'班级誓言宣誓'暨唱响班歌比赛""红色经典诵读""诚勤博雅"系列演讲比赛和"读书心得""社会调查报告"比赛活动。学校成立的 14 个学生社团，开展社团活动 100 多场次。

图 2 - 41　青年志愿者参加学雷锋活动

2015 年 4 月，共青团张掖中学第三次代表大会召开。大会选举产生了共青团张掖中学第三届委员会。李红元当选为书记，杨雪梅当选为副书记。10 月，学校组织召开了 2015 年学生代表大会，选举产生了新一届学生会委员会。至此，初步建立了"团委—年级团总支—班级团支部""校学生会—年级学生分会—班委会"的学生管理体系。新一届团委

图 2 - 42　庆元旦迎新年学生文艺晚会

和新一届学生会在学校党委的领导下独立开展工作，推动了学校班风学风建设。12 月 20 日，团委、德育处和艺体组联合举办了 2016 年庆元旦迎新年学生文艺联欢晚会。

2016 年 3 月，在毛泽东等老一辈无产阶级革命家发出"向雷锋同志学习"号召 53 周年之际，学校两百余名青年志愿者走上街头，积极参与环境卫生综合整治活动，用自己的实际行动践行雷锋精神。3 月 4 日，青年志愿者参加了市区组织的"学雷锋树新风青年志愿者服务活动启动仪式"，他们走上街头，重点清扫街面及绿化带内积存的垃圾，擦洗道路护栏，铲除沿街背巷墙面粘贴的"小广告"。据不完全统计，志愿者清扫人行道约 1000 米，擦洗护栏 500 米，清理卫生死角近百处，清除"小广告"百余幅。

图 2 - 43　庆祝"五四"青年节表彰大会

5 月 4 日，校团委组织了庆"五四"表彰大会暨青年党校 2016 届结业典礼，隆重表彰了一批德才兼备的优秀青年学生。

学校团委还积极组织开展"缅怀革命先烈、传承红色基因、弘扬革命精神"主题教育活动。校团委与德育处联合举行"亲近自然、磨炼意志、挑战高三"徒步穿越湿地活动，又向共青团张掖市委争取资金 2.8 万元，资助考上大学的 8 名优秀学子。2016 年 12 月底，成功筹划组织了庆元旦迎新年学生文艺晚会。

2017 年 4 月 1 日，校团委组织高一高二年级学生代表 100 余人前往高台红西路军烈

图 2 - 44 2017 年清明节扫墓

士陵园，举行了"缅怀革命先烈，传承西路军魂"为主题的清明扫墓活动。为贯彻国家教育部等 11 部门《关于推进中小学生研学旅行的意见》精神，全面落实立德树人根本任务，帮助学生开阔视野、增长见识、提升信心，培养学生敢于拼搏、追求卓越的品质，4 月 25 日，校团委协助高二年级选派 37 名优秀学

生和 3 名教师赴上海复旦大学附属中学开展为期一周的"研学旅行"实践活动，活动受到了家长、社会的一致称赞和广泛认可。

（三）妇委会工作

一是认真学习中央、省市关于妇女工作的精神，结合市妇联下达的目标任务，认真制定妇委会年度、学期工作计划及学校计划生育工作计划。在工作中做到了责任到人，有章可循，确保各项工作任务的顺利完成。

图 2 - 45 高二年级学生赴上海研学旅行

图 2 - 46 "三八节"演讲比赛

二是重视提高女教职工的思想政治水平。妇委会定期召开女教职工大会，及时传达市妇联及学校的相关会议精神，对女教职工中出现的生活、工作、学习等问题，沟通了解，劝说调解，使她们全身心投入工作和事业中。三是每月确立一个活动主题。如三月份以"庆'三八'、展魅力"为主题，组织女教职工参加市妇联组织的纪念"三八"国际劳动妇女节大型文艺展演活动，四月份邀请专业人士为全校女教职工进行养生保健的专题讲座，九月份配合学校慰问离退休女教师。每年倡导女教职工积极参与学校的"爱心捐助"活动。四是开展岗位练兵、岗位比武活动。妇委会围绕学校中心工作，立足课堂教学，积极组织女教职工参加学校组织的各项教学竞赛活动。五是加强女教职工工作作风的建设。妇委会进年级、入课堂，号召并倡议女职工提高工作效率，强化劳

图 2 - 47 健康教育讲座

动纪律，加强业务学习。六是注重对全体女学生的心理、生理健康教育。妇委会配合学校心理健康教育中心对女学生进行心理测试和心理辅导。针对女学生早恋问题，妇委会组织开展专题讲座，对女生进行情感励志教育。妇委会还在高三年级开展"用实力赢得尊重"、在高二年级开展"尊严从何而来"的专题教育辅导讲座，使学生受到贴心的关怀和教育。七是增强服务意识，做好力所能及的高考服务工作。每年4月份，妇委会向全体高三女学生发起冲刺高考的倡议，通过题为"信念不灭、机会永存"的心理健康教育专场辅导，激励女学生为实现自己的理想努力学习，

图2-48 女教工拔河比赛

拼搏奋斗。八是配合学校进行师德师风建设，对女教职工中师德师风建设方面出现的问题及时了解，个别谈话，梳理解决。妇委会每年还组织女教职工开展拔河比赛、排球比赛等活动，增强了女教职工的身体健康，也增进了妇委会和女教职工的情感联系。

第五节 基本建设与教学设施

一、基建工作

2011年，学校占地110亩，校舍建筑面积52147平方米。新添建筑面积为6902平方米的价值1500多万元的师生餐厅，名为"馔玉楼"，总务处完成设施配套工作。餐厅的建成改善了师生的就餐环境。同年，学校为71名教师更换笔记本电脑，为开展多媒体教学提供了硬件保障。

图2-49 师生就餐环境

2012年，学校争取资金，维修2号教学楼，改善教师办公环境。学校同时为教师第三批更换笔记本电脑41台。学校还争取到中央电教馆全国首批"百所数字化校园示范校"项目资金，继续充实实验电教设备，确保校园网络畅通和多媒体教学的大面积开展。2013年，实验电教中心为全校三个年级配置了6台多媒体一体机，为40名教师更换了笔记本电脑，又添置了网上阅卷系统。2014年，学校投资21.4万元粉刷2号教学楼，更换2号楼教室及办公室窗帘，投资9.5万元更换高三年级教师办公桌椅62套，投资20万元制成学生书柜49套。总务处为全校所有班级添置遮阳透光窗帘。学校还投资30多万元维修南北校园的道路路面，改造3号楼部分教室、办公室的暖气管道，维修3号楼楼顶的防水屋面。投资5.1万元改造3号楼微机室，购置交换机等设备。学校投资9.8万元配套建设"正合计

算机教室"，投资 5 万元添置心理健康教育中心音乐放送系统等设备。三年时间里，学校的多媒体教学硬件条件有了很大改善，辅助教学的手段得以强化。

2015 年，学校的教学硬件建设有了大面积全方位的突破。学校投资 45 万元，在 4 号楼建成了高清自动五机位录播室。学校接收台湾校友李正合先生捐助的 60 台电脑，

图 2-50 明德楼高清录播室

建成高标准的"正合计算机室"。同时，学校向上争取资金 227 万元，为全校 72 个教室安装高清超短焦距互动投影仪，投资 18 万元更换了校园网络中心的服务器、网管机、网络交换机，确保了校园网站的正常运行。学校开通了实名认证的百年张中微信平台，开辟了校园宣传推介的新渠道。学校联系有关部门完成了 1 号楼的危房鉴定工作，并将 1 号楼重建工作的相关手续报市教育局、市政府，力争开展危楼改造建设工作。同年，在上级有关部门的支持下，学校完成了林业局女生公寓的搬迁改造工作，改善了学生住宿条件。学校投入资金继续粉刷和维修 3 号教学楼，更新了 3 号教学楼教室和办公室的窗帘，同时更换了 4 号教学楼教师的办公桌椅，全面改善了教职工的办公条件。学校争取到政府节能项目，将所有教室和办公室的照明设备更换为节能灯，推进了节能型校园的建设。这些硬件建设项目的完成，强化了教学辅助手段，提升了学校办学层次。同年，学校还完成了校办农场新打机井和滴灌改造建设工程，并与相关责任人签订了新的承包合同，增加了学校的收入。

2016 年，学校配合张掖市城市投资公司完成了 1 万平方米的学生住宅楼的新建和配套设施建设工作。同年 5 月，学校拆除 1 号楼，拓展了学校的发展空间。暑期，更换操场草坪、跑道，对篮球场进行改建，更换篮球架。对 2、3、4 号（重新命名 2 号楼为立德楼，3 号楼为厚德楼，4 号楼为明德楼）教学楼外部进行保温层装修，对厚德楼教学楼进行粉刷，校园环境有了很大改善，整体风貌焕然一新。

2016 年，学校着力改善办学条件，服务保障教育教学。首先，学校聚力信息建设，为教学提供优质资源及信息对接管道。一是以"互联网＋教育"为契机，以加快学校信息化建设为主线，为全校 72 个教室安装了高清超短焦

图 2-51 教学楼和操场

距互动投影，投资 10 万元新建常态录播室 3 个；投资 23 万元新建教师教研活动备课中心 3 个。二是接受南京卡索公司捐助，建成了全市普通高中唯一的 3D 创客打印实验室。三是与财政局合作建成了 5 个微机室 305 台云平台电脑的考试中心。四是投资 180 万元，新建高清录播室、未来教室及移动录播系统。五是整合利用学校已

有设备，建成了网上阅卷中心，可以承担全市联考及学校各类考试的阅卷工作。上述硬件建设，极大地提升了学校信息化建设水平，为教师的课堂教学提供了更优的资源，更好的平台。

图 2-52　卡索 3D 创客实验室

2017 年，学校在建和已建的教学项目有：在立德楼建成"未来教室"，在厚德楼和立德楼分别建成录播教室及移动录播系统。升级改造了校园无线网络系统。改建升级学术报告厅为远程视频会议中心，实现与名校学术交流讲座的同步对接。

图 2-53　未来教室　　　　图 2-54　立德楼学生阅览室　　　　图 2-55　厚德楼高清录播室

二、后勤保障

2011—2012 年，学校完善和加强了打印室、出租门店等经营实体的管理措施。各类实体为学校创收达 140 多万元。学校各部门厉行节约，减少浪费，推动了节约型校园的建设。教学辅助部门进一步加强管理，保障了校园的信息畅通和各项教学活动的正常开展。总务后勤部门认真做好校园绿化、美化及各项维修工作。学校财务科严格执行各项收费政策，落实收费公示制度，加强内部审计，做好各类票据的管理工作，在学校建设项目上，执行政府招标采购审批制度，严格收支两条线。学校保卫科重视安全教育，继续以巩固"平安校园"创建成果为目标，牢固树立"生命安全第一，责任重于泰山""防灾胜于救灾"的意识，坚持预防为主、防治结合、加强教育，确保了校园师生人身及财产的平安。

图 2-56　学生书柜

2013 年，学校为 3 号和 4 号楼 48 个教室制作学生书柜 48 个。继续加强对打印室、出租门店等经营实体的管理，各类实体为学校创收达 105 万元，推动节约型校园建设。后勤服务部门继续做好校园绿化、美化工作。学校被省教育厅、环保厅评为"绿色环保学校"。学校财务科严格执行各项收费政策、公示制度、政府采购审批制度，规范票据管理，主动接受社会和家长的监督。学校高度重视安全工作，继续巩固

"平安校园"的创建成果，坚持预防为主、防治结合的原则，抓实"校园安全专项整治"工作，保卫科加强安全常规管理和隐患排查整治，建立安全工作长效机制。学校安排法制讲座，各年级开展安全教育，各班组织模拟法庭，多管齐下，构建学校法制安全的天网地网。

2014年，在经费十分紧张的情况下，学校多方筹措资金，克服困难，努力改善办学条件。学校共争取到各类项目资金363万元，继续用于改善教师办公设备，更新教学设施。学校财务室坚决执行八项规定要求，进一步完善财务制度，严格收支管理，严格执行政府采购制度。学校继续强化后勤常规管理，强化、细化各项常规管理措施。总务后勤人员增强服务意识，进一步提升服务质量。学校加强水电管理力度，改造节水设施，核算打印室成本，降低耗材浪费，巩固节约型校园建设成果。同时，总务后勤部门继续

图2-57　学生餐厅

做好校园的绿化、美化工作。学校还组织相关科室加强食品卫生安全管理检查工作，对餐厅食堂饭菜进行留样检查，在注重食品安全的前提下，尽力增加饭菜品种，改进饭菜质量。经过努力，学校食堂被评定为A级餐饮单位。

学校坚持预防为主、防治结合、加强教育的原则，强化安全管理，增强学生的安全意识和自我防护能力。自2014年以来，学校门卫聘用专职保安，严格实行校园出入电话预约和登记制度，学校召开安全工作会议，与管理部门签订安全目标责任书，进一步提升安全管理的层级，筑牢校园安全的篱笆。学校组织开展了"校园安全教育专项整治"活动，进一步完善了各项安全管理规章制度和安全事故应急预案，在各年级中组织开展"中小学安全宣传排查"活动，在全校范围开展安全应急演练活动。同时，学校以学风建设为突破口，加强对住宿生夜自习的管理，专门建立高一、高二年级住校生自修室，各年级班主任下宿舍检查住校生住宿情况，以上措施巩固了校园安全整治工作的成果。

2015年，学校财务科继续强化预算机制，规范支出管理，完善财务规范化程度，落实政府采购制度。学校争取到地方债务资金1200.5万元，彻底解决学校12年以来建设项目上遗留的债务问题。学校完成了校办农场新机井的打井和滴灌改造建设工作，并与承包方签订了新的承包合同，为学校增加了收入。学校补充完善教学服务部门的相关规章制度，总务后勤部门强化服务意识，加强对校产的登记核查管理工作，做好美化绿化校园环境的工作。学校食堂的平价优质服务，得到了师生的称赞。学校组织年级管理人员不定期对校园周边网吧、道路进行检查，有效地预防了学生校外安全事故的发生。保卫科在创建平安校园的成果基础上，继续强化进出入电话预约及登

记制度，整治规范校园车辆的停放，加大日巡查力度。学校各年级全方位开展交通安全教育、网络信息安全教育等活动，增强了师生的法制安全意识。学校被评为市级"健康校园"。

其次，学校更新基础设施，优化后勤服务保障，为提升办学层次搭建硬件平台。一是为迎接百年校庆，学校重新规划、改造，美化校园环境，拆除了原有的 1 号教学楼，投资 241 万元完成了立德楼、厚德楼、明德楼 3 栋教学楼的外墙改造，投资 26 万元粉刷了明德楼教室，投资 326 万元翻新改造了篮球场、足球场及塑胶跑道。二是投资 116 万元改造了教学楼内的卫生间，并更换了立德楼阴面教室的木门，加固了教室和实验室的安全设施。三是投资 248 万元采购了新建学生公寓床具、书桌、书柜。投资 8 万元采购了开水器，为学生搬入新建公寓做好准备工作。四是改变了食堂经营模式，进一步强化食堂经营管理，并多次征求学生、家长及教师意见，进一步提高餐厅的服务和饭菜质量。

图 2-58　优美的学校环境

五是坚持人文关怀。采取以人为本、思想先行、重在激励的管理办法，做好服务保障工作，最大限度地调动、发挥教职工的积极性和创造性。

2017 年，张掖中学的高考取得了清华北大名校录取的亮点突破和一本二本录取层面扩大的好成绩。2017 年，张掖中学招录高一新生，生源质量是近年来最好的一年。2017 年之后的两年，是张掖中学提升办学质量、发展壮大的转型期。学校领导班子学习习近平总书记"7·26"重要讲话的精髓要义，领会丰富内涵，把握精神实质，带领全体教职员工学习领会落实省委、省政府"三纠三促"精神，加强学习，明确认识，转变工作作风，统一思想，统一行动，确保全校教育教学工作"一盘棋"。

学校继续深化教育教学改革，注重教学管理的精细化和高考备考的精细化。学校调整年级结构，变一级两部制为一级多部制。在年级学科教研组的基础上，组织跨年级大学科活动。学校完善值周制度，教师全员参与管理。学校要求对违纪学生上报处理，杜绝体罚及变相体罚。学校整合各处科室功能，提高服务效率。引入月考核评价机制，量化测评，通报扣分。

学校在引进"疑探"教学模式的基础上初步形成自己的教学特色。2017 年 8 月，学校组织高三年级全体教师集中研训，提前进入 2018 年高考备考的准备阶段。教学上提倡少讲多练，精讲精练，限时训练，以保证课堂的实效性。学校树立"三年抓高考"的意识，继续强力推行"小张化"训练。要求学生按时检测，教师全部批阅，课堂及时反馈查改。通过有效的训练，把老师的高水平转化成学生的高分数。各年级确定培优对象，发现问题症结，分析个体原因，溯源究底，进行订单式的培优辅导。学校要求全员教师树立终身学习的观念。老教师要传帮带，青年教师要上进学。

学校注重学生素质教育特色活动的全面展开，为活跃学校文体生活，举行师生趣味运动会，鼓励提倡全员参与，激发学生热情和斗志，增进教师团结协作意识。学校还将组建奥赛性质的学生学科社团和文艺体育等活动社团。组织专业合唱团，乐队、舞蹈队，排练能拿得出手的节目。学校的发展不靠死学，要培养学生多方面的能力素质。高考成绩有提高，各项活动也要获奖。通过活动，激发潜能，提升素养。

学校强调安全工作的重要性，要求总务后勤部门增强服务意识，强化工作质量。学校调整充实学生公寓区管理人员，加强对学生住宿的管理。提高学生公寓服务人员的工资待遇，用绩效工资调动工作的积极性。

"纷繁世事多元应，击鼓催征稳驭舟"。有一百年历史的张掖中学，站在历史面临抉择的关头，在市委、市政府的正确领导下，在学校领导班子和全体教师的共同努力下，把握难得的发展机遇，冲破眼前的困境，一定会抵达理想的彼岸。

第四编　人物辑录

第一章　学校领导

第一节　原张掖中学历任校级领导简介
（1917—2001）

余炳元　1917—1927 年任乙种师范讲习所、甲种师范讲习所所长。

张声威　1927 年 2 月—1929 年 12 月任校长。

高登云　1929 年 12 月—1933 年 9 月任校长。

杨茂春　1933 年 9 月—1937 年 8 月任校长。

何人镜　1937 年 8 月—1942 年 1 月任校长；1947 年 6 月—1952 年 12 月任校长。

仇连清　1942 年 1 月—1944 年 7 月任校长。

张聿修　1944 年 8 月—1947 年 5 月任校长。

　　马　英（1920—1988 年），男，甘肃省张掖市人。中共党员。1949 年毕业于西北师范学院国文系，历任张掖行政专署文教科副科长，张掖中学副校长、校长、党支部书记，张掖师范学校党支部书记等职务。

　　刘士林（1929—1999 年），男，河北省清苑县人。初中文化程度。1945 年 4 月在河北任丘县入伍，参加解放天津、石家庄等 6 次战役。1952 年任天津公安部队第一学校政治教员，1956 年任中共张掖市委秘书科科长，1958 年起先后担任张掖市二中校长（三好人民公社社长），张掖县文教局副局长，张掖中学党支部书记，张掖地区教育处处长、督导员等职务。1990 年离休，享受副地级待遇。

　　王力生（1925—1994 年），男，甘肃省张掖市人。1949 年 7 月加入中国共产党。1948 年毕业于西北师范学院地理系，曾任武威一中、张掖中学校长，后任兰州一中校长、党支部书记，西北民族学院训练部部长。1979 年任甘肃教育学院副院长、顾问。

　　张　镒　男，1932 年出生，甘肃省会宁县人。1949 年 8 月参加革命工作，先后任甘肃省委宣传部干事、兰州一中党支部副书记、张掖中学校长，张掖师范革委会副主任兼党支部副书记，兰州市十中校长。

蔡铸麟　男，1930 年出生，甘肃省酒泉市人。中共党员。高中文化。1950 年参加工作，历任酒泉专署科员，中共安西县委常委、副县长，中共民勤县委常委，民勤一中党支部书记，张掖中学党支部书记，张掖师范学校革委会主任兼党支部副书记、书记。

栾玉田　（？—1960 年），男，辽宁省人。先后任武威师范教师、永昌中学校长、张掖中学副校长。1957 年调张掖五中工作。

刘增胜　男，1933 年 8 月出生，陕西省韩城县人。初中文化。1951 年参加工作。1969 年调任张掖中学革委会主任兼党支部书记，后任张掖地区行署办公室主任、张掖地区档案局局长。

马文辉　（1928—1981 年），男，甘肃省高台县人。高中文化。1949 年 10 月在高台县文教科工作，先后任高台县文教科科长、高台县副县长、张掖中学革委会副主任、张掖地区体委副主任。

王少峰　（1926—2011 年），男，山东省诸城县相州镇曹村人。初中文化。1945 年参加工作。1949 年加入中国共产党。曾任民乐县副县长，民乐一中、山丹一中、临泽一中校长，张掖中学党支部书记兼校长。1986 年离休。后任甘肃省离退休教育工作者协会理事、张掖地区教协副理事长。1990 年被评为甘肃省离退休干部优秀党员、甘肃省"老有所为"先进个人。1992 年享受副地级待遇。

陈新鸣　（1926—2001 年），男，甘肃省张掖市人。中共党员。1948 年毕业于兰州师范学校体育科。1949 年 8 月加入中国共产党，1949 年 9 月参加工作。先后在张掖师范学校、兰州农校任教，历任张掖农校、农专副校长，张掖地区五泉林场副主任，张掖农科所所长，张掖中学副校长、督导。1989 年 5 月离休，1992 年 4 月享受副地级待遇。

张相贤　男，1930 年 11 月出生，甘肃省靖远县人，中共党员，张掖地区专业技术拔尖人才，中学特级教师。1957 年毕业于西北师范学院中文系，历任张掖中学副校长、校长，兼任甘肃省中学语文教学研究会常务理事。1988 年获甘肃省"园丁奖"。1992 年退休。1992 年 7 月至 1998 年 7 月担任张掖地区老年大学教务长。名列《中学特级教师辞典》《中国中学骨干教师辞典》和《中国当代教育家辞典》。

罗思哲　男，1934 年 4 月出生，陕西省长安县人。中共党员。张掖地区专业技术拔尖人才，中学特级教师。1957 年毕业于兰州大学数学力学系。先后任张掖中学数学教师、副校长、党总支书记。1989 年被国家教委授予"全国教育系统劳动模范"称号，并授予人民教师奖章。1994 年退休。名列《中国当代教育家大辞典》。

郭天金　男，1938 年 9 月出生，甘肃省武威市人。中共党员。中学高级教师。1963 年毕业于甘肃师范大学中文系。曾任张掖中学语文教师、党支部副书记、党总支

副书记、党总支书记。1990 年被评为甘肃省优秀德育工作者。1998 年退休。

张尔慧 男，1942 年 8 月出生，甘肃省张掖市人。中共党员。中学高级教师。1965 年毕业于甘肃师范大学外语系俄语专业，曾任山丹一中英语教师，张掖地区育才中学教师、副校长，张掖中学副校长。2000 年 10 月任正处级调研员。先后被评为"甘肃省高等教育自学考试工作优秀工作者""张掖地区优秀教育工作者"。

沈海润 男，1943 年 5 月出生，甘肃省永靖县人。中共党员。中学高级教师。1968 年毕业于甘肃师范大学外语系俄语专业。曾任张掖地区行署教育处政秘科科长，张掖地区育才中学党支部副书记、副校长，张掖中学副校长，2000 年 10 月任正处级调研员。

第二节 原张掖地区育才中学历任校级领导简介
(1950—2001)

按任职先后排列

李承祥 男，汉族，原为中国人民解放军干部，1950 年任中国人民解放军第十二、第十五军合办的育才小学（校址在四川）校长。1953 年学校迁往河北邢台时调离。

林 影 女，汉族，原为中国人民解放军干部，1953 年育才小学迁到河北邢台后任校长。1955 年调离。

陈天一（1916—1989 年），男，汉族，河北宁河县人。1944 年加入中国共产党，1945 年 9 月 20 日加入中国人民解放军。1955 年 6 月任中国人民志愿军第一育才小学校长。1960 年任 0029 部队育才小学校长。1963 年 3 月受组织委托将育才中学从河北省邢台市整体搬迁到甘肃省张掖县城。1965 年 1 月 1 日，育才中学移交地方，任甘肃省张掖育才中学校长。1970 年 7 月任张掖地区育才中学革委会副主任。1971 年任革委会主任，兼党支部书记。1973 年 8 月调任张掖地区教育局副局长。1981 年离休。

胡庆祥 男，汉族。育才中学驻河北邢台时，1953 年至 1960 年任政治协理员。1960 年后调回部队。

王金栋 男，汉族。原为中国人民解放军干部，1960 年调任中国人民志愿军第一育才小学副校长，0029 部队育才中学副校长。1963 年初育才中学西迁时，留任育才小学校长。

魏 刚（1926—1994 年），男，汉族，山西武山县监漳乡人，高小文化程度。1944 年 7 月加入中国共产党，1947 年 9 月参加中国人民解放军。授少校军衔。1964 年，调任育才中学协理员。1968 年 7 月至 1970 年 6 月，任张掖地区革命委员会常委兼育才中学革委会主任、育才中学党支部书记。1973 年 3 月至 1978 年 3 月，任育才中学革委会主任、党支部书记。1978 年任张掖地区教育局局长。1981 年 2 月任地区科协主席。

1983 年离休后享受副地级待遇。

王怀友 男，汉族。学校在邢台时任总务处副主任，迁张掖后任主任。1968 年 7 月任学校革委会副主任。1969 年调离。

张万寿 男，1926 年 7 月出生，甘肃永昌人，汉族。1949 年 6 月加入中国共产党，同年 9 月西北师院地理系毕业参加革命工作。中华人民共和国成立后至 1955 年任民乐县人民政府科员、县委秘书、副科长，1956 年任民乐县副县长，1963 年任张掖专署办公室副主任，1964 年至 1977 年任张掖师范学校副校长，1971 年兼任张掖师范学校党支部书记。1972 年任张掖地区育才中学革委会副主任、党支部副书记。1978 年任张掖地区育才中学校长兼党支部书记。1981 年专任张掖地区育才中学党支部书记。1983 年离休后享受副地级待遇。

党建国（1923—2000 年），男，汉族，甘肃张掖市人，中共党员。1946 年入西北师范学校学习，1949 年在兰州参加"三二九"学生运动，同年回张掖参加地下党活动，并任支部书记。中华人民共和国成立后，先后任张掖分区干校副主任，张掖市副市长，张掖城关区区长，张掖县青年团工委书记，武威地委干校组织科长、副校长等职。1958 年任中共张掖地委党校副校长，张掖师范学院副院长、院长，张掖师范专科学校副校长，中共张掖地委讲师团副团长，高台一中、高台县党校校长。1977 年 10 月至 1978 年 2 月任育才中学革委会副主任、党支部副书记，后任中共张掖地委党校副书记、副校长。

王安济 女，1933 年出生，汉族，陕西户县人，中共党员。高中文化程度。1951 年 1 月入伍，1953 年调中国人民解放军第一军保育小学（青海）工作。1955 年 8 月由保育小学调往中国人民志愿军第一育才小学（邢台）。历任教师、秘书、教导处副主任等。1963 年育才中学从河北邢台迁到张掖后，继任教导处副主任，1965 年任教导处主任。1978 年 5 月任育才中学副校长。1979 年 8 月调 8120 部队子弟中学任校长、党委书记。1988 年退休。

杨存林 男，1938 年出生，汉族，河北省平乡县人，中共党员。甘肃省作家协会会员。1957 年毕业于河北邢台师范学校，同年分配到中国人民志愿军第一育才小学（邢台）任教师。1963 年春育才中学西迁后，任张掖地区育才中学教师、教研组组长。1978 年 1 月至 1985 年 2 月任副校长。1985 年 3 月任育才中学校长。1990 年 2 月调任张掖师范学校党委书记。1994 年被甘肃省授予"特级教师"称号。1997 年 7 月任正县级调研员，1998 年退休。

杜幼德 男，1933 年出生，汉族，湖北黄陵人，中共党员，高级讲师。1955 年毕业于甘肃师范大学物理系，同年分配到张掖农校任教。1975 年 6 月任张掖地区农机研究所副所长，1979 年 11 月调任育才中学副校长，1984 年调往甘肃省建筑学校任教。现已退休。

周书铭 男，1936 年 8 月出生，山东平度县人，汉族，中共党员。甘肃师范大学函授班专科毕业。1956 年 6 月响应国家号召，从上海随"支援甘肃文教建设"知识青年队伍来张。曾任张掖县中小学校长、教育局长。1981 年调任张掖地区育才中学校长，1986 年任张掖地区科协副主席。1990 年任张掖地区育才中学党支部书记。1996 年退休后先后任甘肃省离退休教育工作者协会理事、张掖地区离退休教育工作者协会常务副理事长、张掖华晟辅导学校校长。

李嘉茂（1932—2014 年），男，汉族，河南洛阳人，中共党员。1951 年 9 月从共青团甘肃省委青训班结业后来张工作。先后任张掖县共青团工委副书记、书记，共青团张掖县委员会常务委员、副书记，张掖县文教部副部长。1962 年 1 月调临泽县任团县委书记，县委组织部副部长，鸭暖公社党委副书记、革委会主任，临泽县一中革委会副主任、党支部副书记，农林牧局副局长，临泽县委农业办公室主任，农村工作部部长，县委常委、宣传部部长。1983 年 3 月调地区育才中学任党支部副书记、书记。1988 年 7 月任校督导员，1993 年退休。

高永旭 男，1943 年 11 月出生，汉族，甘肃省山丹县人。中共党员。高级教师。1969 年兰州大学物理系毕业后，分配到张掖育才中学任教。曾任教研组长、年级组长、党小组长、教研室主任等。1983 年 10 月至 1985 年任张掖地区育才中学副校长。1992 年 12 月被评为中学高级教师。1996 年 3 月任育才中学理科党支部书记。

何 秀 男，1942 年 4 月出生，甘肃省张掖市人，汉族，中学高级教师。张掖市政协第六届、第七届委员会常委。1965 年毕业于甘肃师范大学物理系，同年分配到甘肃省肃北蒙古族自治县中学任教，曾任肃北中学革委会常委。1976 年调入张掖地区育才中学任教。1985 年任张掖地区育才中学副校长，1998 年 8 月退休。

张大正 男，1941 年 2 月出生，上海市人，汉族，中共党员。1959 年来张工作，曾在张掖市乌江中学、张掖二中、张掖一中任教并担任数学教研组组长。1980 年任张掖县二中副校长，1984 年任张掖县一中校长，1988 年被评为中学高级教师。1990 年调任张掖地区育才中学校长，1997 年兼任党总支书记。2000 年退休。

张国林 男，1944 年 12 月出生，甘肃武威市人，汉族，中共党员。1967 年毕业于甘肃师范大学中文系。曾在肃南一中任教，1978 年调任张掖地区育才中学任教。1984 年任张掖地区育才中学教导处副主任，1990 年任政教处主任。1992 年被评为中学高级教师。1994 年任张掖地区育才中学副校长。2000 年任张掖地区育才中学党总支书记。1991 年获甘肃省"园丁奖"。

高红斌 女，1956 年 7 月出生，汉族，河南长垣县人。中共党员。干部研究生班结业。1974 年高中毕业后到张掖市上秦乡王家墩大队插队。1976 年 10 月参加工作，曾任乡妇联主任，张掖市妇联宣传干事，张掖市人大办公室机要干事，张掖市妇联副主任，省妇联张掖地区办事处办公室主任。1995 年 8 月至 2001 年 5 月任育才中学党支部（后改为党总支）副书记。

第三节　重组新建后张掖中学校级领导简介
（2001—2017）

　　张金生（1945—2002年），男，汉族，陕西省大荔县人。中共党员。本科学历，中学特级教师。1969年毕业于兰州大学数学力学系。曾任张掖中学数学教师、副校长、校长、党总支书记。中国数学学会会员、全国中学校长研究会会员。发表有《对边远地区师资队伍建设的思考》等多篇论文。1997年被评为"甘肃省优秀教育工作者"，获"园丁奖"。1999年被评为"甘肃省民族团结先进个人"。重组新建张掖中学后任学校党总支书记。2002年9月11日，在工作期间突发急性心脏病，抢救无效因公殉职，享年57岁。

图1-1　张金生

　　闫维祯　男，汉族，1957年7月生，甘肃省高台县人，中共党员，本科学历，中学正高级教师，化学特级教师，张掖市学术学科技术带头人，市管专业技术拔尖人才。历任高台一中团委书记、总务主任，高台二中校长、张掖地区育才中学校长，2001年6月至2013年12月任张掖中学校长兼党委副书记，2014年1月起退居二线。编著出版《中学管理艺术的探索与实践》《中小学教师常用法律知识》等4部书籍。先后主持了多项国家级、省级科研课题研究，研究的课题通过国家级鉴定1项、省级鉴定3项，获甘肃省基础教育教学优秀科研成果二等奖3项，在国家级、省级刊物上发表论文20多篇，先后荣获优

图1-2　闫维祯

秀市管专业技术拔尖人才、张掖市十佳校长、张掖市优秀教育工作者、甘肃省"园丁奖"、全国优秀校长、全国教育科研杰出校长等十多项省市级荣誉称号。

　　毛永胜　男，汉族，1963年10月生。甘肃省山丹县人。中共党员。中学高级教师。1983年毕业于西北师范学院政教系。先后任张掖中学思想政治课教师、办公室副主任、校长助理、副校长，2003年任党委书记、副校长。2013年12月任张掖中学校长、党委副书记。2016年3月调任张掖市人民政府教育督导室副总督学（正县级）。张掖地区学术学科带头人。1991年、2000年两次被授予张掖地区"优秀德育工作者"称号，2004年被中共张掖市委、市人民政府评为"全市营造发展环境活动先进个人"，2006年被中共张掖市委表彰为"优秀共

图1-3　毛永胜

产党员"，2009年被中共张掖市委、市人民政府评为"精神文明建设先进工作者"，2011年被中共甘肃省委、省人民政府评为"2006—2010年法制宣传教育先进个人"，2013年被中共张掖市委、市人民政府表彰为"优秀教育工作者"。

丁　一　男，汉族，1965 年 10 月生。甘肃省张掖市人，中共党员，本科学历，现任张掖中学党委书记、副校长。中共张掖市第四届党代表。1984 年参加工作，曾任张掖市教育局基教科副科长、科长，办公室主任，张掖市教育局党组成员、副局长，甘肃省教育厅基教处副处长（挂职）。曾兼任张掖市少工委副主任，科协副主席，市教育学会副会长，市语委副主任，市招委副主任。主持的科研课题荣获甘肃省基础教育科研二等奖。主持编写了《中小学素质教育读本》（1—9 册），兰大出版社出版；《健康教育读本》

图 1-4　丁　一

（1—6 册），兰大出版社出版；《中小学湿地保护知识读本》，甘肃教育出版社出版。参编《河西小康文化》等多本著作。先后在国家、省市级报纸杂志上发表论文 16 篇。曾被国家教育部等五部委表彰为全国"两基"工作先进个人，被省教育厅表彰为全省体育卫生工作先进个人，被市委、市政府表彰为全市营造发展环境先进个人、全市精神文明建设先进工作者，多次被市教育局表彰为优秀教育工作者。

王学舜　男，汉族，1965 年出生，甘肃省民乐县人，中共党员，理学学士，中学高级教师，省级骨干教师。民乐县第七届、第八届政协委员。1988 年毕业于西北师范大学生物系，同年分配至民乐一中任教。先后任学校团委书记，教导处副主任、主任。2003 年任民乐县教育体育局副局长，2009 年兼任教育系统工会主席。2012 年任民乐一中校长、党委副书记。2016 年 3 月任张掖中学校长、党委副书记。在省级及以上刊物发表《炉渣浸出液对植物生长的作用》等多篇论文。2001 年被中共张掖地委、行署授予"优秀教育

图 1-5　王学舜

工作者""劳动模范"荣誉称号；2002 年被评为甘肃省优秀教师，获省"园丁奖"。2009 年被国家体育总局授予"全国群众体育先进个人"。2010 年被省教育厅、省对台事务办公室授予"甘肃省明德小学建设项目先进个人"，2012 年被中共张掖市委、市人民政府授予"优秀教育工作者"荣誉称号。

孙立民　男，汉族，1958 年 5 月出生，河北石家庄人，理学学士，中学高级教师，张掖市学术技术带头人。1982 年西北师范大学地理系毕业后，分配至张掖地区育才中学任教。2001 年至 2013 年3 月任学校副校长。主持的课题《中学生心理健康教育实验》，1997 年获"全区基础教育教学科研成果"二等奖，参与的课题《优化我区学校内部管理机制研究》，2002 年获"全省基础教育教学科研成果"二等奖；在省级及以上刊物上发表论文多篇。1993年以来先后获"张掖地区教学新秀""张掖地区优秀教师""张掖市优秀教育工作者"等荣誉称号。

图 1-6　孙立民

马国瑞　男，1948 年 2 月出生，甘肃省张掖市人。中共党员。中学高级教师。1968 年参加工作，1987 年毕业于甘肃教育学院教育行政管理专业。先后任甘肃省农科院张掖试验场子弟中学教师、负责人、张掖中学教师、校长办公室主任、政教处副主任、文科党支部书记、校党总支副书记。任甘肃省中学思想政治课教学研究会第二、三届理事。1996 年被中共张掖地委授予"优秀共产党员"称号。

图 1-7　马国瑞

图 1-8　杨立木

杨立木　男，汉族，1954 年 10 月出生，甘肃省张掖市人。中共党员，专科学历，中学高级教师。2001 年至 2013 年，先后担任学校副校长和纪委书记。2007 年 4 月被甘肃省教育厅、卫生厅、爱国卫生运动委员会评为甘肃省学校健康教育先进工作者，多次被学校评为先进工作者、优秀共产党员。

吕国强　男，汉族，1962 年 10 月出生，甘肃省临泽县人，中共党员，1984 年毕业于西北师范学院政治系。中学高级教师，法学学士，省级骨干教师、省级学科带头人、市管拔尖人才、市级学术学科带头人。2002 年至 2009 年兼任张掖市中学中高级职务任职资格评审委员会委员。2003 年至 2016 年 3 月任学校副校长。编写出版《面向基层——理论对话 30 题》等书籍。主持的多项课题获奖。在国家级刊物、省级刊物上发表《立足实际、扎实推进，有效实施综合实践活动课程》等 12 篇论文。1992 年获张掖地区高中优质课政治学科一等奖。2001 年被中共张掖地委、行署授予全区"十佳青年教师"称号。2011 年 1 月，被甘肃省人民政府授予"甘肃省特级教师"荣誉称号。

图 1-9　吕国强

图 1-10　张瑜载

张瑜载　男，1955 年 5 月生，甘肃省山丹县人。中共党员。中学高级教师。1978 年甘肃师范大学数学系毕业，1999 年于中共甘肃省委党校行政管理专业毕业。先后任张掖中学数学教师、总务处副主任，办公室副主任、主任。发表论文《要重视平面几何教学中思维能力的训练》等。2007 年至 2013 年任学校纪委书记。

朱多祯　男，汉族，1963 年 9 月出生，甘肃省山丹县人。中学高级教师，省级骨干教师。1982 年 8 月至 2006 年 6 月在张掖师范学校任教，曾担任学生科副科长、教导主任等职。2013 年 12 月任张掖师范学校、张掖市实验中学校长。2006 年 6 月任张掖中学副校长。甘肃省高中新课程改革指导专家组成员，西北师范大学"生物教改研究与实践基地"专家组成员，甘肃教育学会生物教学研究会常务理事、

图 1-11　朱多祯

副秘书长。编辑出版《生物标本的采集与制作》一书，编写校本教材《男孩·女孩——青春期教育读本》等。在省级刊物上发表《基因位置的判断方法探讨》等论文十多篇。

王常青 男，汉族，1962 年 7 月出生，甘肃省张掖市甘州区人。中共党员，1982 年 7 月毕业于张掖高等师范专科学校中文系，1990 年 8 月毕业于西北师范大学函授部中文系。中学高级教师。先后在高台三中、高台一中和张掖二中任教。先后担任市职教中心办公室主任、副校长、党委副书记，职业技术学院筹建办公室副主任，张掖市教育局正科级干部，张掖市语委会办公室主任，市教育局电教仪器站站长。2013 年 11 月至 2016 年 11 月任张掖中学纪委书记，2016 年 11 月任张掖市人民政府教育督导室督学。2002 年 1

图 1-12 王常青

月原中共张掖市委确定为市管专业技术拔尖人才，2004 年 9 月张掖市甘州区政府确定为学术技术带头人。参编出版著作《应用文》等 3 部。2005 年 8 月获全国教育科学"十五"规划课题《中等职业学校教学过程控制研究优秀子课题》一等奖，2004 年 4 月获"张掖市职成教先进个人"荣誉称号，2013 年 9 月分获"张掖市优秀教育工作者""全国教育网站建设先进工作者"荣誉称号。

王学龙 男，汉族，1971 年 5 月出生，甘肃省甘州区人。中共党员，1994 年 6 月西北师范大学毕业。教育硕士，中学高级教师，市级骨干教师，省级骨干教师。历任张掖地区育才中学团委书记，张掖中学团委书记、政教处副主任、党委办公室主任等职。2013 年 12 月任张掖中学副校长。兼任张掖市第一届、第二届教育学会艺术教学研究会理事长。主持的课题《综合实践活动课程对教师的要求研究》获张掖市教育科研成果二等奖，在国家级、省级刊物发表论文多篇，《多媒体手段在艺术欣赏课堂教学中的应用》获全国优秀

图 1-13 王学龙

教育成果论文一等奖；2000 年获甘肃省第二届音美优质课一等奖。多次被省教育厅授予"优秀辅导（编导）教师奖"，被团省委授予"甘肃省优秀共青团干部"等称号，被教育部授予"第三届全国中小学生艺术展演优秀辅导教师奖"等称号。

李富贵 男，汉族，1970 年 12 月出生，甘肃省张掖市甘州区人，中共党员，1990 年毕业于张掖师范。1995 年甘肃教育学院本科毕业。2005 年在西北师范大学取得教育硕士。2013 年在西北师范大学取得教育博士。中专高级讲师，市级骨干教师、市管拔尖人才。先后在张掖安阳中学、张掖师范学校工作，曾担任张掖师范学校团委书记、德育处副主任，张掖市实验中学教导处主任等职务。2013 年 11 月调任张掖中学副校长。《构建和谐课堂的思考》等多

图 1-14 李富贵

篇论文在国家和省级刊物发表或获奖。2009 年参与甘肃省教育科学"十一五"规划重点课题《提高中学生心理品质的策略研究》获省级三等奖。2010 年参与"十一五"规划重点课题学校体育与终身体育的研究获国家级一等奖。2012 年至 2014 年，先后主持《特色学校创建的校本课程开发研究》《甘肃省特色普通高中建设研究》《基于普通高中课程有效实施的课程领导研究》等省级规划课题。参编中英甘肃普及九年义务教育项目培训教材《课堂管理》，由人民教育出版社出版发行。

第二章 教　　师

第一节　原张掖中学教师

一、人物简介

（一）特级和高级教师

周光汉（1923年11月—2016年7月），男，甘肃省漳县人。中学高级教师。1955年毕业于西北师范学院中文系。长期从事中学语文教学工作。中国作家协会兰州分会会员、甘肃诗词学会会员、张掖地区文联会员、张掖诗词学会顾问、《海潮诗词》编辑。参加编写《张掖地区文史资料》《张掖地区教育志》等8种史志。发表《谈谈中学学生的认字问题》等论文8篇，短篇小说5篇，律诗、绝句、古风116首。专著有《标点符号用法举例》、诗词集《零星草》等。1982年被评为甘肃省优秀教师，并为省教育厅树立的20名中小学优秀教师之一。1983年被评为全国"五讲四美为人师表"优秀教师。享受省级劳模待遇。1988年退休。

施生民（1927年11月—1998年10月），男，甘肃省张掖市人。中共党员。中学高级教师。1952年毕业于兰州大学语文系。曾任张掖中学语文教师、教导处主任。参加编写《张掖市志》《张掖地区教育志》等著作。在《张掖报》《昆仑诗词》等报刊发表文史研究文章19篇，诗词20余首。专著有《伏枥集》等。多次被评为张掖县"五好"干部、优秀编辑、张掖地区"老有所为"先进个人。

高峻中（1927年2月—2007年2月），男，甘肃省张掖市人。中共党员。中学高级教师。1949年毕业于上海同济大学，曾任张掖中学物理课教师、教导主任。甘肃省中学物理研究会理事。1986年被评为全国教育系统劳动模范，授予人民教师奖章。名入《中国当代教育家大辞典》。1988年退休。

阎正礼（1928年5月—1995年5月），男，甘肃省张掖市人。中共党员。中学高级教师。1953年毕业于西北师范学院历史科。张掖中学历史课教师。长期担任史地教研组组长。他与张思隋等人编制的全省第一部乡土历史教材《张掖溯古》（包括彩色反转幻灯片80张，20、40、80分钟录音教材各一盘及几千字的文字讲稿）获省地电化教学优秀奖。

陈拱和（1923年10月—2006年2月），男，江西省靖安县人。中学高级教师。1947年毕业于上海复旦大学。先后在上海市市南中学、张掖中学任英语课教师。长期担任外语教研组组长，张掖地区中学外语教学研究会理事。有论文《谈中学生如何学外语问题》等多篇。1988年退休。

刘国强（1930年9月—2013年12月），男，河南省荥阳县人。中共党员。中学高级教师。1957年毕业于西北师范学院物理系。张掖中学物理课教师。长期担任班主任及物理教研组组长。1985年、1986年连续被评为张掖地区优秀教师。

陈俊杰（1922年11月—2012年6月），男，河南省长葛县人。中共党员。中学高级教师。1960年甘肃师大语文系（四年）函授毕业，1964—1965年在甘肃教育学院中语一班进修。先后在张掖六中、张掖中学任语文课教师。1985年、1986年连续被评为张掖地区优秀教师。1988年离休。享受县级待遇。

李孟发（1931年2月—2009年7月），男，广东省梅县人。中共党员。中学高级教师。1951年从印度尼西亚回国读书，1955年毕业于天津南开大学经济系。先后在酒泉中学、张掖地区讲师团、张掖中学任思想政治课教师和教研组组长。曾先后任张掖地区侨联主席、甘肃省侨联委员、张掖地区侨联名誉主席。曾为政协甘肃省委员会第五届、第六届委员。

汪永正　男，1930年11月出生，甘肃省张掖市人。中共党员。中学高级教师。1955年毕业于西北师范学院语文科。先后在张掖农校、张掖三中、张掖中学任语文课教师。曾担任语文教研组副组长，多年担任班主任工作。发表论文《谈如何写记叙文的情景》等多篇。1990年退休。

王守芬（1931年5月—2006年5月），男，湖北省武汉市人。中学高级教师。1955年毕业于武昌华中师范学院物理科。张掖中学物理课教师。多年担任班主任工作。

白　璇　男，1933年4月出生，陕西省洋县人。中共党员。中学高级教师。1958年毕业于西北师范学院数学科。先后在张掖县二中、张掖中学任数学课教师。长期担任班主任工作。

杨继文（1933年2月—2014年11月），男，甘肃省天水市人。中学高级教师。1954年至1956年在西北师范学院数学系、音乐系上学。曾在西北师院体育科工作。1964年3月调张掖中学任教。发表广播歌曲63首，其中在国家级刊物发表《沙枣花》《烛光》等11首，在省级刊物发表25首，有2首获得国家级金银奖。甘肃省音乐家协会会员。

任作㟷　男，1936年7月出生，甘肃省民勤县人。中共党员。中学高级教师。1957年毕业于甘肃师专语文科，1964年甘肃教育学院语文系进修毕业。先后在张掖二中、张掖中学任语文课教师。甘肃省诗词学会会员、张掖地区文联会员。在报刊发表诗文百余篇。出版专著《管蠡词集》。1987年被张掖地区地直机关党委授予"优秀共产党员"称号。

苏　政　男，1938 年 2 月出生，甘肃省张掖市人。中共党员。中学特级教师。
1961 年毕业于甘肃师范大学教育系。张掖中学语文课教师，长期担任语文教研组组长。
参加编写《初中文言文赏析辞典》等书。发表《绍兴拾穗》（组诗）、《木塔吟》等诗
文多篇。1992 年被评为甘肃省优秀教师，获"园丁奖"。

李学瑜　（1933 年 5 月—2003 年 1 月），男，甘肃省张掖市人。中学高级教师。1957
年毕业于西北师范学院生物系。先后在临潭一中、舟曲一中、合作二中、张掖中学任生
物课教师。曾任合作二中副校长。

杨有源　（1934 年 11 月—2012 年 10 月），男，甘肃省民勤县人。中学高级教师。
1960 年毕业于甘肃师范大学数学系。先后在张掖师专、张掖中学任数学课教师。长期
担任班主任工作。曾被评为校级优秀教师。1994 年退休。

严琦国　（1931 年 3 月—2012 年 4 月），男，甘肃省武威市人。中学高级教师。1964
年毕业于甘肃师范大学地理系，先后在张掖地区育才中学、肃南一中、武威市五中、张
掖中学任地理课教师。其书法作品多次在全国获奖，作品入编《中华诗词首届海内外
墨迹大赛佳作荟萃》一书。1982 年被评为张掖地区教育系统先进个人。退休后任张掖
地区老年大学书法课教师。

汪锡昌　男，1940 年 8 月出生，甘肃省民勤县人。中共党员。中学特级教师。
1963 年毕业于甘肃师范大学数学系。长期从事数学教学，担任数学教研组组长。参加
编写《高考数学应试解题策略》等书。发表《用化归策略求异面直线间距离》等论文
5 篇。1992 年被评为张掖地区优秀教师。

王以湖　男，1934 年 8 月出生，甘肃省民勤县人。中学特级教师。1960 年毕业于
甘肃师范大学物理系。先后在民乐县一中、张掖中学任物理课教师。发表有《如何提
高物理教学质量》等论文。1991 年被评为甘肃省优秀教师，获"园丁奖"。

柴述鲁　（1938 年 11 月—2014 年 11 月），男，甘肃省民乐县人。中共党员。中学高
级教师。1965 年于甘肃师范大学政教系毕业后，分配中共甘肃省委组织部工作，后调
张掖中学任思想政治课教师、政教处主任、办公室主任，中共张掖地委宣传部理论科科
长。1986 年被评为张掖地区优秀教师。

毕凤利　男，1939 年 8 月出生，甘肃省张掖市人。中共党员。中学高级教师。
1962 年毕业于甘肃省师范大学数学系，先后在金塔县中学、张掖中学任数学课教师。
曾任金塔县中学教导主任。

张瑰仙　（1932 年 4 月—2013 年 12 月），女，甘肃省庆阳县人。中共党员。中学高
级教师。1953 年毕业于庆阳师范学校。先后在甘肃合水县板桥小学任教导主任，兰州
大学历史系办公室行政秘书，张掖艺术学院教师，张掖卫校、张掖中学语文课教师。
1986 年被评为张掖地区优秀教师。

王 珊 女，1936 年 11 月出生，北京市人。中学高级教师。1959 年毕业于甘肃师范大学化学系。先后在民乐县一中、张掖中学任化学课教师、化学教研组组长。曾获地委组织部、地区人事处"年终考核奖励"二等奖。

张淑敏 女，1941 年 7 月出生，河南省夏邑县人。中共党员。中学高级教师。1961 年毕业于张掖高等师范专科学校理化科。先后在张掖青西小学、张掖县一中、张掖中学任数学课教师。发表有《说潜移默化》等论文。曾被评为张掖地区"三八红旗手"，张掖地区优秀教师，1984 年被评为甘肃省优秀班主任。

刘佑如（1945 年 10 月—1997 年 9 月），男，湖北省孝感县人。中学高级教师。1969 年毕业于北京外贸学院外语系英语专业。先后在肃南二中、肃南一中任教，1981 年调张掖中学任英语课教师、外语教研组组长。九三学社会员、理事长，张掖市政协委员。论文有《如何学英语》等篇。1985 年获中共张掖地委组织部、行署劳动人事处"年终考核奖励"二等奖。

郭建军 男，1936 年 11 月出生，甘肃省张掖市人。中共党员。中学高级教师。1959 年参加工作，1964 年毕业于甘肃教育学院语文班。先后在肃南县一中、肃南教师进修学校、张掖中学任语文课教师。曾多次被评为模范教师、先进工作者。

陈 铭 男，1945 年 12 月出生，甘肃省定西县人。中学高级教师。1969 年毕业于甘肃师范大学中文系。先后在渭源县一中、定西中学、张掖中学任语文课教师、语文教研组组长。参加编写《高中文言文赏析辞典》，发表论文多篇。2000 年被张掖地区行署授予"职业道德标兵"称号。

赵遐林（1941 年 11 月—2010 年 5 月），男，甘肃省张掖市人。中学高级教师。1966 年毕业于甘肃农业大学畜牧系。先后在张掖农牧局、九公里园艺场、河西印刷厂工作，1970 年起在张掖师范、张掖中学任数学课教师。多年担任班主任工作。

党可平 男，1945 年 9 月出生，河南省济源县人。中学高级教师。1969 年毕业于甘肃师范大学中文系。先后在民乐县一中、张掖中学任语文课教师。参加编写《高中文言文赏析辞典》《中学名著赏析》《高考语文考点及测试》等书。发表论文十多篇。中国民盟盟员，张掖地区侨联会员。

张临香 女，1944 年 8 月出生，甘肃省靖远县人。中共党员。中学高级教师。1968 年毕业于甘肃师范大学俄语系。曾任张掖中学数学课教师、团委书记，教导处副主任、主任，政教处主任。发表《浅谈初中数学复习》等论文。多次被评为张掖地区优秀教师、优秀党员。1996 年被评为甘肃省优秀教师，获"园丁奖"。

张 昀 女，1945 年 11 月出生，山西省柳林县人。中学高级教师。1968 年毕业于甘肃师范大学地理系，张掖中学地理课教师。发表论文多篇。

王 莉 女，1945 年 11 月出生，河北省昌黎县人。中学高级教师。1969 年毕业于甘肃师范大学地理系。张掖中学数学课教师。发表论文多篇。

　　杨自齐　男，1960 年 4 月出生，甘肃省永昌县人。中共党员。中学特级教师。1982 年 1 月毕业于西北师范学院中文系。张掖中学语文课教师，教导处副主任。省地中学高级教师评审委员会委员。发表《中学语文教学与德育》等论文十多篇、报告文学多篇。张掖地区跨世纪学术技术带头人、骨干教师、专业技术拔尖人才，参加国家级中小学骨干教师培训，曾获得张掖地区优质课评比一等奖和优秀教学科研成果一等奖。1991 年被中共张掖地委、地区行署授予优秀教师称号。

　　肖培林　男，1957 年 5 月出生，河南省郑州市人。中共党员。中学高级教师。1982 年 1 月毕业于西北师范学院化学系。任张掖中学化学课教师、教导处副主任。张掖地区化学学会副理事长，甘肃省中学化学研究会理事。2000 年被评为甘肃省骨干教师，省级学科带头人，全省职业道德先进个人。

　　郝长泽　男，1951 年 6 月出生，甘肃省民乐县人。中共党员。中学高级教师。1975 年毕业于甘肃师范大学化学系。先后在张掖地区育才中学、肃南县一中、张掖中学任化学课教师。发表《溶解度计算的"万能"公式》等论文多篇。

　　程旭东　男，1951 年 10 月出生，甘肃省临洮县人。中共党员。中学高级教师。甘肃教育学院中文系毕业。曾在高台县教师培训班、高台新沟中学、张掖地区育才中学任教，1998 年因结构调整到张掖中学任教师、年级主任。发表《浅谈阅读教学》等论文。多次被评为张掖地区优秀教师、优秀德育工作者。

　　周建仁　男，1964 年 1 月出生，甘肃省肃南县人。中学高级教师。1981 年甘肃教育学院数学系专科毕业，1988 年毕业于甘肃教育学院数学系，2000 年取得西北师大数学教育硕士学位。先后在肃南一中、张掖地区育才中学、张掖中学任数学课教师。发表《中学数学教学中构建学生知识结构的重要性》等论文。

　　管正敏　男，1948 年 7 月出生，甘肃省张掖市人。中共党员。中学高级教师。1968 年参加工作，1974 年毕业于甘肃师范大学艺术系音乐专业。先后在张掖中学任地理、音乐课教师，文科党支部书记、总支委员、工会主席。发表《浅谈中学音乐教育的基本任务》等论文。甘肃省音乐家协会会员。2000 年被评为"全国学校艺术教育先进工作者"。

　　黄兰英　女，1956 年 4 月出生，四川省仁寿县人。中共党员。中学高级教师。1977 年参加工作。1980 年毕业于吉林大学历史系。先后在重庆市重型铸锻厂子弟学校、重庆国棉一厂子弟学校任教，1990 年调入张掖中学任历史课教师、党总支委员。发表《在教学中如何进行史与论的结合》等论文。1995 年被评为甘肃省优秀教师，获"园丁奖"。

　　祝良先　男，1952 年 2 月出生，甘肃省山丹县人。中共党员。中学高级教师。1978 年毕业于甘肃师范大学化学系。任张掖中学化学课教师、教研组组长、年级主任、校工会主席、总务处副主任。张掖地区化学学会理事、秘书长。参加编写《化学计算解题通导》一书。发表《十字法判断电产物及 pH 值一得》等多篇论文。1985 年被评为"张掖地区优秀班主任"。

张振儒　男，1954 年 6 月出生，甘肃省民乐县人。中共党员。中学高级教师。1978 年毕业于西安外国语学院英语系。先后在张掖地区育才中学、张掖中学任英语课教师。发表《用言语进行英语情景教学》等论文多篇。1991 年被评为张掖地区优秀教师。

（二）老教职工

王家瑛（1920 年 3 月—2002 年 3 月），男，甘肃省永昌县人。1945 年毕业于西北师范学院教育系。分配张掖师范任教员、教务主任。1948 年调入张掖中学任语文课教师、教务主任。后在学校图书室从事图书管理工作。1985 年被张掖地区行署评为优秀教师。

白凌霄（1913 年 11 月—1989 年 12 月），男，山西省五台县人。大学文化。1935 年 8 月至 1936 年 11 月在山西大学工学院学习。1949 年参加工作，曾任张掖师专讲师、张掖中学化学课教师。

李金珍（1927 年 7 月—1984 年），男，河南省伊川县人。1949 年 11 月参加工作，1954 年毕业于河南师范学院，分配张掖中学任地理课教师，长期从事班主任工作。编写《高考地理复习资料》一书。

刘金谷（1923 年 1 月—2011 年 3 月），男，天津市人。中共党员，大专学历。1949 年 3 月至 1949 年 6 月在正定华北大学上学，1949 年 8 月参加工作，1961 年 9 月调入张掖中学工作，从事语文课教学和实验室仪器管理工作，1986 年离休。

王志军（1929 年 8 月—2007 年 10 月），男，甘肃省张掖市人，高中文化。1949 年 9 月参加地干校学习，先后在张掖中小学基金会、张掖市文教局、张掖中学教导处工作，主任科员。任民进张掖县支部副主任委员。1991 年享受离休待遇。

杨廷珍（1917 年 5 月—2004 年 8 月），男，河北省献县人。初中文化。1950 年参加工作，张掖中学校医，长期从事师生员工的医疗保健工作，1979 年退休。

申维善　1934 年 10 月出生，男，甘肃省张掖市人。中共党员，初中文化。先后任张掖中学团委书记、革委会副主任、总务处主任。1983 年被张掖地区地直机关党委评为优秀党员。

张启发（1929 年 11 月—2011 年 3 月），男，甘肃省张掖市人，中共党员，小学文化。1949 年 9 月参加工作，曾任总务处副主任、主任科员。1989 年退休。

刘茂德（1937 年 12 月—2014 年 9 月），男，甘肃省张掖市人。中共党员，初中文化。1954 年参加工作，曾任张掖中学校办厂厂长、主任科员。

王如兰（1930 年 9 月—2012 年 3 月），女，甘肃省张掖市人。毕业于张掖师范学校。1949 年 10 月参加工作，先后在张掖县南街小学任教，张掖五金公司、五金站记账员。1971 年调入张掖中学校办厂从事财务室会计工作，主任科员。1988 年退休。

张凤辉 1928 年 5 月出生，女，江苏省松江县人。南京汇文女中毕业，高中文化。1949 年 9 月参加工作，在上海市教育局财务室任会计，1958 年 12 月起在张掖中学财务室从事会计工作。民进张掖县支部主任委员、甘肃省政协委员。1985 年退休。

刘吉鳌（生卒年不详），男，甘肃省张掖市人。中华人民共和国成立初期张掖中学传达室工人，24 小时值班。负责打钟、送报纸、治安保卫，为各教研组送开水，一个人干数人工作，从不叫苦叫累，一直到 1966 年。

（三）曾经在张掖中学工作过的教师

袁定邦（1898 年—1974 年 1 月），男，汉族，甘肃省张掖市人。甘肃省立武威第二师范本科毕业。早年任张掖国学馆国文教师，20 世纪 30 年代起任张掖中学数学、国文教师，中华人民共和国成立后留任。为人正直，曾拒绝马步芳委以青海省人民政府秘书职务。20 世纪 50 年代起任张掖县文化馆馆长、图书馆馆长，政协张掖县第一届委员会常委、甘肃省人民代表大会代表。著有《抱坚轩诗集》（307 首）。

鲁 玲（1912 年—1994 年 2 月），男，汉族，甘肃临泽县人。中国国民党革命委员会成员。1940 年南京金陵大学农学院毕业后任甘肃省建设厅督导，同年，甘肃省人民政府委任为张掖高级农业职业学校校长来张办学。1947 年冬被选为临泽县"国大代表"，出席 1948 年南京召开的中华民国国民代表大会。1948 年调离张掖农校任敦煌县县长。中华人民共和国成立后任张掖中学教师。1983 年参加中国国民党革命委员会，先后任民革张掖小组组长、支部委员会主任，张掖市民革筹备委员会主任委员。1986年至 1989 年任政协张掖县第四届委员会委员、常委。曾在张掖农校培训园艺技术人才，并对果树专业户进行技术指导。

王克孝 男，汉族，1939 年出生，湖南长沙人。1960 年毕业于甘肃师范大学历史系。1961 年在张掖中学任教师。1985 年调张掖高等师范专科学校，先后任政史系主任、教授，中国敦煌吐鲁番学会理事、敦煌研究院兼职研究员，中国民主促进会甘肃省委员会委员、张掖市主任委员，甘肃省八届人大代表，政协张掖市六届委员会副主席。《〈黑城遗书（汉文）诠注目录〉的翻译与研究》，获甘肃省高校哲学社会科学优秀成果三等奖。论文《评丘吉耶夫斯基对敦煌所出某些籍帐文书的考释》获 1994 年甘肃省社会科学最高佳作奖。著有《西夏对我国书籍生产和印刷术的突出贡献》《黑城出土汉文遗书叙录》等。

刘振武 男，汉族，1926 年 6 月出生，甘肃庆阳县人。1950 年毕业于西北师范大学教育系，1950 年至 1953 年在张掖中学任教。后调入武威一中任体育教师。1981 年被评为全省百名、全国千名优秀体育教师，并获国家金质奖章；业余时间试验制作航空模型探索 20 多年，被誉为"全省航模活动的播种机"。1990 年被评为甘肃省科技优秀辅导员，个人事迹载于《甘肃残疾人》《红柳》等刊物。

邱洁美　男，汉族，1926 年出生，甘肃民勤县人。中共党员，大专学历，中学高级教师。1953 年至 1956 年在张掖中学任教，曾任教导处副主任，后调张掖市第三中学任副校长。1995 年被中共张掖地委、行署评为优秀教师。参编《张掖市教育志》。

王守正　男，汉族，1929 年 10 月出生，甘肃张掖人。1951 年西北师范学院教育系肄业，1959 年甘肃师范大学中文系函授班毕业。1954 年至 1966 年在张掖中学任教。后调入张掖师范学校工作，高级讲师。撰写《略谈语文教学的几个问题》等论文。

白亚西　男，汉族，1934 年出生，陕西耀县人。中共党员，中学特级教师。1958 年毕业于西北师范大学物理系，1958 年至 1960 年在张掖中学任教，后调入张掖市二中任教，曾任张掖市人大代表。1994 年被甘肃省人民政府授予"特级教师"称号。

阚维奇　男，汉族，河北乐亭县人。1947 年毕业于陕西西北大学法律专业。1957 年陕西师范大学数学系进修毕业。1962 年至 1979 年在张掖中学任教，后调入陕西省西安市铁路第一中学任教。曾任西安市数学学会常务理事，荣获陕西省"优秀教师"称号。

陈　进　女，回族，1929 年 6 月出生，江苏南京人。中共党员。1957 年毕业于中国人民大学法律系，1960 年至 1972 年在张掖中学工作，曾任教导处副主任。后调入北京卫国中学任党支部书记。曾荣获广东省"先进教育工作者"称号，享受政府特殊津贴。

蒋德瀚　男，汉族，1932 年出生，甘肃榆中县人。1955 年毕业于西北师范大学物理系。1962 年至 1979 年在张掖中学任教，后调入兰州师专任物理系系主任、教授。政协兰州市委员会委员。

贾宝凰　女，汉族，1936 年出生，山西人。1959 年毕业于西北师范大学中文系，1962 年至 1979 年在张掖中学任教。后调入中共甘肃省委党校文史教研室工作，副教授。

张振民　男，汉族，1938 年 10 月出生，甘肃陇西县人。1965 年毕业于西北师范大学美术系油画专业，1982 年华东师范大学美术系油画专业研修一年。1965 年至 1978 年在张掖中学任教。曾任甘肃省美协会员、省美术教育学会副会长、张掖师专美术系系主任，副教授。发表美术作品 100 多件，并多次获奖；发表《中国美术教育史初探》等论文多篇。

韩宝惠　男，汉族，河南虞城人。中共党员，中学特级教师。1965 年毕业于西北师范大学数学系，1965 年至 1975 年在张掖中学任教。后调入张掖市四中任党支部书记、副校长等职。自制立体几何模型和圆锥曲线演示教具近 100 件。曾获甘肃省自制教具二等奖。论文《无棱二面角的求法》一文被收入《世界数学文库》（华人卷）。1998 年被甘肃省人民政府授予"特级教师"称号。

陈启明　男，汉族，1939 年出生，重庆垫江人。1964 年毕业于甘肃师范大学中文系，1964 年至 1972 年在张掖中学任教。后调入四川垫江师范学校任副校长。曾任垫江县人大常委会副主任。编著《中师文选与写作训练指导》等。

陈启民 男，汉族，1934年出生，福建闽侯县人。1959年毕业于西北师范大学数学系，1959年至1985年在张掖中学任教，曾任教导处副主任。中学高级教师。后调入兰州市第一中学任教。曾任兰钢分校办公室主任、政协兰州市委员会委员等职。参编《中学学科教学改革丛书》，发表论文2篇。

王增娟 女，汉族，甘肃成县人。1969年毕业于西北师范大学外语系，1969年至1984年在张掖中学任教。现任兰州市第一中学高级教师、政协兰州市委员会委员。

张思隋 男，汉族，1940年6月出生，甘肃靖远县人。1959年毕业于兰州师范学校。1982年至1987年在张掖中学任教。曾编写历史课乡土教材《张掖溯古》一套。制作"录音教学幻灯片"获甘肃省第一届电化教学教材评比二等奖。后调入兰州市第九中学任教。整理出版其父遗著《甘肃文学五十年》《兰州春秋》。

张 明 男，汉族，1950年出生，甘肃陇西县人。1980年毕业于张掖师专中文科，1992年西北师大中文系函授毕业。中学高级教师。1980年至1984年在张掖中学任教。现在窑街矿务局第一中学任教。撰写发表《迴车不是转车》《冲破考试的禁区》等论文4篇。

齐志勇 男，汉族，1956年出生，山东人。1980年毕业于张掖师专外语科。1980年7月至1991年10月在张掖中学任教。1985年毕业于上海外国语学院英语专业（本科）。中学高级教师。1987年至1988年公派赴美国做文化交流访问学者。现任甘肃省教育科学研究所副所长。编著《非正规教育理论与实践》等著作多部，发表研究论文多篇。多次在美、德、英、法、日、澳大利亚等国进行国际教育学术交流，同联合国教科文组织开展国际教育项目活动。

崔国兰 女，汉族，1960年出生，甘肃古浪县人。1980年毕业于张掖师专化学科。1980年7月至1991年10月在张掖中学任教。现任兰州市第二十七中学高级教师。编著《高中课程同步读、想、用》《有机选择型计算题巧解》。在省级刊物发表《同分异构体概念辨析与书写技巧》等论文数篇。

陈幼和 男，汉族，1958年出生。张掖中学1975年高中毕业。1975年参加工作，1980年毕业于兰州师专物理系，1980年至1993年在张掖中学工作，曾任团委书记、教导处副主任、政教处副主任。现任甘肃省民政厅工业总公司办公室主任。

王建超 男，汉族，1961年出生，河北人。1982年毕业于西北师范大学物理系，1982年至1993年在张掖中学任教。1991年获地区首届高中优质课评选物理学科二等奖。现任兰州市第二中学教导处主任，中学高级教师。

马瑞华 女，汉族，1962年出生，甘肃民勤县人。1983年毕业于西北师范大学数学系，1983年至1993年在张掖中学任教。现任兰州市第二中学高级教师。

李浮萍 女，1962年1月出生，甘肃省民勤人。中学高级教师。1982年毕业于张掖师专英语系专科，1995年西北师范大学英语系进修毕业。先后在张掖地区育才中学、张掖中学任英语课教师。2000年调兰州工作。

张耀龙　男，1959 年 9 月出生，甘肃省古浪县人。中共党员。中学高级教师。1980 年毕业于武威师范。1989 年毕业于上海外国语学院英语二系。先后在古浪县一中、张掖中学任英语课教师。2001 年调河西学院工作。

管向东　男，1940 年 5 月出生，甘肃省兰州市人。中学高级教师。1964 年毕业于甘肃师范大学生物系，分配张掖地区防疫站工作。1978 年调入张掖中学任生物课教师、教研组组长。1995 年调往新疆工作。

二、列表人物

表 1

姓名	性别	籍贯	出生年月	文化程度	职称	评任时间
王天侠	男	陕西蒲城	1927 年 2 月	大学专科	中学一级教师	1988 年 2 月
臧宗新	男	民乐	1954 年 1 月	大学本科	中学一级教师	1988 年 6 月
车兴国	男	高台	1953 年 5 月	大学专科	中学一级教师	1988 年 6 月
任吉茂	男	景泰	1955 年 9 月	大学专科	中学一级教师	1988 年 6 月
杨自生	男	临泽	1953 年 2 月	大学专科	中学一级教师	1988 年 6 月
蔡瑞君	女	山西晋城	1955 年 5 月	大学专科	中学一级教师	1988 年 6 月
林　宝	男	武威	1957 年 4 月	大学专科	中学一级教师	1988 年 8 月
赵治国	男	张掖	1955 年 9 月	大学专科	中学一级教师	1988 年 6 月
张文理	男	临泽	1956 年 6 月	大学专科	中学一级教师	1988 年 6 月
曹志红	女	贵州	1962 年 8 月	大学专科	中学一级教师	1988 年 6 月
刘新民	男	古浪	1960 年 12 月	大学本科	中学一级教师	1992 年 12 月
王晓燕	女	张掖	1964 年 2 月	大学本科	中学一级教师	1992 年 12 月
王启辉	男	会宁	1964 年 1 月	大学本科	中学一级教师	1992 年 10 月
马廷方	男	兰州	1946 年 2 月	大学本科	中学一级教师	1993 年 11 月
汪安山	男	民勤	1964 年 8 月	大学本科	中学一级教师	1993 年 11 月
刘希龙	男	山丹	1966 年 7 月	大学本科	中学一级教师	1993 年 11 月
董慕严	男	天津	1948 年 9 月	大专	中学一级教师	1993 年 11 月
张　蓓	女	上海	1962 年 9 月	大学本科	中学一级教师	1993 年 11 月
王学荣	男	静宁	1964 年 6 月	大学本科	中学一级教师	1993 年 11 月
杨吉荣	男	张掖	1966 年 5 月	大学本科	中学一级教师	1994 年 12 月
宋彩霞	女	河南孟津	1966 年 3 月	大学本科	中学一级教师	1995 年 12 月
袁积凯	男	张掖	1966 年 1 月	大学本科	中学一级教师	1995 年 12 月
徐子鸣	男	张掖	1966 年 7 月	大学本科	中学一级教师	1995 年 12 月

续表：

姓名	性别	籍贯	出生年月	文化程度	职称	评任时间
张辅良	男	通渭	1965 年 11 月	大学本科	中学一级教师	1995 年 12 月
王建强	男	陕西扶风	1965 年 11 月	大学本科	中学一级教师	1995 年 12 月
王宗保	男	张掖	1964 年 3 月	大学本科	中学一级教师	1995 年 12 月
王荣军	男	渭源	1966 年 11 月	大学本科	中学一级教师	1995 年 8 月
杨兴明	男	张掖	1966 年 1 月	大学本科	中学一级教师	1996 年 12 月
柳春	男	张掖	1968 年 11 月	大学本科	中学一级教师	1996 年 12 月
张元	男	山丹	1969 年 8 月	大学本科	中学一级教师	1996 年 12 月
麻秋萍	女	张掖	1965 年 10 月	大学本科	中学一级教师	1996 年 12 月
李晓明	男	张掖	1968 年 10 月	大学本科	中学一级教师	1996 年 12 月
杨天军	男	张掖	1965 年 2 月	大学本科	中学一级教师	1996 年 12 月
王卫东	男	定西	1965 年 12 月	大学专科	中学一级教师	1997 年 12 月
高永红	男	张掖	1962 年 6 月	大学专科	中学一级教师	1997 年 12 月
唐浩新	男	武威	1969 年 10 月	大学本科	中学一级教师	1997 年 12 月
马永新	男	临泽	1968 年 5 月	大学本科	中学一级教师	1997 年 12 月
赵立平	女	张掖	1965 年 7 月	大学本科	中学一级教师	1997 年 12 月
贾宏明	男	高台	1967 年 12 月	大学本科	中学一级教师	1997 年 12 月
刘俊华	男	张掖	1966 年 3 月	大学本科	中学一级教师	1998 年 12 月
张云海	男	张掖	1966 年 10 月	大学本科	中学一级教师	1998 年 12 月
冯进炜	男	张掖	1968 年 8 月	大学本科	中学一级教师	1998 年 12 月
姜洪	男	河南平玉	1966 年 1 月	大学本科	中学一级教师	1998 年 12 月
张俊国	男	古浪	1968 年 6 月	大学本科	中学一级教师	1998 年 12 月
孟芳云	女	秦安	1969 年 2 月	大学本科	中学一级教师	1998 年 12 月
吴玉梅	女	高台	1970 年 10 月	大学本科	中学一级教师	1998 年 12 月
李德胜	男	张掖	1969 年 9 月	大学本科	中学一级教师	1998 年 12 月
吕军	男	张掖	1972 年 2 月	大学本科	中学一级教师	1998 年 12 月
钱守忠	男	山丹	1968 年 8 月	大学本科	中学一级教师	1998 年 12 月
谈玲	女	张掖	1952 年 6 月	中专	中学实验师	1998 年 12 月
王萍	女	湖北武汉	1961 年 9 月	中专	中学实验师	1998 年 12 月
刘晓真	女	岷县	1965 年 12 月	大学本科	中学一级教师	1999 年 12 月
杨发锡	男	积石山县	1971 年 12 月	大学本科	中学一级教师	1999 年 12 月
杨开发	男	古浪	1971 年 10 月	大学本科	中学一级教师	1999 年 12 月

续表:

姓名	性别	籍贯	出生年月	文化程度	职称	评任时间
孙子彪	男	通渭	1969 年 3 月	大学本科	中学一级教师	1999 年 12 月
常兴滨	男	肃南	1968 年 8 月	大学本科	中学一级教师	1999 年 12 月
杨建华	女	张掖	1968 年 7 月	大学本科	中学一级教师	2000 年 12 月
苏天武	男	古浪	1969 年 1 月	大学本科	中学一级教师	2000 年 12 月
李文辉	男	静宁	1969 年 12 月	大学本科	中学一级教师	2000 年 12 月
蒋志鸿	男	民勤	1971 年 4 月	大学本科	中学一级教师	2000 年 12 月
李 玲	女	天水	1971 年 3 月	大学本科	中学一级教师	2000 年 12 月

表 2

姓名	性别	出生年月	文化程度	参加工作时间	岗位及年限
杨文义	男	1896 年	初中	1949 年	教务处干事 1950—1962 年
吴永峰	男	1931 年 12 月	高中	1949 年	教务处干事 1953 年 10 月—1965 年
张长福	男	1929 年 10 月		1953 年	总务处炊事员 1954—1988 年
王兴仁	男	1928 年 1 月	小学	1967 年	总务处炊事员 1947—1988 年
田复兴	男	1927 年 7 月	小学	1954 年	总务处工人 1959—
赵兴虎	男	1936 年 12 月	小学	1959 年	总务处炊事员伙管员 1997 年

三、入史名录

（一）中级职称教职员

张长栓　张登新　杨旭东　刘 鑑　张维庆　雷丽萍　杨 青　薄晓梅　王了之
张 华　兰凤香　顾建雄　史瑞玲　吴月桂　田秀兰

（二）中华人民共和国成立前学校教职工

余炳元　黄 均　王 瑛　吕淑琴　魏 鑑　杨茂春　管彰善　杨自廉　高登云
高荣恩　曹学禹　刘 澄　王秉炎　马上善　孙述舜　杨蔚林　朱致和　雷增光
高振基　李克成　郝立武　牛克昌　周世魁　罗 平　王宝贤　何人镜　马文海
白玉光　张森亚　朱 耀　杜如陶　田 溥　袁定邦　鲁 玲　吕殿弼　刘学舜
张 华　张生乾　王 诚　张 瑛　张滚泉　邵 隆　李俊德　曹殿英　梁 铎
张学书　赵克勤　赵春庭　史世一　陈 强　尹登科　王洛三　许登沣　仇连清
袁希吾　屈明智　李班庭　张 钰　龚惠芳　刘普华　张云章　许文焕　郭天华
吴良香　刘真元　张学福　王 恒　喻多寿　周 仁　王培荣　贾炳章　华毕林
鲁 筠　鲁 璈　汪忠五　张秀东　李子静　纪子奇　蒋廉池　崔 藻　张 明
李雨亭　苟崇俭　张任之　张聿修　徐子静　钟佩秋　孙浩然　杨鸿儒　张 锡
罗 维　胡思超　孔宪珂　史建章　闫栋生　段燕萍　汪时中　李扩清　胡剑南

马东壁　汪西林　刘晨光　章世贤　吴国祯　张学明　吕钧吾　王家瑛　吴祥泰
卜祥楷　孙颜彬　崔国庆　童贵德　王多智　刘文坛　白凌霄　李奠邦　卜孔林
徐国杰　王又新　左西严　梁承灏　王顺天　王国俊　李郁文　吉习之　赵　超
杜丹青　龚迫萍　兰　杰　曹鸿喜　白景春　邢开元　李　飞　李正元　刘毓慧
王　恺　于宝泉　解瑞五　宋茂林　杨尚新　李正儒　曹昌言　何铸九　刘秋潭
王子辉　易仲权　马德川

（三）中华人民共和国成立后学校教职工

李扩清　刘振武　杨文义　张伯壬　忻杏华　张　镒　邵多才　罗光弟　何学宴
汪　健　梁国仁　李子静　李芳春　刘文浩　郭振宗　李兰昌　冯尚纯　罗均霖
杨祖海　杨秉钧　汪西林　姜学麟　杨淑珍　宋世儒　李培友　肖福广　马文海
李宏波　袁定邦　吕钧吾　柴盛年　何人镜　苗长俊　高振基　栾玉田　肖忠义
童贵德　邱洁美　段燕萍　阮正伦　白亚西　田培华　陈克明　刘文坛　史建章
唐述尧　陆振声　马娴卿　杨赞琦　叶长杰　李积厚　陈容庆　张相贤　吴祥泰
周光汉　申廉中　郑兆璋　王守正　张甲林　王顺天　王祥顺　张　秦　高峻中
刘万恒　付维民　陈克彬　王天侠　陈启明　何荣弟　刘国强　聂礼俊　阎正礼
罗思哲　陈罕例　张金生（武威）　周问华　周凌云　李金珍　张任之　莫嘉玟
魏振沂　张　孝　张振国　王殿英　黄国桂　侯桂屏　成守恭　姜廷珠　陈哲士
沈国风　鲍定孝　陈必辅　杨守仁　沈阿龙　曹学孟　于忠哉　王钧锐　朱银禄
王力生　张以龙　陈继曾　施生民　黄鸿申　赵瑞林　张凤辉　黄振庭　宋积兰
杨廷珍　苟崇俭　方韵琴　马雯琼　张淑芳　付其康　吴永峰　肖邦鑫　成守意
裴风龄　李廷秀　刘裕明　韩　俊　邓繁威　贾继宝　张启发　高珍寿　侯作先
刘茂德　段迺恒　王志军　王　萍　黄毅为　刘士林　杨孟余　崔尚俊　李佳栋
刘积缴　谢韫敏　周均国　郑祖芳　王根志　孙先素　王锁贵　任裕年　朱天慧
薛明聪　梁心雄　白　璇　杨　蔚　郭中和　纪汉宾　蔡铸麟　白新云　吴克勤
王　林　王克孝　胡宗周　陈　进　孙继斌　李宗民　蒋秋元　李孟发　张炳贤
王福寿　彭一才　孔宪珂　张可喜　王家瑛　陈俊杰　马汉杰　王守芬　黄国桂
王以湖　任作侗　刘金谷　王中耀　蒋亨隆　赵学礼　杨学义　陈拱和　张仁德
刘启文　李士荣　武绍文　白元祥　季国刚　刘茂林　白凌霄　汪永正　张兴虎
阚维奇　申维善　杨子坚　蒋德翰　李源恩　陈振泰　叶孟骏　郭淑贤　郭天金
钟育俊　万坤生　于彬彬　李秀豪　程青云　李成业　杨有源　张振彪　汪锡昌
贾宝凰　王　英　孟学儒　谢韫芳　袁　福　赵嘉琴　白玉瑛　张万详　李志先
姜德望　张秀怀　白锦麟　姚自治　张兴龙　姜学玲　苏　政　吴国华　窦占域
吴俊文　赵万生　杨继文　任光地　刘增胜　王永发　柴森林　何其才　刘希辉
汪涤尘　韩思梅　牛耀邦　张　英　黄纪瑜　王增娟　毛仁美　郑菊梅　牛兆奇

陈德励	鲁和鸣	张瑰仙	贺天钰	张　昀	贺　立	赵树声	张临香	管正敏
薛建中	张金生（兰州）	储　宏	党凤仪	张长栓	李秀芬	汤成中	赵遐林
王德新	黄秀芬	薛秀云	董家福	张振民	马文辉	臧宗新	韩宝惠	袁秀亭
马军国	柴述鲁	张世贤	李丹丹	王少峰	车兴国	包玉英	陈新鸣	索效元
郭　成	管向东	杨自生	李秉印	关翠娥	吕兰君	关卜扎布		张志远
祝良先	刘卫东	吕平国	刘　镒	鲁　玲	张　荣	陈学华	李　伟	王琪林
肖学厚	张文理	吴月桂	沈　文	唐吉祥	阎存群	王兴国	申　岩	兰凤香
张瑜载	侯凤珍	马如荣	王积荣	徐百明	谢国庆	程启云	王如兰	王　旭
陈万福	董慕严	任吉茂	王　莉	刘志善	苏国萍	赵治国	肖桐春	张淑敏
贾瑞美	王　珊	张登新	吕惠芬	马国瑞	蔡九锡	鲁光文	王建超	马昌明
唐志英	张　蓓	齐志勇	张维庆	杨　青	张　明	李　华	薄晓梅	曹志红
王了之	杨万忠	崔国兰	王　岳	杨旭东	刘世杰	王　萍（实验师）		毛永胜
陈幼和	张思隋	马瑞华	蔡瑞君	刘佑如	平谊华	雷丽萍	史瑞玲	孙秀珍
张学祥	肖培林	门晓琴	王建平	杨自齐	徐亚雄	陈彦明	唐振海	章建刚
吕国强	吴解光	来金兰	刘　荣	郭建军	汪安山	刘新民	任　赋	毛新翠
王晓燕	柳　春	刘小真	王嘉玺	刘宗新	徐子鸣	高永红	王学荣	袁积凯
杨振华	张晓萍	宋彩霞	杨天军	王卫东	刘希龙	李朝升	吴　敏	严琦国
童兰果	屈　敏	张辅良	谈　玲	吴国光	潘　荔	张军国	姜　洪	王建强
李学瑜	张　钊	田秀兰	张　华	刘俊华	马永新	冯进炜	许根扣	张尔慧
郝长泽	林　宝	孟芳云	马廷方	杨发锡	张俊国	李德胜	梁艳梅	陈　晶
李　玲	杜　宏	张君如	刘　禧	齐延虎	张　元	董志新	袁　泽	马婉云
王宗保	李辉军	杨建华	赵立平	梁志英	钱守忠	王荣军	张长福	杨德仁
黄继龙	梁爱书	毕凤利	王　峰	马晓云	陈　铭	吴玉梅	王　昊	党可平
黄兰英	孙子彪	张云海	崔家平	丁宏喜	杨卫民	李晓明	刘　瑛	白丽红
蒋志鸿	李文辉	李浮萍	刘　华	宋庆雄	麻秋萍	彭　秋	何正文	周建仁
侯铁民	张雪莲	马维平	周鸿德	张耀龙	钟峰国	李伟元	刘积福	朱兴鸿
孙培友	赵兴虎	朱永福	刘吉汉	杨兴明	李　钢	柳兆春	樊立功	丁志贤
沈海润	程秀丽	王　龙	左正琼	杨开发	江启李	马远骏	顾建雄	李星海
杨　瑛	苏天武	张　勇	张振儒	陶建芸	赵　予	蔡国芳	常兴滨	程旭东
唐浩新	周晓蓉	沈文栋	王启辉	刘红菊	顾文斌	刘振国	吕　军	常国福
刘天生	田复兴	王兴仁	赵良成					

（四）2001 年重组新建时学校教职工

张金生	张尔慧	沈海润	马国瑞	毛永胜	张瑜载	吕国强	肖培林	杨自齐
赵治国	祝良先	王建强	李德胜	申　岩	王家玺	王永发	李伟元	李　钢

马远骏	陈 铭	党克平	王 岳	何正文	郝长泽	程旭东	王 龙	刘宗新
张耀龙	周建仁	刘 荣	江启李	管正敏	黄兰英	袁 泽	张振儒	吴国光
李浮萍	臧宗新	车兴国	张文理	任吉茂	杨自生	林 宝	蔡瑞君	刘新民
马廷方	汪安山	刘希龙	张 蓓	杨吉荣	杨兴明	王卫东	宋彩霞	袁积凯
徐子鸣	张辅良	高永红	王宗保	王启辉	柳 春	张 元	唐浩新	麻秋萍
李晓明	马永新	刘俊华	张云海	冯进炜	姜 洪	张俊国	孟芳云	吴玉梅
吕 军	田秀兰	谈 玲	王 萍	刘小真	杨发锡	杨开发	孙子彪	常兴滨
贾宏明	樊立功	苏天武	李文辉	蒋志鸿	李 玲	杨建华	张君如	刘 华
赵 予	蔡国芳	杨卫民	马维平	刘 喜	宋庆雄	彭 秋	周晓蓉	左正琼
梁艳梅	李新海	陶建芸	梁志英	顾文兵	沈文栋	刘振国	钟锋国	周鸿德
王晓艳	王荣军	王学荣	钱守忠	赵立平	常国福	王其林	唐振海	刘卫东
李朝升	王 峰	吕平国	王建平	杨万忠	张军国	来金兰	丁宏喜	杜 宏
程秀丽	齐延虎	鲁光文	张雪莲	刘红菊				

图 2-1 原张掖中学教职工合影

第二节 原张掖地区育才中学教师

一、人物简介

（一）特级教师

陈国华（1939 年 10 月—），女，汉族。甘肃省张掖市人，中共党员。1962 年毕业于甘肃师范大学数学系，同年分配到山丹一中任教，1972 年 3 月调入张掖地区育才中学工作，曾任教导处副主任、主任等职，1988 年 2 月被评为中学高级教师，1990 年当选为张掖市人大代表。1990 年被评为中学特级教师，1994 年退休。

陈国台（1939 年—2001 年 3 月），男，汉族，四川省阆中县人。1964 年毕业于甘肃师范大学化学系，分配到高台县一中、三中任教，1973 年调张掖地区教委教研室工作，1985 年调地区育才中学任教，1991 年获甘肃省"园丁奖"，1988 年 6 月被评为中学高级教师，1994 年被评为中学特级教师，1999 年退休。

马耀骥（1940 年—），男，汉族。甘肃省秦安县人，中共党员。1965 年毕业于甘肃师范大学数学系，同年分配到张掖地区育才中学任教，曾任年级组长、教研组长、教研室副主任。1988 年 6 月被评为中学高级教师，1990 年被评为甘肃省优秀德育工作者，1998 年 9 月被评为中学特级教师，1999 年 11 月退休。

（二）高级教师

陈学霖（1927 年 5 月—2008 年 6 月），男，汉族，甘肃省民勤县人。1949 年 9 月在武威中学任教，1951 年 1 月参加中国人民解放军，任济南第五航校、太原第十航校教员，荣立三等功。1954 年转业后在甘肃师范大学历史系学习，1956 年毕业后分配来张掖工作，先后在张掖县五中、乌江中学、和平农中任教，1979 年调入张掖地区育才中学任历史课教员，1984 年参加"民进"，任民进育才支部负责人。1988 年 2 月评为中学高级教师，同年退休。

王博礼（1931 年 10 月—2000 年 5 月），男，汉族，河北易县人。中共党员。1949 年至 1950 年在华北人民革命大学接受培训后被安排来甘肃工作，曾任酒泉县委文书、政策研究员、县政府助理秘书、政务秘书，张掖地区讲师团理论教员，张掖师专总务，张掖县二中、三中教员，1978 年调张掖地区育才中学任高中语文课教员，1988 年 2 月被评为中学高级教师，1991 年退休。

胡雄飞（1938 年 2 月—），男，汉族，上海市人，中共党员。1962 年至 1963 年在甘肃师范大学数学系进修，获专科毕业文凭，曾在武威县任小学教员、教导主任、中学教员。1974 年 3 月调入张掖地区育才中学任教，曾担任过年级组长。1991 年任学校工会主席，1988 年 6 月评为中学高级教师，1997 年 8 月担任学校退休党支部书记，1998 年退休。

刘秀莲（1938 年 4 月—），女，汉族，河北省高邑县人。1957 年毕业于河北省邢台师范学校，同年分配到石家庄市元村小学任教，1960 年被保送到北京师范学院中文系学习，1964 年毕业后分配到兰州化工学校任教，1975 年 7 月调入张掖地区育才中学任语文课教员，1988 年 2 月被评为中学高级教师，1991 年退休。

韩惠文（1938 年 8 月—），男，汉族，甘肃省天祝县人。中共党员。1965 年毕业于甘肃农业大学农学系，同年分配到中共甘肃省委组织部工作，1968 年被安排到甘肃省"九公里五七干校"接受"再教育"，1970 年 2 月调到张掖地区育才中学任生物和地理课教员，为甘肃省生物教学研究会会员。曾担任过教研组长、年级组长和党小组长，1988 年 6 月被评为中学高级教师，1999 年退休。

张德华（1939 年 9 月—），女，汉族，安徽省舒城县人。1961 年毕业于张掖师范专科学校，曾在肃南裕固族自治县中学、高台县一中任教，1980 年 1 月调入张掖地区育才中学任数学课教员，1989 年 12 月被评为中学高级教师，1994 年退休。

田卫东（1940 年—），男，汉族，甘肃省民乐县人，中共党员。1966 年毕业于甘肃师范大学外语系，曾担任民乐县一中教师、副校长。1988 年 6 月被评为中学高级教师。1993 年调入张掖地区育才中学任教，担任过年级组长、党小组长，任文科支部书记，1998 年退休。

范承先（1941 年 4 月—1992 年 4 月），男，汉族，甘肃省平凉市人。中共党员。1964 年从甘肃师范大学化学系毕业后，被选拔到 8120 部队育才中学（张掖地区育才中学）任教，曾任生化教研组组长，1985 年至 1990 年任教导处主任，1988 年 2 月被评为中学高级教师。

张梅英（1941 年 11 月—），女，汉族，甘肃省张掖市人。1965 年毕业于甘肃师范大学音乐系，同年分配到民乐县一中任教。1970 年 11 月调张掖市医药公司工作，1974 年 4 月调到张掖地区育才中学任音乐课教员，1988 年 6 月被评为中学高级教师，1996 年退休。

段炳麟（1942 年 5 月—），男，汉族。河北高阳县人，中共党员。1965 年毕业于甘肃师范大学外语系，同年分配到张掖地区育才中学任教，曾任年级组长。1988 年 2 月被评为中学高级教师，1989 年调往河北省石家庄市二十三中学。

刘远华（1942 年 9 月—），男，汉族，四川涪陵人。1964 年毕业于甘肃师范大学数学系，同年分配到张掖农校任教，1971 年 5 月调入张掖地区育才中学任高中数学课教员，曾任数学教研组组长，1988 年 2 月被评为中学高级教师。1993 年调往兰州市二十七中学。

张 英（1942 年 12 月—1993 年 5 月），男，汉族，甘肃省张掖市人。1964 年毕业于甘肃师范大学中文系，同年分配到张掖中学任教，曾担任过语文教研组组长，1985 年 8 月调入张掖地区育才中学任高中语文课教员，1988 年 6 月被评为中学高级教师。

张学忠（1942 年 7 月—），男，汉族，甘肃省合水县人。1967 年毕业于西北民族学院，同年分配到兰州市安宁区中学任教，1972 年 9 月调入张掖地区育才中学，曾任政治教研组组长、年级组长。1992 年 12 月被评为中学高级教师，2001 年 4 月退休。

王 睿（1944 年 3 月—），女，汉族，甘肃省秦安县人，中共党员。1968 年毕业于甘肃师范大学数学系，分配到山丹一中任教，1968 年 12 月和 1990 年 1 月先后当选为山丹县第十一届人民代表大会代表和山丹县第九届党代会代表。1990 年 1 月调入张掖地区育才中学，1992 年 12 月被评为中学高级教师，1999 年 3 月退休。

丁积华（1944 年 9 月—），女，汉族，甘肃省张掖市人。1969 年毕业于甘肃师范大学中文系，分配到渭源县庆洋中学任教，任过副校长。1980 年 7 月起先后调到渭源县一中和定西中学任教，1986 年 7 月调入张掖地区育才中学，1992 年 12 月被评为中学高级教师。1998 年 9 月退休。

贾荣欣（1945 年 6 月—），女，汉族，河北省定县人。1967 年毕业于甘肃师范大学外语系，分配到张掖地区育才中学任英语课教员，担任过外语教研组长，1992 年 12 月被评为中学高级教师。曾当选为张掖市第十四届人大代表，1999 年退休。

张泉清（1945 年 10 月—），女，汉族，陕西省佳县人，中共党员。1969 年毕业于甘肃师范大学政教系，曾任临泽县寥泉公社妇联副主任、临泽县一中教员。1978 年 1 月调入张掖地区育才中学，1992 年 12 月被评为中学高级教师，1999 年退休。

林利生（1945 年 12 月—），男，汉族，福建省闽虞县人，中共党员。1968 年毕业于甘肃师范大学数学系，分配到张掖地区育才中学任教，曾任教研组长，1992 年 12 月被评为中学高级教师。

段肃昌（1946 年 2 月—2004 年 12 月），男，汉族，甘肃省兰州市人，中共党员。1969 年毕业于甘肃师范大学数学系，分配到肃南裕固族自治县中学任教，曾任教导主任。1990 年 12 月调入张掖地区育才中学，担任过年级组长，1992 年 12 月被评为中学高级教师。

王佩兰（1946 年 6 月—），女，汉族，甘肃省张掖市人。1969 年毕业于甘肃师范大学化学系，曾在山丹县一中和张掖市一中任教。1985 年 5 月调入张掖地区育才中学，1992 年 12 月被评为中学高级教师。

李　诚（1947 年 2 月—），男，汉族，甘肃省敦煌市人，中共党员。1969 年毕业于甘肃师范大学数学系，分配到民乐县任高中数学课教员，曾任教研组长。1979 年调入张掖地区育才中学，多年担任年级组长，1992 年任教导处副主任，1994 年任教导主任，1997 年任校工会主席。1992 年被评为中学高级教师。

臧凤琴（1948 年 8 月—），女，汉族，天津市人。1965 年到玉门饮马农场工作，1975 年 9 月毕业于张掖师范学校，同年分配到张掖地区育才中学，1993 年 7 月西北师范大学中文系函授取得本科学历。2000 年 12 月被评为中学高级教师。

郑大邦（1954 年 9 月—），男，汉族，甘肃省高台县人。1975 年毕业于张掖师范学校，同年分配到张掖地区育才中学任教，1983 年 7 月张掖师专数学系毕业，2000 年 12 月被评为中学高级教师。

刘爱萍（1957 年 11 月—），女，汉族，甘肃省张掖市人，中共党员。1979 年毕业于张掖师范学校，曾在张掖市七中、张掖地区建材总厂学校任教。1991 年高等教育自学考试英语专科毕业，1993 年调入张掖地区教委教研室工作，1996 年调入张掖地区育才中学，2000 年 12 月被破格评为中学高级教师。

于兴国（1963 年—），男，汉族，甘肃省张掖市人，中共党员。1982 年毕业于西北师范学院化学系，同年分配到张掖地区育才中学任教，1997 年担任教导处副主任，1992 年获甘肃省"园丁奖"，1995 年被评为中学高级教师。1998 年初调中共张掖地委组织部工作。

杨春艳（1964 年 12 月—），女，汉族，甘肃省张掖市人，中共党员。1986 年 7 月毕业于西北师范大学体育系。同年分配到张掖地区育才中学任教，1996 年任学校妇委会主任，1999 年 12 月被评为中学高级教师。

（三）部分老干部

刘汝琪（1933 年 3 月—2015 年 4 月），男，汉族，甘肃省甘谷县人。1949 年 9 月参加革命工作，1956 年至 1958 年在西北师范学院中文科学习，获大学专科学历。1958 年分到民乐一中任教。1979 年至 1993 年在张掖地区育才中学任语文课教师，曾担任年级组组长，1988 年被评为中学一级教师，1993 年 8 月离休。

任墨林　男，汉族，1933 年 3 月出生，甘肃省张掖市人。1949 年 9 月参加革命工作，1950 年赴朝参加抗美援朝战争。1971 年至 1988 年在张掖地区育才中学工作，曾任学校办公室主任、工会主席等职。1988 年 5 月离休，离休后享受副县级待遇。

左玉兰（1933 年 8 月—2016 年 7 月），女，汉族，安徽省人。1951 年从兰州卫校毕业，先后在武威地区医院、张掖地区医院工作，1982 年至 1990 年在张掖地区育才中学校医室工作，1988 年被评为主管校医师。曾获甘肃省"优秀校医"称号，1990 年 1 月离休。

冯才德（1937 年 9 月—1997 年），男，汉族，1937 年 9 月出生，甘肃省民乐县人。1956 年至 1976 年在部队任营级职务，1976 年从部队转业后先后在民乐县财政局、张掖地区育才中学工作，历任副局长、总务处主任等职。1996 年退休。

徐立新　男，汉族，1939 年 9 月出生，四川省人。1958 年参军，曾在 8120 部队育才中学服役。1965 年学校移交地方后，转业到张掖地区育才中学工作，曾任总务处副主任、办公室主任等职，1999 年 12 月退休。

（四）曾在原张掖地区育才中学工作过的教师

董人堂（1922 年—），男，河北省内丘县人，中共党员。1946 年参加革命工作，1948 年被保送到邢台师范学校学习，毕业后留校工作，后调往邢台师范附小任教。1953 年调中国人民志愿军第三兵团育才小学任教导主任。1959 年到北京筹建中国人民解放军 0029 部队第二育才小学，任校长兼党支部书记。1962 年调往西北二十基地中国人民解放军 0029 部队筹建东风小学，任校长兼党支部书记。1964 年调河北省邢台地区文教局工作，1984 年在邢台教育学院离休，享受副县级待遇。

卜庆荣　女，1953 年任中国人民志愿军第三兵团育才小学教导处副主任，1962 年任 0029 部队育才中学教导处副主任。1963 年随学校西迁来张，继任教导处副主任。1968 年调离。

高崇伊（1937 年 8 月—），男，北京市人。南开大学物理系毕业。曾先后在中科院近物所、张掖农业学校、张掖地区育才中学任教。1980 年调入兰州大学物理系任教，教授。曾任全国高校热学教材教学研究会常务理事等职，在《天文学报》《兰州大学学报》等刊物发表论文多篇，合作编写《力学热学、大学物理教程（1）》一书，主笔热学部分。主持教育部和甘肃省科研项目 4 项，兰州大学研究项目 3 项，获国家级奖励 1 次，省级 3 次，地级以上多次，享受政府特殊津贴。现已退休。

李秀豪（1933 年 4 月—），男，陕西省长安县人。西北师范学院生物系毕业，先后在张掖农校、张掖中学、张掖地区育才中学任教（1975—1983 年），在育才中学工作期间，曾任教研组长等职。1983 年调往湖南湘潭大学工作，后被评为副教授。

姜逸虹（1933 年 1 月—），女，辽宁省丹东市人。1956 年参加工作。1959 年至 1963 年在四川大学生物系学习，曾在张掖农校任教，1977 年至 1983 年在张掖地区育才中学工作。1983 年调往湖南湘潭大学工作，后被评为副教授。

狄　云（1937 年 5 月—），男，河北省人，中共党员。甘肃师范大学中文系毕业。1964 年至 1981 年在张掖地区育才中学任教，先后担任年级组组长、教导处主任等职。1981 年调往湖南省常德市教育局工作，先后担任副局长、局长等职，现已退休。

石天柱　男，中共党员。曾任中国人民志愿军第一育才小学总务处主任，中国人民解放军 0029 部队育才中学总务处主任，学校西迁张掖后留河北省邢台地区，其他情况不详。

刁占芳　男，中共党员。1963 年随育才中学迁至张掖，任体育课教师、校党支部委员等职。1975 年调张掖地区体校任副校长。20 世纪 80 年代调往河北省。

赵世忠（1929 年 7 月—），男，河南省人。1951 年参加抗美援朝战争，1956 年毕业于哈尔滨医科大学，曾在南京、北京等部队任军医，在 8120 部队育才中学医务所任所长（营级）。1965 年学校移交地方后任张掖地区育才中学校医，1980 年调出。

柴习俭（1934 年—），男，河南省人，中共党员。1960 年大学本科毕业，分配到北京国防部第五研究院工作，1962 年调入中国人民解放军 0029 部队邢台育才中学。随学校迁至张掖，任数学课教员、校党支部委员，后曾在张掖地区文教局、科委工作。1982 年调入金昌市，任金昌一中党支部书记兼校长，金昌市人大教科文卫委员会主任等职。现已退休。

白元祥（1938 年—），男，甘肃省兰州市人，中共党员。甘肃省师范大学物理系毕业，1961 年至 1985 年先后在张掖中学、张掖地区育才中学（1980—1983 年）、张掖地区体校工作。在育才中学任教期间，曾任教导处副主任，1985 年调江苏省仪征市教育局工作。

程敏柱（1936 年 8 月—），女，安徽省人。1956 年至 1960 年在上海华东纺织工学院学习，毕业后留校任教。1978 年至 1980 年在张掖地区育才中学工作，任数学教研组组长。1980 年调入合肥纺织工业学校工作，高级讲师，现已退休。

汪雪清（1934 年 6 月—），女，江苏省人。苏州师专毕业。1978 年 2 月至 1980 年在张掖地区育才中学任教，1980 年调出，中学高级教师，现已退休。

胡有全（1938 年—），男，四川省开江县人。曾任北京军事博物馆美术创作员，部队美术编辑，张掖地区育才中学美术课教员，张掖地区群众艺术馆馆长、副研究员。中国版画家协会理事，甘肃省版画家协会副主席。现已退休。作品多次入选全国画展，并在日本、美国及中国香港、中国台湾等地展出。有多幅作品被中国美术馆、日本村上美术馆等收藏。藏书票作品多次参加全国展出并获铜奖、优秀奖等。《捻线乐》等作品获全国画展优秀奖。多件作品获甘肃省美展一、二等奖，并在《人民日报》等几十种报刊发表，作品已收入《中国美术辞典》等多种辞书，1999 年被甘肃省文联评为"德艺双馨"文艺家。

陈启明（1939 年—），男，重庆市垫江县人。甘肃师范大学中文系毕业，1964 年 7 月至 1979 年 10 月先后在张掖中学、张掖地区育才中学任教。1979 年 10 月调四川省垫江师范学校工作，1987 年被评为高级讲师，1990 年任副校长，1993 年任垫江县人大常委会副主任。现已退休。

杨树谓（1941 年 2 月—），男，甘肃省庆阳县人。甘肃师范大学物理系毕业，1965 年至 1978 年在张掖地区育才中学任教，1978 年至 1988 年先后在张掖师范专科学校、陕西汉中 3201 医院子弟学校工作，任教导主任、校党支部书记等职。1988 年至 2001 年 5 月在兰州西北中学工作，任教导处主任、副校长等职，现已退休。

张天金（1927 年 5 月—），男，甘肃省张掖市人，中共党员。1949 年 9 月参加工作，曾任小学教师多年，1961 年兰州师专中文系毕业，1965 年函授取得本科文凭。先后在张掖地区育才中学、张掖师范等学校任教，中专高级讲师，著有《三笔字训练教程》等中师教材。现已退休。

刘希龙（1941 年—），男，甘肃省临洮县人。兰州大学汉语言文学系毕业，先后在上海海运学院、张掖地区育才中学（1972—1980 年）、兰州二中任教多年。1982 年调入兰州晚报社，任记者、主任记者，兰州市记者协会副主席等职。发表有散文、通讯、报告文学、文艺评论等，散见于省内外一些报纸杂志。著有《墨海神游》等书，现已退休。

严琦国（1931 年 3 月—2012 年 4 月），男，甘肃省武威市人，中学高级教师。甘肃师范大学地理系毕业，先后在张掖地区育才中学、肃南一中、张掖中学任教，书法作品多次在全国获奖，作品入编《中华诗词首届海内外墨迹大赛佳作荟萃》一书，1982 年被评为张掖地区教育系统先进个人，退休后在张掖地区老年大学任书法课教师。

丁进禄（1940 年—），男，甘肃省榆中县人，中学高级教师。兰州大学毕业，1966 年至 1976 年在张掖地区育才中学任政治课教师，1976 年调往兰州，曾任兰州八中副校长，现已退休。

　　何　辉（1943 年 5 月—），男，浙江省余姚县人。甘肃师范大学数学系毕业，1966年参加工作，多年在张掖地区育才中学任教，曾任数学教研组组长，1982 年调往安徽省淮北市一中专学校，现为高级讲师。

　　王志云（1943 年—），男，甘肃省高台县人，中共党员。甘肃师范大学化学系毕业，1965 年至 1970 年在张掖农业学校任教，1970 年至 1973 年在张掖地区育才中学任教，1973 年调入张掖师范学校，1984 年至 2000 年任张掖师范学校副校长，1987 年被评为高级讲师。编写有《中师实用化学知识与技术》等。2000 年退休。

　　郭亚军（1943 年 8 月—），女，天津市人。北京政法学院毕业，1972 年至 1981 年在张掖地区育才中学任教，曾担任政治教研组组长，1981 年调出，在司法部门工作，高级职称。现已退休。

　　张彩莲（1937 年 11 月—），女，河南省人。甘肃师范大学生物系毕业，先后在山丹一中、张掖地区育才中学（1978—1984 年）任教。1984 年调往广东省珠海市第一中学，后被评为中学高级教师，现已退休。

　　邓旭东（1943 年 7 月—），男，陕西省临潼县人。甘肃师范大学中文系毕业，先后在金川公司一中、张掖地区育才中学及张掖卫生学校任教，现为高级讲师。1974年至 1988 年在张掖地区育才中学，期间一直从事高中语文课教学及班主任工作。参加编写了《中学文言文赏析辞典》及教材《张掖历史》，多篇论文参加省地语文学会交流或在刊物上发表。政协张掖市第六、第七届委员会委员，曾任中国民主促进会张掖市秘书长。

　　贺尚仁（1943 年 6 月—），男，甘肃省临夏人。1958 年至 1964 年先后在兰州艺专、甘肃师范大学音乐系专、本科学习。1964 年至 1986 年先后在中国人民解放军 8120 部队育才中学、张掖地区育才中学任教，1986 年调入河北省石家庄市第二十五中学任教，任图书馆主任，中学高级教师。

　　杨茂源（1944 年 9 月—2016 年），男，甘肃省山丹县人，中共党员。甘肃农业大学农学系毕业，1970 年至 1979 年在张掖地区育才中学任教，1979 年至 1997 年先后在张掖地区农牧局、计委、土地管理局工作，任科长、局长等职，1997 年在中共张掖地委老干处工作，任处长。曾获国家土地管理局奖励多次，2002 年被评为甘肃省老干部工作先进个人。

　　杨隆骞（1943 年 10 月—），男，回族，北京市人。北京铁道学院毕业，先后在张掖地区化肥厂、张掖地区育才中学工作（1979—1987 年）。在育才中学任教期间，曾担任学校体育卫生工作领导小组副组长。1987 年调往甘肃省经济管理干部学校任教，1988 年被评为副教授。

　　王启文（1944 年 10 月—），男，甘肃省秦安县人，中共党员。甘肃师范大学数学系毕业，1971 年至 1991 年在张掖地区育才中学任教，曾任校工会主席。1986 年被评为张掖地区优秀教师。1991 年调入兰州五中工作，任教导主任、副校长等职，1993 年被评为中学高级教师，同年被兰州市委评为"优秀共产党员"。

孙阿大（1944 年 5 月—），男，浙江省人。北京师范大学外语系毕业，1970 年至 1986 年在张掖地区育才中学任教，曾任外语教研组组长。1986 年调入浙江省湖州二中，中学高级教师。

张淑琴（1944 年 1 月—），女，北京市人。甘肃师范大学中文系毕业，1968 年至 1986 年在张掖地区育才中学任教。1986 年调入河北省石家庄市第二十五中学，中学高级教师，现已退休。

俎俊英（1944 年 4 月—），女，河南省人。1961 年至 1968 年在武汉体育学校体育系预本科学习，1971 年至 1981 年在张掖地区育才中学任教。1981 年调入武汉纺织工学院，副教授。

李辅元（1945 年 8 月—），男，甘肃省武都县人，中共党员。甘肃师范大学体育系毕业，1970 年至 1983 年在张掖地区育才中学任教，曾任音体美教研组组长，1983 年调出，先后在甘肃农业大学、甘肃省外贸厅工作，任省外贸厅办公室主任，现已退休。

陈桂芳（1945 年 4 月—），女，甘肃省民勤县人。1965 年至 1970 年先后在甘肃教育学院、甘肃师范大学数学系学习，1971 年至 1981 年在张掖地区育才中学任教。1981 年调往兰州安宁中学，中学高级教师。

林梅芳（1946 年 4 月—），女，江苏省人。清华大学毕业。1978 年至 1981 年在张掖地区育才中学任数学课教师，1981 年调往江苏省苏州市工作。

薛　忠（1951 年 1 月—），男，四川省人，中共党员。兰州大学数学系毕业，1976 年至 1980 年在张掖地区育才中学任教，曾任学校团委书记。1980 年至 1997 年先后在张掖地区教育局、中共张掖地委组织部、临泽县、高台县工作，历任科长、县委副书记、副县长、县长，政协张掖市委员会秘书长、副主席等职。现已退休。

蒋定群（1949 年 10 月—），男，江苏省宜兴市人，中共党员。1972 年 12 月参加工作，1978 年 3 月至 1982 年 1 月在西北师范学院数学系学习，1982 年至 1990 年在张掖地区育才中学任教，任年级组组长等职。1990 年调出，现为中学高级教师，江苏省宜兴市第一中学副校长。

严　瑛（1947 年 5 月—），女，陕西省人。陕西咸阳师专数学系毕业，1980 年至 1991 年在张掖地区育才中学任教，1991 年调往西安市财经职业中学工作。

毛　峰（1948 年 9 月—），男，甘肃省张掖市人，中共党员。兰州大学中文系毕业，同年分配到张掖地区育才中学任教，曾任音体美教研组组长，1982 年调入张掖地区体校工作，曾任体校党支部副书记、副校长，2000 年任张掖地区行署体育处党组成员、副处长。

程旭东（1951年6月—），男，甘肃省临洮县人，中共党员，中学高级教师。甘肃教育学院中文系毕业。1978年至1998年在张掖地区育才中学任教，多年担任年级组组长，被评为张掖地区优秀教师。发表《浅谈阅读教学》等论文。1998年育才中学改制后调往张掖中学。

郝长泽（1951年10月—），男，甘肃省民乐县人，中共党员，中学高级教师。甘肃师范大学化学系毕业，先后在张掖地区育才中学（1975—1984年）、肃南县一中、张掖中学任教。发表《溶解度计算的"万能公式"》等论文多篇。多次被评为校级优秀班主任、优秀教师。

尚金恒（1952年6月—），男，甘肃省民乐县人。甘肃师范大学化学系毕业，1977年至1995年在张掖地区育才中学任教。1995年调张掖地区教育处工作。中学高级教师，中国作家协会甘肃分会会员，中国民主促进会张掖市委秘书长，《张掖地区教育志》副主编，多篇作品在省内外刊物上发表。

管柏年（1954年6月—），男，甘肃省张掖市人，中共党员，本科学历，副教授。1976年张掖师范学校毕业后至1985年在张掖地区育才中学任教。1985年后，先后在张掖电大分校、地委党校、张掖人大工作，历任中央党校函授学院张掖学区副主任、张掖市人大民侨科教文卫工作委员会主任等职，著有《迈向新世纪的旗帜——邓小平理论若干问题研究》一书，在甘肃省内刊物上发表文章多篇。

张振儒（1954年6月—），男，甘肃省民乐县人，中共党员，中学高级教师。西安外国语学院英语系毕业后分配到张掖地区育才中学任教，曾任英语教研组组长。发表《用言语进行英语情景教学》等论文，1991年被评为张掖地区优秀教师。1998年学校改制后调往张掖中学。

邓国宝（1956年12月—），男，甘肃省张掖市人。甘肃师范大学物理系毕业后分配到张掖地区育才中学任教。物理课自制教具获国家教委、中国物理学会四等奖。1991年获张掖地区初中优质课评比物理课一等奖。1991年10月调入张掖地区电视台工作至今，现为高级工程师。多篇论文在省内外刊物上发表。

江东耀（1961年3月—），男，浙江省宁波市人，中共党员，本科学历，1980年毕业于张掖师范专科学校英语系，分配到张掖地区育才中学任教，曾任学校政教处副主任。1992年被评为张掖地区优秀班主任，1995年考入西北师范大学外语系本科班学习。1998年调入兰州三十三中，现为中学高级教师。著有《实用英语写作》一书，多篇论文在省内外刊物上发表。

王国士（1956年2月—），男，甘肃省永登县人，中共党员，本科学历，中学高级教师，1980年毕业于张掖师范专科学校物理系，同年分配到张掖地区育才中学任教，1992年西北师范大学物理系函授获本科文凭，1994年调入兰州，现在兰州二中任教，兼任兰州市物理学会理事等职，1999 年 9 月获中国物理学会、全国物理竞赛委员会优秀辅导教师奖。1993 年以来，在省内外刊物上发表论文 300 余篇并多次获奖。

　　卢毓锌（1956 年 5 月—），男，山西省临汾市人，中共党员，本科学历，1979 年和 1981 年，先后考入兰州师专、甘肃教育学院中文系学习，1981 年毕业后分配到张掖地区育才中学任教，1985 年调入张掖地区教育处，任教研室主任。中学高级教师，《张掖教研》副主编。主持和参与的科研课题获省级奖励。被确定为张掖地区学术学科带头人。

　　李浮萍（1962 年 1 月—），女，甘肃省民勤县人，中学高级教师，1982 年毕业于张掖师专英语系，同年分配到张掖地区育才中学任教，1995 年获西北师范大学外语系本科文凭。1998 年学校改制后调往张掖中学。

　　周永华（1962 年 9 月—），女，甘肃省武威市人。张掖师范专科学校英语系毕业，1980 年至 1984 年在张掖地区育才中学任教。1984 年调出，现在四川省成都六中任教，中学高级教师。

　　聂　宏（1963 年 1 月—），女，山西省人，西北师范大学物理系毕业，1983 年至 1997 年在张掖地区育才中学任教，曾获张掖地区优秀教师荣誉，甘肃省青年教师优秀录像课一等奖。1996 年被定为张掖地区跨世纪学科带头人，1997 年至今在兰州一中任教，中学高级教师、物理教研组组长。多篇论文在省内外刊物上发表，2001 年获甘肃省中小学青年教学能手。

　　周建仁（1964 年 1 月—），男，甘肃省肃南县人，中学高级教师。甘肃教育学院数学系专科毕业，1988 年获本科文凭，2000 年获西北师范大学数学教育硕士学位。先后在肃南一中、张掖地区育才中学（1992—1998 年）任教，发表《中学数学教学中构建学生知识结构的重要性》等论文，1998 年学校改制后调往张掖中学。

　　陈晓兰（1963 年 10 月—），女，甘肃省张掖市人。张掖师范专科学校中文系毕业，1985 年至 1988 年在张掖地区育才中学任教，1988 年考入贵州大学读硕士研究生，毕业后曾在兰州大学中文系任教，现在上海工作，为上海大学文学院教授，现任中文系主任，博士生导师。

二、列表人物

姓名	性别	籍贯	出生年月	参加工作时间	最高学历	职称（职务）	任职时间	备注
宿俊岳	男	会宁	1922 年 4 月	1949 年 8 月	初中	主任科员	1988 年 12 月	已故
汤成中	男	武威	1928 年 8 月	1953 年 1 月	中专	馆员	1988 年 7 月	已故
管振精	男	山丹	1934 年 1 月	1951 年 4 月	中专	主任科员	1994 年 4 月	退休
朱　明	男	张掖	1940 年 3 月	1963 年 7 月	高中	中教一级	1988 年	1996 年 12 月退休

续表：

姓名	性别	籍贯	出生年月	参加工作时间	最高学历	职称（职务）	任职时间	备注
王建忠	男	山西	1940 年 6 月	1961 年 7 月	高中	馆员	1988 年	1999 年 1 月退休
李生英	女	张掖	1941 年 12 月	1960 年 5 月	中专	馆员	1988 年	1995 年 6 月退休
王凤云	女	辽宁	1942 年 9 月	1962 年 9 月	中专	中教一级	1988 年	1996 年 10 月退休
兰淑惠	女	四川	1945 年 10 月	1971 年 12 月	高中	中教一级	1988 年	1999 年 2 月退休
虎继萍	女	张掖	1946 年 12 月	1966 年 9 月	专科	中教一级	1988 年	1996 年 10 月退休
李彦兰	女	靖远	1947 年 12 月	1974 年 8 月	专科	中教一级	1988 年	1998 年 9 月退休
张嘉贤	女	天水	1948 年 5 月	1967 年 9 月	专科	中教一级	1988 年	退休
尹　宏	男	河南	1949 年 2 月	1969 年 4 月	专科	中教一级	1988 年	退休
黄卫东	女	张掖	1951 年 11 月	1969 年 1 月	专科	中教一级	1988 年	2016 年去世
李少华	男	张掖	1951 年 12 月	1971 年 10 月	专科	中教一级	1988 年	退休
唐学仁	男	兰州	1952 年 5 月	1969 年 1 月	专科	中教一级	1988 年	退休
张文理	男	临泽	1956 年 6 月	1978 年 1 月	专科	中教一级	1988 年	退休
曹志红	女	贵州	1962 年 8 月	1980 年 8 月	专科	中教一级	1988 年	
齐仲达	男	兰州	1937 年 10 月	1957 年 9 月	中专	中教一级	1992 年 12 月	退休
李长萍	女	张掖	1947 年 9 月	1970 年 12 月	中专	主管校医师	1992 年 12 月	退休
杨立木	男	张掖	1954 年 10 月	1977 年 12 月	专科	中教一级	1992 年 12 月	退休
任　赋	男	武威	1957 年 3 月	1974 年 3 月	专科	中教一级	1992 年 11 月	退休
任兴平	男	张掖	1963 年 7 月	1983 年 6 月	本科	中教一级	1992 年 12 月	
韩文娟	女	河北	1948 年 11 月	1966 年 9 月	中专	小学高级	1993 年 10 月	1998 年 1 月退休
屈　敏	男	肃南	1965 年 8 月	1986 年 7 月	本科	中教一级	1993 年 10 月	
程　忠	男	榆中	1962 年 4 月	1983 年 7 月	专科	中教一级	1993 年 10 月	
孙天鹏	男	张掖	1959 年 2 月	1975 年 3 月	专科	中教一级	1994 年 12 月	
顾学虎	男	临泽	1957 年 3 月	1978 年 12 月	中专	中教一级	1995 年 12 月	退休
于战军	男	张掖	1964 年 11 月	1987 年 7 月	本科	中教一级	1995 年 12 月	
任红琳	女	永登	1965 年 7 月	1985 年 7 月	专科	中教一级	1995 年 12 月	
贺天朝	男	张掖	1965 年 11 月	1985 年 7 月	本科	中教一级	1995 年 12 月	
祝　孔	男	山丹	1964 年 3 月	1986 年 7 月	本科	中教一级	1996 年 12 月	
魏剑英	男	张掖	1964 年 4 月	1988 年 7 月	本科	中教一级	1996 年 12 月	
杨天军	男	张掖	1965 年 2 月	1984 年 7 月	本科	中教一级	1996 年 12 月	
殷廷琪	男	高台	1968 年 12 月	1991 年 7 月	本科	中教一级	1996 年 12 月	

续表：

姓名	性别	籍贯	出生年月	参加工作时间	最高学历	职称（职务）	任职时间	备注
刘 锋	男	张掖	1962 年 10 月	1984 年 7 月	专科	中教一级	1997 年 12 月	
王玉花	女	张掖	1965 年 9 月	1986 年 7 月	专科	中教一级	1997 年 12 月	病退
祁新军	男	肃南	1966 年 11 月	1981 年 8 月	本科	中教一级	1997 年 12 月	
刘 青	女	四川	1967 年 9 月	1987 年 7 月	专科	中教一级	1997 年 12 月	
侯根寿	男	张掖	1949 年 1 月	1970 年 4 月	专科	中教一级	1998 年 12 月	退休
张艳霞	女	河南	1968 年 12 月	1989 年 9 月	专科	中教一级	1998 年 12 月	
陈彩云	男	张掖	1970 年 3 月	1990 年 7 月	本科	中教一级	1998 年 12 月	
马悦文	男	张掖	1970 年 11 月	1993 年 7 月	本科	中教一级	1998 年 12 月	
白桂花	女	肃南	1967 年 6 月	1991 年 8 月	专科	中教一级	1999 年 12 月	
李培伟	男	江苏	1968 年 10 月	1991 年 12 月	本科	中教一级	1999 年 12 月	
王志漫	男	山东	1969 年 3 月	1992 年 8 月	本科	中教一级	1999 年 12 月	
王红生	男	张掖	1969 年 9 月	1992 年 7 月	本科	中教一级	1999 年 12 月	
王晓健	男	张掖	1971 年 3 月	1992 年 9 月	专科	中教一级	1999 年 12 月	
杨茂祥	男	会宁	1966 年 11 月	1989 年 7 月	本科	中教一级	2000 年 12 月	
孙玉奇	男	高台	1968 年 8 月	1992 年 7 月	本科	中教一级	2000 年 12 月	2016 年去世
王莹虹	女	静宁	1968 年 11 月	1991 年 3 月	专科	中教一级	2000 年 12 月	
李 毅	女	武威	1969 年 6 月	1991 年 3 月	专科	中教一级	2000 年 12 月	
夏立华	男	民乐	1969 年 12 月	1988 年 8 月	本科	中教一级	2000 年 12 月	
张 勇	男	民勤	1970 年 10 月	1990 年 7 月	本科	中教一级	2000 年 12 月	
巨红梅	女	永登	1970 年 12 月	1993 年 8 月	专科	中教一级	2000 年 12 月	
王学龙	男	张掖	1971 年 5 月	1994 年 7 月	专科	中教一级	2000 年 12 月	
马晓云	女	张掖	1972 年 8 月	1993 年 7 月	专科	中教一级	2000 年 12 月	
张道明	男	四川	1940 年 7 月	1958 年 3 月	初中	副主任科员		1995 年 1 月退休
马金萍	女	张掖	1956 年 8 月	1974 年 5 月	高中	总务副主任	1998 年	退休

三、入史名录

（一）曾在原张掖地区育才中学工作过的教职工

陈天一　魏　刚　党建国　王安济　张文辉　杨崇善　杨庆荣　赵世忠　杨茂源

刘　军　薛　忠　刘存年　汪雪琴　兰凤香　李　杰　王胡烈　严琦国　王曼瑶

杨树谓　张有福　高红斌　白元祥　姜凤英　杨廷礼　马凤岗　吕继春　刘淑清

唐述成　许国锡　刘成仁　付兴玉　王桂英　郗晋峰　惠　芳　崔贵成　张应弟

王全国	杨登爱	雷玉舟	陈传金	王桂芬	李玉贞	宋麟图	黄选春	刘　莹
杜伟生	郭　泽	周凤英	吴桂欣	张宝荣	杜淑琴	车金陵	邵文娟	张丽萍
王进才	张紫薇	贾淑珍	崔　泓	姚琢琳	邢惠玲	杨鸣儒	宋明英	乔自敏
王林英	谢　福	冯金枝	章塑福	杜纪德	杨素芬	陈祖福	喻康仁	唐素英
韩月英	姜逸虹	邓国宝	张静萍	杜幼德	严　瑛	胡友全	何　辉	邓旭东
李新华	狄　云	付德培	李秀豪	林梅芳	毛　峰	管柏年	高淮芳	王志云
陈景明	周永华	王国士	刘亚薇	江东跃	吕　涛	陈晓兰	赵国丽	张彩莲
刁占芳	俎俊英	乔志玲	刘希龙	陈桂芳	贺尚仁	卜庆荣	丁进禄	张淑琴
李辅元	陈薇娜	梁　忠	杨　青	王秀云	王明生	刘远华	孙阿大	蒋定群
李连军	殷雪梅	梁先克	杨　雄	李志德	高崇伊	王启文	段炳麟	李振勇
卢毓锌	聂　宏	于兴国	宋海英	任建安	尚金恒	赵岩波	杨存林	李浮萍
常春燕	刘永科	赵光锋	岳洁萍	谭惠琴	宋庆雄	彭　秋	周晓蓉	朱旭华
井秀琴	万锦荣	薛振芳	程敏柱	陈启明	张天金	郭亚军	杨隆迁	柴习俭
张尔慧	沈海润	郝长泽	程旭东	周建仁	袁　泽	张振儒	王晓艳	王荣军
王学荣	王宗保	王启辉	张　元	唐浩新	常兴滨	吕　军	赵　予	王怀有
丁　瑞	张万寿	李嘉茂	周书铭	冯才德	徐立新	左玉兰	宿俊岳	张大正
管振精	韩文娟	王凤云	马跃骥	张德华	韩惠文	何　秀	汤成中	王博礼
虎继萍	陈国华	兰淑惠	朱　明	范承先	李生英	张泉清	张　英	陈国台
贾荣欣	王致中	齐仲达	任墨林	王建忠	刘汝琦	丁积华	胡雄飞	张梅英
程学霖	杨德林	张道明	袁　福	阎福保	冯录元	谢永年	魏秀莲	梁廷虎
张洪涛	贺崇林	罗光仁	汤　彩	鲜桂贞	刘秀莲	田卫东	王　睿	王向阳

李彦兰

(二) 2001 年 6 月重组新建张掖中学时原张掖地区育才中学在职人员

闫维祯	张国林	孙立民	牛新军	李　诚	杨春艳	林利生	高永旭	段肃昌
王佩兰	臧凤琴	郑大邦	刘爱萍	杨立木	魏剑英	于战军	王学龙	尹　宏
唐学仁	张嘉贤	李少华	黄卫东	任兴平	顾学虎	任红琳	贺天朝	孙天鹏
程　忠	祝　孔	殷廷琪	祁新军	刘　青	刘　锋	张文理	曹志红	任　赋
杨天军	侯根寿	陈彩云	马悦文	王晓健	王红生	李培伟	王志漫	孙玉奇
杨茂祥	李　毅	马晓云	张　勇	夏立华	王莹虹	巨红梅	邢作朝	申丽君
柳旭英	董永宏	闵希海	丁志贤	陈　晶	王　敏	朱　钰	董志新	马婉云
刘　瑛	赵鸿婕	王悦琴	殷祥廷	王晓英	贾宏伟	甄学良	李辉军	史彩云
詹丛桔	杨学锋	张忠文	保继霭	康　芬	管　霞	郑翠亭	王　鹏	于才年
陈　燕	李向伟	朱云霞	王　璇	赵丽娟	刘　琪	张艳霞	张雪梅	陈燕南
白桂花	王玉花	王延华	王金秀	张学忠	杨　娟	赵晓莉	赵　荣	刘社堂

张希乐　冯　华　张东亮　李建新　杨　军　罗建君　马金萍　宿国雄　袁志芳
齐延真　李长萍　张福记　杨金泉　范家雄　田　金　张函敏　马玉红　侯铁民

图2-2　原育才中学教职工合影

第三节　重组新建后张掖中学教师

一、人物简介

任　赋　男，1957年3月出生，甘肃省武威市人，汉族，专科学历，中学高级教师。1974年于山丹军马总场五七中学高中毕业参加工作。1983年广东工学院大专毕业，分配至山丹军马三场中学任教，1985年调入张掖中学任教，1998年结构调整至张掖地区育才中学任教。2001年至今在张掖中学任教。在《甘肃联合大学学报》上发表《英语教学中非智力因素的开发》等论文，1990年获张掖市优质课英语学科三等奖，2000年至2002年指导学生参加全国中学生英语能力竞赛分别获一、二等奖。2017年退休。

孙天鹏　男，1959年2月出生，甘肃省甘州区人，汉族，民盟盟员，中学高级教师。1984年毕业于张掖师专英语系。1975年至1993年在肃南一中任教，1993年调入育才中学任教，2001年至今在张掖中学任教。合编的《基础英语教程》1994年获张掖地区社科类图书三等奖。发表《点滴情感铸童心，宽宏大度情更真》等论文，1997年指导学生参加全国中学生英语能力竞赛获二等奖，被评为"优秀辅导教师"。多次获地级"优秀德育工作者""优秀教师"荣誉称号。

高永红　男，1961年4月出生，甘肃省甘州区人，汉族，中共党员，本科学历，中学高级教师。1984年毕业于张掖农校植物保护专业，分配到张掖中学任教至今。1992年张掖师专化生专业毕业，2003年西北师大生命科学学院生物教育专业函授毕业。在省级刊物上发表《生物课中情感教学》等多篇论文。2001年指导学生参加全国中学生物联赛获甘肃赛区一等奖。1997年获张掖市"优秀教师"荣誉称号，多次荣获校级"模范班主任""优秀共产党员"荣誉称号。

程 忠 男，1962 年 4 月出生，甘肃省榆中县人，汉族，中共党员，本科学历，中学高级教师。1983 年毕业于西北师大物理教育系，分配至省农科院张掖实验场子弟学校任教，1996 年调入张掖地区育才中学任教，2001 年至今在张掖中学任教。在省级刊物上发表《浅谈新课程标准下提高物理课堂教学效率的策略》等 2 篇论文，曾任省农科院张掖实验场子弟学校副校长。

牛新军 男，1962 年 9 月出生，甘肃省通渭县人，汉族，中共党员，本科学历，历史学学士，中学高级教师。省级骨干教师、市级学术学科带头人。曾兼任张掖市历史教育学会会长、张掖市教育督导室督导员、张掖市教育部门高级职称评审委员会委员。1983 年毕业于西北师范学院历史系，分配至张掖地区育才中学任教，曾任张掖中学教导处主任、科研室主任，现任张掖中学工会主席。在省级刊物上发表论文多篇。1995 年获张掖市高中优质课一等奖。2010 年获中国教师发展基金会"全国优秀科研工作者"称号，多次获"全区优秀德育工作者""优秀工会干部"荣誉称号。

张 蓓 女，1962 年 9 月出生，上海市嘉定区人，汉族，民盟盟员，本科学历，中学高级教师。1982 年毕业于张掖师专英语系，分配至张掖中学任教至今。1997 年西北师大英语本科毕业。参与的课题《高中英语研究性学习的探索和实践》2008 年获甘肃省第七届基础教育科研优秀成果一等奖，1992 年获张掖市优质课三等奖，指导的学生多次参加英语能力竞赛获二、三等奖。

刘 锋 男，1962 年 10 月出生，甘肃省甘州区人，汉族，本科学历，中学高级教师。1984 年毕业于张掖地区农业学校植物保护专业，分配至张掖地区育才中学任教。1992 年张掖师专化生系毕业，2005 年西北师大生物教育专业毕业。2001 年至今在张掖中学任教。在省级刊物上发表论文《浅谈新课标下高中生物课教学活动》。2010 年指导的学生参加全国中学生生物联赛获甘肃赛区二等奖。

杨成时 男，1962 年 10 月出生，甘肃省民乐县人，汉族，中共党员，本科学历，文学学士，中学高级教师，市级骨干教师、省级骨干教师、市级学术学科带头人，兼任张掖市英语教育学会常务理事。1982 年毕业于张掖师范学校，1987 年毕业于甘肃教育学院英语系，1996 年毕业于上海外国语大学国际经济法学院。1982 年分配至民乐一中任教，2001 年调入张掖中学任教。主持的多项课题获奖。在省级刊物发表《高中英语学习策略的调查与研究》等 8 篇论文。2012 年获全国英语能力竞赛"优秀辅导教师"称号。2013 年获张掖市"优秀教师"荣誉称号。

王 岳 男，1962 年 11 月出生，甘肃省甘州区人。汉族，本科学历，中学高级教师。1981 年毕业于甘肃教育学院中文系，分配至张掖中学任教。1984 年西北师范学院中文系本科毕业。在省级刊物上发表《"群鼠"女性形象分析》等论文，1986 年获全区优质课语文学科三等奖，1995 年获全区普通话演讲比赛二等奖。

何正文 男，1962 年 12 月出生，甘肃省山丹县人，汉族，中共党员，本科学历，中学高级教师，市级骨干教师、市管拔尖人才。1983 年毕业于张掖师专中文系，分配至肃南一中任教，1996 年调入张掖中学任教。在省级刊物上发表《运用比较法拓展知识例谈》等多篇论文，编辑出版《张掖文萃》，主持的多项课题获奖。1997 年获张掖市优质课比赛二等奖，2005 年指导学生参加张掖市作文比赛获一等奖。1994 年获张掖地区"优秀德育工作者"荣誉称号。2015 至 2016 年，四项书法实用发明通过国家专利局认证。

常国福　男，1963 年 2 月出生，甘肃省高台县人，汉族，民盟盟员，本科学历，中学高级教师，市级骨干教师。兼任张掖市教育学会化学教学研究会秘书长、甘肃省化学学会高中专业委员会理事，甘州区第十七届人大代表，张掖市第四届政协委员。1982 年毕业于张掖师范，分配至高台三中任教。1987 年调入高台宣化初中任教，1990 年甘肃教育学院化学系化学教育脱产进修专科毕业后调入高台一中任教。1995 年西北师大化学教育专业函授本科毕业。2000 年调入张掖中学任教至今。在省、市级刊物发表论文多篇。多次获得"优秀指导教师"奖。

陈国爱　男，1963 年 2 月出生，甘肃省民勤县人，汉族，中共党员，本科学历，中学高级教师。1985 年 7 月毕业于张掖师专化学系，分配至兰州军区联勤部马场管理局中学任教。1996 年西北师大化学系函授本科毕业。2002 年公开招考至张掖中学任教至今。主持的课题《提高化学习题教学的时效性研究》2011 年获张掖市第九届基础教育科研成果三等奖，在国家级、省级刊物上发表《浅谈 Fe^{3+}、Cu^{2+}、Ag^+ 的氧化性》等 20 多篇论文。《$Fe(OH)_2$ 的制备设计》2003 年获张掖市教育改革创新三等奖。2009 年指导的学生获甘肃省化学奥林匹克竞赛省级一等奖，被评为"优秀辅导员"。

祝　孔　男，1963 年 3 月出生，甘肃省山丹县人，汉族，中共党员，中学高级教师。1986 年毕业于西北师范大学历史系，分配到张掖地区育才中学任教，2001 年至今在张掖中学任教。出版著作《中师历史导训》。课题《优化学校管理机制研究》获 2002 年甘肃省第二届基础教育科研成果二等奖。在省、市级刊物上发表论文多篇。2003 年被中共张掖市委表彰为优秀共产党员。2014 年被甘肃省《未来导报》聘为特约记者。2014 年和 2015 年被评为张掖市教育系统宣传工作先进个人。

杜思杰　男，1963 年 3 月出生，河南省南阳县人，汉族，民盟盟员，本科学历，中学高级教师。1987 年毕业于南阳师专政教系，分配至兰州军区联勤部马场管理局中学任教。1999 年于西北师大函授本科毕业。2002 年调入甘肃省张掖中学任教至今。在省级刊物《甘肃联合大学学报》上发表《如何培养学生的思维创造力》论文一篇。

闫学良　男，1963 年 3 月出生，天津市武清区人，汉族，中共党员，本科学历，中学高级教师。1989 年毕业于西北师范大学函授部中文系。1980 年 10 月分配至原兰州军区联勤部马场管理局中学任教；2002 年调入张掖中学任教。在省级刊物《湖北招生考试》上发表《2006 年高考文言文阅读试题评析》等 3 篇论文，2007 年获张掖市优质课语文学科二等奖。2016 年获张掖市"优秀教师"荣誉称号，多次获得校级优秀教师、优秀共产党员荣誉称号。

高万胜 男，1963 年 4 月出生，甘肃省民勤县人，汉族，本科学历，中学高级教师。1980 年毕业于武威师范学校，1996 年西北师大英语系函授本科毕业。1980 年至 2002 年在民勤一中任教，2002 年调入甘肃省张掖中学任教至今。在省级刊物上发表论文 2 篇，2004 年获张掖市优质课三等奖。指导的学生多次在全国英语竞赛中获奖。

吴国光 男，1963 年 4 月出生，甘肃省甘州区人，汉族，中共党员。西北师范学院数学教育系毕业，本科学历，理学学士，中学高级教师，省级教学能手、市级"十佳青年教师"荣誉称号。2006 年至 2012 年兼任张掖市中高级教师职称评审委员会评委。2000 年获甘肃省高中优质课数学学科二等奖，指导的学生许乾景参加甘肃省第三十届青少年科技创新大赛获一等奖。

江启李 男，1963 年 7 月出生，福建省莆田市人，汉族，本科学历，中学高级教师。1983 年毕业于张掖师专数学系，同年分配至高台一中任教，1993 年调入张掖中学任教。1995 年西北师大成教学院本科毕业。主持的课题《转变高中学生数学学习方式研究》2008 年获甘肃省第七届基础教育科研成果一等奖。在省级刊物上发表《探索性问题》等论文。1990 年获张掖市初中优质课数学学科二等奖，1997 年获张掖市高中优质课数学学科一等奖。

任兴平 男，1963 年 7 月出生，甘肃省甘州区人，汉族，民进会员，本科学历，中学高级教师。1983 年毕业于庆阳师专体育系，同年分配至张掖地区育才中学任教，2001 年西安体育学院本科毕业。2001 年至今在张掖中学任教。在省级刊物上发表《体育教学如何进行思想品德教育》等多篇论文，2013 年获张掖市优质课体育学科一等奖。

刘　荣 男，1963 年 9 月出生，甘肃省山丹县人，汉族，本科学历，理学学士，中学高级教师，市级骨干教师。1984 年毕业于西北师范大学化学系，同年分配至甘肃省张掖中学任教。在省级刊物发表《化学教学中的素质教育浅谈》等多篇论文，2006 年获全国化学奥林匹克命题大赛教师类一等奖，1988 年获张掖地区"优秀教师"荣誉称号。

袁　泽 男，1963 年 11 月出生，甘肃省甘州区人，汉族，本科学历，中学高级教师。1983 年毕业于张掖师专，1990 年毕业于甘肃省教育学院。1983 年至 1992 年在张掖二中、张掖一中任教，1992 年调入张掖地区育才中学任教，1998 年调整至张掖中学任教至今。2004 年编辑出版教材《张掖文萃》，2016 年编著出版《袁定邦诗文集》。主持的课题《现代教育技术在古典诗词教学中的运用研究》获甘肃省第六届优秀科研成果三等奖。《多媒体辅助语言教学利弊谈》等多篇论文在省级刊物发表。1991 年获张掖市优质课三等奖。2016 年指导的学生参加"全国第十一届中小学创新作文大赛"获甘肃赛区一等奖。

雷 琴 女，1964年1月出生，甘肃省民乐县人，汉族，本科学历，中学高级教师。1990年毕业于甘肃广播电视大学英语系，2008年西北师范大学英语系毕业。1996年分配至民乐县杨坊中学任教，1997年调入民乐县洪水中学任教，2007年调入张掖中学任教。2012年获张掖市第九届基础教育科研优秀成果二等奖，2013年获甘肃省第九届基础教育科研优秀成果三等奖，在省级刊物《甘肃联合大学学报》上发表《高中英语学习策略调查与研究》等3篇论文，2011年指导的学生参加"全国中学生英语能力比赛"获一等奖。

王启辉 男，1964年1月出生，甘肃省会宁县人，汉族，中共党员，本科学历，理学学士，中学高级教师。1987年毕业于西北师大数学系，分配至山丹马场管理局中学任教，1997年调入张掖中学任教。在省级刊物《中学数学与研究》上发表《直线的参数方程的教学设计》等2篇论文，2000年指导的学生参加省级数学竞赛获三等奖。2000年获省级"优秀辅导教师"荣誉称号。

刘宗新 男，1964年2月出生，甘肃省张掖市人，汉族，本科学历，历史学学士，中学高级教师。1985年毕业于西北师范大学历史系，分配至张掖中学任教。中国摄影家协会会员，2015年当选甘肃省摄影家协会第五届会员代表大会代表，2006年至2016年兼任张掖市摄影家协会副秘书长。在省级刊物发表《怎样备好高中历史课》等多篇论文。2001年《诗联画谜折射文科综合能力》获全国"高考改革与中学教学"研讨会优秀成果、甘肃省教育科研成果二等奖。参编乡土教材《张掖史地读本》《张掖市中小学湿地保护知识读本》（兰大出版社出版）。2008年获张掖市优质课一等奖，2016年指导学生参加全省中学生艺术作品（摄影类）展演获一等奖。

王晓艳 女，1964年2月出生，甘肃省甘州区人，汉族，民盟盟员。本科学历，中学高级教师。1984年张掖师专汉语言文学专业毕业，分配至张掖中学任教。2002年至2010年连任两届市政协委员，2006年至2014年任张掖中学民盟支部主委。1998年甘肃教育学院离职进修本科毕业。主持、参与的省级课题《中学语文探究性学习探索与实践》《高中学生学业困难原因及策略研究》分别获省级三等奖、张掖市第十一届基础教育科研优秀成果一等奖。《传统文化的重要因子——汉民族语言的丰富与发展》等多篇论文发表于省级刊物。荣获张掖市首届"十佳青年教师""市级优秀教师"荣誉称号。

袁建喜 男，1964年2月出生，甘肃省临泽县人，汉族，民盟盟员，中学高级教师。1982年7月毕业于甘肃教育学院数学系，1990年8月毕业于西北师范大学函授部数学系。1982年7月毕业分配到甘肃省临泽一中任教，2001年8月调入甘肃省张掖中学任教。

王嘉玺（曾用名王家玺），男，1964年3月出生，甘肃省甘州区人，汉族，中共党员。本科学历，档案副研究馆员，兼任张掖市第六届档案理事会常务理事。1984年毕业于张掖师范，分配至张掖中学工作至今。1987年甘肃电大党政管理专科毕业，1996

年中央党校党政管理函授本科毕业。在省级刊物《黑龙江档案》等上发表《浅谈学校照片档案的管理》《探究普通高中档案管理工作的新视角》等多篇论文。2009 年 3 月、2017 年 2 月分别获全市、全省"档案工作先进工作者"荣誉称号。

王　龙　男，1964 年 3 月出生，甘肃省山丹县人，汉族，中共党员，本科学历，中学高级教师。1983 年毕业于张掖师专中文系，分配至山丹一中任教，1992 年西北师大毕业，1994 年调入张掖中学任教。编辑出版《张掖文萃》，参与的课题《引导中学生构建语文知识网络的方法及效用研究》等分别获张掖市教育科研优秀成果一等奖、甘肃省教育科研优秀成果三等奖。《一剑两面话课件——谈多媒体课件应用的利与弊》等论文在省级刊物发表或获奖。辅导的学生作文《一代风流人物毛泽东》获全国青少年征文大赛一等奖，获"语通杯"全国中小学生创新学习大赛高中组指导一等奖，多次被评为学校先进班主任和优秀教师。

陈旭功　男，1964 年 4 月出生，甘肃省张掖市人，汉族，中共党员，本科学历，中学高级教师。1984 年毕业于张掖师范，分配至张掖农场中学任教。1987 年至 1990 年西北师大专科离职进修，2000 年西北师大函授本科毕业。2002 年调入张掖中学任教至今。主持的课题《中学地理自主学习方法》通过省级鉴定；在省级刊物《中学地理教学参考》上发表《新课程"问题研究"的价值功能与教学策略》等 5 篇论文。1997 年获甘肃省（农垦）"优秀教师"荣誉称号。

王学荣　男，1964 年 6 月出生，甘肃省静宁县人，汉族，中共党员，本科学历，中学高级教师。1985 年毕业于张掖师专数学系，分配至张掖中学任教。编辑出版《高考复习方案》。参与的课题《转变高中学生数学学习方式研究》2008 年获甘肃省第七届基础教育科研成果一等奖，在省级刊物《西北师大学报》上发表《再谈构建主体性德育模式班主任的作用》等 3 篇论文。1991 年获张掖市优质课数学三等奖，2000 年指导的学生参加全国数学比赛获一、二等奖，被评为"优秀辅导员"，2015 年获"甘肃省普通高中新课程实验工作先进个人"荣誉称号。

汪安山　男，1964 年 8 月出生，甘肃省民勤县人，汉族，中共党员，本科学历，法学学士，中学高级教师。1987 年毕业于西北师范学院政治系，同年分配至张掖中学任教。在省级刊物《中学政治教学参考》上发表《利用辅助文搞好课堂教学》等 5 篇论文；2001 年指导的学生参加全国中学生第五届政治小论文活动获三等奖，被评为"优秀指导教师"。

于战军　男，1964 年 11 月出生，甘肃省甘州区人，汉族，中共党员，本科学历，理学学士，中学高级教师，市级骨干教师。1987 年毕业于西北师范学院生物系，分配至张掖地区育才中学任教，2001 年至今在张掖中学任教。主持的课题《城市初中生学习困难的成因及矫治》2001 年获张掖地区基础教育科研成果二等奖。1996 年获甘肃省"园丁奖"荣誉称号。

曾令秀 女，1965年2月出生，甘肃省民勤县人，汉族，本科学历，中学高级教师。1984年毕业于武威师范学校，分配至民勤二中任教。1990年调入民勤一中任教，同年自考专科毕业，1996年西北师大函授本科毕业。2002年调入张掖中学任教。在省级刊物《甘肃联合大学学报》上发表《跨文化学习对英语教学的影响》等论文。1999年至2004年指导的学生参加全国中学生英语能力竞赛获二、三等奖。

杨天军 男，1965年2月出生，甘肃省甘州区人，汉族，中共党员，本科学历，中学高级教师，市级骨干教师。1984年毕业于张掖农校，1991年张掖师专生化系专科进修毕业，1998年西北师大生物教育专业本科函授毕业，2001年至今在张掖中学任教。在省级刊物《中国校外教育》等上发表《在探索中求发展 在发展中求创新》等6篇论文，指导学生参加第二十七届、第二十八届甘肃省青少年科技创新大赛获科技竞赛项目三等奖，被评为"优秀指导教师"，曾获张掖地区"优秀德育工作者"，市级"优秀党务工作者""甘肃省普通高中毕业会考先进个人"等荣誉称号。

任红琳 女，1965年7月出生，甘肃省永登县人，汉族，中共党员，本科学历，中学高级教师，市级骨干教师。1985年毕业于兰州师专英语系，分配至张掖中学任教。2001年中央电大英语本科毕业。在省级刊物上发表《试析非被动形式的被动句》《高中英语教学中课堂练习的策略刍议》等多篇论文。2001年至2008年连续八年获全国高中英语能力竞赛优秀辅导奖。2009年、2010年分别获张掖市"先进工作者（劳模）"、甘肃省"先进工作者（劳模）"荣誉称号。

赵立平 女，1965年7月出生，甘肃省张掖市人，汉族，汉语言文学和心理健康教育本科双学历，中学高级教师，张掖市学术学科带头人，中国青年网特聘心理专家。1987年毕业于张掖师专中文系，先后在张掖第一农中、甘州区五里墩学校任教，1996年调入张掖中学任教至今。2000年甘肃教育学院中文系本科毕业，2008年取得国家二级心理咨询师资格证。主持的课题《现代教育技术在古典诗词教学中的运用研究》2006年获甘肃省基础教育科研成果三等奖。在省级刊物上发表《新课标下的古典诗词教学探索》等2篇论文。先后荣获张掖市"巾帼建功标兵""全国教育科研优秀教师"荣誉称号。

屈 敏 男，1965年8月出生，甘肃省肃南县人，裕固族，民盟盟员，本科学历，理学学士，中学高级教师。1986年毕业于陕西师范大学地理系，分配至张掖中学任教。在省级刊物上发表《班级管理中的情绪疏导》等多篇论文。2004年被评为"张掖地区教育教学成绩突出的先进个人"，2009年被中国地理学会评为全国优秀科技辅导员，指导的学生曾获得地理科技大赛"地球小博士"一等奖。

李恒光 男，1965年9月出生，江苏省滨海县人，汉族，中共党员，本科学历，中学高级教师。1985年毕业于张掖师专物理系物理教育专业，同年分配至酒泉教师进修学校任教，1988年调入敦煌中学任教。1999年甘肃教育学院物理系物理教育专业毕业，2010 年调入张掖中学任教至今。在省级刊物上发表《浅谈高中物理课堂教学设计》等 2 篇论文。

贺天朝 男，1965 年 11 月出生，甘肃省甘州区人，汉族，民进会员，本科学历，中学高级教师，省级骨干教师、市管拔尖人才、市级学术技术带头人，国家二级心理咨询师。兼任甘肃省生物教学研究会理事、张掖市生物教学研究会副会长、市教育局教研员、《张掖教育》杂志编委。1985 年毕业于庆阳师专生物系。2001 年西北师大生物学专业本科毕业。主编或参编《甘肃省高中生物会考纲要》等书籍 5 部，《现代生物学教师的职业技能结构》等 60 多篇论文获奖或发表。1992 年获张掖市首届高中优质课评选生物学科二等奖，曾获省级"心理健康教育先进工作者"，市级"职业道德标兵""教育科研先进个人""优秀教师"等荣誉称号。

王崇德 男，1965 年 12 月出生，甘肃省山丹县人，汉族，本科学历，中学高级教师。1985 年毕业于张掖师范学校，1997 年西北师大地理教育函授本科毕业。先后在山丹一中、张掖中学任教。主持的课题《中学地理学生自主学习研究》于 2014 年获张掖市基础教育科研成果优秀奖，在省级刊物上发表《把握切点信息，提高解题能力》等多篇论文，1992、2010 年分别获张掖市优质课地理学科二、三等奖，指导学生参加中学生科技创新大赛、全国"地球小博士"地理科技大赛获得优秀辅导教师一、二等奖。

姜 洪 男，1966 年 1 月出生，河南省平玉县人，汉族，中共党员，本科学历，中学高级教师，省级骨干教师。1986 年毕业于张掖师专物理系，同年分配至张掖中学任教至今。参与的课题《教师教学评价的研究》获甘肃省基础教育科研优秀成果二等奖，在省级刊物上发表《物理教学中的提问艺术》等多篇论文，2001 年获张掖地区高中青年教师教改试验课评比物理学科一等奖。辅导的学生参加中学生物理竞赛多次获省级以上奖项，被评为优秀辅导员。2002 年获张掖市"优秀教师"荣誉称号。

杨兴明 男，1966 年 1 月出生，甘肃省甘州区人，汉族，中共党员，本科学历，中学高级教师，市级骨干教师。1986 年张掖师专数学系毕业，分配至张掖中学任教。1989 年至 1991 年于甘肃省教育学院数学系离职进修。主持的课题《高中数学教学中学生主体作用研究》2011 年获张掖市第九届基础教育科研成果二等奖。参与的多项课题获得市级奖项。在省级刊物上发表《聚焦有效课堂 促进学生发展》等 11 篇论文。1993 年获张掖市初中优质课三等奖。2000 年指导的学生参加全国高中数学联赛分别获得省级一、二、三等奖，被中国数学学会授予"全国高中数学联赛"优秀教练员。2004 年获"全市优秀班主任"荣誉称号，2014 年获"张掖市优秀教师"荣誉称号。

樊有占 男，1966 年 2 月出生，甘肃省民乐县人，汉族，本科学历，法学学士，中学高级教师。1991 年毕业于西北师大政治系，分配至民乐一中任教，2003 年调入甘肃省张掖中学任教。参与出版《第一方案》，参与的科研课题《"说课、听课、评课、课堂效益追踪调查"四段式公开教学模式研究》获张掖地区第四届基础教育科研优秀成果二等奖，在省级刊物上发表《买方市场和卖方市场上的消费者的地位》等论文，2010年获张掖市高中教改优质课政治学科一等奖。

袁积凯　男，1966年2月出生，甘肃省张掖市人，汉族，理学学士，中学高级教师，省级骨干教师。1987年毕业于西北师范学院数学系，分配至张掖中学任教至今。

刘俊华　男，1966年3月出生，甘肃省张掖市人，汉族，中共党员，本科学历，教育学学士，中学高级教师。1989年毕业于西北师范大学体育系，同年分配至甘肃省张掖中学任教。课题《学生学业失败现象分析及教育教学应对策略——高中学生学业困难原因及策略研究》获张掖市第十一届基础教育科研成果一等奖，在省级刊物上发表《关于耐久跑教学的调查研究》等3篇论文，2008年、2012年获甘肃省、张掖市优质课体育学科一等奖，2006年获市级"优秀社会体育指导员"荣誉称号。

马有燕　男，1966年3月出生，甘肃省山丹县人，汉族，中共党员，本科学历，中学高级教师，市级教学能手。1988年7月毕业于张掖师专政史系，分配至山丹一中任教。1994年8月西北师大函授毕业，2001年11月调入张掖中学任教至今。参与的课题《教师教学角色转变的研究》获张掖市第七届基础教育教学科研优秀成果三等奖，在省级刊物上发表《唤醒培养学生自尊心是班主任成功的秘诀》等论文，2011年指导的学生小论文《父亲，您爱党，我爱您》在全国首届"时事杯"中小学生小论文竞赛中获得二等奖。2010年获得张掖市高中新课程实验优质课二等奖。

杨吉荣　男，1966年5月出生，甘肃省甘州区人，汉族，本科学历，中学高级教师。1984年毕业于张掖师专化学系，分配至山丹一中任教。1992年西北师大化学系函授本科毕业，1995年调入张掖中学任教至今。

杜立斌　男，1966年7月出生，甘肃省高台县人，汉族，本科学历，中学高级教师。1987年7月毕业于张掖师专化学系，1996年至1999年于西北师大化学系化学教育专业函授本科。先后在高台二中、高台三中、高台职中、高台一中任教，2005年调入张掖中学任教至今。在省级刊物上发表论文《在新课标教学中的素质教育渗透初探》等多篇论文。2007年、2010年、2014年辅导的学生参加全国高中生奥林匹克化学竞赛获省级一、二等奖。

刘希龙　男，1966年8月出生，甘肃省山丹县人，汉族，中共党员，本科学历，历史学学士，中学高级教师，甘肃省张掖市金融钱币学会理事、张掖市职称评审委员会入库专家。1987年毕业于西北师范学院历史系，分配至张掖中学任教至今。在省级刊物上发表多篇论文，多次获得县市级荣誉称号。

张云海　男，1966年10月出生，甘肃省张掖市人，汉族，本科学历，中学高级教师。1987年毕业于西北师院体育系，分配张掖第一农中，1990年调入张掖中学任教至今。2000年西安体育学院函授本科毕业。在省级刊物上发表《世界优秀男子400米运动员全程速度变化分析》等论文，1995年和2012年两次获张掖市中小学优质课体育学科二等奖。指导学校足球队、排球队参加省市比赛，取得甘肃省"校园足球"联赛第四名，张掖市"校园足球"比赛第一名等奖项。获甘肃省"优秀体育工作者"和甘肃省"社会体育指导员"荣誉称号。多次被评为市级优秀教练员。

王荣军 男，1966年11月出生，甘肃省渭源县人，汉族，中共党员，本科学历，理学学士，中学高级教师。1989年毕业于陕西师范大学物理系，分配至张掖农场学校任教，1997年调入张掖地区育才中学任教，2000年至今在张掖中学任教。2006年指导的学生参加全省物理竞赛获一等奖。

孙学文 男，1967年5月出生，甘肃省高台县人，汉族，中共党员，本科学历，理学学士，中学高级教师，市级骨干教师、市管拔尖人才、市级学术技术带头人，2007年起兼任张掖市数学教育学会理事。1988年毕业于西北师大数学系，同年分配至高台一中任教。2001年调入张掖中学任教。主持的课题《新课改下高中数学课堂教学模式转变的实践研究》2013年获张掖市第十届基础教育科研成果二等奖，在省级刊物上发表《函数与不等式中易混淆问题的对比分析》等10多篇论文，2008年指导的学生参加全国高中数学联合竞赛获三等奖，2004年获甘肃省"园丁奖"荣誉称号。

刘 青 女，1967年9月出生，四川省郫县人，汉族，本科学历，中学高级教师。1987年毕业于张掖师专英语系，分配至张掖地区育才中学任教。1998年调整至张掖中学任教。2003年中央广播电视大学英语教育本科毕业。参与的课题《提高中学生英语完形填空能力的策略》获2014年甘肃省基础教育科研成果阶段评比二等奖。辅导的学生参加全国中学生英语能力竞赛获国家级二等奖，获"优秀辅导教师"称号。多次荣获校级"优秀教师""优秀班主任"荣誉称号。

白桂花 女，1967年10月出生，甘肃省肃南县人，裕固族，中共党员，本科学历，理学学士，中学高级教师。1991年毕业于合作师专数学系，分配至肃南一中任教。1999年调入张掖地区育才中学任教，2001年至今在张掖中学任教。2002年西北师大数学与信息学院应用数学专业毕业。主持的课题《高中数学课堂反思性学习的实践研究》2011年获甘肃省第八届基础教育科研成果三等奖。在省级刊物上发表《精心设计问题序列、促进学生主动探究》等2篇论文。

祁新军 男，1967年11月出生，甘肃省肃南县人，土族，九三学社社员，本科学历，理学学士，中学高级教师，省级骨干教师。1991年毕业于北京师范大学数学系基础数学专业，分配至张掖地区育才中学任教，2001年至今在张掖中学任教。主持的课题《高中数学课堂互动——探究性学习的实践研究》2013年获甘肃省第九届基础教育科研成果二等奖，在省级刊物上发表《高中数学课堂探究性教学模式例说》等2篇论文，1996年获张掖市优质课二等奖，1998年指导的学生参加全国数学比赛获一等奖。

王莹虹 女，1967年11月出生，甘肃省静宁县人，汉族，中共党员，本科学历，中学高级教师。1989年毕业于张掖师专中文系，分配至张掖市平原堡子弟学校任教，

1998 年调入张掖地区育才中学任教。2001 年至今在张掖中学任教。2004 年西北师大中文系函授本科毕业。主持的课题《浅谈传统文化在高中语文教学中的运用》获张掖市第三届社会科学优秀成果奖三等奖,《裕固族服饰文化研究》2009 年获全省一等奖。在省级刊物上发表《浅谈传统文化在高中语文教学中的运用》等多篇论文。2011 年获张掖市优秀共产党员荣誉称号。

赵文平　男,1968 年 1 月出生,甘肃省古浪县人,汉族,毕业于甘肃教育学院汉语言文学系,本科学历,中学高级教师。1986—2003 年在古浪二中任教。2003 年调入张掖中学任教。在省级刊物上发表《作家无心插柳,读者有意成荫》等论文。2013 年指导的学生参加全市中学生征文大赛获一等奖,被评为优秀指导教师。

尹凤玲　女,1968 年 3 月出生,甘肃省高台县人,汉族,中共党员,本科学历,中学高级教师。1988 年毕业于张掖师专汉语言文学系,分配至高台一中任教,1993 年西北师大汉语言文学函授本科毕业。2006 年调入张掖中学任教。在省级刊物上发表《点拨法在作文教学中的运用》等论文,1997 年获张掖市优质课二等奖。

张俊国　男,1968 年 6 月出生,甘肃省古浪县人,汉族,中共党员,本科学历,理学学士,中学高级教师,市级骨干教师,中国地理学会会员,兼任张掖市教育学会地理教学研究会副秘书长。1991 年毕业于西北师大地理系地理教育专业,分配至张掖中学工作至今。在省级刊物上发表《中学地理研究性学习与环境教育》等多篇论文。2007 年获张掖市优质课二等奖。2009 年获张掖市首届地理奥林匹克竞赛"优秀辅导员"一等奖,2004 年、2006 年分别获张掖市优秀教师、甘肃省第一届中学优秀地理教育工作者荣誉称号。

李开生　男,1968 年 7 月出生,甘肃省临泽县人,汉族,本科学历,中学高级教师。1988 年毕业于张掖师专物理系,同年分配至临泽县板桥园林中学任教。2000 年西北师大物理系函授毕业。2001 年至 2005 年先后调入临泽县城关中学、临泽一中任教。2007 年调入张掖中学任教至今。2001 年获张掖市高中青年教师教改实验课竞赛物理三等奖,2012 年指导的学生参加甘肃省物理竞赛获省级二等奖。2003 年获张掖市"十佳青年教师"荣誉称号。

李晓明　男,1968 年 7 月出生,甘肃省张掖市人,汉族,中共党员,本科学历,法学学士,中学高级教师,省级骨干教师、市级学术学科带头人、市级政治学科骨干。1991 年毕业于西北师大政治系政治教育专业,分配至张掖中学任教。课题《改革中学思想政治课课题教学模式实验》1998 年获甘肃省第二届基础教育科研优秀成果二等奖。在省级刊物上发表《浅谈高中思想政治课如何实施素质教育》等多篇论文,1998 年获张掖市高中优质课政治学科一等奖,2003 年获甘肃省高中政治探究示范课一等奖。

杨建华　女,1968 年 7 月出生,甘肃省甘州区人,汉族,中共党员,本科学历,中学高级教师。1991 年毕业于张掖师专数学系,分配至张掖五中任教。1995 年西北师大数学系毕业，1998 年调入张掖中学任教。在省级刊物上发表《高中新课程研究》等 2 篇论文。2010 年获张掖市优质课数学二等奖。

岳永生 男，1968 年 7 月出生，甘肃省民乐县人，汉族，本科学历，中学高级教师，市级骨干教师。1989 年毕业于张掖师专政史系，分配至民乐一中任教。1994 年西北师大政治系思想政治教育专业毕业。2001 年调入张掖中学任教。主持的省级课题《高中思想政治课探究式教学行动研究》2010 年通过省级鉴定。在省级刊物上发表《把握知识联系，建构知识网络》等多篇论文。2005 年获张掖市高中教改实验课竞赛政治三等奖。获张掖中学第三届"教学能手"荣誉称号。

常兴滨 男，1968 年 8 月出生，甘肃省肃南县人，藏族，本科学历，理学学士，中学高级教师。1992 年毕业于西北师大物理系，分配至张掖中学任教。在省级刊物上发表《高考物理试题评析》等论文。1999 年被评为全国中学生物理竞赛活动"优秀辅导员"。2008 年获张掖市高中优质课三等奖。

李勇鸿 女，1968 年 8 月出生，甘肃省临泽县人，汉族，本科学历，中学高级教师。1989 年毕业于张掖师专数学系，分配至临泽县沙河中学任教。2002 年西北师大数学教育专业函授本科毕业，选调至临泽一中任教。2010 年调入张掖中学任教。参与的课题《新课改下高中数学课堂教学模式转变的实践研究》2013 年获张掖市第十届基础教育科研成果二等奖。在省级刊物上发表《拆 2 化 1 法证明不等式的若干例说》等多篇论文。2007 年获张掖市优质课数学三等奖。2007 年指导的学生参加全国高中数学联赛比赛获省级三等奖，被评为"优秀辅导教师"。

张新文 男，1968 年 8 月出生，甘肃省民勤县人，汉族，中共党员，本科学历，中学高级教师，市级骨干教师。1989 年毕业于张掖师专数学系，分配至高台一中任教。1996 年西北师大数学系函授毕业，2002 年调入张掖中学任教至今。参与出版教辅《第一方案》，主持的课题《高中数学 CAI 的几点体会与实践》获张掖市第三届基础教育科研成果二等奖，在省级刊物发表《高中数学新课程改革探究分析》等 20 多篇论文，1999 年指导的学生参加全国高中数学联赛获二等奖。1999 年获省级"优秀教练员"荣誉称号。

冯进炜 男，1968 年 9 月出生，甘肃省甘州区人，汉族，本科学历，中学高级教师。1990 年毕业于兰州师专体育系，分配至甘肃省张掖中学任教。1997 年西北师范大学体育系毕业。课题《体育与健康课堂教学方式方法的探索研究》2013 年获甘肃省基础教育科研成果优秀奖。在省级刊物上发表《跳远踏跳准确性的探讨》等 8 篇论文，1998 年、2013 年获张掖市优质课体育学科二等奖、甘肃省中小学体育录像课一等奖。2004 年、2006 年两次被评为甘肃省优秀社会体育指导员，2008 年被评为甘肃省体育一级社会指导员，受到省市表彰 30 多次。

钱守忠 男，1968 年 9 月出生，甘肃省山丹县人，汉族，中共党员，本科学历，中学高级教师，省级、市级骨干教师，市管拔尖人才。1989 年毕业于甘肃教育学院数学系，分配至山丹一中任教，2000 年调入张掖中学任教。出版《数学教学与和谐课堂》，主持的课题《高中数学课堂互动探究式学习的实践研究》获甘肃省第九届基础教育教学科研优秀成果二等奖，在国家级、省级刊物上发表论文 10 余篇。2007 年获甘肃省优质课一等奖，2009 年指导的学生参加全国高中数学联赛获一等奖。2009 年获全国"模范教师"荣誉称号。

李培伟 男，1968 年 10 月出生，甘肃省甘州区人，汉族，民进会员，本科学历，中学高级教师。1991 年毕业于兰州师专体育系，同年分配至张掖地区育才中学任教，1996 年西北师大体育教育本科毕业。在省级刊物上发表《体育竞技中灰理论等间隔模型的应用》等 10 篇论文，2007 年获张掖市优质课体育学科二等奖，2012 年、2016 年训练的篮球队参加张掖市第三届女子篮球比赛、张掖市高中生球类运动会获第一名，被评为"优秀教练员"。2015 年赴甘南州迭部县支教获"优秀支教教师"荣誉称号。

柳 春 男，1968 年 11 月出生，甘肃省甘州区人，汉族，中共党员，本科学历，理学学士，中学高级教师，市级骨干教师。1990 年毕业于西北师范大学物理系，分配至张掖中学任教。1996 年获得甘肃省青年物理教师优秀教学录像课大赛一等奖，2007 年获甘肃省中学物理说课比赛一等奖。2011 年指导的学生参加全国中学生物理竞赛获省级一等奖，获全国中学生物理竞赛"优秀辅导员"称号。1996 年以来担任张掖中学物理教研组长及理综教研组长。1997 年、1999 年、2001 年分别获得"张掖地区师德标兵""张掖地区模范工会小组长""张掖地区先进工作者"荣誉称号。

殷廷琪 男，1968 年 12 月出生，甘肃省肃南县人，汉族，中共党员，本科学历，理学学士，中学高级教师。1991 年毕业于西北师大学地理系，分配至张掖地区育才中学任教，2001 年至今在张掖中学任教。参与的省级课题《学习困难学生的成因分析与矫治研究》2001 年获张掖市基础教育优秀科研成果二等奖。在省级刊物上发表《新课改背景下高中地理探究式教学的实施途径》等 4 篇论文，2007 年获张掖市高中优质课地理学科二等奖，2010 年、2011 年获第四届"地球小博士"全国地理科技大赛、高中地理奥林匹克竞赛"优秀指导教师"一等奖。2015 年获张掖市"优秀班主任"荣誉称号。

李欣华 女，1969 年 2 月出生，甘肃省山丹县人，汉族，本科学历，中学高级教师。1993 年毕业于张掖师专化生系，同年分配至山丹县双桥学校任教，2002 年调入山丹一中任教。2006 年西北师大成教学院化学教育专业函授本科毕业，2007 年调入甘肃省张掖中学任教。在省级刊物上发表《浅论高中化学探究式教学中学生能力的培养》论文，2010 年获张掖市优质课化学学科二等奖，2012 年获甘肃省说课比赛一等奖，2012 年指导的学生参加全国高中化学竞赛获二等奖。

孟芳云 女，1969 年 2 月出生，甘肃省秦安县人，汉族，民盟盟员，本科学历，文学学士，中学高级教师。1991年毕业于黑龙江大学英语语言文学系，分配至甘肃省天水市长城开关厂工作，1992年调入张掖中学任教。参与的课题《中学英语大量阅读双轨运行教学模式实验研究》等先后获张掖市第五届基础教育科研成果三等奖、甘肃省第七届基础教育科研成果一等奖。在省级刊物上发表《高中英语教学中的文化教学分析》等论文。2001年获张掖市优质课二等奖。2008年获全市"巾帼建功十佳先进个人"荣誉称号。2016年获市级"优秀教师"荣誉称号。

夏立华 男，1969年2月出生，甘肃省民乐县人，汉族，中共党员，本科学历，中学高级教师。1988年毕业于张掖师范学校，1995年毕业于甘肃教育学院数学系，分配至民乐一中任教，1988年调入张掖地区育才中学任教，2001年至今在张掖中学任教。在省级刊物发表6篇论文，2001年指导的学生参加全省数学竞赛获一等奖。

孙子彪 男，1969年3月出生，甘肃省通渭县人，汉族，民盟盟员，本科学历，理学学士，中学高级教师，市级骨干教师。1994年7月毕业于西北师范大学物理系，分配至张掖中学任教。在省级刊物上发表《信息技术与物理学科整合的研究与实践》等论文，2005年获中学物理教学改革创新大赛省级一等奖、国家级二等奖。2006年获第二十三届中学生物理竞赛优秀辅导员称号。

王惠峰 女，1969年3月出生，甘肃省甘州区人，汉族，本科学历，中学高级教师。1990年毕业于张掖师专生化系，分配至永昌一中任教，1992年调入山丹一中任教。2004年西北师大生命科学院函授本科毕业，同年调入张掖中学任教。在省级刊物上发表《高中生物教学中如何构建高效课堂的研究》等多篇论文，2004年获张掖市优质课生物学科三等奖，2014年至2016年指导学生参加甘肃省生物奥赛获二、三等奖。

郑军国 男，1969年5月出生，甘肃省民乐县人，汉族，本科学历，中学高级教师，省级骨干教师。兼任张掖市第二届教育学会历史研究会秘书长。1991年毕业于西北师大历史系，分配至民乐一中学校任教，2001年调入张掖中学任教至今。主持的课题《学导式教学法在中学历史教学中的应用》2011年获张掖市第九届基础教育科研优秀成果二等奖。在国家级、省级刊物上发表《五段式课堂教学中导与度的把握》等5篇论文。2010年获张掖市高中新课程实验优质课一等奖，2011年获甘肃省高中历史课堂教学竞赛活动二等奖，2016年学科德育课程被评为张掖市中小学学科德育精品课程。

李 毅 女，1969年6月出生，甘肃省武威市人，汉族，民盟盟员，本科学历，文学学士，中学高级教师。1990年毕业于张掖师专英语系，1991年分配至张掖市上秦中学任教，1998年调入张掖地区育才中学任教，2001年至今在张掖中学任教。2004年西北师范大学外语学院毕业。课题《构建新的课堂训练模式，培养学生英语学习策略》获张掖市第九届基础教育科研优秀成果二等奖。在省级刊物上发表3篇论文。

桑进林 男，1969年7月出生，甘肃省秦安县人，汉族，中共党员，本科学历，教育硕士，中学高级教师，省级骨干教师、市管拔尖人才、省级青年教学能手。2015

年兼任张掖市语文学会会长。1992 年毕业于天水师范学院中文系，分配至张掖铁中任教，2004 年调入张掖中学任教。主编《状元纠错笔记》等，出版《高考突破难点 100 讲》等。主持的课题《高中语文学导式学习管理的研究与实践》《高中作文生态化写作研究》分别于 2011 年、2015 年获张掖市第九届、第十一届基础教育科研成果一等奖。在省级刊物上发表《稳定是趋势，迁移是关键——2010 年高考文言文简评》等 300 多篇论文，2007 年获甘肃省优质课二等奖。

张 元 男，1969 年 8 月出生，甘肃省山丹县人，汉族，中共党员，本科学历，中学高级教师，市级学科骨干教师，省级教学能手。2013 年至 2016 兼任张掖市第二届数学教育学会理事。1991 年毕业于西北师大数学系，分配至张掖地区育才中学任教，1998 年调入张掖中学任教。出版著作《高中数学解题方法解析》。在省级刊物上发表《充要条件在解题中的应用》等 5 篇论文，1996 年获张掖市优质课一等奖，2008 年、2012 年指导的学生参加全国高中数学奥赛获二等奖。2004 年获张掖市"优秀教师"荣誉称号，2008 年、2012 年获甘肃省奥赛"优秀辅导教师"荣誉称号。

李德胜 男，1969 年 9 月出生，甘肃省甘州区人，汉族，中共党员，本科学历，教育硕士，中学高级教师，市级骨干教师、省级骨干教师、市管拔尖人才。1993 年毕业于西北师大历史系，同年分配至甘肃省张掖中学任教至今。主持的课题《育人为本的高中学生宿舍文化建设之行动研究》获张掖市第十届基础教育科研优秀成果二等奖，在省级刊物上发表《突出文化引领，构建温馨家园——对高中宿舍文化建设的实践与思考》等 4 篇论文，2001 年获张掖市优质课二等奖，2004 年被省教育厅、省军区司令部、省军区政治部授予"全省学生军事训练工作先进个人"荣誉称号。

唐浩新 男，1969 年 10 月出生，甘肃省武威市人，汉族，中学高级教师。1992 年毕业于西北师范大学数学系，理学学士学位，毕业后分配至甘肃省张掖地区育才中学任教，1998 年调入甘肃省张掖中学任教至今。参与的课题《中学生心理健康教育实验》1998 年获甘肃省第一届基础教育科研成果一等奖，2007 年获张掖市优质课三等奖。多次被评为校优秀教师、优秀班主任，被评为校"师德标兵""青年教学能手"。2012 年被甘肃省张掖市教育局聘为"普通高中高考试题研讨专家"。

李文辉 男，1969 年 12 月出生，甘肃省静宁县人，汉族，本科学历，理学学士，中学高级教师。1995 年毕业于西北师大物理系，分配至张掖中学任教。在省级刊物上发表《物理教学中非逻辑思维能力的培养》《物理教育的困境及对策探讨》等多篇论文。2005 年获甘肃省中学物理改革创新大赛一等奖。第十四、十五、十八、二十二、二十六、三十届全国中学生物理竞赛获优秀辅导教师奖。

杨兴成 男，1969 年 12 月出生，甘肃省民乐县人，汉族，中共党员，本科学历，中学高级教师，省级青年教学能手，省级骨干教师。1989 年毕业于张掖师范，分配至民乐三堡中学任教，1990 年调入民乐一中任教。1998 年甘肃教育学院物理教育本科毕业，2014年调入张掖中学。论文《关于弹力和摩擦力"适应性"特点的讨论》等论文在省级刊物上发表。1993年获张掖市优质课物理学科一等奖、第一届全国中学物理青年教师教学大赛甘肃赛区二等奖，多次荣获高中物理奥林匹克竞赛"优秀辅导员"称号。

丁志贤　女，1970年2月出生，山东省青岛市胶南县人，汉族，本科学历，中学高级教师。1991年毕业于张掖师专政史系，分配至甘肃省张掖中学任教。1998年结构调整至张掖地区育才中学任教。2001年西北师大历史学教育专业毕业。2001年至今在张掖中学任教。在省级刊物上发表《基于说课的洋务运动教学设计》等论文，2007年获张掖市优质课历史学科三等奖，2013年获甘肃省首届职工技能大赛高中历史教学类三等奖，被评为首届甘肃省职工技能大赛"优秀选手"。

吕　军　男，1970年2月出生，甘肃省甘州区人，汉族，本科学历，历史学学士，中学高级教师，市级骨干教师。1993年毕业于西北师范大学历史系，分配至育才中学任教。1998年调整到原张掖中学任教。主持的课题《中学历史高效课堂行动研究》于2015年通过省级鉴定，在省级刊物上发表《历史课中"从宏观到微观"教学方法的实施》等5篇论文，2013年获张掖市优质课一等奖。

陈彩云　男，1970年3月出生，甘肃省甘州区人，汉族，本科学历，中学高级教师，市级骨干教师。2010年至2015年兼任张掖市第一届体育学会副会长。1990年毕业于西安体育学院体育系体育教育专业，分配至张掖地区育才中学任教，2001年至今在甘肃省张掖中学任教。在省级刊物上发表《浅谈中学生课余田径队速度、耐力、力量训练》等8篇论文，2013年指导的学生参加甘肃省中学生运动会比赛获一等奖、三等奖。2012年获"全市体育工作先进个人"、张掖市第三届运动会"优秀教练员、优秀裁判员"荣誉称号；2013年获甘肃省第二届中学生运动会"优秀教练员"荣誉称号。

王志漫　男，1970年3月出生，山东省潍坊市人，汉族，中共党员，本科学历，中学高级教师。1992年毕业于张掖师专数学系，分配至甘州区党寨中学任教，1998年调入张掖地区育才中学任教，2001年至今在张掖中学任教。2003年北京师范大学数学与应用数学本科毕业。在省级刊物上发表《数学高效课堂探析》等多篇论文。

樊立功　男，1970年8月出生，甘肃省甘州区人，汉族，本科学历，中学高级教师。1993年毕业于兰州师专体系，分配至甘肃省张掖中学任教至今。1998年西北师大体育系体育教育专业函授本科毕业。参与的省市级科研课题两次获市级奖励。在省级刊物发表论文《谈体育教师"课堂言行"之利弊》等论文。2010年、2011年分别获全国中小学教师说课展示甘肃赛区三等奖、全市体育新课改优质课体育学科二等奖。多次荣获市级"优秀社会体育指导员""优秀教练员""优秀裁判员"荣誉称号。

蔡国芳　女，1970年9月出生，甘肃省甘州区人，汉族，本科学历，中学高级教师。1991年毕业于张掖师专化学系，分配至张掖五中任教。1997年西北师大化学系毕业，同年调入甘肃省张掖中学任教至今。在省级刊物上发表《网络环境下的高中化学教学改革探索》等多篇论文，2005 年至 2013 年五次获甘肃省奥林匹克竞赛优秀指导教师二、三等奖。

孙殿旭　男，1970 年 10 月出生，甘肃省民乐县人，汉族，中共党员，本科学历，中学高级教师，1993 年毕业于张掖师专，分配至民乐农中任教，1997 年调入民乐一中任教。2003 年西北师大化学学院函授毕业，2005 年调入张掖中学任教。参与的省级课题《化学习题教学中实效性的探究》获张掖市第九届基础教育科研优秀成果三等奖。在省级刊物上发表《等效思想在同分异构体解题教学中的运用》等多篇论文。2010 年至 2014 年多次被评为全国高中化学竞赛甘肃赛区"优秀辅导教师"，2012 年获张掖市"先进工作者"荣誉称号。

吴玉梅　女，1970 年 10 月出生，甘肃省高台县人，汉族，本科学历，教育硕士。省级骨干教师。1991 年毕业于张掖师专英语系，分配至张掖中学任教。1998 年西北师大英语教育自考本科毕业，2003 年 12 月取得西北师范大学外国语学院学位。2005 年 8 月被评为中学高级教师。

张　勇　男，1970 年 10 月出生，甘肃省民勤县人，汉族，中共党员，本科学历，中学高级教师，省、市级教学能手。1990 年毕业于张掖师专中文系，分配至张掖地区建材总厂子弟学校任教。1996 年调入张掖中学任教。2001 年兰大中文系自考本科毕业。主持的课题《研究性学习在高中语文教学中的实践与探索》2007 年获张掖市第七届基础教育教学科研优秀成果三等奖。在省级刊物发表《研究性学习应走进学生心里》等多篇论文。荣获校级"优秀教师""优秀班主任""优秀共产党员"等荣誉称号 20 多次。

管　霞　女，1970 年 12 月出生，甘肃省甘州区人，汉族，本科学历，档案副研究馆员。1990 年毕业于张掖师范，分配至张掖市小满中学任教，1992 年调入张掖地区育才中学任教。1998 年张掖师专函授专科毕业，2003 年西北师大函授本科毕业。2001 年至今在学校教务处负责学生学籍档案工作。在省级刊物上发表多篇论文。

巨红梅　女，1970 年 12 月出生，甘肃省永登县人，汉族，本科学历，中学高级教师。1993 年毕业于张掖师专英语系，先后在甘州区新墩中学、张掖地区育才中学任教，2001 年至今在张掖中学任教。2003 年英语教育专业函授本科毕业，2010 年西北师大外语学院教育硕士毕业。参与的课题《高中英语研究性学习的探索和实践》2008 年获甘肃省第七届基础教育科研优秀成果一等奖，在省级刊物上发表《高考命题趋势与高中英语阅读教学》等多篇论文。2004 年获张掖市优质课三等奖。2001 年至 2009 年指导的学生参加全国中学生英语能力竞赛获二等奖，被评为"优秀辅导教师"。

苏天武　男，1970 年 12 月出生，甘肃省古浪县人，汉族，中共党员，本科学历，文学学士，中学高级教师，市级骨干教师、市级学术学科带头人。1995 年毕业于西北师范大学汉语言文学专业，分配至张掖中学任教。主持的课题《语文知识的拓展与学生创新能力的培养研究》2003 年获张掖市第五届基础教育科研成果二等奖，在省级刊物上发表《2010 年高考复习备考方略》等 6 篇论文。2004 年获张掖市优质课三等奖。2006 年获市级"教育科研工作先进个人"荣誉称号。

王　敏　女，1971 年 2 月出生，河南省虞城县人，汉族，本科学历，教育硕士，中学高级教师。1993 年毕业于张掖师专英语系，分配至张掖五中任教；1996 年于西北师大外国语学院英语专业本科毕业，调入张掖地区育才中学任教，2001 年至今在张掖中学任教，2009 年取得西北师大外国语学院英语专业教育硕士学位。在省级刊物上发表《高中英语教学中的研究性学习》等多篇论文，2010 年获高中新课程实验优质课二等奖、全国中小学教师说课展示甘肃赛区二等奖。先后获校级"职业道德建设先进个人""教育科研先进个人""优秀教师"荣誉称号。

王晓建　男，1971 年 3 月出生，甘肃省甘州区人，汉族，中共党员，本科学历，中学高级教师，市级骨干教师。1992 年毕业于张掖师专中文系，分配至张掖地区育才中学任教，2001 年至今在张掖中学任教。主持的课题《传统文化与语文教学》2009 年获中央教科所"十一五"重点科研课题一等奖，在省级刊物上发表《煽情想说爱你不容易》等多篇论文，1997 年获张掖市优质课语文学科一等奖，2016 年指导的学生参加全国中小学生创新作文大赛暨首届全国中小学生阅读能力大赛总决赛获三等奖。1999 年获市级"十佳青年教师"荣誉称号。

郑雪霞　女，1971 年 5 月出生，甘肃省高台县人，汉族，本科学历，中学高级教师。1991 年毕业于张掖师专英语系，分配至临泽县蓼泉农中任教，1992 年调入临泽一中任教。1996 年西北师大英语系函授本科毕业，2003 年调入张掖中学任教至今。在省级刊物上发表《英语口语教学的作用与教学原则探究》等 2 篇论文，2007 年获张掖市优质课英语学科一等奖，2012 年指导学生参加全国英语能力竞赛获全省一等奖，2013 年获甘肃省高中英语说课比赛二等奖。2015 年获张掖市"三八红旗手"提名奖。

侯铁民　男，1971 年 9 月出生，甘肃省高台县人，汉族，中共党员，本科学历，理学学士，中学高级教师，市级骨干教师。1996 年毕业干西北师大数学系，分配到张掖中学任教至今。主持的课题《学生数学思维障碍成因分析及解决方案》2010 年获张掖市第九届基础教育科研成果二等奖。在省级刊物上发表论文多篇。2008 年、2012 年指导学生参加数学竞赛获得奖励 10 人次。连续多年辅导学生参加省级青少年科技创新大赛获得国家级、省级奖 20 余人次。2012 年获张掖市"优秀教师"荣誉称号。

闫立宏　男，1971 年 9 月出生，甘肃省高台县人，汉族，中共党员，本科学历，历史学学士，中学高级教师，省级骨干教师、省级青年教学能手、市管拔尖人才、首届"张掖名师"。2014 年至今兼任张掖市教育学会历史研究会会长。1995 年毕业于西北师大历史系，分配至高台一中任教；2001 年调入张掖中学任教。参与的课题《建设高中班级文化的思路和举措》获全国教育科研成果一等奖。在省级刊物上发表《历史教学中如何培养学生的思维能力》等9篇论文。2007年获甘肃省高中历史课堂教学竞赛一等奖。2008年获甘肃省"园丁奖"优秀教师，2016年获张掖市"优秀班主任"荣誉称号。

杨开发　男，1971年9月出生，甘肃省古浪县人，汉族，中共党员，本科学历，教育硕士，中学高级教师，市级骨干教师，省级骨干教师，张掖市教育学会数学教育研究会理事。1994年毕业于西北师范大学数学系，分配至张掖中学任教。参与的省级课题《转变高中学生数学学习方式的研究》获甘肃省第七届基础教育科研优秀成果一等奖，在省级刊物上发表《类比法在数学中的应用》等多篇论文，2003年获全省高中数学新课程探究示范课竞赛三等奖，2015年获张掖市"优秀教师"荣誉称号。

朱　钰　女，1971年9月出生，甘肃省成县人，汉族，中共党员，本科学历，中学高级教师，省级教学能手，市级骨干教师。1997年毕业于甘肃教育学院政教系政治教育专业，分配至张掖地区育才中学任教，2001年至今在张掖中学任教。主持的课题《中学生不良行为的预防与矫治》获张掖市第二届基础教育科研成果二等奖，在省级刊物上发表《文综政治组合型选择题的答法》等多篇论文，2006年获甘肃省优质课政治学科一等奖，2015年获甘肃省微课大赛一等奖。

刘　华　男，1971年11月出生，甘肃省民乐县人，汉族，本科学历，文学学士，中学高级教师，兼任张掖市党外知识分子联谊会理事，张掖市语文教育学会秘书长。1995年毕业于西北师范大学中文系，分配至张掖中学任教。在省级刊物上发表《〈孔雀东南飞〉中悲剧成因再析》等4篇论文，1997年获甘肃省优质课二等奖，2009年指导的学生参加第十届"新世纪"杯全国中学生作文大赛获一等奖。

王悦琴　女，1971年11月出生，甘肃省高台县人，汉族，本科学历，中学高级教师。1995年张掖师专数学教育专业毕业，分配至临泽职教中心任教。1999年调入张掖地区育才中学任教，2001年至今在张掖中学任教。2002年西北师大数学教育本科毕业。主持的课题《学生数学思维障碍成因分析及解决方案》《课堂观察在数学高效课堂中的实践研究》2010年、2015年分别获张掖市科研成果二等奖、一等奖。在省级刊物上发表论文多篇。连续7年辅导学生参加全省青少年科技创新大赛获得多项省级奖项，荣获省级"优秀科技辅导员"称号。

兰玲燕　女，1971年12月出生，甘肃省临泽县人，汉族，中国民主同盟盟员，本科学历，中学高级教师。1994年张掖师专英语系毕业，分配至临泽一中任教。1994年至1996年西北师大英语系离职进修并毕业。2006年调入张掖中学任教至今。在省级刊物上发表《探究式学习方法在高中英语写作教学中的实践》等多篇论文。2007年获张掖市高中优质课英语二等奖。2003年指导的学生参加全国中学生英语能力竞赛获二、三等奖，多次获"优秀辅导员"荣誉称号。自1998年以来，多次被评为校级优秀教师、教学能手、教育科研工作先进个人。

杨发锡　男，1971 年 12 月出生，甘肃省积石山县人，藏族，本科学历，理学学士，中学高级教师。1993 年毕业于西北师范大学生物系，分配至张掖中学任教至今。

孙学明　男，1972 年 1 月出生，甘肃省高台县人，汉族，中共党员，本科学历，中学高级教师，篮球一级裁判，二级社会体育指导员。1996 年毕业于庆阳师专体育系，分配至高台县黑泉学区任教。先后在高台三中、高台县职业中专任教。2002 年调入张掖中学任教。2005 年西安体育学院运动训练专业函授本科毕业。在省级刊物上发表《高中体育课选项教学的实践与思考》等数篇论文。2008 年获张掖市高中优质课体育二等奖。先后多次被张掖地区教育处、张掖市体育局、张掖市教育局评为"优秀教练员""优秀裁判员"。

殷祥廷　男，1972 年 1 月出生，甘肃省高台县人，汉族，中共党员，本科学历，中学高级教师，市级骨干教师。1990 年毕业于张掖师范，分配至高台骆驼城学区任教。1999 年调入张掖地区育才中学，2001 年至今在张掖中学任教。1995 年兰大行政管理专科毕业，2001 年兰大汉语言文学本科毕业。参与主编《高考语文总复习第一方案》，课题《研究性学习与语文学科课程整合》等获市级基础教育教学科研优秀成果一等奖 3 次、省级基础教育教学科研优秀成果三等奖 1 次。在省级刊物发表论文二十多篇。2013 年获全国中学生作文大赛"优秀指导教师一等奖"。2013 年获张掖市"模范班主任"荣誉称号。

宋庆雄　男，1972 年 3 月出生，甘肃省永靖县人，汉族，中共党员，本科学历，理学学士，中学高级教师。1997 年毕业于华东师范大学生物系，分配至张掖中学任教。在省级刊物上发表《论新课标下高中生物实验探究能力的培养》等论文，2007 年获张掖市高中优质课二等奖，1999 年辅导的生物科技活动项目"教室空气中细菌数目的检测"获市级一等奖、省级优秀奖、全国青少年生物和环境科学实践活动"主题创意"奖，2000 年至 2014 年指导的学生参加全国中学生生物奥赛分别获省级一、二等奖，国家级二等奖。

赵　予　女，1972 年 4 月出生，河南省南阳县人，汉族，中共党员，本科学历，中学高级教师，市级学术学科带头人。1991 年毕业于张掖师专英语系，分配至高台一中任教。1995 年至 1997 年甘肃教育学院外语系离职进修本科。1997 年调入张掖地区育才中学任教，1998 年调整至张掖中学任教。2009 年取得西北师大教育硕士学位。主持的课题《提高中学生英语完形填空能力的策略》获 2014 年甘肃省基础教育科研成果阶段评比二等奖。辅导的学生参加全国中学生英语能力竞赛获国家级一等奖。2014 年获张掖市"优秀教师"荣誉称号。

刘振国　男，1972 年 5 月出生，甘肃省甘州区人，汉族，民盟盟员，本科学历，理学学士，中学高级教师。1996 年毕业于兰州大学化学系，分配至张掖中学任教。在省级刊物上发表《如何构建高中化学有效课堂》等多篇论文，2004 年获张掖市教改实验课三等奖，2013 年指导的学生参加全国高中化学奥林匹克竞赛获一等奖。

马晓云 女，1972 年 8 月出生，甘肃省甘州区人，汉族，本科学历，中学高级教师。1993 年毕业于张掖师专化生系，分配至张掖中学任教。2002 年西北师大生物教育专业毕业。在省级刊物上发表《高三生物复习的几点认识》等多篇论文。曾荣获甘肃省中学生物教学竞赛二等奖、张掖市高中优质课二等奖，辅导学生参加甘肃省生物奥赛获二、三等奖，多次荣获国家级、省级"生物奥赛优秀辅导教师"荣誉称号。

彭　秋 男，1972 年 10 月出生，甘肃省山丹县人，汉族，本科学历，理学学士，中学高级教师。1996 年毕业于西北师范大学数学系，分配至张掖中学任教。参与的课题《转变高中学生学习方式研究》2008 年获甘肃省第七届基础教育科研成果一等奖，在省级刊物上发表《层次聚类分析方法在教师教学质量综合评价中的应用》等数篇论文。2004 年获张掖市高中优质课三等奖。2014 年获市级"优秀班主任"荣誉称号。

董志新 男，1972 年 11 月出生，河南省荥阳市人，汉族，中共党员，本科学历，文学学士，中学高级教师。1996 年毕业于西北师大中文系，分配至甘肃省张掖中学任教。在省级刊物上发表《浅谈〈邹忌讽齐王纳谏〉的语言艺术》等论文，2007 年获张掖市优质课语文学科一等奖。2014 年被评为甘肃省优秀教师，获"园丁奖"。

刘国红 男，1972 年 11 月出生，甘肃省武威市人，汉族，本科学历，教育学学士，中学高级教师。1996 年毕业于西安体育学院体育系，同年分配武威铁路分局张掖铁路中学任教；2001 年调入张掖中学任教。在省级刊物上发表《如何让学生主动参与体育课堂教学》等多篇论文，2005 年获甘肃省体育录像优质课二等奖，2007 年获甘肃省优秀社会体育指导员，2010 年、2013 年代表张掖市参加甘肃省第一、第二届中学生运动会分别获篮球第六名、第三名，多次获市教育局优秀教练员荣誉，2016 年获张掖市群众体育先进个人荣誉称号。

吕玉东 男，1972 年 11 月出生，甘肃省甘州区人，汉族，中共党员，本科学历，中学高级教师。1993 年毕业于张掖师专中文系，分配至张掖市第二农业中学任教。2005 年西北师大汉语言文学专业毕业，2007 年调入张掖中学任教。在省级刊物上发表《〈雨霖铃〉与〈扬州慢〉的虚与实》等论文，2013 年获张掖市优质课语文学科三等奖。

刘　瑛 女，1972 年 12 月出生，甘肃省高台县人，汉族，中共党员，本科学历，中学高级教师，市级骨干教师。1995 年毕业于张掖师专政史系，分配至张掖中学任教。2002 年西北师大思想政治教育专业毕业。2012 年至 2016 年兼任张掖市第二届青年联合会委员。在省级刊物上发表《体验，课堂因你而精彩》等多篇论文，2010 年获全国优质课政治学科一等奖、甘肃省课堂竞赛活动一等奖。

周晓蓉 女，1972 年 12 月出生，甘肃省高台县人，汉族，本科学历，文学学士，中学高级教师。1996 年毕业于西北师范大学中文系，分配至张掖地区育才中学任教，1998 年调整至张掖中学任教。在省级刊物上发表《三步延展式研究性阅读模式》等 5 篇论文，2009 年获甘肃省高中语文课堂竞赛一等奖，2010 年指导的学生参加新概念作文比赛获三等奖。

陈雁南　女，1973 年 1 月出生，甘肃省定西市人，汉族，中共党员，本科学历，中学高级教师，张掖市美术家协会会员，2015 年至今兼任张掖市美术教学研究会副秘书长。1996 年毕业于张掖师专美术系，分配至张掖地区育才中学任教，2001 年至今在张掖中学任教。2014 年西北师范大学敦煌美术学院毕业。在省级刊物上发表《浅析高中美术教学中的几个误区》等多篇论文。2008 年获张掖市高中优质课美术一等奖。

申丽君　女，1973 年 7 月出生，甘肃省甘州区人，汉族，本科学历，中学高级教师，市级骨干教师。1994 年毕业于张掖师专英语系，同年分配至张掖地区育才中学任教，2001 年至今在张掖中学任教。在省级刊物上发表论文多篇，2007 年获张掖市高中优质课英语学科二等奖，指导的学生参加全国中学生英语奥林匹克竞赛多次获省级一、二等奖，2015 年获张掖市"劳动模范"荣誉称号。

李新海　男，1973 年 9 月出生，甘肃省甘州区人，汉族，中共党员，本科学历，中学高级教师，1995 年毕业于张掖师专物理系，分配至张掖中学任教。2000 年甘肃教育学院物理系本科毕业。在省级刊物上发表《论带电粒子的偏转》等 2 篇论文，2007 年获张掖市优质课一等奖。

王晓英　女，1973 年 12 月出生，甘肃省山丹县人，汉族，本科学历，教育硕士，中学高级教师。1996 年毕业于张掖师专政史系，分配至张掖中学任教。于西北师大取得历史专业本科学历。

张艳琴　女，1973 年 12 月出生，甘肃省高台县人，汉族，中共党员，本科学历，中学高级教师。1996 年毕业于兰州师专体育系，先后在高台县新沟中学、高台县职业中专任教，2001 年西北师大体育系函授本科毕业，2005 年选调至张掖中学任教。在省级刊物发表论文《体育教学中学生能力培养之我见》等。2010 年、2013 年荣获第四届甘肃省中小学体育教学观摩展示活动优秀体育课一等奖、甘肃省中学组优秀体育教学一等奖。2008 年以来先后荣获甘肃省"优秀社会体育指导员"、张掖市"优秀社会体育指导员""群众体育工作先进个人""优秀教练员""优秀裁判员"等荣誉称号。

郑翠亭　男，1974 年 1 月出生，甘肃省高台县人，汉族，中共党员，本科学历，教育硕士，中学高级教师（破格），市级骨干教师、市管拔尖人才。1993 年毕业于张掖师范学校，1997 年甘肃教育学院汉语言文学专业专科毕业，先后在甘州区沙井学区、张掖地区育才中学任教。张中、育才两校合并至今在张掖中学任教。2002 年兰州大学汉语言文学专业本科毕业。编辑出版《张掖文萃》等。课题《语文教学与学生自我发展实验研究》等分别获省、市基础教育科研优秀成果奖项。在省级刊物上发表《语文，要让学生"读"起来》等10余篇论文，2004年获张掖市高中教改实验课语文三等奖。

刘　喜　男，1974年3月出生，甘肃省民乐县人，汉族，中共党员，本科学历，理学学士，中学高级教师，市级骨干教师。1997年毕业于西北师范大学化学系，分配至甘肃省张掖中学任教。在省级刊物上发表《高中化学新课程教学改革的认识和思考》等多篇论文，2007年获张掖市高中优质课化学学科二等奖，2005年至2014年指导的学生参加甘肃省化学奥林匹克竞赛获一、二等奖，多次被评为甘肃省奥林匹克竞赛"优秀指导员"。2013年获张掖市"第二届十大杰出青年提名奖"荣誉称号。

张雪梅　女，1974年5月出生，甘肃省庆阳合水人，汉族，本科学历，中学高级教师。1992年毕业于甘肃省艺术学校，2000年毕业于西北民族学院，2003年毕业于西北师范大学敦煌艺术学院。先后在地区幼儿园、地区育才中学任教，2001年至今在张掖中学任教。课题《电教手段应用于高中艺术教学的研究》获张掖市第十届基础教育科研优秀成果三等奖。在省级刊物发表《音乐教学课程资源的开发和利用》等4篇论文。2004年获甘肃省优质课音乐三等奖，2008年、2012年两次获得张掖市高中优质课音乐一等奖。辅导编排的节目获甘肃省第二、第四、第五届中小学生艺术展演二、三等奖。

贾宏伟　男，1974年8月出生，甘肃省民乐县人，汉族，中共党员，本科学历，中学高级教师，市级骨干教师。1996年毕业于张掖师专数学系，分配至张掖中学任教至今。1996年至1998年赴民乐县李寨中学支教，1998年7月至今在张掖中学任教。2001年西北师大本科毕业。在省级刊物发表《新课标下高中数学学习的几种思想方法》等多篇论文，2007年、2009年获张掖市优质课数学学科一等奖、甘肃省数学课堂教学竞赛二等奖，辅导的学生参加全国数学竞赛获一等奖。

杨学锋　男，1974年9月出生，甘肃省甘州区人，汉族，中共党员，本科学历，中学高级教师，省级、市级骨干教师。1997年毕业于张掖师专汉语言文学专业，分配至张掖地区育才中学任教，2000年兰州大学汉语言文学本科毕业。2001年至今在张掖中学任教。2010年至2015年兼任共青团张掖市第二、第三届委员会委员。课题《中学生文化自觉意识和行为培养》获张掖市第十一届基础教育科研成果三等奖。在省级刊物上发表《在学生文化展示中增强语文教学效果》等10多篇论文。2010年获张掖市高中新课程实验优质课一等奖。多次获省市级"优秀共青团干部""优秀团干部标兵"等荣誉称号。

保继霭　女，1974年11月出生，甘肃省民乐县人，汉族，本科学历，中学高级教师。1997年6月毕业于张掖师专中文系，分配至张掖市党寨学区任教，1999年调入张掖地区育才中学任教。2003年12月取得兰州大学汉语言文学自考本科，2016年取得西北师范大学在职教育硕士学位。2001年至今在张掖中学任教。课题《新课改下高中语文教学之"2+8"模式研究》《中学生文化自觉意识和行为培养》分别获张掖市第十、第十一届基础教育科研成果二、三等奖，在省级刊物上发表《创新运用语文教学资源开展心理健康教育》等10多篇论文。2013年获张掖市高中新课程实验优质课语文学科三等奖。

马婉云　女，1975年6月出生，甘肃省甘州区人，回族，中共党员，本科学历，教育硕士，中学高级教师。1996年毕业于西北民族大学汉语言文学系，获文学学士学位，分配至张掖中学任教。2008年西北师大语文教育专业教育硕士毕业。1996年参与的课题《研究性学习在高中语文教学中的实践与探索》获张掖市第七届基础教育科研优秀成果三等奖。在省级刊物上发表《当前语文研究性学习的误区》等3篇论文。2009年观摩课《陈情表》获《传统文化与语文教学》全国交流研讨大赛一等奖、全国中小学教师说课比赛甘肃赛区一等奖。2010年获张掖市高中优质课语文三等奖。

王金秀　女，1975年10月出生，甘肃省武威市人，汉族，本科学历，中学高级教师。1998年毕业于张掖师专英语系，分配至张掖地区育才中学校任教。2001年至今在张掖中学任教。2003年西北师大英语专业本科毕业。在省级刊物上发表《"warming up"研究心得》等论文，2010年获张掖市优质课英语学科三等奖。

王　鹏　男，1976年8月出生，甘肃省甘州区人，汉族，中共党员，本科学历，中学高级教师。1998年毕业于张掖师专物理系，分配至张掖地区育才中学任教。2001年西北师大物理学专业毕业。2001年至今在张掖中学任教。在省级刊物发表《浅议如何解决高中物理研究性学习的对策》等多篇论文。1998年获张掖地区青年教师教改优质课物理三等奖，2007年获张掖市高中优质课物理二等奖。多次获校级"师德标兵""优秀教师"等荣誉称号。

杨生龙　男，1977年9月出生，甘肃省甘州区人，汉族，民进会员，本科学历，文学学士，中学高级教师。2002年毕业于西北师大文学院，招聘至张掖中学任教。在省级刊物上发表《浅谈东西方文化差异下的儒家文化》等多篇论文，多次荣获校级"优秀教师""优秀班主任"荣誉称号。

郝　云　男，1977年10月出生，甘肃民乐人，汉族，民盟盟员，本科学历，教育硕士，中学高级教师，市级骨干教师，甘肃民盟特约通讯员，中语会甘肃分会会员。2000年毕业于张掖师专，2003年毕业于西北师大，文学学士，2011年考取西北师大教育硕士。在省级刊物上发表论文两篇，2015年获甘肃省第四届"创新杯"语文课堂作品展品高中组一等奖，2009年指导的学生参加全国中学生作文比赛获一等奖，荣获优秀指导教师奖。

薛万军　男，1979年7月出生，甘肃省民乐县人，汉族，本科学历，中学高级教师，市级骨干教师。2002年毕业于西北师大化工学院，分配至张掖中学任教。在省级刊物上发表论文《让学生成为化学学习中的乐之者》。2010年获张掖市优质课三等奖，2013年指导的学生参加全国高中化学竞赛获省级预赛二、三等奖，荣获优秀指导教师奖。

李洪锋 男，1980 年 3 月出生，甘肃省临泽县人，汉族，本科学历，理学学士，中学高级教师。2003 年毕业于西北师大地理科学专业，招聘至张掖中学任教。在省级刊物上发表《浅析形成性评价在高中地理高效课堂教学的应用》等 2 篇论文，2010 年获张掖市优质课地理学科三等奖，2009 年指导学生参加张掖市首届高中地理奥林匹克竞赛获优秀指导教师二等奖。

朱　杰 男，1980 年 10 月出生，甘肃省甘州区人，汉族，中共党员，本科学历，文学学士，中学高级教师。2003 年毕业于西北师大中文系，招聘至张掖中学任教。在省级刊物上发表《新课程背景下参与式教学在高中语文教学中的应用分析》等数篇论文，2013 年获甘肃省德育与心理健康教育优质课一等奖，2013 年获张掖市高中新课程实验优质课评选二等奖、张掖市教育科研成果一等奖。

殷学旭 男，1980 年 11 月出生，甘肃省高台县人，汉族，本科学历，理学学士，中学高级教师。2002 年毕业于西北师范大学物理与电子工程学院，同年分配至张掖中学任教。在省级刊物上发表论文《解决类竖直平面内圆周运动问题的策略》，2010 年获张掖市优质课三等奖，2016 年指导的学生参加第三十三届全国中学生物理竞赛获二等奖。

夏吉鑫 男，1981 年 12 月出生，甘肃省高台县人，汉族，中共党员，本科学历，理学学士，中学高级教师（破格），市级骨干教师。2004 年毕业于西北师范大学数学与应用数学专业，招聘至张掖中学任教至今。在省级刊物上发表《高中数学新课程"三角"内容亮点分析》等 5 篇论文。2013 年获张掖市优质课一等奖；2015 年获甘肃省第一届"创新杯"高中数学新课程单元教学优秀课例课堂展示大赛一等奖、单元教学设计一等奖。2013 年、2016 年指导的学生参加甘肃省第二十九届和第三十二届科技创新大赛获二、三等奖。2015 年获张掖市"优秀教师"荣誉称号。

王建强 男，汉族，生于 1965 年 11 月，1988 年毕业于西北师范大学地理系，大学本科学历，理学学士，中学高级教师。担任过学校工会主席、教导处主任等职，2013 年调往张掖市实验中学担任副校长。在省市级刊物发表论文多篇。主持和参与的多项课题通过省级鉴定。1997 年被评为张掖地区"职业道德标兵"，2004 年被授予"张掖市优秀教育工作者"。2010 年被评为"张掖市城市语言文字迎评工作先进个人"。2016 年被评为"张掖市优秀教育工作者"。

马廷方 男，1946 年 3 月出生，甘肃兰州人。本科学历，中学高级教师。先后在省九公里园艺厂、五七干校、省农科院子弟学校、张掖中学工作。曾在省市级刊物上发表过论文，2006 年 3 月退休。

张嘉贤 女，1948 年 5 月出生，汉族，中共党员，大专学历，中学高级教师。先后在张掖寺儿沟学校、沙井农中、张掖二中、张掖地区育才中学任教。2000 年 9 月至 2003 年底在张掖中学任教。曾获张掖地区工会"职业道德标兵"称号。在共青团中央举办的"手拉手"作文大赛中获中学组"优秀辅导员"称号；论文《磨刀不费砍柴功》发表在《甘肃教育》2000年第9期上。2003年退休。

尹　宏　男，中共党员，河南省太康县人。1949年2月生于江苏省南京市。1956年至1969年在北京上学。1969年5月至1972年6月先后在云南省河口县农场、张掖县和平乡插队。1972年至1974年在张掖师范就读。1974年7月被分配到育才中学从事教育教学工作达35年之久。1982年在张掖师专数学系毕业获大专文凭，2002年被评为中学高级教师。工作期间一直担任班主任和年级主任工作，多次被评为优秀教师和模范党员。2009年3月退休。

李少华　男，1951年12月生于甘肃省张掖市。中共党员，中学高级教师。1974年至1976年在张掖师范上学；1982年至1984年在张掖师专美术系学习。先后在张掖地区育才中学、张掖中学任教。曾在省级、市级及地区等教学刊物和书报杂志上发表论文及美术作品30多篇（幅）。多次被地区、学校授予"优秀共产党员""优秀教师""先进工作者"荣誉称号。

车兴国　男，汉族，1952年出生，甘肃高台人，中共党员，专科学历，中学高级教师。1978年西北师大体育系毕业分配到甘肃省张掖中学，一直从事体育课教学工作。1994年被评为全省体育传统项目学校优秀教练员。曾任体育教研组组长。在省市级刊物上发表过论文。2012年3月退休。

蔡瑞君　女，汉族，1955年5月出生于甘肃省酒泉市。1978年考入张掖师专美术系学习，1980年7月从张掖师专毕业分配到张掖中学工作，担任专职美术教师。专注美术教学和研究，创作的书画作品多次在省、市报纸杂志发表并获奖，辅导的学生考入全国各大院校的美术专业。2002年被评为中学高级教师。2010年5月退休。

任吉茂　男，1955年出生，甘肃景泰人。大普学历，中学高级教师。曾任省教育美术家协会会员、张掖市书法家协会会员、张掖市教育协会音乐/美术教育研究会秘书长。1993年被甘肃省人民政府评为省级"园丁奖"，1997年被国家教委评为"全国优秀美术教师"。在省级刊物上发表论文多篇。2015年10月退休。

赵治国　男，出生于1955年11月6日，甘肃省张掖市人。中学高级教师。1979年7月毕业于西北师范大学物理系，毕业后分配到张掖师范任教；1980年调入甘肃省张掖中学任教。多次被评为优秀教师、优秀共产党员和优秀教育工作者。在省、地级教育系统刊物上发表论文三篇，获奖论文两篇。2015年退休。

臧宗新　男，1956年1月出生，甘肃省民乐县人。大学本科学历，中共党员、民盟盟员，中学高级教师，甘肃省物理学会会员，张掖市诗词学会会员。1976年分配到张掖中学担任初高中物理教学、班主任工作和实验室工作，曾担任过学校团委书记。工作期间有多篇教育教学论文在省、地级刊物上发表，曾获得甘肃省物理学会先进工作者荣誉。多次获得校级优秀党员、优秀教师及优秀班主任称号。2016年3月退休，退休后又有多篇诗词发表于省、地级诗刊上。

林　宝　男，1956年4月出生，甘肃省武威市人。专科学历，中学高级教师。先后在山丹军马场中学、张掖中学工作。在省市级刊物上发表过论文，2016年4月退休。

韩　倩　女，生于1965年4月，本科学历，中学高级教师。先后在民乐一中、张掖中学任教。多年担任高三化学教学工作，多次获得化学奥赛省级优秀辅导员奖。2007年全市高中优质课评选活动中获化学学科一等奖。课件《低碳经济·绿色生活·环保从身边做起》获国家环保局一等奖。在省级刊物上发表《原电池教学中一定要强调的五个未必》等十多篇论文。2015年10月退休。

宋彩霞（1966年3月—2015年10月），女，河南孟津人。1987年7月西北师范大学英语系本科毕业，分配张掖中学任教。1997年12月被确定为张掖地区跨世纪学术技术带头人，2001年2月被确定为市级骨干教师，2001年8月被确定为甘肃省中小学骨干教师和省级学术学科带头人，2006年1月被确定为市管专业技术拔尖人才。

二、列表人物

序号	姓名	性别	民族	出生年月	籍贯	学历学位	毕业院校	专业	专业技术职务	参加工作时间
1	顾学虎	男	汉族	1957年3月	临泽	中专	张掖师范学校		中学实验师	1978年12月
2	曹志红	女	汉族	1962年8月	贵州兴义	函授本科	甘肃广播电视大学	英语	一级教师	1980年8月
3	赵丽娟	女	汉族	1963年11月	山东牟平	专科	庆阳师范专科学校	体育	图书馆员	1983年10月
4	杨茂祥	男	汉族	1965年11月	会宁	本科历史学士	西北师范大学	历史	一级教师	1989年8月
5	王卫东	男	汉族	1965年12月	定西	专科	张掖师范专科学校	英语	一级教师	1986年7月
6	王红生	男	汉族	1969年9月	张掖	本科理学学士	西北师范大学	化学	一级教师	1992年7月
7	詹丛桔	女	汉族	1969年11月	湖南益阳	函授本科	西北师范大学	计算机科学与技术	一级教师	1996年5月
8	马悦文	男	汉族	1970年11月	张掖	本科文学学士	西北师范大学	中文	一级教师	1993年8月
9	张君如	男	汉族	1971年9月	张掖	本科	西北师范大学	数学	一级教师	1995年9月
10	闵希海	男	汉族	1972年11月	张掖	本科	西北师范大学	数学	一级教师	1997年7月
11	杨卫民	男	汉族	1973年2月	清水	函授本科	中央广播电视大学	计算机	一级教师	1995年7月
12	柳旭英	女	汉族	1973年4月	张掖	本科	西北师范大学	英语	一级教师	1995年8月
13	甄学良	男	汉族	1973年9月	张掖	本科	西北师范大学	汉语言文学教育	一级教师	1996年8月
14	史彩云	女	汉族	1973年11月	武威	自考本科	兰州大学	汉语言文学	一级教师	1996年8月
15	陶建芸	女	汉族	1974年3月	民乐	自考本科	兰州大学	临床医学	中医针灸医师(中级)	1992年7月
16	李辉军	男	汉族	1975年7月	张掖	本科文学学士	西北师范大学	英语	一级教师	1996年7月
17	陈　燕	女	汉族	1976年1月	武汉	自考本科	兰州大学	中文	一级教师	1998年8月
18	沈文栋	男	汉族	1976年3月	永靖	本科	西北师范大学	美术	一级教师	1998年9月
19	杨　娟	女	汉族	1976年5月	张掖	本科	兰州医学院	临床医学	卫生.妇产科学(中级)	1994年7月
20	石银桂	女	汉族	1976年9月	山丹	本科教育硕士	西北师范大学	教育硕士	一级教师	2002年8月
21	宋秀婷	女	汉族	1976年9月	民乐	本科	西北师范大学	汉语言文学	一级教师	1998年10月

续表：

序号	姓名	性别	民族	出生年月	籍贯	学历学位	毕业院校	专业	专业技术职务	参加工作时间
22	赵春云	男	汉族	1977年1月	山丹	本科	西北师范大学	数学	一级教师	2002年8月
23	石治国	男	汉族	1977年9月	兰州	本科工学学士	西北师范大学	计算机	一级教师	2005年5月
24	钟锋国	男	汉族	1977年1月	民乐	本科理学学士	西北师范大学	物理	一级教师	1999年8月
25	张大勇	男	汉族	1977年11月	张掖	本科文学学士	西北师范大学	汉语言文学	一级教师	2001年9月
26	胡菁淑	女	汉族	1978年1月	山丹	本科文学学士	西北师范大学	英语	一级教师	2002年1月
27	朱云霞	女	汉族	1978年2月	河南长葛	本科	西北师范大学	数学	一级教师	2000年9月
28	妙 宁	男	汉族	1978年8月	白银	本科文学学士	西北师范大学	汉语言文学	一级教师	2003年8月
29	曹淑桂	女	汉族	1978年1月	民乐	本科文学学士	西北师范大学	汉语言文学	一级教师	2002年8月
30	王 丹	女	汉族	1978年1月	张掖	自考本科	西北师范大学	计算机	一级教师	2001年4月
31	王 璇	女	汉族	1978年11月	辽宁铁岭	本科	西北师范大学	物理	一级教师	1999年8月
32	张克杰	男	汉族	1979年1月	民勤	本科理学学士	河西学院	数学	一级教师	2005年5月
33	唐怀元	女	汉族	1979年11月	张掖	本科文学学士	西北师范大学	汉语	一级教师	2003年8月
34	杨滨虎	男	汉族	1979年12月	高台	本科工学学士	西北师范大学	计算机	一级教师	2005年5月
35	陈莉莉	女	汉族	1980年4月	永昌	本科	西北师范大学	数学与应用数学	一级教师	2002年7月
36	张 楠	女	汉族	1980年7月	高台	本科理学学士	西北师范大学	生物	一级教师	2005年9月
37	王海花	女	汉族	1980年1月	张掖	本科理学学士	河西学院	数学	一级教师	2005年5月
38	李红霞	女	汉族	1981年1月	高台	本科理学学士	河西学院	生物	一级教师	2006年10月
39	于风萍	女	汉族	1981年1月	高台	本科法学学士	西北师范大学	思想政治教育	一级教师	2003年9月
40	李敦雁	女	汉族	1981年7月	敦煌	自考本科	河西学院	美术	一级教师	2003年8月
41	张丽霞	女	汉族	1981年7月	张掖	自考本科	西北师范大学	英语	一级教师	2003年9月
42	陈 泪	男	汉族	1981年8月	景泰	本科理学学士	河西学院	化学	一级教师	2006年10月
43	祝 捷	女	汉族	1981年8月	张掖	本科	北京化工大学	信息管理与信息系统	一级教师	2001年8月
44	丁双胜	男	汉族	1981年9月	甘谷	本科理学学士	河西学院	化学	一级教师	2006年10月
45	方 丽	女	汉族	1981年9月	高台	本科工学学士	兰州理工大	计算机	一级教师	2005年9月
46	张 娥	女	汉族	1982年1月	民乐	本科理学学士	西北师范大学	数学	一级教师	2003年8月
47	李红元	男	汉族	1982年2月	民勤	本科理学学士	西北师范大学	地理科学	一级教师	2006年10月
48	朱 栗	女	汉族	1982年5月	平凉	本科文学学士	西北师范大学	英语	一级教师	2006年9月
49	杨雪梅	女	汉族	1982年7月	张掖	本科文学学士	河西学院	汉语言文学	一级教师	2005年5月
50	孙国平	男	汉族	1982年7月	甘肃秦安	硕研文学硕士	西北师范大学	英语语言文学	一级教师	2004年9月
51	王学红	男	汉族	1982年8月	高台	本科理学学士	河西学院	物理	一级教师	2006年10月
52	运熙伦	男	汉族	1982年8月	民勤	本科理学学士	河西学院	数学	一级教师	2007年10月
53	宋晓云	女	汉族	1982年1月	临泽	本科理学学士	西北师范大学	物理	一级教师	2005年9月
54	李 玮	女	汉族	1982年11月	民乐	本科文学学士	西北师范大学	英语	一级教师	2006年10月
55	巴亚琼	女	汉族	1982年12月	民乐	本科文学学士	西北师范大学	英语	一级教师	2005年9月
56	韩艳琴	女	汉族	1983年1月	民乐	本科文学学士	西北师范大学	英语	一级教师	2006年12月

续表:

序号	姓名	性别	民族	出生年月	籍贯	学历学位	毕业院校	专业	专业技术职务	参加工作时间
57	郑丹青	女	汉族	1983年7月	张掖	本科文学学士	河西学院	汉语	一级教师	2007年10月
58	关婷	女	汉族	1983年7月	高台	本科文学学士	河西学院	英语	一级教师	2006年8月
59	王霞	女	汉族	1983年8月	宁夏固原	本科文学学士	兰州大学	地理	一级教师	2006年10月
60	羊振华	男	汉族	1983年11月	甘肃和政	本科理学学士	西北师范大学	数学	一级教师	2007年10月
61	仲新民	男	汉族	1983年11月	张掖	本科理学学士	天水师院	生物	一级教师	2006年10月
62	陈有贵	男	汉族	1983年11月	张掖	本科理学学士	西北师范大学	物理	一级教师	2007年10月
63	郭维	男	汉族	1984年3月	甘肃陇西	本科理学学士	西北师范大学	数学	一级教师	2007年10月
64	张雪梅	女	汉族	1984年1月	山丹	本科理学学士	西北师范大学	化学	一级教师	2007年10月
65	宋莉娜	女	汉族	1984年1月	靖远	硕研文学硕士	西北师范大学	汉语言文学	一级教师	2010年11月
66	罗寿晶	男	汉族	1984年11月	张掖	本科理学学士	华东师范大学	数学	一级教师	2006年12月
67	何华	女	汉族	1984年12月	金昌	本科文学学士	西北师范大学	英语	一级教师	2007年10月
68	巩彦兵	男	汉族	1985年3月	甘谷	本科理学学士	西北师范大学	物理	一级教师	2009年11月
69	李珊	女	汉族	1985年4月	陕西岐山	本科文学学士	西北师范大学	英语	一级教师	2007年10月
70	杨秀峰	男	汉族	1985年5月	甘肃天水	硕研理学硕士	西北师范大学	理论物理	一级教师	2012年8月
71	马燕	女	汉族	1985年6月	民勤	本科理学学士	西北师范大学	体育	一级教师	2009年11月
72	汪兴盛	男	汉族	1985年9月	张掖	本科理学学士	西北师范大学	生物	一级教师	2007年10月
73	许美英	女	汉族	1985年9月	湖北孝感	本科理学学士	湖北师范二院	数学	一级教师	2007年10月
74	杨国俊	男	汉族	1986年1月	甘肃通渭	硕研理学硕士	西北师范大学	有机化学	一级教师	2012年8月
75	公彩荣	女	汉族	1986年12月	张掖	本科文学学士	河西学院	英语	一级教师	2007年10月
76	宋娟	女	汉族	1987年9月	张掖	本科理学学士	西北师范大学	数学	一级教师	2010年11月
77	朱建龙	男	汉族	1987年1月	高台	本科理学学士	西北师范大学	数学	一级教师	2010年11月

三、入史名录

(一)在职教职工

杨 军	张东亮	王建平	李建新	张雪莲	丁洪喜	张军国	杜 宏	刘红菊
田 金	许建忠	李玉琴	罗建君	张函敏	齐延虎	梁笑伟	朱 旗	张 萌
赵晓莉	贾国栋	张 鹏	张富丽	雷春燕	范 丹	郭凤玲	盛亚萍	任海霞
任小瑞	李玉婷	岳淑华	郑 华	冉颖霞	王小亮	蒋丽婷	杜丽丽	田 婧
朱 潇	刘财德	杨翠玲	张小龙	张 静	梁秋燕	毛振烜	孙华年	陈 琛
刘晓菲	魏江明	王 海	赵南西	单永鹏	周正伟	李 春	王连明	毕 涛
刘娅婷	闫 冲	薛文慧	程 丹	朱兰妮	安 翔	方曦健		

(二)退休教职工

王佩兰	臧凤琴	张嘉贤	高永旭	段肃昌	张国林	党克平	陈 铭	马廷方
尹 宏	黄卫东	李 诚	管正敏	郝长泽	黄兰英	蔡瑞君	程旭东	车兴国

李少华	林利生	刘爱萍	任吉茂	宋彩霞	杨立木	张振儒	郑大邦	祝良先
韩　倩	张瑜载	赵治国	臧宗新	林　宝	任　赋	顾学虎	侯根寿	李长萍
李伟元	梁艳梅	孙玉奇	谈　玲	唐学仁	杨自生	王卫东	王玉花	邢作朝
张文理	左正琼	康　芬	申　岩	马金萍	李　钢	张福记	程秀丽	范家雄
李朝升	刘社堂	鲁光文	吕平国	马玉红	宿国雄	唐振海	王　峰	杨金泉
袁志芳	张希乐	杨新民						

（三）曾在学校工作过的人员

刘新民	王建强	魏剑英	肖培林	杨春艳	杨自齐	王常青	陈　晶	顾文兵
贾宏明	李　玲	李向伟	刘　琪	马维平	董永宏	樊　斌	梁志英	刘小真
徐子鸣	王宗保	马国瑞	马远骏	王　萍	王延华	于才年	周建仁	张辅良
麻秋萍	张艳霞	周鸿德	张忠文	赵鸿婕	齐延真	万玲玲	韩丽萍	殷　赟
王　杰	杨富华	李志鹏	牛吉峰	王雨青	鲁　峰	冯　华	杨金燕	杨丽婷
徐　虎	陈志芳	李培录	宴秋桂	李玉成	严表年	闫黎鹏		

第三章　校　　友

第一节　人物简介

周定国　男，汉族，甘肃张掖人，1920 年生。张掖中学 1940 年初中毕业。1944 年毕业于西北师范学院。曾任张掖县人民政府教育科副科长、张掖师专总务处副科长。担任过张掖县人民代表会议二、四届常务委员会常委，政协张掖（县）市四、五、六、七届委员会委员。编著了《张掖风物》和《丝路古城金张掖》，担任市志编委并撰稿，为地市《教育志》审稿。

李正合　男，汉族，甘肃临泽人，1927 年生。张掖中学 1940 年初中毕业。1948 年毕业于国立边疆学校，分配到台湾省立嘉义女中，后任成功大学讲师。编著《普通植物学》等 17 部著作，创办私立昆山中学、昆山工业专科学校（2000 年改为昆山科技大学）。先后任校长、副教授、教授。曾任台湾大专院校体育总会会长。

满增晟　男，汉族，张掖中学 1943 年初中毕业，中共党员。1943 年参加工作，1953 年任武威地区教育局局长，1981 年调任甘肃农业大学党委副书记。

袁国祯　男，汉族，甘肃张掖人，1929 年生。张掖中学 1944 年初中毕业。同年冬从军抗日，1946 年抗战胜利后，先后参加过四川巴县、合川县等地的清匪反霸、减租还押和土地改革运动。转业后曾任四川省雅安地区糖酒公司经济师、副总经理等职。多次荣获先进工作者称号。

孔庆云　男，汉族，河南孟津人，1927 年生。张掖中学 1945 年初中毕业，中共党员。1949 年参加中国人民解放军，随军进疆，任三军骑兵团文化教员。1949 年冬，国民党三塔区副专员乌斯满叛乱，三军骑兵团奉令会剿。1951 年 3 月在太拉尔同刘华林等人活捉匪首乌斯满，被评为全军特等英雄，授予"人民功臣"称号。

陆根太　男，汉族，甘肃榆中人，高级工程师。1930 年生。张掖中学 1945 年初中毕业，1954 年毕业于西北工业学院采矿系，曾在辽宁省本溪市彩屯煤矿、锦州市南票矿务局工作。曾任矿总工程师、局总工程师，本溪市人大代表、锦州市政协委员、全国水采专业委员会副主任等职。撰写发表科研论文 13 篇，共获科研成果奖 13 项。其中《改进完善水采工艺》获国家能源部科技进步二等奖；1990 年被国家人事部授予有突出贡献的专家称号，同年被国务院授予"优秀中青年专家"称号。

甄华亭　男，汉族，甘肃酒泉人。张掖中学 1948 年初中毕业，中共党员。1949 年参加工作，曾任山丹县委副书记、地区公路总段段长兼党委书记等职。1981 年获甘肃省人民政府授予的先进工作者称号；1990 年、1992 年连续获中国交通部劳动模范荣誉称号。

常重新　男，汉族，甘肃张掖人，1935 年生。张掖中学 1949 年初中毕业，中共党员。1949 年 9 月参加工作，中国戏剧家协会会员、国家二级导演。现任武威歌剧团艺术顾问。曾执导大型歌剧、话剧、地方戏共 40 多台并多次获奖。创导的大型话剧《司法老侯》参加甘肃省国庆 50 周年献礼演出获编剧、导演、舞美、表演等 14 项奖；并获全省五个一工程奖和敦煌文艺三等奖。

李长华　男，汉族，甘肃张掖人，中共党员，1936 年 9 月生。张掖中学 1949 年初中毕业，1949 年 9 月参加工作，曾任武威地区文化处党委书记、处长等职。中国戏剧家协会会员。作品有小歌剧《渠工曲》、小戏剧《田间工棚》。

袁国祥　男，汉族，甘肃张掖人，中共党员，少将军衔，1932 年生。张掖中学 1949 年高中毕业，同年秋从学校参加中国人民解放军并进军新疆，历任西藏阿里军分区政治部主任、政治委员，南疆军区纪律检查委员会专职副书记等职。1988 年被授予少将军衔。荣获解放功勋荣誉奖章和喀喇昆仑卫士奖章。编著《难忘征程——进军新疆的故事》等，主编了《往事回眸》，编辑了《新疆解放》大画册等。

焦承祖　男，汉族，江苏南京人，研究员。张掖中学 1949 年高中毕业。同年参加中国人民解放军，曾留学苏联列宁格勒工学院。后任冶金部长沙矿山研究所研究室研究员。

黄国忠　男，汉族，张掖中学 1950 年初中毕业。同年参加中国人民解放军，后任新疆军区某部政治部主任。

何光前　男，汉族，甘肃张掖人，主任医师。张掖中学 1950 年高中毕业。1955 年毕业于西安医科大学，分配到陕西省铜川矿务局职工医院。曾任院长、骨科主任医师。

宋克让　男，汉族，甘肃临泽县人，中共党员，1929 年 10 月生。张掖中学 1950 年高中毕业，同年 3 月参加工作，曾任武威地区行署林业处党委书记、处长等职。全国沙漠学会理事。1986 年被林业部授予"三北"防护林一期工程建设劳动模范，并被中共甘肃省委、省人民政府授予"党风建设先进个人"荣誉称号。撰写论文《河西走廊石羊河中下游营造防护林中几个问题的探讨》。

王应文　男，汉族，甘肃张掖人，教授，1930 年生。张掖中学 1950 年高中毕业。1955 年毕业于西北畜牧兽医学院兽医系并留校任教。参加编写《家畜临床诊断学》《家畜普通病学》等著作，独立或合作完成科研项目 28 项。《马类动物气喘病研究》获甘肃省高校科技进步成果二等奖。

常生荣　男，汉族，甘肃山丹人，1934 年生，中共党员。张掖中学 1951 年高中毕业。同年参加工作，曾任武威地区文教处副处长、武威教育学院党委书记等职。撰写论文《思想教育与管理工作同步进行》等。1993 年被评为甘肃省先进德育工作者。

刘　伶　男，汉族，甘肃张掖人，教授，语言学家，1932 年生。张掖中学 1951 年高中毕业。1955 年毕业于兰州大学中文系，1958 年在中科院语研所进修一年，后在兰州大学任教。任省《文化志》编委、省检察院特邀检察员、民进甘肃省委 1—5 届常委会委员。撰写出版专著《敦煌方言》《临夏方言》等；自制《现代汉语语音》教学动画片获省级电化教学优秀奖。

张沛远　男，汉族，甘肃张掖人，中共党员，副教授，1912 年生。张掖中学 1951 年高中毕业。同年参加工作。1965 年毕业于中国人民大学国际政治系。曾任中共甘肃省委党校科学社会主义教研室副主任、副教授、省社科学会理事。论文《社会主义在实践中发展》入选中国社科学会《中国社会主义四十年理论研究会论文集》。

石文瑜　男，汉族，甘肃张掖人，高级工程师，1932 年生。张掖中学 1951 年高中毕业，1954 年毕业于北京石油化工学院。任西北石油地质研究所所长、副研究员。

王宗祺　男，汉族，甘肃临泽人，中共党员，1933 年 10 月生。张掖中学 1951 年初中毕业。同年 7 月参加工作，曾任中共金昌市委宣传部部长、省教委督学、金昌市教协理事长、《甘肃老年园丁》编委。参编《金昌市公路交通史》等著作 7 部；撰写发表文艺、新闻通讯报道文章 200 余篇。

刘建栋　男，汉族，甘肃张掖人，中共党员，1927 年生。张掖中学 1951 年高中毕业。同年参加工作，张掖地区水电处主任科员。喜爱书法、武术等，现为国家社体二级指导员、国家武术段位五段运动员。参与校点《甘州府志》，参编《张掖地区水利志》。

满增禺　男，汉族，张掖中学 1951 年高中毕业。同年参加工作，曾任中共甘肃省委组织部副部长、省物资管理局局长。

李天民　男，汉族。张掖中学 1951 年高中毕业，副教授。1955 年毕业于甘肃师范大学，新疆喀什书画院副教授。

王志民　男，汉族。张掖中学 1951 年高中毕业。同年参加工作，曾任山丹县委副书记、张掖地区审计处处长、行署副地级调研员。

左尚义　男，汉族，大校军衔。张掖中学 1951 年高中毕业，参加中国人民解放军，后任南京通讯工程学院 101 研究室主任。

刘泽民　男，汉族，甘肃张掖人，中共党员，一级书法师，1933 年 10 月生。张掖中学 1951 年高中毕业，同年参加工作，曾任武威地区经济体制改革委员会主任等职。中国人才研究会艺术家学部委员会一级书法艺术委员，其书法作品获 2001 年第六届国际书法作品展银奖。

白锦麟　男，汉族，甘肃张掖人，副教授，1931 年 11 月生。张掖中学 1952 年高中毕业，1955 年毕业于西北体育学院，曾在张掖中学、张掖师专体育系任教。曾任张掖地区体育协会主席，撰写《体育在师专目标培养中的作用》等论文。

许设科　男，汉族，甘肃民勤人，1930年生。张掖中学1952年高中毕业，中共党员，教授。1955年毕业于西北师范大学生物系，先后任新疆大学生物系副主任、党支部书记、教授、硕士研究生导师。全国高校生物地理教学研究会常务理事。撰写发表《新疆珍稀鸟类与地理分布》等论文50余篇；科研项目《新疆四爪陆龟研究》《新疆鸟类资源考察及保护利用研究》分别获1985年、1990年自治区科技进步三等奖。1991年荣获新疆维吾尔自治区"高等学校先进科技工作者"称号。

侯新惠　女，汉族，山西永济人，1932年2月生。张掖中学1952年高中毕业，中共党员，副教授。1955年毕业于西北大学马列主义研究班，曾任新疆大学副教授，兼任新疆大学民族问题研究室主任。合著《马克思主义民族理论和党的民族政策》，获1985年新疆维吾尔自治区社科优秀成果著作一等奖。

李铁军　男，汉族，甘肃张掖人，高级工艺美术师。张掖中学1952年高中毕业，1956年毕业于甘肃师范大学美术系。

王德明　男，汉族，张掖中学1952年高中毕业，1956年毕业于西北师范大学。曾任甘肃省农业厅副厅长。

张尔才　男，汉族，甘肃张掖人，副研究员，1933年生。张掖中学1952年高中毕业，1966年毕业于西北大学化学系。先后任新疆乌鲁木齐市人委秘书、市科委工交处处长、科技史志编纂组组长等职。

刘文浩　男，汉族，甘肃张掖人，中共党员，1932年10月生。张掖中学1953年高中毕业。1953年在张掖中学参加工作任教至1959年。1959年西北师范大学语言专科毕业，曾任中共张掖市委（今甘州区）组织员、市人民政府办公室主任、市人大常委会副主任等职。主编《张掖市志》，参编和审定《张掖市卫生志》《民政志》等20多部分志。张掖市志受省地方志编委会奖励。

王振本　男，汉族，甘肃张掖人，中共党员，研究员，1937年11月生。张掖中学1953年初中毕业。1957年毕业于西北民族学院语文系维吾尔语专业，曾任新疆维吾尔自治区民族语言文学工作委员会副厅级调研员、办公室主任，新疆语言与翻译培训中心主任等职。现任全国少数民族双语教学研究会副理事长、《维汉大词典》编委。合编著作《汉维成语词典》，获新疆社科一等奖；撰写论著《论维吾尔语成语》等近百本。

管作武　男，汉族，甘肃张掖人，中共党员，教授，1934年3月生。张掖中学1953年高中毕业。1957年毕业于兰州大学化学系。曾任北京医科大学有机化学教研室副主任、北京医科大学实验药厂总工程师、北京医科大学应用药物研究所所长。现任北京医科大学北京开启（kych美国）3—内酰铵抗生素研究室主任，《中国抗生素杂志》《北京医药》杂志编委等职。长期从事新药研究，曾9次获省部级科技优秀成果奖。《马普替林的研究》1995年获全军优秀科技成果奖，著有《杂环化学》《化工百科全书》等，发表学术论文 50 多篇，享受国务院特殊津贴。1995 年被评为北京市"爱国立功"先进标兵。

陈集贤　男，汉族，甘肃山丹人，1934 年 5 月生。张掖中学 1953 年高中毕业。1957 年毕业于西北农学院，曾任中科院西北高原生物研究所研究员、青海农林科学院副院长。主编和撰写出版专著 6 部，在国内外刊物上发表学术论文 60 余篇。主持和参与完成的科研课题共 19 项，其中 9 项获省级以上科研成果奖和科技进步奖。曾获中国科学院先进工作者、青海省劳动模范、全国"优秀科研工作者"、全国"五一劳动奖章"荣誉称号。享受政府特殊津贴。

王秀槐　男，汉族，甘肃张掖人，高级工程师，1936 年生。张掖中学 1955 年初中毕业。1956 年毕业于张掖农校（专科）。1966 年北京林业大学函授毕业。曾任兰州市规划土地局规划办公室主任，曾参与兰州市第二版、第三版城市规划修改总图编绘。

吴安国　男，汉族，甘肃张掖人，中共党员，教授，1934 年 12 月生。张掖中学 1953 年高中毕业。1957 年毕业于西北畜牧兽医学院兽医系。1965 年在捷克国立兽医学院研究生毕业，获博士学位。现为甘肃农业大学动物医学系教授，曾任中国生理学会理事。《白来航鸡和新汉普士鸡的鸡卵、鸡胚及幼雏身体各器官成分变化》等两项课题研究获 1993 年甘肃省教委科技进步三等奖；参编《家畜生理学》，著作有《高级动物内分泌学》等。发表科研论文 20 余篇。

曹希文　男，汉族，甘肃张掖人，民盟盟员，副教授，1933 年生。张掖中学 1953 年高中毕业。1957 年毕业于兰州大学化学系，曾任张掖师专教务处长、副校长等职。历任民盟张掖市委员会第三、第四届主任委员，政协张掖地区工委副主任。1982 年被甘肃省人民政府授予劳动模范称号。

忻杏华　男，汉族，张掖中学 1953 年高中毕业，曾任甘肃省检察院副检察长。

袁克敏　男，汉族，甘肃张掖人，高级工程师，1932 年生。张掖中学 1953 年高中毕业。1957 年毕业于西北工学院，现任江苏镇江船舶辅机厂总工程师。

张玲芝　女，汉族，张掖中学 1953 年高中毕业。陕西省第二建筑公司子弟中学高级教师。

王兴耀　男，汉族，甘肃张掖人，高级教师。张掖中学 1953 年高中毕业。1957 年毕业于兰州大学生物系，张掖市教师进修学校高级教师。

李俊德　男，汉族，甘肃张掖人，副研究馆员。张掖中学 1953 年高中毕业。1957 年毕业于西北师范大学历史系，宁夏回族自治区博物馆副研究馆员。

王永祥　男，汉族，甘肃张掖人。张掖中学 1953 年高中毕业，高级工程师。1957 年毕业于兰州大学地理系，天水市水土保持试验站高级工程师。

徐积勋　男，汉族，甘肃张掖人，1932 年生。张掖中学 1953 年高中毕业，民盟盟员，高级讲师。1957 年毕业于西北师范大学数学系，张掖师范学校高级讲师。撰写

《提高初中数学教学的两项措施》等论文。

王爱国　男，汉族，研究员。张掖中学 1953 年高中毕业。1957 年肄业于西北农学院，后任新疆农七师农业处处长、奎屯农科所研究员。

陈德璋　男，汉族，张掖中学 1953 年高中毕业，高级教师。1957 年毕业于兰州大学地理系，民乐县一中任教，中学高级教师。

杨新民　男，汉族，研究员。张掖中学 1953 年高中毕业，1957 年毕业于西北农学院，原天水地区园艺研究所副研究员。

梁发业　男，汉族，河南济源人，高级工程师、上校军衔，1934 年生。张掖中学 1954 年高中毕业，中共党员。1956 年参加工作，毕业于兰州大学夜大俄语专业、沈阳中央民警干校消防灭火班。先后在刘家峡水电站、西固热电厂进行高压带电灭火试验研究。大型变压器灭火实验研究成果获甘肃省科技进步二等奖，荣立三等功两次。

吴越和　男，汉族。张掖中学 1954 年高中毕业，研究员。1958 年毕业于西北大学生物系，农业部科学技术研究所研究员。

刘尚武　男，汉族，甘肃张掖人，1937 年生。张掖中学 1954 年高中毕业，中共党员，研究员。1958 年毕业于兰州大学生物系，为中国科学院西北高原生物研究所研究员。《中国植物志》编委会委员、青海省植物学会理事长。先后编写《中国植物志》第 8 部著作，其中 4 部获国家和省级自然科学奖，发表论文 14 篇。

朱享林　男，汉族，1934 年生。张掖中学 1954 年高中毕业，副教授。1958 年毕业于甘肃农业大学畜牧系，同年留校工作。曾任畜牧系副教授、系总支书记。发表论文 20 多篇，获省级科技进步二等奖，甘肃省"园丁奖"。

郭芝莲　女，汉族。张掖中学 1954 年高中毕业，高级工程师。大庆石油管理局地质开发研究所高级工程师。

崔兴泰　男，汉族。张掖中学 1954 年高中毕业，副教授。1959 年毕业于哈尔滨师范学院生物系，后留校任教，副教授。

吕　冰　女，汉族。张掖中学 1954 年高中毕业，高级教师。兰州铁路局第三中学高级教师。

梁国仁　男，汉族，甘肃临夏人，1937 年生。张掖中学 1954 年高中肄业，高级讲师。1954 年在张掖中学参加工作至 1956 年，1965 年西北师范大学中文系函授本科毕业。曾任中国石油化工总公司人事教育部高级讲师、中国职教学会中专教育委员会委员。

马世华　女，汉族，河北人，1935 年生。张掖中学 1954 年高中毕业，副研究员。1958 年毕业于西安医学院，曾任新疆军区驻西安干休所副主任医师。

于　信　男，汉族，甘肃张掖人，1935 年生。张掖中学 1954 年高中毕业，副教授。1958 年毕业于西北大学化学系，分配到西安矿业学院任教，后任矿业学院专利事务所所长。

贾培宽　男，汉族，陕西人，1935 年生。张掖中学 1954 年高中毕业，研究员。1958 年毕业于西北大学化学系，同年留校任教。后调入中科院青海盐湖第二研究所任办公室主任。

苏　普　女，汉族，甘肃张掖人，1937 年生。由张掖中学转武威中学，1955 年高中毕业，中共党员，研究员。1963 年毕业于甘肃农业大学兽医系，先后任兰州畜牧与兽医研究室主任、研究员，兼任中国畜产品加工研究会生化工程与综合利用委员会副主任。主持研制从牦牛血液中提取优质超氧化物歧化酶和牦牛 SOD 深加工试产品。撰写发表论文百余篇，科研成果获国内外金奖 5 项；发明专利一项；编导科技影视片 4 部。

陈西峰　男，汉族，河南偃师人，1937 年 8 月生。张掖中学 1955 年高中毕业，中共党员，研究员。1960 年毕业于新疆八一农学院农学系，张掖地区农科所副所长。主持培育玉米新品种"伊单二号""张单 488"；主持完成的《轮回选择法培育玉米新品种的研究》等课题获国家科技进步三等奖和甘肃省科技进步一、二等奖。著有《发展玉米生产，促进商品粮基地建设》，1996 年获甘肃省有突出贡献的科技推广工作者称号，享受政府特殊津贴。

袁克让　男，汉族，甘肃张掖人，1937 年生。张掖中学 1955 年高中毕业，高级工程师。1959 年毕业于西安建筑工程学院，曾任宁夏银川农垦设计院高级工程师。

王德兴　男，汉族，甘肃临泽县人，1935 年生。张掖中学 1955 年高中毕业，教授，科普作家。1959 年毕业于西北大学生物系，在陕西师范大学生命科学学院任教。合编著作有《中国经济植物志》《陕西省啮齿动物志》等；主编《中学生物教育实习指导》等；摄制电教片《鸟的飞翔》等。发表科普作品 300 余篇并多次获奖，1991 年被陕西省科普作协评为"成绩突出的科普作家"。

刘文荣　男，汉族，甘肃临泽人，1935 年 11 月生。张掖中学 1955 年高中毕业，教授。1959 年毕业于西北大学地质学系，任西北大学矿物教研室主任、中国矿物岩地球化学会陕西省分会理事等职。编写出版《矿物学》等著作 14 部，撰写论文 10 余篇。获陕西省人民政府颁发的普通高校优秀教学成果二等奖。

赵　正（笔名黎泉），男，汉族，甘肃山丹人，1937 年生。张掖中学 1955 年高中毕业，研究员。1960 年毕业于西北师范大学，曾任甘肃省博物馆副馆长。1990 年调甘肃画院任院长、研究员。中国书法家协会学术委员、甘肃省书法家协会主席。出版《汉简书法论集》《王了望书法研究》等专著多部，撰写《西北汉简书艺略论》等学术研究论文多篇。部分作品被中国美术馆毛主席纪念堂收藏。作品曾多次入选中国书法艺术展览，在日本、新加坡、德国、芬兰等国家及中国台湾、中国香港等地区展出。1993 年荣获国务院社会科学有突出贡献者奖励，享受政府特殊津贴。2001 年被中国书法家协会授予中国书法荣誉奖。

孙振文 男，汉族，甘肃张掖人，1937 年生。张掖中学 1955 年高中毕业，中共党员，高级讲师。1959 年毕业于西北师范大学生物系，张掖师范学校高级讲师。1988 年获甘肃省人民政府授予模范班主任称号。撰写《中师生物教材教改的探讨》等论文。

刘懿英 女，汉族，由张掖中学考入武威师范，1955 年毕业，高级教师。1958 年毕业于西北师范大学政教系，兰州铁路局第三中学高级教师。

张居山 男，汉族，甘肃临泽人，1933 年生。张掖中学 1955 年高中毕业，中共党员，高级讲师。1957 年毕业于兰州大学历史系。张掖师范学校高级讲师。曾任教导处主任。编有《中学历史课外阅读资料》等；参编《中国通史讲义》一书。

陈培尧 男，汉族，张掖中学 1955 年高中毕业，高级教师。1959 年毕业于新疆语言学院，新疆伊犁地区第一中学高级教师。

马瑾乾 男，汉族，甘肃张掖人，1935 年生。张掖中学 1955 年高中毕业，高级工程师。1959 年毕业于西北大学地质系，曾在玉门石油管理局勘探开发研究院勘探室任高级工程师。编制《敦煌、潮水、武滕、银根四盆地》基础图件近 20 张，撰写发表《酒泉盆地第二系孢粉组合及其古环境探讨》等论文数篇。

王墨清 男，汉族，甘肃张掖人，1933 年生。张掖中学 1955 年高中毕业，副教授。1959 年毕业于西北畜牧兽医学院，同年留校工作。著作有《中专养马学（初级·中级）》。撰写发表研究论文十余篇。

李春德 男，汉族。张掖中学 1955 年初中毕业。同年参加中国人民解放军，曾任某军副师级干部，后转业到陕西省司法厅工作（副厅级）。

季成家 男，汉族，甘肃民乐人，1935 年 10 月生。张掖中学 1955 年高中毕业，中共党员，教授。1959 年毕业于兰州大学中文系，曾任西北师大西部文化研究所所长，甘肃省当代文学研究会长，省作协常务理事，《丝绸之路》杂志社社长、总编辑。发表评论、论文多篇，主编《丝绸之路文化大辞典》等。参编《中国当代文学史》等。享受政府特殊津贴。

段敬业 男，汉族，甘肃张掖人，1935 年生。张掖中学 1955 年高中毕业，高级工程师。1959 年毕业于西北大学地质系，曾任西北有色地质局高级工程师。撰写大型工作研究报告 5 份；省级刊物上发表论文数篇。

王志刚 男，汉族，甘肃张掖人，1935 年生。张掖中学 1955 年高中毕业，教授。1960 年毕业于西安医学院，同年留校任教。1993 年晋升为教授。专著有《肾病迪塞密松冲击病法》等，曾任学校儿科教研室书记、主任医师，获卫生部先进党务工作者称号。

吕文耀 男，汉族，张掖中学 1956 年高中毕业，高级工程师。1956 年参加工作，完成百余项勘测规划设计和数百项工业与民用建筑的电气设计工作。敦煌航空港站楼设计获院、省级二等奖，建设部优秀设计奖。

郝金寿 男，汉族，河北保定人，1940年7月生。张掖中学1956年初中毕业，中共党员，高级教师。1964年毕业于西北师范大学物理系，曾任金川公司四中党委书记兼校长。1989年获省"园丁奖"；1990年被评为中国有色总公司优秀教育工作者。撰写论文《中学物理浅谈》。

苏 治（1941—1998年），字鱼禾，男，汉族，甘肃张掖人。张掖中学1956年初中毕业，中共党员。1964年甘肃教育学院中文系进修毕业。甘肃省作家协会会员，曾任张掖地区文联主席、张掖地区行署文化处处长、《甘泉》杂志主编等职。发表作品有《红梅回来了》《祁连骄子》等；撰写散文、小说、戏曲等作品数十万字。

刘积汉 男，汉族，甘肃张掖人，1935年10月生。张掖中学1956年高中毕业，中共党员，高级农艺师。1960年毕业于西北师范大学生物系，1962年兰州医学院放射医学进修班毕业，曾任甘肃省农科院院办主任、中国科协会员、《西北农业学报》编委等职。主持参加的《春小麦大面积丰产栽培技术试验》等三项成果分别获省科技进步二等奖；撰写发表论文十余篇。获优秀专家荣誉称号，享受政府特殊津贴。

桂郁馥 男，汉族，甘肃张掖人，1936年3月生。张掖中学1956年高中毕业，教授。1962年毕业于新疆医学院医疗系，同年留校工作，硕士研究生导师。任新疆医科大学第一附属医院学术、学位委员会委员。发表科研论文十多篇，曾获自治区科技成果展览会银奖。

刘 济 男，汉族，甘肃张掖人，1937年生。张掖中学1956年高中毕业。1959年毕业于西北师范大学数学系，曾任张掖市第四、第一中学副校长。中学高级教师。

帖文耀 男，汉族，甘肃张掖人，1938年生。张掖中学1956年初中毕业，高级教师。1962年毕业于张掖师专，曾任张掖市第三中学教导主任、校长，张掖市职教中心校长等职。1994年荣获甘肃省"园丁奖"，1991年、1997年被中共甘肃省委、省人民政府授予"全省职业教育先进工作者"称号。

张兰生 女，汉族，河北冀县人。张掖中学1956年初中毕业，特级教师。张掖市第二幼儿园特级教师，曾荣获甘肃省"园丁奖"。

杨其瑞 男，汉族。张掖中学1956年高中毕业。高级教师。1960年毕业于新疆语言学院。新疆昌吉中学高级教师。

朱荣镛 男，汉族，上海市人。张掖中学1956年师训班毕业。1962年西北师范大学外语系进修毕业，张掖市第二中学高级教师。

陈 伟 男，汉族。张掖中学1956年高中毕业，研究员。

李增敏 男，汉族，甘肃张掖人。张掖中学1956年高中毕业。1960年毕业于西安交通大学，宁夏回族自治区科委高级工程师。

徐全福 男，汉族，甘肃张掖人。张掖中学1956年初中毕业。1959年毕业于张掖师范学校，张掖市第四中学高级教师。1990年获省级"优秀教师"称号。

焦晟祖　男，汉族，1938 年生。张掖中学 1956 年高中毕业。高级工程师。1960 年毕业于西北大学化学系，西北矿冶研究院药剂室高级工程师。

韦明德　男，汉族，甘肃张掖人，1934 年生。张掖中学 1956 年高中毕业。1959 年毕业于西北师范大学体育科，张掖市第四中学高级教师。

张世元　男，汉族。张掖中学 1956 年初中毕业。1958 年毕业于张掖师范，同年保送到西北师范大学教育系，毕业后留校任教，副教授。

张玉英　女，汉族。张掖中学 1956 年高中毕业。1959 年毕业于西北师范大学体育科，兰州市第三十三中学任教，中学高级教师。

唐丰年　男，汉族，甘肃张掖人，张掖中学 1956 年高中毕业，中共党员。1959 年毕业于兰州大学现代物理系，分配到北京工业学院任教。曾任国家地震局兰州地震研究所党委副书记、副局长，省地震局正厅级巡视员。先后被甘肃省地震局、省直机关工委授予"先进工作者""优秀共产党员"等荣誉称号。

王警声　男，汉族，1938 年生。张掖中学 1956 年高中毕业。1960 年毕业于西安交通大学，曾任兰州汽车制造厂副厂长。高级工程师。

丁有年　男，汉族，1937 年生。张掖中学 1956 年高中毕业。1960 年毕业于西安交通大学，曾任甘肃省电力学校高级工程师。

成守仁　男，汉族，甘肃张掖人，1937 年生。张掖中学 1956 年高中毕业，中共党员，高级工程师。1960 年毕业于西北工业大学，分配到航空工业部飞行研究所参与歼 7、歼 81 等的试飞定型工作。《PL_2 导弹外载荷测试》研究课题获航空工业部科技成果一等奖。高级工程师。1989 年任张掖市副市长。

柴世从　字松山，男，汉族，甘肃张掖人，1938 年生。张掖中学 1956 年初中毕业。1956 年秋参加中国人民解放军，曾任张掖地区卫生学校党委副书记、副校长。正县级调研员，现任张掖地区书协常务理事，其书法作品参加全国和省内外展览并获奖。

牛　芳　男，汉族，甘肃张掖人，1937 年生。张掖中学 1956 年高中毕业，中共党员，副研究员。1959 年毕业于兰州大学近代物理系，曾任中国科学院兰州近代物理研究所研究室主任。发表研究论文多篇。

杨树汀　男，汉族。张掖中学 1956 年高中毕业。1960 年毕业于西北师范大学化学系，在兰州医学院任教，曾任教研室主任。副教授。

袁国映　男，汉族，甘肃张掖人，1939 年 10 月生。张掖中学 1957 年高中毕业，中共党员，研究员。1963 年毕业于兰州大学地理系自然地理专业，曾任新疆科学院土壤环境保护所副所长、工程师、研究员，新疆动物学会常务理事，中国生态学会理事等职。出版《新疆野生动物》《新疆脊椎动物简志》《2000 年的世界新物种——野双峰驼》等专著 8 部。撰写发表研究论文 200 多篇。主持和参加的课题曾多次获国家和省部级各种奖，为享受政府特殊津贴的有贡献的科技专家。

阴月英 女，汉族，1938 年生。张掖中学 1957 年高中毕业。1961 年毕业于西北大学地质系，广州五山有色金属研究所高级工程师。

马中晋 男，汉族，甘肃民勤人，1937 年 11 月生。张掖中学 1957 年高中毕业，副教授。1961 年毕业于西北师范大学政教系，同年留校任教。历任中共西北师大政治系总支委员等职，中国政治学会会员。1987 年晋升为副教授。参编著作《政治常识问答》等，1994 年被评为甘肃省自学考试先进工作者。

李逢源 男，汉族，甘肃张掖人，1939 年 2 月生。张掖中学 1957 年高中毕业。1962 年毕业于西北工业大学火箭系，曾在空军导弹学院任教。某厂副总军代表、高级工程师、空军专业技术大校。参加过对美制 V—2 型高空侦察机的游击作战，参与科研项目获全军科技进步奖；荣立三等功一次。

王枫琳 男，汉族，甘肃张掖人，1940 年生。张掖中学 1957 年高中毕业。1962 年毕业于甘肃农业大学畜牧兽医系兽医专业，在西北民族学院医学系微生物教研室任教，副教授。编写《医学微生物学实验指导》一书，发表学术论文 6 篇。

王复有 男，汉族，甘肃张掖人。张掖中学 1957 年高中毕业，高级教师。1964 年西北师范大学数学系函授毕业，曾任张掖市四中政教处副主任。

张 英 男，汉族，甘肃张掖人，1942 年生。张掖中学 1957 年初中毕业。1964 年毕业于西北师范大学中文系，张掖地区育才中学高级教师。

陆 瑜 男，汉族。张掖中学 1957 年高中毕业，同年参加工作，1994 年中央党校干部培训班毕业，曾任中共张掖地委组织部检查科长、中共张掖地委委员、地委纪律检查委员会书记。

林治江 男，汉族，上海人。张掖中学 1957 年高中毕业。1961 年毕业于西北师范大学数学系，杭州第十中学高级教师。

周有能 男，汉族，甘肃民勤人。张掖中学 1957 年高中毕业。1961 年毕业于西北师范大学生物系，甘肃古浪中学高级教师。

郭永祥 男，汉族，甘肃张掖人，1938 年生。张掖中学 1957 年高中毕业，中共党员，特级教师。1962 年毕业于甘肃师范大学物理系。任山丹一中副校长、甘肃省第八届人大代表。1982 年被评为甘肃省优秀教师；1994 年被甘肃省人民政府授予特级教师称号。

宋忠泰 男，汉族，甘肃临泽人，1938 年生。张掖中学 1957 年高中毕业。教授。1962 年毕业于陕西师范大学政治系，同年留校工作，任马列主义研究室主任、教授，咸阳师专副校长。发表著作多部。

武 铎 男，汉族。张掖中学 1957 年高中毕业，中共党员。曾任张掖地区老干处处长、副地级调研员。

马维楹 男，汉族，甘肃民勤人，1938 年生。张掖中学 1957 年高中毕业。1962 年毕业于浙江农学院蚕桑专业，在陕西高陵师范任教导处主任，西安市五十五中学高级教师。

倪文周　男，汉族，甘肃临泽人，1938 年生。张掖中学 1957 年高中毕业，1961 年毕业于西北师范大学化学系，曾任玉门市第一中学党总支书记、校长。1994 年被评为中学特级教师。

张汝孚　男，汉族，河北冀县人，1936 年生。张掖中学 1957 年高中毕业，中共党员。主任医师。1962 年毕业于兰州医学院医疗系，曾任张掖地区医院党委书记、心胸外科主任医师。亲自主持开展了大动脉瘤切除、胃全切等肿瘤手术。心脏直视手术获张掖地区科技进步一等奖；1988 年被卫生部授予全国卫生文明先进工作者称号；1990 年被评为地级科技拔尖人才，享受政府特殊津贴。

樊延泰　男，汉族，甘肃民乐人。张掖中学 1957 年高中毕业。1958 年参加工作，曾任民乐县文教局局长、教委主任等职。1989 年被授予全国优秀教育工作者称号，1994 年被中共张掖纪委、张掖地区监察局授予"廉洁奉公、勤政为民"先进个人。

陈　浩　女，汉族，甘肃张掖人，1938 年 11 月生。张掖中学 1957 年高中毕业，中共党员，高级讲师。1962 年毕业于西北师范大学物理系，在酒泉师范任教。1984 年被评为甘肃省优秀班主任，撰写论文《中师物理现行教材之我见》等。

王铭清　男，汉族。张掖中学 1958 年高中毕业，高级教师。张掖市教师进修学校校长。

高崇中　男，汉族，甘肃张掖人。张掖中学 1958 年高中毕业。1962 年毕业于西北大学物理系，任北京光学仪器研究所副研究员。

张天明　男，汉族。张掖中学 1958 年高中毕业。1962 年毕业于西北师范大学中文系，曾任肃南县教委主任，中学高级教师。

易增礼　男，汉族，甘肃张掖人，1938 年生。张掖中学 1958 年高中毕业，中共党员。1962 年毕业于西北师范大学物理系，先后任酒泉行署人事处副处长、科委主任、地委宣传部副部长、地区精神文明办公室主任等职。1995 年荣获甘肃省精神文明先进工作者称号。撰写论文《社会主义精神文明探讨》。

李兰英　女，汉族，甘肃张掖人，张掖中学 1958 年高中毕业。1962 年毕业于西安体育学院，在陕西师大附中任教，中学高级教师。

邢希圣　男，汉族。张掖中学 1958 年高中毕业。1962 年毕业于西安体育学院，任西安五十五中学校长，中学高级教师。

陈新民　男，汉族，甘肃张掖人。张掖中学 1958 高中毕业。1962 年毕业于西北师范大学数学系，张掖市教师进修学校副校长，中学高级教师。

张含林　女，汉族。张掖中学 1958 年高中毕业。高级教师。1962 年毕业于西安体育学院，在西安第二十九中学任教。

耿延林 男，汉族，张掖中学 1958 年高中毕业。高级工程师。1962 年毕业于西北大学，西安东风仪表厂工作，任高级工程师。

赵成学 男，汉族，甘肃张掖人，1940 年生。张掖中学 1958 年高中毕业。1962 年毕业于西北大学化学系，1966 年毕业于中科院上海有机化学研究所有机化学专业（四年制研究生）。1980 年至 1982 年留美（犹他大学化学系）做访问学者。承担的《离子基化学》研究成果获 1984 年全美化学会石油化学部最高奖。华中理工大学化学系有机教研室主任、教授，兰州大学化学系客座教授，日本大分大学客座教授，博士生导师，《有机化学》编委。共完成国家自然科学基金课题及高科技科研课题十余项，获中国发明专利一项，享受国务院特殊津贴。2008 年退休，历任人大，政协，九三，总工会等社会兼职。曾获国家自然科学三等奖，发表有机化学、有机氟化学、自由基化学、顺磁共振、高分子化学的原始研究论文 150 余篇。曾应邀在美、日、德共三十多所大学和国内十多所著名大学讲学。

范兴儒 男，汉族，甘肃张掖人，1941 年 8 月生。张掖中学 1958 年初中毕业。1964 年毕业于西北师范大学美术系，先后受业于常书鸿、韩天眷、汪岳云诸先生专攻工笔重彩。整理、临摹敦煌壁画，形成了独特的艺术风格。曾任中国美术家协会甘肃分会理事、国家高级美术师、西北师范大学客座教授。1995 年所著《敦煌飞天》画集出版，荣获甘肃省第三届特别优秀图书奖，受到中共甘肃省委、省人民政府表彰奖励。2000 年所著《敦煌菩萨》画集出版，荣获甘肃省第四届特别优秀图书奖。

朱锡舜 男，汉族，甘肃张掖人。张掖中学 1958 年高中毕业。1962 年毕业于西北师范大学数学系，张掖市第二中学高级教师。1986 年获甘肃省人民政府"园丁奖"。

王生艾 男，汉族，甘肃临泽人，1942 年生。张掖中学 1958 年高中毕业，中共党员。1964 年毕业于西北师范大学化学系，张掖师范学校高级讲师。

李西昆 男，汉族，河南人。张掖中学 1958 年高中毕业。1962 年毕业于甘肃省艺术学院，甘肃省教育学院中文系副教授。

蒲乾亨 男，汉族，甘肃张掖人，1935 年 11 月生。张掖中学 1958 年高中毕业，中共党员，副教授。1964 年毕业于兰州大学化学系，曾任兰州大学化学系党支部书记、张掖师专化学系副主任、学校图书馆副馆长等职。撰写发表科研论文 5 篇，科普、文史等方面文章多篇。编著《化学实验安全知识》、参编《河西文化研究资料索引》等。

杨维新 男，汉族，甘肃张掖人，1940 年 12 月生。张掖中学 1959 年高中毕业，中共党员，高级农艺师。1963 年毕业于甘肃农业大学农学系，在武威地区农机服务中心工作。撰写发表了《灭扫利防治苹果叶螨的药效试验》等科研论文 4 篇，主持完成的《武威地区农业综合技术试验示范》项目获省级星火三等奖；1981 年被农业部评为全国农作物病虫测报先进工作者，享受政府特殊津贴。

张西铭 男，汉族，副研究员。张掖中学 1959 年高中毕业。张掖地区科技开发中心主任。

陈志惠 女，汉族，甘肃武威人，1941年生。张掖中学1959年高中毕业。1962年毕业于张掖师专物理科，张掖市第二中学高级教师。

唐培家 男，汉族。张掖中学1959年高中毕业。研究员。1963年毕业于甘肃科技大学，现任北京401研究院实验室副主任。著有专著《裂变化学》和中篇小说《109号的神秘案件》。

刘克得 男，汉族。张掖中学1959年高中毕业。1963年毕业于兰州大学物理系，曾任河西学院物理系党支部书记、副教授。

刘鸿发 男，汉族。张掖中学1959年高中毕业。新疆乌鲁木齐市某兵工厂副厂长，高级工程师。

李正荣 男，汉族。张掖中学1959年高中毕业。上海嘉兴计算机研究所高级工程师。

行永康 男，汉族，1940年生。张掖中学1959年高中毕业。1963年毕业于甘肃师范大学化学系，曾任西北师大附中校长，中学高级教师。

范安民 男，汉族，中共党员，甘肃张掖人，1940年生。张掖中学1959年高中毕业。1965年毕业于兰州大学物理系，航天部四院高级工程师。参与研制成功声电探伤仪和微波探伤仪获国防科工委科技进步奖；1978年1月参加我国第8颗人造卫星的发射工作。

徐翔鹏 男，汉族。张掖中学1959年高中毕业。1963年毕业于兰州大学物理系，曾任兰州炼油厂教育培训中心主任。副教授。

贺潜源 男，汉族，中共党员，甘肃张掖人，1937年生，张掖中学1959年高中毕业。1964年毕业于兰州大学现代物理系，能源部西安热工研究所高级工程师。1974—1978年研制成功我国第一台红外热成像仪获电力部科技重大成果二等奖；著有《水氡观测中的两次误差》《水氡突变中的干扰问题》等。

宋哲民 男，汉族，甘肃张掖人。张掖中学20世纪50年代后期高中毕业。西北农业大学农学系副研究员。

纪学诗 男，汉族。张掖中学20世纪50年代后期高中毕业。张掖市人民医院外科副主任医师。

施琪 男，汉族，中共党员。甘肃张掖人，1939年生。张掖中学1960年高中毕业。张掖师范学校高级讲师，曾任办公室主任。撰有《对社会主义有计划商品经济的认识》等论文。

崔镛 男，汉族，甘肃张掖人。张掖中学1960年高中毕业。1964年毕业于西北师范大学生物系，张掖地区农校高级讲师。曾任政协张掖市委员会委员、民革张掖市委主委。

毛仁美　男，汉族，甘肃张掖人。张掖中学 1960 年高中毕业。1964 年毕业于西北师范大学生物系，兰州一中高级教师。1982 年被国家教委授予"优秀辅导员"称号。

张贵文　男，汉族，甘肃山丹人。张掖中学 1960 年高中毕业。1964 年毕业于西北师范大学外语系，曾任张掖市第二职业中学教导处主任，中学高级教师。

张梅英　女，汉族，甘肃张掖人。张掖中学 1960 年初中毕业。1965 年毕业于西北师范大学音乐系，张掖地区育才中学高级教师。

安永康　男，汉族。张掖中学 1960 年高中毕业。1965 年毕业于兰州医学院医疗系，甘肃省康泰医院主任医师。

刘文斌　男，汉族，甘肃张掖人。张掖中学 1960 年高中毕业。兰州铁路机械学校高级教师。

董丽华　女，汉族，中共党员，吉林梨树人，1939 年生。张掖中学 1960 年高中毕业。1964 年毕业于甘肃师范大学中文系，张掖师范学校高级讲师。参编《中师文选鉴赏词典》一书，撰写《试谈中师文选听说能力的训练》等论文。

刘春云　女，汉族，甘肃张掖人。张掖中学 1960 年高中毕业。1964 年毕业于兰州大学生化系，北京医科大学教授，博士生导师，曾留学美国，在国内学术刊物上发表科研论文数篇。

窦廷玺　男，汉族，中共党员，副教授，甘肃镇原人，1940 年生。张掖中学 1960 年高中毕业。1965 年毕业于兰州医学院医疗系，曾任张掖地区医院普外科主任、副主任医师。曾被兰州医学院、甘肃中医学院聘为副教授，撰写《胃十二指肠溃疡急性穿孔 229 例分析》等论文 20 余篇。合著《外科急重症的抢救》等著作两部。

闻立中　男，汉族，高级教师。甘肃张掖人，1941 年生。张掖中学 1960 年高中毕业。1965 年毕业于西北师范大学外语系。先后在武威市第二中学、国营五〇四厂子弟中学任外语教师。论文《外语强化训练的量与度》获 1997 年国家基教司主办的《中学外语教学》论文研讨会三等奖。

高闻善　男，汉族，中共党员，甘肃张掖人，1940 年 2 月生。张掖中学 1960 年高中毕业。1964 年毕业于甘肃师范大学政教系，先后任张掖地区教育处副处长、党组副书记。1995 年 8 月任地区行署教育处正县级调研员，《张掖教育》画册编委。合作撰写论文《关于不发达地区农村教育改革问题的思考》被收入《深化教育改革》一书。

张会远　男，汉族。张掖中学 1960 年高中毕业。曾任甘肃省轻纺工业厅党委书记。

周有寿　男，汉族，中共党员，甘肃民勤人。张掖中学 1960 年高中毕业。1965 年毕业于西北师范大学生物系，任张掖农校党委书记、张掖地区农业科技评审委员会副主任。主持的《河西地区农田杂草调查》1991 年获省农业厅科技进步三等奖；1989 年被国家人事部、全国教育总工会、国家教委授予"全国优秀教师"荣誉称号，并获全国优秀教师奖章。

周卯新 男，汉族。张掖中学 1961 年高中毕业。1965 年毕业于兰州大学化学系，曾在北京中国自然科学院工作，教授。

吕治中 男，汉族，甘肃张掖人，特级教师。张掖中学 1961 年高中毕业。1965 年毕业于西北师范大学化学系，曾任张掖市一中、四中校长，甘肃省特级教师评委会委员等职。编著《高考化学复习》《中学化学教学法》等，1993 年获甘肃省"园丁奖"，并被评为特级教师。

万声德 男，汉族，1940 年生。张掖中学 1961 年高中毕业。1966 年毕业于甘肃农业大学畜牧系。曾任兰州市红古区人大常委会主任。1997 年 3 月在兰州市第十二届人民代表大会上当选为常委会副主任。

黄培乐 男，汉族。张掖中学 1962 年高中毕业。1967 年毕业于兰州医学院医疗系，曾任张掖地区医院外科副主任医师。

柳建忠 男，汉族。张掖中学 1962 年高中毕业。1967 年毕业于甘肃农业大学兽医专业，张掖市第四中学高级教师。

邓旭东 男，汉族，陕西临潼人，1943 年生。张掖中学 1962 年高中毕业。1966 年毕业于西北师范大学中文系，张掖地区卫校高级讲师。曾任民进张掖市委秘书长。

谭丽娟 女，汉族。张掖中学 1962 年高中毕业。曾任航天部 501 研究所副研究员。

于志刚 男，汉族。张掖中学 1962 年高中毕业。1966 年毕业于兰州大学物理系，同年留校任教，兰州大学物理系教授。

苏 强 男，汉族，甘肃张掖人，1944 年生。中共党员，高级畜牧师。张掖中学 1962 年高中毕业。1966 年毕业于甘肃农业大学畜牧系。曾任郑州市肉鸡示范场副场长兼党委书记等职，中国家禽业协会理事。参与过多项科研项目的研究和推广，获河南省科技三等奖、河南省农业科学院一等奖。曾任河南省郑州市农机管理总站调研员。

杨作忠 男，汉族，甘肃张掖人，1943 年生。中共党员。张掖中学 1962 年高中毕业。1967 年毕业于西北师范大学历史系，先后任张掖地区教育处处长、党组书记，地区人大工委副主任。撰写发表《深化农村教育综合改革，促进社会经济发展》等论文数十篇。1998 年 9 月获国家教育部、人事部授予的"全国教育系统先进工作者"荣誉称号，荣获全国教育系统劳动模范奖章。

李秀兰 女，汉族，甘肃张掖人，1944 年 10 月生。张掖中学 1962 年高中毕业。1966 年毕业于甘肃农业大学畜牧系，曾任政协张掖市委员会副主席。荣获全国"三八红旗手"、中国农业部畜禽改良先进个人荣誉称号，并获农业部科技进步奖。发表《张掖市猪鸡饲料配法筛选实验》等论文 12 篇。

杜天银 男，汉族，甘肃张掖人，1942 年 5 月生。中共党员，高级讲师。张掖中学 1962 年高中毕业。1966 年毕业于甘肃中医学校大专班，曾任张掖地区中医、针灸学会理事长，兰州医学院兼职中医副教授。《佛手牌三痹电热褥研制》获"96 国际中医药杰出成果展示会"银奖，并获国家专利。参编《甲乙经原文出处考》获省级优秀图书奖。省级以上刊物上发表学术论文 15 篇。

冯　绪　男，汉族，甘肃张掖人，1943 年生。中共党员。张掖中学 1962 年高中毕业。1966 年毕业于甘肃师范大学外语系，曾任张掖师专英语系主任、副教授。发表翻译研究英语教学等方面的论文数篇。1995 年被评为"全国优秀教师"。

刘国荣　男，汉族，中共党员，副研究员。张掖中学 1962 年高中毕业。1966 年毕业于甘肃农业大学畜牧系，曾任甘肃农大副校长，农业部甘肃省草原生态研究所党委书记、副所长。

刘春玲　女，汉族。张掖中学 1962 年高中毕业。1966 年毕业于西北师范大学外语系，张掖市第二中学高级教师。

赵　昌　男，汉族，甘肃张掖人，1944 年生。张掖中学 1962 年高中毕业。1966 年毕业于兰州大学中文系，曾任兰州市社会科学院副研究员。

王天祥　男，汉族，副教授。张掖中学 1962 年高中毕业。1966 年毕业于西北师范大学中文系，曾任甘肃教育学院中文系主任、教务处处长。参编《甘肃教育大事记》等。

王利民　男，汉族，张掖中学 1963 年高中毕业。1967 年毕业于兰州医学院医疗系，曾任张掖地区医院内科主任医师。

王香兰　女，汉族，甘肃张掖人，1941 年生。张掖中学 1963 年高中毕业。1967 年毕业于兰州铁道学院电机系通讯专业，张掖师范学校高级讲师，撰写《关于中师物理教学的一点尝试》等论文。

张功先　男，汉族，山东平度人，1943 年 11 月生。张掖中学 1963 年高中毕业。1967 年毕业于西北师范大学物理系，曾在张掖师专任教，后调入金川公司职工培训中心，2001 年 7 月晋升为教授。主编大学教材《录相技术基础》，撰写发表论文《SC 网络的信息流图分析》等 10 多篇。

姜　华　女，汉族，甘肃民勤人，1945 年 7 月生。张掖中学 1963 年高中毕业。1968 年毕业于西北师范大学外语系，曾在金川公司一中任教，中学高级教师。

李健林　男，汉族，1945 年生，教授。张掖中学 1963 年高中毕业。1968 年毕业于兰州医学院医疗系，任甘肃省肿瘤医院骨科主任。1989 年赴马达加斯加参加援外医疗队工作两年，获卫生部奖励。1993 年创建甘肃省急救中心外科，受到卫生部、甘肃省人民政府奖励。在国内外杂志上发表医学论文 10 余篇，发明专利 1 项，获省科技进步奖 2 项，参编《创伤骨科临床必备》。

汤永夫　男，汉族，甘肃张掖人，1941 年生。中共党员。张掖中学 1963 年高中毕业。1963 年参加工作，1990 年毕业于兰州大学新闻系，曾任甘肃省广播电台科教部副主任、副总编，撰写稿件 2000 多件，其中《筑起生命的屏障》获甘肃省广播新闻一等奖。撰写《欧洲纪游》一书。

阴启洁　女，汉族，甘肃张掖人，1945 年 8 月生。张掖中学 1964 年高中毕业。1969 年毕业于北京邮电学院有线系，曾任张掖地区邮电局网管中心主任，高级工程师。主要论文有《关于传输电平的稳定性》等，编撰完成《张掖地区志》的邮电部分，并主持完成张掖地区电信网络规划。

张秀兰　女，汉族，甘肃张掖人，1948 年生。中共党员。张掖中学 1964 年初中毕业。1967 年毕业于张掖师范，1986 年中共甘肃省委党校党政管理专业毕业。曾任张掖地区妇联副主任、地区计生处处长，张掖地区检察院检察长、党组书记。

褚毓民　男，汉族，陕西郃阳人，1945 年 4 月生，中共党员。张掖中学 1964 年高中毕业。1968 年毕业于西安冶金建筑学院，曾任甘肃省山丹县长，中共张掖地委委员、地委政法委书记。

佐佐木敦子　女，日本岛根县人，1944 年 10 月生。张掖中学 1964 年高中毕业。曾任日本左藤公司驻中国办事处联络员，中文翻译，著作有《庄则栋和佐佐木敦子》一书。

施利民　男，汉族，张掖中学 1964 年高中毕业。1969 年毕业于兰州医学院医疗系，曾任张掖地区医院麻醉科主任、副主任医师。

李映兰　女，汉族，甘肃张掖人，1946 年 10 月生。张掖中学 1964 年高中毕业。中共党员、中国管理科学院特约研究员。1969 年毕业于兰州医学院医疗系，曾任张掖地区医院内一科主任、党支部书记，消化内科主任医师、甘肃省风湿病学会理事。撰写发表论文 36 篇，并多次获奖，其中《胃镜检查上消化道多原发癌 24 例报告》获第三届华中地区科技推广大会优秀论文二等奖，《新药复方黑蚂蚁胶囊研究》分别获兰州市科技进步一等奖和省级科技进步二等奖。2001 年被省人事厅、科技厅授予"优秀女科技工作者"荣誉称号。2001 年被评为地管专业科技拔尖人才和卫生部有突出贡献的中青年专家。

杨恭祖　男，汉族，甘肃张掖人，1946 年 3 月生。副教授。张掖中学 1964 年高中毕业。1969 年毕业于兰州医学院医疗系，张掖地区卫校任教。1995 年 6 月晋升为高级讲师，并被聘为兰州医学院"兼职副教授"。发表《〈X 线诊断学〉读片实验课教学初探》，合著发表《文学·医学·人学》一书。

童国瑛　男，汉族，甘肃张掖人，1945 年 8 月生。中共党员。张掖中学 1964 年高中毕业。1969 年毕业于甘肃农业大学。曾任张掖地区行署办公室主任、人大工委副主任。1992 年 12 月，获甘肃省人民政府"两西建设扶贫开发先进个人"荣誉称号。

王世泽　男，汉族，甘肃张掖人，1944 年 11 月生。中共党员。张掖中学 1964 年高中毕业。1968 年毕业于中国人民解放军兽医大学，曾任中国人民银行张掖地区分行党委书记、行长，甘肃省金融学会钱币学会理事。发表论文数篇，其中一篇获甘肃省社科类论文三等奖。

范兴鸿　男，汉族，甘肃张掖人，1946 年生。教授。张掖中学 1964 年高中毕业。1969 年毕业于兰州医学院医疗系，在临泽县人民医院工作，主任医师。

王希文　男，汉族，甘肃张掖人。高级教师。张掖中学 1964 年高中毕业。1965 年毕业于张掖师专师训班。曾任张掖市农二中校长兼党支部书记。撰写发表教学论文数篇，曾获甘肃省"园丁奖"。

刘耀栋　男，汉族，中共党员，甘肃张掖人，1945 年 7 月生。高级教师。张掖中学 1964 年高中毕业。1968 年毕业于西北师范大学物理系，曾任金昌市教委党委书记、金昌市物理学会理事长。撰写发表论文《全面实施素质教育，积极服务金昌经济》等。

袁国威　男，汉族，甘肃张掖人，1945 年生。中共党员，中学高级教师。张掖中学 1964 年高中毕业。1968 年毕业于甘肃师范大学地理系，在靖远矿务局第一中学任教。

赵佩霞　女，汉族，河北安项人，1946 年 1 月生。中共党员，中学高级教师。张掖中学 1964 年高中毕业。1966 年毕业于甘肃省教育学院，张掖市一中任教，1991 年获甘肃省"园丁奖"。

赵秀英　女，汉族，甘肃张掖人，1944 年 10 月生。高级教师。张掖中学 1964 年高中毕业。1968 年毕业于甘肃师范大学中文系，在张掖市职教中心任教。

龚连生　男，汉族，河北围城人，1946 年生。中学高级教师。张掖中学 1965 年高中毕业。1969 年毕业于甘肃农业大学，曾任张掖市职教中心教导处主任。

王朝俊　男，汉族。张掖中学 1965 年高中毕业。1969 年毕业于甘肃农业大学，张掖地区体校高级教师。

姜绪周　男，汉族。张掖中学 1965 年高中毕业。1970 年毕业于兰州医学院医疗系，张掖地区医院放射科主任，主任医师。

鲁维俊　男，汉族，甘肃临泽人，1946 年 3 月生。中共党员，高级工程师。张掖中学 1965 年高中毕业。1970 年毕业于西安交通大学，曾任张掖地区建筑材料有限责任公司董事长兼党委书记、地区台联副会长、省政协委员。主持完成的《胶合填充板》技改项目荣获甘肃省星火成果三等奖，《彩色墙地砖》等技改项目分别获张掖地区科技进步技术推广二、三等奖。撰写发表《依靠科技进步、振兴建材企业》等论文 4 篇。1994 年被评为地级拔尖人才，1996 年被国务院批准享受政府特殊津贴。获省人事厅、建材工业局授予的"建材行业先进个人"称号。

谈芳桂　女，汉族，内蒙古包头人，1946 年 2 月生。中共党员。张掖中学 1965 年高中毕业。1970 年毕业于西北农学院，曾任政协张掖地区工委副主任，兼任张掖地区女领导干部联谊会顾问。2001 年 5 月被中央宣传部、司法部评为全国"三五"普法先进个人，2001 年 6 月被中共甘肃省委、省人民政府评为全省"三五"法制教育先进个人。

李大壮 男，汉族，河北人。中共党员。张掖中学 1966 年高中毕业，北京大学毕业，曾任国家安全部电子稽查处处长。

张 勤 男，汉族。张掖中学 1968 年高中毕业，兰州大学毕业，曾任北京京都旅馆经理。

杨来鹗 男，汉族，甘肃民勤人，1946 年 8 月生。张掖中学 1965 年高中毕业。1966 年参加工作，1982 年毕业于西北师范大学数学系。张掖师范高级讲师，政协张掖市第五、第七届委员会委员。1989 年荣获"全国优秀教师"奖章。

范正勤 男，汉族，甘肃张掖人，1944 年生。中共党员。张掖中学 1965 年高中毕业。1969 年毕业于甘肃师范大学数学系，曾任张掖地区行署交通处处长、调研员。

李树德 男，汉族，张掖中学 1966 年高中毕业。曾任张掖地区交通处办公室主任、副处级调研员。

贾世宏 男，汉族，甘肃张掖人，1948 年生。高级工程师。张掖中学 1966 年高中毕业。1975 年毕业于北京工业学院，四川成都市西南技术物理研究所工作。1994 年晋升为高级工程师。撰写发表论文 2 篇。

李光辉 男，汉族，张掖中学 1966 年高中毕业。1980 年毕业于张掖师专数学系，肃南县第一中学高级教师。

董文莉 女，汉族，河北邢台人，1947 年生。中共党员。张掖中学 1966 年高中毕业。1970 年毕业于西北师范大学数学系。曾任甘肃省地矿局张掖平原堡地矿二中副校长，中学高级教师。

王淑英 女，汉族，河北人。中共党员。张掖中学 1966 年高中毕业，1987 年中共甘肃省委党校毕业，曾任中共张掖市委党校校长，中共张掖市委副书记。中共张掖地委宣传部副部长，精神文明建设指导委员会办公室主任。

王玉杰 男，汉族，张掖中学 1966 年高中毕业。1980 年毕业于张掖师专数学系。张掖市第二中学高级教师，曾获甘肃省"园丁奖"。

杨 泽 男，汉族，江苏武进人，1947 年生。中学高级教师。张掖中学 1966 年高中毕业。1980 年毕业于张掖师专数学系。曾任张掖市第四中学教导处主任，民盟张掖市委委员、四中支部主委。论文《浅谈万能公式的一些应用》获优秀论文一等奖。

潘 林 男，汉族，张掖中学 1966 年高中毕业。张掖地区农校高级讲师，曾获甘肃省"园丁奖"。

赵苍生 男，汉族，张掖中学 1966 年高中毕业。河北省石家庄市第十二中学高级教师。

李守福 男，汉族，甘肃民勤人。张掖中学 1966 年高中毕业。1980 年毕业于张掖师专数学系，曾任张掖市二中校长，中学高级教师。1989 年获甘肃省人民政府"园丁奖"。

王多福　男，汉族，甘肃张掖人，1946年生。张掖中学1966年高中毕业。1970年毕业于甘肃农业大学兽医系，曾任张掖地区兽医工作站站长、地区中兽医协会理事长。主持《张掖地区马鼻疽病综合防止技术推广》等8项兽医推广项目获省科技进步二、三等奖。撰写发表论文27篇，主编《张掖地区畜禽疫病志》，地区专业技术拔尖人才。1997年经国务院批准，享受政府特殊津贴。

吴维中　男，汉族，山东招远人，1951年7月生。张掖中学1967年初中毕业。1969年应征入伍，1982年毕业于兰州大学中文系汉语言文学专业，兰州大学中文系副教授。参编《中国古代文论选》等教材，撰写学术专著一部，合作完成学术专著两部。

杨德钧　男，汉族，张掖中学1967年高中毕业。张掖市第二中学高级教师。

成守荣　男，汉族，张掖中学1967年高中毕业。1980年张掖师专毕业，1988年在任张掖市第五中学政教处主任期间，为保护学生生命安全，勇斗歹徒，曾受到中共甘肃省委、省人民政府表彰。曾任张掖市甘州宾馆副经理。

左尚林　男，汉族，甘肃张掖人，1949年生。中共党员，高级工程师。张掖中学1967年高中毕业。同年参加工作，曾任张掖地区纸业有限责任公司党支部书记、董事长、总经理，省企业家协会理事、省造纸协会理事。主持完成《企业6000吨低定量、高强度瓦楞原纸生产线》技改项目获地区科技进步一等奖；论文《以纸化木，改进纸包装》获全国包装会议二等奖。2000年被评为全国包装先进个人；2001年被评为全区优秀科技工作者。

杨育荣　男，汉族，陕西子长人，1948年11月生。中共党员。张掖中学1967年高中毕业。1968年参加工作，曾任中共酒泉地委副书记、行署专员。发表的文章有《实施人才战略，抢占开放先机》等数十篇。

周　密　男，汉族，甘肃张掖人，1948年生。高级经济师。张掖中学1967年高中毕业。曾任甘肃省农业银行副行长，兼任兰州支行行长。

刘兆祥　男，汉族，张掖中学1968年高中毕业。曾任甘肃昆仑公司党委书记。

申军民　男，汉族，张掖中学1968年高中毕业。曾任甘肃省白银公司纪律检查委员会书记（副地级）。

苗　霞　女，汉族，河南伊川人，1951年3月生。中共党员。张掖中学1968年毕业。同年参加工作，研究生。曾任共青团张掖地委书记、共青团甘肃省委书记、中共定西地委副书记、甘肃省计生委副主任等职。兰州大学人口所客座副教授、中国人口福利基金会副会长兼秘书长。出版专著《人口决策学》《人口与计划生育理论与实践》，撰写发表《人口统计》《人口调查方法》等论文。多次出访美、英、法等国进行考查和学术交流。

贾光明　男，汉族，陕西人，1949年2月生。张掖中学1968年高中毕业。1969年参加工作，曾任省政协委员、民建甘肃省委秘书长兼调研部部长。撰写或主持撰写调研报告、经济论文近百篇，起草的"南有广交会、西有兰交会""设立甘肃植树周"等建议被甘肃省人民政府采纳实施。

高　屹　男，汉族，张掖中学 1969 年高中毕业。1973 年毕业于兰州大学，中共中央文献研究室研究员。著作有《蒋介石与西北四马》《历史选择了邓小平》等。

贾光武　男，汉族，陕西人，1953 年生。张掖中学 1969 年初中毕业。1970 年参加工作，曾任武警西安指挥学院副政委，编写《武警战士基本素质与行为习惯》等两本内部教材。并编著《人生之路》一书，曾先后 8 次立功受奖。

薛延龄　男，汉族，张掖中学 1969 年初中毕业。1999 年毕业于中央党校函授学院经济管理专业（本科），工程师。曾任丝路春酒业集团董事长、省轻纺协会副理事长、省酿酒协会副会长、张掖市政协副主席。《42 度精品丝路春》1999 年获甘肃省科技进步三等奖；个人获省、地级科技进步奖 6 项。1999 年被评为省劳动模范。2000 年被甘肃省人民政府评为优秀企业经营者。

张佩荣　男，汉族，张掖中学 1969 年高中毕业。曾任石油部西北天然气管道管理局副指挥长。

刘吾魁　男，汉族，山西平遥人，1951 年生。作家。张掖中学 1970 年高中毕业。1985 年毕业于中央广播电视大学。中国美术家协会甘肃分会理事。曾任中共甘肃省委《时代风》杂志主编、《光芒》杂志副主编等职。发表文学作品百余万字，美术书法作品近百幅。主编诗集《唱给毛泽东的歌》在日本国际书籍展获一等奖；中国画《散入春光几度》被毛主席纪念堂收藏；版画《马可·波罗》在中国美术馆展出，获优秀作品奖；时政论文《建设中国特色社会主义理论的科学体系和实践纲领》获优秀论文奖。

贾光辉　女，汉族，甘肃张掖人，1952 年生。张掖中学 1970 年高中毕业。同年 11 月参加工作，曾任甘肃省群艺馆办公室主任、中国当代文学研究会会员、甘肃省女书法家协会会员、甘肃省作协会员等职。出版专著《硬笔书法散文诗集》，书法作品多次入选各类书画展览，2001 年荣获甘肃省新千年书画大赛创作奖。在省内外刊物上发表散文、诗歌、故事、评论、书法作品近百篇。

吴小倩　女，汉族，中共党员。河北丰润县人，1951 年 4 月生。张掖中学 1970 年高中毕业。1970 年参加工作，西北师大教育系毕业，曾任甘肃省高等学校师资培训中心副主任（副处级）。发表《试论 21 世纪高校教师素质的构成》等论文多篇并获奖，《高校师资远程网络 MIS 系统》成果获甘肃省科技进步（两届）二、三等奖。

谈树滨　男，汉族，内蒙古包头人。张掖中学 1971 年高中毕业。1975 年毕业于兰州医学院医疗系，任江苏南通市第一人民医院泌尿科副主任医师。

甄勇毅　男，汉族，甘肃张掖人。博士后。张掖中学 1972 年高中毕业。毕业于北京大学，澳大利亚留学获博士学位。在悉尼博物馆工作，在国际刊物上发表论文十余篇。

储　捷　女，汉族，云南昆明人，1955年生。副主任医师。张掖中学1972年高中毕业。1973年参加工作，1983年毕业于兰州医学院医疗系。任甘肃省康复中心眼科副主任医师。

景　涛　男，汉族，陕西省旬邑人，1954年5月生。中共党员，研究员。张掖中学1972年高中毕业。1977年毕业于兰州医学院医疗系，1997年深造于日本山形大学医学部，获医学博士学位。兰州医学院副院长，甘肃省属高等院校首批跨世纪学科带头人。合著发表《防治畜禽大害虫——蜱》等科研论文6篇，《唾液中特异性抗体的检测及混合单克隆抗体ELISA检测血清循环抗原的研究》获1998年度甘肃省医药卫生科技进步三等奖。撰写发表科技论文17篇，其中《人体包虫病的免疫学及流行医学应用研究》获2000年甘肃省高校科技进步三等奖。

吕　平　男，汉族，甘肃张掖人。张掖中学1974年高中毕业。1980年毕业于张掖地区卫校医士班，1989年毕业于兰州医学院麻醉专业证书班。任张掖地区医院麻醉科主任、副主任医师，甘肃省心胸外科体外专业组委员，兰州医学院兼职副教授。发表《术中上纵隔大静脉损伤后的麻醉处理》等论文多篇；《疼点注射配合小针刀治疗坐骨神经盆腔出口狭窄综合症临床观察》一文1998年获张掖地区科技进步一等奖。1998年被解放军84801部队政治部评为"拥军先进个人"，2000年6月被评为"优秀党员"。

宋玉红　女，汉族，甘肃张掖人，1959年生。张掖中学1974年初中毕业。1979年毕业于张掖师范学校，1985年省电大进修。张掖市青年西街小学特级教师。1993年获甘肃省"园丁奖"；1995年获"全国优秀教师"称号；1996年荣获第二届"全国十杰中小学中青年教师"提名奖。

牛盾生　男，汉族，甘肃酒泉人，1957年5月生。张掖中学1974年高中毕业。1982年毕业于西安冶金建筑学院，深圳建筑设计院研究总院总工办主任、教授级高级工程师。曾任甘肃省建委系统专家委员会委员、高职评委会委员、全国建筑学会理事、全国村镇抗震救灾专业委员会委员。先后发表论文、翻译作品50万字。其他新的设计项目多次获国家、省部级奖。

何迎春　女，汉族，甘肃省高台人。中医博士。张掖中学1980年高中毕业。1984年毕业于甘肃省中医学院，后继续攻读中医研究生，获硕士学位。张掖地区医院中医科副主任医师。

董建华　男，汉族，河北人，1959年6月生。教授。张掖中学1977年高中毕业。1982年毕业于浙江大学化学系，获理学学士学位。1991年6月在北京大学化学系高分子化学与物理专业获博士后，在北京大学化学系任教。后在国家自然科学基金委员会工作。1992年、1996年获国家科委科技进步（甲类）二等奖两项，在国内外学术刊物上发表论文55篇。

刘国志　男，汉族，甘肃武威人，1962年9月生。张掖中学1978年高中毕业。

1981 年毕业于张掖师专物理系，曾任张掖地区体校教务科长、高级讲师。曾三次荣获甘肃省体委授予的"优秀教师"荣誉称号。省级刊物上发表《关于光学教程中厚透镜公式的商榷》等论文。

马继军 男，汉族，甘肃高台人，1962 年 4 月生。张掖中学 1978 年高中毕业，一级射击教练。1991 年毕业于天津体育学院，曾任张掖地区体校教务科干事，一级射击教练员。荣获国家体委授予的"全国优秀裁判员"称号；获甘肃省体委授予的全省优秀教练员、先进工作者称号 3 次。

李秋新 男，汉族，副教授。张掖中学 1978 年高中毕业。1982 年毕业于西北师范大学中文系，1985 年湖南师范大学进修一年。任兰州师专教务科科长，参编《初中文言文赏析辞典》。

甄勇峰 男，汉族，甘肃张掖人，张掖中学 1979 年高中毕业。1983 年毕业于西安电子科技大学，后继续攻读硕士研究生。曾任深圳赛格集团电子配套公司总经理。

蒋宜彬 女，汉族，张掖中学 1979 年高中毕业。1985 年毕业于兰州医学院，后继续就读北京医科大学研究生。在美国密歇根州立大学医学研究实验室工作。

陈彦梅 女，汉族，河南长葛人，1963 年生。业余作家。张掖中学 1979 年高中毕业。1983 年毕业于哈尔滨冶金财经学校，在哈尔滨东北轻合金有限责任公司财务部工作。1998 年全国成人自学考试获大专文凭，1986 年起从事业余文学创作，作品有散文、小小说、影视评论近 15 万字。黑龙江影视评论家学会会员、哈尔滨作家协会会员。纪实文学《早大嫂》获 1989 年度哈尔滨好新闻二等奖；2000 年度获黑龙江日报社优秀作者称号。

刘晔玮 女，汉族，副教授。陕西富平人，1963 年 4 月生，张掖中学 1979 年高中毕业。1983 年毕业于西北师范大学化学系，1995 年获南开大学硕士学位。河西学院化学系副主任、副教授。省级刊物上发表论文多篇。

王晓裙 女，汉族，甘肃张掖人，1962 年生。张掖中学 1980 年高中毕业，高级讲师。1982 年毕业于兰州师专中文系，在张掖师范学校任教。1994 年甘肃教育学院本科毕业，国家级普通话水平测试员。撰写《"双宾语"之我见》等论文数篇。

向小梅 女，汉族，湖南衡山人，1964 年生。张掖中学 1980 年高中毕业。1984 年毕业于兰州大学化学系，1991 年赴加拿大蒙特利尔大学攻读硕士研究生。在美国印第安纳州工作。

甄勇宏 女，汉族，甘肃省张掖人，张掖中学 1981 年高中毕业。1985 年毕业于西北师范大学体育系，在张掖师专任教，音乐系副教授。省级刊物上发表学术论文六篇；自编的舞蹈作品多次获省级一、二等奖。

郑冶灵 男，汉族，甘肃酒泉人，1965 年 5 月生。高级讲师。张掖中学 1981 年高中毕业。1984 年毕业于兰州师专体育科，张掖师范学校任教。1996 年毕业于西安体育学院教育系，2000 年晋升为高级讲师。参编《体育基础知识》《体育教程》等书，发表论文两篇。科研课题《对学校体育与终身体育的研究》获全区第三届基础教育优秀成果三等奖。

杨生荣　男，汉族，甘肃省张掖人，1963 年生。张掖中学 1981 年高中毕业。1985年毕业于天津大学，上海交通大学硕士研究生。兰州化物研究所副所长、博士生导师。

安永贵　男，裕固族，甘肃肃南人，1963 年生。张掖中学 1983 年高中毕业。1987年毕业于兰州医学院临床医疗系，2000 年在西安继续攻读研究生，获硕士学位，曾任肃南县医院院长党支部书记、外科副主任医师。撰写发表《卵巢囊肿蒂扭转致肠扭转、肠坏死 1 例》等学术研究论文多篇。

钟进文　男，裕固族，甘肃肃南人，1964 年生，张掖中学 1984 年高中毕业。1988年毕业于北京师范大学中文系，1996 年获语言硕士学位，同年攻读突厥语言文学专业博士学位。在中央民族大学少数民族文学艺术研究所工作，中国突厥语研究会理事。撰写《裕固族文化研究》等专著多部；发表论文、译文等 40 余篇。1996 年获第五届全国高等学校霍英东青年基金。现任中央民族大学文学与新闻传播学院教授、博士生导师、院长。兼任中国少数民族文学学会副理事长、中国多民族文学学会副会长、中国突厥语研究会副会长、国际双语学会副会长。

李小育　男，汉族，1968 年生，张掖中学 1985 年高中毕业。1989 年毕业于北京师范大学，曾任兰州海华传呼公司总经理。

濮金云　男，汉族，1967 年生，张掖中学 1985 年高中毕业。1989 年毕业于华中理工大学，任甘肃省科学院自动化部副研究员。

谢晓蓉　女，汉族，甘肃张掖人，1967 年生。副教授。张掖中学 1985 年高中毕业。1989 年毕业于福建师范大学生物系，在河西学院科研处任副教授。

马新文　男，汉族，1966 年生。博士，研究员，博士生导师。张掖中学 1985 年高中毕业。2000 年度中国科学院"引进海外杰出人才"所长助理。主要从事粒子与原子分子碰撞动力学、强库仑场中量子电动力学效应、离子激光谱学、原子谱学在核物理中的应用以及相关大型实验装置研制。与德国、美国、法国和日本的科研院校开展国际合作，并联合培养博士研究生。已经培养 6 名硕士和 21 名博士，中德、中法联合培养 6名博士。在《Physics Review Letters》等国际重要学术期刊发表论文 130 余篇，并应邀在国际会议上做邀请和口头报告 20 余次。近年主持国家级重点科研等项目 10 余项。国务院政府特殊津贴获得者。

杨茂林　男，汉族，甘肃张掖人，1968 年 1 月生。高级工程师。张掖中学 1986 年高中毕业。1990 年毕业于兰州大学化学系，在北方涂料工业研究设计院工作，参与国家"八五"科技攻关项目"非金属涂料催干剂"及其他国家级星火科技项目的研制。

杨晓东　男，汉族，1967 年生，张掖中学 1986 年高中毕业。1988 年毕业于兰州商学院，任《兰州晚报》通联部记者，发表新闻和文学作品数十万字，《震撼世界的十秒钟》获全国晚报好新闻特等奖；《神舟潇洒会嫦娥》获甘肃好新闻一等奖。

刘志杰　男，汉族，张掖中学 1986 年高中毕业。1991 年毕业于西安第四军医大学，获医学硕士学位，现任解放军兰州军区陆军总院妇产科主任、副主任医师。

李春红　男，汉族，1967 年生。张掖中学 1986 年高中毕业。1990 年毕业于兰州医学院药学系，后继续攻读研究生，任深圳南方制药厂总工程师助理。

张新惠　女，汉族，山东曹县人，1970 年生。张掖中学 1987 年高中毕业。1991 年毕业于陕西师范大学物理系，先后获物理学硕士、博士学位，1999 年在瑞典隆德大学获团体物理博士后学位，曾在德国马克思—费郎克研究所、美国威廉玛丽学院、美国俄克拉荷马大学天文物理学院工作。

牛　可　男，汉族，甘肃酒泉人，1970 年生。张掖中学 1987 年高中毕业。1991 年毕业于北京大学历史系，同年留校工作，北京大学历史系教授。

唐　峰　男，汉族，甘肃张掖人，1969 年生。中共党员。张掖中学 1987 年高中毕业，1991 年毕业于长春邮电学院通信工程系，甘肃省数据通信局工作，任高级工程师。

李晓伟　男，汉族，甘肃临泽人，1970 年 1 月生。硕士。张掖中学 1988 年高中毕业。1992 年毕业于中南工业大学材料科学与工程系，同年 9 月继续攻读中南大学材料科学与工程硕士学位。现任中国印钞造币总公司技术中心副主任。曾荣获全国宝钢教育奖学金优秀学生二等奖；荣获全国金融系统科技进步二等奖一项。

罗亚明　男，汉族，陕西长安人，1970 年生。张掖中学 1988 年高中毕业。1992 年毕业于中南财经大学商业经济专业，获硕士学位。现在加拿大温哥华大学攻读博士学位。

申自勇　男，汉族，张掖中学 1988 年高中毕业。1992 年毕业于兰州大学物理系，北京大学电子学系教授、研究生导师。

郭　强　男，汉族，甘肃武威人，1972 年生。张掖中学 1989 年高中毕业。1994 年毕业于北京大学地质系，1997 年北大地球化学硕士研究生毕业。2000 年 9 月赴加拿大多伦多大学攻读博士学位。

王晓东　女，汉族，甘肃定西人，1972 年生。张掖中学 1989 年高中毕业。1993 年毕业于兰州大学化学系高分子化学专业。1996 年获兰州化物研究所硕士学位。1997 年—2002 年先后在美国南方理工大学、匹兹堡大学化学系有机化学专业攻读博士学位。在美国德克萨斯州工作。2000 年获美国匹兹堡大学论文奖。

刘东红　女，汉族，甘肃民勤人，1972 年生，张掖中学 1989 年高中毕业。1993 年毕业于西北师范大学外语系，1997 年考入西北师大英语系硕士研究生班。在校期间曾协助美籍华人孟庆军先生来华举办"国际成就·计划·市场经济学习班"等多项大型活动。1999 年考入美国西雅图西方研究所学习，攻读跨文化研究专业。

刘金玲　女，汉族，笔名金铃子，甘肃张掖人，1971 年生。青年作家。张掖中学 1990 年高中毕业。海南省青年作家协会理事。曾在海南《特区家庭报》《珠海特区消费报》任要闻记者。主要著作有报告文学集《海南肃贪实录》（与人合著），散文集《特区梦》等。

高　峰　男，汉族，甘肃张掖人，1975 年 2 月生。1993 年张掖中学高中毕业。1998 年毕业于西安电子科技大学计算机系，并获硕士学位，现任北京东方通信集团公司研究开发一部软件组长。在国家级刊物上发表《Wlbparallel：一种新型的定型计算机模型的设计与实现》等论文数篇。

张一平　男，1948 年 12 月出生，甘肃张掖人。中共党员。1965 年张掖中学毕业，高级工程师，曾任张掖市甘州区水利局局长，政协甘州区委员会副主席。《大野口浆砌石重力坝使用粉灰情况介绍》等数篇论文在国家级、省级刊物发表。曾获中共甘肃省委、省人民政府"全省农业综合开发先进个人""全省水利建设先进个人""扶贫开发先进个人""农业科技推广先进个人"等荣誉。

姚吉禄　中共党员，高级工程师。1984 年 7 月毕业于武汉测绘学院，张掖市地震局副局长。1996 年获省地震局科技进步二等奖，主持承担"张掖西武当遥测水氡改造"项目获省地震局 2001 年防震减灾优秀成果奖；完成国家地震基金课题及省地震局青年基金课题多项。张掖市跨世纪学术技术带头人、市管拔尖人才、全省防震减灾工作先进个人。在省级以上刊物发表《地震电磁辐射观测中的主要干扰及其前兆特征》等论文 5 篇。

王　军　中共党员，高级工程师，甘肃明珠有限公司总经理、甘肃电力瑞华电气有限公司副总董事长（中瑞合资企业）。

李旭东　中共党员，甘肃省土地管理科技发展处处长。

张尔炽　男，1945 年张掖中学高中毕业，曾担任武威地区第二中学工会主席。

宋增泰　男，1948 年张掖中学高中毕业，曾担任新疆维吾尔自治区建设厅处长。

王宗孟　男，1949 年张掖中学高中毕业，曾担任新疆维吾尔自治区技工学校党委书记。

贺志义　男，1949 年张掖中学高中毕业，曾担任武威地区农田水利处处长。

魏　杰　男，1950 年张掖中学高中毕业，曾担任新疆乌鲁木齐市农业处副处长

刘述汉　男，1950 年张掖中学高中毕业，曾担任甘肃机械工业总公司调研室主任，高级顾问。

张绪才　男，1950 年张掖中学高中毕业，曾担任武威地区科学技术协会主席。

罗宗藩　男，1950 年张掖中学高中毕业，曾担任中国人民银行张掖地区分行监察室主任。

高　泽　男，1950 年张掖中学高中毕业，曾担任张掖地区糖厂党委书记。

崔麟捷　男，1951 年张掖中学高中毕业，曾担任甘肃省话剧团团长。

魏淑贞　女，1951 年张掖中学高中毕业，曾担任甘肃省轻纺工业厅处长。

刘永琏　男，1951 年张掖中学高中毕业，曾担任张掖地区体育运动学校党支部副书记。

赵树春　男，1951 年张掖中学高中毕业，曾担任武威地区行署办公室副主任。

汤继尧　男，1951 年张掖中学高中毕业，曾担任张掖市农委主任。

张成义　男，1951 年张掖中学高中毕业，曾担任中国人民银行张掖地区分行总稽核。

李增慧　男，1951 年张掖中学高中毕业，曾担任甘肃省第二安装公司高级工程师。

袁惠娟　女，1951 年张掖中学高中毕业，曾担任武威地区汽车配件厂妇联主任。

赵克俭　男，1952 年张掖中学高中毕业，曾担任甘肃省张掖农垦公司党委书记、经理。

陈　荣　男，1952 年张掖中学高中毕业，曾担任政协嘉峪关市委员会副主席。

王天元　男，1953 年张掖中学高中毕业，曾担任酒泉地区水利电力处处长。

马玉莲　女，1953 年张掖中学高中毕业，曾担任甘肃民族学院函授部主任。

吴国经　男，1954 年张掖中学高中毕业，曾担任张掖市二轻局副县级调研员。

张　钰　男，1954 年张掖中学高中毕业，曾担任张掖地区建设银行副行长。

何建基　男，1955 年张掖中学高中毕业，曾担任张掖地区社会劳动保险局局长。

赵　锦　男，1956 年张掖中学高中毕业，曾担任张掖地区五金站经理。

赵　玺　男，1956 年张掖中学高中毕业，曾担任中共张掖市委党史研究室副主任。

王　维　男，1956 年张掖中学高中毕业，曾担任陕西省咸阳地区糖酒公司经理。

焦多福　男，1956 年张掖中学高中毕业，曾担任甘肃引大入秦工程办公室主任。

郝耀山　男，1956 年张掖中学高中毕业，曾担任政协张掖市委员会副主席。

闵惠平　女，1956 年张掖中学高中毕业，曾担任兰州市城建委施工管理处副处长。

马良名　男，1956 年张掖中学高中毕业，曾担任河西学院校长办公室主任、图书馆馆长。

张琪玲　女，1956 年张掖中学高中毕业，曾担任西安医科大学第二附属医院信息科主任。

徐宝根　男，1957 年张掖中学高中毕业，曾担任张掖地区体育运动委员会副主任。

周友义　男，1957 年张掖中学高中毕业，曾担任张掖地区对台办公室主任。

张佩铭　男，1957 年张掖中学高中毕业，曾担任张掖地区新华书店经理。

周　侃　男，1957 年张掖中学高中毕业，曾担任张掖地区卫生处处长。

唐笃庆　男，1957 年张掖中学高中毕业，曾担任张掖地区社会劳动保险局副局长。

李教宗　男，1957 年张掖中学高中毕业，曾担任张掖地区教育处人秘科科长、副县级调研员。

田自俊　男，1957 年张掖中学高中毕业，曾担任张掖地区科学技术委员会工程师。

王开华　男，1957 年张掖中学高中毕业，曾担任张掖市民政局局长。

朱培志　男，1957 年张掖中学高中毕业，曾担任张掖地区交通处副处长。

马宜民　男，1957 年张掖中学高中毕业，曾担任张掖市广播电视局编辑室主任。

袁亚农　男，1958 年张掖中学高中毕业，曾担任张掖市第四中学教师。

王寅国　男，1959 年张掖中学高中毕业，曾担任张掖市新墩学区高级教师。

王诘学　男，1959 年张掖中学高中毕业，曾担任张掖地区东水泉煤矿党委书记。

王益民　男，1959 年张掖中学高中毕业，曾担任能源部西安热工研究所教育处副处长。

冯兆福　男，1959 年张掖中学高中毕业，曾担任张掖地区乡镇企业处副处长。

狄积荣　男，1959 年张掖中学高中毕业，曾担任张掖地区广播电视局副局长。

杨益润　男，1959 年张掖中学高中毕业，曾担任中共张掖地委党校常务副校长。

杜金娥　男，1959 年张掖中学高中毕业，曾担任中科院兰州地质研究所办公室副主任。

傅金镒　男，1960 年张掖中学高中毕业，曾担任兰州市自来水公司经理。

何　秀　男，1961 年张掖中学高中毕业，曾担任张掖地区育才中学副校长。

周耀武　男，1961 年张掖中学高中毕业，曾担任甘肃白银 805 厂党委书记。

金振国　男，1962 年张掖中学高中毕业，曾担任张掖新世纪开发公司副经理。

周祥文　男，1962 年张掖中学高中毕业，曾担任张掖地区畜牧局局长。

陈　荣　男，1962 年张掖中学高中毕业，曾担任张掖地区农业处副处长。

杨子秀　男，1962 年张掖中学高中毕业，曾担任张掖地区国土资源管理处处长。

张向阳　男，1962 年张掖中学高中毕业，曾担任张掖地区财政处副处长。

范兴民　男，1962 年张掖中学高中毕业，曾担任张掖地区保险公司经理。

张九世　男，1962 年张掖中学高中毕业，曾担任张掖地区教育处督学。

杨清林　男，1962 年张掖中学高中毕业，曾担任张掖地区电力局副局长。

王愈新　男，1963 年张掖中学高中毕业，曾担任张掖地区财政处处长。

周　健　男，1963 年张掖中学高中毕业，曾担任酒泉地区卫生处处长。

张　鹏　男，1963 年张掖中学高中毕业，曾担任兰州市计量局局长。

吴文庆　男，1963 年张掖中学高中毕业，曾担任白银市二十一冶教育处处长。

易元林　男，1963 年张掖中学高中毕业，曾担任中共张掖地区纪检委审理室主任。

丁菊香　女，1963 年张掖中学高中毕业，曾担任张掖市劳动街小学校长、高级教师。

王育国　男，1964 年张掖中学高中毕业，曾担任张掖地区工会委员会副主席。

苏　梅　女，1965 年张掖中学高中毕业，曾担任张掖市西关小学校长、高级教师。

刁长荣　男，1965 年张掖中学高中毕业，曾担任张掖地区人事处副处长。

黄　健　男，1966 年张掖中学高中毕业，曾担任兰州通用机械厂中学校长。

张明国　男，1966 年张掖中学高中毕业，曾担任甘肃省电子工业学校校长。

李大壮　男，1966 年张掖中学高中毕业，曾担任国家安全部电子稽查处处长。

陈秀娟　女，1966 年张掖中学高中毕业，曾担任北京市计量协会副主任。

郭永增　男，1966 年张掖中学高中毕业，曾担任深圳市深宝实业公司经理。

白英翠　男，1966 年张掖中学高中毕业，曾担任兰州生物制品厂中学校长。

王尚文　男，1966 年张掖中学高中毕业，曾担任兰州市兽药厂党委办公室主任。

毕文华　女，1966 年张掖中学高中毕业，曾担任交通部烟台海洋打捞局工会主席。

许志杰　男，1966 年张掖中学高中毕业，曾担任张掖地区安全处处长。

王努特　男，1966 年张掖中学高中毕业，曾担任张掖地区农业机械厂办公室主任。

张学忠　男，1966 年张掖中学高中毕业，曾担任张掖地区糖酒公司党支部书记。

高祝捷　女，1966 年张掖中学高中毕业，曾担任秦皇岛市港务局工会主席。

李兴华　女，1966 年张掖中学高中毕业，曾担任辽宁省沈阳市铸造厂工会主席。

齐正军　男，1966 年张掖中学高中毕业，曾担任河北省泊头市招待处副处长。

王淑英　女，1966 年张掖中学高中毕业，曾担任张掖市精神文明建设指导委员会办公室主任。

高永升　男，1966 年张掖中学高中毕业，曾担任张掖地区造纸厂厂长办公室主任、副部长。

毕相久　男，1966 年张掖中学高中毕业，曾担任四川省诗书画院办公室主任。

王兆刚　男，1966 年张掖中学高中毕业，曾担任甘肃省能源处敦煌太阳能宾馆处总长、经理。

申沛霖　男，1967 年张掖中学高中毕业，曾担任甘肃省对外贸易经济厅处长。

王　涛　男，1966 年张掖中学高中毕业，曾担任中共甘肃省委政策研究办公室主任。

邢国义　男，1966 年张掖中学高中毕业，曾担任甘肃省汽车配件公司主任。

白金城　男，1966 年张掖中学高中毕业，曾担任张掖市（今甘州区）财政局主任。

顾泰仁　男，1966 年张掖中学高中毕业，曾担任张掖地区造纸厂主任。

张　勤　男，1967 年张掖中学高中毕业，曾担任北京市京都宾馆经理。

闻世英　男，1967 年张掖中学高中毕业，曾担任张掖地区造纸厂分厂厂长。

成玉明　男，1967 年张掖中学高中毕业，曾担任张掖地区电力局工会主席。

郝兴林　男，1967 年张掖中学高中毕业，曾担任甘肃省交通厅公路总局纪检委书记。

祁兰育　女，1967 年张掖中学高中毕业，曾担任张掖市民族宗教局局长。

李志才　男，1967 年张掖中学高中毕业，曾担任张掖地区乡镇企业处副处长。

阎　岩　男，1967 年张掖中学高中毕业，曾担任兰州生物制品厂办公室主任。

王鹤鸣　男，1966 年张掖中学高中毕业，曾担任张掖地区造纸厂分厂厂长。

王维生　男，1966 年张掖中学高中毕业，曾担任兰州省建公司办公室经理。

佐佐木弘　男，1962 年张掖中学高中毕业，居住日本东京。

佐佐木隆　男，1966 年张掖中学高中毕业，曾担任日本株式会社翻译。

佐佐美智子　女，1964 年张掖中学高中毕业，居住日本北海道。

佐佐木茂　男，1968 年张掖中学高中毕业，居住日本东京。

唐福元　男，1966 年张掖中学高中毕业，曾担任张掖地区造纸厂分厂党支部书记。

焦玉莲　女，1967 年张掖中学高中毕业，曾担任张掖市工商局副局长。

范干聪　男，汉族，1951 年 1 月生。中共党员。1969 年张掖中学毕业分配至张掖农业机械厂工作；1971 年参军入伍在中国人民解放军基建工程兵第一支队四大队，荣立战功。1977 年退伍后在张掖地区工业交通局工作；1986 年调入张掖糖厂，先后任厂长办公室副主任、主任；1994 年调入张掖收割机厂任厂长。2000 年企业改制后退休。后加入甘肃集邮协会，2012 年编组的西路军题材邮集《红星震颤祁连山》在"绚丽甘肃"全省集邮展览中获奖。

阎　峙　男，1968 年张掖中学高中毕业，曾担任甘肃省旅游事业管理局副局长。

谈树德　男，1950 年 4 月出生，内蒙古包头人，大专学历，中共党员。1968 年毕业于张掖中学。曾任中共肃南县委常委、副县长，肃南县马蹄寺旅游区管委会主任，高台县委副书记、县长，张掖市人大常委会秘书长、党组成员，张掖市人大常委会副主任。2010 年退休。

陈西珍　女，1968 年张掖中学高中毕业，曾担任张掖地区外贸处党委办公室主任。

储米维　男，1968 年张掖中学高中毕业，曾担任张掖地区体育运动学校党委书记。

马晋梅　女，1968 年张掖中学高中毕业，曾担任甘肃省农委处长。

李　鹏　男，1968 年张掖中学高中毕业，曾担任张掖地区设计院院长。

樊竹蕊　女，1968 年张掖中学高中毕业，曾担任兰州市建筑工程局第二中学副校长。

苏惠珍　女，1968 年张掖中学高中毕业，曾担任中国农牧总公司兰州分公司经理。

黄亦凡　女，1968 年张掖中学高中毕业，曾担任成都军区总医院口腔科主任。

吕淑琴　女，1969 年张掖中学高中毕业，曾担任兰州铁路局高级经济师。

傅万珍　女，1970 年张掖中学高中毕业，曾担任张掖地区财政处副处长。

谢永生　男，1970 年张掖中学高中毕业，曾担任张掖地区发展计划委员会主任。

霍康杰　男，1970 年张掖中学高中毕业，曾担任兰州铁路局某段工会主席。

荣一威　男，1970 年张掖中学高中毕业，曾担任张掖地区农机管理局书记。

叶兰军　女，1970 年张掖中学高中毕业，曾担任兰州市人民银行工会主席。

李冬萍　女，1970 年张掖中学高中毕业，曾担任张掖地区七一剧团党委书记、团长。

李惠兰　女，1970 年张掖中学高中毕业，曾担任张掖地区文联办公室主任。

毛建民　男，1970 年张掖中学高中毕业，曾担任张掖海尔电器专卖店经理。

范小叶　女，1971 年张掖中学高中毕业，曾担任山西省化工厅某部主任。

叶明华　男，1971 年张掖中学高中毕业，曾担任张掖地区汽车运输公司经理。

罗继洲 男，汉族，1955 年 5 月出生，陕西千阳人，1972 年毕业于张掖中学。1976 年 10 月加入中国共产党，兰州大学经济系政治经济专业大学学历。先后在中国人民解放军 5381 部队服役，在张掖地区民政局、中共张掖地委党校、中共张掖地委宣传部工作。历任高台县委常委、副书记，张掖地区行署副秘书长、信访办主任，张掖地区行署物价处处长、党组书记，张掖地区行署建设处处长、党组书记，张掖市建设局局长、党组书记，中共张掖市委宣传部副部长，张掖市人大常委会党组成员、秘书长。1972 年张掖中学高中毕业，曾担任张掖地区物价处处长。

贾光东 男，1972 年张掖中学高中毕业，曾担任兰州铁路局兰州公安处副处长。

刘大明 男，1972 年张掖中学高中毕业，曾担任张掖地区机要处处长。

李晓斌 男，1972 年张掖中学高中毕业，曾担任甘肃张掖地质有色四队队长。

钱淼森 男，1972 年张掖中学高中毕业，曾担任张掖市第二中学高级教师。

李晓兵 男，1972 年张掖中学高中毕业，曾担任甘肃张掖地质四队队长。

高红斌 女，1973 年张掖中学高中毕业，曾担任张掖地区旅游事业管理局局长。

马继宏 男，1973 年张掖中学高中毕业，曾担任甘肃张掖地质有色四队副队长。

雷玉兰 女，1973 年张掖中学高中毕业，曾担任张掖地区外事办办公室副主任。

门晓玲 女，1973 年张掖中学高中毕业，曾担任张掖市人大常委会办公室主任。

车晓林 男，汉族，甘肃酒泉人，1956 年 4 月出生。中共党员。1973 年毕业于张掖中学。1974 年 3 月参加工作，兰州商学院经济秘书专业毕业，大专学历。曾任甘肃省经济贸易委员会贸易市场处处长、甘肃省商务厅办公室主任、甘肃省商务厅人事教育处处长、甘肃省贸促会副会长（副厅级）。

刘秀琴 女，1974 年张掖中学高中毕业，曾担任张掖地区文化处副处长。

秦云山 男，汉族，1957 年 1 月出生，甘肃武威人。高级经济师，中共党员。1974 年张掖中学毕业。曾任甘肃省供销合作社副主任、党委委员，现任甘肃省供销合作社巡视员。

陈和平 男，1974 年张掖中学高中毕业，曾担任张掖地区气象局副局长。

李兰华 女，1974 年张掖中学高中毕业，先后在张掖师范学校、河西学院音乐系工作，现为河西学院音乐系副教授。

景 涌 男，1975 年张掖中学高中毕业，曾担任兰州市公安局白塔山派出所所长。

王 旭 女，汉族，1962 年 8 月生，甘肃张掖人。1976 年张掖中学毕业。讲师，中共党员。1977 年 4 月参加工作，1987 年 7 月西北师范大学外国语言文学系英美文学专业毕业，研究生学历。先后在高台文工团、甘肃省兰州高等师范专科学校外语系，甘肃省外贸厅引进处、外资处工作，历任甘肃省外贸厅外资处副处长、甘肃省贸易经济合作厅外资处处长、甘肃省商务厅外资处处长、甘肃省商务厅副厅长、党组成员。

黎 红 女，1976 年张掖中学高中毕业，现定居美国纽约州。

李韵东　男，汉族，1963年1月出生，甘肃张掖人。中共党员。1978年张掖中学毕业。1982年8月参加工作。历任张掖地区行署公安处秘书科副科长、张掖地区行署公安处政治处主任、张掖地区行署公安处副处长、张掖地区行署公安处交警支队队长，武威市公安局局长、党委书记，中共武威市委常委、政法委书记，甘肃省公安厅党委委员、纪委书记。现任甘肃省公安厅党委委员、省纪委驻厅纪检组组长。

廖国勤　女，1978年张掖中学毕业。博士。曾任中国石油润滑油公司总经理、党委副书记职务。组织过多套装置开工，其中40万吨/年润滑油高压加氢是国内第一套高压加氢生产润滑油的装置，也是专利商IFP在世界上第一套工业化装置。作为主要负责人，获得部级成果二等奖一项，专利三项，发表文章八篇。主持制定兰炼"十五"发展计划及多年的科研开发计划，并担任项目负责人。多次被评为兰炼总厂先进工作者、科技十佳、拔尖人才。

阎　仲　男，汉族，内蒙古包头人，1962年5月出生。中共党员。1979年张掖中学毕业。1987年6月加入中国共产党。先后在张掖师专中文系汉语言文学专业、中央党校函授学院党政管理专业、中共甘肃省委党校研究生部中共党史党建专业在职研究生班学习，研究生学历。现任张掖市人大常委会副主任、党组成员。

杨继军　男，汉族，山东海阳人，1962年4月出生。中共党员。1980年张掖中学毕业。1983年7月参加工作。大学学历，农学学士。先后担任共青团张掖地委副书记，张掖地区旅游局局长，地区旅游公司、旅行社经理，民乐县委书记、县长，中共张掖市委常委，甘州区委书记，政协甘南州委员会主席、党组书记，政协甘肃省第十一届委员会委员。现任甘肃省科学院党委书记。

王林虎　男，甘肃张掖人，1962出生。中学高级教师。1979年张掖中学毕业。现任上海市虹口区教育局教研室高中英语教研员。曾多次获得甘肃省和上海市优质课评比一、二等奖。在国家级及省市级重点刊物发表论文10篇，出版著作两本。10项课题或项目研究获得国家级、市级及区级奖励。2002年6月至2003年8月，经教育部选拔作为中国20名交流学者之一赴美国纽约州、马萨诸塞州、缅因州交流讲学。

杨振华　男，1980年张掖中学高中毕业，曾担任张掖地区供电局办公室主任。

强　莉　女，1980年张掖中学高中毕业，曾担任甘肃省卫生厅规划财务处处长。

李敬和　男，1981年张掖中学高中毕业，曾担任西北师大物理电子工程学院组织员。

陆　文　女，1981年张掖中学高中毕业，曾担任《劳动者保障报》记者。

崔　健　男，1982年张掖中学高中毕业，曾担任兰州电机厂副厂长。

徐全生　男，1983年张掖中学高中毕业，曾担任甘肃省电信总公司兰州市分公司副总经理。

杨海波　男，1983年张掖中学高中毕业，曾担任全国政协某部处长。

杨鸿祥　男，1984年张掖中学高中毕业，曾担任甘肃人民广播电台"黄河之声"经济台副总监。

舒铁军　男，1984 年张掖中学高中毕业，曾担任中国电信总公司调配处处长。

周生宏　男，1985 年张掖中学高中毕业，曾担任马兰基地作战试验处副团参谋。

李继红　男，1985 年张掖中学高中毕业，曾担任国家广播电影电视总局高级工程师。

马瑞红　女，1986 年张掖中学高中毕业，曾担任兰州供电局局长办公室主任。

白向辉　男，1986 年张掖中学高中毕业，曾担任西北航空公司兰州开发公司办公室主任。

陈凌云　男，1986 年张掖中学高中毕业，曾担任兰州飞控仪器总厂财务处副处长。

郭咏梅　女，1986 年张掖中学高中毕业，曾担任甘肃省审计厅外资处副处长。

王文生　男，1986 年张掖中学高中毕业，曾担任西北师范学院团委书记。

温玉林　男，1986 年张掖中学高中毕业，曾担任甘肃省广播电视厅处长。

张　涛　男，1986 年张掖中学高中毕业，曾担任《读者》杂志社编辑。

郭　彤　女，1986 年张掖中学高中毕业，定居加拿大。

蔺海鲲　男，汉族，生于 1968 年，甘肃山丹人。中共党员。1986 年张掖中学毕业。河西学院管理系副教授，河西学院继续教育学院院长，现任河西学院人事处处长。先后在张掖师专政史系、河西学院管理系、政法系教学第一线主讲宪法学、公司法、民事诉讼法、经济法概论、刑事与刑事诉讼法等法律基础课程。

杨多木　男，1987 年张掖中学高中毕业，曾担任中共中央组织部某处处长。

楼　伟　男，1987 年张掖中学高中毕业，曾担任兰星清洗华东公司总经理高级工程师。

师亦里　男，1987 年张掖中学高中毕业，曾担任中国人民解放军总后勤部高级工程师。

朱芝松　男，汉族，1969 年 2 月生，江苏赣榆人，中共党员。1985 年张掖中学高中毕业后考入哈尔滨工业大学机械制造专业。1989 年 7 月参加工作。先后在上海航天局第八〇〇研究所担任技术员、研究室副主任、研究室主任、所副总工艺师、副所长、总体所所长等职务。2000 年 6 月担任上海航天局局长助理，后任副局长，1999 年被破格晋升为研究员。2000 年 6 月调任上海航天局局长助理，主管全局武器型号的研制生产工作，2002 年 2 月出任副局长。2008 年 11 月任上海航天局局长、党委副书记。2016 年 1 月任上海市闵行区委副书记、区长。上海市闵行区第六届区委常委。

秦　伟　男，汉族，甘肃张掖人，生于 1968 年 12 月。中共党员，高级规划师，市管拔尖人才。1987 年张掖中学高中毕业。历任张掖市规划局副局长、中共甘州区委常委、副区长、常务副区长，现任中共甘州区委副书记、区委党校校长（正县级），先后在省级各类刊物上发表专业论文 6 篇，出版《张掖城市规划问题研究》专著一部。

朱少君　男，1964 年出生，1981 年张掖中学毕业，考入西北师范学院体育系。

2005 年历任张掖市文化出版局党组成员、纪检组长，张掖市体育运动学校校长，张掖市体育运动学校党委书记。柔道、国际式摔一级裁判，1992 年获全国优秀裁判员称号。政协张掖市第三届委员会委员；张掖市教育学会第二届理事会常务理事、体育教学研究会会长。

张　睿　女，汉族，甘肃张掖人，生于 1966 年 10 月。中共党员。1984 年张掖中学高中毕业，考入西北师范大学数学系，理学硕士。现为兰州交通大学数理学院数学系主任，教授，硕导。2012 年获"甘肃省师德标兵"称号，2013 年获"甘肃省三八红旗手"称号，2013 年、2014 年分获兰州交通大学"第一届教书育人奖"和"教学名师"称号，2015 年获铁道部"詹天佑科学技术奖"。主持或参与完成国家、省自然科学基金和教育部、省教育厅科研项目，其中，3 项获得甘肃省高校科技进步奖二等奖。以第一作者发表学术论文 30 余篇，其中 SCI 收录 5 篇、EI 收录 1 篇、ISTP 收录 4 篇。

徐永祥　男，1965 年 11 月出生，甘肃民乐人。1981 年张掖中学毕业，考入西安交通大学就读本科，1985 年获学士学位后继续攻读硕士学位，1988 年分配至中国西电集团西电国际工程公司工作，1990 年至 1992 年在尼泊尔执行尼泊尔国家电力局 132 千伏拉罕至加加里输变电工程，任项目经理助理，全面负责项目工作。1992 年获中国驻尼泊尔王国大使馆颁发的中国驻尼优秀外经工作人员称号。1993 年应聘西安中外合资企业八佳房地产公司总经理职务，1996 年破格升任高级工程师。1997 年应聘陕西杨凌国家级农业开发区副厅级经贸副主任职务，1998 年参加数个全球性的招投标大型电力项目工程，1999 年移民新西兰。2000—2005 年，在新西兰奥克兰大学攻读博士学位，2005 年获电力电子工程博士学位后在新西兰电力公司就任合同经理。2008 年至今在西澳大利亚国家电力公司工作，分别任高级工程师，高级策略师，电网资产高级经理（主任工程师）职务。曾任国际电工委员会（IEEE）委员，澳大利亚工程师协会会员，澳大利亚资产执业经理协会会员，新西兰科学家学会会员，澳大利亚科学家学会会员等专业职务。

杨　君　男，生于 1969 年。先后在省农科院张掖试验场、张掖地区环境监理站、张掖地区行署物价处、临泽县、中共张掖市委组织部工作，现任中共民乐县委书记。

赵晓冬　男，1969 年 1 月出生，1987 年张掖中学毕业，考入原解放军空军政治学院并留校任教。历任军队院校讲师、军事科学院研究员、联合国军事观察员（苏丹）、空军某部副旅长、瑞典安全与发展政策研究所客座研究员等职。现任军事科学院某研究室副主任（大校军衔）、军队管理学博士后流动站导师组成员，硕士研究生导师。兼任军队外事工作咨询专家、中国法学会会员、北京市军事法学会常务理事、国家开放大学八一学院特聘教授、公安部警卫局特聘教授。先后主持和参加完成《中华人民共和国航空法》等重大课题 60 余项，上报中央军委、国家机关研究报告 50 余份，科研成果获军队级奖励 30 余项。著有《军事法教程》等多部著作，在《中国军事科学》《解放军报》等发表学术论文 90 余篇。先后荣立三等功 2 次。获联合国维和荣誉勋章。

张俊宗 男，1963 年出生，甘肃张掖人。1980 年张掖中学高中毕业。同年考入西北师范大学历史系，2003 年获华中科技大学教育学博士学位。曾任西北师范大学宣传部长、办公室主任，天水师范学院副院长，甘肃民族师范学院党委副书记、院长。2015 年 5 月任甘肃农业大学党委书记。先后承担过全国教育科学"十五"重点规划项目《现代大学制度研究》等课题，著有《现代大学制度》《面向大众化的甘肃高等教育》《大学生社会调查方法》《迈向二十一世纪的西北民族师范教育》等著作。1990 年被省委、省政府授予"优秀德育工作者"荣誉称号；1992 年被团省委授予"新长征突击手"荣誉称号；1996 年被省委组织部、宣传部、教育厅授予"高校优秀思想工作者"荣誉称号。

王 忠 男，1971 年 11 月出生。1991 年张掖中学毕业。1993 年考取南京林业大学。现任江苏省盐城市大丰万达纺织有限公司生产部副部长。曾被评为江苏省盐城市大丰区第二届劳动模范、中国纺织工业劳动模范。

何 晶 男，1972 年出生，甘肃张掖人。1989 张掖中学毕业，现任中国航空规划设计研究总院有限公司总建筑师，研究员，特级项目主持人、国家一级注册建筑师、国家注册咨询工程师（投资）。1993 年获得长安大学建筑学院学士学位；2005 年获得清华大学建筑学院硕士学位。在《工业建筑》《新建筑》《环境卫生工程》等刊物上发表多篇论文。2012 年中国建筑学会年会论坛、第五届中国生活垃圾焚烧处理技术研讨会、2015 年上海垃圾焚烧热点论坛等做主题发言，作品荣获中国建筑设计奖（工业建筑）、中国工业建筑优秀设计一等奖、航空工业优秀工程勘察设计奖等多个奖项。

郭 珺 男，1975 年出生，甘肃张掖人。高级工程师。1993 年张掖中学毕业，考入福州大学电气工程系电力系统及其自动化专业读本科。1997 年分配至甘肃省张掖地区电力工业局工作。2002 年进入北京清华紫光测控有限公司（现更名为北京紫光测控有限公司）工作。2007 考入华北电力大学攻读硕士研究生。现任北京紫光测控有限公司总经理助理。

余建辉 男，1983 年 9 月生，2001 年毕业于张掖中学。2005 年毕业于北京大学城市与环境学系，获地理学学士学位；2011 年毕业于中国科学院地理科学与资源研究所，获地理学博士学位。自 2011 年起在中国科学院地理研究所工作。主持或参与国家自然科学基金、国家科技支撑计划、中科院咨询评议项目等 20 余项，参与完成的国家领导人批示的咨询报告 2 份，先后发表学术论文 40 余篇，参与编纂著作 5 部。现为中国科学院地理科学与资源研究所副研究员，硕士生导师。

马 啸 男，1983 年 4 月生，2002 年张掖中学毕业。国家级社会体育指导员，国家一级运动员，曾登顶新疆慕士塔格峰 7546 米。中国登山协会委员；中登协户外专业委员会委员；广东省户外运动协会理事；深圳市登山户外运动协会秘书长；华大运动首席运营官；深圳市志愿者救援联合会监事；深圳市恩友社会组织财务服务中心理事。

张　皓　男，1983 年 11 月出生，1999 年张掖中学初中毕业。中国科学院地理科学与资源研究所博士后。2012 年毕业于韩国东国大学旅游管理学院旅游管理学专业，获旅游管理博士学位。主要研究领域：全球变化与旅游科学、世界遗产与旅游发展、国际旅游与酒店管理。先后发表论文多篇。

阮明岳　女，1989 年 7 月出生，2007 年张掖中学毕业。华中科技大学脉冲强磁场科学中心（国家重大科技基础设施）材料物理与化学工学博士；华中科技大学物理学院应用物理理学学士；日本东北大学国际青年学者交流项目。现任西北师范大学物理与电子工程学院讲师。

袁　涛　男，汉族，甘肃张掖人，1965 年 9 月出生。1984 年张掖中学高中毕业，考入甘肃农业大学。张掖地区（市）畜牧兽医研究所高级畜牧师。张掖市动物疫病预防控制中心副主任（副所长），2016 年 1 月获得副研究员任职资格。参与完成国计 85—5 号《甘肃省黄牛转化途径和方法的研究》项目，获甘肃省科技进步二等奖，主持完成甘肃省绿色食用畜产品地方标准制修订 6 项，草产品标准 3 项。参与完成省列 10 多项科研项目，成果荣获省部级三等奖 2 次、地厅级二等奖 10 次，在国家级、省级期刊发表论文 40 多篇。2012 年获甘肃省农牧厅表彰的全省动物防疫先进工作者。

张　红　女，汉族，1966 年出生，甘肃张掖人。1984 年张掖中学高中毕业，同年考入新疆石河子医学院，攻读临床医学专业。在北京市石景山医院先后任主任医师、急诊科主任、急诊医学教研室主任和急诊科党支部书记。兼任中国研究型医院学会心肺复苏专业委员会常务委员兼副秘书长、北京医学会急诊医师分会理事等 10 多种职务。发表论文 20 余篇，参编专著 5 部。2009 年 9 月获"全国三八红旗手"荣誉称号。

李　刚　男，汉族，甘肃张掖人，1966 年 11 月出生，教授级高级工程师，硕士生导师。1984 年张掖中学高中毕业，考入天津大学，攻读精密仪器专业。先后在甘肃省计量研究院兰州交通大学机电技术研究所工作。主持或参与完成多项铁路、航空物流信息科研课题，获得发明专利 1 项，实用新型专利 2 项。参编《新型高速单片机原理及应用系统设计》教材 1 部。2002 年以来，以第一作者在《宇航计测技术》《中国计量》等学术期刊发表论文 10 多篇。

毛奕宏　男，汉族，1971 年 1 月出生，甘肃山丹人。现任兰州市人民检察院检察技术处处长。1989 年在张掖中学毕业；1989 年考入甘肃农业大学林学系水土保持专业学习；1991 年至今先后在张掖地区黑河流域管理处、地区公安处交警支队、省公安厅交警总队、兰州市人民检察院工作。1997 年被团省委等单位评为"甘肃省百名优秀青年"，授予"甘肃省新长征突击手"荣誉称号；2004 年被最高人民检察院授予"全国检察机关信息化工作先进个人"；2010 年和 2013 年，两次被甘肃省人民检察院记个人二等功。

张　翔　男，甘肃张掖人，1976 年出生，1994 年张掖中学毕业。中国人民大学法学学士、法学硕士，北京大学法学博士，德国柏林洪堡大学访问学者（2009—2010年）。现为中国人民大学法学院教授、博士生导师，兼任中国法学会宪法学研究会秘书长、中国行为法学会软法研究会副会长、中央国家机关青联委员等。曾获评中国法学会第八届全国十大杰出青年法学家、第二届"首都十大杰出青年法学家"、霍英东奖、钱端升奖。代表性论文有《基本权利的双重性质》《两种宪法案件：从法律的合宪性解释看宪法对司法的可能影响》《财产权的社会义务》《宪法教义学初阶》等。出版专著《基本权利的规范建构》《宪法释义学：原理　技术　实践》，主编丛书《德国宪法案例选释》。

张惠玲　女，1975 年出生，甘肃张掖人，1993 年张掖中学毕业。考入西安邮电学院通信工程专业，1996 年大学毕业后一直从事通信工作，就职于电信张掖分公司，负责张掖高校的电信业务。

夏　刚　男，汉族，1976 年 4 月出生，1994 年张掖中学毕业。1998 年重庆建筑大学本科毕业。清华大学硕士研究生，中央党校硕士研究生，先后获得了"中国十大最具影响力设计机构""中外酒店十佳品牌设计机构""中国十大建筑装饰品牌""中国最具商业价值设计机构""中国十佳酒店设计机构""重庆十大设计机构"等二十几个企业荣誉，并成为重庆设计商会会长单位。

沈旭章　男，甘肃张掖人，1976 年出生，1993 年毕业于张掖中学。研究员，中国地震局兰州地震研究所硕士研究生导师，中国地震局地球物理研究所博士研究生导师。曾多次到日本东京大学地震研究所、德国地学研究中心、美国密苏立大学和首尔大学地球科学系累计进行过两年半的学术交流与访问。

张　博　男，甘肃张掖人，1980 年 2 月出生，1998 年张掖中学高中毕业。中共党员，副教授。从事军队教育工作 15 年，先后承担过十余门课程的主讲任务，累计发表学术文章 70 多篇，其中在军事学核心期刊、中文核心期刊发表文章近 30 篇。参与完成教学科研课题十余项，其中"十二五"国家重点课题一项，参与编写教材、专著近十部，所撰写的硕士学位论文先后获全军优秀硕士学位论文、江苏省优秀硕士学位论文，多次在全军和学院举办的教学竞赛中获奖。

段京肃（1955 年 8 月—），男，山西襄汾人，1973 年张掖地区育才中学毕业，1978 年考入兰州大学中文系，毕业后留校任教。现任新闻与传播学系主任、教授、硕士生导师等职。2000 年获国务院特殊津贴。曾获 1997 年甘肃省人民政府优秀教学成果一等奖等多次奖项，主要著作有《基础传播学》等八部，发表论文多篇。

唐晓勇（1951 年 11 月—），男，河南清丰人，中共党员，现任中国人民解放军63680 部队副政治委员，大校军衔，无锡市第十二届人大代表。1968 年毕业于张掖地区育才中学，同年入伍，1972 年长沙工学院计算机系毕业，曾任助理工程师、教导员、团政委、师政治部主任等职。多次远征太平洋、印度洋、大西洋，参加国家级大型试验任务，荣立三等功两次，出席了全军第二届英模代表大会。在任团政委、党委书记期间，被原国防科工委评为优秀党委书记，该部队在 1989 年被中央军委记集体一等功。

王甲武（1954 年 7 月—），男，山西陵川人，中共党员，1969 年张掖地区育才中学毕业，同年入伍，历任班长、电台台长、参谋、连长、营长、团长、副师长等职。1991 年 9 月毕业于中国人民解放军南京陆军指挥学院指挥系，大学本科学历，在读研究生。现任兰州军区联勤部副参谋长、大校军衔。曾先后荣立二等功一次，三等功四次。1997 年被集团军树为优秀团长。

赵晋肃（1951 年 6 月—），男，山西人，中共党员，1967 年张掖地区育才中学毕业，1968 年初入伍，1975 年毕业于新疆军区军医学校。现任中国人民解放军第二十七医院传染科主任、副主任医师，技术六级（正师）、文职三级（大校）。1995 年荣立三等功一次，1997 年被兰州军区政治部评为"基层先进科技干部"。其主要事迹被汇入兰州军区《西北军旅白衣荟萃》一书。

赵金辉（1962 年 6 月—），男，山东黄县人，中共党员，大学本科学历。1978 年张掖地区育才中学毕业，同年考入石家庄铁道兵工程学院。1982 年毕业后，在兰州军区某部历任连长、营长、团参谋长、团长等职。1995 年调任中国人民解放军总参谋部管理局西北办事处主任（副师）、上校军衔。1998 年转业，现为香港威达机械进出口公司董事长。

耿莲凤　女，1958 年从邢台中国人民解放军第一育才小学毕业。著名歌唱艺术家，现在中国人民解放军总政文工团工作，国家一级演员。

张五朝（1953 年—），女，1969 年张掖地区育才中学初中毕业后，在 8120 部队服兵役。现在中华女子大学工作，任副校长。

徐亚伟（1960 年 8 月—），男，中共党员。1978 年张掖地区育才中学毕业，同年考入兰州医学院，毕业后先后在张掖卫生学校、甘肃省人民医院工作，曾任学校工会主席、团省委委员、省老年医学研究所副主任、心内科副主任等职，多次研修及留学于日本、美国等地，留美硕士、留美在读博士。现任上海同济大学附属铁路医院主任医师、教授、心内科主任，同济大学临床医学诊断教研室主任。编译《心音与杂音实践指南》等专著三部，在国内外刊物上发表论文 40 余篇，通过省部级科研鉴定 10 余项，2000 年获中国青年科技奖。

卜乐萍（1961 年—），女，1978 年张掖地区育才中学毕业，同年考入兰州医学院医疗系，1982 年毕业后留校工作，后在本校读研究生，获硕士学位，1988 年赴法国里昂留学，1992 年获医学博士学位后赴美，现在华盛顿某医院工作。

张丽萍（1962 年—），女，甘肃永昌人，中共党员。1978 年张掖地区育才中学毕业，1980 年从甘肃省中医学校毕业，先后在张掖市中医院、育才中学校医室工作。1994 年至 1997 年在陕西中医学院读硕士研究生，1997 年至 2000 年在北京中医药大学读博士研究生，现为广西中医院副教授。

夏 芬（1962 年 9 月—），女，辽宁省抚顺市人，1979 届张掖地区育才中学高中学生，1978 年读高一时以优异成绩考入苏州医学院，1983 年毕业后留校工作，1991 年在德国获硕士学位，1992 年赴美国攻读博士学位，现在美国波士顿一大学从事博士后研究。

张 文（1962 年—），女，1979 届张掖地区育才中学高中学生，1978 年读高一时以优异成绩考入西北师范学院数学系，1982 年毕业后分配到张掖师专数学系任教，后调离。

李晓旭（1966 年 2 月—），男，甘肃临泽人，1983 年张掖地区育才中学毕业，同年考入兰州大学生物系，1987 年毕业后留校任教，1992 年获硕士学位。1997 年在兰州大学获博士学位。1997 年至 2000 年在北京医科大学国家天然及仿生药物实验室做博士后研究。2000 年 3 月赴美，先后在佛罗里达大学和华盛顿大学做访问学者。在国际学术刊物上发表论文多篇。

汤 潮 男，1972 年张掖地区育才中学高中毕业，考入成都外语学院学习，1979 年赴加拿大深造，曾在北京师范大学任教。现居加拿大。

卢燕萍 女，1972 年张掖地区育才中学高中毕业，曾在甘肃日报社工作，1982 年考入西北师范大学中文系，取得硕士研究生学历。

梁小英（1963 年 1 月—），男，1980 年张掖地区育才中学高中毕业，1980 年考入四川大学计算机系，1984 年至 1987 年在该系读研究生并获硕士学位，1987 年赴美留学，先后获数学硕士、经济学博士学位等。1993 年至 1998 年在美国芝加哥州立保险公司工作，1998 年以后在纽约保险公司工作，从事再保险的研究和开发工作，为高级精算师。现在是美国产险精算师协会高级会员（FCAS），美国精算学会会员（MAAA）以及中国精算师协会会员（FCAA）。

张海宏（1967 年—），男，甘肃张掖人，1987 年张掖地区育才中学毕业，同年考入兰州医学院，1992 年毕业后分配到张掖地区医院工作。1995 年至 1998 年在兰州医学院读硕士，2001 年取得湖南医科大学博士学位，现在湖南长沙医院工作，副主任医师。

张亚萍（1968 年—），女，甘肃永昌人，中共党员，1986 年张掖地区育才中学高中毕业，同年以张掖市外语类总分第一名的成绩考入兰州大学外语系，1990 年毕业后，在兰州大学外语系读硕士研究生，1993 年毕业。现在中国人民大学任教，中英英语口语等级考试考官。参加编写《大学流利英语》等高等院校教材。

冯 哲（1970 年 7 月—），男，甘肃民乐人，硕士研究生学历。1988 年张掖地区育才中学毕业，同年考入上海同济大学工业电气自动化系，1993 年毕业后分配到建设部设计研究院工作，任环艺照明设计分院副院长。

王　珑（1968年—），男，1987年张掖地区育才中学毕业，同年以张掖市理科第一名的成绩考入中国人民大学，1991年毕业后在中国粮油进出口总公司工作，1994年出国，现定居加拿大。

严　宏（1966年—），女，1985年张掖地区育才中学毕业，同年以张掖市理科第一名的成绩考入北京中医学院，1990年毕业后曾在甘肃省人民医院工作，后调山西省大同市，副主任医师。

郑勤砚（1976年—），女，1994年张掖地区育才中学毕业，同年考入西北师范大学美术系，1998年6月毕业获文学学士学位。1998年至2001年在西北师范大学获美术教育硕士学位，2001年至今在首都师范大学读博士研究生，多篇作品在《敦煌研究》《中国中小学美术教育》等刊物上发表并数次获奖。

崔建设（1956年3月—），男，陕西长安人，1971年至1972年在张掖地区育才中学学习，1972年10月选拔调入甘肃省田径队学习训练，多次参加全国青少年田径比赛，在1973年烟台举行的全国少年田径赛上以6秒6的成绩获60米跑第一名，以11秒的成绩获100米跑第二名。1976年转入甘肃省棒球队，多次获全国联赛前六名，1982年从棒球队退役后到兰州市总工会工作。

赵英凯（1969年1月—），女，甘肃张掖人，1981年在张掖地区育才中学初一学习，后选拔进入甘肃省体校、省体工队学习和训练，多次参加全国和全省田径比赛，获得过好的成绩和名次。20世纪90年代在西北师大学习期间，参加了全国大学生运动会并获田径比赛200米跑第一。退役后在金昌市体委工作。

周生泉（1961年5月—），男，中共党员，中共党校本科学历。1978年张掖地区育才中学毕业，1979年至1995年先后在部队服役，在张掖地区汽车运输公司工作。1995年至1999年任张掖市公安局副局长，1999年至今任张掖市司法局党支部书记、副局长。在部队服役期间曾荣立二等功一次、三等功四次。被中共甘肃省委、省人民政府、甘肃省军区授予"模范共产党员""学雷锋先进个人"等荣誉称号。多次被中共张掖地委、行署表彰。本人曾在陕、甘、宁、青部队，学校和机关作报告200多场，其事迹曾在《人民日报》《解放军报》《甘肃日报》等报刊多次报道。专题片"永不褪色的兵"曾在中央电视台播放。

赵国强（1959年1月—），男，山东黄县人，中共党员，1974年张掖地区育才中学毕业。1978年至1982年在西北纺织工学院学习，毕业后在陕西省进出口公司工作，后任陕西省开城集团总经理。

管云涛（1964年1月—），男，甘肃山丹人，1981年张掖地区育才中学毕业，同年考入西安工业学院电子工程系计算机专业学习，1985年毕业，获学士学位。1985年至1996年在原兵器工业部销售公司兰州分公司工作，历任科长、处长、副总经理等职。

1996 年以来在民营甘肃泰亨实业发展有限责任公司工作，任董事长兼总经理。

牛宪生（1954 年 7 月—），男，甘肃酒泉人，中共党员。1970 年张掖地区育才中学毕业，同年参加工作。1978 年至 1982 年在西北师范学院教育系学习，获学士学位。先后在甘肃省轻工机械厂、张掖地区行署办公室等部门工作，后任张掖地区农村小康建设办公室副主任、党支部书记。曾获甘肃省轻工厅劳动模范称号。先后在省内外报刊发表新闻、文学等作品约 80 万字，获省级以上奖励多次。

张　峰（1955 年 1 月—），女，北京市人，1972 年张掖地区育才中学毕业。1982 年从西北师范大学美术系国画专业毕业，现在河西学院美术系任教，担任系副主任、副教授，主要绘画作品《放学啦》等入选、参展、发表于国家级、省级美展及刊物，并多次获奖，多篇论文发表在省内外刊物上。

王大顺（1964 年 12 月—），男，中共党员，1983 年张掖地区育才中学毕业，同年考入西北师范大学教育系学校教育专业，1994 年 7 月北京师范大学心理系研究生毕业，获硕士学位。自 1987 年分配河西学院任教以来，发表科普、科研论文 10 余篇，参编工具书、教材各一部。作为主要完成人参加的《师专心理学教学改革与学生心理咨询的理论与实践》教学成果获普通高校国家级教学成果二等奖。1999 年 7 月破格晋升为副教授，任教育系主任，兼张掖市心理卫生协会副理事长。

赵国丽（1957 年 11 月—），女，山东黄县人，1974 年张掖地区育才中学毕业，1978 年 3 月至 1982 年 1 月在西北师范学院美术系学习。1982 年至 1983 年在张掖育才中学任教，1983 年调出。任甘肃日报社总编室主任编辑，兼西部书画院副院长、甘肃省青年美协副主席等职。

范兴福（1950 年 1 月—），男，甘肃张掖人，中共党员，1969 年张掖地区育才中学高中毕业，同年分配到河西制药厂工作，副高职称。1975 年兰州大学生物系毕业，曾任河西制药厂副厂长，现任厂党委副书记、工会主席。

王明生（1950 年 1 月—），男，甘肃张掖人，中共党员。1968 年张掖地区育才中学毕业，曾在白龙江林业局等单位工作。1978 年考入西北师范学院中文系，毕业后分配到张掖地区育才中学任教，1984 年调出。曾在中共张掖地委秘书处工作，后任甘肃省电大张掖分校副校长。

王　兵（1961 年 11 月—），男，甘肃静宁人，中共党员，研究生学历。1974 年至 1978 年在张掖地区育才中学学习，1978 年考入天水师范专科学校中文系。毕业后曾在张掖市新墩乡、中共张掖地委秘书处、山丹县人民政府等部门工作，曾任中共张掖地委副秘书长、山丹县长、中共高台县委书记、张掖市教育局局长等职，现任河西学院党委副书记。

刘中唯（1955 年 6 月—），男，陕西富平人，中共党员。1970 年张掖地区育才中学毕业，1973 年至 1976 年就读于陕西机械学院，毕业后在甘肃省轻工机械厂工作，历任技术员、科长、副厂长、厂党委书记等职。现任海南国际金叶塑编制品有限公司董事长、总经理。

胡小薇（1960 年—），女，1976 年张掖地区育才中学毕业，下乡插队一年后考入华东化工学院，1987 年硕士研究生毕业，曾为美国费城高分子科研所访问学者。

王伟俊（1962 年 5 月—），男，1974 年 2 月至 1979 年 7 月在张掖地区育才中学学习，1983 年毕业于西北师范大学中文系。现任张掖实验中学副校长。著有《普通话说话训练》等，在省内外刊物上发表论文多篇，共发表出版约 60 万字，曾获国家和省级奖励。1993 年入选陕西师大出版社出版的《中国当代教育名人大辞典》，1996 年获甘肃省"园丁奖"，1998 年获全国曾宪梓基金会二等奖，同年入选甘肃省人事厅编《甘肃专家》画册。

刘　苏（1949 年 9 月—），女，河北秦皇岛人，中共党员。1968 年参加工作，大学本科学历，任兰州七中党总支书记。1963 年随学校从邢台迁至张掖，1968 年张掖地区育才中学高中毕业。1968 年至 1973 年在部队服兵役，其间曾在中国人民解放军国防科技大学学习。1973 年转业后在兰州三中、中共兰州市委宣传部任政治课教员、教务处副主任等职，1990 年后在兰州七中工作。

张文辉（1951 年 3 月—），女，中共党员，中央党校本科学历。1968 年至 1970 年在张掖地区育才中学学习，毕业后留校工作。担任学校团委书记、政治课教师。调出后曾在中共张掖地委组织部等部门工作。

杨崇善（1951 年 8 月—），男，甘肃张掖人，1970 年张掖地区育才中学高中毕业，同年留校工作。1973 年至 1976 年在陕西机械学院学习。1983 年从育才中学调出，先后在张掖地区纪检委、农业处工作，任副科长、科长等职，曾任张掖地区行署农业处党组成员、纪检组长。

杨海燕（1952 年 10 月—），女，甘肃张掖人，中共党员。1972 年张掖地区育才中学毕业，先后在张掖地区妇联、中共张掖地委统战部工作，任中共张掖地委台湾工作办公室、行署台湾事务办公室主任。

卜桂英（1953 年 8 月—），女，甘肃张掖人，中共党员，1970 年张掖地区育才中学毕业，1973 年至 1976 年在西安冶金建筑学院学习，曾先后在张掖地区运输公司、张掖地区妇联、政协工委等单位工作，曾任中共张掖地委统战部副部长。

李元升（1956 年—），男，中共党员，大学专科学历。1969 年 4 月至 1970 年 10 月在张掖地区育才中学学习。1970 年参加工作，曾先后在张掖地区文工团、张掖地区工会工作。1996 年在张掖地区文化出版处工作，任副处长、纪检组长。数篇论文在省地刊物上发表，个人曾受到甘肃省总工会和中共甘肃省委宣传部表彰。

王　宁　男，陕西陵川人，中共党员，本科学历。曾任兰州市热力公司副总经理等职，高级经济师。1970 年至 1973 年在张掖地区育才中学学习，担任校团委副书记等职，出席了甘肃省第四届团代会和张掖地区团代会。先后在中国人民解放军 7452 工厂和兰州市热力公司工作。曾被国家建设部授予规范化服务先进个人。

朱久川（1960 年—），男，1978 年张掖地区育才中学毕业，同年考入天津大学。1982 年毕业后曾在张掖地区建筑设计院工作。后在甘肃工业大学（现兰州理工大学）建筑系任教，副教授，一级注册建筑师。

陈 东（1962 年 1 月—），男，福建福安人，中共党员。1978 年张掖地区育才中学毕业，同年考入兰州大学物理系，1982 年 9 月毕业同时入伍，曾任西安陆军学院兵种科技教研室副主任兼校网管中心主任、副教授，正团职，上校军衔。

刘亚薇（1962 年 1 月—），女，陕西富平人，中共党员。1974 年至 1978 年在张掖地区育才中学学习，1978 年考入天水师范专科学校，1980 年毕业后分配到张掖地区育才中学任教，在担任学校团委书记期间，受到共青团中央和共青团甘肃省委的表彰奖励。1995 年 7 月任张掖医专党委副书记、副校长，教授。著有《世界观、人生观》等，多篇论文在省内外刊物上发表。

李 伟（1958 年—），男，1977 年张掖地区育才中学毕业。1978 年至 1982 年在西北师范学院美术系学习，毕业后，曾在张掖师专美术系任教，甘肃省青年画家，作品多次参加国内外美展，现在甘肃画院工作，专职画家。

刘建民（1960 年—），男，1978 年张掖地区育才中学毕业，大学文化程度，中共党员，高级工程师。曾先后担任张掖地区收割机厂副厂长，张掖地区汽车配件公司经理，甘肃省节能投资公司副总经理。

张学军（1961 年—），男，1978 年张掖地区育才中学毕业，大学文化程度，中共党员，曾任张掖地区企业工委副主任。

陈 威（1962 年 7 月—），女，山东海阳人，中共党员。1977 年张掖地区育才中学高中毕业，同年考入兰州医学院医疗系。1996 年第四军医大学病理学硕士研究生毕业。曾任第四军医大学西京医院肾内科副主任、副主任医师、副教授。

许小玲（1962 年 11 月—），女，陕西延川人，中共党员。1978 年张掖地区育才中学高中毕业，翌年 8 月考入兰州大学中文系，1983 年毕业入伍，任西安陆军学院语言教研室主任，副教授。

郭海强（1961 年—），男，1978 年张掖地区育才中学高中毕业，大专文化程度，中共党员。曾任兰州军区通信团副团长。

王东信（1964 年—），男，1981 年张掖地区育才中学高中毕业，同年以全区理科总分第一的成绩考入北京医科大学，1988 年硕士研究生毕业，曾为北京协和医院中医科主任、副主任医师。

马瑞华（1962 年 11 月—），女，甘肃民勤人，中共党员。1979 年张掖地区育才中学高中毕业，同年考入西北师范学院数学系，1983 年毕业，1983 年至 1994 年在张掖中学任教，1994 年调往兰州二中，中学高级教师。

曹铁权（1964 年 7 月—），男，河北静源人，中共党员，大学本科学历。1981 年张掖地区育才中学高中毕业，同年考入西安陆军学院炮兵指挥专业。1984 年 8 月至 1985 年 2 月赴云南对越作战，任排长，荣立三等功一次，1985 年 3 月至 2000 年 10 月先后任陆军第一八六团机炮连长、兰州军区守备师连职、副营职参谋，青海省军区都兰人武部助理员、科长，海西军分区后勤部助理员，中校军衔。2000 年 10 月退役。

郭中山（1964 年 12 月—），男，河南中牟人，中共党员，大学本科学历。1981 年张掖地区育才中学高中毕业，同年考入西安陆军学院炮兵指挥专业。1984 年毕业，历任陆军第十九军教导大队教员、干事，陆军第二十一集团军参谋、连长，张掖军分区后勤部助理员、战勤科长，临泽县人武部副部长，中校军衔。退役后于 2001 年 10 月起任张掖地区行署科技处纪检组长。

周生学（1965 年 5 月—），男，1981 年张掖地区育才中学高中毕业，同年考入武汉建筑工程学院，1985 年毕业后分配在甘肃省建筑设计院工作。1998 年组建威海科立自动化研究所，研制出太阳能自动化控制器。其成果被中科院推广，获国家专利。现在德国西门子公司驻上海分公司任高级职员。

冯　炜（1965 年 11 月—），男，中共党员。1982 年张掖地区育才中学高中毕业，同年以张掖市外语类总分第一名的成绩考入兰州大学外语系，1986 年毕业，分配到外交部新闻司工作，曾任外交部因特网主页管理处处长。

辛翠英（1965 年—），女，现名辛英，1981 年张掖地区育才中学高中毕业，1982 年以优秀成绩考入西北师范大学中文系。1986 年毕业后分配到张掖师范学校任教，1988 年调入兰州三中，1990 年离职去深圳经商，1996 年去美国，现定居美国。

陈　慧（1966 年—），女，四川阆中人。1983 年张掖地区育才中学高中毕业，同年考入西安医学院医疗系，1988 年毕业后分配到张掖市医院工作，1995 年在兰州医学院获硕士学位，现在兰州医学院第二附属医院工作，副主任医师。北京大学医学部在读博士研究生。

马远骋（1968 年 3 月—），男，甘肃秦安人，1986 年张掖地区育才中学高中毕业，同年考入兰州大学计算机科学系，1990 年毕业后分配到中国科学院兰州分院工作，1994 年调入新华通讯社甘肃分社工作，现任技术中心主任，高级工程师。发表《资源环境科学国际合作的现状及对策》等论文，主持完成了甘肃省分社新编辑系统。

李晓旭　男，1983 年张掖地区育才中学高中毕业，兰州大学毕业后留校工作，1989 年就读兰州大学硕士研究生，毕业后分配到西北民族学院工作。1994 年就读兰州大学博士研究生，由兰州大学和北京医科大学联合培养，1997 年获得博士学位。进入北京医药学博士后流动站从事科研工作。2000 年赴美国佛罗里达大学进行访问研究，后转入圣路易斯华盛顿大学化学系任研究助理，2004 年底就职于美国哥伦比亚大学化工系及基因组技术研究中心任高级研究助理，2007 年起至今担任美国哥伦比亚大学基因组技术研究中心副研究员。在国际高水平刊物上发表 40 多篇学术论文，申请及授权七项美国和国际专利。

丁　霞　女，1980 年张掖地区育才中学高中毕业。后从师于四川大学华西二院妇科腔镜中心主任石钢教授，获妇产科医学硕士学位，现任上海嘉华医院妇科主任。在核心期刊发表论文 5 篇。

王　磊　男，1967 年张掖地区育才中学毕业，曾任石家庄石药集团工会主席。

尚延生　男，1967 年张掖地区育才中学毕业，曾任中国药检所处长。

常云旭　男，1968 年张掖地区育才中学毕业，曾任甘肃省有色金属合资联营公司经理。

冯治海　男，1974 年张掖地区育才中学毕业，曾任张掖地区行署驻京办主任。

张　力　男，张掖地区育才中学毕业，曾任北京节能技术服务中心主任。

彭晓宁　男，张掖地区育才中学毕业，曾任中国人民解放军总装部上校。

李东江　男，张掖地区育才中学毕业，曾任中央电视台记者站记者。

江　波　男，张掖地区育才中学毕业，曾任中科院西安光电所工程师。

马玉江　男，张掖地区育才中学毕业，曾任杭州市科协编辑。

王炳泉　男，张掖地区育才中学毕业，曾任陕西省渭南税务局科长。

毕杭九　男，张掖地区育才中学毕业，曾任四川省机关事务管理局总工程师。

陈秀英　女，1969 年张掖地区育才中学毕业，曾任年石家庄建设银行科长。

张　明　男，张掖地区育才中学毕业，曾任兰州铁路局电务段处长。

邵文库　男，张掖地区育才中学毕业，曾任成都市工商局局长。

毕景德　男，1968 年张掖地区育才中学毕业，曾在烟台海洋打捞局工作。

邵文荣　男，1968 年张掖地区育才中学毕业，曾任辽阳市公安局刑警队队长。

黎亚峰　男，1968 年张掖地区育才中学毕业，曾任河北省电子机械厅外贸公司总经理。

杜晓阳　男，1968 年张掖地区育才中学毕业，曾任成都市物资局工程师。

吴佳生　男，1968 年张掖地区育才中学毕业，曾在石家庄市北方设计研究院工作。

杨涌宁　男，1968 年张掖地区育才中学毕业，曾任张掖地区广播电视处科长。

赖宪生　男，1969 年张掖地区育才中学毕业，曾任成都市中信公司副总经理。

王树占　男，1969 年张掖地区育才中学毕业，曾在石家庄市北方设计研究院工作。

焦国胜　男，1969 年张掖地区育才中学毕业，曾任四川省凉山钢铁厂一分厂厂长。

张娅丽　女，1969 年张掖地区育才中学毕业，曾任石家庄市五交化公司总经理。

高冰冰　女，1969 年张掖地区育才中学毕业，曾任兰州军区通信部工程师。

吕云麓　男，1969 年张掖地区育才中学毕业，曾任苏州艺园公司总经理。

李 杰 男，1970 年张掖地区育才中学毕业，曾任张掖地区公安处科长。

贾维新 男，1971 年张掖地区育才中学毕业，曾任陕西日报社处长。

杜秀玲 女，1971 年张掖地区育才中学毕业，曾任张掖地区检察院科长。

高 玲 女，1978 年张掖地区育才中学毕业，曾任兰州市城关区教育局副局长。

杨旭东 男，1978 年张掖地区育才中学毕业，曾任陕西省军区招待所保卫部长。

王军平 男，1978 年张掖地区育才中学毕业，曾任西核公司办公室主任。

王 虎 男，大专学历，1978 年张掖地区育才中学毕业，曾任陕西省金属材料总公司外事部经理。

梁先克 男，本科学历，1979 年张掖地区育才中学毕业，曾在张掖地区育才中学、兰州七中工作，中学高级教师。

杜伟生 男，1979 年张掖地区育才中学毕业，曾任兰州城建学校学生科科长。

王维刚 男，专科学历，1979 年张掖地区育才中学毕业，曾在张掖地区教育处工作，中教一级。

王卫平 男，汉族，1962 年 9 月出生，甘肃武威人，出生地甘肃张掖。1979 年张掖地区育才中学毕业。中共甘肃省委党校研究生学历，会计师，中共党员。历任甘肃省新华书店集团有限责任公司董事长、党委书记、总经理，现任甘肃省文化产业发展集团有限公司副总经理，党委委员。

张 晋 女，专科学历，1975 年张掖地区育才中学毕业，曾任张掖地区教育处科长，退休。

廖庆中 男，1980 年张掖地区育才中学毕业，曾任五十五师炮团团长。

武旭东 男，1980 年张掖地区育才中学毕业，曾任新疆解放军某部团政委。

石 敏 男，1980 年张掖地区育才中学毕业，曾任五十五师一六五团团长。

罗中杰 男，本科学历，1980 年张掖地区育才中学毕业，武汉中国地质大学教授。

陈良戈 男，专科学历，1979 年张掖地区育才中学毕业，张掖市职教中心高级教师。

马丽萍 女，专科学历，1979 年张掖地区育才中学毕业，张掖四中高级教师。

王 熊 女，1980 年张掖地区育才中学毕业，曾任张掖地区电影公司副经理。

曹 明 男，汉族，1963 年 5 月出生，中共党员，甘肃张掖人。1980 年张掖地区育才中学毕业。中央党校大学学历。历任张掖市公安局技术科原科长、副局长，市禁毒委员会办公室主任，张掖市公安局副局长，甘州区公安局党委书记、局长，区禁毒委副主任兼禁毒办主任，张掖市公安局党委副书记、常务副局长。现任甘肃定西市人民政府副市长、党组成员，市公安局局长、党委书记。

李 霞 女，大专学历，1979 年张掖地区育才中学毕业，张掖师范学校高级教师。

刘吉星 女，本科学历，1978 年张掖地区育才中学毕业，曾任兰医附属二院副主任医师。

雒堂芝　男，本科学历，1981 年张掖地区育才中学毕业，中共张掖地委党校副教授。

王克毅　男，本科学历，1981 年张掖地区育才中学毕业，曾在劳动部职教司工作。

马永新　男，本科学历，1981 年张掖地区育才中学毕业，曾任酒泉钢铁公司设备处处长。

张　沛　男，本科学历，1981 年张掖地区育才中学毕业，曾任海南航空公司高级工程师。

郭建明　男，本科学历，1981 年张掖地区育才中学毕业，曾任海南航空公司长安分公司副总经理。

张学庆　男，本科学历，1981 年张掖地区育才中学毕业，曾任民乐县检察院检察长。

化　兵　男，本科学历，1981 年张掖地区育才中学毕业，曾任张掖卫校工会主席。

吴　力　男，本科学历，1981 年张掖地区育才中学毕业，曾任浙江省萧山市第二医院副主任医师。

周贺成　男，1981 年张掖地区育才中学毕业，曾任张掖地区电影公司经理。

常春燕　女，专科学历，1981 年张掖地区育才中学毕业，珠海市华夏学校副教授。

徐　斌　男，专科学历，1983 年张掖地区育才中学毕业，曾任甘肃省交通学校科长。

杨晓冬　男，本科学历，1983 年张掖地区育才中学毕业，烟台海军学院教授。

李学云　男，汉族，1966 年 5 月出生，甘肃张掖人，中共党员。1983 年张掖地区育才中学毕业。大学学历，经济学学士，经济师。历任张掖地区教育处科长，张掖市统计局副局长、党组成员。现任张掖市人民政府金融工作办公室主任。

刘　静　女，本科学历，1983 年张掖地区育才中学毕业，张掖师范学校高级教师。

纪建功　男，1983 年张掖地区育才中学毕业。1998 年西北师范大学音乐系毕业，现为河西学院音乐系副教授，甘肃省音乐家协会会员、张掖市文学艺术联合会会员、张掖市音乐家协会副秘书长。主持、主讲课程《合唱与指挥》被评为河西学院精品课程。先后在《艺术教育》《小演奏家》发表论文十余篇。

杨　珂　男，本科学历，1983 年张掖地区育才中学毕业，河西学院美术系副教授。

王　霞　女，本科学历，1985 年张掖地区育才中学毕业，曾任张掖地区医院主治医师。

孙彬彬　女，本科学历，1985 年张掖地区育才中学毕业，曾任甘肃省妇幼保健医院主治医师。

白　波　男，本科学历，1985 年张掖地区育才中学毕业，曾任甘肃工业大学副教授。

侯春英 女，本科学历，1985 年张掖地区育才中学毕业，曾任甘肃省中医医院主治医师。

王建刚 男，专科学历，1986 年张掖地区育才中学毕业，曾任甘肃省广播电视学校副教授、教务主任。

刘 丽 女，本科学历，1986 年张掖地区育才中学毕业，四川省德阳一中高级教师。

杨晓青 女，本科学历，1985 年张掖地区育才中学毕业，曾任兰州市安宁区工商银行行长。

文 剑 男，本科学历，1986 年张掖地区育才中学毕业，曾任中国工商时报社记者。

聂 芳 女，硕士学历，1987 年张掖地区育才中学毕业，曾任兰医附属一院主治医师。

李若勇 男，专科学历，1985 年张掖地区育才中学毕业，张掖二中高级教师。

王丽萍 女，专科学历，1985 年张掖地区育才中学毕业，张掖一中高级教师。

刘兴虎 男，本科学历，1987 年张掖地区育才中学毕业，张掖一中高级教师。

罗卓平 男，专科学历，1985 年张掖地区育才中学毕业，张掖四中高级教师。

郭永刚 男，1987 年张掖地区育才中学毕业，曾任北京军区干部处中校、处长。

彭军瑞 男，专科学历，1987 年张掖地区育才中学毕业，曾任中国房地产总公司湖北分公司副经理。

司若皇 男，本科学历，1987 年张掖地区育才中学毕业，甘肃省人民医院主治医师。

曹家俊 男，1969 年 1 月出生，中共党员，大学学历，法学学士学位，工业经济师。1987 年张掖地区育才中学毕业，1991 年 6 月毕业于中国青年政治学院，1991 年 7 月参加工作，先后任共青团张掖市委副书记、书记，原张掖市三闸乡乡长，原张掖地区社会劳动保险局办公室主任，张掖市社会保险事业管理中心办公室主任，原张掖市劳动和社会保障局办公室主任，张掖市社会保险事业管理中心副主任，现任张掖市就业服务中心主任。

薛生健 男，本科学历，1987 年张掖地区育才中学毕业，河西学院美术系副教授。

王 晶 男，硕士学历，1987 年张掖地区育才中学毕业，曾任天津光电研究所工程师。

洪 勇 男，1968 年 7 月出生，湖北黄冈人，1987 年张掖地区育才中学毕业，1991 年至 1993 年在中共甘肃省委党校秘书专业脱产学习，1998 年中央党校函授学院党政管理专业本科班毕业，2006 年中央广播电视大学法学专业本科班毕业。先后在甘州区小满镇镇政府、张掖市检察院工作，现任山丹县检察院党组书记、检察长。

周小莲 女，本科学历，1988 年张掖地区育才中学毕业，曾任河西学院体育系副教授。

赵晓斌 男，本科学历，1988 年张掖地区育才中学毕业，曾任北大方正集团某单位副总经理。

范立华 女，本科学历，1989 年张掖地区育才中学毕业，曾任兰州师范学校副教授。

刘继向 男，本科学历，1989 年张掖地区育才中学毕业，曾任兰州化工研究所工程师。

张爱民 女，汉族，甘肃张掖人，中共党员。1990 年张掖地区育才中学毕业。河西学院教授，张掖市音乐家协会副主席，河西学院青年骨干教师，从事理论作曲、民族音乐、流行唱法的教学、研究与实践。出版专著两部，歌曲作品专辑一部，主持完成多项省地级科研项目并获奖，发表学术论文二十余篇，歌曲作品二十余首，参加各类演出数百场；获全国、省市文艺赛事四十多项奖励；指导的学生多次在全国、省市各类文艺赛事上荣获一等奖等名次，本人多次获国家级、省级"优秀指导教师"称号。作品多次被省市广播电台、电视台和文艺晚会选播选唱；获第十、第十一届全国青歌赛甘肃赛区流行唱法银奖；成功举办个人演唱及作品音乐会；参加中央电视台激情广场栏目演出。

杨若蕙 女，1990 年张掖地区育才中学毕业。甘肃政法学院人文学院副教授，曾在河西学院中文系工作。2006 年 10 月，作为参与人完成的中国现当代文学课程被评为省级精品课。先后担任外国文学、中国现代文学、中国当代文学、中国现代女性文学、大学语文、中外文学作品选读等课程的教学工作。在《重庆社会科学》《甘肃高师学报》等刊物上发表学术论文十余篇。参与教育部规划基金项目"人口较少民族书面文学的历史形态、艺术建构与文化影响研究""河西当代文学研究""中国现当代文学教学中对阅读鉴赏能力培养的研究与实践"等。

胡 冰 男，本科学历，1990 年张掖地区育才中学毕业，曾任河西学院美术系副教授。

段艳丽 女，本科学历，1990 年张掖地区育才中学毕业，曾任河北师范大学副教授。

李丹明 男，本科学历，1991 年张掖地区育才中学毕业，曾任兰州医学院副教授。

刘朝阳 女，硕士学历，1991 年张掖地区育才中学毕业，曾任兰州大学外语系副教授。

罗均华 男，1971 年出生，甘肃张掖人，中共党员。1991 年张掖地区育才中学毕业。2008 年 7 月于兰州大学粒子物理与原子核物理专业研究生毕业，获理学博士学位，硕士研究生导师。河西学院物理与机电工程学院教授，学科带头人，学术带头人。先后主持国家自然科学基金项目、教育部科学技术研究重点项目、中共甘肃省委人才领导办公室资助项目、河西学院校长基金项目等。先后在《Physical Review C》《Radiochimica Acta》等国际期刊发表 SCI 论文 40 余篇。现任物理与机电工程学院副院长,《河西学院学报》编委,张掖市环境评估专家。

齐文静 女,本科学历,1991 年张掖地区育才中学毕业,曾任兰州电力学校副教授。

梁 燕 女,本科学历,1991 年张掖地区育才中学毕业,曾任胜利油田工程师。

雒作龙 男,本科学历,1996 年张掖地区育才中学毕业,曾任西北民族学院讲师。

第二节 入史名录

一、原张掖地区育才中学高等院校录取学生名录

1978 年高考录取名单

陈 东	陈绍伟	赵志刚	刘卫东	朱久川	朱 峰	夏 芬	徐亚伟	陈小妮
李宏磊	刘 青	卜乐平	张 文	刘小珑	赵经辉	肖英奎	刘建民	王春玲
张学军								

1979 年高考录取名单

许小羚	胡小京	赵 军	武 兵	梁先克	闫林翰	赵 跃	喻学俭	魏新强
邵继新	张 扬	鲁 钢	林晓琴	马瑞华	曹兰萍	王伟俊	牛新军	谭 谦

1980 年高考录取名单

梁小英	吕 杰	赵春元	孙志军	张鸣实	苏 睿	蒋四新	关景春	董南燕
顾 敏	倪晓寅	陈良戈	马丽萍	王晓珺	马琴芳	吕 涛	王常青	王建军
张金宝	王兴国	武旭东						

1981 年高考录取名单

(无资料可查)

1982 年高考录取名单

汤治元	赵 明	张永宏	陈绍荣	刘志冲	马永新	刘爱工	冯 伟	辛翠英
王晓艳	陈晓红	郭建民						

1983 年高考录取名单

李晓旭	刘永昌	陈海清	王建西	骆红涛	梅 红	夏 西	侯付强	马远驰
冶好龙	李红梅	高亦农						

1984 年高考录取名单

(无资料可查)

1985 年高考录取名单

严 宏	成 彪	赵卫森	钱丽娟	赵 兰	潭 蓉	王永平	王 霞	鞠春伟

侯春英 钱述杰 程 琦 吴娅娟

1986 年高考录取名单

李炳兴 马远骋 韩庭昭 陈立华 黄先光 颉均让 王建民 陈光华 梁小英
李卫平 贺登华 徐子华 赵 鹏 吴鹏程 王建刚 卢 霞 张 勇 钱 勇
刘 涛 丁永波 周志强 罗卓平 刘 丽 杨海珠 姜爱红 张雅萍 刘效军
王文生 张传军 张玉娥 杨 芳 李文生 陈永杰 李晓东 柴 强 祁光伟

1987 年高考录取名单

张 彤 杨晓青 曹家俊 刘 烨 关海燕 董 梅 王志刚 王海瑛 王廷新
段艳丽 张 伟 薛生健 许福全 张 平 王 龙 王 晶 刘朝晖 司若湟
康永强 李 勇 王志龙 张海鸿 常学同 张 彩 苏良平 彭军瑞 吴晓燕
张延平 王德红 韩国海 王冬花 程莉芸 张晓菊 杨兴平 范立公 吴 旭
魏 平 刘兴虎

1988 年高考录取名单

李晓靖 巨文辉 冯 哲 张 珲 宋晓梅 龙 庆 牛晓亚 刘朝霞 唐浩新
苏 雨 曾育红 虎继勤 康鹏德 赵晓宾 刘晓静 吴志英 陈 军 陈 健
梁艳梅 呆春艳 高 华 吕 雁 那文胜 李雁民 李志伟 曹增茂 李 伟
翟振宇 文青松 来 鹏 马 杰 韩明华 赵 翼 刘旭明 苗军鸣

1989 年高考录取名单

李永春 王文彬 邢建红 左良成 刘继向 陈 涛 陈 波 明建红 张 明
刘万州 钱 刚 邓鸿滨 李建军 张 玉 王丽萍 王少春 王丽君 焦石荣
刘 宏

1990 年高考录取名单

刘 军 骆秀琴 付 裕 朱会军 王宗虎 曹 勇 刘 敏 袁军利 李 翔
蔡陇海 何 乐 张健梅 樊立军 尹风琴 张九明 张丽琼 洪 英 刘万军
张孚敏 祁海东 张海英 窦嵘东 王燕昕 任 旭 陈海东 张 涛 杨若慧
牟庆华 张 斌 李多伟 赵亚东 张延红 闫 丽 马晓平 雷建新 魏 颖
王 戈 张秀兰 王芙蓉 冼云康 李 滢 李 静 杨春辉 张爱民 胡 冰
黄 燕 韩晓龙 裴武

1991 年高考录取名单

蒋珍娟 曹加松 邹凡柱 梁 雁 齐文静 刘英伟 安吉军 康程德 宋德梅
康 芬 张承宗 王 林 费 海 王兴荣 刘知新 张继荣 张森乔 兰盛林
王 进 蒋彩虹 马远骏 姚振国 张慧敏 薛俊灵 马晓东 王复忠 韩建兵
王 鹏 任 彬 丁长虎 曹建宏 黄铁蓉 刘朝阳 王文斌 杨 棣 胡 莹
林 薇 崔忠海 宋文胜 徐玉翠

1992 年高考录取名单

赵　谦　梁金海　董迎霞　刘虎年　王　菡　郑　英　李永升　王建军　赵文萍
何　燕　杨仲泰　刘　莹　孙智俊　安志军　贾永脉　张东升　王剑元　刘　琪
刘　军　安玉红　文　薇　贾晓梅　谢小琴　雷建喜　杨运佳　杨　虎　刘志单
王红玄

1993 年高考录取名单

付维宁　陈光荣　王立堂　习向东　刘　燕　何　震　王　莎　李宗生　李惠兵
施　红　史彩云　王兴荣　苏艳梅　牛登峰　郎玉红　郭　剑　王春雷　李鸿俊
王　烨　唐　燕　张　生　王　颖　王立春

1994 年高考录取名单

李亮明　李建华　李永明　贾得净　许晓萍　柳文生　杨学锋　高金秀　赵　斌
王彩云　王小莹　王　宏　李鸿俊　杨昭晖　方　旭　陈雁南　李　爱　马如骁
万晓燕　郑勤燕

1995 年高考录取名单

程　军　刘永贵　贾默燃　孙学昆　张　艳　顾得斌　贺　玲　伊文杰　李　宁
谢利茂　杨春梅　蔺　杰　杨　钫　祝擘先　张东升　王海霞　徐丽萍　张宝红
张栋明　保淑琴　周　鹏

1996 年高考录取名单

（无资料可查）

1997 年高考录取名单

（无资料可查）

1998 年高考录取名单

李小萍　王伟寿　刘金莲　施晓海　谢小水　曹　宏　韩志海　成永生　徐小娟
张新泉　李兴文　田文军　张海军　王玉霞

二、原张掖中学 1951 年至 2001 年高等院校录取学生名录

1951 年高考录取名单

刘　伶　石文瑜　李增慧　黄新民　王应文　袁克敏　陆根泰

1952 年高中毕业生 1951 年提前保送上大学学生

李天民　王德明　李铁军　许设科　白锦麟　张尔才　钱宋鼎　侯新惠

1953 年高考录取名单

王永祥　陈集贤　王爱国　管作武　王裕德　曹希文　吴安国　徐积勋　李俊德
李永鑫　杨新民　刘国强

1954 年高考录取名单

朱亨林　贾培宽　于自谦　吴越和　马世华

1955 年高考录取名单

孙振文　王墨清　张居山　王志刚　赵　正　彭兴业　陈西峰　陈培尧　季成家
段敬业　何建基　刘文荣　袁克让

1956 年高考录取名单

张玉英　王大星　杨树汀　马良名　刘积汉　成守仁　丁有年　韦明德　牛　芳
刘　济　唐丰年　陆登瀛　王警声　桂郁馥　焦晟祖　杨其瑞　李增敏　刘怀宗
耿延龄

1957 年高考录取名单

李逢源　桂郁文　袁国映　黄永民　林治江　李永成　李润滋　陈启光　郭永祥
陈菊英　雒爱之　赵晓霞　何得珊　马中晋　倪文周　张汝浮　苏　政　王佩琳
宋忠泰　关崇学　阴月英　周有能　陈怀仁

1958 年高考录取名单

李国兴　高振国　徐翔鹏　易增礼　付积铭　朱玉国　陈怀武　郭淑德　袁克勇
王夙英　左尚智　王风兰　李尚言　王文敏　高增胜　张含灵　袁兴诗　李兰英
袁亚农　王致中　丁崇德　程发兴　施敬贤　孟学儒　左贵莲　陈新民　陈国智
朱锡舜　刘炳山　金吉信　赵秀珍　杨先夙　权志昂　李生民

1959 年高考录取名单

杨维新　王益民　贺潜源　郝富经　阎天仁　张之江　张西铭　曹　斌　毕只初
高　义　刘鸿发　魏　棕　刘双月　李正荣　刘　彬　蒲乾亨　狄积荣　狄　云
张文芳　蒋自福　陈　华　行永康　张守铭　王诘学　唐培家　陈志蕙　宋　华

1960 年高考录取名单

高闻善　周有寿　窦廷玺　毛仁美　刘春云　张桂文　杨葆萱　张慧元　范安民
赵树声　刘克德　张立舜　范承先　王玉珍　闻立中　施　琪　崔　镛　石玉珍
董丽华　兰吉德　刘世杰　张厚远　刘文斌　毛佩峰　王香兰　王如菊　付金鑑
李爱琴　赵学仁　尚　兴　袁有元　梁　玲　王桂英　吕志明　李尚忠　海　潮
赵松林　郭树延　蒋自福　崔玉柱　刘　源　王振业　徐荣鑫　刘多俭

1962 年高考录取名单

万声德　赵　昌　李秀兰　李国先　魏秋香　于志刚　刘国荣　王利民　周祥文
黄培乐　柴来智　戴崇媛　赵遐林　许金科　杨子秀　杜天银　赵　树　褚毓文
王秋婵　王秀花　殷国良　王天祥　王金兰　邓旭东　冯兆福　丁启焕　郑　云
吴克银　柳建忠　赵国强　范兴民　周钦忠　杨清林　陈　荣　马克清　胡真汉
苏　强　胡凯君　贺成全　赵聿秀　洪金星　佣　忠　陈光国　尹国梁　冯　绪

刘春玲

1963 年高考录取名单

| 袁国威 | 张毓梅 | 张功先 | 英　飞 | 郭　钊 | 杨作忠 | 姜　华 | 王立中 | 李健林 |
| 高巍中 |

1964 年高考录取名单

施利民	赵秀英	李映兰	阴启洁	章开政	王树桐	杨恭祖	王世泽	吴志国
张　昀	褚毓民	范兴鸿	钟霄俊	谭秀娟	赵沛霞	王玉国	张涛子	曹晓玲
童国瑛	张　忠	孟积善	张志光	刘耀栋	阮翠兰

1965 年高考录取名单

刁长荣	王朝俊	王多福	龚连生	范正勤	袁继业	丁积华	杨成祖	谈访桂
于占民	王佩兰	李诗英	刘玉娥	鲁维俊	陈琪瑛	杨来鹗	姜绪周	赵秀珍
段肃昌	张兴德	荣一平	陈桂芳	张泉清

1978 年高考录取名单

| 董建华 | 林巧健 | 牛盾生 | 赵海鹰 | 刘建新 | 刘佩芬 | 刘　伟 | 武　军 | 杨敬东 |
| 王国华 | 成　军 | 张成武 | 夏文华 | 王晓军 | 陈惠萍 | 刘咏梅 | 岳卫东 |

1979 年高考录取名单

王　岳	何建华	甄勇峰	胡笑丛	吴建文	卞正英	高　岚	刘国志	蒋宜彬
唐晓宏	刘晔玮	唐　卫	董辅华	董　健	史　良	祁　军	孙志军	倪小寅
杨继军	吴兴勤	李尚波	纪卫平	杨以峰	王　昉	王　伟	李永东	赵　军
张金明	公志勇	朱久育	王　巍	刘　卫	蔡小平

1980 年高考录取名单

张　蓓	牛红兵	杨　青	付宏达	向小梅	张新荣	张俊宗	李　宏	黎　曦
刘晓宁	薄晓梅	阎　忠	廖国勤	强　莉	谈树宾	李尚波	陈继红	白文林
姚吉禄	高　斌	徐志昕	师育新	王兴铭	杨　军	贺登天	何迎春	周　晴
朱久珍	葛劲松	齐文海	张　鹏	要爱华	薛志青	王建军	杨　涛	张新荣
王晓君	宁克海	陈荣平	陈建华	杨祥飞	任　远	王　旭	姚正华	张利平
诸祁云	王豫生	王虹玉	杨春梅	向晓梅

1981 年高考录取名单

杨盛文	徐永祥	甄勇宏	高庆生	闻世彪	高立斌	邱多隆	朱解伟	毛进勤
阮建育	徐亚雄	武向东	王兆杰	李敬和	樊得生	魏玉国	袁　泽	华
苟秀云	张瑞峰	张正坤	朱少军	杨生荣	杨　玲	任静婷	陈颖文	李　军
裴巧云	何江海	王　龙	陶光临	李　伟	王　昱	王小泉	陈子丹	张豫洲
石　峰	毛应文	杨小梅	宁　玲	李　宏	管云涛	毛进勤	罗中杰	刘晋黎
徐发金	高立斌	郑　直	武建学	符永进	李宗林	曹联国	傅林海	曹晓源

1982年高考录取名单

王利平	陶　乐	李勤慎	顾锦华	李晨光	崔　健	代　飞	蒋　炜	冼云波
钱丽芬	韩玉明	刘志敏	付　英	陈颖文	王旭辉	李　波	刘　欣	徐全生
曾力平	马世炜	杨佳木	杨吉荣	唐泽辰	任　涵	贾晋平	安永录	朱　珂
马维虎	李东霞	马柏森	邓晓东	郑治灵	朱　亮	强　梅	黄　英	陈仁伟
王晓东	巴战清	吴雅昕	罗文俊	张振江	安永寿	吕纪平	郑晓林	肖新华
白忠宏	洪毅强	方建民	张　堃	安永贵	白晓明	张砺玮	刘迎梅	余永升
刘新民	张　英	尹典礼	李桂珍	刘瑞亭	叶玉英	李　劲	李岚花	钟进文
范丽扬	夏立华	卢小龙	方　颖					

1983年高考录取名单

王育敏	张　沛	黄雅虹	化　兵	马　进	蒋新辉	王喜元	常建松	陈　杰
吕祯祥	邓大璞	黄冰松	程利茵	王　勇	史晓崑	邢健莉	施玉珍	雒堂芝
姜　洪	王晓萍	武　立	王大顺	周建国	陈　柯	孙　威	邢　华	唐　军
马肃才	韩晓梅	康海民	张伏藁	张述文	沈　晔	贺　杰	任红琳	王建国
廖　安								

1984年高考录取名单

汉吉军	俞亚雄	马瑞源	徐淑宁	宋玉荣	张毓平	李　刚	刘祁春	王育勤
许克勇	王　艳	杨成青	侯军民	张海霞	霍成新	廖金平	卞志龙	周志刚
孟军繁	王希群	王爱军	罗小民	张儒英	樊得英	王政锋	李晓芳	刘欣春
任　宇	张延斌	高鹏飞	张　睿	唐　斌	李　政	张文栋	李云鹏	焦曦东
邓鸿潮	袁宏利	张　炜	梁　军	马中勤	姜海波	罗亚凡	刘　军	刘　霞
郑　雄	吴小平	兰永武	柏新华	刘　英	张　红	李新民	徐　捷	李会英
薛　涛	王　毅	张梓品	魏庆华	王　军	李　辉	王云鹏	杨　明	朱德文
张新红	钱锦华	宋志红	周少荣	王玉花	王秀梅	王海燕	刘哲义	何　文
张　斌	王　琳	舒建军	袁　涛	向险峰	梁国森	黄向东	李　军	周银翔
张　斌	胡江林	张　龙	宁　询	周　波	李玉民	梁晓燕	赵秋燕	任延生
魏宝国	麻秋萍	曹晓芸	赵建国	白艳秋	普登学	杨冬杰	姚云霖	雷立平
郝建文	朵向东	余占总	杨鸿祥	全有军	潘　荔	安维芬	蒋翃遐	郎永东
侯亚萍	贺学忠	吴　娟	曹　菁	陈世忠	王彩霞	刘晓梅	张自虎	牛　东
张红菱	张玉萍	沈立岗	郭丽萍	吴新民	张　瑾	索晓萍	刘爱兰	安国军

1985年高考录取名单

钟福军	郑晓红	贺登华	曹　虹	杨翰元	李洪霞	成　华	谈文宏	靳生红
杨红联	李吉军	李小育	阎克华	王　昊	刘金荣	吴学雷	苏　赟	朱芝松
李继红	刘　峰	刘洪兰	李文平	谢晓蓉	寇向东	孙炳华	张　兵	裴巧霞

李建仁	阎学东	陈迎胜	汪 洋	杨振宇	芦建民	陈向阳	石 磊	祝鹏先
苗萍萍	张敬铭	古先琪	陈立新	苏继琴	张文华	崔继东	王海龙	师立新
陈 卫	马新文	栾利民	李 军	李小勇	张洪斌	王文力	杨红雁	李丽萍
张 瑜	高思苹	卢 峰	何林海	毛俊丽	张延军	曹建民	陈 晖	高 玲
宋银波	李 荣	邓会芳	骆 勤	甄占红	濮金云	刘和群	刘金荣	王 兵
土旭东	张春玲	杨 健	杨 凌	汪洪波	李 曦	何建国	周志强	王 芳
卞正莲	马建党	姜 欣	房 敏	郭慧萍	陶 静	王 芳	辛丽红	李 军
赵志霞	寄 婧	朵玉明	朵建设	段得秀	秦学瑛	李焕军	安吉庆	樊忠军
杨晓峰	白福华	梁志恒	安维辰	强 蕊	妥军元	安宏武	安菊梅	于永祥
王均生	阎志红	王立新	谭信国	任新军				

1986 年高考录取名单

赵立国	杨晓琴	郭 彤	刘金海	刘 勇	宋文生	白向辉	王文丽	张根乔
王文昇	傅益民	马玉麟	姚 杰	霍 军	杨继询	曹 瑛	张春梅	曹玉青
李春红	李世祖	毛卫东	武志红	张艳萍	焦景美	吕 雁	周生宏	范立文
任 伟	伊健龙	高 辉	李 波	陆 远	白 兵	张汝梅	张晓纹	吴培杰
蒋立宏	李久辉	费永祥	燕晓英	范云伟	虎继红	刘志杰	范增光	张为民
白 職	杨茂林	李 红	任立凤	史多慈	杨士福	何红霞	康 东	何红涛
冯新文	张 涛	张 爱	徐 泉	祁新军	刘爱明	王桂芳	王 虹	刘 俊
曹立新	普 静	蔺海鲲	杨晟文	李朝晖	李 斌	刘 烨	罗天翔	郭咏梅
钟新民	俞 军	朱解明	姚 岚	王 琳	安红梅	寇 艳	马爱军	花立军
崔 旭	武玉莲	曹 斌	马瑞红	王 春	张 彤	王 茜	陈凌云	何小霞
杨晓东	苏爱兰	裴 蝉	曹 辉	钟生兵	袁 琳	张玉国	李克洲	马桂琴
郭登斌	安玉琴	王俊瑞						

1987 年高考录取名单

孙 川	丁 涛	张 炜	薛 松	唐亚青	曾祥文	师亦里	贺 涛	刘晓霞
苏 霞	刘原麒	张新惠	崔现民	张雪梅	陈文峰	陈修斌	史笑彤	何晓燕
屈 霞	闵三旭	徐 晖	张仁军	楼 伟	陈汝学	刘晓军	张 民	梁 祥
祁国军	陈文宏	程立莉	张俊国	高 学	裴跟东	郭三红	唐 峰	王惠峰
张 霞	高建中	杨 坚	马文花	程旭学	刘建军	刘志军	白晓憬	刘绍真
韩 军	王海忠	韩宏生	赵 辉	高鹏隆	李金瑞	刘晓岚	张文琴	杨 慧
柴利军	杨 景	张惠兰	李学雄	陈东涛	安秀梅	巨裴斌	李小民	刘 峰
彭 俊	何兵年	汪洪湘	熊明锐	吕卫权	张宏燕	朵文全	王淑娜	唐丽华
杨多木	梁建平	陈 潇	于建民	赵晓东	李晓彤			

1988 年高考录取名单

张新志	王 芳	王晓霞	陈秀清	杨茂盛	江钰娟	赵 霞	李晓伟	吴 平
车天兵	吴 昇	徐永兵	魏 强	史笑宁	阎毅海	杨玉文	武卫东	马咏梅
满旭峰	白建平	张林乔	康 燕	曹继跃	高兴勤	苗小军	王 涛	申自勇
刘 平	苏业君	白 峰	管 峻	傅湘龙	王文丽	张永红	许芙蓉	帖 花
孙杰峰	杨 杰	苏学渊	郭羽婕	常兴滨	曹利敏	安玉锋	韩建生	白桂花
李永红	安玉荣	麻中瑾	杨松超	汪 海	杨 军	罗亚明	周 芳	申 红
王小红	朱 伟	杜明奎	赵 炜	张 勇	冯进炜	丁志贤	陈彩云	牛 可
杨晓蓉	李 明	卢小花	肖 岩					

1989 年高考录取名单

黄文斌	葛 琳	朱建军	李 冰	胥宝如	刘 涛	刘声丛	柳中笑	王 谦
王 侠	甄玲玲	张立红	鲁雅琴	林 捷	李浩江	王 炜	阎卫明	卞正东
郭 亮	李春鸣	王 锋	孙 文	刘 刚	姬晓鹏	徐玉祥	屈鸿宾	马 明
佘 洋	阎虎年	张向红	窦葛琴	张 彤	王 琳	林爱萍	李 毅	刘 涛
于冰筠	唐志龙	武淑兰	张 艳	索永红	陈海英	王正珺	王晓东	赵岩萍
毛卫华	贾同鉴	蔡国芳	高丽萍	殷培杰	王 涛	彭延辉	郭 强	李俊峰
黄蔚南	何 晶	李慧艳	王 斌	鲍育中	张志于	陈 蔚	李志磊	白 涛
毛奕宏	王 栋	陈景荣	唐 磊	成 军	侯智钢	唐 军	张晓慧	马晓智
安雪慧	白丽红	贺颖春	刘金玲	邬晓辉	徐丹峰	郭怀琴	刘晓宇	贺秀芳
徐 宏	贺春兰	张建晖	贺卫国	孙 胜	安维东	张 建	省新元	曹景菲
马忠东	杜军林	李 瑛	康永苑	马剑勇	陈永梅	许青春	唐秀文	张鼎强
张宏伟	李荣玖	周晓莲	吴晓梅	黄 鹤				

1990 年高考录取名单

贺文囡	徐永新	刘 虎	邓春晓	康 文	马元永	张 静	乔建军	王 渊
张海云	罗俊强	曹 锟	杜晓鹏	孙晓雁	辛向党	马晓云	王永林	顾文斌
赵小明	陈文渊	陈忠玉	杨晓棠	李耿贤	杨晓军	孙小健	顾文红	杨 宾
王晓强	郑 文	杜浩林	梁艳霞	杜卫涛	韩利华	张志民	石志宏	唐新娟
刘万明	史国文	刘 泽	张建伟	赵新跃	张小俊	赵多明	张 明	高少波
王成华	张俊瑕	刘 永	陈雁飞	杨 琳	柴 锦	崔 强	张桂芝	牛积德
张建军	减宗强	刘智渊	刘英山	杜 芳	张宇生	李育奇	任晋翔	曹祁峰
郭雪冰	朱 斌	张 颖	刘 忠	车天勇	李 涛	杜 刚	邓小艳	安惠娟
李 萍	郭志剑	杨 蓉	余占林	濮锦程	高 红	杨 霞	胡月琳	李 艳
陈 曦	安莉军	靳生玺	安雪梅	刘 玥	铁永香	李海崴		

1991 年高考录取名单

王睿彪	唐 玲	倪爱萍	李国栋	陈 明	张永军	康正军	冯浩军	徐丽霞
胡铁军	胡伟军	王 泽	潘力生	杨精锐	刘守福	魏常新	申 雄	潘 燕
张延均	白 莹	陆建荣	王松林	沈 景	卢莉萍	郑金明	张秀娟	陈 飚
刘建斌	王 皓	刘成德	胡 涛	张之峰	马晓龙	楼 俊	雷亚茹	燕继明
汉继程	赵建伟	李修岭	高丽卵	徐 虎	张成琦	李爱珍	白新乐	赵 科
权金星	杨建春	蔡 昕	程铁波	王 渊	李硕忠	于建勋	杨 军	蒋卫东
杨辉军	李兆霞	周安国	袁兴荣	何 勇	张 宇	赵 飞	宗 鹰	苏 晶
刘祁兰	汪 涛	朱永莲	苏爽捷	姚 珊	吉彦昌	索国锋	陈 晶	张兵华
段 萍	张 蕊	金小玲	索晓静	陈 力	程玉萍	赵晓亮	郑 琳	张江宏
冯多平	王彩虹	张 悦	朱云霞	徐边兵	蒲 晶	袁兴荣	孟晓丽	张 宇

1992 年高考录取名单

雷强新	何长学	徐 庆	芦建华	赵奋武	祝秀琴	陈秀萍	钱 军	王伟学
王 浩	张玉花	张宗祥	柳咏霞	蔡怀阳	行 昆	金玉堂	王学斌	章德玉
韩登喜	魏 征	权 伟	张发明	朱 斌	丑生鸿	赵 丽	孙宗和	康国军
孟 铎	许逮雄	刘 凯	罗均华	晏玉杭	张 强	刘文兵	李建华	傅玉龙
贾多刚	贺双旭	钟锋亮	康国福	李怀其	李丹明	高希春	赵万峰	杨祯元
张建刚	杨 龙	张长青	毕轶美	张 波	甄玲群	杨 霖	马 麒	王 生
陈 军	马润山	顾震鸿	张 奎	马彩霞	韦旭强	贾 燕	刘雪英	申丽君
谈文兵	雷 明	李 雯	许彬礼	张新艳	刘 玉	吴 玮	丁大平	赵 玲
殷大祯	郭海岩	贺登川	喻志娟	张彩虹				

1993 年高考录取名单

方 玮	钱丽荣	高鹏峰	王 晗	王晓鹏	袁亚平	陈剑如	高 峰	李树林
朱 勇	陈雷方	李元涛	刘 博	段 疆	傅 震	杨 静	吴天平	王利军
祝 毅	阎 伦	丁平善	任新军	马新萍	王玉民	高建平	毛新霞	马金全
闻小虎	王 忠	李昕钰	张 勇	张小军	李晓星	李 虎	乔立斌	陶 亮
陈 霞	马 媛	郭 珺	邢 会	李 珂	安军斌	范 琦	卞 军	付维博
张 风	褚志娟	杨振华	土建文	张 娟	宋艳玲	刘文静	杨天俊	保洪波
阎晓景	李 方	付会芳	赵英善	郭海燕	李希英	管 君	李多兵	苏天林
池永清	段学忠	张发财	赵鸿昌	毛丽娟	刘 义	张向明	段普天	金 飚
李 峰	王怀军	芦松梅	梁生苍	邓碧玉	郭建伟	叶 伟	张菊青	董舒光
王希军	祝 燎	刘洪霞	阿占兵	韩少华	张惠玲	贺洪流	王 珊	虎 岷
单正建	郑江红	沈旭章	李 斌	吴锦璐	程立强			

1994 年高考录取名单

李炳隆	赵冬萍	赵 莉	金 波	李长冬	李玉凯	夏 刚	李若冰	赵 鑫
朱小成	胡 玮	张小玲	黄晓丹	许 涛	蒋小鹏	袁晓俊	许兴军	张 鹏
郭宙翔	鲁文生	王建军	杨 琛	马永军	蒋万海	黄蔚欣	张 军	施 英
党宗嵌	赵 猛	张胜皎	刘雪华	贾 鹏	马 丽	马学军	赵 龙	段便红
方 亮	杨付红	袁海龙	刘科鹏	吕京华	周淑秀	辛渊博	于 钢	倪仲周
杨国庆	李 骅	王学智	杨冠天	刘秉国	李 瑛	保吉福	王学志	赵 翔
阎兴涛	安晓云	唐正勤	周晨波	胡铁英	冉 云	蒋 福	张世栋	柳 青
李小梅	王玉才	张 翔	韩 瑞	张雪莲	赵 云	王小霞	赵建银	罗瑶英
薛 斌	闻 燕	赵玉龙	蔡晓芹	王海涛	刘 艳	张正华	李辉军	张翠花
刘昕丛								

1995 年高考录取名单

吴锦璐	张建良	孟俏蕾	赵亚博	张晓燕	王庆韬	户 虹	杨 荣	李玉英
薛 枫	孟红梅	任宏斌	丁丽莉	宋秀奇	姚兰琴	宋振林	裴 青	贾天杰
庄加爱	佘建峰	陈万寿	张玉军	刘安平	马 强	祁正军	何丽萍	赵 陇
胡玉红	李赞贤	何莉莉	裴绪成	乔梅花	张海军	曹晓玉	李世芳	王小军
赵小鹏	朱 裔	王小军	刘雪晖	程国勇	李顺承	郭如鹏	沈 超	党 剑
单 莉	李燕军	赵 莉	吕小军	张 千	牟灵明	张 锐	孔令龙	寇志超
陈 仓	鲁雅斌	马 贤	舒文春	金学铭	刘化冰	刘建生	王 俏	王学军
王震宇	王增银	杨 健	申旭东	周 彬	任小山	葛智元	阮 艺	马 燕
陈文青	王永嘉	万芙蓉	吴戈琼	赵 莉	胡海香	白文选	高 微	余占科
常晓舟	杜雪玲	苏 磊	王亚玲	任维鹏	郎雪鹰	樊万林	王艳苓	莫雪梅
王 军	陈海鲤	王 清	康 武	王文苑	佘德伟	李雪莲	杨晓霞	张建春
沈文栋	田海芸							

1996 年高考录取名单

马 荣	冀晓莉	王晓勇	杨海霞	冉 庆	张 涛	刘仕冬	袁 伟	陈岩冰
马建军	姜炬辰	汪 军	陶瑞琼	张旭峰	柴世杰	胡宇波	杨晓东	倪季周
薛丽军	付 瑛	赵 辉	土文珍	杜 昊	王新林	樊妤玲	刘 冰	张丽娟
柴宗龙	邓 亮	李 翔	朱宇泽	谢 斌	王 璇	张 民	刘学证	黄海涛
任雪峰	郑 勇	王云位	谢小禄	朱振华	邓金莲	陈永东	申 伟	张文涛
马 强	邢天金	王豆豆	邹永刚	王思远	郭希军	张 静	李旭萍	王晓琴
姜 旭	孔小刚	冯 蕾	刘立云	李晓霞	李锁贤	王红英	杨 澄	师艳萍
宋 燕	张 千	凌庆玲	王志春	黄媛霞	杨 蕾	刘晓莹	黄海龙	何婷燕
肖力维	李伟杰	于冬梅	王云凌	程建华	邢斌岩	刘燕君	佘丽花	李建花

| 聂连山 | 芦艳红 | 安海军 | 李小花 | 白景宏 | 张咏彤 | 常召斌 | 何　诚 | 常海明 |
| 刘　玲 | 马　芸 | 杜　娟 | 邓　军 | 朱　琳 | 王加平 | | | |

1997 年高考录取名单

马　荣	商砚穿	范海鹏	王少森	王　波	王　毅	史　伟	于福钧	李福学
张旭峰	许　岩	刘小江	高　峰	边志锋	兰小童	侯　静	王　斌	张少君
徐志刚	陈　杰	杨　浩	梁晓军	孟文龙	罗瑶妹	盛学赞	杨峙飞	李　坚
王雪梅	王中辉	张　宏	吴铁亮	黄晖蓉	王远斌	张银年	刘　晨	剡文亮
马松涛	杨晓萍	周志玲	贺小军	李　斌	辛惠君	吴凌艳	吴城文	伊建军
代　或	代　超	李志杰	马润林	张　亮	黄　锦	王嘉春	王晓虎	李小龙
杨国栋	王军元	秦　鹏	廉亚美	刘　斌	李　勇	蒋煜峰	陈永东	蔺仕堂
牛　月	张　军	田柏涛	马晓萍	张　锼	王俊祥	崔　敏	阎　莉	柴国梁
赵　荣	李立周	张晓东	雒天饪	陈　婕	王晓成	寇晓燕	周舒怡	刘　刚
包　宇	李晓婷	陈小娟	杨　伟	王文娟	杨峰飞	吴洁琼	赵天峰	符　君
王　磊	赵　帆	孟晓燕	王晓燕	冯学智	唐　军	王瑛林	程小静	李　景
马　莉	韩红梅	冯星宇	刘　扬	张小刚	赵春梅	王雅奇	张晓芳	

1998 年高考录取名单

王　龙	曹淑玲	董　欣	王　强	马　兰	管海生	殷培贤	谢　阳	杨　静
罗瑞娟	陈旭朋	毛雨辰	杜文斌	井永洁	雷建龙	魏文娟	许　靖	李　霞
刘小锋	任玉伟	张富辉	张行健	王　琰	高　颖	谢知慧	徐　超	韦志林
王晓敏	朱慧敏	白　燕	刘海鹰	赵丽娟	李玉洁	刘广鹏	朱潇靓	武宝华
佘　娟	张剑云	贾晓霞	周晨坚	安丽丽	魏崇昶	杜　波	徐明辉	强丽莉
王小平	程大伟	王华灵	段玉英	胡晓坤	濮　鑫	王亦春	赵燕梅	郑奇峰
吴　强	杨丽斌	祁俊明	姚致祥	汪向旭	王　莉	侯娟娟	张军成	关建军
薛　诚	张红星	陈燕玲	胡　彦	王　凯	曹晋陇	申　波	张世红	尉志凌
王　丹	吕建军	刘克仁	何正新	张雪莲	周小梅	施　霞	代　锋	王　静
乔小妮	刘志君	黄秀丽	赵　红	张　峰	朗雪灵	成毅卿	马　莉	吕宝华
李　雄	杨　涛	安玉强	黄晓钟	妥春梅	赵　晶	张永熙	李雅莉	李翠玲
张茗军	刘祁燕	王玉娟	苏小龙					

1999 年高考录取名单

李宜镁	郝　荣	周大永	王晓斌	吴玉明	王　焘	马丽军	武子赫	王　窖
张建轩	伍海燕	侯智鹏	陈小云	张剑云	张建明	寇志远	李自军	张　扬
张婷婷	郭绍康	张海龙	杨红梅	师晶晶	陈　康	蓝文仙	李婷婷	姚　娟
陈　莹	吴雅涵	邱雁庄	张铁军	郭　薇	刘　扬	邢晓虎	宋震林	李　翔
汉吉奎	屈　兴	张喻琳	尚雪嵩	崔　雍	郝莲子	刘世雅	赵鸿盛	贾萧民

孔毅	王继鹏	张斌	周渊	孙小强	刘琳	王徐龙	田侠	丁涛
杨爱利	薛建新	张悦	袁慧	李莹	顾静	金晓娟	陈添柱	郑贲番
徐明辉	李瑞冬	王翰春	姜云涛	程建兴	黄嘉	聂宏伟	陈以河	刘培琦
穆龙	马保俊	杨硕	陈莉娟	秦国鹏	柴霞	刘天涛	陈晓箐	张燕萍
孙丽	唐娟	谢晓刚	宋雯雯	妥瑞生	王艳华	张晶	王青荣	杨参天
墨冬梅	王方平	张涛	吴锦霞	刘娜	杜明晖	王继海	张迁	王晓娟
谢小燕	浩军	赵红霞	何维崇	杨菲	祁杰	郑勤莉	赵鑫	安青春
刘娟	董秀玲	王莹	刘化平	魏秋燕	常文春	金晖	李勇	张海燕
梅丽艳	赵如山	高亮	杨玉龙	侯玉明	张帅林	减鼎新	王乃亮	赵多军
刘丽娟	张文虎	胡军	谯洁	陈樱花	柴育红	赵静	寇建新	管瑞庭
尚黎明	安晓燕	罗艳花	马建军	黄爱宏	贺永香	梁红艳	刘晓燕	杨俊峰
贺丹	贾多峰	杨晓玲	骆俐坤	冯德权	赵丽娟	张开兵	李蓉蓉	全有鑫
顾晶晶								

2000 年高考录取名单

钱森	王宝燕	柳毅刚	王勇	张晓康	王薇	王晓娟	陈国峰	田朝炜
赵静	邸智源	丁宇	赵刚刚	张海明	徐佳扬	白丰	李玮	朱九龙
李轶凡	曹丽蓉	瞿亮	冯春辉	董文婷	董旭	冯小磊	韩宁	成小丽
郭婷	李亮	高应超	秦静	高娴	董文利	徐峰	高俊	马鹏军
毛元春	王晓	苑婧	王强	李斌	张扬	陈静	张龙	王巍峰
李娜	石砚	杨振宁	王俊	李德文	王志龙	陈宝	刘斌	孙丹
辛金御	沈窨	梁文洁	高文星	石治国	王泽栋	张文静	韩娜	吕瑜
黄涛	吕秀峰	薛亮	罗海燕	陈健	张菲菲	杨星	王晓霞	张娟
陈菁	陈瑞	袁哲	易舒佳	吕泉臻	施英	徐晓东	祁茵	吴琼
杨冬梅	徐学成	张瑾	黄靖宇	赵丹丹	孟燕	夏芳	叶文静	曹冀芳
冯丽	李萍	左巧玮	张少峰	唐吟	徐海燕	郭强	杨丽娟	刘文彬
兰宏伟	李小波	刘化平	邢作顺	袁雪萍	李亮	管舒婷	张莉	杨莉梅
梁娟	徐国荣	丁娟	郭红梅	许小敏	陈晓丽	李晶	张亚光	杨晓宁
杨凯年	张鹏	秦岩	李婧	李玫乐	张勇	章晓英	姚超	焦敏
王媛花	尉迟燕	张静	刘薇	王伟	王海燕	赵勋魁	王丽华	苟艳玲
陈晨	陈瑛	王玲	陈海燕	王重九	邵丹丹	张洁	陈海燕	王玉成
赵永和	张晓荣	朱音璇	杨晓芳	轰晓琴	杨建育	刘丽娟	李博文	曾建林
魏海英	魏燕	袁婧	付学钰	李辉	屈志勇	姚吉斌	肖丽莉	武燕玲
张奕	张红霞	张海斌	龚瑞	张晓玲	王京	张萤	韩雪	刘文达
张馨雨	盛雁斌	刘洋	常海东	李敦雁	周骑	杨红	冯雷	郑德林

杜晓军	任　君	蔺　丽	张　龙	高小莉	刘文涛	安金环	骆斌生	李焕锋
王宏玉	杨　俊	张春燕	吕　娜	李德华	强　亮	吴开超	段　佳	土晓红
刘　佳	龚维年	王　超	徐正旭	赵文杰	王国庆	李蓉蓉	刘　娟	李玉成
岳图丽	丁　杰	杜晓峰	韩志刚	佘海涛				

2001 年高考录取名单

余建辉	康　文	夏　玺	贺方圆	郭　杨	卢　婧	高　娴	马寅仲	刘　瑜
高军辉	赵浩宇	王晓琴	李艳峰	乔拯卿	孙　健	翟鹏程	孟　燕	王浩源
丁学清	白玉晶	唐培远	王　东	董书朵	孙丽艳	雷思文	王　欢	张泽善
朱　江	王小溪	王　亮	陈晓明	马斌峰	马力方	高　清	朱昊文	郑　山
党鹏飞	盛青松	范　玮	徐志强	张　睿	阮淑娟	张立军	孔　飞	杨丽娟
冯雁冰	周己珑	陈　波	刘生奇	杨春辉	曾建林	张　莉	何　巍	丁立群
牛　元	李子洋	张世栋	周　璐	李岳林	陈少杰	刘海波	李晓辉	谢　涛
宋甜甜	高　辛	张国俊	安宁波	邵丹丹	王海涛	罗　岚	汤镇远	杨　婧
马　力	程明杰	吕　鑫	李　娜	陈金宝	张兴福	李小虎	朱丽雅	阎　峰
王振华	郭浩哲	雷晓玲	王　蕊	郭绍强	王勇翔	王　曦	苗长鸿	魏　燕
何艳珊	李　静	韩　萍	王　林	申　辉	白　伟	曹玉东	姚金龙	王致国
尹璐丰	郭超颖	李　进	曾耀国	陈婧珍	姜国庆	孙　慧	马小莉	段鹏飞
杨明善	李　雪	李　雍	张立新	蒲海英	肖　洁	马　欣	曹　鹏	罗寿晶
周建兵	李　婧	王　绡	王　晶	张自飞	王泽栋	杨志亮	蒋垭鑫	韩永超
徐　威	王　娟	吴　晶	冯　雷	王晓芳	续晓东	王乐生	赵彬彬	李　晶
郭　燕	翁晓丽	孔繁婷	宋海鹏	杨　旭	李　丁	寇晓鹏	何承祖	巴志鹏
陈　海	曹力培	崔　玮	魏　娜	刘　洁	陈思阳	冯学良	曲　晶	徐　巍
曾　婧	吴建平	刘永陶	曹　瑾	施志斌	姜文君	刘振龙	王　旭	周　璇
王海涛	刘晓静	周　瑜	魏　铭	王海涛	杨　帆	张泉涛	李海涛	张　玲
张雪涛	马丽娜	妥培兴	赵海鹰	李小东	马　栋	刘　祺	王　珑	魏建学
王立军	王　景	张克旭	杨　娜	陈　虎	田继永	李　娜	苏绍辉	李　军
李　琰	张彦琼	丑迎兄	葛永生	谢　坤	付丽霞	田　娟	强　倩	徐生辉
黄　杰	刘　阳	吴　亮	姚孔明	朵永明	台晶琼	罗　娜	牛燕燕	石　磊
段秀燕	张志军	司马旭坤						

三、张掖中学 2002 年至 2017 年高等院校（二本以上）录取学生名录

2002 年高考录取名单

（提前批 57 人）

| 董晓飞 | 周廷杰 | 曹　鹏 | 刘鼎甲 | 李小强 | 何　彪 | 高　阳 | 雒海燕 | 孟　虎 |

高玉红	李存斌	何建萍	许学海	何鉴峰	李 斌	李 鹏	马其俊	毛艳霞
王继鹏	白斌华	宋 超	韦 薇	段海霞	张 霖	李 菁	牛 芳	王 彬
李 娜	穆东虎	许东虎	于 星	周 燕	张晓冬	王 刚	张大鼎	田继永
赵闻潮	雷晓芸	徐 洁	刘晶晶	韩 军	李海龙	张 翔	张 亮	高志远
杨 娟	魏 霞	方福斌	张 鑫	钟 平	宋佳美	陈 竞	赵 燕	李海燕
任西希	郑玉婕	李卓纬						

（第一批 95 人）

刘 瑜	赵丽君	田 琦	郭浩哲	孟亚林	罗寿晶	朱吴文	闫吉文	闫 波
郭 栋	张 炜	郭 磊	孙丽艳	张韶华	刘晶静	张建轶	朱文静	曹晶晶
田晓婷	刘文海	吴栋巨	毛小虎	党晓圆	裴希杰	杨 军	张 睿	谢 磊
谢 涛	姜文君	张怡喆	丁 擘	单 清	刘文郁	王正国	包海波	白 斌
徐 威	王 曦	王 俊	柴 枫	马有道	贾国栋	张克旭	申黎明	王小宁
张晓荣	党家麒	张海军	刘院东	靳鑫海	李 剀	臧宇凌	朱丽霞	刘 婧
张 雪	牛 铭	李 娜	王亚民	苗长鸿	付永杰	陈 顼	郭 鹏	马 良
鲁文潇	魏 娜	姜小龙	柴俊杰	张 琴	陈继兴	童丽娟	许 波	马 啸
朱亦萱	雷东亮	赵 福	李 晶	薛立伟	王 亮	卢 霖	刘 航	宋 莹
张少峰	齐自强	李 鹏	姬文婷	许 哲	田 锋	赵 丽	齐景雯	徐明媚
骆 剑	凯 音	李生毅	白英姿	王 婧				

（第二批 175 人）

安一丹	丁立群	高 阳	陈 海	白古月	杨 凯	李 静	胡 潇	高 茜
张 泽	尹 娜	巨 芸	尚 静	吴 鹏	王 宁	余志刚	李 景	申 晖
梁光国	李 翔	张兴福	刘 青	何建斌	段鹏飞	孟 洋	王丰硕	崔金梁
高振华	刘 鹏	史 婷	刘俊婷	李臻睿	董治成	王 刚	闵希骅	刘建军
白 贤	胡小燕	王 超	孙媛媛	任 菲	刘丽莉	杨自龙	刘 飞	康 斌
黄立山	杨明轩	赵勇刚	赵 乾	杨 博	孙岩生	吴婧好	梁 佳	魏小玲
王森林	寇 亮	公 震	付博山	吴玉龙	张 超	魏 娜	贺登毅	高钟年
秦晓燕	祁 文	李焱文	丁洁茵	白文娟	杨 瑛	王 荣	王莹真	宋 泽
郭 琰	赵 君	杨 杰	马佩芬	姚 启	聂晓玲	杨 洁	杨武登	石金山
潘渭虹	罗小梅	张晓亘	张 宁	闫晓钰	石 磊	盛建东	张辉刚	王 彤
黄 婧	王学东	宋子锋	沈 蓉	张宇翔	秦文彬	贾 燕	曾国栋	骆江涛
李 莎	魏金龙	毛炳义	任瑞馨	李 鼎	丁丽华	李立忠	曹建锋	姚孔明
石 菁	赵 婧	杨 军	蒋晓琴	任中杰	史秋风	刘 婷	万 鹏	毛丽君
张 波	姚 杰	宋世杰	田睿卿	郭 琦	陈 亮	张 亮	朱 杰	王 炯
渠 静	彭栓宝	刘 君	扁 俊	高建峰	方 伟	陈丽萍	索国雄	单吉伟

李　睿	李晓亮	李　霞	张　晋	徐　刚	连学仁	朱　景	刘　婧	喻　波
张　龙	王　麟	王嘉玲	田世康	刘俊炜	张云婷	濮丽嫒	李丽娜	杨金林
成俊伯	李建贤	吴冰璐	马　婧	王小楠	张冠群	任亚东	徐延虎	刘绪东
武开轩	李丽娅	钱　茜	张鹤年	吴海涛	贾红霞	王　翔	陈倩倩	张海燕
武文娟	李春燕	全燕萍	王　景	安　娜	牙俊锋	张荣年		

2003 年高考录取名单

（提前批 28 人）

王建龙	方　震	宋　海	聂晓玲	李　伟	王　鹏	郭维亮	陆晓亮	徐鹏程
丁海龙	刘一岚	路　璐	施　婧	乔　雁	陈王浩东		朱　慧	王　蕾
王　楠	单　豫	付　冰	焦　扬	李　洁	赵　桢	王　炜	党　丰	王玉峰
石嫒嫒	张静甜子							

（第一批 73 人）

刘舒怡	王　震	王　妍	樊自伟	焦　锐	杨睿国	谢晓峰	冯　凯	何玲玲
孙嫒嫒	毛文婷	多晓雪	安雅宁	李　珊	保菁菁	赵　全	刘　鹏	姚凤莉
钟晓亮	葛　菲	李　翔	张耀雄	陈玉洁	李　剑	王雅菁	曾国栋	陈德昌
赵　鑫	靳鑫海	雒海燕	王森林	闫洁熙	巨　芸	张辉刚	唐　超	王之夏
王旭东	杨　博	李　雯	王丽茸	朱兴福	甄璞杰	周　东	李鼎成	张　波
马　璇	孙玉阁	许　哲	孙小龙	田小维	衣立奇	苏学晶	张婧瑜	刘　芬
李巧宏	邵　钢	赵　翔	张栓福	杜立君	李　睿	张　诚	张海鑫	唐　荣
刘　洁	来进平	祁文博	吴　亮	尹　娜	赵　芹	陈文辉	姜龙基	田云枭
萧　丽								

（第二批 250 人）

杨瀚博	蔡　青	王　磊	张园嫒	祁　超	段　娜	杨生冬	尚丽蓉	李瑕珉
张宇翔	郑　昕	任亚东	刘院东	任　菲	屠振乾	马　荣	刘鹏群	杨　璞
吕　强	朱小磊	刘绪东	陈　超	吕文静	李　娜	李丽娜	樊　颖	曹玺国
佘志刚	詹海龙	周颖贞	王　勃	贾　鹏	马志栋	袁　桃	朱常雄	聂晓玲
赵　青	杨　洁	刘小龙	陈　亮	范陇徽	吴婧好	张梦玲	张龙龙	曹玉萍
郭宇翔	周海燕	景　晶	张奕婧	王云涛	王继鹃	战　青	朱世耘	王彩芸
李振飞	王　鹏	孙昱哲	王小楠	李丽娅	赵　涛	赵思婷	李文勇	王　奔
胡孟琦	李建鹏	罗　婧	李　婧	候小燕	周传辉	刘　飞	赵　曙	张　亮
张　帅	张　亮	刘　涛	李　亮	孙晓溪	徐　昕	秦　亮	汪子星	薛　健
吴　超	蔡　杰	李晓丹	薛　强	候　黎	邓　瑜	倪生冬	苗瑛婕	吕殿煜
张长君	罗　慧	毛肖霞	盛晓娜	汪　侠	李文姬	刘　鑫	詹　斌	秦　冰
闫亚男	汤　婷	杨九炜	张晓琼	王燕婷	陈红燕	徐　飞	冯　志	贾　佳

王婧雯	李永涛	汪海涛	何　军	张晓旺	王维亮	张　倩	汪东升	杨菲菲
汤　亮	邓革彪	周大帅	张雪保	周　莹	王　婷	李自贤	任晓栋	焦景海
张　超	周兆瑞	张婷婷	付　燕	王鸿盛	赵颜龙	丁　亮	翟　婷	王海棠
马　军	杨　欢	阎　波	张乐年	张　波	杨学涛	顾　磊	赵　妍	毛建明
张学武	曹丽萍	龙　鑫	崔　剑	周　锋	郑　波	马　健	王　涛	魏　铭
马海粟	张　磊	张　磊	常　慧	王　斌	王　琦	张砚珺	王　斌	李大伟
胡海涛	韩砚波	范志鑫	王　婧	陈　涛	王吉海	吴　强	刘　楠	谭丽娟
陈东明	王小明	孙　晶	周文娟	崔　超	杨　鹏	马海云	张佳莉	周　瑜
石　玲	王　臻	林茵妮	崔　璐	陈志婷	郑斯丹	朱云龙	时　进	綫海平
李玉江	梁　东	张　川	郑　昇	党　铎	田　琦	赵祎明	朵黎明	徐俊杰
宋文祥	陈建超	任小博	苟娅娅	强　磊	王　强	王小龙	田德全	安争争
代希珠	贾又衡	张　栋	樊姝芳	杨巍亮	陈刚贤	陈春瑜	王鹏程	吴敬文
王鹏程	王丽莎	凯　璇	黄东岳	林雪松	吴祎蓉	杨　艳	章　璐	赵建林
陈　斌	袁　鑫	孙哲元	朱智星	杨　斌	尉文涛	郎钰皎	任韵霖	安　勇
薛　崑	任　燕	翟春鹏	曹　伟	于　泉	曾　莉	左良玉	王　斌	郑海涛
明　坤	韦志航	杨俊杰	夏文龙	李　倩	张　恺	赵　波		

2004 年高考录取名单

（提前批 46 人）

刘晓军	周俞全	朱　涛	贾　平	杨金平	孙志斌	叶　飞	吕茂庭	张东平
杨　鼎	胡　星	张富有	张一博	李　涛	李明强	徐小龙	王治云	马　汶
薛祁元	吴　波	杨亚文	张志勇	张　震	曹燕梅	刘　苗	杨　帆	马卓群
刘雪韬	朱　丽	牛学骏	刘冰茹	王　涛	聂婷婷	蒋　玮	胡光鹏	贾　鹏
蒋立超	李开鹏	白森红	牛笑雪	胡家盛	张晶晶	韦志航	张志杰	王　扬
徐晓娟								

（第一批 87 人）

郭　静	周大苏	王　峥	张园媛	吴沛芸	吴鹏飞	代　森	毛颖杰	靳　坤
秦　亮	刘晏昌	文　博	朱莎莎	路秀芝	黄　科	闫吉祥	赵世飞	黄延武
冯　雷	郭　伟	李　晶	张　凡	李　鹏	单兴宁	秦世伟	杨　歌	吴　鹏
钟　妮	高孔明	徐　斌	谭　琨	李　娜	朱常雄	张　爽	靳　珅	潘　睿
文　霞	葛　楠	王宇霆	王新元	王　虎	张　京	韩佳丽	张洋慧	亢大川
郑　昕	李兴才	张君龙	张晓虎	李晓瑜	郑廷忠	李小芹	许　蓉	魏天麒
任增钦	何志宁	刘　军	马海云	徐　波	白　瑕	戴　燕	宗晓山	龚南翔
任威翰	田贻文	刘君宝	张成凯	付金殿	刘世玉	侯兴泽	严科军	李　芳
宋晓波	黄培华	周淑君	陈吉权	刘　红	周雪花	李炎南	朱　杰	顾海燕

赵国柱　陈　虹　张安琦　田　丰　海　剑　沙金慧

（第二批353人）

曹　森	吉彦蕊	吴新成	范淑媛	何承祖	王东泰	徐　娜	韩文龙	杨素雅
张砚珺	刘　靖	赵小兵	颜明伟	徐怡亭	徐景峰	李长金	王丽莎	刘芳芳
张志龙	陈海滨	张　洁	魏冬梅	董　杨	陈铁军	谭　磊	于　沛	王　超
周　黎	徐　瑞	李　军	刘启明	谢　丹	周　锋	吴文轩	于　琼	郭　震
靳　蓉	陈环吟	吴　彬	何建栋	王　塎	田　丽	张　娟	靳凯清	王柄德
郝　宁	李明杰	董吉成	马永刚	牛　涛	张飞年	李　佳	董宇明	赵祎明
靳振杰	张致远	梁雪梅	保　亮	蔡晓波	张梓善	王　森	史珊珊	张智学
李振彪	王丽英	张国涛	李　娴	张　帅	马　娜	李　娜	王泽元	周　旭
罗隆波	赵　亮	武光泽	王　进	宿　梅	王亚玲	史克辉	赵廷荣	陈　宇
代宪琴	王　霞	苏　婷	卢小轩	何　婧	丁丽敏	尹小婷	王克明	崔　璐
周仁旭	周勇国	赵建德	巴九文	孙　莉	李丰君	许建妮	冯　超	李虎经
朱振军	陈　涛	赵　璟	董　帆	张晓光	吴　珏	宋自成	雷　曦	李　磊
雷冬玲	姚骊珠	许　伟	苟娅娅	祝建华	武　凤	吕俊超	周相梅	杨　磊
张文婷	何　玮	扁玉明	褚吉平	卢　海	戴　宏	张宏兴	管维明	卢冬梅
许　伟	常　薇	邢　倩	周　睿	周相芸	任志超	王　婷	张婷婷	杨海军
朱振锦	徐丽茹	张瑞峰	朱颖萍	王　琦	张　琳	陈　东	马建功	李建宙
朱彦东	彭琪琪	贾　嵩	张宏伟	雷　鸣	汤美雯	王　玮	王珊珊	李文博
王澍源	钱金鑫	刘鹏林	李红伟	李　巍	黄兴成	兰菲菲	赵丽丽	车　路
郭自丽	刘　国	焦　博	汤　霞	贺　涓	张永刚	何思敏	许静雯	牛子孺
窦　明	王永琴	张海娟	张　倩	周建国	魏建龙	苏　明	曹淞茹	翟东伟
李梦俊	王振华	刘玉凤	张莉英	赵秀丽	孔玉洁	刘新生	苏　婧	王晓琼
黄晓茹	冯晓娟	屈　玮	王　冰	孙　哲	白丽萍	黄闹武	丁　竞	尹国栋
马　燕	郭秀丽	薛　峰	张海蛟	马雪娟	马　勇	段玉珑	赵国栋	徐　通
马瑾榕	王培文	张风霞	牛　朝	刘岩鹏	祁　佳	杨　婷	邹晓东	苗凤琴
丁丽娟	苏鸿铮	荆丽敏	张　黎	游　宁	段　杰	谢文杰	张　军	王　赜
李海霞	杨俏媚	杨自虎	李海龙	高增磊	王　珊	朵　玺	王　鹏	贾　超
庞文娟	杨　麒	王子银	冯　凯	杨　蕊	任　波	陈兴发	张　舰	张小虎
平　凡	汪　波	范　洁	范　超	柳文泰	李　涛	赵振国	廙云凤	刘小琴
杨　攀	何　东	魏　月	许登波	韩海金	张志豪	薛小龙	王　婷	芦晶晶
段珍玉	张文龙	魏　伟	张学晶	张学磊	赵崇旭	马天生	郭　亮	张小虎
王　雪	韩小鹏	郭海峰	金　荣	赵　云	谈昌庆	李　鑫	秦海磊	徐金伟
王　晶	陈子静	薛　超	张玉婷	罗　飞	张　佩	陈世恺	王　琢	陈晓刚

韩 玫	王科举	赵玉梅	贾永国	关 伟	王莎娜	唐学宏	叶成旭	王海峰
邵 琳	邹 瑾	景 亮	付婷婷	顾亚明	包骊军	江熙涓	王玉晶	吴 鹏
周小琴	海 军	苏志鹏	瞿 瑞	王 涛	周景春	王 龙	张 杰	李廷鹏
李志坚	李 伟	王庆敏	张 瑾	陈 哲	刘 姣	马清玲	梁 明	赖 亮
朵 鹏	郑 华	雒 晶	孙 伟	张 晶	吴照亚	邓海亮	刘 瞻	杨昌远
景 虎	王建龙	刘 毅	汤东阳	许丽艳	袁钰哲	鲁超超	李 凯	白晓翔
黄国福	支生海	吕 强	雒万鹏	袁国忠	孙 斌	曾 慧	吴 涛	冶 涛
王亚毛	马丽丽							

2005 年高考录取名单
（提前批 68 人）

雒建军	杜杨霞	张瑞峰	曹志杰	李建鑫	魏佳乐	王金亮	李建宙	张 钊
任文君	苗志全	侯小毓	丁世昌	朵 鹏	孟昕阳	宿宁乐	孙靖平	王 娜
白立勋	赵伟中	张树贝	杨 莹	王建伟	张 波	张志国	任晓磊	张立波
车 晶	袁文娟	管玉凤	康 晶	李文涛	惠玉海	李 瑛	张 娟	朵亚琼
仲文欢	刘莎莎	袁鸿翔	马 俊	邢 颖	谈晓丹	胡倩茹	冯翼翔	高孔艳
殷晶洁	李新民	吴晓琴	王中璞	张 峰	权雅威	杜冬红	李浩昌	刘 岳
梁顺雯	仲彩霞	刘文飞	周 鹤	李晓龙	张晓亮	刘虎成	顾红娟	李 佳
李达瓦	樊丽梅	马 旋	梅 花	朱 婧				

（第一批 143 人）

于 冲	曹 森	何玉成	孟浩贤	张 浩	牛 嘉	曹 秦	陈 涛	郭 达
周小苏	李晓瑜	杨 泽	张 凡	全晓静	周俊全	周莉婷	马瑾榕	付登海
甄 叶	祝超先	杨 寅	单晓涛	安小鑫	谢小琴	赵家锌	张 磊	尹 丽
张家静	秦 静	杜 彪	朱 荣	赵 鹏	魏贵志	杨九菊	田潇瑜	徐 通
张宏云	王 森	莫伟添	张静娴	任有天	郝 宁	马 炜	杨素雅	杨 超
周 旭	单兴宁	王 琳	徐 涛	王嘉翔	曹 莉	王东美	张志龙	朱振锦
杨 玉	吴文轩	公维军	李玉夏	杨伟龙	王培文	赵多胜	李雯靖	刘怀旭
蒋亮枝	陈志强	王 晋	代利军	喻 涛	茹 虎	郑 华	靳凯清	何 琪
顾少颖	张 婧	李玉洁	王振杰	吕燕彬	黄金辉	金 鹏	张 军	李小兵
冯 亮	张 宏	张 婷	郭珊珊	张 浩	陈昆民	薛建娟	宁 威	张兴燕
和 平	杨彬明	张 进	闫 帆	闫有民	张蛟龙	薛海龙	王 宏	任 锋
张东年	范 洁	王 堞	王 珊	黄兴成	普光耀	张晓光	郑 波	马维敏
蒋玉龙	李 强	安吉光	赵亮涛	韩玉翠	崔 宇	张 龙	朱振军	王光辉
葛 静	王子银	高倩华	庞文娟	吕艳红	王 杰	苏小飞	石 晶	霍 亮
张小虎	张嫣娟	姜 瑞	刘芳芳	祁 娟	张小虎	彭 莉	高志虎	高增磊

刘自隆　于　娇　杨威特　姚兴亮　赵　凯　朵永刚　吴亚娟　兰海东

（第二批 446 人）

姚政鹏　丁晓锋　马　壮　陈　翀　刘　靖　贾　嵩　李瀚雄　赵光耀　王光鑫
潘启予　常　莉　丁多盛　付鹏先　杨长亮　秦福江　康竞艺　聂　超　周国垚
杨　洋　王　辉　刘建辉　郑铁鑫　张　静　雷万煜　张兴海　董　波　王林元
秦晓燕　屈　云　管宏伟　何　东　陈富基　郭丽萍　姜恒基　牛兆丰　闫学荣
张志坚　尤铁龙　杨　坤　张　麒　魏永梅　祝森先　王　璞　何建栋　邓周维
尉超元　谈吉超　秦　睿　张全伟　张丽娟　彭　成　段　杰　任建瑞　王　靖
李锦涛　杨　婷　张豹平　曹　霞　祁　佳　张晓虎　张炜炜　王海峰　刘岩鹏
王雯娟　宁克东　彭　青　杨　玲　徐红燕　牛　朝　施栋博　李生辉　蒋　进
孟玉山　鲁　兴　张曼姣　屠娇琼　唐学宏　秦世龙　王薇娜　付东杰　李　林
陈海瑞　高天虎　冯　超　王　岗　马立明　代克坚　魏伟伟　王泽军　战鸿跃
冯丽梅　魏　月　龚海霞　石文云　苏　波　张立主　陈世恺　邓　煦　杨志成
冯文超　付　澎　安明珠　刘小东　尉鹿鸣　宋亚婷　王　洁　赵玉梅　徐金伟
龙玺国　张志鑫　张　飞　吴国鹏　代　夒　张海超　宋　博　宋　佳　荆丽敏
李佩金　王晓燕　白　强　王　波　陈少杰　吴　珏　满　凤　韩　婷　王芳磊
宋亚男　祁国路　张　华　张天鹏　陈小龙　李荣国　刘伯鹏　刘贤年　温玉良
宋亚平　党春梅　师　鹏　郭府彦　刘小琴　闫于珂　刘　姣　王会明　韦　伟
李婧琳　冯　瀚　邢武成　石　卉　梁　宇　李　娜　徐婷婷　张兴嘉　徐志强
刘晓芳　苗小刚　侯　娟　张学强　师　波　周小琴　刘　珊　由　楠　杨贝贝
贾亮金　程红英　银　玮　左雅宁　胡　松　陶邵佳　李　凤　张　有　赵建军
龙海霞　路莎莎　张静怡　蒲　旭　陈得学　石丽霞　毛茹冰　胡晶晶　李　珊
张玉婷　秦　雯　常海霞　吴　琛　萧维坤　骆　艺　杨俏媚　甘　娜　孔　燕
任震华　陈兴发　周丽丽　刘琴娥　王　虎　王震远　杨　攀　段　慧　宋　祥
姜敬槐　丁希伟　张立峰　赵翠玲　韩海金　崔　霞　刘　珂　郑　赟　范　超
陈　帅　索燕妮　纪　磊　李　进　王文君　付兴盛　于承志　张晓威　曹新伟
马天金　王　鹏　王晓会　朱小清　张惠玲　马　楠　芦晶晶　王雪涛　王　涛
易宇光　安　娜　郭正亚　宋俊宇　江　玲　牛　燕　吴　杰　李　倩　蒋小鹏
辛雁海　蔡晓东　范晓磊　邢小飞　张海月　雒莉萍　李　虎　任超凡　贾　飞
周相云　李　娟　卓长途　张玉萍　孙玉婷　杨　琴　王晓燕　马可超　李　阳
陈　玥　李　琰　张　春　吴海军　祁晓将　安丽娟　张鸿儒　殷　丽　兰泽隆
吴召玛　安　斐　杜永瑞　陈正寅　金　荣　李　娟　耿　介　王佛元　朵　铸
李永斌　吉元晏　张　芯　柴小冬　谢宗佩　田　伟　雷兴平　杨　伟　周丽婷
陈　晶　吴　丽　秦　昊　刘海燕　周　鹏　曹文菁　颉　飞　胡　锋　张　扬

李晓莉	张瑞尧	聂 聪	王玉龙	薛煜珉	石鹏山	陈小霞	吴睿超	杨旺泉
朱阿兰	雷 红	张 璐	孙 洁	赵钰磊	李晓莉	张 蕾	杨文康	王文凯
高成博	田志甜	魏玉虎	李建鹏	王 苑	平晓楠	高 颖	陈 龙	任海潮
侯 超	张振佳	李 娟	马鸿翔	阿 静	王淑慧	梁海婷	白万超	杨 勇
张大亭	张 英	朱丽娟	汤 倩	刘 欣	王海金	蒋耀国	柏成荫	陈 波
张自亮	李玉良	王丽芳	高 峰	赵 婧	权金池	闫增芳	崔金柱	李 科
王 南	张 娟	张廷龙	陈建菲	祁勃海	宗 鹏	薛煜轩	杨小龙	王建国
宁莎琳	李 强	陈 强	龚 娟	邹 瑾	李吉博	张盛鹏	袁 丽	刘小梅
李亦宪	张曼雨	陈 丽	代肃豪	秦 晋	刘 燕	刘国海	石 波	王海芸
左学高	孟娟娟	胡丽娜	张 顺	史晓宝	王瑞华	吴 琰	张慧学	高梦婷
丁 茂	张克磊	沈 霞	甄凌志	刘丽丽	董 婧	田 超	周亦桥	苗自娇
王 丽	张 晗	祁少卿	赵 艳	秦小鹏	刘 祥	张 忠	任 霞	巨霄飞
郭亚伟	赵吉亮	杨 欣	张爱梅	李 楠	曾晓东	师彩君	彭 山	刘小军
王 鑫	李 佳	吴俊文	樊凌雁	王 鹏	盖 俊	王铁军	常 鹏	张馨叶
马 斌	高 莉	屈正新	张 宝	王 鑫	王 娟	王亚婷	高金莲	张小丽
石剑瑛	张 芬	赵红霞	李仲琴	闫 磊	刘佳瑞	刘丽娟	何慧娟	周 刚
尹 伟	代多青	贾 鑫	刘 佳	张 伟	李玉梅	刘雯婷	蒋 坤	周晓君
马 婧	黄雅萱	卢巧玲	陈 涛	安雪霞				

2006 年高考录取名单
（提前批 53 人）

王国澎	殷小涛	李 飞	张志强	冲 锋	林克宾	靳振山	张 强	杨彩琴
闫天鹏	周国众	周婷玉	胡 松	杨 伟	张 涛	尹晓伟	许志强	李 璐
李 虎	李文涛	王丽娟	张元哲	阎韵稣	邢海兰	王文娟	赵国魁	骆 岚
仲彩霞	张学锋	王 婷	张小龙	曹 琴	马 俊	梁顺雯	罗明杰	郑双玉
姜亚娟	潘延龙	魏建帅	朱 瑜	赵 丽	杨文瑞	王晓文	白 玉	赵 婷
杨吉英	贾朝朝	曹 翔	负向伟	牛 丽	武 晓	庞 慧	朱 烨	

（第一批 120 人）

张 楠	龚南杰	王蔚楠	李兴达	范兴亮	程 雁	王 琳	石 海	张雪莉
陈 龙	周晓瑞	王丽琴	丁晓锋	王雪艳	杨仲繁	刘自隆	雷丹妮	梁 扬
张丽娟	陈 洁	张小晶	郭妍君	丁 泽	易 南	毛俊轩	温玉良	周 涛
郭振南	马 雯	周子兴	马仲涛	满 凤	雷志雄	周 锴	陈 杰	秦 昊
梁顺安	陈小龙	王 婷	马小燕	张旭平	宋亚男	邓君怡	车雯君	秦 华
侯 婕	张兴海	安雪莲	王 岗	宋毅林	王吉祥	吴鹏超	李国姿	王小博
刘 倩	邓 煦	邹越梅	吴世宽	谢丽霞	张 鹏	张 有	何如镜	郑 雪

谭小燕	付崇瑞	梁涛民	姜 瑞	朱泽林	贾 踊	徐 燕	李 潭	马立明
王继兵	罗福海	张文磊	王石雄	吴巨强	杜树华	薛剑超	徐 欢	杨宝晶
李向泊	施栋博	陈 晖	张砚宁	刘子华	丁希伟	尉超元	邵大伟	谢兴宏
陶邵佳	单 琰	何 丹	闵 静	张 博	周 靖	朱建明	陈子银	刘 婧
蔡旭春	杨丹凤	李晓莉	程 亭	王 婷	尚国庆	王世祥	赵婉君	王 妤
陈惠霞	李 进	王海峰	李鑫超	孙 洁	宋 祥	陈玉娇	柏成荫	郑宗才
蔡 霞	秦 静	张爱华						

（第二批268人）

任 刚	杨 洋	王怡轩	宁克东	左雅宁	王建超	王子健	张天鹏	张佩瑜
付 鹏	付 澎	董兆国	马文蕾	李冰清	吴 娴	宋 博	刘炯驿	张 婧
贾 超	陈兴虎	秦耀军	闫万鹏	任瑞德	李守博	朱兴攀	张 涛	李锦涛
刘海燕	魏 健	闫雪梅	景海蓉	郝越峰	范小英	刘辰熙	于 波	王 璞
王斓澂	钱万芳	张 江	曹仁虎	丁建云	李 勇	雷兴平	任晓源	王亚欣
肖 云	陈晓冬	王佛元	张 阳	雒莉萍	李晓洋	王亚清	张耀心	李 雯
王 兵	曹 霞	钱 明	李 娜	闫玫雯	龙武国	赵培龙	李 宏	郭金有
范晓磊	徐永丹	秦建强	李永斌	王佳鹿子	许志江	孙国洋	陈海东	李丹凤
刘建辉	闫福磊	韩小燕	杨 勇	翁立元	柳 曦	王文才	陶 睿	樊海涛
张学强	杨得宇	李吉磊	朱建明	任超凡	刘金芳	李 琼	郑 杰	蒋 进
王震远	宋 萍	韩 晶	任海潮	张开峻	王德龙	潘 峰	王润泽	田龙耀
张治国	刘广才	王静研	汤 超	倪振龙	黄培华	田 伟	贺 涛	侯 娟
舒婷婷	安 睿	陈学昊	姚世杰	宋良承	杨 超	章宝宝	杨 寅	杨旺泉
巨 倩	张灵芝	李亦宪	张 虎	张振佳	王 鑫	张 华	张春龙	闵玉琼
邢小飞	刘凌汗	陈寅龙	文瑞娟	胡晓亚	蒋万磊	任增星	彭 珏	刘 军
卢 涛	王 睿	王延波	张自亮	李 洁	权金超	王振国	朱丽娟	王 红
颜红锦	蔡晓东	薛建飞	赵永刚	陈文彪	金 涛	刘海龙	王志松	王建国
宋 佳	梁 瑾	马 倩	张海龙	张 荣	梁益民	毛 华	孔 明	高俊贤
焦海泽	周经国	石鹏山	苏 虎	吕燕琪	尚洛娜	赵 杰	朱 伟	赵自鑫
赵多强	张 清	萧维坤	石丽娟	高巧兰	牛 瑞	张慧学	孙春丽	朱建红
张会霞	王 苑	张秀萍	王建龙	王小丽	王 倩	李玉婷	朱甄子	周 刚
陈 静	王金兰	刘小梅	郭 磊	张 益	朱盈春	郭 涛	许丽艳	郭亚伟
曾学谦	梁 珊	李 雷	成 研	陈 龙	何锦杰	钱 霞	蔡招娣	徐 添
张保彪	刘雪莹	闫增芳	于海燕	葛 璐	赵婷婷	陈 艳	华宗军	胡尔查
刘文涛	魏建国	李泽广	郭正亚	黄洋国	杨 欣	陈 波	祝小娇	代晓宇
邵 丽	平思遥	赵玉芬	武文君	王瑞华	陈海红	高 倩	曹雅楠	张 芳

张　忠	袁　丽	殷　骏	孙丽萱	张丽霞	胡媛媛	朵永刚	王海芸	闵　晴
付玉琴	李雪明	安　虎	朵　蕾	常艳华	李　婧	陈丽丽	邢　粲	杜　娟
李海琴	樊雪萍	杨　璐	胡　刚	兰丛姗	安耀鹏	贺　斌	顾玉轻	顾永新
马　文	乔珊珊	周晓娟	吴建宙	任黎琳	胡雪梅	白　伟		

2007 年高考录取名单

（提前批 83 人）

王怡轩	李丹阳	陈　鑫	倪　农	祁　飞	马倩伟	徐小龙	苏　博	张建设
王建锋	高文俊	周　垚	王槐杰	吴　杰	宋　龙	闫百宏	王文韬	盛雁龙
赵睿智	王思尧	刘安祺	马会钦	马　健	洪晓峰	汪海亮	陈凌龙	曹秋晖
兰瑞林	邵积钰	魏娇娇	崔建基	杨　璇	胡振鑫	李昊泽	郭　亮	申　鑫
王　竞	王晓风	张　嘉	张　涛	陈　鹏	焦志博	刘建祯	何　敏	杨　译
周　静	高凤娟	李　顺	李亚鹏	张吉山	李　晶	丁斯亮	田晓禄	曹　阳
潘延龙	王铁虎	周召年	肖鹏霖	王　娟	袁玉娇	王吉东	蔡涵雪	李小龙
马菡婧	汤　超	杨　静	张　睿	张国义	王玉红	林磊廷	于　曦	崔　娟
田　婕	常有福	邢泽琛	陆宝成	徐　晶	柏兴利	孙　鑫	陈锡乾	朱海莹
董　旭	付　蓉							

（第一批 151 人）

俞　静	周　涛	周　元	王建伟	谢　婷	王　焱	钱　鹏	耿　龙	李青青
邹越梅	郭　宁	张小晶	程光华	石鸿江	赵光亮	阮明岳	高海龙	王永栋
李冰清	王超俊	周　涛	吴兴鹏	马燕琼	吴　涛	董　楠	何亮忠	曹晓英
陆可展	闫丽翔	夏长磊	何　璐	范兴龙	李　婧	冲　锋	吴鹏超	丁耀先
谭小燕	李胜忠	王　超	闫雪梅	丁玉山	郝越峰	王鑫鹏	吴　波	薛世誉
潘　鑫	柴玉龙	徐　婧	王丽娜	张北兵	杨　磊	孙逸帆	姚世杰	雷　撼
何如镜	杨　帆	张　鑫	龚　莹	王彦锋	许生磊	张文玥	冉兴隆	王以岸
张　磊	杨建峰	陈　蓉	王志松	纪丽媛	贺生亮	张晓波	贾　超	张永茂
周晓旭	吴　彤	何雯丽	妥　鹏	杨长征	刘生龙	郜丽华	韩兴翀	刘琴娥
汪　睿	陈发俭	张永鹏	何　蓉	刘　巍	李文昊	王建龙	余欣伟	石建源
李守博	王　宁	姜国星	雷文超	王金民	赵　鑫	赵晓燕	王芃槐	李翔翔
武　丹	刘晓娟	曹高峰	张宝钰	张红星	姚玉秀	易多帅	臧　飞	闫　超
曹　鹏	卢　凯	王文玉	陈佳亮	许小东	王小刚	王　倩	王　凤	王兴凯
周　斌	韦　波	帖　彬	朵亚玲	李姬菲	王小颖	杨思孝	朱　倩	王明涛
王　亮	王　晶	郑　丽	张小龙	安　晓	陈学斌	张炳芳	卢晨醒	郑自瑞
胡小军	陈　煜	朱小刚	毛艳茹	雷媛媛	钱　军	肖　博	张　超	王　雨
魏雅娟	马　强	宋海亮	杨玉婷	陈　杰	赫玉玮	安　妮		

（第二批 301 人）

雷志雄	田景文	祝　嵩	郑　龙	王国龙	钟钦铨	姚天斌	王　强	王　钊
鲍成智	梁学海	蒽永龙	庄　洁	杨世涛	陈　娜	肖　云	王文娟	王有为
李珍玮	高发瑾	郭　浩	冯　鹏	王少龙	卢小飞	王　瑞	保吉月	许小妹
张　荣	杨　超	赵　楠	王　燚	董凡琦	曹莉丽	汪　洋	马　莉	武光瑞
李佳春	任瑞德	郭继超	贺汇流	姚星宇	李　璐	罗晓燕	李院霞	王冬红
常　亮	史　巍	赵　泽	孙玉环	马志亮	曹　军	邓强德	蔡新文	徐海峰
陈　森	樊　伟	毛吉光	沈　涛	崔成林	杨　涛	魏小刚	任小东	梁静娴
王青柏	闫　华	张　霆	谢少俊	吴玉超	梁旭升	何　涛	宁　婧	朱金鑫
王颖超	韦志强	王淑慧	任　乾	张　琪	陈　鹏	朱　玺	郑　威	杨宜南
何建梁	杜　涛	石艳玲	王丽娜	陈赟璐	马自乾	张　飞	刘海龙	尤家保
任　冬	代　溪	张　钊	陈雅妮	胡亚娟	徐丽凤	张克磊	杨　龙	闫振华
史　超	胡柏山	滚建萍	周福玉	张志浩	张小锋	梁小龙	柯春江	王亚青
李玲玲	陈　超	黄兴祥	何　铁	吕燕南	王　睿	王　磊	谈　丽	段玉鹏
王学泉	吕　坛	常亮久	孔鹏文	杨铁映	杨　文	姚燕龙	郝　璐	陈　鹏
张玉超	黄　丽	马　杰	宋　鹏	李　洁	史　敏	王雅楠	张海峰	王　英
王　欢	孙　伟	赵　娜	张晓丹	吴　敏	韩　杰	徐　磊	徐　添	李武靓
孙玉婷	雒兴宏	胡立国	高珊珊	方丽萍	杜雅彦	褚文涛	陈天龙	兰　婧
许　伟	蒲玉玲	陈丽霞	张　超	陈　昀	高炎兵	孙舜禹	王小星	贺志云
王　倩	肖　龙	金小龙	李晓敏	谢　海	杨龙善	展宏江	刘　颖	尹　怡
陈　瑞	柏兴宝	徐　高	何宗儒	王金芳	吴正煜	任增星	董吉明	李嘉辉
吕　渊	唐　超	王以武	曹　亮	刘媛蕙	李红玉	任学斌	颜　坤	杨雅萍
柏　静	王小丽	祁国英	郭语薇	张雅婕	孙晓晶	宋廷瑜	李圆玲	张晓芬
朱　沙	李小龙	王小玲	姚金祥	姚　平	马文娟	师小佳	王丽娜	杨　阳
丁　璇	耿春梅	马明远	周玉兰	魏治文	李　莉	马兆晶	张　雪	徐梦瑶
刘海霞	谢晓雪	张兴龙	彭　倩	曹志林	周得相	姚　其	高　丽	邢　亮
张建龙	张维良	张　亮	梅雪静	王溪楠	李家昌	陈强国	王　睿	贾慧莹
温玉轩	戴　珊	贾亮金	樊立娟	高　伟	李云梅	王　倩	张　涛	李玉霞
陈丽萍	安海龙	黄　茜	张　辉	马文亮	袁铁英	刘兴彪	王亚楠	王兴鹏
杜明娟	万　怡	赵婷婷	王丽霞	张立英	武　鑫	朱　贤	张吉伟	胡雪霞
樊　媛	张　杰	尉珊珊	张　璐	李林泽	武小琴	徐怀亮	杨钰鑫	王　冬
张雅丽	赵　泽	薛小平	李姗姗	吴雅萌	冯海燕	杨　佳	彭倩雯	师　鹏
程晓珍	赵安娜	安　靓	张艳京	贺云鹏	张爱晶	屈文晖	蒲　茜	赵　岩
李海琳	朵维娜	佘海龙	荣　磊	兰　梅	安　婧	孙　睿	王懿超	张太琦

安　梅　刘　燕　张海南　韩宏伟

2008 年高考录取名单

（提前批 81 人）

董晓晖	陈　杨	肖云擎	臧克海	郑文婷	包　鼎	徐鹏泽	范振春	杨　文
李　慧	刘渊新	夏　阳	杨海波	张建新	吴黎娜	常　剑	张国星	王小强
任意鹏	宋明达	张智源	王　钛	刘自龙	邢　云	马少博	杨霖鑫	李　强
蒋亚周	冶吉利	朱　鹏	雒继瑞	绪建兵	宋天杰	王　雨	陈岩波	包　飞
王　睿	王海龙	朱　磊	何　鹏	来文超	吕昌隆	郑　哲	程　奕	斯　钰
祁彩虹	马瑜鸿	石　琳	贾小龙	葛　蓄	王小洁	张永海	马菡婧	朱丽娟
张玉虎	闫金花	杨小东	徐　雯	吕莉莉	刘兴波	闫作伟	赵　辉	王　艳
丰　江	宋雨霏	陈志海	王　珊	丁　强	王　燕	赵开磊	侯敏飞	邓　杨
王建锋	曾　超	雷　东	周　东	李小亮	管晓辉	徐波波	刘廷明	贾皓宇

（第一批 167 人）

贺阿亚达		程润泽	王永栋	秦丹阳	卢小飞	张吉宇	闫万方	张　博
罗　刚	戴艺丹	雷志雄	何　瑛	王　鑫	潘晓晔	杨晓丹	贾　超	袁畅泳
王　强	张虹剑	闫思聿	黄兴祥	来梦泽	李佳春	李珍玮	甘海鹏	祝　嵩
王炳贤	马健鹏	蒋荟蓉	余小明	王子衿	胡柏山	路　娟	王　俊	昊　婷
张宝钰	陈海军	周　策	鲍成智	刘　泉	李　青	李　星	王　阳	丁艳琴
屈文雄	成千福	魏开明	徐　磊	王　昕	吕威龙	昊妍楠	张　蕊	曹青廷
严　毅	白　帆	王娅婷	王　宇	赵　娇	李忠德	张雪瑶	张　翔	师　杰
魏　婷	王鹏程	孙玉环	张海涛	张　丽	刘海霞	张鹏贤	梁学海	王　凯
刘竹清	谭清德	陈　杰	刘平海	郝涓惠	褚文涛	王婷婷	祝高先	任增星
杨　丹	魏朝琦	陈国军	石　丹	王　娟	张志浩	张建龙	赵　洋	孙　婷
王　瑞	马　全	徐艺轩	张凯伦	王兴博	牛翠蓉	李晓伟	方自刚	何建梁
钟钦铨	何承祖	李蓉蓉	倪　源	魏建国	董婷婷	王沐东	武光瑞	尚雪仁
李　平	杜小悦	张　洁	王　泷	朱贵理	米　扬	于学霆	孙文晶	张家锋
蔡　磊	陈　强	王亚青	游锦康	刘　刚	李悦瞳晖		毛世民	王德龙
何　铁	徐建伟	刘亚煜	任亮平	李　丽	金生云	王晓鑫	杨珍珍	杨含英
骆　丽	张乾平	李艳萍	钱　斌	陈生聪	许天富	毛彦丽	崔　佳	邹清成
王　乐	乔玉龙	邢自挺	赵振虎	代　芳	吕吉龙	王小丽	袁兴文	张　静
张振云	高培林	焦丽娜	雷婷婷	李兴凤	尹海涛	吴建强	邢作佳	高枫姣
张　堃	姚玉慧	韩玉龙	张　鹏	郭　霖	张砚婷	钟　诚		

（第二批 397 人）

闫　哲	杨　乔	杜雅彦	张宇涛	祝伟杰	杜　艳	李海燕	彭　勃	宁致远

杨　萧	冯茜茹	郝　婧	李梦莹	丁　雁	鲁艳兵	杨雅芬	胡开泽	张森林
刘丽琴	赵梓婷	段玉鹏	郭温祥	邵多帅	程国伟	蒲玉玲	张纯玮	程明飞
王海玲	冯思羽	胡　蕾	姚金池	茹　丹	尹志方	岳　亮	张　楠	马文娟
孙舜禹	左华翔	屠振宇	张　键	马　强	郑　超	柏兴宝	张　燕	郑睿颖
牛小青	杨炜圻	郑炘炜	唐　娜	张天祥	杨　仲	江付龙	濮　虎	林梦楠
屈　燕	李子恒	何建博	周丽媛	张晓燕	叶路路	王　伟	吕　渊	盛学恩
刘子龙	陈　龙	龙颢文	杨　帆	王兴玉	杨凤琪	胡广乐	闫　华	易书博
李智涛	李　洁	刘文鋆	王　帅	李　琼	王兴鹏	曹文彦	刘春秀	曹　婕
毛振赫	金向光	周　正	朱金霞	闫小刚	魏　鹏	陈学毅	王亚楠	安彩芳
陈　超	杨吉龙	何　斐	解丽丽	吴　浩	祝建江	胡文婷	刘　鑫	田积鹏
许婷婷	白万挺	徐娉婷	王雅楠	杨冬梅	徐　玄	杨　泽	张　跃	何颖娇
董凡琦	张铎善	彭海霞	刘一姗	贺文生	吴海虹	付玉娇	闵海霞	姜龙基
张容婷	李正波	王　勇	周玉兰	赵　亮	周　才	贾敏妍	孙向红	王新虎
何维鹏	王雯卿	徐　芮	张继磊	黄　丽	展宏江	童海波	王　霞	厉永旭
李海燕	李凌飞	秦　涛	赵　阳	候　婷	张成道	张　琴	吴希军	袁铁英
张　蓉	李殿明	苏　婧	陈嘉美	普殿有	闫小龙	梁　颖	程建青	王隆国
杨金花	龚　亮	王瑞芳	臧鑫贵	张雪娇	陈运辉	崔学林	任伯锋	师小佳
唐　强	卜晓宇	许彭文	姚　旺	赵亚东	贠　涛	张振华	周长寿	张　娜
朱玉红	白雅馨	段亚男	毛晶晶	王　敏	任小琴	杨瑜蓉	崔成林	王　超
陈玉霞	张自霖	张玉婷	杨　雪	谢　璐	高　翔	车小军	陈晶晶	李瑞娜
郭自春	韩宇哲	魏银凤	董德平	张晓璐	张维良	刘思佳	苗志明	党晓波
胡海燕	谢腾龙	杜三旭	李淑娟	黄晓鑫	李一波	马海涛	王正伟	曹增峰
赵苜辰	王建伟	巩亚文	张智星	成　东	杨　娟	程晓珍	赵珍婕	刘　波
赵　磊	罗金龙	孙　颖	汤　奇	罗光宇	张国栋	肖　珊	袁　来	郭雪芳
李晓龙	刘　娟	闫　璐	叶海涛	李　扬	耿奕轩	邓育杰	杨　博	丁　扬
吴欣隆	张　猛	汤若昊	郜振珊	谢　翔	李作磊	赵　丹	杨继荣	曹丽英
盛　阳	宋金龙	王金辉	王　舒	王国卿	王文彦	马　星	杜克龙	周丽娟
王雅君	李良海	韩巧霞	宋宏飞	胡　嘉	侯雪霞	王　巍	卢君玉	许应昌
黄彦娇	杨广辰	张双喜	李　栋	陈雯雯	王雪玲	薛慧琴	刘玉梅	胡振森
娄　倩	常晓亮	兰宝林	肖丽萍	王雅楠	戴晓东	邓　姣	梁德鲲	宋文慧
李雪玲	童　丽	李　丽	丁超国	李　晨	陈天琪	陆　旭	王钰涵	安磊国
董全宇	丁学琪	张小婧	李旭东	张　锋	王兴盛	杨　涛	李　玲	米晶晶
何　娟	姚成龙	曹红英	蔡兰兰	马鸿雁	高艳蓉	王　健	张红英	张耀华
刘晶晶	陈才才	郑旭哲	白家旺	张志琦	安　琪	普玉娇	左永进	吴　娱

王飞彪	朱珊珊	王增超	叶金龙	王　旭	张少华	祖晶晶	徐红燕	谈　鹏
李　婷	王哲韬	牛　浩	董瑜霞	陈加轩	董博誉	武娅琴	曹　宇	张志远
杨建伟	荣　欣	桑晓龙	孔鹏文	丁晓婕	李骏宜	张　骞	高姗姗	张瑞琦
杨　国	白瑞荣	安吉贤	高　博	祁　峰	陈天国	来　鹏	代宪玲	刘建彬
李　茜	李义廷	孙　倩	张　飞	殷　翔	樊　武	任雪超	谈飞燕	郭晓珊
刘　超	陈玉风	刘成龙	赵建海	孟登斐	吴　波	王月玲	田雪梅	杨　飞
高雯婷	邵巧丽	郭生贤	尹　雪	邹　涛	孙　钊	李　扬	周　巍	周子铉
朱海英	高　伟	康建国	周箬涵	于秀娟	龚珊珊	任　重	刘妍荷	荆　蕊
胡　蕊	田吉国	张爱晶	李　悦	薛　刚	马文媛	贺　莹	张佳炜	艾　民
陈梦琦								

2009 年高考录取名单

（提前批 115 人）

佘建祯	王宣望	张福超	周晓彤	杨自兴	张　奇	马官程	蒋　涛	赵　云
王　博	师建鹏	白万挺	许鹤卿	蒙立瀚	胡振勤	王　洋	吕吉鹏	朱　涛
杨　超	崔　强	李　鹏	吴　振	韩新源	代宪超	胥永军	贺　勇	陈　阳
祁雪峰	何志彤	秦炳乾	李琛茜	段晋丹	骆正廷	李　煜	王小虎	赵海峰
张婷婷	关小鹏	王俊轩	李　东	汪子轩	李克涛	吴宛桐	王丽萍	郭丽欣
王丽璇	马钰嵘	柴子龙	高　婧	费亚涛	董彦鹏	项　琨	孙萱颖	陈晓亮
杨　倩	卢　琪	吴珊珊	赵　鹏	孙　宁	张凯婷	王　静	梁志超	刘　婕
石　婷	高　阳	张　丽	任瑞赟	贾琦峰	杨　婧	王文婧	王晓霞	张　雯
吉晓燕	王金璐	方泽琼	杨　潇	任国利	丁美如	王吉东	王　达	刘旭东
殷志勇	孙　亮	李艳霞	李振坤	孙　艳	刘芝彤	江　闽	徐东方	寇艳军
刘海龙	曹振南	许海龙	宋　斌	张　璐	陈原野	姚　雪	屈　劼	费亚运
车彦婷	姚文珺	崔　东	马占明	高吉明	科丽荣	赵天娇	王郭尔美	
王　龙	薛邵刚	裴　虎	赵立虎	高磊磊	张志辉	贾鹏金	张丰舸	

（第一批 230 人）

肖继强	王施相	马竞韬	张鹏贤	张彭炜	闫　哲	张佳炜	孙　博	黄　哲
余小明	吕永玺	石鸿基	王兴博	王　瑶	张　翔	孔祥椿	赵　亮	井泓杨萍
何慧娥	马晓文	殷建超	张梦娇	苏　晹	于　皓	罗金龙	陈莉蓉	孙　雪
胡　毅	尹志方	谢　全	王小磊	刘美智	苏晓沛	王　翔	王　恺	张雪瑶
朱　宏	张　鑫	巩亚文	陈玉雯	王　涵	罗雪娇	张亚楠	雷　雯	王飞彪
宋笑蕾	郑少康	宋　青	王炳贤	林　楠	张文婷	刘　青	牛小琳	何恬静
毛振赫	张志亮	祁凡茹	赵　杨	李海燕	刘自忠	贠丽娟	王瑞芳	安　昱
赵晨宇	杨晓凯	唐　强	岳　亮	王　新	常　娥	蔡郁田	梁宏安	兰　剑

宋建顺	王丹璐	赵成亮	滚福生	张国龙	杜三盛	李殿明	杜宇阳	刘娅婷
张　杰	郝启轩	谢　静	王子森	王　静	公尚权	魏亚庆	胡元元	庄文泉
蒋辉亮	胡晓旋	普殿有	杜立威	刘子祯	马　烨	李　胜	龚　亮	周　杰
赵　洁	闵希凯	屠静轩	王子豪	苟德海	张耀华	李亚娇	呆立森	祁剑清
王　旺	苏振涛	张学飞	龚南嘉	张　喆	张宏俪	崔　浩	刘镕基	张文珺
赵静波	尹怡心	谢海生	杨凤琪	石小婷	王思敏	张　莹	温　艳	郭振亚
刘毓璟	关珊丽	李　谦	蔺多惠	王丽霞	李梦佳	李　冬	王春燕	何吉超
张裕彬	吴忆南	马　力	王　琨	王　聃	王笑天	党晓波	杜建增	黄嘉瑜
王瑞琼	宋宏飞	周晓帆	高　翔	何建博	胡　欣	张　猛	王金辉	谢效安
杜文艳	张　晶	王　晶	陈世俊	章　丽	张宏海	包志强	袁　磊	田　园
张双喜	贾登晓	王　涛	刘　宇	王蒙阳	李跃骅	丁　玲	曹　鑫	滕　明
杨　飞	刘　凯	张　强	张智恒	郭志强	周学勤	丁　凤	普光禄	刘晓霞
贠晓玲	郑　栋	郭　翔	李　燕	裴　皓	朱　慧	自　儒	郁　煜	朱小奇
徐福军	李倩雯	陈天国	冯　颖	张　玉	李珊珊	王晓婷	连小琴	雷立明
陈　勇	陈　婷	地　玛	李　阔	周育寿	袁　野	张玉峰	董全宇	王冰冰
赵　潇	王雅男	曹宇科	徐丹丹	张嘉莉	祁晓云	尹子瑾	王海晶	赵　河
杨　燕	许大凯	刘　波	朱小龙	赵国婧	刘婷婷	张利霆	唐　捷	聂晓莉
张　姗	邹　丽	苏　龙	安祎玮	梁　茜				

（第二批 450 人）

王娅婷	高富国	贾　娜	曹天骏	周　佩	蔡惠婷	李婧雯	甘　瑾	朱吉超
霍雅婷	盛学恩	周祥年	李　达	周晓阳	刘玉麟	刘　帆	雷志强	吕　恒
崔　波	宋小兵	闫巍忠	吕林倩	陈　佳	杨廷星	胡文婷	闵海霞	吕　虎
任　旭	宋　娜	周　丽	郭　瑜	赵　瑞	尹　瑞	王　栋	杨舒宇	丁在刚
马　刚	孙　莉	赵建海	安美娜仁	刘　恒	冯文静	马震旦	张建虎	杨晓倩
田吉国	田　野	王学超	张偌玮	付绍洋	李冬梅	吴惠惠	张吉鑫	梁　娜
司文萱	杨泽伟	韩子炜	陈国佳	桑　桦	王　龙	殷建楠	高少平	魏金凤
公吉海	刘雪婷	张志飞	代永博	王志鹏	王增越	李涛春	高　宁	马鸿雁
高　鑫	康正波	武雪芬	邢作佳	段泽山	彭雪峰	张家磊	马燕楠	陈　玲
李亚颖	王育杰	李凌飞	宋飞林	韩小东	毛　翔	梁学林	王一捷	周敬文
任丽丽	许婷婷	段雅蕾	马义博	隋海涛	赵　瑛	秦晓燕	朱奇良	王正银
展宏江	王雯卿	杨　越	杜海荣	姜婵娟	杨志馨	何宏国	金艳艳	张玉霞
李　扬	田　丹	梁玉红	贾　伟	赵　洋	王　妍	禅　波	周李杰	保　杰
张小刚	张文超	韩　亮	吴　迪	雒文通	赵国强	王晓航	李　娜	姚雪莲
陈　颖	张彦博	孔继慧	赵振波	何　琳	宋金强	陈天宁	王薪国	薛小娇

王丽燕	武登鑫	章海洋	胡伟伟	张夏玮	秦学佳	吴世洋	杨　彬	杨鹏山
高海妹	王　艳	丁雪妍	高再敏	张　旭	孔祥飞	杨　晶	张　瑾	陈　玥
高倩男	袁　刚	邹伟龙	罗　茜	姚小倩	张　翼	韩佳伶	王建伟	高文俊
曹天旭	张锦波	吴雪梅	王兵年	张　瑜	谭　雯	魏婷婷	李　慧	刘翼飞
曹靓雯	石爱红	刘宏斌	张　磊	杨　静	张　霞	梁　萍	李兴虎	李旭东
张春梅	戎　苗	潘丽丽	周一明	王佳佳	马雯雯	王　晗	邓智方	蒋晓玮
李　卉	明雪琴	王建龙	王心彤	刘小超	赵秀娟	张　杨	刘　楠	赵一璠
吕润喆	刘　枫	陈玉海	武建英	高小莉	姚超国	张艳萍	陈金昌	张凤凤
陈梦媛	王泺涵	蒲　楠	陈志宝	陈翠娟	王燕飞	樊　丹	刘芳芳	鲁海琴
陈玉霞	吴建新	蒋发伟	张立泽	刘小波	张　飞	马玉婷	赵　扬	韩　鹏
王　伟	李　娜	孙晶晶	毛成昊	王以远	许亚男	冯启宇	刘思敏	黎　明
李心瑶	马文萍	彭学申	任志伟	赵　星	张晶晶	李海燕	蓝　霄	王　栋
邓妮娜	金振涛	宋菲菲	普　燊	谈　鹏	周宏伟	师　茜	李　芳	张少平
郭　静	郭燕飞	杨冬梅	张雪妮	梁尊预	潘　春	高芙蓉	张小飞	孙　静
任力君	张　宁	王亭亭	黄建东	王　鹏	张国华	殷雪娟	童海涛	张　茜
薛邵丰	王雅祯	冲　超	秦　超	丁希辉	郭铭有	孙丽娜	王永健	李　源
党小庆	王瑞鑫	尹志亮	王兴华	邱　婕	王秀秀	王　铭	赵鑫远	陈增睿
邹月超	张　娜	陶　波	祝尚先	刘丽娟	罗晓丽	李　媛	邢　跃	黄杨玉
孟淑琴	周　鹤	王学成	李佳能	温玉洁	管仁厚	刘逸彬	郭　超	路培贤
王培军	周玉婷	杨光明	李梦莹	周学诗	朱彦瑄	王晓萤	封歌俊	张倩芸
马丹丹	范亚丽	韩　冰	严瀚林	赵　妮	赵君琴	张　歌	汤　文	丁娇娇
马　全	杨凤凤	赵　婧	杨金山	李会茹	孙晓琴	张　灏	刘思思	张鸿伟
武碧莹	卢　楠	常嘉颖	张　媛	胡娜娜	王　海	李　婷	魏雪婕	唐　凤
高永伟	罗川珉	李　斌	张　盼	常　远	张自凯	张玉鹏	何正晖	宋菲菲
刘丽娜	武文辉	段　婷	宋乔国	杜雅婧	杨　凯	陈艺炜	田　欣	潘建元
韩丽丽	龙　岩	尤吉祥	任　虎	刘子凡	陈　涛	车博亚	张　格	张建龙
吴　瑶	安吉鹏	王　超	张　磊	权　琳	王海军	党婧敏	胡　错	宋云飞
孔祥镕	姚雯雯	王晓婷	孟艳萍	徐海峰	张小明	陈小娜	王玉梅	刘振华
刘　超	袁　飞	张小玉	闫　磊	胡　晶	薛子臣	谈飞燕	梁德鲲	王凤林
郭梦婷	曹　震	李雪莲	马　静	杨继超	王东旭	李亚玲	任振伟	郭红霞
索于璇子	张立鑫	罗燕杰	李　惠	崔丽霞	周小英	刘光达	张　琪	徐　扬
赵光璞	高星辰	余淑蓓	苗云芳	姚丽娟	刘　钰	周玉霞	杨　军	寇建波
来文娟	张志强	李敏荣	李菲菲	张　钊	马　骁	龚　骞	田　飞	张　甜
安　娜	任颖玉	徐佳霖	崔梦娇	叶　育	袁新林	王海琛	郭雅娟	薛　娇

何微娜　刘雪娇　郝恺琳　黄国涛　朵　丹　妥　芳　金银杰　郝志华　张　巧

2010 年高考录取名单

（提前批 59 人）

孙小佳　邹国力　焦　欣　魏　轩　王小宇　张　昊　韩小东　何阳城　王建伟
崔国瑞　马良英　刘生宏　牛　东　张子何　马淑静　张吉涛　崔龙超　董家辉
王　嘉　张威丽　何美琪　梁　萍　朱静怡　石　磊　王建绪　王致杰　蔡林澈
朱　琳　孙玉娇　王　倩　李　华　韦倩云　何直历　李姝凡　杨佳炬　刘　鑫
孙　顿　刘　洋　韩　蓉　程　哲　刘　飞　陈　雪　邓贝贝　贾秉学　徐　鹏
史　伟　张瑜麟　孔达然　卢玉娇　彭　韦　杨怡斐　刘雅儒　邢　欢　周昱如
李　莎　张　鹍　刘旭东　魏　涛　高　飞

（第一批 182 人）

朱学刚　孔祥椿　冯　凯　孙晓锋　陈启明　李　洋　高　玲　孙志朋　张富鹏
张梦娇　武昭昕　邓　昊　金　娜　白方域　马远驰　王宣望　乔　榛　贾　旭
丁　凤　聂　杨　谢　喆　王鹤松　李梦莹　牛　通　蔺吉祥　方　元　王多伟
彭海歧　杨　扬　王源斌　冯珺琪　郑　晗　梁　靓　王育杰　李　骁　杨殿帅
陈宇婷　邵玉娇　王永祥　郭红利　张金龙　来新彪　鲁泽鹏　杜林青　贾　涛
张光辉　杨正刚　张　翔　张吉鑫　崔志杰　郭长刚　魏　潇　邢　磊　李东升
冯一骄　张　涛　赵兴华　王骁骁　柳　媛　李　谦　姚　瑶　冯振宇　梁　飞
张立辉　何　斌　赵　瑛　张琛宇　程　冰　普盼君　王　旭　任伍伍　杨佳琰
姚　瑞　张丽屏　熊昌盛　王九吉　张　明　赵文会　刘宏斌　崔乃琬　杨文娟
王　东　王宝羚　张学刚　曹福峰　吴建新　雷　鑫　阮小成　杨晓丹　任振伟
张文婷　陈增睿　徐兴鹏　杨鹏元　赵萌迪　甘　挺　姚金豆　皮润芳　祁　超
汪小博　张　奥　陈美玲　王　磊　刘　扬　任青松　王小娜　王学成　王　超
陈　研　梁　欣　郭自江　陈志宝　毛自雄　王炳耀　衣星越　张甜甜　郭铭有
田　兴　吴　伟　吴　靖　马玉兰　杨学烨　朱建华　常　诚　王　晶　张光权
张耀民　王　涛　宁　东　徐志林　张效良　陈　鹏　余家伟　张　琦　孙丽娜
张婷婷　马立婷　孔祥镕　鞠金河　杜　琼　张鹏程　郭宗轩　张　秀　于自馨
杜海荣　张雅婷　臧佳男　贺娅蕾　王　琪　朱兰妮　陈新琦　毛文婷　周晓阳
吕　斌　王　婷　郑亚鹏　王　涛　郭富强　王佩瑶　秦雅萱　何如荣　张　江
闻　晶　张　洁　陈文娟　任力君　甄学鹏　代　金　喻珺敏　李林烨　杨婷怡
王子禾　张豫玮　刘晓英　王莉霞　曹毓昕　赵冰倩　喻珺捷　黄金亮　李　源
邵　帅　化海涛

（第二批 468 人）

朱　丹　焦志梅　张文坤　古雪菲　薛　齐　宋雪鑫　李梦莹　蔡晓洋　孙杰峰

刘义民	王建军	牛 强	滕 越	毛 静	袁晓娟	杨敏一	杨 杰	赵 洋
张佶玮	郝欣怡	张 虎	赵亚东	顾学谦	余志银	雷志强	姜 云	隋 靓
高文斌	张俊潇	马立恒	丁彬彬	冯云涛	郭妍婕	张玉凤	褚志成	闫万颖
郭 金	廖思远	林佳慧	杨 利	谢 莉	张 栋	赵学平	刘海军	王 飞
陈 静	武 丹	李 静	王九平	刘文博	石芳榕	杨 凡	张 桓	张 婷
杜晓彤	麻英英	安慧鹏	周子齐	王永超	杨 倩	郭 超	赵朔阳	王建龙
赵 森	方 翔	蒋立涛	刘 旭	徐 梦	高天胜	高嘉杉	王梦迪	杨 霞
赵建顺	赵建功	曹文静	蒋 麟	杨 鑫	杨世玉	吴宏图	何振坤	蒋 涛
管雅婷	闫 海	朱瑞轩	朱 岳	张 清	李 清	徐 斌	许 睿	侯金伯
徐晶晶	胡银凤	王俊杰	杨茂鸿	郭雪梅	杜三鑫	赵 龙	唐 亮	王玉芬
张 超	刘 波	王 鹏	张亚梅	张 婷	徐亚坤	孔 鹏	花振国	杨 睿
王亚雄	杨树木	裴源福	蒋万宁	王 丽	智 超	丁 翔	毛博林	李 煜
闫 静	代德宏	黄东国	何 典	吴 岳	高志坚	陈玉海	姚 健	吴 昀
孟靖霖	马焌峰	张 蕊	张雪娇	王 婷	阮君丽	闫玉环	罗亚雄	宋 悦
李 军	曹正斐	蒋 鹏	权金强	刘 妍	王俊杰	刘玉强	毛婷婷	李文祥
袁 泉	王 强	许 旸	李晨阳	刘 扬	刘 青	王 刚	杨钧国	田 毅
苗 宇	黄 健	李国玺	张 博	徐明宏	陈昭国	杜跃楠	杜明磊	李 燕
赵兴磊	王 炼	苏丽琴	吉 祥	郑 波	梁富升	李林峰	邹承针	杜 爽
肖 海	王 涛	赵玉林	朱多海	刘 骏	毛福英	陈 辉	公 杉	马翰韬
吴 凡	赵雪菲	陈 婧	章 涛	高 翔	郭婉婷	邢文嫱	梁 瑞	申 刚
徐智杰	仝智中	张 鹏	袁基林	卢剑宇	王晓宇	李凯儒	吴阳阳	席 玥
王晓琴	王承栋	李 斌	王怀鑫	侯淑雅	张鑫鑫	朱亮宏	张慧怡	张志鹏
代 龙	王本启	李超道	李鹏年	潘虹剑	袁 强	付小婷	马 楠	李海燕
石 文	杨 伟	张 宁	张旭春	韩学涛	蒋红飞	杨 涛	王海燕	王梦洋
柴天华	王以鹏	林鸿杰	陈曦铷	田继增	刘永强	王 蕊	李月明	贺成杰
雷 超	赵国亮	王小军	管小虎	赵 莹	马海锋	王浩楠	高 隽	薛 缘
方化攀	陈 月	李运虹	邓 聪	王 琨	杨 婷	王昭国	刘 凯	权晶晶
龙 晶	王婷婷	周文燕	杨继云	张 彦	杨正强	周 雪	杨逸珊	王 瑄
王 阳	刘 鹏	宋瑾财	陈志磊	高淑彤	王美玲	关婧茹	刘娅楠	李 伟
王 婷	王亚运	王永达	罗 旭	高 霞	张向成	屈玉玲	杨雪莲	赵彦文
王 超	李立彬	李晓玥	兰贝可	祁雪荣	唐 海	白 杨	安海霞	才楞旦智
马强汉	闫 瑾	张 博	刘 昕	钱梦瑶	张艺欣	刘婷婷	李彤年	薛剑波
李 曦	乔娅妮	陈媛媛	常小柯	李寿坤	王成伟	邓宏博	曹 焱	杨 燕
张 楷	王懿琳	王 照	单玉鑫	康 萍	裴 蕾	窦媛婷	赵 鹏	刘霸德

康 雪	王 芮	刘 坤	李丽莎	李格格	彭 娜	赵士翔	康海荣	王 泽
刘天娇	李 晓	陈晶晶	罗 丹	苗伟丽	张 杰	赵海军	张 鹏	史丽云
马婷婷	石本山	赵龙龙	付强国	赵 敏	王春燕	刘珈瑞	赵晶晶	任雅丽
索于璇子	梁 娜	徐浩森	任成祖	王晓琴	陈 譞	成凯丽	王凯月	杨芳芳
魏 登	许亚男	包红霞	孙昊森	宋 雅	黎 明	周晓波	滚贝贝	马若飞
王永旭	赵晨兵	赵 薇	周 蕾	刘文瑞	罗 丹	王彦超	霍玉梅	吴婧颖
赵逸云	王妍冰	陈 艺	白 敏	王 玥	周弘毅	温建波	魏雪婕	王 阳
李玉蓉	陈金瑞	杨 凯	陈 豆	张 昊	代凯丽	王 菁	雷 倩	秦 莉
许 辉	张亚妮	陈姝宇	张亚男	刘玉霞	杨 静	张锦泉	周玉丽	王 颖
王晓玉	刘 颖	陈旭新	冯 霞	许娅琴	苗 艳	闫 磊	徐 扬	李 娟
甘玉珊	丁 瑶	郭燕霖	李世君	徐 征	尹莉丹	贾玉琼	田昊春	袁鸿利
李昭君	雒丽敏	王忠彦	杨红军	贺 丽	陈洋洋	王文霞	王 骁	李明鑫
张 雪	滑 翔	吴 筱	王逸飞	张铜汉	张金玲	高 康	孔晓琴	孙晓琴
祁雪娇	周志华	张海涛	朱 琦	尹 超	杨丹妮	姜 娜	刘玉凤	郭 俊
邢 迪	王莉娟	盛文湛	白海栋	陈春艳	陈立鹏	赵 婷	张建兵	代克娟
龙 婷	丁鹏明	朱雪娇	王 涛	郝 炜	李小龙	赵丽蓉	周 琦	樊 磊
安 杨	唐贺燕志	牙 琦	杨晓英	安 逸	李兴林	李亚春	朵 超	文彦彬

2011 年高考录取名单

（提前批 65 人）

鲁亚杰	崔兴圆	李汉臻	张晓琦	安鹏飞	康冰冰	张 婷	赵 欣	宋 悦
张 奇	师煜奇	杨东凯	徐明宏	石继磊	谈吉飞	何作林	王玉鑫	贾 刚
胡登旭	郑 波	贾思琪	任 亮	王 健	张兆旺	陈 琰	陈世文	胡 星
苟祥云	周 琦	王 泽	姜振东	殷 强	陈 玺	张 帆	孟 越	李 鑫
冯 健	易斌强	杨 磊	王毓珠	杨海东	代泰忠	陈玉娇	吕维佳	刘 晓
李明琦	王 瑞	白永军	王 岳	付媛媛	周 丹	刘 丽	屈丹阳	刘晓明
刘虹泽	邵梦妮	曹丹丹	陈亚桥	张宜弛	李梦姗	刘文乾	曹建聪	李明忠
吕晓琴	霍振兴							

（第一批 172 人）

郭芳君	卢春宏	闫东峰	杨佳琰	王开东	焦 程	普盼君	任浃月	曹文春
甘 挺	吴 航	王富东	金 旭	袁 昊	柳 媛	王瀚章	王 丹	朱金波
肖 晖	顾 岳	卢奎儒	张 翔	赵 森	王 鹏	张秉宇	李 谦	臧晓玲
杨 斐	张浩轩	陈 鹏	马 媛	王 珂	郭紫晨	刘卫平	程 娜	张 鹏
韦 伟	王 健	朱玉蓉	马海涛	郑玉祥	徐博超	徐 皓	徐 斌	吕明智
蒋 麟	周子齐	李佳媛	张 强	周 娜	杨奇轩	杜明磊	吴 靖	刘洪飞

苏 桓	薛宇博	任 刚	王雨微	王亚雄	康旭东	陈 琦	王 敏	赵彦博
王生光	张紫玥	白 雪	任 怡	王 瑞	陈文斌	周 倩	范海国	王 瑄
杜雪亮	郝爱华	王 鹭	杨祖国	张鹏程	侯颖杰	保国博	孟靖霖	杨正强
计晨光	高海星	朱多海	索巧娅	郭 振	代德宏	周剑波	刘志宏	杨 琳
王浩楠	徐 鑫	陈如新	陈 涛	李雨霏	刘 畅	于建峰	熊昌盛	张玉凤
张乾宇	刘玉强	杨秋慧子		王 涛	张伟涛	赵 洋	卢 锦	陈 涛
关婧茹	李瑶佳	张宇清	张世存	孙 悦	周 玮	王建凤	郭彦宏	刘永强
杨学鹏	柴万宏	康 瑞	朱多薇	张开鹏	刘自扬	王志刚	高 霞	陈海超
姚丹丹	张 斌	高 沁	郭超逸	安丽蓉	王建良	薛子童	马 婧	黄思源
闫 瑾	赵 宸	张 宁	王超然	王 津	徐晶鹏	王祺瑞	殷 哲	吕 贤
王 泽	邢艺譞	孟 凡	袁文姣	毛亚男	严建强	唐 瑶	王 健	周 睿
白玉辉	张文珍	秦 璐	李 瑾	刘霸德	徐雪婷	王风娟	智 莉	田 超
赵晨兵	李玲芳	云 璐	曹殿仁	刘国庆	吴玉麒	苗大为	朱 琦	郑 钰
管幸福	陈 芳							

（第二批 361 人）

马焌峰	纪凯悦	王 琨	徐 贝	朱多辉	张 丹	刘 翔	刘 勃	赵建骐
刘苏仪	成晓军	马紫阳	禄剑强	杜俊楠	张学哲	魏怡林	马 腾	周 璇
祁 良	陈道霖	康 阳	王 婷	蒋乔波	王 靖	李月明	臧 鹏	汪春燕
宋雅蓉	朱玉鑫	严 茹	曾 鹏	段佛元	郑志鹏	祁 鹏	马其俊	王海峰
李 静	花振国	付录生	柴天华	李 娜	邵丽彤	宋永鹏	杨 坤	安晓天
张 彤	宋晓东	孙童海	戴 迪	石建涛	李祖仁	朱燕婷	王雪莹	杨 帆
武 静	候莉莎	侯天雨	赵文涛	朱建海	郭增杰	王 鹏	郑海莎	童 徽
胡汝康	周荣鑫	王一凡	侯 辉	谈 鹏	管小虎	闫慧佳	薛 缘	陈 煊
张 斌	李 国	李 超	张 奇	石 康	马彦良	蒋大基	王美玲	陈秀琴
刘富强	蒲文渊	王 银	石秀奇	田 虎	王艳梅	张 斌	朱雅洁	袁 宁
韦志辉	刘振华	张月娇	张 强	马 超	周 滨	段 飞	王春燕	王 鑫
顾国权	朱 蕾	刘 超	卜 凡	徐文君	鞠金凤	白宏娟	高燕妮	张韫稚
滕 骧	张 强	牛雅萍	李自超	刘菊海	温荣增	崔自友	张泰年	王小丹
徐铭培	李尚儒	吴娅楠	相玉丽	杨 雅	张 勇	彭劭丹	赵冬梅	胡国鹏
李晓玮	赵啟明	白 飞	成泽林	马延龄	钱万超	霍金山	戴宝忠	王 泽
魏 飞	李海英	陈小波	潘 刚	赵文禄	吴宏图	臧金涛	孟 萍	雒长静
孔 蕊	赵 楠	麻红艳	许蔚瑶	许冬梅	陈 路	阮加帅	陈 煜	朱小悦
许兴泽	吕殿涛	陈 艳	刘 飞	王典元	戴加维	王镜宇	陈铁林	马敬铠
高雯华	朱亮宏	支铁山	宋 佳	刘静月	谈晓晶	邹成录	王婧迪	曹振科

赵旭东	吴　东	曹玉辰	祁永鹏	刘　娟	马敏康	陈正颖	张向成	马　骁
梁丹妮	代　斌	汪如晨	尚　海	杨文博	孙田园	丁　岩	李　翔	张志磊
闫吉涛	鞠　鑫	袁　浩	陈　扬	李振宇	周海波	杨宝强	张振晖	王大鹏
杨金林	姚昊霞	李奋灿	余振国	黄玉国	宋　丽	李瑞芸	陈学凯	辛小军
王熙鉴	李隆基	庄晓妍	郭　琦	杨志杰	金永鑫	郎　涛	杨　壮	白　飞
丁　瑶	刘潇潇	郭　晶	于　婧	任鸣浩	郭瑶瑶	何虎林	贺　慧	马竞雄
刘　心	吴　昙	杨梦娇	李灵娇	殷　杰	臧贞祯	杨　康	张丹丹	白　珊
王　艳	唐晓敏	韩晓蓉	朱思怡	常文博	马　兰	高　凯	钱巧英	张　瑞
任雪琴	王以泽	王　韬	李心迪	田　一	张坤如	杜鸿雁	温　鑫	魏　强
崔文东	马　涛	王潇瑞	王　娲	王宝才	吴灵芝	邵　燕	张　娟	赵文章
胡雪梅	田　菲	张佳丽	朱雪英	王逸飞	周　彤	邢琪琦	袁立强	刘佳慧
李建奇	岳小霞	武宜慧	石小英	卢自波	张苗苗	袁　玉	刘亚文	杨　娟
王少汀	代永军	王　巧	马夏冰	史阵风	唐仙鹤	刘玉秀	张嘉妮	宋自天
兰　倩	姚　颖	朱　丹	路丽梅	郭婉玲	吴　鹏	蓝　睿	吴　丽	孙　烨
瞿敬婧	李建东	杨　扬	裴文琴	张文婷	陶丽琴	石玉媛	张海燕	雷立亮
赵维妮	王望旺	任婷婷	李　婷	刘　婷	王　婷	雷丽娜	李思羽	杨　芳
穆丽娜	许娅彬	刘　婷	高　燕	徐海鹏	张　宁	李亚梅	李　丽	王　磊
陈晓娟	申丽丽	孔晓琴	赵莹卉	贺妮娜	赵　刚	周　强	丁琪瑜	姜　楠
安冬·萨娜		何家劲	胡慧娥	师雨琦	钟娅蓉	张伟鹏	贺丽亭	牛卓玛
赵　蕊	刘蕙暄	安　安	赵铎胤	韩小妹	黄燕蓉	安雨薇	索瑞娜	魏星琳
刘　飞	蒋　璇	张　蕾	赵姚丽	刘倩思	任远方	苏海莲	李春蕊	王强丹卉
温晓璇	高　煜							

2012 年高考录取名单

（提前批 80 人）

冶吉超	许　政	刘睿捷	雷晓鸣	杜苏那森		周健豪	祁刚亮	李冰洁
高　塬	郭永刚	屈泽国	郑　浩	余振国	于昊高原		贾　强	王　勖
蒙立涛	王旭彤	王　鹏	王　瑾	成佳蓉	陈　蕾	尹　航	王吉泽	王海涛
王靖楠	祁晓敏	陆　超	梅　钰	何　丹	雷　丹	包莹莹	叶艺婷	闫　坤
梅予馨	柴志涛	王　瑾	李林圃	贾　鹏	张舰尹	李　莉	刘蔷薇	赵　咪
徐世凡	张　帆	田梓睿	史秋雪	刘　红	费晓露	李　薇	李叶青	牛伟光
金学星	王雪梅	王晓宁	赵　月	王晓珂	冯颖颖	屈雅丽	周晓莉	聂文婷
陶　睿	马　敏	陈　洁	于海涛	赵　亲	张殷悰	温嘉璐	刘　海	雷梦娜
王璐茜仔	张静怡	张　翔	黄　静	方曦健	贾　儒	刘　明	韩天云	徐振旺
张俊玺								

（第一批 218 人）

袁伟涵	安振华	赵天成	舒 涛	卢春宏	沈亚文	祝修业	崔兴圆	李 卿
黄世龙	徐志炜	姚 尧	刘 宣	秦颖婕	杜 阳	刁明辉	李博扬	蒋昊元
陈 颖	梁 迪	陈 博	曹润雨	武晓睿	王 灏	祁 靓	李 帆	刘跃华
白雪琪	贾云雁	何 翔	柳子豪	李世熠	韩嘉阳	黄 炜	姜文林	黄彦钦
薛 乾	王璟璇	王 涛	陈婷婷	王大勇	韩小亮	李艺嘉	郑 凌	刘嘉铭
高海琛	赵 赫	石浩天	保国博	周文楠	王斯桐	刘 蓉	甄广睿	何进程
王 乐	侯天雨	郑 义	张 原	王鹏国	陈 洁	车先发	万有涛	吴 啸
邓婕文	刘梦超	刘自扬	叶 瞳	徐 瑾	王鹏举	史佳宁	马利涛	田净雯
马延龄	卢 峰	钟 健	罗少华	郭振杰	侯颖杰	陈秀琴	刘 峰	申妮娜
朱毓佩	陈书尧	马 丁	张 涛	尚登翔	赵 凯	康学东	张 方	张 琰
舒 涛	王 明	邢 超	郑倩文	张斐斐	尹一男	李 钿	顾国权	汤志鹏
闫 超	臧容宇	雷 宇	李佳伟	李 栋	管作栋	王宏林	陈学海	尹进华
梁秀林	孙雪萍	史俊禺	郭万昊	汤云斐	张翰澍	郭思韬	黄子彤	高治全
刘宇轩	杜 凯	张学锋	何 欣	任兴志	范潇予	张 敏	王 勇	李佳泽
唐有年	王伟东	张佳荣	王烁婷	张 珊	赵明阳	荣 耀	刘轩辰	李戎剑
秦 怡	申栩薇	高雨寒	孙亚楠	张 涛	闫吉涛	刘 刚	白雪倩	张 烨
王光新	温旭新	彭 彬	毛虎荣	付阳子	付雨露	马娅琼	吕殿鹏	武凯珍
李 叶	鞠 鑫	王大鹏	姜 倩	朱 英	蒲 霄	王艺耘	武 超	任 成
王海龙	绪 亮	程 雪	王雨林	赵一宁	王月琪	张山杉	王延瑜	刘 强
韩福哲	于雯惠	乔 麟	王 平	牛 蕊	荆 凤	李 瑶	杨涛政	茹俊安
张雯佳	高 磊	陶叶薇	曲 阳	焦 阳	陈文楠	张静宜	宋燕萍	王以泽
杨金宜	刘 婷	李彦彦	张 瑶	王致轩	田 婧	祝斯靓	王 超	侯欣妤
保庭希	李梦彤	王 璐	张雅丽	张国兵	钟锂锐	杨姝萌	张 楠	廖玥格格
王艳君	索 迪	王贝贝	陈 惠	张 岳	王 强	张晓芳	郎文洹	祁 娜
侯育婧	周艺纬							

（第二批 428 人）

王 鹏	牛子昂	贺 玮	陈玉姣	赵 芮	郭靖瑶	朱海燕	杨 鸣	王 彬
王泽亮	陆 卓	王 恬	张海波	石瑞杰	阮加帅	刘洋子	赵桃玉	冯小刚
张杰辉	贺文清	陈雅奇	马 莹	张 凯	李振宇	于 雪	李 妍	雷 洋
侯 静	丁国晓	陈 政	刘晓琴	钱 莹	张笑君	任娇娇	李志华	赵 鑫
白 阳	唐晓宇	赵立鹏	王永伊	童 瑶	刘文卿	朱 波	杨小腾	张亚欣
王 力	左 娜	杨 扬	李 涛	李国强	周小辉	尚海龙	臧玉林	汪冰玉
寇俊韬	夏海超	李亚军	姜品德	田相国	石修璞	谢玉龙	何瑜桐	张佰朝

张　锐	王光明	康世达	韦晓晓	侯小山	窦　燕	候佳佳	何　娟	刘　杰
孟妍娇	丁春宇	陆　阅	刘　鹏	殷常春	马　悦	满子仪	杨克娜	白万潇
杨　京	闫晓智	冯　俊	朱亮宏	王　洋	张庭伟	岳永烽	杜晓琴	郭振江
马　晶	边维东	赵秋霞	马　宁	樊　鹏	李志刚	祝燕妮	胡海峰	王婉琼
雒岩虎	李　钏	张　晶	王世强	林赋桂	张　成	闵叶子	杜伟善	马天阳
朱永海	潘海博	王海燕	刘　娟	王海波	王燚阳	刘奕嬿	宋文状	王海州
左　崇	王　霞	韦志辉	徐永鹏	范金磊	沈　丹	朱辰飞	刘述勇	孔彦琼
张玉龙	王　婧	马天忠	何　沛	刘　鹏	高泽宇	王佳丽	程永锋	孙　彤
杜　烨	俞欣彤	段珍珍	周　璇	韩　鑫	周德元	刘嘉奇	姜雅坤	刘迤秋
李丽梅	贾洋洋	闫　鑫	张　成	苏晨阳子	郭柏洋	董　涛	禅　丹	李洋研
张　鑫	樊海龙	张如鹏	王丹丹	牛红艳	巨娅妮	袁　鹏	刘　婷	吕　阳
崔　旭	杨晓新	韩　石	田晓楠	王子航	赵海龙	李　蕾	杨　婵	尚晓雯
张羽池	张　岳	段　婷	陈玉林	吴嘉昕	罗　锴	李茉晨	李　源	李明泽
尚轩宇	曹玉嫣	石建亭	郑瑞军	武　娟	郭　峰	杨　悦	糟海平	杨晨伟
王志杰	张海英	何雪阳	王梦婷	雷　珺	余天琪	马福鹏	陈瑞婷	赵　超
郭源霖	张源新	王　东	王　杰	阮梦娇	曹泰国	张　静	周佳斌	周娇娇
蒋　明	王　蕾	党宗勤	马永贞	肖　健	柳梦婷	肖旭东	赵春阳	李兴家
陶重臻	姚　蒨	安若馨	朵亚军	安　琪	贺　翔	蔺阿芳	蒲　臻	向欣平
兰海明	白　桦	刘　旻	王昊爽	刘文君	康如玉	李　馨	戴　婧	许雪娇
左永芳	刘　静	赵维妮	何　婧	闫冰洁	赵雅杰	朱诗梦	陈　晨	付小玉
王　慧	安瑾萱	史振勤	李红美	汪佳颖	李雨萌	曹　莉	王　旭	李镜如
叶婉怡	赵　辉	白　弘	闫　苗	党晓宇	乔慧缘	杜振鹏	钟建华	常　超
杨文婷	孟　璐	孟　婷	荆娇娇	张丽蓉	丁圆圆	王　鑫	陈海博	于　晓
褚维佳	张雪梅	王雅琴	聂玉婷	宋亚琼	严雅榕	邓　平	毛慧娜	陈　燕
平路路	苏伟豪	王芳芳	张　瑾	刘　婷	何丹丹	刘　莎	张　婧	陈　乐
周　璇	任雪娇	廉　洁	胡静茹	徐婷婷	吕明慧	梁凤鸣	赵志佳	栾宇新
张　琴	张美娜	张子珍	殷　杏	贾　天	丁　琪	王　燕	陈琳琳	赵丹丹
黄　媛	樊　红	郭婉玲	谭　琛	贺丽娟	任　磊	段雪霓	毛金莲	梁玉娟
贾婷婷	吴　韬	何家劲	陈丹丹	梁钰琪	陈　焱	连小京	盛　斐	王　婷
郑娟芳	李国栋	田　一	徐海鹏	高　菁	杨舒涵	单侯乾	刘瑞琪	张　健
郑　艳	谭海涛	邓晓桢	权小圣	汪济朋	苗雪姣	付　倩	郭季平	陈　英
徐晨曦	丁希俊	王紫凝	刘　洋	屈志艳	李嘉莉	陈旭东	樊　奇	付甜甜
郭思莹	刘太洋	张　艳	胡琳棫	邓莹力	宋若冰	裴晓璇	姜　芸	薛思明
张瑾萱	贾梦婷	刘煊龙	苏梦媛	张　斌	张会玲	曾温馨	兰　娜	肖志远

马红梅	张晓琴	段学强	陆　波	刘文文	王永帅	王　艳	陈健博	王欣童
王　超	黄美林	田　雪	王　婕	马　群	赵　丹	张　姣	郑　颖	赵　磊
班　雯	杨秀梅	毛艳娜	王玉杰	刘思柔	席恩杰	高　媛	秦　风	郭亚楠
常亚琦	安奋飞	杨雪斐	陈　昊	杨　龙	杨梅兰	阿　娇	马　宇	安　超
孔　翔	李青倬	杜海甜	常美芳	金晓敏	李萧颜	李迎春	胡小艺	石　睿
朱小磊	李静娇	许丽娜	臧　彬	张雯婧	郭剑虹	王　静	郭建斌	白星月
杨建鹏	甄学栋	周　静	张永琪	韩智涛				

2013 年高考录取名单

（提前批 77 人）

王苣晟	方开萱	严如玉	李元成	徐　悦	王海轩	田　昊	杨瑾冬	陈治桦
何　沛	马　阳	马福鹏	王　东	祁　彪	张斌学	殷彦杰	安江萨仁	代莲花
郭　斌	吴　凯	代玉玲	王　瑶	葛　蓉	智　慧	陈广达	蔡永伟	陈　鹏
宋铁楠	赵丽云	张晓楠	拓　娟	彭　莹	刘乘瑞	刘思琦	王　婕	支　娜
孙德磊	苗梓杰	何东俊	师雪纯	张甜甜	徐　菁	张祎烜	王　智	苗萌卓
堵诗宇	程明宇	吴豫丹	石仲原	张新宇	李一珊	范学敏	赵梓涵	张一帆
李怡子	张昕雅	王　婧	陈晓琪	秦　萱	孙　欢	李佳琪	杨　阳	王昊天
王雨轩	王元星	杨　洁	刘　洋	李　蓉	尚妍榕	程　磊	李磊磊	杨殿宇
史晓阳	黄　昆	于效儒	张文义	袁　浩				

（第一批 298 人）

巴　特	牛子昂	梁晓敏	孙吉昊	马向宏	张　杰	桑嘉忆	刘　瑾	常文雨
刘思羽	黄子彤	吴　啸	吴国经	罗广旭	师文博	孙培洲	王　涛	黄思杰
王鸿健	徐铭健	张　潇	曹彦君	郑朝宇	刘　健	苏　通	陈若皎	贺　玮
王天武	许佩佩	王文昱	杜　珏	孟　健	申妮娜	史渊之	蔡志远	秦久超
黄　睿	王阳辉	李丹阳	何　欣	蒋　浩	何　鹏	王昕华	郭靖瑶	赵　钊
陈玉姣	徐　行	张　京	付小叶	高乃珺	祁　特	陈　昊	程富学	吴吉荣
周亚美	闫　岩	张秀润	姬学超	霍晓亮	李小敏	杜　浩	刘　鹏	丁三艮
屈文婧	黄　杰	王金娜	邢　娜	刘迤秋	史甲儒	张　翌	李志新	李　琰
赵　倩	荆　刚	辛雨琪	康燕徽	任金星	方鹏忠	刘占磊	杜　烨	张雪雪
王新宇	刘桑莉	王烁婷	孙吉阳	王　琛	许　罡	张　扬	李松南	任娇娇
鲁思齐	黄　馨	陈彦蓉	肖立坤	李　娜	赵春阳	李知蔓	高　玮	刘　潇
贾琳如	王宝财	王　磊	贾宏辰	陈粤丽	代丰升	朱丽芳	宋玉鑫	曹晓茵
王　凡	张梦圆	朱定国	安　浩	麻正京	孟　鑫	王金霞	陈婉玉	施成鹏
朱　波	王应焘	杜雪娇	刘　昕	杨小郁	刘生辉	何思奇	何　轩	雷　涛
张　鑫	尹东红	李　娉	张晓慧	党　波	安　亮	朱永海	苗　桢	刘智健

徐小涵	刘　皎	何永凯	刘惠英	蒋瀚涛	张　鹏	史晓飞	杨文星	林争强
王　龙	雷　鸿	王佳佳	刘嘉志	白福龙	宋国庆	刘明杰	郝　涛	沈延翠
张一叶	高　昊	李　皓	苏　勇	赵开亮	段海英	孙　涛	邢自扬	蒋德旭
常自铭	童　瑶	殷常春	刘亮升	王　振	龙　海	王成海	禅安善	陶韵天
刘启应	支震林	成婧文	何嘉伟	王　杰	张盛元	李晶瑶	闫　鹏	徐　倩
刘洋洋	巴兴儒	周　洋	朱思佳	岳鹏飞	杨悦民	马维凯	吴心泉	徐海波
石一辰	张广龙	李　俊	康　睿	来建波	王雨璇	贾洋洋	张志宏	孙敏琪
申雅玲	袁　鹏	贺磊兴	范雯璇	安　羿	赵　岩	郎文哲	李玉梅	张建文
范　慧	赵　佳	王　涛	杜晓薇	张全超	王德超	代陆珺	崔睿君	王　璐
郭　嘉	郭小雨	王亚琪	王丹瑞	张　婧	党晓宇	张文婷	尉　娴	樊莞尔
张　磊	胡雨欣	梁　夏	黄志蓉	纪婷婷	雷雅兰	闻　君	李　哲	王丽媛
杨雪颖	李佳屿	代　鑫	陈　冉	王昌凌	梁　坤	贾婷婷	张宇田	管悦敏
杨　帆	李　杨	龙　雷	徐雪婷	李　云	王琼雪	张娅琴	罗艳萍	尚凌婕
白万鹏	盛　洁	宋文娇	陈　璐	王兴超	武　刚	闫晓云	杨　帆	金　鑫
史亚昕	赵　戎	杨丽娟	张思阳	张婉彤	刘　萌	李嘉桐	钟建华	杨　玲
马　娜	梁秉勋	张　昱	孟奕彤	杨　强	王晓倩	王翊萱	杨　雪	常建鑫
雷亚婷	单富斌	吴昊月	柴佳奇	何瑞琰	张　雪	成建玲	张冰洋	曹海东
赵志杰	李会会	张砚群	马致远	周丽瑶	安洁静	武艳妮	贺　楠	郭　蓉
贺　靓								

（第二批 441 人）

高　翔	杨　枭	白伟江	王永新	唐　炜	侯信安	孔涵辉	刘珮瑶	周秉涛
王志远	任丽霞	王文龙	秦静霏	王小燕	于正阳	保嘉瑾	张晶晶	王佳慧
曹志权	田海涛	胡文涛	董　珽	白翌杨	师自祥	张　剑	郭智鸿	周有麒
王　莹	殷　徽	李智勇	路　鑫	杨海祺	刘李姣	杜　玮	郑瑞军	马建聪
张润秋	李梦娇	王玉玲	宋竹涛	王　鹏	张玉秀	侯晓娇	罗　星	杨霄御
张　铭	张连腾	唐佳莹	石　鼎	鞠辉阳	赵万林	张怡轩	卢振伟	王致璟
袁　宏	张　杰	付鸣格	谢　金	韩　强	赵　琨	李　翔	赵雪威	李　璠
白　鲜	张　波	黄紫莹	李进渊	王锦华	金　雷	范　青	曹　瑜	马仲沛
李燕燕	周福慧	史　屹	王俊霖	张　瑜	邹云鹏	骆丽霞	赵　娟	闫　静
刘　涛	刘婷婷	崔　钰	丁　瑾	朱　丽	郝昕莹	鲁朝俭	黄佩瑶	刘晓旭
范　璐	赵　伟	王雅蓉	叶艺帏	李洪波	刘红艳	王祥霖	魏琬琳	李亚磊
刘　淇	李福旺	王志新	朱永坤	王庭翔	张盖天	汪美玲	陈彦佑	周　丽
史　琰	魏佳瑞	杨　蕾	陈　炀	朱永强	张　瑶	常　兴	张振阳	李　彤
王瑞瑞	贺　磊	邢睿轩	何旭军	王　燕	肖旭东	郭　琰	周乐寿	刘雅宁

杨智磊	马清芳	李　文	祁子桢	张吉祥	王鹏伟	陈建东	王至立	张　靖
胡海燕	马　钰	陈巧君	毛　悦	赵晨阳	李国泽	付　蓉	赵　甜	张文强
张译馨	张铁虎	杨　旸	雷　鹏	王生晖	王　凯	张　波	冯　晟	秦建涛
代梦巍	朱　铭	张　倩	赵兴强	姚　嘉	王晓瞳	姬　韬	王思远	武　文
杜美慧	刘　宇	高焱昱	祝建德	吴　祁	刘　仝	周　鹏	李世琦	党　诚
蒋少波	李　桐	张文昊	周　乐	朱文静	郝自鹏	宋智兴	王　洋	杨　旭
李灏伟	陈玉福	王国庆	曹瑞东	张淑君	李明博	常红梅	杜　川	张　博
张佳妮	付　翔	王雯青	岳红银	兰·萨柔娜		朱小强	胡芮涵	杨巨星
贾学亮	闫玉蓉	安龙儒	毛玉娇	王　旭	谢　玄	蒋化龙	晋瑞丰	于小桐
邵奇慧	赵光赢	贾文韬	马振中	王　骞	赵长浩	杨建玺	蔡小斐	李天杰
宋文睿	屈文姣	陈俊宇	徐　雷	田　超	杨　洋	邓玉堂	张玉君	常媛媛
王吉鹏	蔺瑞沣	冯文燕	孔　祥	赵晓风	顾元鑫	赵　哲	王鑫明	杨丽梅
张建龙	李兆忠	许　娟	赵　亮	王学宁	金文佳	李瑾璇	罗　扬	赵海鹏
汤镇钰	张　杰	张家乐	梁　磊	陈妍华	曹松海	杨　鹏	程　广	郑　洁
杨文浩	赵永强	索　楠	赵任强草		安　鹏	索卓玛	常　安	马文瑞
景傲雪	安家福	吴亚鹏	妥　波	苏贺元	郑　瑞	郝　蕊	刘　刚	李海婷
赵　恺	冯玉丹	任　欣	邢晓强	唐晓波	曹梦涵	李　哲	毛　瀚	索南旦争
左　怡	郑安然	丁玉婷	李仕杰	张嘉娴	张紫灵	张锦科	张海波	张娇娇
袁　瑞	李武欢	刘荣玉竹	朱丹丹	刘子洋	李语嫣	李迎春	张玉婉	郭　瑾
张耀升	刘怡璇	王聃萁	赵婷婷	杨雪娇	高　敏	蔡亚芳	童国玉	郭小叶
辛　鹏	温玉佳	闵　雪	宋　璐	狄　珊	韩紫璇	王　雪	朱海燕	杨墨舟
李青芳	肖　原	刘乙静	孙玉娟	王静怡	杨　敏	孟娅楠	杜　纤	王昕娜
谢朝阳	杨莉斯	雒晓阳	何琦艳	李志鹏	郑嘉慧	戴　璐	陈晓睿	刘　欢
藏金旭	王　超	王雪竹	史丽丽	席朝晖	陈加鑫	王永强	孟宇霆	王　珺
樊雪莹	孟吉荣	高　远	高煜翔	陈少铧	兰丹丹	陈雅璇	李　宁	刘霁杭
冯玉娇	雒亚婷	王学莺	师丽颖	杨　阳	刘吉鹏	李娜娜	邹　悦	王海翔
任舒翔	马　婧	张明杰	李洁仪	王明明	徐　悦	朱美娜	杨林倩	李　倩
魏敏慧	王　昭	强旦索玛		林耀文	于　萍	田海燕	高　雅	马玉玉
聂晶蕊	胡媛媛	杨　灿	魏振恒	荆　琦	李海燕	王　娜	安娜如	秦文娇
武　萍	童　丹	封甜甜	曹　慧	杨小双	闫　静	刘　莎	包　祥	孙　婷
李淑贞	黄美玲	杨　娇	何　昱	王雅宁	韩　洋	王　胜	郑海娇	郭佳运
程　璐	黄艳祺	刘建琪	黄万锦	丁钰麒	白晓宇	柴　漾	王　攀	蒲薄霄
霍雯婷	满园春	康　乐	杨海瑞	杨晓梅	范　娜	陈　默	张自奇	刘　彤
朱婧帛	杨　真	安　凤	吕　赟	安亚琼	乔雅宁	顾娅茹	王　芸	张晓卿

| 贺晓娟 | 代玉蓉 | 强杨一美 | 安 乐 | 张柏慧 | 赵 岩 | 苏明伟 | 刘美玉 |
| 高 蕊 | 刘一帆 | 王 祯 | 闫议丹 | | | | |

2014 年高考录取名单

（提前批 81 人）

肖雨翔	贺亮星	黄子云	杨 超	曹 文	刘 强	王建安	杨 海	石振栋
张 鑫	魏龙廷	杨 杰	张 波	赵一轩	代克伟	苗 郁	成 鑫	张 贵
杨正旺	金德华	曹少奇	吕 明	安 勤	代克飞	王宗儒	绪昭龙	桑 博
吕 凯	来建国	罗 寅	杨 玺	胡 伟	杨 勇	赵正楠	兰 卉	马靖斯
何少奇	崔洁昕	任 婧	白雪蓉	温 昕	张瑞年	韩 朝	何沁远	谢 飞
苟晓瑞	曹艺澜	曹艺馨	王丹萌	辛作玮	殷 悦	王桢予	张书恺	谢鹏飞
李思艺	陈建英	刘鹏轩	刘雅铭	戎思昱	张 璿	曾倩倩	马愉翔	康丽洁
张 倩	王潇雨	王一迪	吕钰墨	席 璇	殷 帆	丁 元	王 彤	朱振杰
姚玉婷	姚晓晖	高 翔	雷聪聪	黄天成	王渝淇	高尚辉	陈瑛瑛	杨继波

（第一批 252 人）

焦靖怡	张建成	郭 蕊	李雪峰	贾志鹏	田 昊	岳 明	桑 洲	施 炜
余润翔	姜嘉洋	何家琪	朱丽芳	张 楠	唐 渊	王 严	杨馨悦	高 翔
李双慧	潘旭东	孔吉海	宋李娜	杨博文	张琳宜	芦 源	沈 翔	李振江
林 琳	董逸飞	李作舟	尹子浩	于 航	田景琳	常立夫	朱昊辰	柳启文
任 炜	侯天骄	何 鹏	李颖捷	谈佳丽	陈 亮	王文涛	吴晓晗	吴 丹
王泽宇	黄仙雨	刘栋梁	王 婷	任志扬	白雅娟	丁炜明	闫万梓	林 强
闫睿博	杨 超	张梦纤	常 亮	彭 强	姜雪涛	叶 佳	岳鹏飞	陈 潇
候佳慧	王 涛	王 翔	张 娜	尚乃辰	卓 晖	陈瑾瑾	刘小奇	索 超
陈 鹏	丁万鹏	许建鹏	刘 悦	陈怀三	张丽丽	王天炜	王俊虎	高 源
杨惠清	石巧娜	侯思成	王 璐	刘 珂	陆建成	王靓敏	徐玮琦	成守泰
贾 瑛	张殷虔	杨 国	宁立军	万 磊	韩小文	谢 楠	李雪洋	荆 光
周乐寿	高海龙	张雅欣	王 玥	袁 越	贾发善	顾 潇	王凯鹏	郭 正
徐子涵	毛自斌	孙艺函	王莎莎	张庭嘉	张钟文	王 婷	徐海强	杨学凯
杨 辉	王 丹	邵 兵	赵晨阳	张永和	杨 青	王 博	刘乙升	刘 爽
曹丽丽	杨欣睿	唐淑园	赵国志	刘永生	姜媛媛	王 岩	彭 一	梁 静
魏 雄	张 磊	杨 仪	罗 琳	王 鹏	李智勇	吴海强	杨炜光	毛宽德
沈学涛	禅永波	贾多科	温旭新	马雪梅	李 玲	杜 鹏	魏 旭	张 倩
陈 琳	林 彬	陈恒昌	施俊杰	杨福海	兰志强	代娴娴	方 瑜	马 玮
张福军	田少鹏	鲁乔初	叶庭源	汤佩勇	杨柏龙	邵 琴	陈亚雯	聂瑞颖
李 睿	李 倩	吴 亮	张 隽	管天成	贾建强	孙海军	高 婕	曹 悦

赵启东	朱 鹏	梁晓凤	甘 琪	李振东	高泽林	豆天宝	李自奇	刘梦瑶
李 佳	薛玉蓉	贺兴乾	李海旺	兰 涛	雷雅兰	孙志红	刘莹佼	李春健
毛心润	马馨怡	马雪莹	李东昊	景 可	党瑾雯	彭丹丹	李 娜	秦 和
严雅珺	马玉梅	袁 增	蔡静怡	王 丽	陈莎莎	李 昕	王康龙	薛晶丽
李晓娱	胡 鑫	毛雨洁	张 娟	王振华	张晓敏	田美玲	崔 越	朱子婧
闻 娟	王自琦	杨文萱	董冠华	香梦雅	张婷婷	王 琼	钟会玲	秦美玲
汪 婷	刘晓慧	谢海洋	陈财国	刘昱杉	崔 敏	王雅婷	常丽娟	黄婉怡
程 倩	杨海婷	王雪璐	郑玮珺	樊启凡	吴媚婧	秦紫萱	张子皓	索雯婧

（第二批 451 人）

赵文宇	张文秀	王掓平	刘志英	侯硕思	盛占磊	吴子悦	白万金	蒋亚平
杨文超	汪毓桉	蒋晓颖	高晗瑜	李佳蔚	张 朕	郭 琰	贾 昭	刘泽琨
姜 昆	李少康	苗文聃	胡佳伟	王梅基	姚怡扬	班 岩	冯文燕	雷竣扬
魏慧娟	谈 娟	闫 鹏	张志华	付晨晨	李 铖	石若愚	陈志华	梁光玲
杨晨晖	贾 佳	闫 波	张嘉欣	陈甜甜	刘浩鹏	曹冠智	张永泽	石小莹
余 钊	陈香香	车 刚	付雨旺	王 婧	陈昭宇	张 莹	麻文婉	赵 莉
方 刚	徐 颖	王 晨	王巧玲	曹亮清	童文广	张雨晨	陈 元	邹海龙
鞠 超	王 瑞	雷兴渝	董文博	付 甜	赵 倩	王逸飞	王 波	石光亮
张 琪	刘海臻	路琪儿	杜昭荣	陈德银	高玉玲	杨 帆	李 桐	姚晨露
王宏业	丁 一	张鹏鹏	杨欣婉	张钰涵	荆昆纬	何 鹏	李凯轩	王志成
刘智金	王海玉	张建文	徐东琦	袁少华	何 霞	鲁仕荣	连雪艳	王小丹
徐 元	卞安娜	王宗荣	陈 波	王 宁	贾 峰	芦 璇	田 颢	程 歌
李玉峰	禅永国	杨海鹏	张建成	张博宇	赵晓怡	冯子琦	张浩童	雷芬清
贾致远	郭晓烨	滚鑫辉	张子炎	焦旭成	姜 峰	杨 帆	谢 珺	闫 刚
岳 宸	李振平	张瑞轩	李 娜	苟 伟	严欣尉	徐 雷	张振伟	赵晓玉
黄东岳	李 丽	马 宁	孙奇凡	魏天聪	韩 能	彭 迪	黄兴明	李德洋
郭 强	李文翔	李发宇	张苗苗	韩 镇	夏 月	马愉捷	余宏国	王海星
张家旗	周学仕	张亚君	梁 丹	朱连胜	李旺华	杨 灏	戎 亮	赵 丹
张锦强	王晓燕	杨 超	张国斌	王 智	张晓凤	薛嘉祥	薛玉龙	卞 金
王振轩	罗雯心	杨昌玲	祁 祺	胡 杰	蒋生豪	张雪娥	关 强	叶文龙
李梦杰	焦海超	邢文娟	金特立	杨 鹏	王玉玉	刘子鹏	田佳睿	谢 虎
崔前年	普光祯	贺玲玲	苗文旭	师 哲	韦小磊	张 怡	郭振涛	张 源
杜昌睿	马志刚	贾 宸	袁建钰	张 龙	朱珍珍	龚丽晶	强玉泉	李佳琳
李云昊	高 振	张笑生	邢自强	侯钰佳	王国庆	苗金贝	张 蕊	何梦奇
张 富	王润玉	陈 杰	汤佳鑫	朱浩楠	刘文超	彭海讯	常 瑞	苗振宇

李建军	马晓臻	张 全	李坤儒	王思程	岳云开	王浩锦	赵小鹏	任自祥
李 鹏	任 凯	胡茂泽	邓 凯	夏颢凡	罗士钦	王 磊	曹立琴	左建宏
闫晶晶	张 苍	任小明	张晓康	李红丽	连 杰	张涵翔	管智喜	周 飞
柯宇轩	雒吉波	赵 燕	李宇涛	张 超	蒽振佳	徐晋雯	权煜年	赵婷婷
孔佑祥	邹艳文	张睿雅	王小龙	陈玉凤	李 宁	权 康	毛慧霞	王海东
张海玉	姜梦瑶	杨 超	常 安	陈娅丽	任凯德	张依梅	侯小鹏	席玉霞
冯 毅	张 娜	蒲燕青	徐 磊	裴 涛	高玥明	杨志光	王华锋	张钰秀
石玉玉	李 蕊	黄治国	付海俊	梁 鹏	李 星	马 强	孙 杰	秦 英
李梦皎	李 雪	董 俊	郭 佳	张玉洁	朱展鹏	冯 越	马 阳	乔进鑫
郎文磊	安海涛	张海龙	莫梦斐	白 雪	马钰婷	马 燕	赵铎慧	李 玥
马子超	刘 婕	温俊豪	赵欣雨	单志春	殷娅娟	杨晓康	王 彤	杨 洁
孟子伟	谢亚男	张玉婷	任 坤	成 丹	丁建超	金 兰	闫 燕	何沁芳
贾倩雯	晏玉涛	朱喜娟	刘昱君	赵 幸	王天文	刘士彦	邓妍玲	滚福鹏
曾大圆	阿昱昀子	俞鹏焱	李亚婷	董 蕾	郭 航	陈 琦	梁 筱	姚振民
张静怡	张婉如	赵文婷	张 瑶	傅小雨	王玉博	陈 婉	韩嘉鹏	张丽玲
张美甜	何 荣	马玉喜	杨 洁	郝 静	郭 雯	朱晓彤	史 婷	宋 楠
代 晟	李 洁	张 鑫	张子炟	丁娅荣	周熙涵	肖 雪	张培景	刘佳灵
李 斐	彭 帅	李霜艳	苗长青	李娅蓉	沈艳畦	郑剑伟	李媛霞	许晓燕
秦 牧	李贝蓓	孙 嬙	石 玲	张红豆	韩娇娇	徐吉海	马 龙	周晓宇
高文琴	马 晶	周 乐	刘 彤	李琪凤	朱 霞	陈 纯	王洁玉	韦 丹
高 亮	张 芳	李吉凯	李亮新	马晓萱	王一卉	王 巍	王锦程	付雨田
张福豪	郑 盛	杨 睿	刘瑞燕	雒阳阳	马倩茹	杨彪林	朱 强	周 倩
姬 翔	丁 丹	郭沛良	毛 睿	马莹莹	范晓涵	邓雪松	詹雪云	张 婷
安裕尧	马雅丹	贺建博	王天鹏	白 康	罗 雯	刘 辉	任宝荣	白 帆
索 阳	申颜铭	余 波	左鑫娜	安雪莲	全迎霞	鲁丽娅娜		祁雪涵怡
郭安萨米雅		曲化卓乔						

2015 年高考录取名单
（提前批 67 人）

陈 鹏	徐海旺	车 刚	赵瑞杰	王赛青	何金龙	秦世栋	刘 棋	李 波
刘海鹏	张永添	刘 杰	王瑞山	刘海菲	张宏星	郭德正	封 毅	管裕祥
杨 通	闫明志	李旺华	邢学友	徐海波	何 为	王兴堂	郭 昊	陈凯楠
蒋文成	陈丽丹	孙德昊	李晓刚	鞠盛楠	王自龙	张健男	曹 虎	张亚宁
史 婷	成宁宁	谢海健	丁兴雨	姚冬玲	程 枫	李玉婷	郑 盛	赵紫星
宋 瑞	苗玉婷	韩宇翔	李开泰	李晓龙	朱 瑶	王威豫	李媛媛	兰志凯

胡阳	陈莹	邵苗苗	杨慧	韦雨辰	杨梦媛	王欣悦	杨经林	常佳霖
李锦	苏菲娅	付永祥	张子强					

（第一批 264 人）

李晓	徐亨宇	杨学博	李易恩	唐振豪	李瑾	刘嘉容	张亚豪	鲁迪
蔺海越	杨志岳	董若涵	李陆	刘文轩	张恺宁	赵晨阳	任浦瑞	周睿
白宇	于凯新	董海成	濮希同	吴晓晗	王磊	韩小文	叶俊辰	刘欢
田鑫华	蔺海超	徐晓晖	曹少庭	刘子潇	王贵子	安晓楠	李宗昊	赵恒旭
谢志超	常欣怡	张文秀	杨昊楠	马昊	朱楠楠	赵博	刘娜	管龙
张森	李京远	曹逸轩	张玉婷	范文静	王玉祥	高镇	李端	王舒彤
周宁宁	霍元	张玥	张一水	刘素宏	张子尧	杨作桥	付邵春	赵辉彤
杨涛	田鑫	安倍希	钟弋	王心怡	闵乾	吴永涛	苏锐	余才国
于怡凡	袁亚婷	杨中伟	牛一楠	许鸣璞	任思远	马亚楠	洪紫翔	周策
李宁	任康	王锴	汪浩然	张昱心	贾雨薇	刘玉蓉	张韩	王晨光
杨晓波	吴姗姗	许明泽	陈启剑	仇思宇	邵蔚	周飞	冯丹	师钧宇
高世彬	屈佳丽	王静媛	赵晓琴	陈志华	王丹毓	宋梦尔	黄春博	张权
杨怡婧	申世文	申世全	刘亚楠	曹思源	张文娇	张晶予	陈超	李婕
闻梓涵	赵亮	杨志宣	王雅婷	欧阳泽康		朱丽娜	刘翔	刘建宏
陈曦	孟亮	黄兴明	郭福霞	窦昕媛	杜丰	徐斌元	尹雯静	蒲俊铭
平一辰	姜雅欣	马中琪	李鹏海	盛韬	王博楠	朱瑾东	杨凯	李涛林
韩奕彤	黄婉君	蔺耀杰	张璐	单嘉帝	钱文静	詹思琪	王正林	白梓庆
王立疆	夏培炎	吴晓博	王耀明	刘秋燕	韩小龙	杨超	曾亮	刘冬梅
朱嘉璇	张亚琦	石若愚	韩颖	陈妍秀	石秀程	肖丽蓉	刘磊磊	龚鹏
续婧雯	苗艳琴	孟禄贤	张蓓蓓	李磊	阚凯	赵旭	杨惠	韩小武
杨玉莹	袁渊	刘小榕	张鳞木	白雨泽	赵凯	苗玉娇	刘生鹏	白天鑫
王睿	李宁	吕德钰	单嘉禄	郭昊南	索亚东	马子超	唐文仪	金秀妍
马戈	马钰	闵庸	马雪莹	万紫薇	王媛	杨明通	潘丰	张慧荣
杨佳宇	刘妍彤	许一凡	陈永琦	陈晨	窦泓	刘凯	吴楠楠	白宁
杨雅楠	李文静	张玉婷	代靖雯	王乐萍	杨浠辰	王奕涵	戴珩	刘亚敏
张靖悦	邢淑蓉	墨子秀	吴星乾	郭嘉欣	马贝贝	赵丽君	代雪梅	曹文璇
滚思嘉	王静	石佳灵	董玉芬	王嘉瑶	张银银	刘晓溪	王一帆	鞠晓雪
岳彤	聂佳莹	屈雅婷	郭心钰	张越	李佳敏	张瑶	孙宥萱	郭巧琳
高旭	金卓玛	赵婷	张英	王威	麻慧	庞亚楠	路淇森	安阳
郭川磊	王宁	刘海星	黄海彧					

（第二批 324 人）

南赛梅	张鑫	张宏君	刘丽娟	陈曦	易昕	任九州	霍旭	马雪妮
袁泽	闵叶	张婷	任国强	杨子江	杨馨怡	梁恒健	高伟	陆万翔
陈学谦	李玉娟	郭子寅	保虹	李嫱	郑阳	马登鹏	徐瑞	张画
兰超	韩威桐	张大铭	高燕	谢浩婧	韦翔翔	梁伟博	隋翔	王兴凯
谢子健	王晋	王继成	禅亮	姚珍珍	苟伟	徐乾	程旭东	段少华
崔志杰	李咸慰	李婷	李阳	李应雯	张岩	苗长瑞	陈春燕	金昊
刘蕊楠	马建鑫	褚俊达	高蕊	程志玮	陈万远	樊凯	孙凯	罗小刚
李冰倩	张文轩	鲁瑾辰	罗光贤	贺一帆	马永康	郭乙兴	李昌杰	马旦立
李守福	赵博健	马海瑜	王文政	施瑶	赵宁	马亮	雷庆元	高博伦
成家彬	王强	周鑫	罗士钦	吴欣阳	土昊辉	任兴尧	李刚	刘家亮
许成	宋建超	盛丽雯	李国俊	何雨泽	梁玉芳	吴杰	王超	付思清
孔佑祥	苏旭	冯海涛	沈学丹	张亮	高晶晶	李宇涛	李鹏	田园澍萌
张全年	王国庆	李海龙	阮志衡	杨晓伟	王铜	周梦娇	代德牛	郑璇
姚东东	王磊	许丹妮	李浩然	高静	王虎	闫晶晶	苏楠	赵玉
张钰	徐玉磊	苏晨	白杨	邢宗坤	毛帆	李天昊	陈玉花	黄志伟
张亮	王鹏	海琦	刘玺	王锐	李红叶	叶占旭	王杰	徐学琳
邢作山	贺文涛	代於伶	徐佳乐	祝旭东	李鑫	朱永锁	胡云龙	吴婷
苏奕嘉	王钰	宁兴凤	杨玉山	兰浩伟	王昱	潘文涛	张文倩	党雪梅
冯璟璐	贾红燕	张子林	彭东	侯雅文	宋晓康	韩斌	焦飞	郭志衡
崔国杰	尚学增	陆万杰	王鹏	杨睿	方敬贤	车含蕊	左春娇	吕荣
罗鹏	王文年	沈彩云	陈思敏	李治乔	管维民	孙子涵	李元睿	王铁梅
绪玉银	任鑫	孙源培	赵泽泱	程国	蔡艳丽	蒲海坤	李佳妮	税存浩
谢钰	孙天强	肖健	梁学鑫	张源	林富璐	张楠楠	付晓玲	余亚瑞
赵丰天	赵雅雯	王敏艳	常杰	周丽娟	张煜	李子轩	兰刚	安南
李辉	郭玥	陈苏赟	洲陈鑫	安磊	张丁子	夏倩	成丹妮	李玉娇
张婷	焦玉凤	陈晶	田慧	陶晨银	闫天阳	白晓	王彤	郭炯雁
马程鹏	陈宣霖	田静	宋佳	卢昊	杨昊	刘馨雨	张遥	蒲鸿艳
蒋鹏	孟静	曹婧	周钰婷	贺文婷	王始龙	雒增	惠思怡	马永鑫
刘璐	王丽娜	苏晓芸	吴欣玥	史奥博	孙欣然	肖易轩	郭森	陈牧航
倪慧	蒲晓丹	郑婷	王孜馨	杨捷	陈金梅	林芳宇	王嘉	武少奇
郭景宁	王晓钰	金雨楠	袁雪涵	芦雨晰	吴涛	徐振鑫	王爱瑛	陈文君
汪富堂	任娜	朱九茹	蒋叶	殷朝顺	李原	梁钰	马文祥	白宁
李星怡	郭雅梅	刘雅晴	魏玺文	刘亚楠	贾子茹	宁鹏	郭晶晶	王玉

邱雅楠	吴沛欣	李 玥	陈晓亮	王 昊	闵 洁	陶瑞婷	周灵君	吴玉杰
雷静如	王 波	葛晓慧	孔丹丹	李晓露	杨 阳	王 沛	郭志婷	范 晖
王慧慧	成家秀	周 蓉	陈佳佳	杜 娟	张 洁	吴巧洁	吴兴舜	吕 悦

2016 年高考录取名单

（提前批 64 人）

张文涛	张 鹏	段华成	梁 杰	王玉龙	杨 霞	杨 杰	张少琦	李嘉瑞
焦百川	冯云帆	李建荣	杨明月	兰 青	赵 鹏	张志源	陆建波	冯 旭
路文军	李海峰	翟子煜	刘 勇	赵禹豪	孙 婕	刘阳阳	王卿臣	张钰钰
李 堃	刘子轩	赵德帆	宁 飞	丁雪琴	梁晴宇	黄建龙	刘其海	杨 蓉
豆 娟	贾 舒	左 涛	张子睿	刘书伊	张 豆	余亚瑞	于 洋	张 璐
强力源	张瑜娟	陆雪莹	王子辰	樊泽惠	盛雅迪	陈 超	秦 楠	扎什才楞
王子豪	陈 韬	于 翔	耿 凯	梁学峰	陈 洋	郭昱龙	张学聪	尹子源
崔剑波								

（第一批 294 人）

范思源	贾雨薇	赵思怡	要文慧	邓常晖	苏彦如	郝 奇	孙凌波	梁梓淳
安 焱	曹 春	刘天宇	徐亚涛	朱 颜	赵 杰	杜靖华	张苇元	杨静怡
王 韬	王 刚	史国鑫	张 金	霍 俞	李帅琦	李永天	吴泽廷	王丽葳
秦 怡	王 端	魏凡婕	马昊东	高 菁	徐世炜	窦昕媛	梁 瑞	吴婉椿
万子玉	张雅岚	李瑞谕	王佳琪	张 宁	王子卓	王志浩	魁 星	杨 虎
赵国贤	任 亮	徐海峰	马亚楠	罗维坤	陆万翔	张霄宇	樊 凯	武 岳
张艺欣	包逸凡	田少山	毛 凯	朱 磊	苏云飞	田金涛	张 旭	祁海珍
王建嵘	杜思璇	王一丹	李 涛	朱建辉	吴 婕	王宗元	裴佳微	马文菁
李佳殊	姚思亮	徐冰凌	王海娟	张建军	杨 婧	王子玥	赵 玉	张琪苑
赵成昊	王泳翔	郑昊元	徐 佳	郭 聪	高云凡	丁耀鹏	王 宇	黄一禅
姚宏文	鞠 琦	魏虹合	王怀瑜	吴佳蕊	王子潇	毛 晶	刘 超	张全年
郑裕蓉	白钰鑫	张 瑜	王丽梅	霍 娜	李 玥	王浩然	权 乐	刘鹏奇
曹海虹	刘 曦	刘 峰	魏建方	孟晨旭	王美玲	蒋玉成	杨子江	杨澍彤
李文静	李金瑛	张励俊	张雨樵	王 宁	武怡雯	杨萌萌	任 刚	王 楠
苏鸿宇	郭自琴	赵昕睿	张健敏	王 宁	何志涛	杨梦圆	刘安骐	魏子健
张睿瑾	赵红静	王兴泽	刘 畅	陈力鹏	安 颖	王 源	贺雅蓉	苏梦舟
韩 磊	李旭阳	王 海	丁磊民	钟 悦	杨 航	顾心格	魏 娓	郭 亮
王丹丹	鞠 超	孙凡迪	苗 康	满雁楠	吴桠楠	舒鹏程	齐欣悦	陈金旭
成悦兴	蔡宇昕	王怀瑾	田亚文	张少军	党 文	李永鹏	杨如超	兰 超
王致远	李雅娜	朱懋懋	代 唯	李嘉敏	马 虢	林志晗	罗 开	李 沛

邹雅郦	丁雪婕	温玉丞	李明曦	刘昱雯	赵雷	张昊乾	黄启超	王晓磊
张嘉丽	张文瑾	王佳熹	杨洁	雷子晨	张志远	曹丹妮	武健	宋睿涵
武璇钰	代梦瑶	尤紫萱	裴犇	赵成龙	王璐瑶	肖蕊	杨静怡	张玲
刘金虎	张越	祝瑞	莫梦鸿	普殿彬	王子波	徐欣宇	方丽莎	陈文静
吴悦	计学义	葛琳	任路路	戎鹏	牛洁	杜坚木赞		杨君
曹泽	丁长伟	南文青	王玥	冯晓丽	马凯	张浩东	赫健	陈甜甜
徐子贤	彭职	安翔	王越	汤晨	许雪山	魏小杰	何汶泽	冯钰杰
郭昊	张根瑞	王贵海	张译丹	姜佳宁	王涛	李珊	杜曼	高雅
李彤彤	武少泽	徐学琳	周琳	罗瑜	唐天泽	许霄山	周璇	赵斐
王亮	方海宇	郭慧敏	徐云飞	于博显	王雪娇	师杰	马文静	赵光旭
孙学锐	陈露露	闫世豪	李振琦	马天华	王梦丹	宋毅	柏兴嘉	胡景昱
刘婷	赵青	韩维	吴玉琴	李海燕	王杨轩	贺娅苗	马建文	潘玥
郭瑜	兰雪琦	阿沛丹智		杨晨光	安裕婷	索高辉	焦伟刚	

（第二批 309人）

周慧芳	郑少琦	马艳艳	张同浩	蔡文秀	武越	赵思玮	蒋雅琪	王俊英
余小英	徐雅婷	张灵琦	张瑜桐	姜烜铮	丁希鑫	闫寅轩	王颖茹	王丽玉
张萍	何琎琎	惠思怡	代丽丽	高逸璇	吴瑞婷	丁雅婷	吴佳铭	郑颖
连丹丹	杨啸	刘山	司瑞辰	张嘉琦	王子涛	张雪阳	王鹏	曹之冬
宁瑞	李涛	李艺玮	夏培杰	景晓慧	付甜	寇明洋	王立堃	张翔
闫谨	陈佳丽	王建雯	李璐璐	王思扬	张小华	田尧	平唐甫美	尹海鹏
张克宇	姚玉环	许镕	屈钰翔	王慧	陈剑	郭亮	兰秉荣	孙涛
李雪峰	毛盛林	舒彩霞	孙梁勇	陈娜	刘昱彬	杨靓	姚靖	祝旭东
王兴寅	王瑞	张逸尘	申晓雯	张志宏	陈雪梅	虎钰	周浩	曹智贤
张冬玲	杨妍	刘超	冯虎	张钰	米萌	张恒源	王涛	牛琪
张艺凡	崔凯	杨世琴	陈苏赟洲	王亚龙	张清洋	鞠金婕	张文鑫	陈建红
魏珊娜	代佳美	葛雪	张盛豪	贺正毅	刘雅晴	曹婷	石弘扬	魏振国
姚彤	闫贞竹	董凯	赵梓楠	蔚佳璇	沈文倩	史亮	刘烨	王蕊
冯怡	张雪莹	陆超	赵睿婕	郭冉菲	庄泽	梁君妍	杨永辉	吴亚峰
马强	刘静	赵嘉禄	黄丽蓉	韦志超	蔺堃	杜星宇	代嘉璐	李鹤毅
王晓佩	闫浩洲	王中洁	师天祥	范晓宇	马建宏	李启晖	刘喜娜	陈丽蓉
王清煜	张弛	王浩	李施良	张恩翔	刘旭雅	张廷忠	陈奕甫	宋海峰
刘建超	李熠琳	康建东	车欣颖	李旭姣	任学鑫	邵梦菡	陈荃	曹迁宥
孔福	葛聪鹏	刘国元	张姣姣	朱嘉妮	朱小晓	王小凤	张佩	刘鹤
赵姗	张昊	祁晓燕	陈凯	刘玉虎	郑旭	张小春	唐峰	张雪梨

何婷	韩婧	省鹏	张皓	杨凯龙	邢乐	李梦瑶	王少坤	张敏
郭芮	贺少君	赵天瑞	殷晓艺	张浩	王泽	杜海	曹兴瑞	王天娇
李书颖	朱波	王锋	马昕	张钊溟	张世杰	王奕	石雅楠	张雅玲
李金凤	陈鹏	张宸华	陈娜	马莉	蒋正杰	陈沁楠	任慧敏	胡铁源
张雪彬	刘金鹏	闫静	王小雨	孙鸽	李涛	王宁	贾娇	崔叶欣
陆永飞	米超	柴佳林	闫佳怡	王亚伟	马凯	卜鸿伟	詹帆	葛阳
张雪婷	宝英图	闵爱玲	隋昊	赵峰	朱锋	王娅丽	毛行扬	秦伯云
赵纳	张志伟	杜金成	陶晓阳	王京	董娅妮	王玫郦	安吉缘	陈贤
郭文轩	张仪丹	王丽娟	吴晓丽	马祥	石剑岚	刘晓雪	张文	薛剑磊
刘一嫄	鲁敬奉	拓嫒嫒	阮锋	陈奕铭	贾浩南	张晓钰	陈曦	高鋆晨
侯露	马凌凤	雷锦荣	李福轩	薛飞	党彤	吴立聪	祁月	王金磊
王政	王文娜	郑天启	张昊轩	赵玉琴	邹长铭	李福缘	来红梅	邢鳞木
朱克海	何思琦	武宇翔	丁洋	葛月月	方雅梅	刘生强	郎文琛	尹红燕
秦亚楠	张凯	赵玥	陈梦嫒	杨倩	陈孟	张玉庭	妥裕	赵昱
强鹏	石洁钰	贺雷						

2017 年高考录取名单

（提前批 73 人）

李少衡	曹鹏	丁有洋	张灵琦	陈泓烨	张锐鹏	刘浩轩	谢世玉	王晓梅
胡潇鹏	陈维娜	邢子轩	任燕	孙玮	贾森	王明	代慧萍	黄玉越
黄玉巧	张兆乾	赵瑞	吴立聪	韩小阳	王菲	李雪燕	李婧	蒲玉蓉
吴亚昆	陈志鹏	王颖	王彤	冶涛	宋建业	王玺	杨振东	陈雅雯
王昱茜	于蕴新	胡乐凯	张婷	张钰婧	李文雨	李璇	杜浩南	韩露凝
袁铭雨	成雅莹	马玉梅	吕韩碧芸	朱文浩	展茗萱	张瀚月	席萱	郭沁苑
张锐	李凤	滚会莲	王浩清	殷倩	陈晨	董少奇	王滈芝	罗颖
白汶立	沈怀亮	周学泽	蒙立凯	樊涛	李颖	白杨	田夫丰	何旭
杨斌臻								

（第二批 371 人）

张宏伟	龙晟	王璐漪	狄昕	杨力	李昕尤	许文清	徐海祎	焦雨欣
吴子裕	阮志煜	李子奇	张煜	徐乾景	万诗雨	王玉玲	李璐瑶	张路杨
孙丽婷	罗锐成	郝国郓	吕曦	韩旭辉	杨玉辉	杨玉良	徐嘉营	陆舒薇
马晓啸	牛丹	包雪莹	王雪宜	杜怡馨	梁昊毓	石磊	王健	包佳明
索妮玛	郭睿	张文昺	赵彤	杨蕴琪	高琦	张婉莹	韩逸飞	王昱珺
尤紫萱	韩东	谈子焱	李一凡	余文佳	任虎德	李小睿	吴迪	裴佳微

苟梦薇	白雪婷	刘坤宁	陶诗羽	蒋德成	马艳珍	张艳杰	陈　鑫	藏海涛
师毓辉	陈雪霏	程　成	张　菁	王宇轩	孙　婕	丁宇伟	宋玥珊	张　政
杨艳阳	齐乾玉杰		华宗岳	宋　翔	王晓磊	丁　宁	毛亚君	钱颢文
郑　旭	余升年	郭源燊	郭　旻	汪雪梅	赵　静	张愉涵	屈　扬	吕晓鹏
吴学虎	李瑞敏	张懿濛	董　蓉	白钰鑫	李浩泰	陈静怡	刘语嫣	魏莲莲
刘永生	李　根	刘学虎	马跃凯	王国伟	展　翔	施文娟	何亚星	杨露露
方得强	王　曦	安　静	张　莹	姜　萍	胡　奕	杨雪莹	郭玉玉	刘新宇
杨自文	李志鹏	张静心	鞠亚楠	周　瑜	苗欣茹	陈心阳	陈路路	朱福桐
吕欣欣	刘　琪	陈　娜	唐　怡	魏文恒	张晓雅	曹吉廷	杨　俊	刘士仪
董光瑞	赵晓萱	王颖茹	王兴鑫	马丽嘉娜		何锦涛	钱　胜	藏爱爱
杨瑶瑶	闫　蓉	郭佩仪	殷榕梓	冯浩轩	郭　楷	王玉娇	牛　磊	何　静
张玉洁	王怡宁	雷　霞	丁　悦	梁　秀	徐　丽	蒋楠楠	陈　丹	刘亚楠
徐　佳	徐武嘉贝		景晓慧	冯桃花	邓亚君	杨翙君	邓芷茹	杜　焘
陆建波	李旭俐	藏海露	宋　涛	冯彦郦	李　源	毛盛林	陈建安	赵宇航
成千乐	陈　娜	汤育蓉	张　磊	邓玉成	高　蓉	贾天振	刘仕杰	杨光涛
周　军	马瑞婷	韩雨桐	马秋月	刘　畅	杨铁兵	朱红艳	张　静	朱少谦
叶彦鑫	王语嫣	梁育超	郭雅婷	王鸿凯	张书源	胡　婷	秦雨欣	丁　瑞
郑　超	付振楠	周学玮	朱玉璟	张盛豪	李殿瑞	吴玉霞	张碧莹	尚　博
姚　博	刘晓敏	王晨熙	吴　雄	朱　昊	王欣茹	管唯一	宋　勇	康　婷
王世翔	牛志强	徐　瑞	关　伟	孙　贤	范莉莉	方雅梅	王珞瑸	田维宇
王　芊	张泽辰	张楚滢	王晓东	张丽瑶	罗　嘉	周思涵	唐　鑫	张一山
孙　颖	周雪蓉	朱　煜	吴睿东	张雅馨	郭志菁	刘雨欣	侯　童	张金鹏
翟家璇	李会娜	邓　琨	李　群	王飞雪	包文轩	史　萧	乔　健	张梦莹
管作达	于佳乐	兰小娟	缪　言	乔占豪	贾　骏	沈　楠	卜鸿伟	李娜娜
郭文轩	李　杰	高銎晨	谈强年	褚海龙	宋海峰	张燕妮	阮　锋	杨　桐
李晨曦	姚晓琦	窦　伟	牛艾丽莎		张凤萍	闫梓顾	王　颖	刘雅雯
杜雅琴	史　扬	王广睿	马　超	曹志强	赵智兵	代德涛	张煜璇	代志国
秦洲晟杰		刘　源	陈志超	吴宝林	彭　阳	龚　姚	王佳年	贺浩然
王娜娜	马晓雪	李振宇	刘文星	杨　洁	王天荣	杨国锋	李　晖	尚亚楠
杨剑涛	蔡欣怡	韩梓迪	王舒怡	王　靖	李　俊	安泰儒	张逸滢	代德山
慈仁拉姆		魏建超	吕琳倩	周妮妮	武文玉	王鹏程	郭　扬	郭煜林
张子斌	张　超	赵天祥	杨　鹏	房俊英	申文斌	陈寅喜	何　睿	包燕菲
李芳婷	张　为	李学涛	金德钱	陈　刚	李淑清	顾　彬	赵艺璇	梅隽祥
席紫阳	李宇轩	张育华	张学金	刘珊珊	陈芝灵	成凯林	彭　健	王吉源

吴 飞	吴 蕾	安江梅朵	朵宏鹏	韩力毅	杨 超	杨鑫杰	王敬宇
安江勐轲	申哲宇	卓 玛	石承瑞	屈敬渊	安 雯	索 鹏	丑东虎	托 瑞

（第二批 361 人）

汪子涵	周海洋	雷晶晶	吴 雪	吴亚妮	武兴超	黄国玺	师旺旺	郝 宇
李雪琴	韦小梅	王月华	刘思敏	毛文文	融丽阳	康钰淇	闫 瑨	汤裕晶
孙 滢	李 婧	李 宁	高瑞爽	王 森	刘金玉	王 妍	黄玉凤	田 慧
谢佳佳	孙家宾	朱梦露	郭雅芳	管星瑶	蔡玉娇	雷 雪	郭 越	杨佳佳
赵子安	汪家庆	兰 月	梁玺瑾	陈 霄	尹志强	禅金云	陈 娜	杨 蕊
杜月娇	王 李	陈嘉琳	杨 晓	周 月	温世豪	聂晓梁	沈泽京	李梓妍
张春锦	吴海娴	李芳芳	施玉蓉	宋 超	赵 静	金玉娜	郭玉玲	张 甜
张海龙	王春喜	许 真	杨 烁	许 琴	舒 婧	赵 敏	代子越	孙建周
骆璐璐	牟 蓉	胡 钰	杨方宁	王 晔	康 璐	刘倩语	周域洁	杨锦鸿
丁 甜	凡小雪	陈 昊	高雅洁	杨熙伟	柴源龙	张大志	贺娜娜	王昕瑶
马素梅	王亚男	屈英晗	裴清羽	刘淑娟	崔 婷	姚璟璇	王有兰	任晶鹏
黄 宁	陈掖平	贺海兴	贾富强	王玫郦	周 杰	王 义	杨 帆	范 珊
张 洋	李 昕	杨国通	王玉婷	刘庆澳	保海燕	代 芳	陈 浩	徐凯龙
顾文川	吕文达	郑金秀	曹 龙	郭自宝	韩 炯	张若轩	刘 燕	董 冰
朱建祺	张星宇	刘治磊	张 凯	鲁九彤	徐燕燕	刘雨嘉	吕 悦	杨 波
马赟清	王秋月	杨 煊	徐 磊	赵 振	闫 芳	马文洋	李浩然	王文泽
张 雨	王 昊	宋 军	尹晓菲	杨志成	范晓玉	袁 强	魏天睿	雷锦荣
妥玉凤	王璐娜	赵雯婷	李 泽	罗 恬	刘天寅	王美婷	史 洋	赵一波
董雅琴	郑宗茂	宋玉玲	边俊宇	何思琦	关海霞	贾 凯	王 丞	刘兆英
马长鑫	栗 慧	范 杰	黄玉昊	张立虎	刘玉娇	朱欣欣	徐亚贤	贺 馨
吴嘉堂	任 亮	蒋正伟	闫方舟	李紫瑶	乔海荣	高娅薇	马天阳	孙曹子轩
王 琦	唐继荣	智 杰	张 昊	麻晨寅	包 超	李国文	李朝芫	曲那格
侯俊杰	牛媛媛	张国阳	袁继鹏	胡梦媛	骆玉文	唐 娟	张琪琪	石剑岚
陆睿君	张 琦	马燕玲	明 凯	李鹏鹏	管 健	贾增旭	金玉凤	王振渊
刘奕晨	王延铭	梁晓东	何轩国	保金明	陈 昊	汪如磊	彭 亮	王 甜
闫丽蓉	唐虎虎	蒋 睿	雷 杨	任 波	安金鼎	高钰章	刘 昊	李亚婷
武慧蓉	蕙宇铎	张冬园	李金龙	张钰清	成守昌	盛 洁	曹亚楠	崔欣瑜
牛 超	蔡文琪	邵 佳	邢自晶	张 涛	郭 海	郭玉玲	王 静	杨 凯
程鸿嬿	尚 苗	沈佳宁	刘旖旎	孟子健	姚亚梅	韩家驹	陈尧玉	李 龙
张 钰	杨文龙	张海龙	任甜甜	马栩釜	郭俊峰	杨志伟	李 欣	田 凯
管雅琪	张 建	张 艳	贺宇杉	赵晓莹	曹 威	宋雅婷	贺秀娟	代志玮

杨　甜　程　相　杨玉宝　马菊萍　郭思晨　王博文　李　凯　王娜娜　花　莺
王永聪　于天仪　陈世泽　刘　霄　张鹏林　李亚报　陈兴荣　周梓航　许　芮
周润馨　刘博文　陈书恒　续　飞　郎梦杰　杨鸿森　方中玮　余雅婷　祁金鑫
张鑫龙　刘国义　张照雍　范海望　张　琪　赵海涛　汪昕玉　王国强　赵　娜
柴兆钰　孙正韬　王安琦　王彬权　王子阳　颜明成　吴　伟　董小虎　张延平
臧　凯　徐子仪　代雅婷　祝丹丹　明雪梅　冯琬琦　王　辉　李　旭　沈　旭
李　涛　李　垚　朱　琳　任　静　徐　硕　丁海贤　郭　帅　周文轩　李泽涛
陆心怡　徐　越　赵晓雨　董　海　孟浩泽　陈亚荣　安立轩　顾甜甜　沙　昱
安加吉才让　　杜国钰　毛　磊　白金鹏　胡　冰　蒲　宁　黄继虎　何文昌
杨新杰　吴文祥

四、考入清华大学、北京大学学生名录

理　科

1959 年	毕只初	北京大学	1978 年	龚　青	清华大学
1984 年	周志刚	北京大学	1988 年	牛　可	北京大学
1993 年	高鹏峰	清华大学	1994 年	黄尉欣	清华大学
1995 年	吴锦璐	清华大学	2001 年	余建辉	北京大学
2003 年	刘舒怡	北京大学	2004 年	周大苏	清华大学
2005 年	于　冲	清华大学			
2006 年	张　楠	清华大学		龚南杰	清华大学
	王国澎	清华大学		殷小涛	北京大学
2007 年	俞　静	清华大学		周　涛	清华大学
2008 年	贺阿亚达	清华大学			
2011 年	郭芳君	清华大学		卢春宏	北京大学
2012 年	袁伟涵	清华大学		安振华	清华大学
	舒　涛	清华大学			
2013 年	王莅晟	清华大学	2016 年	范思源	北京大学
2017 年	张宏伟	北京大学			

文　科

1989 年	郭　强	北京大学	1999 年	张婷婷	清华大学
2007 年	王　焱	北京大学	2008 年	秦丹阳	清华大学

第五编 成果与奖项

第一章 高考录取

第一节 1978 年以来高考录取统计表

年份	录取人数	录取率（%）	年份	录取人数	录取率（%）	年份	录取人数	录取率（%）
1978	11		1992	92	33.9	2006	951	83.9
1979	23		1993	111	29.5	2007	993	86.1
1980	39		1994	84	29.1	2008	1034	89.7
1981	49	31.0	1995	101	34.2	2009	1474	87.5
1982	67	33.2	1996	96	28.2	2010	1331	90.3
1983	37	44.3	1997	111	32.2	2011	1177	88.8
1984	126	54.5	1998	107	34.7	2012	1361	98.3
1985	108	42.9	1999	156	32.7	2013	1225	93.4
1986	106	43.8	2000	213	48.9	2014	1209	93.2
1987	79	25.4	2001	452	71.5	2015	1044	88.0
1988	69	23.6	2002	746	79.9	2016	1147	92.2
1989	104	38.8	2003	684	75.5	2017	1258	97.4
1990	89	34.4	2004	1022	85.7			
1991	88	31.9	2005	920	81.7			

第二节 1978 年以来高考录取示意图

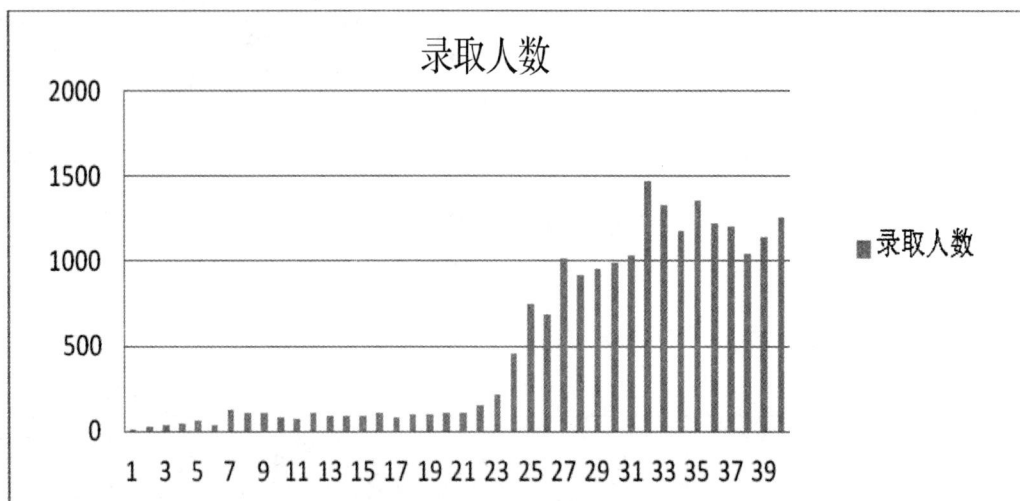

录取人数

第二章 荣 誉 录

第一节 学校荣誉

一、原张掖中学荣誉录

荣誉称号	授奖单位	获得时间
"文明礼貌月"活动先进单位	张掖地区教育局	1980 年 5 月
体育卫生先进学校	甘肃省教委、体委	1980 年 12 月
全区职工乒乓球比赛团体第四名	张掖地区工会	1984 年 1 月
全省民族团结先进集体	中共甘肃省委、甘肃省人民政府	1984 年 2 月
传统项目先进学校	甘肃省体委	1984 年 8 月
达标优秀单位	甘肃省体委	1984 年 8 月
执行两个暂行规定先进单位	甘肃省体委	1984 年 8 月
先进党支部	张掖地区地直机关党委	1984 年 5 月
全区中小学田径运动会团体总分第二名	张掖地区行署文教处	1984 年 6 月
地区象棋比赛中学组团体总分第二名	张掖地区文教处	1984 年 12 月
文明单位	中共张掖县委	1984 年 6 月
"活跃的中学生生活"先进学校	共青团中央	1985 年
民族团结先进集体	中共张掖地委、行署	1985 年 7 月
元宵节花灯展先进集体	张掖地区行署文化处	1985 年 3 月
城区篮球赛女子组第一名	张掖县体委	1985 年 5 月
先进党支部	张掖地区地直机关党委	1985 年 12 月
全区青少年田径运动会第二名	张掖地区行署体育处	1986 年 7 月
全区中学篮球比赛冠军	张掖地区行署体育处	1986 年 8 月
先进党支部	中共张掖地委	1986 年 7 月
民族团结先进集体	中共张掖地委、行署	1986 年 12 月
全省教育系统先进集体称号	中共甘肃省委、甘肃省人民政府	1987 年 9 月
全区中学生篮球赛女子组第一名	张掖地区体委	1987 年 9 月
"丝路春"乒乓球赛团体第一名	张掖地区乒协、体委	1988 年 5 月
全区中学生篮球赛女子组第二名	张掖地区体委	1988 年 6 月

续表：

荣誉称号	授奖单位	获得时间
全省中小学实验室与仪器工作先进集体	甘肃省教委	1988 年 9 月
先进团委	共青团张掖地委	1989 年 5 月
"五一"职工工人之歌演出大合唱一等奖	张掖地区工会	1989 年 5 月
全国青少年《计算机汉字小报》竞赛三等奖	中国科协《青少年报》	1989 年 12 月
先进党总支	张掖地区地直机关党委	1990 年 7 月
职工乒乓球赛第二名	张掖行区体委	1990 年 10 月
档案工作先进集体	中共张掖地委、行署	1991 年 1 月
电影放映先进单位	张掖市文化局	1991 年 1 月
体育工作先进学校	张掖地区体委	1991 年 1 月
全区中小学乒乓球赛中学组男子第一名	张掖地区体委	1991 年 5 月
城区团体操赛中学组二等奖	张掖地区教委、体委	1991 年 5 月
全区中学篮球赛女子组第一名	张掖地区体委	1991 年 7 月
先进党总支	张掖地区地直机关党委	1991 年 7 月
城区中学象棋赛团体第二名	张掖地区体委	1991 年 12 月
城区篮球赛女子组第二名	张掖地区体委	1992 年 5 月
全区自制教具三等奖、自制教具荣誉奖	张掖地区教委	1992 年 7 月
全省民族团体先进集体	甘肃省人民政府	1992 年 12 月
城区象棋赛中学组团体第一名	张掖地区体委	1992 年 11 月
团的工作合格团委	共青团张掖地委	1993 年 12 月
高教自学考试优秀考点	甘肃省教委	1993 年 3 月
纪念毛泽东同志 100 周年诞辰地直单位文艺会演三等奖	中共张掖地委宣传部、机关党委、文化处	1993 年 12 月
纪念毛泽东同志 100 周年诞辰优秀节目奖	中共张掖地委宣传部、机关党委、文化处	1993 年 12 月
张掖中学高二(2)班被评为先进班集体	甘肃省教委	1993 年 3 月
全区工会财务工作先进单位	张掖地区工会	1994 年 5 月
全省重点中学、中等师范学校田径赛田径甲组第四名、田径乙组第二名	甘肃省教委	1994 年 8 月
全省重点中学、中等师范学校独唱、美术、书法比赛中学组第 7 名	甘肃省教委	1994 年 8 月
全省重点中学、中等师范学校四项比赛道德风尚先进集体	甘肃省教委	1994 年 8 月
全区教师文艺调演歌舞《烛光颂》创作奖、表演奖	张掖地区教委、文化处	1994 年 9 月
全区教师文艺调演文艺演出一等奖	张掖地区教委、文化处	1994 年 9 月
全区教师文艺演出组织奖	张掖地区教委、文化处	1994 年 9 月
"金马节"文艺活动组织奖	张掖地区观光节组委会	1994 年 9 月
全省先进体育传统项目学校	甘肃省教委	1994 年 11 月
全区县处级干部"两论"知识竞赛文教卫生区赛三等奖	张掖地区竞赛组委会	1994 年 11 月
全区教育系统先进集体	中共张掖地委、行署	1995 年 9 月

续表：

荣誉称号	授奖单位	获得时间
地直文教系统爱国主义知识竞赛二等奖	张掖地区竞赛组委会	1995 年 9 月
为地区六运会做出贡献单位	张掖地区大会组委会	1995 年 9 月
全省教育系统离退休工作先进集体	甘肃省教协	1995 年 9 月
全区老龄工作先进集体	张掖地区老龄委	1995 年 11 月
全区中小学文艺调演节目二等奖	张掖地区教委	1995 年 9 月
张掖中学理科支部被评为先进党支部	张掖地区地直机关党委	1995 年 7 月
全区纪念中国共产党成立 75 周年歌咏比赛二等奖	张掖地区竞赛组委会	1995 年 7 月
全区中小学田径比赛中学组第一名	张掖地区大会组委会	1996 年 9 月
"金马节"广播操比赛二等奖	张掖地区大会组委会	1996 年 8 月
先进基层党组织	中共张掖地委	1996 年 7 月
纪念反法西斯战争胜利 50 周年爱国主义知识竞赛现场赛优秀奖	张掖地区竞赛组委会	1995 年 9 月
全区中等学校文艺调演一等奖	张掖地区教委	1997 年 6 月
全区中等学校文艺调演女声齐唱二等奖	张掖地区教委	1997 年 6 月
全区中等学校文艺调演器乐合奏二等奖	张掖地区教委	1997 年 6 月
"庆七一、迎回归"广播操表演优秀组织奖	张掖地区大会组委会	1997 年 7 月
甘肃省第二届大中学校学生文艺会演中裕固族舞蹈《祁连山下的小姑娘》获中学组二等奖	甘肃省教委	1997 年 8 月
甘肃省第二届大中学校学生文艺会演舞蹈《春华秋实》获中学组表演二等奖	甘肃省教委	1997 年 8 月
甘肃省第二届大中学校学生文艺会演舞蹈《春华秋实》获中学组创作奖	甘肃省教委	1997 年 8 月
甘肃省第二届大中学校学生文艺会演男声独唱《再见了，大别山》获中学组三等奖	甘肃省教委	1997 年 8 月
甘肃省第二届大中学校学生文艺会演器乐合奏《斗牛士之歌》获中学组三等奖	甘肃省教委	1997 年 8 月
甘肃省第二届大中学校学生文艺会演女声小合唱《春天的故事》获中学组优秀奖	甘肃省教委	1997 年 8 月
甘肃省第二届大中学校学生文艺会演小提琴齐奏《梁祝》获中学组优秀奖	甘肃省教委	1997 年 8 月
全国中学生党团知识竞赛组织工作先进单位	共青团中央	1998 年 1 月
全区中小学器乐比赛组织奖	张掖地区教育处	1998 年 5 月
在"98 金马节"活动中做出优异成绩单位	张掖地区"98 金马节"组委会	1998 年 8 月
学校体育达标先进单位	张掖地区行署	1998 年 9 月
1998 年度队报队刊发行工作先进单位	共青团张掖地委、地区少工委	1998 年 10 月
民族团结进步模范集体	甘肃省民委、张掖地区行署	1998 年 10 月
全区人寿保险杯大、中专、中学生辩论赛优胜队	张掖地区教育处、团地委、广电处	1998 年 12 月
1998 年度团的工作考核先进团委	共青团张掖地委	1999 年 2 月
城市绿化先进单位	中共张掖市委、市人民政府	1999 年 3 月
先进基层党组织	中共张掖地委	1999 年 6 月

续表：

荣誉称号	授奖单位	获得时间
庆祝建国50周年中小学师生文艺会演优秀组织奖	张掖地区行署教育处	1999年9月
优秀会员单位	张掖地区心理卫生协会	1999年12月
全区达标先进集体	张掖地区行署教育处、体育处	1999年12月
甘肃省大中学生"庆祝建国50周年迎澳门回归祖国"知识竞赛优胜奖	中共甘肃省委宣传部、省教委、省广电厅、省团委	1999年12月
全区高级中学田径运动会团体总分第二名	张掖地区行署教育处、体育处	2000年4月
甘肃省群众体育工作先进集体	甘肃省体育局	2000年5月
"昭武杯"社会治安综合治理知识竞赛优胜奖	张掖地区综治委员会	2000年5月
德育工作先进集体	中共张掖地委宣传部、张掖地区行署教育处	2000年12月
张掖地区普通高级中学一级学校	张掖地区教育处	2000年12月
全区"雪莲乳品杯"禁毒知识竞赛组织奖	共青团张掖地委、地区禁毒委、宣传部、政法委、教育处、地区工会	2001年1月
2000年度干部统计优秀报表单位	中共张掖市委组织部张掖地区行署人事处	2001年2月
2000年全面完成工作目标责任书先进单位	张掖地区工会	2001年3月
"居延杯"庆"五四"大型团体操比赛优秀组织奖	共青团张掖地委、教育处、地区工会、体育处等单位	2001年4月

二、原张掖地区育才中学荣誉录

荣誉称号	授奖单位	时间
活跃的中学生生活先进单位	共青团中央委员会	1985年
全区工会财务工作竞赛二等奖	张掖地区工会工作委员会	1986年1月
张掖地区县处级干部"两论"知识竞赛文教卫生赛区一等奖	张掖地区竞赛组委会	1988年11月
张掖地区地震模拟演习参演纪念奖	中共张掖地委、行署	1990年7月
机关档案管理省二级	甘肃省档案局	1991年4月
中学组团体操一等奖	张掖地区大会组委会	1991年9月
张掖城区"五一"职工运动会男子篮球乙级队三等奖	张掖地区地、市总工会	1992年5月
拥军优属先进单位	中共张掖市委、市人民政府	1992年8月
张掖地区青少年"希望在改革"读书知识竞赛中学组第一名	张掖地区竞赛组委会	1993年5月
1993年工会财会工作竞赛一等奖	张掖地区工会	1994年5月
第三届中学生文艺调演《敦煌舞》获节目二等奖	中共张掖地委宣传部、行署文化处、团地委、地教委	1994年
全国法制宣传教育先进集体	中共张掖地委、行署	1994年
甘肃省优秀中学生团校	共青团甘肃省委员会	1994年9月
1994年工会财会工作竞赛一等奖	张掖地区工会	1995年5月
1995年度先进党组织育才中学党支部	中共张掖地直机关委员会	1995年7月
地直文教卫生系统爱国主义知识竞赛一等奖	张掖地区竞赛组委会	1995年8月

续表：

荣誉称号	授奖单位	时间
全区第三届中小学文化调演优胜单位	张掖地区教委	1995 年 10 月
妇女知识竞赛组织奖	张掖地区人大工委,妇联,行署法制处、司法处	1995 年 10 月
机关档案管理省一级	甘肃省档案局	1995 年 12 月
"墨缘杯"青少年书画大赛组织奖	张掖地区书协等	1996 年 3 月
全区档案系统先进集体	中共张掖地委秘书处、行署办公室	1996 年 4 月
1995 年度全区工会财会工作竞赛一等奖	张掖地区工会	1996 年 5 月
张掖市综合治理模范单位	中共张掖市委、市人民政府	1996 年 5 月
"双学"知识竞赛第二名	中共张掖地委宣传部、地教委	1996 年
纪念建党 75 周年学习"特色理论""党章"百题知识竞赛组织奖	张掖地区地直机关工作委员会	1996 年 7 月
张掖地区纪念中国共产党成立 75 周年歌咏比赛三等奖	张掖地区竞赛组委会	1996 年 7 月
1996 年金张掖马蹄寺旅游观光节文艺表演二等奖	张掖地区观光节组委会	1996 年 9 月
张掖市第六届运动会中学组团体总分第二名	张掖地区大会组委会	1996 年 9 月
张掖市第六届运动会中小学田径比赛中学组团体第二名	张掖地区大会组委会	1996 年 9 月
张掖市第六届运动会中学生拔河比赛第二名	张掖地区大会组委会	1996 年 9 月
张掖地区中学生篮球比赛女子组第二名	张掖地区教委、体委	1996 年 10 月
甘肃省高等学校统一招生考试优秀考点	甘肃省高等学校招生委员会	1996 年
庆"三八"迎回归万名妇女自行车友谊赛优秀组织奖	张掖地区妇联	1997 年 3 月
全区第四届青少年文化艺术节开幕式暨万名青年长跑健身赛优秀组织奖	共青团张掖地委、体育处、团市委、市体委	1997 年 5 月
"生物科学系列活动"在全区首届青少年生物百科活动中获优秀活动一等奖	张掖地区科协、科技处、教育处、环保处	1997 年 5 月
1996 年度全区工会财会工作竞赛一等奖	张掖地区工会	1997 年 5 月
文教口"97 香港回归"现场知识竞赛第三名	张掖地区竞赛领导小组	1997 年 6 月
1997 年度先进党组织	张掖地区地直机关工委	1997 年 7 月
1997 年度工会财务竞赛一等奖	张掖地区工会	1998 年 5 月
地市"五一"职工运动会优秀组织奖	张掖地区大会组委会	1998 年 5 月
奖给在 1998 金张掖马蹄寺旅游观光节活动中做出优异成绩的育才中学	张掖地区 1998 年金张掖马蹄寺旅游观光节组委会	1998 年 8 月
园林化单位	张掖市城区绿化委员会	1998 年 12 月
全区自学考试优秀考点(1996—1998)	甘肃省高等教育自学考试委员会	1999 年 4 月
全区纪念五四运动 80 周年歌咏大会二等奖	共青团张掖地委、地委宣传部、行署文化处、教育处	1999 年 5 月
1998 年度工会财务竞赛一等奖	张掖地区工会	1999 年 5 月
地级国防教育示范学校	张掖地区国防教育委员会	1999 年 5 月
地直机关先进党组织	张掖地区地直机关工委	1999 年 7 月
文艺会演团体三等奖	张掖地区行署、教育处	1999 年 9 月
甘肃省中学生"庆祝建国 50 周年迎接澳门回归祖国"知识竞赛优胜奖	中共甘肃省委宣传部、省教育委员会省广播电视厅,共青团甘肃省委	1999 年 12 月

续表：

荣誉称号	授奖单位	时间
1999 年度先进团委	共青团张掖地委	2000 年 1 月
安全文明小区	张掖市社会治安综合治理委员会	2000 年 5 月
1999 年度工会财务竞赛一等奖	张掖地区工会	2000 年 5 月
张掖城区中学生足球比赛初中组冠军	张掖地区竞赛组委会	2000 年 6 月
全区中小学德育工作先进集体	中共张掖地委宣传部、行署教育处	2000 年 12 月
2000 年度全面完成工会工作目标责任书先进单位	张掖地区工会	2001 年 3 月
庆"三八""人寿杯"妇女健身活动优秀组织奖	张掖地市妇联、体委、工会	2001 年 3 月
地直先进党组织	张掖地区地直机关工委	2001 年 7 月

三、重组新建后张掖中学荣誉录

序号	获奖时间	荣誉称号（获奖名称及等级）	授予（颁奖）单位
1	2001 年 6 月	先进党组织	张掖地区地直机关工委
2	2001 年 6 月	全区党的知识竞赛组织奖	张掖地区地直机关工委
3	2001 年 8 月	第三届"学生天地杯"中学生文艺会演大合唱三等奖	甘肃省教育厅
4	2001 年 9 月	2000 年度全区工会财务工作竞赛特等奖单位	张掖地区工会
5	2001 年 9 月	课题《学习困难学生的成因分析与矫治研究》获全区二等奖	张掖地区行署教育处
6	2002 年 5 月	甘肃省青少年电子科普工程先进单位	甘肃省科协、省教育厅、团省委等
7	2002 年 1 月	公民道德知识教育组织工作一等奖	德育报社
8	2002 年 1 月	2001 年度五四红旗团委	共青团张掖地区委员会
9	2002 年 2 月	第五届全国中小学生日常行为规范知识《公民道德知识》教育活动组织工作一等奖	德育报社、中国传统文化促进会、全国公民道德教育活动组委会
10	2002 年 3 月	甘肃省高等教育自学考试 1999—2001 年度优秀考点	甘肃省高等教育自学考试委员会
11	2002 年 4 月	全区"五四红旗团总支"	共青年团张掖地委
12	2002 年 8 月	《同一首歌》走近金张掖演出活动赞助单位	中共张掖市委、张掖地区行署
13	2002 年 11 月	2001 年度干部统计优秀报表单位	中共张掖市委组织部张掖地区行署人事处
14	2002 年 11 月	2001 年度工资统计优秀报表单位	张掖地区行署人事处
15	2002 年 12 月	2002 年度全市学校体育锻炼标准"达标"通讯赛先进单位	张掖市教育局、体育运动局
16	2003 年 1 月	"张掖市示范性普通高中"（普通高中办学水平一级学校）	张掖市教育局
17	2003 年 2 月	"甘肃五四红旗团委"	共青团甘肃省委
18	2003 年 2 月	共青团工作先进集体	共青团张掖市委
19	2003 年 6 月	甘肃省群众体育工作先进集体	甘肃省体育局
20	2003 年 6 月	先进基层单位党组织	张掖市直机关工委
21	2003 年 8 月	全国职工学习党的十六大精神系列活动答题竞赛三等奖	中华全国总工会
22	2003 年 11 月	国家级体育传统项目学校	国家体育总局、教育部
23	2004 年 2 月	张掖市第二批信息化花园式示范学校	张掖市教育局

续表:

序号	获奖时间	荣誉称号（获奖名称及等级）	授予（颁奖）单位
24	2004 年 2 月	2003 年度"五四"红旗团委	共青团张掖市委
25	2004 年 3 月	文明学校	中共甘州区委、甘州区政府
26	2004 年 4 月	先进职工之家	张掖市总工会
27	2004 年 7 月	全国教育网络系统示范单位	全国教育网络系统建设委员会
28	2004 年 9 月	全市教育系统先进集体	张掖市教育局、张掖市人事局
29	2004 年 12 月	甘肃省示范性普通高中	甘肃省教育厅
30	2004 年 12 月	市级文明单位	中共张掖市委、张掖市人民政府
31	2005 年 1 月	市级卫生模范单位	张掖市爱国卫生运动委员会
32	2005 年 1 月	2005 年"黄河啤酒杯"全省三人篮球争霸赛（张掖赛区）高中组冠军	张掖市体育运动局、张掖市教育局
33	2005 年 2 月	甘肃省档案工作示范单位	甘肃省档案局
34	2005 年 2 月	2004 年度"五四"红旗团委	共青团张掖市委
35	2005 年 3 月	精神文明建设文明单位	中共张掖市委、张掖市人民政府
36	2005 年 3 月	会计基础工作规范化优秀单位	张掖市财政局
37	2005 年 3 月	张掖市园林绿化达标单位——花园式单位	张掖市绿化委员会
38	2005 年 3 月	工会工作先进单位	张掖市总工会
39	2005 年 3 月	全市庆三八"电力杯"家庭才艺展示赛优秀组织奖	张掖市妇联、张掖市电力局
40	2005 年 3 月	张掖市 2005 年体育高考模拟比赛优秀组织奖	张掖市体育运动局、张掖市教育局
41	2005 年 7 月	张掖市第二届高级中学"新华杯"篮球比赛男子组季军	张掖市体育运动局、张掖市教育局
42	2005 年 8 月	甘肃省体育传统项目学校篮球比赛第二名	甘肃省体育局、甘肃省教育厅
43	2005 年 10 月	现代信息技术与语文教学整合研究一等奖	张掖市教育局
44	2005 年 12 月	2004 年度全市财政决算评比先进单位	张掖市财政局
45	2005 年 12 月	学生军训工作先进单位	兰州军区国防运动委员会
46	2005 年 12 月	张掖市中小学"绿色网吧"	张掖市教育局
47	2005 年 12 月	2005 年甘肃省化学奥林匹克竞赛优胜奖	甘肃省化学奥林匹克竞赛委员会
48	2006 年 2 月	2005 年度工作目标责任书完成情况考核一等奖	张掖市教育局
49	2006 年 2 月	全市教育科研工作先进集体	张掖市教育局
50	2006 年 2 月	2005 年度"先进团委"	共青团张掖市委
51	2006 年 2 月	2005 年度甘肃省"五四"红旗团委	共青团甘肃省委
52	2006 年 2 月	工会工作先进单位	张掖市总工会
53	2006 年 3 月	张掖市 2006 年体育高考对抗比赛团体总分第二名	张掖市教育局、张掖市体育运动局
54	2006 年 5 月	2006 年张掖市、区迎省运三人篮球争霸赛高中组第二名	张掖市甘州区体育运动局（代）大会组委会
55	2006 年 6 月	全国先进基层党组织	中共中央组织部
56	2006 年 11 月	民主评议行风工作总体评价优秀单位	张掖市教育局
57	2006 年 12 月	平安校园	张掖市教育局

续表：

序号	获奖时间	荣誉称号（获奖名称及等级）	授予（颁奖）单位
58	2006 年 12 月	2005 年度全市财政决算评比先进单位	张掖市财政局
59	2006 年 12 月	甘肃省模范职工之家	甘肃省总工会
60	2006 年 12 月	省级文明单位	中共甘肃省委
61	2006 年 12 月	2006 年度课题研究优秀实验学校	中国教育学会教育机制研究分会
62	2007 年 2 月	2006 年度工作目标责任书完成情况考核一等奖	张掖市教育局
63	2007 年 2 月	2006 年度先进团委	共青团张掖市委
64	2007 年 2 月	全市平安单位	中共张掖市委、张掖市人民政府
65	2007 年 3 月	社会治安综合治理工作先进单位	张掖市南街工委张掖市南街办事处
66	2007 年 2 月	工会工作先进单位	张掖市总工会
67	2007 年 3 月	全市绿化造林先进单位	中共张掖市委、张掖市人民政府
68	2007 年 3 月	张掖市 2007 年体育高考对抗比赛团体总分第一名	张掖市体育局、张掖市教育局
69	2007 年 4 月	2006 年度全市党内统计年报表优秀报表单位	中共张掖市委组织部
70	2007 年 4 月	"人寿杯"青少年法律知识竞赛优秀组织奖	张掖市教育局、市综治委、团市委
71	2007 年 9 月	2007 年全国教育系统先进集体	中华人民共和国人事部、教育部
72	2007 年 10 月	2007 年度党刊征订发行工作先进单位	中共张掖市委组织部
73	2007 年 11 月	市级"绿色文明学校"	张掖市环保局、市文明办
74	2007 年 11 月	张掖市廉政文化建设示范点	张掖市纪委
75	2007 年 11 月	全市学校团队工作先进集体	共青团张掖市委、市教育局、市少工委
76	2007 年 12 月	2007 年信息花园式示范学校复评达标学校	张掖市教育局
77	2007 年 12 月	甘肃省优秀学生会	共青团甘肃省委、甘肃省学生联合会
78	2008 年 1 月	2007 年度先进团委	共青团张掖市委
79	2008 年 1 月	城镇妇女工作先进集体	张掖市妇女联合会
80	2008 年 1 月	张掖市庆元旦迎奥运环城长跑活动优秀组织奖	张掖市体育局等（大会组委会）
81	2008 年 2 月	2007 年度工作目标责任书完成情况考核一等奖	张掖市教育局
82	2008 年 2 月	全省档案工作先进集体	甘肃省人事厅、甘肃省档案局
83	2008 年 3 月	甘肃省"五一"巾帼奖	甘肃省总工会
84	2008 年 3 月	张掖市高中生运动会团体总分第一名	张掖市体育局、张掖市教育局
85	2008 年 4 月	领导班子思想政治建设"五个好"单位	中共张掖市委
86	2008 年 5 月	张掖市普通高校招生考试先进考点	张掖市招生委员会
87	2008 年 5 月	2007 年度行政事业单位资产清查先进单位	张掖市财政局
88	2008 年 5 月	2008 年甘州区百队三人篮球比赛高中组第二名	张掖市甘州区体育局
89	2008 年 5 月	2008 年甘州区百队三人篮球比赛高中组第三名	张掖市甘州区体育局
90	2008 年 6 月	张掖市第二届运动会高中组男子篮球比赛季军	张掖市体育局等（大会组委会）
91	2008 年 6 月	第九届全市青少年书信文化大赛优秀组织奖	中共张掖市委组织部等五部委
92	2008 年 7 月	张掖市第二届运动会职工组男子篮球比赛亚军	张掖市体育局等（大会组委会）

续表：

序号	获奖时间	荣誉称号（获奖名称及等级）	授予（颁奖）单位
93	2008 年 7 月	张掖市第二届运动会学校团体操表演优秀表演奖	张掖市体育局等（大会组委会）
94	2008 年 11 月	2008 年度全市十佳校园网站	张掖市教育局
95	2009 年 1 月	2008 年度甘肃省"五四"红旗团委标兵	共青团甘肃省委
96	2009 年 2 月	张掖市第十届青少年书信文化大赛优秀组织奖	中共张掖市委宣传部、市教育局、团市委
97	2009 年 2 月	2008 年度目标责任书完成情况考核全市一等奖	张掖市教育局
98	2009 年 2 月	2008 年度先进团委	共青团张掖市委
99	2009 年 2 月	2008 年度工会工作先进单位	张掖市总工会
100	2009 年 3 月	全省"巾帼文明岗"	甘肃省巾帼建功领导小组
101	2009 年 4 月	第十八届中国儿童青少年威盛中国芯计算机表演赛（甘肃赛区）最佳组织奖	甘肃省青少年科技活动中心
102	2009 年 4 月	甘肃省"五一"劳动奖状	甘肃省总工会
103	2009 年 4 月	张掖市"五四"红旗团委	共青团张掖市委
104	2009 年 4 月	甘肃省厂务公开民主管理先进单位	甘肃省总工会
105	2009 年 5 月	省级示范性高中督导复评第一名	甘肃省教育厅
106	2009 年 5 月	第七届全国中小学思想道德优秀成果展评优秀组织奖	中国关工委、中国教育报
107	2009 年 5 月	确定省级普通高中课程实验样本校	甘肃省教育厅
108	2009 年 8 月	全市思想政治工作先进集体	中共张掖市委
109	2009 年 9 月	"三八"红旗集体	甘肃省妇联
110	2009 年 9 月	甘肃省优秀学生会	共青团甘肃省委、省学联
111	2009 年 10 月	全市党刊发行征订工作先进单位	中共张掖市委组织部
112	2009 年 12 月	2009 年度全市十佳校园网站	张掖市教育局
113	2009 年 12 月	首批市级语言文字规范化示范校	张掖市教育局
114	2010 年 2 月	全国第三届中小学艺术展演活动艺术表演类二等奖	国家教育部
115	2010 年 3 月	2009 年度目标责任书完成情况考核全市一等奖	张掖市教育局
116	2010 年 5 月	第四届"地球小博士"全国地理科技大赛中荣获"地理科普教育先进单位"	中国地理学会
117	2010 年 7 月	全国"十一五"教育科研先进集体	国家教育部中国教师发展基金会
118	2010 年 10 月	全国学校艺术教育工作先进单位	国家教育部艺术教育委员会
119	2010 年 10 月	全市党刊发行征订工作先进单位	中共张掖市委组织部
120	2010 年 11 月	2010 年度全市十佳校园网站	张掖市教育局
121	2010 年 11 月	"我做廉洁小卫士"征文大赛活动优秀组织奖	中共张掖市纪委、张掖市教育局
122	2010 年 12 月	部门决算市直先进单位	张掖市财政局
123	2010 年 12 月	省级语言文字规范化示范校	甘肃省语言文字工作委员会、甘肃省教育厅
124	2011 年 2 月	2010 年度工作目标责任书完成情况考核一等奖	中共张掖市纪委、张掖市教育局
125	2011 年 6 月	全市先进基层党组织	中共张掖市委

续表：

序号	获奖时间	荣誉称号（获奖名称及等级）	授予（颁奖）单位
126	2011 年 6 月	纪念建党 90 周年推进张掖生态大市知识竞赛优秀组织奖	中共张掖市委宣传部
127	2011 年 6 月	纪念建党 90 周年"红旗飘飘"合唱大赛二等奖	中共张掖市委宣传部、市教育局、团市委、市文化局
128	2011 年 6 月	第五届"地球小博士"全国地理科技大赛中荣获"地理科普教育先进单位"	中国地理学会
129	2011 年 6 月	第五届"地球小博士"全国地理科技大赛中荣获"优秀组织奖"	中国地理学会
130	2011 年 10 月	2011 年度全市党刊征订发行工作三等奖	中共张掖市委组织部
131	2011 年 12 月	2006—2010 年全市法制宣传教育先进集体	中共张掖市委、张掖市人民政府
132	2011 年 12 月	2010 年度全市财政决算评比部门决算市直先进单位	张掖市财政局
133	2011 年 12 月	2011 年度全市教育技术装备管理应用工作先进学校	张掖市教育局
134	2011 年 12 月	国家级语言文字规范化示范校	国家教育部、国家语委
135	2012 年 2 月	2011 年度教育工作考核一等奖	张掖市教育局
136	2012 年 2 月	2011 年度职工互助保障工作先进单位	张掖市总工会
137	2012 年 2 月	餐饮服务食品安全监督量化分级管理 A 级单位	甘肃省食品药品监督管理局
138	2012 年 2 月	"五四"红旗团委	共青团甘肃省委
139	2012 年 3 月	第五批全省"绿色学校"创建活动先进学校	甘肃省环境保护厅、甘肃省教育厅
140	2012 年 5 月	张掖市先进集体	中共张掖市委、张掖市人民政府
141	2012 年 6 月	全市第四批优秀青少年维权岗	张掖市预防青少年违法犯罪专项组
142	2012 年 7 月	全市群众体育工作业余训练先进集体	张掖市人民政府
143	2012 年 9 月	全市创先争优先进基层党组织	中共张掖市委
144	2012 年 11 月	2012 年全市党刊发行征订工作先进单位	中共张掖市委组织部
145	2012 年 12 月	学校安全整治行动中被评为先进集体	张掖市教育局
146	2012 年 12 月	部门决算市直先进单位	张掖市财政局
147	2013 年 1 月	2012 年度全市先进团组织	共青团张掖市委
148	2013 年 2 月	2012 年度市直学校目标责任考核一等奖	张掖市教育局
149	2013 年 2 月	2012 年度市直学校安全工作考核三等奖	张掖市教育局
150	2013 年 4 月	2012 年度全国"五四"红旗团委	共青团中央
151	2013 年 8 月	张掖市"中国梦我心目中的好老师"全市师生征文大赛优秀组织奖	张掖市语委办、市教育局
152	2013 年 8 月	张掖市 2013 年教育科研 10 教师获优秀成果奖	张掖市教育局
153	2013 年 7 月	甘肃省化学奥林匹克竞赛明星学校	甘肃省化学奥林匹克竞赛委员会
154	2013 年 11 月	张掖市代表团参加甘肃省第二届中学生运动会先进集体二等奖	张掖市教育局
155	2013 年 12 月	张掖市艺术教育特色学校	张掖市教育局
156	2013 年 11 月	第四届张掖市青少年科技创新大赛优秀组织奖	张掖市科学技术协会、张掖市教育局
157	2013 年 12 月	2013 年度甘肃省科技创新实验学校	甘肃省教育厅、甘肃省科学技术厅、甘肃省科学技术协会
158	2014 年 3 月	甘肃省首批中小学德育示范学校	中共甘肃省委宣传部、省文明办、省教育厅

续表:

序号	获奖时间	荣誉称号（获奖名称及等级）	授予（颁奖）单位
159	2014 年 4 月	张掖市造林绿化先进单位	张掖市人民政府
160	2014 年 6 月	全国阳光体育科学健身校园活动学校	甘肃省体育局、甘肃省教育厅
161	2014 年 9 月	甘肃省中小学心理健康教育特色学校首批创建学校	甘肃省教育厅
162	2014 年 11 月	全省首批"快乐校园"示范学校	甘肃省教育厅
163	2014 年 11 月	金张掖旅游青年志愿服务工作先进集体	共青团张掖市委、张掖市旅游局
164	2015 年 2 月	全市教育宣传工作先进单位	张掖市教育局
165	2015 年 3 月	食品安全状况公示牌"好"单位	张掖市甘州区食品药品监督管理局
166	2015 年 3 月	全市"联村联户，为民富民"行动先进单位	中共张掖市委"双联"行动协调推进领导小组
167	2015 年 3 月	2014 年度全市共青团工作先进团组织	共青团张掖市委
168	2015 年 7 月	张掖市青少年校园足球联赛高中组第一名	张掖市教育局
169	2015 年 7 月	甘肃省中小学心理健康教育特色学校	甘肃省教育厅
170	2015 年 8 月	2015 甘肃省青少年校园足球联赛暨"我爱足球"中国足球民间争霸赛（甘肃赛区）体育道德风尚奖	甘肃省教育厅、甘肃省体育局
171	2015 年 9 月	市级"健康校园"	张掖市卫生和计划生育委员会、市教育局、市食品药品监督管理局
172	2015 年	全市民族团结进步模范集体	中共张掖市委、张掖市人民政府
173	2015 年 5 月	甘肃省民族团结进步创建活动示范单位	中共甘肃省委宣传部、中共甘肃省委统战部、甘肃省民族事务委员会
174	2016 年 2 月	授予张掖中学团委 2015 年"金张掖旅游青年志愿服务工作先进集体"	共青团张掖市委、张掖市青年志愿者协会
175	2016 年 2 月	授予张掖中学团委 2015 年"全市先进团组织"荣誉称号	共青团张掖市委
176	2016 年 3 月	2015 年度教育宣传工作先进单位	张掖市教育局
177	2016 年 3 月	2015 年度全市工会工作先进单位	张掖市总工会
178	2016 年 4 月	作品《反璞系列》荣获甘肃省第五届中小学生艺术展演活动艺术作品中学甲组一等奖	甘肃省教育厅
179	2016 年 4 月	节目《查尔达什舞曲》荣获甘肃省第五届中小学生艺术展演活动艺术表演类中学甲组二等奖	甘肃省教育厅
180	2016 年 4 月	节目《春到湘江》荣获甘肃省第五届中小学生艺术展演活动艺术表演类中学甲组二等奖	甘肃省教育厅
181	2016 年 5 月	甘肃省民族团结进步创建活动示范单位	中共甘肃省委宣传部、中共甘肃省委统战部、甘肃省民族事务委员会
182	2016 年 9 月	"传承红色基因，抒写时代感悟"征文大赛中荣获优秀组织奖	张掖市语委办、张掖市教育局
183	2016 年 11 月	2011—2015 年全市法治宣传教育先进单位	中共张掖市委、张掖市人民政府
184	2016 年 12 月	2014—2015 年度张掖市市级健康校园	张掖市卫生和计划生育委员会、张掖市教育局、张掖市食品药品监督管理局
185	2017 年 9 月	张掖市教育系统先进集体	中共张掖市委、张掖市人民政府

第二节　教职工荣誉录

一、原张掖中学教职工荣誉录

姓名	荣誉称号	授奖单位	获得时间
周光汉	甘肃省优秀教师 全国"五讲四美"为人师表优秀教师 全区教育系统先进个人 优秀教师	甘肃省人民政府 国家教育部 张掖地区行署 张掖地区行署	1982 年 10 月 1983 年 9 月 1982 年 9 月 1985 年 9 月
高峻中	全国教育系统劳动模范 优秀教师 教育系统优秀教师 优秀党员	国家教委 张掖地区行署 张掖地区行署 中共张掖地委	1986 年 9 月 1985 年 9 月 1986 年 9 月 1986 年 7 月
王家瑛	优秀教师	张掖地区行署	1985 年 9 月
张相贤	甘肃省"园丁奖" 全区教育系统先进个人 地区专业技术拔尖人才 中学特级教师	中共甘肃省委、省人民政府 张掖地区行署 中共张掖地委组织部 甘肃省人民政府	1988 年 9 月 1982 年 9 月 1990 年 1 月 1990 年
罗思哲	全国教育系统劳动模范获人民教师奖章 中学特级教师 教育系统先进个人	国家教委 甘肃省人民政府 张掖地区行署	1989 年 9 月 1990 年 1982 年 9 月
陈俊杰	优秀教师 教育系统优秀教师	张掖地区行署 张掖地区行署	1985 年 9 月 1986 年 9 月
严琦国	"老有所为"先进个人	甘肃省教委、省教协	1997 年 10 月
郭天金	优秀德育工作者 优秀党员 优秀党员 优秀党员 优秀党务工作者 关心下一代先进工作者 廉洁勤政好干部	中共甘肃省委、省人民政府 张掖地区地直机关党委 张掖地区地直机关党委 张掖地区地直机关党委 张掖地区地直机关党委 共青团张掖地委 中共张掖地委	1990 年 9 月 1980 年 6 月 1981 年 7 月 1982 年 6 月 1991 年 7 月 1996 年 5 月 1997 年 2 月
张临香	优秀教师、"园丁奖" 优秀党员 优秀教师 优秀党员	中共甘肃省委、省人民政府 张掖地区地直机关党委 张掖地区教委 张掖地区地直机关党委	1996 年 9 月 1983 年 7 月 1989 年 9 月 1989 年 7 月
张淑敏	全省优秀班主任 地区"三八"红旗手 优秀教师	中共甘肃省委、省人民政府 中共张掖地委、行署 张掖地区行署	1984 年 9 月 1983 年 3 月 1985 年 9 月
汪锡昌	优秀教师 教育系统优秀教师 优秀教师 优秀党员 中学特级教师	张掖地区行署 张掖地区行署 中共张掖地委、行署 张掖地区地直机关党委 甘肃省人民政府	1985 年 9 月 1986 年 9 月 1992 年 9 月 1984 年 7 月 1994 年
刘国强	优秀教师 教育系统优秀教师	张掖地区行署 张掖地区行署	1985 年 9 月 1986 年 9 月

续表：

姓名	荣誉称号	授奖单位	获得时间
管向东	优秀教师	张掖地区行署	1985 年 9 月
张思隋	优秀教师	张掖地区行署	1985 年 9 月
王如兰	先进个人	张掖地区行署	1985 年 9 月
王兴国	先进个人	张掖地区行署	1985 年 9 月
王以湖	优秀班主任 优秀教师"园丁奖" 中学特级教师	张掖地区行署 中共甘肃省委、省人民政府 甘肃省人民政府	1986 年 9 月 1991 年 9 月 1994 年
王天侠	优秀班主任	张掖地区行署	1986 年 9 月
王晓艳	优秀班主任 地区"十佳"青年教师	张掖地区行署 中共张掖地委、行署	1986 年 9 月 1994 年 9 月
祝良先	优秀班主任 优秀党员	张掖地区行署 张掖地区地直机关党委	1986 年 9 月 1995 年 7 月
张瑰仙	优秀教师	张掖地区行署	1986 年 9 月
柴述鲁	先进工作者 普法先进个人 优秀党员	张掖地区行署 中共张掖地委、行署 张掖地区地直机关党委	1986 年 9 月 1990 年 12 月 1991 年 7 月
王少峰	先进离退休教育工作者 优秀党员 优秀党员	中共张掖地委、行署 中共张掖地委 张掖地区地直机关党委	1990 年 9 月 1999 年 6 月 1991 年 7 月
鲁 玲	先进离退休教育工作者	中共张掖地委、行署	1990 年 9 月
苏 政	优秀教师"园丁奖" 中学特级教师	中共甘肃省委、省人民政府 甘肃省人民政府	1992 年 9 月 1994 年
任作峝	科协语文学会工作先进个人 优秀党员	张掖地区科协 张掖地区地直机关党委	1984 年 9 月 1987 年 7 月
黄兰英	优秀教师 优秀教师"园丁奖" "三八"红旗手 优秀党员	中共张掖地委、行署 中共甘肃省委、省人民政府 甘肃省妇联张掖办事处 张掖地区地直机关党委	1991 年 9 月 1995 年 9 月 1996 年 3 月 1999 年 6 月
张金生	学校体育工作优秀领导 优秀教育工作者"园丁奖" 民族团结先进个人 中学特级教师 全省民族工作先进个人 为档案达标做出突出贡献	甘肃省教委、体委 中共甘肃省委、省人民政府 张掖地区行署 甘肃省人民政府 甘肃省教委 国家档案局	1985 年 1997 年 9 月 1997 年 12 月 1998 年 1999 年 12 月 1999 年 2 月
杨自齐	优秀教师 跨世纪学术学科带头人 地区中小学骨干教师 地区专业技术拔尖人才 中学特级教师	中共张掖地委、行署 张掖地区行署 张掖地区教委 张掖地区行署 甘肃省人民政府	1991 年 9 月 1996 年 1998 年 9 月 2001 年 2000 年
毛永胜	优秀德育工作者 跨世纪学术技术带头人 德育工作先进个人 为档案达标做出突出贡献 "双学"知识竞赛先进个人 全区中小学德育工作先进个人	中共张掖地委、行署 张掖地区行署 张掖地区教育处等单位 国家档案局 甘肃省纪检委 中共张掖地委宣传部、张掖地区行署教育处	1991 年 9 月 1996 年 2000 年 12 月 1999 年 2 月 1997 年 2000 年 12 月

续表：

姓名	荣誉称号	授奖单位	获得时间
任吉茂	优秀班主任"园丁奖" 全国优秀美术教师	中共甘肃省委、省人民政府 国家教委	1993 年 9 月 1997 年
肖培林	跨世纪学术技术带头人 教学新秀 优秀教师 地区拔尖人才 全区科技工作先进个人 全省职业道德先进个人 全省首批中小学骨干教师 全省中小学省级学科带头人	张掖地区行署 中共张掖地委、行署 中共张掖地委、行署 中共张掖地委 中共张掖地委、行署 甘肃省总工会 甘肃省教委 甘肃省教育厅	1996 年 1993 年 9 月 2000 年 9 月 1998 年 1998 年 2000 年 2000 年 8 月 2000 年 8 月
马国瑞	优秀党员 优秀党员 为档案达标做出突出贡献	中共张掖地委 张掖地区地直机关党委 国家档案局	1996 年 7 月 1995 年 7 月 1999 年 2 月
张尔慧	优秀教育工作者 全省自学考试先进工作者 为档案达标做出突出贡献	中共张掖地委、行署 甘肃省教委 国家档案局	1998 年 9 月 1993 年 4 月 1999 年 2 月
刘 荣	优秀教师	中共张掖地委、行署	1998 年 9 月
高永红	优秀教师	中共张掖地委、行署	1997 年 9 月
张辅良	十佳青年教师	中共张掖地委、行署	1999 年 5 月
吕国强	中小学骨干教师 跨世纪学术学科带头人 十佳青年教师 全省首批中小学骨干教师 全省中小学省级学科带头人 地区专业技术拔尖人才	张掖地区行署教育处 张掖地区行署 中共张掖地委、行署 甘肃省教委 甘肃省教育厅 中共张掖地委、行署	1995 年 1996 年 2001 年 9 月 2000 年 8 月 2000 年 8 月 2001 年
张长拴	优秀党员	张掖地区地直机关党委	1983 年 7 月
申维善	优秀党员	张掖地区地直机关党委	1983 年 7 月
陈幼和	优秀团干部	共青团张掖地委	1986 年 5 月
李孟发	侨务先进工作者 优秀共产党员 优秀党员	张掖地区侨联 张掖地区地直机关党委 张掖地区地直机关党委	1986 年 1990 年 7 月 1991 年 7 月
车兴国	优秀教练员	甘肃省教委、体委	1994 年 7 月
沈海润	为档案达标做出突出贡献	国家档案局	1999 年 2 月
刘希龙	优秀党员	张掖地区地直机关党委	1997 年 7 月
管正敏	为档案达标做出突出贡献 全国学校艺术教育工作先进个人	国家档案局 国家教育部	1999 年 2 月 2000 年 12 月
陈 铭	工会先进工作者	张掖地区行署	1998 年 5 月
柳 春	全区职工职业道德标兵 地级先进工作者 地级教育"劳动模范" 地区骨干教师	中共张掖地委、行署 张掖地区教育处 张掖地区教育处 张掖地区教育处	1999 年 2000 年 2000 年 2001 年
宋彩霞	"巾帼建功"十佳 "三八"红旗手 跨世纪学术技术带头人 地区专业技术拔尖人才 全省中小学骨干教师	张掖地区妇联 张掖地区妇联 张掖地区行署 张掖地区行署 甘肃省教育厅	1999 年 1999 年 1997 年 2001 年 2001 年

续表：

姓名	荣誉称号	授奖单位	获得时间
王建平	张掖地区招生先进工作者	张掖地区教委 张掖地区行署招生委员会	1998 年
蔡瑞君	"巾帼建功"先进个人	张掖地区妇联	1999 年 3 月
张瑜载	党风廉政建设考试优秀试卷 为档案达标做出突出贡献 档案工作先进个人	张掖地区纪委 国家档案局张掖地区档案处	1997 年 1999 年 2 月 2000 年 3 月
李浮萍	英语优秀教师	张掖地区教育处	2000 年 5 月
王建强	全区职工道德标兵	张掖地区工会	1997 年
何正文	优秀德育工作者	中共张掖地委、行署	1994 年
李德胜	优秀团干部 优秀团干部 优秀团干部	共青团张掖地委 共青团张掖地委 共青团张掖地委	1995 年 1997 年 1998 年
徐子鸣	地级骨干教师	张掖地区教育处	2001 年
袁积凯	地级骨干教师	张掖地区教育处	2001 年
吴国光	省中小学"青年教学能手"	甘肃省教育厅	2001 年
李晓明	地区骨干教师 跨世纪学术带头人 全省中小学骨干教师	张掖地区教育处 张掖地区人事处 甘肃省教育厅	2000 年 2000 年 2001 年
樊立功	体育达标先进个人	张掖地区行署教育处、体育处	1999 年
冯进炜	体育达标先进个人	张掖地区教委、体委	1997 年
张云海	全省学校体育工作先进个人	甘肃省教委、省体委	1999 年
王家玺	纪念建党 80 周年党的知识竞赛二等奖	张掖地区地直机关工委	2001 年
马永新	张掖地区中小学地级骨干教师	张掖地区行署、教育处	2001 年 2 月
杨天军	张掖地区中小学地级骨干教师	张掖地区行署、教育处	2001 年 2 月

二、原张掖地区育才中学教职工荣誉录

（带 * 号者，为调来育才中学前在原单位所获，调出后的荣誉不在此列）

姓名	荣誉名称	授予机关	获得时间
段炳麟	甘肃省"园丁奖"	中共甘肃省委、省人民政府	1986 年 9 月
唐学仁	优秀体育教师	中共张掖地委、行署	1982 年 4 月
左玉兰	甘肃省优秀校医	甘肃省教育厅、卫生厅	1983 年 7 月
王博礼	优秀共产党员	张掖地区地直机关工委	1985 年
	优秀共产党员	张掖地区地直机关工委	1991 年
杨存林	优秀共产党员	张掖地区地直机关工委	1985 年
刘汝椅	优秀教师	中共张掖地委、行署	1985 年
贾荣欣	优秀教师	中共张掖地委、行署	1985 年
张振儒	优秀教师	中共张掖地委、行署	1985 年
	优秀教师	中共张掖地委、行署	1991 年

续表：

姓名	荣誉名称	授予机关	获得时间
任建安	优秀教师	中共张掖地委、行署	1985 年
王　睿	"三八"红旗手	甘肃省妇联张掖地区办事处	1985 年 3 月
李　诚	优秀教师	中共张掖地委、行署	1986 年
陈国华	优秀教师	中共张掖地委、行署	1986 年
胡雄飞	优秀教师	中共张掖地委、行署	1986 年
韩惠文	优秀教师	中共张掖地委、行署	1986 年
	优秀共产党员	张掖地区地直机关工委	1990 年
田卫东	甘肃省"园丁奖"*	中共甘肃省委、省人民政府	1986 年 9 月
张学忠	优秀教师	中共张掖地委、行署	1986 年
王启文	优秀教师	中共张掖地委、行署	1986 年
孙立民	优秀教师	中共张掖地委、行署	1987 年 9 月
	地区教育新秀	张掖地区教委	1993 年 9 月
	优秀教师	中共张掖地委、行署	1994 年 9 月
	张掖地区跨世纪学术学科带头人	中共张掖地委、行署	1996 年 10 月
	获在全区科技进步工作中做出显著成绩的奖励	中共张掖地委、行署	1998 年 12 月
李长萍	地区优秀校医	张掖地区教委	1987 年 9 月
	甘肃省优秀校医	甘肃省教育厅	1999 年 10 月
蒋定群	甘肃省"园丁奖"	中共甘肃省委、省人民政府	1987 年
	优秀共产党员	张掖地区地直机关工委	1987 年 7 月
周书铭	先进个人	甘肃省科学技术协会	1989 年 1 月
	优秀共产党员	张掖地区地直机关工委	1995 年 1 月
	全国普教系统"老有所为"先进工作者	中国教育工会全国委员会、中国中小学幼儿教师奖励基金会	1999 年 4 月
杨立木	邵氏赠款项目工作先进个人	甘肃省教委	1994 年 10 月
李嘉茂	优秀共产党员	张掖地区地直机关工委	1990 年 7 月
马跃骧	甘肃省优秀德育工作者,获"园丁奖"	中共甘肃省委、省人民政府	1990 年 9 月
张国林	甘肃省优秀德育工作者,获"园丁奖"	中共甘肃省委、省人民政府	1991 年 9 月
陈国台	甘肃省优秀教师,获"园丁奖"	中共甘肃省委、省人民政府	1991 年
孙天鹏	优秀德育工作者	中共张掖地委、行署	1990 年 9 月
	张掖地区优秀外语教师	张掖地区行署教育处	2000 年 6 月
	全区中小学德育工作者先进个人	中共张掖地委宣传部、教育处	2000 年 12 月
于战军	全区新长征突击手	共青团张掖地委	1991 年 12 月
	优秀教师	张掖地区教育处	1991 年
	甘肃省"园丁奖"	中共甘肃省委、省人民政府	1996 年 9 月
	张掖地区"十佳青年教师"	共青团张掖地委、地教委	1996 年 12 月

续表：

姓名	荣誉名称	授予机关	获得时间
贺天朝	优秀德育工作者	中共张掖地委、行署	1991 年 9 月
	职工职业道德标兵	张掖地区工会	1999 年 5 月
	张掖地区中小学地级骨干教师	张掖地区行署、教育处	2001 年 2 月
高红斌	全区保密工作者先进个人 *	中共张掖地委、行署	1992 年
	全省帮扶工作先进工作者 *	中共张掖地委、行署	1995 年
	地直机关优秀党务工作者	中共张掖地委、行署	2001 年
李彦兰	甘肃省"园丁奖" *	中共甘肃省委、省人民政府	1992 年
殷雪梅	优秀教师	中共张掖地委、行署	1992 年
徐立新	优秀共产党员	张掖地区地直机关工委	1992 年
张泉清	优秀共产党员	张掖地区地直机关工委	1992 年
江东耀	教育新秀	张掖地区教委	1993 年
张大正	邵氏赠款项目工作先进个人	甘肃省教委	1994 年 10 月
	优秀教育工作者	中共张掖地委、行署	1998 年
闫维祯	优秀教育工作者 *	中共张掖地委、行署	1995 年 9 月
	全省电大系统优秀党务工作者 *	中共甘肃广播电视大学委员会	1997 年 7 月
牛新军	优秀德育工作者	中共张掖地委、行署	1995 年
王学龙	优秀共青团干部	共青团张掖地委	1995 年
	张掖地区中小学地级骨干教师	张掖地区行署、教育处	2001 年 2 月
祝 孔	职业道德标兵	张掖地区工会	1996 年 5 月
杨天军	优秀德育工作者 *	中共张掖地委、行署	1996 年 9 月
	优秀共产党员	张掖地区地直机关工委	1996 年
程旭东	优秀德育工作者	中共张掖地委、行署	1996 年
周建仁	职业道德标兵	张掖地区工会	1997 年 5 月
聂 红	优秀教师	中共张掖地委、行署	1997 年
刘爱萍	优秀德育工作者	中共张掖地委、行署	1997 年
	巾帼建功先进个人	中共张掖地委、行署	1999 年
	张掖地区优秀外语教师	中共张掖地委、行署	1999 年
	甘肃省"园丁奖"	中共甘肃省委、省人民政府	2000 年
张嘉贤	职业道德标兵	张掖地区工会	1998 年 5 月
杨学锋	优秀共青团干部	共青团张掖地委	2000 年
李少华	全国青少年学生书法美术作品大赛优秀辅导员奖	大赛组委会	2001 年
	优秀共产党员	张掖地区地直机关工委	2001 年
魏剑英	张掖地区中小学地级骨干教师	张掖地区行署、教育处	2001 年 2 月
任红琳	张掖地区中小学地级骨干教师	张掖地区行署、教育处	2001 年 2 月
王小建	张掖地区中小学地级骨干教师	张掖地区行署、教育处	2001 年 2 月

三、重组新建后张掖中学教职工荣誉录

(一)综合奖项

姓名	荣誉称号	授予单位	获奖时间
闫维桢	张掖地区学术技术带头人	张掖地区行署	2001 年
	张掖地区地管专业技术拔尖人才	中共张掖地委	2001 年 7 月
	甘肃省"园丁奖"	中共甘肃省委、省人民政府	2002 年 9 月
	全市优秀知识分子先进事迹宣传者	中共张掖市委组织部	2003 年 2 月
	张掖市"十佳校长"	张掖市教育局、市人事局	2003 年 9 月
	全市优秀市管专业技术拔尖人才	中共张掖市委、市人民政府	2004 年 12 月
	甘肃省特级教师	甘肃省人民政府	2005 年 11 月
	全市统一战线工作先进个人	中共张掖市委	2007 年 4 月
	全国教育科研杰出校长	国家教育部中国中小学幼儿教师奖励基金会	2008 年 6 月
	甘肃省教育科研先进个人	甘肃省教育科学研究所	2011 年 12 月
	第七届全国优秀校长	中国教育学会高中教育专业委员会等	2011 年 12 月
毛永胜	全市营造发展环境活动先进个人	中共张掖市委、市人民政府	2004 年 5 月
	张掖市学习知识竞赛优胜者奖	张掖市纪检委、监察局	2005 年 9 月
	优秀共产党员	中共张掖市委	2006 年 6 月
	学习实践活动组织工作先进个人	《中国教育报》编辑部、《中共中央党校理论前沿》杂志社、中国教育学会中学德育专业委员会	2009 年 8 月
	精神文明建设先进工作者	中共张掖市委、市人民政府	2009 年
	甘肃省 2006—2010 年法制宣传教育先进个人	中共甘肃省委、省人民政府	2011 年 6 月
	优秀教育工作者	中共张掖市委、市人民政府	2013 年 9 月
	全市精神文明建设先进工作者	中共张掖市委、市人民政府	2015 年 12 月
孙立民	全市民族团结进步先进个人	中共张掖市委、市人民政府	2003 年 12 月
	甘肃省贯彻落实中央 7 号文件和《学校体育工作条例》先进个人	甘肃省教育厅、甘肃省体育局	2010 年 8 月
杨立木	甘肃省学校健康教育先进工作者	甘肃省爱卫会、教育厅、卫生厅	2007 年 4 月
吕国强	2001—2005 年全市法制宣传教育先进个人	中共张掖市委、市人民政府	2006 年 9 月
	甘肃省特级教师	甘肃省人民政府	2010 年 12 月
马国瑞	优秀党务工作者	张掖市直机关工委	2003 年 6 月
张文有	全区优秀兼职法制副校长	张掖政法委行政公署教育处	2002 年 8 月
张瑜载	先进工会工作者	张掖市总工会	2004 年 2 月
	全国工会系统"四五"普法先进个人	中华全国总工会	2005 年 11 月
	甘肃省教科文卫系统优秀工会工作者	甘肃省教科文卫工会委员会	2008 年 12 月
	2011 年度干部在线学习工作优秀联络员	中共张掖市委组织部	2012 年 2 月
	学校体育先进工作者	张掖市教育局	2013 年 12 月

续表：

姓名	荣誉称号	授予单位	获奖时间
朱多祯	全市教育科研先进个人	张掖市教育局	2003 年
	省级骨干教师	甘肃省教育厅	2004 年 3 月
	全国优秀教研员	中央教科所	2005 年 10 月
魏剑英	全省中小学第二批骨干教师	甘肃省教育厅	2001 年 8 月
	第七届甘肃省"优秀青年"	共青团甘肃省委等	2005 年 8 月
李晓明	2004 年度教育教学成绩突出的先进个人	张掖市教育局	2004 年 12 月
任红琳	全市劳动模范(先进工作者)	中共张掖市委、市人民政府	2008 年 4 月
王学龙	市直部门单位科级干部培训优秀班干部	中共张掖市委党校	2009 年
	张掖市群众体育先进个人	张掖市人民政府	2016 年 7 月
杨天军	2004 年度教育教学成绩突出的先进个人	张掖市教育局	2004 年 12 月
	优秀党务工作者	中共张掖市委	2008 年 6 月
	甘肃省普通高中会考工作先进个人	甘肃省教育厅	2010 年 12 月
宋彩霞	甘肃省中小学学科带头人	甘肃省教育厅	2003 年 4 月
	十大杰出青年	中共张掖市委、市人民政府	2003 年 12 月
	十佳青年教师	中共张掖市委组织部、宣传部、团市委	2003 年 12 月
王嘉玺	全市档案工作先进个人	张掖市档案局	2009 年 3 月
	全省档案工作先进个人	甘肃省档案局、省人社厅	2017 年 2 月
孙学文	张掖地区中小学骨干教师	张掖地区教育处	2001 年
祁新军	全省中小学第二批骨干教师	甘肃省教育厅	2001 年 8 月
于战军	张掖地区中小学骨干教师	张掖地区教育处	2002 年 11 月
牛新军	全省中小学骨干教师	甘肃省教育厅	2001 年
	2011 年度优秀工会干部	张掖市总工会	2012 年 2 月
殷祥廷	全市高等教育自学考试优秀毕业生	张掖市教育局、高等教育自学考试委员会	2004 年 12 月
	优秀班主任	中共张掖市委、市人民政府	2013 年 9 月
杨学锋	2002 年度全区优秀团干部	中国共产主义青年团张掖地区委员会	2002 年 5 月
	2008 年度中央教科所《传统文化与语文教学》课题全国优秀实验教师	中央教科所教育与人力资源研究部《传统文化与语文教学》课题组	2008 年 10 月
	张掖市第十届青少年书信文化大赛优秀辅导教师	中共张掖市委宣传部等五部委	2009 年 2 月
	2009 年度张掖市优秀团干部	共青团张掖市委	2010 年 2 月
	2010 年度张掖市优秀团干部	共青团张掖市委	2011 年 1 月
	2011 年度全市优秀团干部	共青团张掖市委	2012 年 2 月
	甘肃省优秀共青团干部	共青团甘肃省委	2012 年 5 月
	2012 年度全市共青团工作先进个人	共青团张掖市委	2013 年 1 月
	张掖市"优秀团干部标兵"	共青团张掖市委	2013 年 4 月

续表：

姓名	荣誉称号	授予单位	获奖时间
姜洪	张掖市教育系统优秀教师	张掖地区行署、教育处	2002 年 8 月
	甘肃省中小学骨干教师	甘肃省教育厅	2003 年 12 月
	全市民族团结进步先进个人	中共张掖市委、市人民政府	2009 年 6 月
王晓燕	张掖市教育系统优秀教师	张掖地区行署、教育处	2002 年 8 月
李培伟	张掖中学工会干部	张掖地区工会	2002 年 3 月
杨春艳	张掖地区中小学骨干教师	张掖地区教育处	2002 年 11 月
	"巾帼建功"先进个人、"三八红旗号"	张掖市妇联	2003 年 3 月
肖培林	甘肃省特级教师	甘肃省人民政府	2003 年 5 月
张元	甘肃省青年教学能手（第二届）	甘肃省教育厅	2003 年 10 月
	张掖市优秀教师	张掖市教育局、人事局	2004 年 8 月
朱钰	第六批市级骨干教师	张掖市教育局	2009 年 5 月
	全市十佳"巾帼建功"标兵	中共张掖市委	2010 年 3 月
	甘肃省青年教学能手（第二届）	甘肃省教育厅	2003 年 10 月
贺天朝	甘肃省中小学骨干教师	甘肃省教育厅	2003 年 12 月
任作扃	"老有所为"先进个人	张掖市老龄委	2003 年 9 月
吴国光	张掖市"十佳青年教师"	张掖市教育局、市人事局	2003 年 9 月
刘爱萍	甘肃省中小学"青年教学能手"	甘肃省教育厅	2001 年 10 月
刘琪	甘肃省中小学"青年教学能手"	甘肃省教育厅	2001 年 10 月
李德胜	张掖市骨干教师	张掖市教育局	2003 年 9 月
	社会治安综合治理先进个人	甘州区南街工作委员会甘州区政府南街办事处	2008 年 3 月
	张掖市 2009—2011 年专业技术拔尖人才	中共张掖市委	2009 年 1 月
祝孔	优秀共产党员	中共张掖市委	2003 年 6 月
	2014 年度全市教育系统宣传工作先进个人	张掖市教育局	2015 年 3 月
	2015 年度全市教育系统宣传工作先进个人	张掖市教育局	2016 年 3 月
王学龙	优秀团干部	共青团张掖市委	2003 年 2 月
	2005 年度全市优秀团干部	共青团张掖市委	2006 年 2 月
	全省优秀团干部	共青团甘肃省委	2006 年 4 月
申岩	城市妇女工作先进个人	张掖市妇联	2003 年 12 月
	全市优秀妇女工作者	张掖市妇联	2004 年 1 月
	张掖市城镇优秀妇女工作者	张掖市妇联	2006 年 1 月
杨春艳	十佳"巾帼英雄"先进个人	张掖市妇联	2003 年 3 月
郑翠亭	"语通杯"全国中小学创新学习	全国中学语文教育学会	2003 年 12 月
孙学文	甘肃省优秀教师、甘肃省"园丁奖"	中共甘肃省委、省人民政府	2004 年 9 月
孙学明	张掖市 2005 年体育高考模拟比赛优秀教练员	张掖市体育运动局、张掖市教育局	2005 年 3 月
	张掖市第一届高级中学排球比赛优秀教练员	张掖市教育局、张掖市体育运动局	2005 年 9 月
妙宁	教育系统对口支援工作先进个人	张掖市教育局	2008 年 7 月

续表：

姓名	荣誉称号	授予单位	获奖时间
王莹虹	优秀共产党员	中共张掖市委	2011 年 6 月
张 勇	甘肃省青年教学能手	甘肃省教育厅	2010 年 1 月
孙玉奇	甘肃省技术标兵	甘肃省总工会、人事厅等	2005 年 2 月
	全省技术能手	甘肃省劳动和社会保障厅	2006 年 3 月
孙子彪	第六批市级骨干教师	张掖市教育局	2009 年 5 月
闫立宏	第五批市级骨干教师	张掖市教育局	2008 年 1 月
	甘肃省优秀教师、甘肃省"园丁奖"	中共甘肃省委、省人民政府	2008 年 9 月
	张掖名师	张掖市教育局	2014 年 9 月
何正文	张掖地区中小学骨干教师	张掖地区教育处	2002 年 11 月
	2006—2011 年市管拔尖人才	中共张掖市委、市人民政府	2006 年 1 月
左正琼	全市"十佳好母亲"	张掖市妇女联合会	2004 年 2 月
马金萍	女职工先进个人	张掖市总工会	2004 年 3 月
杨兴明	全市中小学优秀班主任	中共张掖市委宣传部、张掖市教育局	2005 年 6 月
	全市优秀教师	张掖市教育局	2014 年 9 月
周鸿德	全市第五届中小学师生文艺会演优秀辅导（创作）奖	张掖市教育局	2004 年 12 月
	2004 年第十届"全国推新人大赛甘肃赛区"声乐比赛中，荣获民族唱法业余组"十佳"奖	甘肃省文联	2004 年 11 月
杨成时	张掖市学术技术带头人	张掖市人民政府	2004 年 7 月
	优秀教师	中共张掖市委、市人民政府	2013 年 9 月
赵立平	张掖市学术技术带头人	张掖市人民政府	2004 年 7 月
王建强	张掖市优秀教育工作者	张掖市教育局、人事局	2004 年 8 月
	第五批市级骨干教师	张掖市教育局	2008 年 1 月
	张掖市迎评语言文字工作先进个人	张掖市教育局	2010 年 1 月
袁建喜	张掖市优秀教师	张掖市教育局、人事局	2004 年 8 月
陈拱和郭子芸	"福彩杯"全市"金婚佳侣"	张掖市老龄委、民政局	2004 年 10 月
常国福	2004 年度教育教学成绩突出的先进个人	张掖市教育局	2004 年 12 月
	第五批市级骨干教师	张掖市教育局	2008 年 1 月
杨吉荣	2004 年度教育教学成绩突出的先进个人	张掖市教育局	2004 年 12 月
屈 敏	2004 年度教育教学成绩突出的先进个人	张掖市教育局	2004 年 12 月
冯进炜	体育运动会道德风尚奖	张掖市第一届运动会组委会	2004 年 9 月
	张掖市优秀社会体育指导员	张掖市体育运动局	2004 年 12 月
任兴平	张掖市优秀社会体育指导员	张掖市体育运动局	2004 年 12 月
刘希龙	张掖市职工职业道德建设十佳标兵	中共张掖市委宣传部、总工会	2005 年 3 月

续表：

姓名	荣誉称号	授予单位	获奖时间
吴玉梅	张掖地区中小学骨干教师	张掖地区教育处	2002 年 11 月
	全市第五届十佳"巾帼建功"先进个人	张掖市妇女联合会	2005 年 3 月
	甘肃省中小学省级骨干教师	甘肃省教育厅	2009 年 7 月
朱　钰	保持共产党员先进性暨女职工建功立业演讲比赛二等奖	张掖市总工会	2005 年 3 月
冯进伟	全省优秀社会体育指导员	甘肃省体育局	2005 年 2 月
任兴平	全省优秀社会体育指导员	甘肃省体育局	2005 年 2 月
孙学明	张掖市 2005 年体育高考模拟比赛优秀教练员	张掖市体育运动局、张掖市教育局	2005 年 3 月
严琦国	张掖市第二届老干部书画作品二等奖	张掖市老干局、市文联	2005 年 6 月
侯铁民	张掖市"十佳青年教师"	张掖市教育局、市人事局	2005 年 9 月
	张掖市优秀教师	中共张掖市委、市人民政府	2012 年 9 月
桑进林	确定为甘肃省中小学省级骨干教师	甘肃省教育厅	2009 年 7 月
彭　秋	全市优秀班主任	张掖市教育局	2014 年 9 月
李培伟	全省优秀社会体育指导员	甘肃省体育局	2007 年 3 月
刘国红	全省优秀社会体育指导员	甘肃省体育局	2007 年 3 月
王　岳	第八届全市中小学生书信文化大赛"优秀辅导教师"	中共张掖市委宣传部等五部委	2005 年 6 月
刘俊华	2006 年张掖市优秀社会体育指导员	张掖市体育局	2006 年 11 月
	张掖市普通高校招生考试工作先进个人	张掖市招生委员会	2008 年 5 月
董志新	张掖市优秀教师	中共张掖市委、市人民政府	2012 年 9 月
	全省优秀教师	中共甘肃省委、省人民政府	2014 年 9 月
岳永生	第六批市级骨干教师	张掖市教育局	2009 年 5 月
张俊国	第六批市级骨干教师	张掖市教育局	2009 年 5 月
苏天武	张掖市学术技术带头人	张掖市人民政府	2004 年 7 月
	第六批市级骨干教师	张掖市教育局	2009 年 5 月
钱守忠	第五批市级骨干教师	张掖市教育局	2008 年 1 月
	授予"全国模范教师"称号	国家人力资源和社会保障部、教育部	2009 年 10
张新文	第五批市级骨干教师	张掖市教育局	2008 年 1 月
陈彩云	第五批市级骨干教师	张掖市教育局	2008 年 1 月
	全市群众体育工作业余训练先进个人	张掖市人民政府	2012 年 7 月
张艳琴	全市群众体育工作业余训练先进个人	张掖市人民政府	2012 年 7 月
	第六批市级骨干教师	张掖市教育局	2009 年 5 月
黄兰英	张掖市城市语言文字迎评工作先进个人	张掖市语言文字工作委员会	2010 年 1 月
张函敏	2009 年度优秀工会工作者	张掖市总工会	2010 年 3 月
孙殿旭	张掖市先进工作者	中共张掖市委、市人民政府	2012 年 5 月
李培伟	张掖市第三届运动会优秀教练员	张掖市大会组委会	2012 年 6 月

续表：

姓名	荣誉称号	授予单位	获奖时间
桑进林	2013 年度高考教学先进个人	张掖市教育局	2013 年 7 月
柳　春	2013 年度高考教学先进个人	张掖市教育局	2013 年 7 月
刘希龙	2013 年度高考教学先进个人	张掖市教育局	2013 年 7 月
王常青	优秀教育工作者	中共张掖市委、市人民政府	2013 年 9 月
丁志贤	甘肃省职工技能大赛"优秀选手"称号	甘肃省总工会、人力资源和社会保障厅、科学技术厅等	2013 年 12 月
赵　予	全市优秀教师	张掖市教育局	2014 年 9 月
赵立平	全市"巾帼建功"标兵	张掖市妇女联合会、总工会	2014 年 3 月
张俊国	2013—2014 年度高考教研先进个人	张掖市教育局	2014 年 11 月
申丽君	张掖市"五一劳动奖章"	张掖市总工会	2015 年 4 月
闫学良	张掖市优秀教师	中共张掖市委、市人民政府	2016 年 9 月
孟芳云	张掖市优秀教师	中共张掖市委、市人民政府	2016 年 9 月
闫立宏	张掖市优秀班主任	中共张掖市委、市人民政府	2016 年 9 月
桑进林	张掖市优秀教师	中共张掖市委、市人民政府	2017 年 9 月
杨兴成	张掖市优秀班主任	中共张掖市委、市人民政府	2017 年 9 月

（二）优质课奖项

序号	姓名	科目	获奖名称	颁奖单位	等级	时间
1	李晓明	政治	全省高中政治新课程探究示范课竞赛	甘肃省教育科学研究所	一等奖	2003 年 1 月
2	杨开发	数学	全省高中数学新课程探究示范课竞赛	甘肃省教育科学研究所	三等奖	2003 年 1 月
3	郑翠亭	语文	市高中教改实验课语文	张掖市教育局	三等奖	2004 年 1 月
4	苏天武	语文	市高中教改实验课语文	张掖市教育局	三等奖	2004 年 1 月
5	刘　华	语文	市高中教改实验课语文	张掖市教育局	三等奖	2004 年 1 月
6	钱守忠	数学	市高中教改实验课数学	张掖市教育局	二等奖	2004 年 1 月
7	彭　秋	数学	市高中教改实验课数学	张掖市教育局	三等奖	2004 年 1 月
8	吴玉梅	英语	市高中教改实验课英语	张掖市教育局	一等奖	2004 年 1 月
9	高万胜	英语	市高中教改实验课英语	张掖市教育局	三等奖	2004 年 1 月
10	巨红梅	英语	市高中教改实验课英语	张掖市教育局	三等奖	2004 年 1 月
11	岳永生	政治	市高中教改实验课政治	张掖市教育局	三等奖	2004 年 1 月
12	闫立宏	历史	市高中教改实验课历史	张掖市教育局	三等奖	2004 年 1 月
13	陈　晶	地理	市高中教改实验课地理	张掖市教育局	三等奖	2004 年 1 月
14	钟锋国	物理	市高中教改实验课物理	张掖市教育局	一等奖	2004 年 1 月
15	刘振国	化学	市高中教改实验课化学	张掖市教育局	三等奖	2004 年 1 月
16	杨发锡	生物	市高中教改实验课生物	张掖市教育局	三等奖	2004 年 1 月
17	孙子彪	物理	《探索平抛运动的规律》全国中学物理教学改革创新大赛（课堂比赛）	中国教育学会物理教学专业委员会	国家级二等奖	2005 年 10 月

续表：

序号	姓名	科目	获奖名称	颁奖单位	等级	时间
18	钱守忠	数学	2005年甘肃省数学课堂教学竞赛活动	甘肃省教育科学研究所	省级三等奖	2005年10月
19	刘国宏	体育	2005年甘肃省体育课堂教学竞赛活动	甘肃省教育科学研究所	省级二等奖	2005年10月
20	马维平	体育	2005"黄河啤酒杯"全省三人篮球争霸赛张掖赛区高中组	甘肃省体育局竞赛管理中心、甘州区教体局	省级冠军	2005年10月
21	刘国宏	体育	甘肃省传统校篮球赛	甘肃省教育厅、甘肃省教体局	省级二等奖	2005年11月
22	陈彩云	体育	甘肃省传统校篮球赛	甘肃省教育厅、甘肃省教体局	省级二等奖	2005年11月
23	张雪梅	音乐	全省第四届中小学音乐录像优质课评选	甘肃省教育局	省级三等奖	2005年12月
24	陈雁南	美术	全省第四届中小学美术录像优质课评选	甘肃省教育局	省级三等奖	2005年12月
25	张勇	语文	《梦游天姥永别》录像课被收入《甘肃省基础教育资源库》	甘肃省电化教育中心	省级	2005年12月
26	江启李	数学	《线性规划的实际应用》录像课被收入《甘肃省基础教育资源库》	甘肃省电化教育中心	省级	2005年12月
27	赵立平	语文	《我与地坛》录像课被收入《甘肃省基础教育资源库》	甘肃省电化教育中心	省级	2005年12月
28	杨开发	数学	《椭圆及其标准方程》录像课被收入《甘肃省基础教育资源库》	甘肃省电化教育中心	省级	2005年12月
29	宋彩霞	英语	《The Britain Is Les》录像课被收入《甘肃省基础教育资源库》	甘肃省电化教育中心	省级	2005年12月
30	刘青	英语	《难忘的经历》录像课被收入《张掖市基础教育资源库》	张掖市教育局	市级	2005年12月
31	杨建华	数学	《函数的单调性》录像课被收入《张掖市基础教育资源库》	张掖市教育局	市级	2005年12月
32	彭秋	数学	《反函数性质》录像课被收入《张掖市基础教育资源库》	张掖市教育局	市级	2005年12月
33	高万胜	英语	《英语诗歌鉴赏》录像课被收入《张掖市基础教育资源库》	张掖市教育局	市级	2005年12月
34	孙子彪	物理	全省中学物理教学改革创新大赛（课堂比赛）	甘肃省教育科学研究所	省级一等奖	2005年5月
35	李文辉	物理	全省中学物理教学改革创新大赛（课堂比赛）	甘肃省教育科学研究所	省级一等奖	2005年5月
36	周鸿德	音乐	甘肃省"长庆杯"青年职工歌手大赛民族唱法	甘肃省音乐家协会	省级铜奖	2005年8月
37	孙学明	体育	张掖市第一届高中"新华杯"排球比赛	张掖市教育局张掖市教体局	市级	2005年9月
38	李培伟	体育	张掖市第一届高级中学"新华杯"排球赛优秀教练员	张掖市教育局甘肃省教体局	市级	2005年9月

续表：

序号	姓名	科目	获奖名称	颁奖单位	等级	时间
39	柳　春	物理	新课程高中物理课堂教学（说课）竞赛	甘肃省教科所	省级一等奖	2006 年 12 月
40	朱　钰	政治	新课程高中政治课堂教学（说课）竞赛	甘肃省教科所	省级一等奖	2006 年 12 月
41	闫立宏	历史	2007 年甘肃省高中课堂教学竞赛活动	甘肃省教科所	省级一等奖	2007 年 10 月
42	吴玉梅	英语	2007 年甘肃省高中课堂教学竞赛活动	甘肃省教科所	省级二等奖	2007 年 10 月
43	董志新	语文	全市高中优质课语文	张掖市教育局	一等奖	2007 月 11 月
44	周晓蓉	语文	全市高中优质课语文	张掖市教育局	一等奖	2007 年 11 月
45	贾宏伟	数学	全市高中优质课数学	张掖市教育局	一等奖	2007 年 11 月
46	郑雪霞	英语	全市高中优质课英语	张掖市教育局	一等奖	2007 年 11 月
47	李新海	物理	全市高中优质课物理	张掖市教育局	一等奖	2007 年 11 月
48	韩　倩	化学	全市高中优质课化学	张掖市教育局	一等奖	2007 年 11 月
49	刘　瑛	政治	全市高中优质课政治	张掖市教育局	一等奖	2007 年 11 月
50	刘宗新	历史	全市高中优质课历史	张掖市教育局	一等奖	2007 年 11 月
51	闫学良	语文	全市高中优质课语文	张掖市教育局	二等奖	2007 年 11 月
52	兰玲燕	英语	全市高中优质课英语	张掖市教育局	二等奖	2007 年 11 月
53	申丽君	英语	全市高中优质课英语	张掖市教育局	二等奖	2007 年 11 月
54	刘　禧	化学	全市高中优质课化学	张掖市教育局	二等奖	2007 年 11 月
55	马晓云	生物	全市高中优质课生物	张掖市教育局	二等奖	2007 年 11 月
56	宋庆雄	生物	全市高中优质课生物	张掖市教育局	二等奖	2007 年 11 月
57	张俊国	地理	全市高中优质课地理	张掖市教育局	二等奖	2007 年 11 月
58	殷廷琪	地理	全市高中优质课地理	张掖市教育局	二等奖	2007 年 11 月
59	王海花	数学	全市高中优质课数学	张掖市教育局	三等奖	2007 年 11 月
60	唐浩新	数学	全市高中优质课数学	张掖市教育局	三等奖	2007 年 11 月
61	王　鹏	物理	全市高中优质课物理	张掖市教育局	三等奖	2007 年 11 月
62	常兴滨	物理	全市高中优质课物理	张掖市教育局	三等奖	2007 年 11 月
63	丁志贤	历史	全市高中优质课历史	张掖市教育局	三等奖	2007 年 11 月
64	桑进林	语文	甘肃省第二届"创新杯"新课程优质课大赛	甘肃省教科所	省级二等奖	2007 年 4 月
65	刘　华	语文	甘肃省第二届"创新杯"新课程优质课大赛	甘肃省教科所	省级二等奖	2007 年 4 月
66	张雪梅	音乐	艺术欣赏《音乐作品的民族风格》获 2007 全国优质录像课二等奖	中央教育科学研究所教育与人力资源研究部	国家级二等奖	2007 年 8 月
67	刘俊华	体育	2008 年全省优质课	甘肃省教科所	一等奖	2008 年 10 月
68	张雪梅	音乐	张掖市高中音体美优质课评选	张掖市教育局	一等奖	2008 年 4 月
69	陈雁南	美术	张掖市高中音体美优质课评选	张掖市教育局	一等奖	2008 年 4 月
70	刘俊华	体育	张掖市高中音体美优质课评选	张掖市教育局	一等奖	2008 年 4 月
71	孙学明	体育	张掖市高中音体美优质课评选	张掖市教育局	二等奖	2008 年 4 月
72	沈文栋	美术	张掖市高中音体美优质课评选	张掖市教育局	三等奖	2008 年 4 月

续表：

序号	姓名	科目	获奖名称	颁奖单位	等级	时间
73	周晓蓉	语文	2009年甘肃省高中课堂教学竞赛活动	甘肃省教科所	省级一等奖	2009年11月
74	贾宏伟	数学	2009年甘肃省高中数学课堂教学竞赛活动	甘肃省教科所	省级二等奖	2009年11月
75	杨滨虎	信息	录像课《出事电子邮件》在2009年甘肃省首届信息技术优质课（高中阶段）展评活动	甘肃省教科所	省级一等奖	2009年11月
76	詹丛桔	信息	执教的Excel公式获"长虹电视杯"2009年全国普通高中信息技术优质课	中国教育技术协会信息技术教育专业委员会	三等奖	2009年11月
77	张艳琴	体育	第四届甘肃省中小学体育教学观摩展示活动	甘肃省教科所	省级一等奖	2010年1月
78	杨学锋	语文	全市高中新课改课优质课语文	张掖市教育局	一等奖	2010年11月
79	郑军国	历史	全市高中新课改课优质课历史	张掖市教育局	一等奖	2010年11月
80	樊有占	政治	全市高中新课改课优质课政治	张掖市教育局	一等奖	2010年11月
81	杨建华	数学	全市高中新课改课优质课数学	张掖市教育局	二等奖	2010年11月
82	王　敏	英语	全市高中新课改课优质课英语	张掖市教育局	二等奖	2010年11月
83	王　璇	物理	全市高中新课改课优质课物理	张掖市教育局	二等奖	2010年11月
84	李欣华	化学	全市高中新课改课优质课化学	张掖市教育局	二等奖	2010年11月
85	仲新民	生物	全市高中新课改课优质课生物	张掖市教育局	二等奖	2010年11月
86	马有燕	政治	全市高中新课改课优质课政治	张掖市教育局	二等奖	2010年11月
87	王晓英	历史	全市高中新课改课优质课历史	张掖市教育局	二等奖	2010年11月
88	王崇德	地理	全市高中新课改课优质课地理	张掖市教育局	二等奖	2010年11月
89	马婉云	语文	全市高中新课改课优质课语文	张掖市教育局	三等奖	2010年11月
90	王金秀	英语	全市高中新课改课优质课英语	张掖市教育局	三等奖	2010年11月
91	曹志红	英语	全市高中新课改课优质课英语	张掖市教育局	三等奖	2010年11月
92	殷学旭	物理	全市高中新课改课优质课物理	张掖市教育局	三等奖	2010年11月
93	薛万军	化学	全市高中新课改课优质课化学	张掖市教育局	三等奖	2010年11月
94	汪兴盛	生物	全市高中新课改课优质课生物	张掖市教育局	三等奖	2010年11月
95	李洪峰	地理	全市高中新课改课优质课地理	张掖市教育局	三等奖	2010年11月
96	詹丛桔	信息	全市高中新课改课优质课信息技术	张掖市教育局	三等奖	2010年11月
97	刘　瑛	政治	在2010年全国政治思想品德、思想政治优质课	中国教育学会中小学德育分会中学政治学术委员会	省级一等奖	2010年11月
98	刘　瑛	政治	甘肃省高中政治课堂竞赛教学活动	甘肃省教科所	省级一等奖	2010年12月
99	马有燕	政治	2010年全国中小学教师说课活动甘肃赛区	甘肃省电化教育中心	一等奖	2010年8月
100	马婉云	语文	2010年全国中小学教师说课活动甘肃赛区	甘肃省电化教育中心	一等奖	2010年8月

续表:

序号	姓名	科目	获奖名称	颁奖单位	等级	时间
101	王　敏	英语	2010年全国中小学教师说课活动甘肃赛区	甘肃省电化教育中心	二等奖	2010年8月
102	雷　琴	英语	2010年全国中小学教师说课活动甘肃赛区	甘肃省电化教育中心	二等奖	2010年8月
103	丁志贤	历史	2010年全国中小学教师说课活动甘肃赛区	甘肃省电化教育中心	二等奖	2010年8月
104	樊立功	体育	2010年全国中小学教师说课活动甘肃赛区	甘肃省电化教育中心	三等奖	2010年8月
105	王崇德	历史	甘肃省高中历史说课比赛	甘肃省教科所	三等奖	2010年10月
106	郑雪霞	英语	甘肃省高中英语说课比赛	甘肃省教科所	二等奖	2010年10月
107	任兴平	体育	2011年全市高中体育与健康优质课评选	张掖市教育局	一等奖	2011年6月
108	樊立功	体育	2011年全市高中体育与健康优质课评选	张掖市教育局	二等奖	2011年6月
109	仲新民	生物	甘肃省高中生物课堂教学竞赛活动	甘肃省教科所、甘肃省生物教学专业委员会	省级二等奖	2011年9月
110	郑军国	历史	甘肃省高中历史课堂教学竞赛活动	甘肃省教科所、甘肃省生物教学专业委员会	省级二等奖	2011年9月
111	李欣华	化学	2012年甘肃省高中化学说课比赛	甘肃省教科所	省级一等奖	2012年11月
112	王　璇	物理	2012年甘肃省高中物理说课比赛	甘肃省教科所	省级一等奖	2012年11月
113	张雪梅	音乐	全市中小学音乐课改优质课	张掖市教育局	市级一等奖	2012年11月
114	郝　云	语文	甘肃省第四届"创新杯"高中语文课堂作品展评一等奖	甘肃省教科所、甘肃省教育学会中学语文教学专业委员会	省级一等奖	2012年12月
115	刘俊华	体育	2012年全市中小学体育与健康录像优质课	张掖市教育局	市级一等奖	2012年7月
116	张云海	体育	2012年全市中小学体育与健康录像优质课	张掖市教育局	市级二等奖	2012年7月
117	丁志贤	历史	第一届中小学课堂技能大赛	甘肃省总工会、甘肃省教科所	省级三等奖	2013年9月
118	杨滨虎	信息技术	信息及其特征	中国教育技术协会信息技术教育专业委员会	省级二等奖	2013年9月
119	杨滨虎	信息技术	计算机与二进制	甘肃省教育科学研究所	省级一等奖	2013年9月
120	方　丽	信息技术	全市普通高中新课程实验优质课	张掖市教育局	一等奖	2013年11月
121	李红元	地理	全市普通高中新课程实验优质课	张掖市教育局	二等奖	2013年11月
122	贾国栋	地理	全市普通高中新课程实验优质课	张掖市教育局	二等奖	2013年11月
123	李志鹏	历史	全市普通高中新课程实验优质课	张掖市教育局	三等奖	2013年11月
124	吕　军	历史	全市普通高中新课程实验优质课	张掖市教育局	一等奖	2013年11月
125	杨生龙	政治	全市普通高中新课程实验优质课	张掖市教育局	优秀奖	2013年11月

续表：

序号	姓名	科目	获奖名称	颁奖单位	等级	时间
126	石银桂	政治	全市普通高中新课程实验优质课	张掖市教育局	三等奖	2013 年 11 月
127	张 楠	生物	全市普通高中新课程实验优质课	张掖市教育局	二等奖	2013 年 11 月
128	李红霞	生物	全市普通高中新课程实验优质课	张掖市教育局	二等奖	2013 年 11 月
129	陈 泪	化学	全市普通高中新课程实验优质课	张掖市教育局	优秀奖	2013 年 11 月
130	丁双胜	化学	全市普通高中新课程实验优质课	张掖市教育局	二等奖	2013 年 11 月
131	宋晓云	物理	全市普通高中新课程实验优质课	张掖市教育局	三等奖	2013 年 11 月
132	王学红	物理	全市普通高中新课程实验优质课	张掖市教育局	二等奖	2013 年 11 月
133	韩艳琴	英语	全市普通高中新课程实验优质课	张掖市教育局	优秀奖	2013 年 11 月
134	张丽霞	英语	全市普通高中新课程实验优质课	张掖市教育局	二等奖	2013 年 11 月
135	胡菁淑	英语	全市普通高中新课程实验优质课	张掖市教育局	一等奖	2013 年 11 月
136	朱云霞	数学	全市普通高中新课程实验优质课	张掖市教育局	三等奖	2013 年 11 月
137	张克杰	数学	全市普通高中新课程实验优质课	张掖市教育局	三等奖	2013 年 11 月
138	夏吉鑫	数学	全市普通高中新课程实验优质课	张掖市教育局	一等奖	2013 年 11 月
139	保继霭	语文	全市普通高中新课程实验优质课	张掖市教育局	三等奖	2013 年 11 月
140	吕玉东	语文	全市普通高中新课程实验优质课	张掖市教育局	三等奖	2013 年 11 月
141	朱 杰	语文	全市普通高中新课程实验优质课	张掖市教育局	二等奖	2013 年 11 月
142	陈 燕	语文	全市普通高中新课程实验优质课	张掖市教育局	二等奖	2013 年 11 月
143	张艳琴	体育	甘肃省中学生运动会体育教学录像课《有氧健身操》	甘肃省教育厅	省级一等奖	2013 年 8 月
144	朱 杰	德育	中小学德育与心理健康教育录像课	甘肃省教科所	一等奖	2013 年 9 月
145	杨雪梅	语文	《项脊轩志》2014 年新媒体技术教学应用研讨会及第七届全国中小学互动课堂教学实践观摩活动	中央电化教育馆、全国中小学计算机教育研究中心	省级三等奖	2014 年 5 月
146	闵希海	数学	《正弦型函数的图像》2015 年新媒体技术教学应用研讨会及第七届全国中小学互动课堂教学实践观摩活动	中央电化教育馆、全国中小学计算机教育研究中心	省级二等奖	2014 年 5 月
147	杨发锡	生物	《基因的自由组合规律》荣获"第三届新课程教学创新"全省中小学教师交互式电子白板应用大赛	甘肃省教育厅	省级二等奖	2014 年 6 月
148	曹淑桂	语文	甘肃省第五届"创新杯"高中语文课堂作品展评一等奖	甘肃省教科所、甘肃省教育学会中学语文教学专业委员会	省级一等奖	2014 年 10 月
149	张 静	音乐	甘肃省第三届声乐比赛美声唱法青年组三等奖	甘肃省文化厅	省级三等奖	2014 年 12 月
150	张小龙	音乐	甘肃省第三届声乐比赛美声唱法青年组优秀奖	甘肃省文化厅	省级优秀奖	2014 年 12 月
151	于凤萍	政治	《哲学类选择题中的中国味道》获得第二届"青苹果杯"全省中小学信息技术与课程整合优质课(微课)二等奖	甘肃省教育科学研究所	二等奖	2015 年 4 月

续表：

序号	姓名	科目	获奖名称	颁奖单位	等级	时间
152	王海花	数学	《椭圆定义及其标准方程》获得第二届"青苹果杯"全省中小学信息技术与课程整合优质课(微课)二等奖	甘肃省教育科学研究所	二等奖	2015年4月
153	朱钰	政治	《假如我是人大代表》获得"电信杯班班通中小学教师微课比赛"高中组	甘肃省教育厅	一等奖	2015年2月
154	王金秀	英语	《同位语从句和定语从句的区别》获得第二届"青苹果杯"全省中小学信息技术与课程整合优质课(微课)优秀奖	甘肃省教育科学研究所	优秀奖	2015年4月
155	朱杰	语文	《鉴赏古诗中的事物形象》获得"电信杯班班通中小学教师微课比赛"高中组	甘肃省教育厅	三等奖	2015年2月
156	陈有贵	物理	《运动电荷在磁场中受到的力》获得"电信杯班班通中小学教师微课比赛"高中组	甘肃省教育厅	三等奖	2015年2月
157	杨发锡	生物	《有丝分裂中染色体的变化》获得"电信杯班班通中小学教师微课比赛"高中组	甘肃省教育厅	三等奖	2015年2月
158	赵立平	语文	《古诗词鉴赏之炼字》获得"电信杯班班通中小学教师微课比赛"高中组	甘肃省教育厅	三等奖	2015年2月
159	陈旭功	地理	《热力环流》获得"电信杯班班通中小学教师微课比赛"高中组	甘肃省教育厅	优秀奖	2015年2月
160	杨雪梅	语文	《鉴赏古代诗歌人物形象》荣获"电信杯班班通中小学教师微课比赛"高中组	甘肃省教育厅	优秀奖	2015年2月
161	张大勇	语文	《病句修改》荣获"电信杯班班通中小学教师微课比赛"高中组	甘肃省教育厅	优秀奖	2015年2月
162	夏吉鑫	数学	甘肃省第一届"创新杯"高中数学新课程单元教学设计优秀课例展示大赛	甘肃省教育科学研究所	一等奖	2015年4月
163	方丽	信息技术	2015年甘肃省第三届中小学教师课堂技能大赛及观摩研讨活动	甘肃省教科文卫工会委员会、甘肃省教科所	省级三等奖	2015年10月
164	王霞	地理	教育部"十二五"课题成果深化、推广全国会议(现场课竞赛活动)	全国教育科学"十一五"教育部规划课题课题组	国家级二等奖	2015年12月
165	李珊	英语	教育部"十二五"课题成果深化、推广全国会议(现场课竞赛活动)	全国教育科学"十一五"教育部规划课题课题组	国家级二等奖	2015年12月
166	杨雪梅	语文	《囚绿记——解读自由》2016年张掖市德育精品课	张掖市教育局	市级	2016年5月
167	唐怀元	语文	《离骚》2016年张掖市德育精品课	张掖市教育局	市级	2016年5月
168	王海花	数学	《你所不知道的双曲线——双曲线的简单几何性质》2016年张掖市德育精品课	甘肃省教育厅	省级	2016年5月
169	罗寿晶	数学	《"神舟十号"轨道——椭圆及其标准方程》2016年张掖市德育精品课	张掖市教育局	市级	2016年5月
170	闵希海	数学	《从运动的视角辩证统一地学习圆锥曲线》2016年德育精品课	张掖市教育局	市级	2016年5月

续表：

序号	姓名	科目	获奖名称	颁奖单位	等级	时间
171	李　珊	英语	《世界各地文化的异同》2016 年张掖市德育精品课	甘肃省教育厅	省级	2016 年 5 月
172	孙国平	英语	《社会主义核心价值观简介》2016 年张掖市德育精品课	张掖市教育局	市级	2016 年 5 月
173	朱　栗	英语	《伟人的品质》2016 年张掖市德育精品课	张掖市教育局	市级	2016 年 5 月
174	郑军国	历史	《国共的十年对峙》2016 年张掖市德育精品课	张掖市教育局	市级	2016 年 5 月
175	周正伟	物理	《磁现象和磁场》2016 年张掖市德育精品课	张掖市教育局	市级	2016 年 5 月
176	杨雪梅	语文	张掖市普通高中优质课一等奖	张掖市教育局	市级	2016 年 12 月

第三章　科研成果

第一节　原张掖中学科研成果

一、1996 年以来获奖科研成果

姓名	成果名称	授奖单位	时间
肖培林	"中学化学教学中要重视能力的培养"获省级三等奖、地级三等奖	甘肃省教委、张掖地区教育处	1996 年
吕国强、李晓明、马永新	"改革中学思想政治课课堂教学模式实验研究"获二等奖	甘肃省教委	1998 年
宋彩霞、吴玉梅	"高中英语阅读教学学习策略研究"获三等奖	甘肃省教委	2000 年

二、1998 年以来地级以上科研课题

姓名	课题名称	验收检查单位	时间
肖培林　郝长泽	中学化学教学中加强能力培养的实验研究	甘肃省教委	1998 年 4 月
刘爱萍　张瑜载　周建仁　张　元　唐浩新	高中数学研究性研究	甘肃省教育厅	2000 年 12 月

三、著作和论文

姓名	专著、论文名称	发表报刊、出版社名称	时间
张相贤	主编《中学文言文教学参考资料》		1979 年
	《初中文言文赏析辞典》编委	甘肃人民出版社	1993 年
	《高中文言文赏析辞典》编委	兰州大学出版社	1996 年 6 月
	编著《传统节日文化》	甘新出059字总061号〔1998〕065 号	1998 年 9 月
	编著《八仙考辨》	甘新出 059 字总 061 号〔2000〕28 号	2000 年 8 月
	《注意训练学生的口头表达能力》	《甘肃日报》	1981 年 2 月
	《一点看法》	《教育管理通讯》	1985 年
	《影响中学教育质量的几种因素》	《今日教育报》	1988 年
	《谈一节课内的作文》	《甘肃教育》	1987 年 1 月
	《桃花源记》《春日》(赏析文章)	《初中文言文赏析辞典》	1989 年
	散文《人民自有回天力》	《初中散文评析》	1992 年

续表：

姓名	专著、论文名称	发表报刊、出版社名称	时间
张相贤	散文《立意新颖，联想自然》	《初中散文评析》	1992 年
	《谈语文课堂听写训练》	《中学语文教改论文选》	1990 年
	《察今》赏析	《高中文言文赏析辞典》	1996 年 6 月
	《琐谈养老问题》	《甘肃老龄问题论文集》	1999 年 12 月
周光汉	《谈谈中学学生的认字问题》等文章 8 篇	《甘肃日报》《甘肃教育》	
	律诗、绝句、古风 116 首	《甘肃诗词》《张掖报》等	
	诗词共 81 首	《近五十年环球汉诗精选》等	
任作扃	专著《管蠡词集》	香港天马图书有限公司	2001 年 2 月
	论文《在阅读中学写法》	《甘肃教育》	1986 年 6 月
	论文《如何批改作文》	《少年文史报》	1983 年
	论文《"给儿女们留点什么"的特点》	《说几句感激的话》	2001 年 12 月
	《落红不是无情物》	《甘肃日报》	1982 年 10 月
	《不辞羸老战残阳——记全省劳模周光汉》	《甘肃教育》	1983 年
	《一片育才心，一腔报国情——记全国教育系统劳动模范，张掖中学副校长罗思哲》	《陇原园丁颂》	1991 年 9 月
	《孺子牛——记甘肃省"园丁奖"获得者、张掖中学校长张相贤》	《陇原园丁颂》	1993 年 3 月
	《园丁一曲高歌——记甘肃省"园丁奖"获得者、特级教师、张掖中学校长兼书记张金生》（合写）	《杏坛春秋》	1999 年 6 月
	《祁连山的儿子——记全省优秀教师钟天明》（合写）	《甘肃教育》	1984 年
	《良种——记小麦育种专家李朝柱副研究员》（合写）	《神农的使者》	1993 年 10 月
	《情系大地》（合写）	《骄傲的黄土地》	1993 年 2 月
	《丹心谱就园丁曲》	《杏坛春秋》	1999 年 6 月
苏　政	《初中文言文赏析辞典》编委	甘肃人民出版社	1993 年
	《高中文言文赏析辞典》编委	兰州大学出版社	1996 年
	《绍兴拾穗》《百草园》（组诗）、《三味书屋》《咸亨酒店》	《甘肃工人报》	1988 年 9 月
	《边疆名城喀什》（散文）	《少年文史报》	1989 年 1 月
	《谒眉山三苏祠》（散文）	《少年文史报》	1989 年 6 月
	《石油河》（诗）	《玉门石油工人报》	1990 年 1 月
	《小石潭记》《独望》《天净沙·秋思》赏析	《初中文言文赏析辞典》	1993 年
	《姚鼐与泰山》	《少年文史报》	1994 年 1 月
	《荷蓧丈人》《诫子书》赏析	《高中文言文赏析辞典》	1996 年
	《"变"与"不变"》	《全国语文教师精短论文系》	1996 年
汪锡昌	《用化归策略求异面直线距离》	《高考会考数学应试解题策略》	1994 年 10 月
	《参数方程及其解题应用》	《高考会考数学应试解题策略》	1994 年 10 月

续表：

姓名	专著、论文名称	发表报刊、出版社名称	时间
汪锡昌	《求轨迹方程的若干策略》	《高考会考数学应试解题策略》	1994 年 10 月
马国瑞	《谈思想政治课新教材〈公民〉及其教学》	《甘肃教育报》	1989 年
	《热爱祖国》	甘肃教科所《优秀教案选》	1989 年 3 月
	《热爱人民》	甘肃教科所《优秀教案选》	1989 年 3 月
	《我是怎样进行思想政治课教学的》	《教学研讨论文集》	1995 年
	《园丁一曲高歌》（合写）	《杏坛春秋》	2000 年 6 月
	《科学孕育独生子女研究》（任副主编）	兰州大学出版社	1996 年 5 月
	《教师职业技能修养》编委	兰州大学出版社	2001 年 2 月
汪安山	《浅谈中学政治课的设置》	《甘肃教育》	1991 年 12 月
	《充分运用辅助文，搞好课堂教学》	《中国教育教学论文集》	2000 年 8 月
吕国强	主编《法律常识》（甘肃省中师教材）	兰州大学出版社	1993 年 8 月
	《浅谈中学政治课的设置》	《甘肃教育》	1991 年 12 月
	《引导中学生撰写政治小论文》	《甘肃教育》	1991 年 12 月
	《加强中学思想政治课教学是中学德育的主要途径》	《张掖师专学报》	1992 年 2 月
	《以教学为中心全面提高教育教学质量》	《张掖师专学报》	1994 年 6 月
	《浅议听课与评课》	《张掖师专学报》	1995 年 2 月
	《中学思想政治课备课"十要"》	《张掖师专学报》	1995 年 2 月
	《思想政治课"学问疑练"教学模式》	《全国中学教育教学论文》	2000 年 10 月
	《浅议政治课课堂教学如何实施素质教育》	《西北师大学报》	2000 年 10 月
黄兰英	《在教学中如何进行史与论的结合》	《中国教育教学论文汇编》	2000 年
臧宗新	《运用心理学原理提高中学物理教学质量》	《现代中小学教育》	1997 年
马婉云	《蜡炬成灰泪始干》	《新一代》	1996 年 9 月
马维平	《浅谈中学课余田径队的耐力、力量训练》	《中国教育教学文论汇编》	2000 年 9 月
江启李	《探索性问题》	《甘肃省高中数学设计》	1999 年
	《怎样上好立体几何绪论课》	《中国当代教育文集》	2000 年
宋彩霞	主编《3＋X中学名家指路高三英语》	中国环境科学出版社	2000 年
任吉茂	《中学水彩画中的三个难点》（论文二等奖）	《华中师大论文集》	2001 年
管正敏	《浅谈中学音乐教育的基本任务》	《中国教育教学文论汇编》	2000 年 3 月
蔡瑞君	绘画作品《捉住了》	《甘肃教育》	1988 年 1 月
	《初级色彩教学中颜色铅笔的应用》	《甘肃教育》	1997 年 3 月
	《浅谈绘画创作》	《甘肃教育》	1997 年 3 月
	绘画作品《憧憬》	《中国艺术人才精品集》	1997 年 12 月
	绘画作品《伙伴》	《甘肃农民报》	1998 年 5 月
	绘画作品《秋深》	首届甘肃省女画家美术展	1998 年 11 月
苏天武	《激发学生学习积极性，培养语文学习中的成就感》	《中国教育教学文论汇编》	2000 年 7 月

续表：

姓名	专著、论文名称	发表报刊、出版社名称	时间
刘佑如	译作《祁连投资指南》	甘肃新闻出版社《祁连县概况介绍》	1994 年
党可平	《高中文言文赏析辞典》编委	兰州大学出版社	1994 年 9 月
	《登高》《过秦论》《石油》《答韦中立论师道书》《柳毅传》赏析文章	《中学名著赏析》	1996 年 8 月
张辅良	《高三语文复习的几点体会》	《中国教育教学文论汇编》	2000 年
肖培林	主编《化学同步异训精编》	吉林人民出版社	1996 年 9 月
	主编《新高考考点测试》	西南师大出版社	1996 年
	《高中化学基础手册》编委	吉林人民出版社	1996 年
	《记笔记方法的指导艺术》	《教育教学最优化研究文集》	1995 年
	《培养学生能力，减轻学生负担》	《全国中学教育论文集萃》	1996 年 8 月
	《注意能力培养，实施素质教育》	《中小学素质教育论文集》	1999 年 5 月
	《分层递进教学，面向全体学生》	中国城市出版社	1998 年
	《研究科学概念教学，培养思维能力》	《中小学素质教育论文集》	1999 年 4 月
	《浅谈自学能力的培养》	新华出版社	1999 年
	《参与教学，大面积提高教学质量》	《甘肃省化学教学研讨论文集》	1998 年
张 蓓	《色彩斑斓——英语颜色词的多义》	《中学生导报》	2000 年 6 月
毛永胜	《老树春深更著花》	甘肃教协《老年园丁》	1999 年 10 月
祝良先	《化学计算解析通导》编委		1996 年
	《高中化学计算指导》	武汉大学出版社	1996 年
	《十字法判断电产物及 pH 值一得》	《张掖师专学报》	1996 年 12 月
	《电解质溶液阴阳两极产物的判定方法——十字法》	《中国教育教学文论汇编》	2000 年 3 月
郝长泽	《溶解度计算的"万能"公式》	《张掖教研》	1995 年
	《锂的金属性和活动性浅议》	《西北师大学报》	1995 年
	《电子守恒法的活动》	《数理化学习》	1995 年
	《解金属与酸反应计算题的技巧》	《数理化学习》	1996 年 9 月
马廷方	《高中数学教学中差生转化工作的研究》	《中学数学研究》	1999 年 10 月
	《一道数学开放型题的试验与分析》	《中国教育教学文论汇编》	2000 年 4 月
	《数学思想方法在教学实践中的应用研究》	《中国教育教学文论汇编》	2000 年 4 月
	《从数学发展史看改革开放》	《中国教育教学文论汇编》	2000 年 4 月
	《性别差异对数学能力的整体影响的研究》	《中国教育教学文论汇编》	2000 年 4 月
	《漫谈数学数字教学中的方法》	《中国当代教育文集》	2000 年 7 月
	《从街头游戏的奥妙看当前的数学教育》	《中国当代教育文集》	2000 年 9 月
	《例谈抽象函数的教学实践》	《中华教育文选》	2000 年 12 月
	《运用质量互变原理进行函数图像教学的尝试》	《中华教育文选》	2000 年 12 月
	《由作 $y = A\sin(\omega x + \psi)$ 的图像得到的联想》	《中华教育文选》	2000 年 12 月

续表:

姓名	专著、论文名称	发表报刊、出版社名称	时间
马廷方	《关于带根号函数值域求法的探索》	《中华教育文选》	2000 年 12 月
	《中国当代教育文集》副主编	学苑出版社	2000 年 7 月
	《中华教育文选》副主编	中国审计出版社	2000 年 12 月
刘新民	《班主任工作的点点滴滴》	《教育教学论文选》	1993 年 5 月
	《如何区别"人"》	《中学外语》	1997 年 3 月
	《英语愉快教学浅谈》	《中国百科成果全书》	1998 年 1 月
	《兴趣及情感在教学中的作用》	《高等函授学报》	1999 年 3 月
	《减负增效亟须改进教学方法》(获一等奖)	《中国教育报》	2001 年 8 月
何正文	《高中语文课自然景观的审美教育》	《语文教学与研究》	1996 年
麻秋萍	《自道我是》	华南师大《语文月刊》	1996 年
	《高三语文总复习摭谈》(合写)	《中国教育教学文论汇编》	2000 年 5 月
王　龙	《二"记"之比较教学》	《全国语文教师精短论文大系》	1996 年 9 月
	《语文阅读的途径和方法》	《新疆大学学报》	1997 年
王　岳	《"变"与"不变"》(合写)	《全国语文教师精短论文大系》	1996 年 11 月
	《"群鼠"女性形象简论》	《张掖师专学报》	1997 年 4 月
张耀龙	《用不定式短语作主语的三种句型》	《中学英语园地》	1997 年 6 月
吴玉梅	《新教材单词导入教学的点滴体会》	《教育教学文论汇编》	2000 年 7 月
赵立平	《感知理解鉴赏——从鉴赏的角度提高学生的文言文阅读能力》	《西北师大学报》	2001 年 1 月
王卫东	《系统方法在学校社会实践活动中的应用》	成都科技出版社刊物	1997 年 2 月
张俊国	《浅谈张掖绿洲生态环境及其可持续发展》	《西北师大学报》	2000 年 10 月
	《充分利用地图图表系统搞好初中地理教学》	《区域研究与地理教育》	2000 年
王　萍	《加强实验教学，提高学生能力》	《全国中学教育论文集》	1997 年
王建强	《中学地理教学改革方法初探》	《全国中小学教育论文选集》	1999 年 9 月
杨发锡	《鸟类生态标本的制作》	《生物教学艺术探索》	1999 年 5 月
王晓艳	《〈现代汉语词典〉(修订本)新增方言词浅析兼谈近年来方言发展的基本情况》	《甘肃教育学院院刊》	1997 年 2 月
	《如何做好起始年级的班级管理工作》	《当代教育教学论文集》	2001 年
杨自齐	《自然与艺术的辩证关系——歌德文艺思想刍议》	《张掖师专学报》	1996 年 12 月
	《中学语文教学与德育》	《全国中小学教育论文集》	1998 年 2 月
	《3 + X 中学名家指路》编委	中国环境科学出版社	1999 年 7 月
	《引导中学生构筑语文知识网络的方法及效用研究成果报告》	《教育教学理论与实践研究论文集》	2000 年 1 月
	《良种》(报告文学、合写)	《神农的使者》专集	1993 年 10 月
	《情系大地》(报告文学、合写)	《骄傲的黄土地》专集	1993 年 2 月
	主编《中学语文研究性学习的探索与实践》	吉林出版社	2002 年

续表：

姓名	专著、论文名称	发表报刊、出版社名称	时间
张 元	主编《高考热点评析与对策》	青岛海洋大学出版社	1998年9月
李浮萍	《由高考题看外语动词》	《教育研究论坛》	1998年10月
	《主谓用法归纳》	《西北师大学报》	1999年6月
	《高中英语写作能力的培养与尝试》	《面向21世纪中国教育理论与实践研究》	2000年3月
刘晓真	《Populatian用法知多少》	《中学生英语》（高中版）	1999年8月
杨开发	《探索性问题》	《高中数学教育研究》	1999年6月
彭 秋	《探索性问题》	《高中数学教育研究》	1999年6月
严琦国	北京第一届国际绘画书法艺术大赛（老年组优秀奖）		1993年10月
	"东方巨龙杯"全国书画艺术交流大赛（老年组优秀奖）		2001年8月
吴国光	《提高课堂教学质量的三个基本途径》	《中国教育教学文论汇编》	2000年4月
王启辉	《直线参数方程的教学设计》	《数学教学研究》	2000年5月
	《y＝t＋a＋r的值域》	《数学教学研究》	2000年1月
周建仁 杨兴明	《参数方程与极坐标单元检测题（A）卷教学设计》（合写）	《数学教学研究》	2000年5月
杨兴明	《大面积提高学生数学学习质量初探》	《中国教育教学文论汇编》	2000年9月
	《数学思想方法在教学实践中的应用效果研究》	《中国教育改革与发展文献》	2000年7月
	《慎用"万能公式"》	陕西师大《高考数学文选》	2000年12月
周建仁	《中学数学教学中构建学生知识结构的重要性》	《数学教学研究》	1999年8月
	《数学训练量与数学成绩之间关系的实验研究》	《数学教学研究》	1999年8月
姜 洪	《高中物理图表的特点及题例》	《中国教育教学文论汇编》	2000年4月
李文辉	《增透膜疑点剖析》	《21世纪中国创新教育理论与实践研究》	2001年5月
王宗保	《菊》	《语文报》	2001年6月
	《忍术杂谈》	《张掖报》	2000年9月
	《金菊》	《张掖报》	2001年5月
	《中学生学习中的思维缺失及解决办法》	《中学语文教学参考》	2000年1月
张振儒	《用言语进行情景教学》	《中国当代教育文集》	2000年11月
	《中等生转化是班主任工作的重要内容》（获三等奖）	《当代优秀论文汇编》	2000年
杨自生	《也谈影响HXn型无机酸强度的因素》	《甘肃高师学报》	2000年9月
	《关于制浆造纸污水灌溉的探讨》（合写）	《甘肃高师学报》	2000年
刘希龙	《培养学生历史思维能力的有效途径》	《甘肃高师学报》	2001年7月
	《深度发展：西部大开发的理念》（合写）	《甘肃省经济管理干部学院报》	2001年2月
	《师生共同发挥作用，强化班级建设》	《河西学院学报》	2001年9月
冯进炜	《提高耐久跑兴趣教学法》	《全国教育教学论文集》	1999年12月

续表：

姓名	专著、论文名称	发表报刊、出版社名称	时间
高永红	《浅谈生物课中的情感培养》	《全国优秀论文集》	2000 年
	《谈话教学法》	《中学生物学教法集锦》	2001 年
刘 荣	《化学教学中素质教育浅论》	《西北师大学报》	1998 年
	《兴趣——学习化学的钥匙》	《学术论丛》	1999 年
林 宝	《谈 2001 年高考英语书面表达的写作技巧》	《中学生英语读写》	2001 年 10 月
	《英语中的连词误用分析》	《中学生英语读写》	2001 年 12 月
李晓明	《关于"读议讲练"教学模式的探索和实验》	《西北师大学报》	2000 年 11 月
	《改革中学思想政治课课堂教学模式实验的实践与思考》	《甘肃教师通讯》	1998 年 3 月
张云海	《关于足球规则的认识》	《甘肃省体育科研》	1999 年

第二节 原张掖地区育才中学科研成果

姓名	专著、论文名称	发表报刊、出版社名称	时间
贺天朝	《中学生物实验大全》	甘肃省教育出版社	1997 年 1 月
祝孔等	《中师历史导训》	吉林人民出版社	1997 年
牛新军	《张掖地区史地读本·历史分册》	兰州大学出版社	1998 年 3 月
魏剑英	《中学生素质教育读本》(初一本、初二本、初三本)	兰州大学出版社	1998 年 12 月
田卫东	《怎样教英语单词》	《甘肃教育》	1986 年
孙立民	《南半球也可以看到北极星》	《中学生导报》	1992 年
贺天朝	《教义务教材生物第一册的体会》(甘肃省第二届生物学研究会获省级二等奖)		1994 年 6 月
	《生物教学中开展学法指导实验的研究》(甘肃省教科所论文评选获省级三等奖)		1999 年 10 月
	《浅谈校风与中学生心理健康》(张掖地区心理卫生协会获地级二等奖)		1999 年 12 月
	《生物课堂教学实施素质教育的尝试》(甘肃省第六届论文评选获省级二等奖)		2000 年 11 月
	《浅谈生物教学中的创新能力的培养》(甘肃省第三届生物研讨会获省级一等奖)		2001 年 9 月
刘爱萍	《浅谈中学英语单词教学》	《中国优秀教师论文集》	1999 年
	《班主任工作要有"三心"》	《现代教育文集》	1999 年
	《浅谈中学体育教学中的美育》	《跨世纪教育论坛》	2000 年
段肃昌	《几类常见的三角函数极值的求法》	《数学教学研究》	1995 年 1 月
魏剑英	《掌握分析方法,认清民主实质》	《中学政治教学参考》	1996 年 4 月
王志漫	《以点带面提高复习效率》	《甘肃教育》	1996 年 10 月

续表：

姓名	专著、论文名称	发表报刊、出版社名称	时间
闫维祯	《浅谈学校双规制管理》	《西北师大学报》	1997 年
	《职业学校实施素质教育探徵》	《甘肃教育》	1998 年
	《农村职业学校课堂管理中存在的问题对策》	《职业技术教育》	1999 年 11 月
	《县级职教中心如何发挥规模效益》	《职业技术教育》	1999 年 8 月
	《对张掖地区参与西部大开发的几点认识》	《职业技术教育》	2000 年 12 月
	《初中分流教育途径的思考》	《职业技术教育》	2000 年 6 月
马婉云	《蜡炬成灰泪始干——访兰州市聋哑学校师生》	《新一代》杂志	1996 年 9 月
牛新军	《甘肃回鹘漫谈》	《西北师大学报》	1997 年 1 月
	《依据教材备好历史课》	《中国历史教学》	1997 年 4 月
	《动物"特种兵"》	《中学生》	1997 年 7 月
祝 孔	《历史教学中对历史人物的评价》	《甘肃教育》	1997 年 5 月
	《如何调动学生学习历史的积极性》	《西北师大学报》	1998 年 3 月
孙天鹏	《试论英语课堂气氛的营建》	《中国高等函授学报》	1998 年 6 月
保继蔼	《〈听潮〉教学录》	《全国语文教师精短论文大集》	1997 年 7 月
	《初中语文教学的基石——语感的培养》（全国教研成果征文荣获三等奖）	《中国基础教育回顾与展望》	2000 年 11 月
朱 钰	《市场经济下的职业道德浅议》	《甘肃理论学刊》	1997 年 9 月
	《让政治课也能"活"起来》	甘肃省教科所论文集	2001 年 10 月
屈 敏	《张掖地区水资源的开发利用》（"中国公众科技网"纪念奖）		2001 年 9 月
祁新军	《圆的有关性质》	《教学研究》	1999 年 3 月
丁志贤	《实施素质本位职业教育的依据和途径》	《甘肃社会科学》论文辑刊	2000 年
赵鸿婕	《西北民族地区资源开发的条件和原则》	《现代地理教学与研究》	1999 年 9 月
	《21 世纪西北地区经济开发的新思路》	《西北民族学院学报》	2000 年 3 月
	《西北干旱区水资源利用与生态环境重建研究》	《干旱区资源与环境》	2001 年 1 月
郑大邦	《浅谈平面几何的入门教学》（获优秀论文省级一等奖）	《扬州大学学报》	2000 年
陈 晶	《浅谈初中地理教学中的环境教学》	西北师大地理系《区域地理研究与地理教学》	2000 年
王学龙	《浅谈激励机制在普通中学管理中的应用》	《中国教育报新时期优秀教育论文集》	2000 年 4 月
张嘉贤	《真实写作活动课实验教学拾贝》（千年教育教学"回课"论文大赛二等奖）	《甘肃教育》	2001 年 9 月
张文理	《"浮力"教学》	《中国教育丛书》	2000 年 8 月
任 赋	《英语句型教学点滴》	《中国教育丛书》	2000 年 8 月
曹志红	《抓住新教材的"魂"才能有的放矢》	《教育教学论文汇编》	2000 年
刘 瑛	《参与式目标教学法初探》	《西北师大学报》	2001 年

第三节　重组新建后张掖中学科研成果

一、著作和论文

姓名	专著、论文名称	发表报刊、出版社名称	级别	时间
何正文	《运用比较的拓展知识例谈》	《甘肃高师学报》	省级	2002 年 1 月
刘宗新	《"诗""联""画"折射文科综合能力》	《中国教育报》	省级	2002 年 1 月
苏天武	《阅读—语文知识拓展及能力培养的有效方法之一》	《甘肃高师报》	省级	2002 年 1 月
赵立平	《运用比较法拓展知识例谈》	《甘肃高师报》	省级	2002 年 1 月
宋彩霞	《巩固记忆的有效途径》	《学英语报社》	省级	2002 年 1 月
马维平	《从主观认识谈青少年健康教育》	《黑龙江高教研究》	省级	2002 年 1 月
闫维祯	《关于对我校教师队伍建设的思考》	《西北师大学报》	省级	2002 年 4 月
何正文 袁　泽	《我言秋语胜春潮》	《中华教育时报》	省级	2002 年 4 月
何正文	《简练含蓄中富深意　粗犷雄迈中见真情》	《教学与研究》	国家级	2002 年 6 月
闫维祯 孙立民	《中小学教师常用法律知识》	中国文联出版社	省级	2002 年 5 月
杨自齐	《中学语文研究性学习探索与实践》	东北师范大学出版	省级	2002 年 6 月
	《多篇课文的研究性学习的探索与实践》	中国教育报社培训中心	省级	2002 年 6 月
肖培林	《改革化学教学模式培养学生创新能力》	国家教育部中国教育报刊社	省级	2002 年 6 月
	《开展研究性学习的几点思考》	《中国教育报》	省级	2002 年 7 月
何正文 袁　泽	《优等生德育工作笔谈》	北京教科院《班主任》杂志	省级	2002 年 7 月
祁新军	《学习困难学生自我效感的研究》	《心理科学》	省级	2002 年 5 月
马有燕	《素质入世》	《北京师范大学思想政治课杂志社》	省级	2002 年 9 月
杨春艳	《中学体育教学中学生"厌学"的成因及对策研究》	国家教育部、国家体育总局	省级	2002 年 8 月
李少华	《加强师德修养塑造自身形象》	亚洲人文社会科学院	省级	2002 年 2 月
贺天朝	《中学生心理健康教育实验的报告》	中国教育报社	省级	2002 年 11 月
	《生物教学中开展学法指导的实验研究》	伊犁人民出版社	省级	2002 年 3 月
江启李	《怎样确定与突破教学难点》	甘肃省数学教学研究会	省级	2002 年 8 月
夏立华 贾宏伟	《课堂分层教学例谈》	甘肃省数学教学研究会	省级	2002 年 8 月
孙天鹏	《点滴情感铸童心,关爱学生情多真》(甘肃省教育学会)		省级	2002 年 8 月
赵立平	《从鉴赏的角度提高学生的文言文阅读能力》	中学语文教学参考杂志社	省级	2002 年 4 月
麻秋萍	《影响学生口语能力提高的不利因素》	《甘肃教育学报》	省级	2002 年 6 月

续表：

姓名	专著、论文名称	发表报刊、出版社名称	级别	时间
麻秋萍	《阅读对口语表达的作用》	《甘肃教育》	省级	2002 年 11 月
马廷方	《由光线的镜面反射引起的联想与思考》	《数学教学研究》	省级	2002 年 2 月
张 元	《充要条件在解题中的运用》	《甘肃教育》	省级	2002 年 4 月
夏立华	《由∑1/n(n+1)谈几个数列项级数的和》	《陕西高等数学研究》	省级	2002 年 8 月
吕国强 李晓明 马有燕 顾文斌	《2002 年甘肃省普通高中会考政治学科质量分析报告》(甘肃省教育厅)		省级	2002 年 6 月
王 敏	《怎样译这些"红"和"黄"》	《山西师大英语周报》	省级	2002 年 11 月
岳永生	《简笔与繁笔》	《中学生学习报》高考版	省级	2002 年 7 月
贺天朝	《对生物课堂实施素质教育的意见和建议》	《甘肃教育报》	省级	2002 年 6 月
	《计算机辅助生物教学的体会》	《甘肃教育》	省级	2002 年 7 月
赵治国	《营造和谐课堂气氛,提高课堂教学效率》	《甘肃高师报》	省级	2002 年 2 月
	《谈学校后勤管理工作》	学苑出版社	省级	2002 年 5 月
詹丛桔	《浅谈多媒体技术在教学中的应用》	《河西学院学报》	省级	2002 年 10 月
马维平	《如何做好体育薄弱生的转化工作》	《航空教育》	省级	2002 年 3 月
张永海	《世界优秀男子 400 米运动员全程速度变化分析》	《体育科研》	省级	2001 年 1 月
冯进炜	《体育专业学生阶段性训练方法探索》	《西安体育学院学报》	省级	2002 年 10 月
	《原地推铅球的动作分析与训练》	《甘肃教育》	省级	2002 年 9 月
樊立功 刘国宏	《体育专业学生阶段性训练方法探索》	《西安体育学院学报》	省级	2002 年 10 月
何正文	《优等生德育工作笔谈》	中国教育创新研究杂志社	省级	2003 年 9 月
何正文 赵立平	《试论高考作文中快速构建的方式和路径》	中央教科所教育文摘周报社	省级	2003 年 6 月
殷祥廷 郑翠廷	《怎样上好语文课》	中国教育学会中国语文教学专业委员会	省级	2003 年 8 月
桑进林	《"察言观色"还是"察颜观色"》	《中学语文教学》	省级	2003 年 7 月
马廷方	《高中男女生学习数学能力的差异研究及其弥补对策》	中国教育学会	省级	2003 年 11 月
刘晓真	《高中英语教学中如何培养终身教育理念》	《职业技术教育》	省级	2003 年 10 月
马国瑞	《加强机关党建工作,提高党员干部素质》	中央党校《理论前沿》杂志社	省级	2003 年 3 月
牛新军	《在历史教学中如何体现民族特色》	《东北师范大学》	省级	2003 年 6 月
任兴平 李培伟	《体育课上如何帮助学生克服恐惧心理》	人民出版社编辑部	省级	2003 年 5 月
殷祥廷	《学好文言文有良法》	《学生天地》	省级	2003 年 11 月
桑进林	《语文惹了谁》	《语文教学之友》	省级	2003 年 7 月
	《浙江之潮　天下伟观》	《中学语文园地》	省级	2003 年 11 月
	《"何处"应作何解》	《现代语文》	省级	2003 年 9 月

续表：

姓名	专著、论文名称	发表报刊、出版社名称	级别	时间
桑进林	《2003 年高考语文试题第一大题详析》	《语文天地》	省级	2003 年 9 月
	《蓝色蛹·金色蝴蝶》荐评	《中学语文园地》	省级	2003 年 12 月
	《元杂剧与明清传奇之区别》	《语文天地》	省级	2003 年 11 月
	《文言文阅读》	《中学语数外》	省级	2003 年 11 月
	《吊屈原赋》点评	2003 年高考优秀作文 100 篇《语文月刊》编辑部	省级	2003 年 3 月
	《蓝色蛹·金色蝴蝶》点评	2003 年高考优作文 100 篇《语文月刊》编辑部	省级	2003 年 4 月
	《侧面题雪亦风流》	《现代语文》	省级	2003 年 7 月
马廷方	《数学思想方法的教学实践及认识》	甘肃省教育科学研究所	省级	2003 年 9 月
王学荣 王晓燕	《再谈构建主题性德育模式班主任的作用》	《西北师大学报》	省级	2003 年 10 月
刘晓真	《试论研究性学习的本质》	《航空教育》	省级	2003 年 5 月
孙天鹏	《小议建设良好的班集体》	《21 世纪中国教育改革论坛》	省级	2003 年 8 月
杨吉荣	《改进实验教学,培养学生创新思维能力》	甘肃省化学学会	省级	2003 年 6 月
张艳霞	《二硅烯及其相关分子的量子化学计算研究》	《甘肃教育学院学报》	省级	2003 年 3 月
吕　军	《浅谈研究性学习能力的培养》	《中小学课程教材研究》	省级	2003 年 7 月
张云海 任兴平	《中学生速度训练浅谈》	《体育科学研究》	省级	2003 年 9 月
马维平 陈彩云	《篮球裁判员的视野与临场裁判》	《航空教育》	省级	2003 年 7 月
闫维祯 魏剑英	《加强制度管理和改进制度建设方法的思考》	国家教育行政学院教育杂志社《高中生》杂志社	省级	2004 年 5 月
桑进林	《结尾有法　文章升华》	《语数外学习》(高中版)	省级	2004 年 4 月
	《古诗鉴赏题　备考指津》	《作文与考试》	省级	2004 年 2 期
	《由一道中考题谈阅读理解题》	《语数外学习》(高中版)	省级	2004 年 1 月
	《2003 年甘肃省中考阅读题解袭击 2004 年中考预测》	《阅读金手指》	省级	2003 年 8 月
	《文言翻译的常见失误》	《高考金刊》	省级	2004 年 3 月
牛吉峰	《构建主义理论组织中学物理课堂教学模式》	《西北师大学报》	省级	2004 年 6 月
殷祥廷	《抓住语素选词填空》	《学习方法报》	省级	2004 年 10 月
桑进林	《2004 年高考语文全国卷逐题详析》(上)(下)	《考试报》高考语文	省级	2004—2005年
	《新概念话题作文》	《光明日报》出版社	省级	2004 年
贺天朝	《认真学习"三个代表"重要思想,切实搞好民主党派工作》	《甘肃民进》	省级	2004 年 4 月
桑进林	《新概念话题作文》	《光明日报》出版社	省级	2004 年 4 月
	《三种常用的古典诗歌鉴赏方法》	《语文天地》	省级	2004 年 12 月
吴玉梅	《谈谈"介词+关系代词"》	《中学英语之友》	省级	2004 年 9 期

续表：

姓名	专著、论文名称	发表报刊、出版社名称	级别	时间
任红琳	《构建框架　营造听力氛围》	《中学教育科研》	省级	2004 年 12 月
任兴平	《体育教学中要实施素质教育》	《东方教育》	省级	2004 年 12 月
张新文	《2004 年高考试题巧思妙引》	《中学数学教学参考》	省级	2004 年 8 月
魏剑英	《对教师课堂教学多元化评价的探索》	《中国基础教育》	省级	2005 年 2 月
吴玉梅	《认知策略在英语阅读中的应用研究》	《卫生职业教育》	省级	2005 年 5 月
刘晓真	《中学英语教学的语感培养》	中央教科所论文评审	省级	2004 年 9 月
贺天朝	《生物学教学中开展研究性学习的现状困难与对策》	中国教育学会生物专业委员会	省级	2005 年 3 月
马有燕	《高考试题分析及备考对策》	《湖北招生考试》	省级	2004 年 10 月
贺天朝	《2005 年甘肃省普通高中毕业会考考试纲要及复习指导》(参编绪论一、二、三章)	甘肃省教育科学研究所	省级	2005 年 2 月
	《新课程理念下的课堂教学模式的研究与应用》	南京大学《中学生物学》编辑部	省级	2004 年 12 月
赵立平 何正文	《新课标下的古典诗词教学之探索》	《甘肃教育》	省级	2005 年 12 月
	《新课标下的古典诗词教学之探索》(论文大赛)	甘肃省教科所	省级	2005 年 9 月
任　赋	《英语教学中非智力因素的开发》(论文大赛)	甘肃省教科所	省级	2005 年 9 月
刘　瑛	《思想政治课中进行研究性学习的几点认识》(论文大赛)	甘肃省教科所	省级	2005 年 9 月
刘晓真	《高中英语阅读课文整体模式初探》(省级论文大赛)	甘肃省教科所	省级	2005 年 9 月
贺天朝	《高中生物教学中合作学习的探索与实践》(论文大赛)	甘肃省教科所	省级	2005 年 9 月
江启李	《互动　探究——实现学生学习的转变》(论文大赛)	甘肃省教科所	省级	2005 年 9 月
侯铁民 王悦琴	《数学教学中如何培养学生的表现欲》	《甘肃教育》	省级	2005 年 12 月
陈　晶	《中学教育管理要充分体现以人为本》	《未来与发展》(中国未来研究会)	国家	2005 年 10 月
桑进林	《2005 年标点符号大盘点》	《高考》(长春出版社)	省级	2005 年 9 月
刘　华	《语言应用实验田》	《高考金刊》(国家教育部关心下一代工作委员会)	国家	2005 年 11 月
	《外国短文撷拾》	《语文世界》(中国语文报刊协会)	国家	2005 年 11 月
	《少数民族文化与中学语文的融合》	中国教育学会中学语文教学专业委员会"少数民族文化与中学语文的融合"课题组	省级	2005 年 10 月
王晓建	《少数民族文化与中学语文的融合》	中国教育学会中学语文教学专业委员会"少数民族文化与中学语文的融合"课题组	省级	2005 年 10 月
贺天朝	《生物教学中"互动合作"教学模式研究与应用》	《中国教育教学杂志》	省级	2006 年 3 月

续表：

姓名	专著、论文名称	发表报刊、出版社名称	级别	时间
蒋志鸿	《参与式教学在农村中小学的实践与思考》	《新课程改革论坛》	省级	2006 年 6 月
桑进林	《别具一格之书信》	《语文天地》	省级	2006 年 3 月
	《高考作文巧用题记》	《中学语文教学》	省级	2006 年 5 月
	《作文导报》（高中版）举办的 2006 上半年"作文"PK 台比赛中获优秀指导奖	中国教育学会中学语文教学专业委员会	省级	2006 年 6 月
钱守忠	《班会活动设计》	《中国教育发展》	省级	2005 年 12 月
	《创新教育理念》	《甘肃教育》	省级	2005 年 11 月
刘晓真	《在高中英语教学中推进研究性学习的思考》	《甘肃科技纵横》	省级	2005 年 2 月
孟芳云 高万胜	《浅谈英语口语教学纠错法》	《甘肃联合大学学报》	省级	2006 年 5 月
高万胜 曾令秀	《浅谈高考听力训练策略与应试技巧》	《甘肃联合大学学报》	省级	2006 年 5 月
申丽君	《学困生创新能力培养初探》	《教育革新》	省级	2006 年 2 月
杨发锡	《生物是怎样呼吸的》	《教育革新》	省级	2006 年 3 月
	《年轮是怎样形成的》	《教育革新》	省级	2006 年 4 月
孙学文	《用向量解立体几何问题》	《数学教学研究》	省级	2006 年 1 月
王惠峰	《〈生命活动的调节〉同步训练》	《山西教育》	省级	2005 年 12 月
夏立华	《对〈关于凸整边多边形〉的几点注记》	《湛江师范学院学报》	省级	2005 年 3 月
张　勇	《研究性学习走进学生心里》	《甘肃教育》	省级	2006 年 4 月
韩　倩	《原电池教学中一定要强调的五个未必》	《西部教育参考》	省级	2006 年 4 月
桑进林	《作文个性化平台》	2006 年高考甘肃优秀作文选评	省级	2006 年 10 月
	《几种常见应用文指导》	《中学生作文指导（高中版）》	省级	2006 年 10 月
	《怎样写文学短评》	《中学生作文指导》	省级	2006 年 9 月
孙学文	《不等式恒成立问题中的求参策略》	《数学教学研究》	省级	2006 年 12 月
任　赋	《英语教学中非智力因素的开发》	《教育革新》	省级	2006 年 4 月
王悦琴	《用换元——数形结合法求三角函数最值》	《教育革新》	省级	2006 年 12 月
殷祥廷	《必修 5 综合测试题》	《教育革新》	省级	2006 年 9 月
陈　晶	《在高中地理教学中开发学生的视觉空间智能》	《甘肃社会科学》	省级	2006 年 11 月
侯铁民	《结合平面向量求解三角问题》	《甘肃教育》	省级	2006 年 10 月
孙子彪	《海洋潮汐的运动规律》	《地理教育》	省级	2006 年 11 月
张俊国	《高中地理研究性学习与环境教育》	《甘肃教育》	省级	2006 年 7 月
韩　倩	《新课标下的化学实验改革与学生素质培养》	《甘肃教育》	省级	2006 年 9 月
刘晓真	《浅析 beyond 的常见用法》	《中学英语之友》	省级	2006 年 7 月
王学荣	《全品高考复习方案》（副主编）	北京：西苑出版社	省级	2006 年 5 月
吴国光	《全品高考复习方案》（副主编）	北京：西苑出版社	省级	2006 年 5 月
李文辉	《物理教学中非逻辑思维能力的培养》	《陕西教育》	省级	2006 年 12 月

续表：

姓名	专著、论文名称	发表报刊、出版社名称	级别	时间
马晓云	《解读2006年高考理科综合生物试题有感》	《甘肃教育》	省级	2006年12月
贾宏明	《"说文解字"讲概念》	《甘肃教育》	省级	2006年11月
贺天朝	《高中生物教学中合作性学习的探索与实践》	《教育革新》	省级	2006年6月
任兴平	《如何在课堂教学中提高学生的终身体育意识》	《教育革新》	省级	2006年11月
李培伟	《谈影响青少年健康教育的成因及对策》	《教育革新》	省级	2006年11月

二、鉴定或获奖课题

序号	课题名称	负责人	参与人	立项时间	级别	鉴定情况	获奖情况
1	学校内部管理机制研究	闫维祯	孙立民　祝孔　杨春艳	2001年7月	省级		省级二等奖
2	借助学生元认知知识,提高学生英语写作能力研究	杨成时	杨成时	2003年7月			市级第五届优秀科研成果评选三等奖
3	语文知识的拓展与能力创新培养研究	苏天武	何正文	2001年7月	省级		2003年获市级二等奖
4	研究性学习在高中语文教学中的实践与探索	张勇	王晓健　王岳　周晓蓉　马婉云　王晓燕	2003年7月	省级	2007年9月通过省级鉴定	2007年9月获市级三等奖
5	高中数学教学中学生主体作用体现的教学模式研究	杨兴明	袁吉凯　杨建华　张新文　王启辉	2003年7月	省级	2010年通过省级鉴定	2011年10月获市级二等奖
6	对教师教学评价的研究	闫维祯	魏剑英　姜洪	2003年7月		2006年10月通过省级鉴定	
7	高中英语研究性学习的探索与实践	刘晓真	巨红梅　张蓓　孟芳云	2003年7月		2006年10月通过省级鉴定	2007年9月获市级三等奖,2008年8月获省级一等奖
8	转变高中学生数学学习方式研究	江启李	杨开发　王学荣　彭秋	2003年7月		2006年10月通过省级鉴定	2008年8月获省级一等奖
9	现代信息技术在古典诗词教学中的应用研究	赵立平	何正文　苏天武	2004年	省级	2006年获省级重点课题三等奖	
10	对教师课堂教学的评价	闫维祯	魏剑英　姜洪	2004年11月	国家级(中国教育学会"十五"科研规划课题)		2008年8月获省级二等奖
11	"语文教学与学生自我发展"实验研究	郑翠亭	桑进林　殷祥廷	2006年9月	"十一五"省级重点课题	2009年通过省级鉴定	

续表：

序号	课题名称	负责人	参与人	立项时间	级别	鉴定情况	获奖情况
12	学生数学思维障碍成因分析及解决方案	侯铁民	王悦琴　闵希海	2006 年 9 月	"十一五"省级规划课题	2009 年 11 月通过省级鉴定	2010 年 10 月获市级二等奖
13	高中数学 CAI 的几点思考及对策研究	张新文	王志漫　贾宏伟 王海花　羊振华 唐浩新　赵春云 孙玉琦	2006 年 9 月	"十一五"省级规划课题	2009 年 11 月通过省级鉴定	
14	教师角色转换的研究	吕国强	马有燕　刘　瑛	2007 年 11 月	"十一五"省级规划课题	2009 年 11 月通过省级鉴定	2007 年 9 月获市级三等奖
15	高中数学反思性教学实践与研究	白桂花	钱守忠　祁新军 王志漫	2007 年 5 月	省级	2009 年 11 月通过省级鉴定	2010 年 11 月获省级三等奖
16	探究式教学的行动研究（张掖中学主课题）	闫维祯	毛永胜　孙立民 杨立木　吕国强 朱多祯　牛新军 祝良先　于战军 王建强　姜　洪 郑翠亭　王学龙 李德胜　宋彩霞	2007 年 6 月	"十一五"省级重点课题	2010 年通过省级鉴定	2011 年 10 月获市级二等奖
17	高中数学课堂互动——探究式学习的实践研究	祁新军	钱守忠　白桂花 袁建喜　唐浩新	2007 年 6 月	"十一五"省级重点课题	2010 年通过省级鉴定	2011 年 10 月获市级一等奖；2013 年 2 月获省级二等奖
18	探究 Warming Up 教学	宋彩霞	梁志英　胡菁淑 王金秀　巨红梅	2007 年 6 月	"十一五"省级重点课题	2010 年通过省级鉴定	2011 年 10 月获市级一等奖
19	高中思想政治课探究式教学行动研究	吕国强	岳永生　樊有占 李晓明　刘　瑛 汪安山　马有燕	2007 年 6 月	"十一五"省级重点课题	2010 年通过省级鉴定	
20	探究式教学在高中语文文学作品教学中的实践研究	刘　华	董志新　吕玉东 史彩云　曹淑桂	2007 年 6 月	"十一五"省级规划课题	2010 年通过省级鉴定(优秀)	
21	在高中数学课堂中开展探究式教学的实践研究	杨开发	张克杰　夏吉鑫 张　娥　韩丽萍	2007 年 6 月	"十一五"省级规划课题	2010 年通过省级鉴定	
22	构建新的课堂训练模式,培养学生英语学习策略	杨成时	雷　琴　申丽君 李　毅	2007 年 6 月	"十一五"省级规划课题	2011 年 10 月通过鉴定	2011 年 10 月获市级二等奖；2013 年 2 月获省级三等奖
23	历史教学中探究式教学的实践研究	刘宗新 闫立宏	王晓英	2007 年 6 月	"十一五"省级规划课题	2010 年通过省级鉴定	
24	高中历史教学探究、互动课堂教学方式及有效性研究	李德胜	吕　军　刘希龙	2007 年 6 月	"十一五"省级规划课题	2010 年通过省级鉴定	2011 年 10 月获市级三等奖

续表：

序号	课题名称	负责人	参与人	立项时间	级别	鉴定情况	获奖情况
25	"学导式"教学法在历史教学中的运用	郑军国	吕　军　丁志贤　黄兰英	2007年6月	"十一五"省级规划课题	2010年通过省级鉴定（优秀）	2011年10月获市级二等奖
27	地理教学中学生主动学习方法的研究	陈旭功	王崇德　李红元　王　霞	2007年6月	"十一五"省级规划课题	2010年通过省级鉴定	
28	新课标下化学实验改革与学生动手能力的培养	韩　倩	丁双胜　蒋志鸿	2007年6月	"十一五"省级规划课题	2009年11月通过省级鉴定	2009年9月获市级一等奖
29	高中化学习题教学的实效性研究	陈国爱	杜立斌　王红生　孙殿旭　薛万军	2007年6月	"十一五"省级规划课题	2010年通过省级鉴定	2011年10月获市级三等奖
30	《体育与健康》课堂教学方式方法的探讨	冯进伟	张艳琴　孙学明　刘俊华　樊立功	2007年6月	"十一五"省级规划课题	2011年10月通过鉴定	
31	耐力跑教学方法的探究	刘俊华	樊立功　张艳琴　任兴平　孙学明	2007年6月	"十一五"省级规划课题	2011年10月通过鉴定	
33	电教手段运用于高中艺术欣赏教学的研究	王学龙	张雪梅　陈雁南　任吉茂　沈文栋	2007年6月	"十一五"省级规划课题	2012年6月通过省级鉴定	2013年11月获张掖市第十届三等奖
34	高中语文"学导式"教学管理模式的研究与实践	桑进林	郑翠亭　殷祥廷	2007年6月	"十一五"省级规划课题	2010年通过省级鉴定	2011年10月获市级一等奖
35	探究性学习方式在中学语文课堂中的实践与研究	王晓燕	尹凤玲　保继霭　朱　杰	2007年6月	"十一五"省级规划课题	2010年通过省级鉴定	
37	班主任专业化与现代班集体研究	吕国强	杨学锋　杨兴明　闫立宏　刘　瑛	2007年9月	国家级（中央教科所规划课题）	2010年8月通过国家级鉴定	2010年8月获国家级一等奖
38	高中学生宿舍文化建设研究	李德胜	孙学明　杨学锋　吕国强　杨兴明	2008年6月	"十一五"省级规划课题	2011年10月通过鉴定	2013年11月获市级二等奖
40	新课程背景下高中历史课堂有效教学研究	王晓英	吕　军	2008年6月	"十一五"省级规划课题		2009年9月获市级二等奖
41	高中新课程课堂教学转变的研究	闫维祯	朱多祯　孙立民　牛新军　王建强　宋彩霞	2009年11月	国家级（全国教育科学"十一五"教育部规划课题）	2011年11月已通过省级鉴定	
42	研究性学习与语文学科课程整合实验研究	殷祥廷	郑翠亭　桑进林　陈　燕　马婉云	2009年6月	"十一五"省级规划课题	2012年6月通过省级鉴定	2013年11月获张掖市第十届一等奖
44	新课改下高中语文教学"2+8"模式研究	保继霭	杨学锋　朱　杰	2010年6月	"十一五"省级规划课题	2014年9月通过省级鉴定（优秀）	2013年11月获张掖市第十届二等奖

续表:

序号	课题名称	负责人	参与人	立项时间	级别	鉴定情况	获奖情况
45	新课改下高中数学课堂教学模式转变的实践研究	孙学文	袁建喜 李勇鸿 陈莉莉 朱云霞 羊振华	2012 年 2 月	市级		2013 年 11 月获张掖市第十届二等奖
46	中学历史高效课堂的行动研究	吕 军	郑军国 丁志贤 李志鹏	2012 年 6 月	"十二五"省级规划课题	2015 年 9 月通过鉴定	
47	高中学生学业困难原因及策略研究	赵立平	王晓艳 刘俊华	2012 年 6 月	"十二五"省级规划课题	2015 年 9 月通过鉴定	2015 年 12 月获市级一等奖
49	高中作文生态化写作研究	桑进林	陈 燕 何正文	2013 年 9 月	2013 年省级"十二五"规划课题	2014 年 9 月通过省级鉴定	2015 年 12 月获市级一等奖
50	课堂观察在数学高效课堂中的实践研究	王海花	陈莉莉 吴永昊 祝 捷 宋 娟 王悦琴 侯铁民 朱云霞	2013 年 9 月	2013 年省级"十二五"规划课题	2015 年 9 月通过鉴定	2015 年 12 月获市级一等奖
52	中学高效课堂教学方法的实践和研究	陈 泪	韩小燕 陈国爱 常国福 周正伟 孙华年	2013 年 10 月	2013 年省级"十二五"规划课题	2016 年 10 月通过省级鉴定	
53	甘肃省新课程实施与高中数学教师专业发展的关系研究	夏吉鑫	张克杰 韩丽萍 郭秀娟 张新文	2013 年 10 月	2013 年省级"十二五"规划课题	2016 年 10 月通过省级鉴定	
54	新课程背景下高中生物实验探究能力培养策略研究	仲新民	贺天朝 朱多祯 宋庆雄 高永红 王慧峰	2014 年 8 月	2014 年省级"十二五"规划课题	2016 年 10 月通过省级鉴定	
55	"学导式"教学法在五段式教学模式中的应用	郑军国	吕 军 杨茂祥 丁志贤 李志鹏	2014 年 8 月	2014 年省级"十二五"规划课题	2016 年 10 月通过省级鉴定	
56	新课改下高中女教师的职业形象及提升策略	杨雪梅	张大勇 石治国 保继霭 王莹虹 王 岳 郭凤玲	2013 年 10 月	2013 年省级"十二五"规划课题	2015 年 9 月通过鉴定	
57	打造高中数学"高效复习课"的实践研究	羊振华	江启李 钱守忠 袁建喜 朱云霞 李勇鸿	2014 年 8 月	2014 年省级"十二五"规划课题	2016 年 10 月通过省级鉴定	
58	高考时政热点问题	钟长钰（外校）	岳永生（第四人，其余为外校老师）	2011 年 7 月	市级	2015 年 9 月通过省级鉴定	2013 年 11 月获张掖市第十届一等奖

续表：

序号	课题名称	负责人	参与人	立项时间	级别	鉴定情况	获奖情况
59	中学生文化自觉意识和行为培养	杨学锋	保继霭　刘财德 甄学良　张　元	2014 年 8 月	2014 年省级"十二五"规划课题	2016 年 10 月通过省级鉴定	2015 年 12 月获市级三等奖
60	高中思想政治"活动单导学"及高效课堂教学模式研究	张天文（外）	岳永生　刘　瑛 马有燕 （分别为第 5、6、7 人）			2015 年 9 月通过省级鉴定	
61	现代学校制度建设试点	毛永胜	郑翠亭　李晓明 李德胜　杨学锋 殷祥廷　张　勇 苏天武　何正文 刘宗新				2015 年 12 月获市级三等奖
62	给予维克的交互式媒体有效应用的质性研究	朱京曦（外）	罗寿晶（其余为校外人员）	不详		2016 年 8 月通过中央电教馆鉴定	

三、科技创新

序号	项目类型	作者	辅导教师	作品名称	组织单位	级别	等级	时间
1	教师项目	侯铁民		《寻找和研究身边的"概率问题"——留心生活，感受数学科技活动涉及方案》	甘肃省科协 甘肃省教育厅 甘肃省科技厅	省级	二等奖	2008 年 4 月
2	教师项目	王悦琴		《"把函数知识用到生活中来"活动方案设计》	甘肃省科协 甘肃省教育厅 甘肃省科技厅	省级	三等奖	2008 年 4 月
3	教师项目	王悦琴		《一种崭新的数学学习途径——数学作文》	甘肃省科协 甘肃省教育厅 甘肃省科技厅	省级	三等奖	2008 年 4 月
4	教师项目	王悦琴		《开展研究性学习，培养学生的创新精神和实践能力》	甘肃省科协 甘肃省教育厅 甘肃省科技厅	省级	三等奖	2008 年 4 月
5	学生项目	侯铁民		优秀科技教育方案	全国青少年科技活动领导小组 中国科协、教育部主办	国家级	二等奖	2008 年 8 月
6	教师项目	王悦琴		《让数学的美弥漫他们年轻的心灵——高中数学科技实践活动方案》	甘肃省科协 甘肃省教育厅	省级	一等奖	2009 年 4 月
7	教师项目	王悦琴		《绿荫丛外麦，竟见芦花水一弯》	甘肃省科协 甘肃省教育厅	省级	二等奖	2009 年 4 月

续表：

序号	项目类型	作者	辅导教师	作品名称	组织单位	级别	等级	时间
8	教师项目	侯铁民		《绿荫丛外麦，竟见芦花水一弯》	甘肃省科协 甘肃省教育厅	省级	二等奖	2009年4月
9	教师项目	侯铁民		《"负翁"们的幸福生活——数列在分期付款中的应用》	甘肃省科协 甘肃省教育厅	省级	三等奖	2009年4月
10	学生项目	侯铁民 王悦琴		《摩擦力实验教具》	甘肃省科协 甘肃省教育厅	省级	三等奖	2009年4月
11	学生项目	侯铁民 王悦琴		《能上楼梯的轮椅》	甘肃省科协 甘肃省教育厅	省级	三等奖	2009年4月
12	学生项目	丁双胜		《原电池、电解池互换演示仪》	甘肃省科协 甘肃省教育厅	省级	一等奖	2010年4月
13	学生项目	丁双胜		《家庭新型离子补钙剂的研究》	甘肃省科协 甘肃省教育厅	省级	二等奖	2010年4月
14	教师项目	王悦琴		《探究生产生活中的线性规划问题——高中数学实践活动方案》	甘肃省科协 甘肃省教育厅	省级	二等奖	2010年4月
15	教师项目	丁双胜		《原电池、电解池互换演示仪》	全国青少年科技活动领导小组 中国科协、教育部主办	国家级	三等奖	2010年8月
16	教师项目	丁双胜		《晶体晶胞模型》	甘肃省科协 甘肃省教育厅	省级	三等奖	2011年4月
17	学生项目	沈亚文 程磊	韩倩 丁双胜	《旱涝灾区家庭净水器》	甘肃省科协 甘肃省教育厅	省级	二等奖	2011年4月
18	教师项目	王悦琴		《走进技术世界，引导青少年步入创新的轨道——青少年科技活动方案》	甘肃省科协 甘肃省教育厅	省级	二等奖	2012年4月
19	学生项目	王丹	王悦琴 侯铁民	《干旱地区树木浇灌免维护系统》	甘肃省科协 甘肃省教育厅	省级	一等奖	2012年4月
20	学生项目	吴凯 李作舟	程忠 杨滨虎	《安全车锁》	甘肃省科协 甘肃省教育厅	省级	一等奖	2012年4月
21	学生项目	李作舟 张甜甜 吴凯	程忠 杨滨虎	《节能减排从小事做起》	甘肃省科协 甘肃省教育厅	省级	二等奖	2012年4月
22	学生项目	雒玉亮	侯铁民 王悦琴	《跳跳球》	甘肃省科协 甘肃省教育厅	省级	二等奖	2012年4月
23	学生项目	宁立军	王悦琴 侯铁民	《圆规式两用螺丝刀》	甘肃省科协 甘肃省教育厅	省级	二等奖	2012年4月

续表:

序号	项目类型	作者	辅导教师	作品名称	组织单位	级别	等级	时间
24	学生项目	任锦懿 励雯婷 刘潇	杨天军 丁双胜 韩倩	《自制家庭小型地震仪》	甘肃省科协 甘肃省教育厅	省级	三等奖	2012年4月
25	教师项目	丁双胜		《自制环保气体发生器》	甘肃省科协 甘肃省教育厅	省级	二等奖	2013年4月
26	教师项目	杨滨虎		《摩托车、电动车爆胎急救车》	甘肃省科协 甘肃省教育厅	省级	三等奖	2013年4月
27	教师项目	张克杰		《生活中的优化问题研究》	甘肃省科协 甘肃省教育厅	省级	二等奖	2013年4月
28	教师项目	王悦琴		《培养孩子财商,您准备好了吗》	甘肃省科协 甘肃省教育厅	省级	二等奖	2013年4月
29	学生项目	王元星 王一帆 李衍	丁双胜 杨天军 韩倩	《新型养殖车间》	甘肃省科协 甘肃省教育厅	省级	一等奖	2013年4月
30	学生项目	张苗苗 白亚娟	张克杰 杨建华 管霞	《用数学装饰我们的生活——多变形灯罩》	甘肃省科协 甘肃省教育厅	省级	三等奖	2013年4月
31	学生项目	王杰 王子瑜 管俊峰	张克杰 韩丽萍	《汽车超重报警器》	甘肃省科协 甘肃省教育厅	省级	二等奖	2013年4月
32	学生项目	杨福海	夏吉鑫 殷学旭	《多用地震报警器》	甘肃省科协 甘肃省教育厅	省级	二等奖	2013年4月
33	学生项目	朱振杰	韩丽萍 张克杰	《机动车尾气净化器》	甘肃省科协 甘肃省教育厅	省级	二等奖	2013年4月
34	学生项目	姜雪涛 顾潇	朱多祯 牛新军 侯铁民	《车窗融雪机》	甘肃省科协 甘肃省教育厅	省级	三等奖	2013年4月
35	学生项目	宁立军 王靓敏 尚乃辰	侯铁民 王悦琴 王学龙	《环保型家庭垃圾处理存储器》	甘肃省科协 甘肃省教育厅	省级	三等奖	2013年4月
36	学生项目	盛占磊	侯铁民 王悦琴 管霞	《防哈气口罩》	甘肃省科协 甘肃省教育厅	省级	三等奖	2013年4月
37	学生项目	张楠	王悦琴 侯铁民 吴国光	《防风自动关窗器》	甘肃省科协 甘肃省教育厅	省级	三等奖	2013年4月
38	学生项目	袁凯	陈泅 王璇	多功能除垢器	甘肃省科协 甘肃省教育厅	省级	二等奖	2014年4月

续表：

序号	项目类型	作者	辅导教师	作品名称	组织单位	级别	等级	时间
39	学生项目	黄东岳 王 健 袁 凯	刘 喜 李文辉	轻便型自动扫地器	甘肃省科协 甘肃省教育厅	省级	二等奖	2014年4月
40	教师项目	丁双胜		氢气爆炸安全器	甘肃省科协 甘肃省教育厅	省级	三等奖	2014年4月
41	学生项目	张掖中学校内存在安全隐患活动小组	丁双胜 杨兴明 孙殿旭	关于张掖中学校内存在的安全隐患调查报告	甘肃省科协 甘肃省教育厅	省级	三等奖	2014年4月
42	高中生科学竞赛项目	徐乾景 毛 凯 唐 怡	李欣华 陈 泗 吴国光	甘肃省张掖中学2014届高一学生学习理科的习惯方法的调查分析和研究报告	甘肃省科协 甘肃省教育厅	省级	一等奖	2015年4月
43	高中生科学竞赛项目	闫梓顾	李欣华 吴国光 王晓建	微型除尘、吸尘器	甘肃省科协 甘肃省教育厅	省级	二等奖	2015年4月
44	高中生科学竞赛项目	徐乾景 王子涛 孙 莹	吕国强 陈 泗 李文辉	轻便型除尘、擦洗、干燥一体机	甘肃省科协 甘肃省教育厅	省级	三等奖	2015年4月
45	高中生科学竞赛项目	邓常晖 安 焱 王子潇	杨发锡 王 璇	生物细胞分泌蛋白合成模型	甘肃省科协 甘肃省教育厅	省级	三等奖	2015年4月
46	高中生科学竞赛项目	刘奕晨 陈玉雯 陈露露	杨发锡 王 璇	结合水与自由水转变过程演示	甘肃省科协 甘肃省教育厅	省级	三等奖	2015年4月
47	高中生科学竞赛项目	马 岳 王一超 孙 滢	丁双胜 仲新民 孙殿旭	节能插座	甘肃省科协 甘肃省教育厅	省级	三等奖	2015年4月
48	高中生科学竞赛项目	韩逸飞 刘学成 张中正	郭 维 汪兴盛	为纸插上翅膀	甘肃省科协 甘肃省教育厅	省级	三等奖	2015年4月
49	方案设计	汪兴盛		眼睑性状与指纹特征的相关性研究	甘肃省科协 甘肃省教育厅	省级	二等奖	2015年4月
50	方案设计	吕国强		高中生高效自主学习计划自主课堂方案	甘肃省科协 甘肃省教育厅	省级	三等奖	2015年4月
51	方案设计	夏吉鑫		数学优化生活、促进资源节约	甘肃省科协 甘肃省教育厅	省级	三等奖	2015年4月
52	方案设计	王悦琴		你我携手，探寻"概率"	甘肃省科协 甘肃省教育厅	省级	三等奖	2015年4月

续表:

序号	项目类型	作者	辅导教师	作品名称	组织单位	级别	等级	时间
53	教师项目	陈汨		甘肃省张掖中学 2014 届高一学生自主学习能力现状的调查测试和分析研究	甘肃省科协 甘肃省教育厅	省级	一等奖	2015 年 4 月
54	教师项目	罗寿晶		探究张掖市交通灯的模型	甘肃省科协 甘肃省教育厅	省级	一等奖	2015 年 4 月
55	实践活动	高中"数模星空"社团的实践与探究实践活动小组	郭维	高中"数模星空"社团的实践与探究	甘肃省科协 甘肃省教育厅	省级	二等奖	2015 年 4 月
56	高中生科学竞赛项目	张克宇 魏子健 杨佳佳	张克杰 罗寿晶	一种新型画平行、垂直直线及角度测量教学用多功能三角尺	甘肃省科协 甘肃省教育厅	省级	一等奖	2016 年 4 月
57	高中生科学竞赛项目	梁昊毓 王健 杜焘	侯铁民 王悦琴 杨兴成	基于 Arduino 单片机控制的植物自动滴灌系统	甘肃省科协 甘肃省教育厅	省级	二等奖	2016 年 4 月
58	高中生科学竞赛项目	何丰 王安琦 陆舒薇	运熙伦 罗寿晶	自动避障小车	甘肃省科协 甘肃省教育厅	省级	二等奖	2016 年 4 月
59	高中生科学竞赛项目	杜珂 刘永翔 李阅微	夏吉鑫 刘国宏	张掖市甘州区湿地资源保护情况调查报告	甘肃省科协 甘肃省教育厅	省级	三等奖	2016 年 4 月
60	高中生科学竞赛项目	刘学成 韩逸飞 张中正	郭维 汪兴盛 张娥	给我一点想象,我就能逃离地球	甘肃省科协 甘肃省教育厅	省级	三等奖	2016 年 4 月
61	高中生科学竞赛项目	张玮 张露 杨劲波	陈莉莉 羊振华	多用防盗感应预警器	甘肃省科协 甘肃省教育厅	省级	三等奖	2016 年 4 月
62	高中生科学竞赛项目	徐嘉营 阮志煜 刘坤宁	罗寿晶 运熙伦 王海花	便携式加热杯	甘肃省科协 甘肃省教育厅	省级	三等奖	2016 年 4 月
63	教师方案	汪兴盛		农村秸秆燃烧与环境保护调查研究	甘肃省科协 甘肃省教育厅	省级	二等奖	2016 年 4 月
64	教师项目	王红生		两用化学实验仪器盒	甘肃省科协 甘肃省教育厅	省级	一等奖	2016 年 4 月
65	教师项目	汪兴盛		两对单基因性状与指纹特征的相关性研究	甘肃省科协 甘肃省教育厅	省级	二等奖	2016 年 4 月
66	教师项目	丁双胜		环保微型实验演示仪——氯气的制取和性质	甘肃省科协 甘肃省教育厅	省级	三等奖	2016 年 4 月

第六编 诗词文赋 文献资料

第一章 诗词文赋

怀念与期望

李正合

趁丝路之旅，再次返乡探亲，与家人暨乡亲会面，备极温馨！

母校——张掖中学，将出版近期校刊，邀我提供文稿，欣喜之余，亦感无比惶恐。我是在60年前（民国二十九年）毕业于张掖中学，当时张掖中学教数理教师，多系甘肃省玉门油矿局工程师，他们利用工作之余、休假时间来张掖中学教课，虽属业余兼课，但教学态度认真，对学生课业要求严格，令诸生敬仰与钦佩，亦使学生获益匪浅。因此，奠定了我后来进入"国立边疆学校"就读的基础。饮水思源，师恩浩荡，如今虽已时隔半个世纪以上，犹觉难以思怀！

民国三十七年从"国立边疆学校"毕业之后，我被分配到台湾省之嘉义女中任教，逾年，复调到台南一中任教。这是一所颇有名气的重点高中，其升学率在男生高中当中，数一数二。在台南一中任教9年期间，亦同时兼任成功大学讲师，为求教课资料不断更新，提升教学品质，一面任教，一面著书，以达教学相长目的，使学术研究与教育事业，两相奠基，力争上游，结果，荣获教育部先后授予副教授及教授资格。

在著述方面，课余编绘有，植物病虫害挂图、人体疾病挂图、动物解剖图、生物遗传图等；在编著专书方面，《生物学实验》《生物学指引》《生物学测验》《生物学精粹》《博物精粹》《高中生物学实验》《普通植物学》《普通生物学》《博物实验》《生物指标本采集与制作法》等。最近数年潜心研究，在学术上又完成了《植物生理研讨》《特殊生物标本采集与制作》《遗传学问题之研讨》等著作。

创办学校，实现教育理念，树人树德，是我毕生职志。坚持理念，坚定原则，不惜罄捐积蓄，先后创办私立昆山中学、昆山工业专科学校。由于台湾经济起飞，工专开放招收商科，学校名称亦随之改名为工商专科学校，励精图治，办学小有成就，经教育部严格评鉴，其被列为最有发展潜力的一所学校。遂于1996年，专科学校升格为技术学院，越四年，技术学院已臻大学规模，复于 2000 年奉教育部核定改名为昆山科技大学，本人并创办人身份兼任校长，前后近 30 年之久。目前昆山科技大学有四个学院，工程学院、管理学院、商业学院、设计学院，各学院设有研究所，招收硕士、博士生，全校教职员工及学生 16000 余人。

由于对德、智、体、群、美五育教育并重，我曾担任台湾大专院校体育总会会长，先后率领台湾大专学生体育团队访问日本、韩国与欧美等国，并被列入台湾现代名人录。

办学之初，即立下宏愿，期望以公立学校制度，配合私立学校精神，相辅相成，不仅以办学为己任，更要以教育为目标，从无到有，从小到大。树立五大兴学目标：

第一是校舍建筑前瞻化，第二是教学设备实用化，第三是学生管理人性化，第四是环境规划公园化，第五是行政管理效率化。准此五大原则与目标办学，从中学、专科、学院以至今日之"科技大学"，时代虽有变迁，但办学精神与治校理念并无差异，尤甚早年办学。兴办学校，只有默默耕耘，教育良心，培养学子，五育并进，为国育才乃首要本务；一切设施以师生受益为考量，一切做法以师生权益为前提，多做少说，或先做后说，发挥西北人最大长处，脚踏实地，一步一脚印，完成目标。如今唯已实现，引以为傲，值得自豪。其次，"乐观"是我毕生奋斗的动力，或许是大时代的考验，或大环境的熏染，使我不得不拿得起来，放得下，挑重担，做硬汉，受挫折，不灰心，勇往直前，奔腾向上。仅以此数语，期勉张掖中学学棣们。但愿有生之年，健康常随，贡献教育，造福桑梓，并祝愿母校校运昌隆。

2002 年 4 月

《甘州行　赠毕业诸君》

民国　袁定邦

诸君行矣且暂留，听我把盏歌甘州。甘州古属月氏地，形势险固若金瓯。
祁连城南崞千尺，黑弱汹涌向西流。汉唐代有传人出，屈指首数金秺侯。
沮渠蒙逊雄西北，赵氏父子名千秋。乌家兄弟兵罗胸，当时军中号二龙。
其子重胤尤杰出，坐镇河阳屹如峰。有明一代数英豪，陈瑗毛忠声名高。
降及清代武功盛，二康一孙著贤劳。文章人称曹阿冯，九天联翮落凤毛。
近代最仰李夫子，流风久香学人齿。嗟我生晚未及见，即贾李邓亦往矣。
唯有张曹王较迟，我则追随其杖履。其中王更雄陇右，文章功业称泰斗。
自是阙后阒无人，眼前惟见肆群丑。二十年来太惨伤，更无人作蒲牢吼。
诸君行矣好自勉，莫将岁月等闲遣。前哲不远犹可希，继往开来志莫舛。
况是神州叹陆沉，救亡图存责无免。吁嗟乎！
国家地方齐亿生，肩负岂容稍彷徨。诸君行矣好自勉，余也翘足更展眶。

旧地与母校

北大 陈松岑

1941 秋到 1946 年春天，我的父母亲先后在甘肃的天水、酒泉、张掖工作，我则在张掖中学读了初中。2004 年 10 月 2 日，我重游了张掖，走下火车，进城的途中，便急切地环顾左右，希望能发现旧日的痕迹。可是，张掖发生了天翻地覆的变化，不但房子几乎都是解放后新修建的，连地形、地貌也完全不同了。车到南城住进张掖宾馆之后，我就给当年张掖中学的一位老同学王打了电话。他告诉我明天他们同学聚会，在会上他将通知我到达的消息并和大家来看我，于是我今天就先安排了别的活动。

早饭后，我先打车到西关外去寻找我们过去住家的地方——西北公路局张掖工务总段。我们全家曾在张掖住过三年，我的小弟就出生在这里。汽车向西关外开去，沿路都是高楼大厦和宽阔的柏油路。那时的张掖，没有任何公共交通工具。记得有一次我生病肚子疼，也只能是由父亲牵着我的手，自己走进城内，找药店的坐堂医生诊脉开药。回想当年城内外都是土路，路上行走的是成队的骆驼和驮着各式货物的马、骡、驴等，连自行车也很少见，更不要说卡车。路边排列着旧式的、须上下门板的铺面房，除了天主教堂之外，印象中就没有楼房。记得靠近西门有几家铁匠铺，路过这些店铺时，大弟总是蹲在一边看铁匠师傅给马钉掌。现在这里不但没有了铁匠铺，连高大的城门和上面有着许多燕子窝的城墙也都被拆光了；绕城的护城河已被填平，在上面修建了环城马路。当年沿着护城河的是成排的大车店。现在，沿着马路都是整齐的楼房。我一面看，一面回忆，车很快就停在一幢楼前。司机说："工务总段到了。"下车扫视周围，迎着我的是一幢长长的有六七层楼的楼房，楼左底层有一间房子那么宽的通道，通道上方，从顶层往下到二层的两窗之间的空隙，竖写着"张掖公路分局"六个大字。这个地方就是原来的工务总段。我走了进去，沉浸在对儿时的追忆和对眼前景象的感慨之中。过去的工务总段所有房舍，是在我父亲任总段长时修建的；有办公用房，还有会议室兼文娱活动室等，地面铺的是从黑河边沙地里挖到的大方砖（现在我才明白那可能就是古黑水国城堡的遗物）。院子里还有篮球场、板羽球场；在冬季，还曾用人工泼水的方式，建过一个小的溜冰场。儿时的张掖只能保留在我的记忆中了。

告别公路分局后，我就径直来到创建于西夏永安元年(公元 1098 年)的张掖大佛寺。当年二弟就读的益垫小学原来也在寺内，解放时只剩下卧佛和它身后的一面危墙是历尽劫难保留下来的原物。我依次参观了几进雄伟庄严的大殿。午饭后我随即又开始了对大弟当年就读的明德小学的探访。明德小学是天主教会所办的一所私立学校，我早已知道它也不存在了。我看到原来的天主教堂也已被拆除，在旁边新修的一座则尚未竣工。回到宾馆，才知张中的四位同学上午曾经来访，留下便条约我明天上午十点在宾馆见面。

晚上上床后，一面想象明天的聚会，一面回想在张掖的一天见闻。在张掖跑了一天，得到的几乎全是陌生的印象，和记忆中的张掖差别太大了。记得那是1943年的农历正月十五，晚饭后，爸妈带了我们进城去观看据说是每年都有的元宵灯会。一进西门，我们就被寒夜中一眼望不到尽头的各式花灯惊呆了。几乎是每家商户都在自己的门前摆出了约有五六米宽、两米来高，经过雕刻、油漆的精致的木制灯架，架上则挂满了一排排各色各样的花灯。花灯一般都是木框帛罩，上面彩绘着花鸟人物。特别是那些带有连环画性质的组灯，和人、马都能随着空气的流动而旋转不停地走马灯，更让我们这些孩子惊叹不已、流连忘返。爸妈一面看，一面给我们讲解灯上所绘的故事，一面赞叹："家家户户都有这样精美的花灯，而且年年举办灯会，想不到张掖有这么深厚的文化底蕴！"

十月三日吃了早饭，便在宾馆里等候我的同学；刚到十点，他们就到了。六十年前的少男少女，今天一个个白发苍苍、满脸皱纹；当各人双手紧紧握住对方的手时，时间也就凝固了，每个人都在记忆中努力寻找着当年的形影，欣喜悲苦，百感交集。我们这一代人，生逢社会大变革的时代，注定了要经受数不清的磨难和考验；是真金，终会闪光。幸运的是，我们总算都熬了过来。我们还一起回忆了当时学校的几位老师。他们告诉我，我们的国文老师袁定邦，解放后曾担任张掖文化馆和图书馆馆长，抗美援朝时亲自送两个儿子出征，其中一个牺牲在朝鲜战场上。1989年，老师的学生施生民、王野苹选注老师的遗稿《抱坚轩诗》，经张掖市经委郝耀山等领导的赞助后出版。更使我惊喜的是男同学王送给我一张他自写的书法条幅，内容就是袁老师所著张掖中学校歌的歌词。这个精湛的书法条幅使我记忆的闸门忽然打开，耳朵里又响起了当年我们清脆、嘹亮的校歌声。时间很快就到了中午，我特意在宾馆餐厅订了一桌饭菜，邀请同学们一起享用，饭后依依不舍地听任他们辞去。下午三点，王又来了。这次他带来了一本《抱坚轩诗选注》和两本《张掖文史资料》送给我。拜读《选注》后，了解到袁老师一生执教，桃李满天下，同时又是一位悲天悯人、才华横溢的诗人。翻阅史料，我对张掖的历史也知道得更加广泛和深入。比如张掖有名的福音堂医院，就是爱国进步人士高金城于1923年就在张掖开办的整个河西走廊规模最大的医院。这个医院不但给城里人治病，还经常派员下乡出诊。对贫困者，不仅免费提供治疗和医药，而且管吃管住。当1937年中国工农红军西路军西征失利后，在党组织的指导和高金城的努力下，先后有200多名西路军的失散、被俘人员得到他的救助。

本来我还打算趁同学来访，和他们一起到张掖中学旧址看看；要知道，那月洞门内的女生休息室曾无数次地在梦中出现，那满地槐荫的教室旁曾有过我和女伴们跑跳嬉闹的身影。我多么想再一次坐到前排靠左的第一张课桌旁聆听老师的讲授，多么想再一次在课间的空隙和同学们一起挤靠在土墙上，任冬日的阳光暖洋洋地抚摸我们的脸庞啊！可是，同学们告诉我，咱们原来的学校已不存在了，不但旧的房舍已经拆除，连校门对面的大照壁和照壁后面的大操场也没有了。在原来学校所在的地方，改建了一所幼儿园，操场已经成为街心广场的一部分，张掖中学已和育才中学合并。于是我默然了，打消了再回母校的念头。

来张掖之前，我还有重回文峰女校去看一看的想法，王的夫人慧也曾是该校的学生。她告诉我，文峰女校的校舍也没有了，连文峰楼都拆了。唉！这也是我魂牵梦绕的地方之一啊。记得那时我读五年级，龄读六年级，课余经常一起玩。我们两人的教室都在楼上，却不是同一座楼，从我的教室到她的教室，不需下楼重新上楼而是通过横跨两座楼之间的一个木桥；桥的两边都有栏杆，跑起来也没有危险。特别是冬天下雪，桥上结了冰时，我们就可以从桥的这头紧跑两步，双脚前后分开站稳，"哧溜"一下，就滑到桥的那边了。我们的教室面积都较大，为数不多的课桌只占据了屋子的前半部，后边都空着；这就是我们唱歌跳舞的最好场所了。记得那时我们唱过好多抗日救亡歌曲，如《我的家在松花江上》《长城谣》《嘉陵江上》《念故乡》等，跳舞的配曲则是《蝴蝶姑娘》《麻雀与小孩》《葡萄仙子》等。"现在啊，一切只能在梦里来往"，这是我们当年唱过的一句歌词，竟成为我张掖那段生活的谶语。

送走了同学们，我也要离开张掖了。六十年前离开它，我根本没想过将来是否还会回来，但我却回来了；这一次离开它，我却对它有了更深的理解和挂念，我又重新联系到许多仍住张掖的老同学，我还可以从他们那儿去感受我生活过的城市和学习过的母校。

2004 年 10 月

抹不去的记忆

张成达

我是张掖中学俄语教师张任之的儿子张成达，也是张掖中学 1960 年的初中毕业生。幼年随父亲住在张掖中学的二部，就是地藏寺那个地方。地藏寺是现在甘州区幼儿园所在地。我对张掖中学有很深的感情。我的哥哥姐姐都在张中上过学的。姐姐张淑达是张掖中学第一批团员，然后参军到第三军的卫生学校接受培训，卫生学校就在现在的民族小学所在地。哥哥张明达上学时喜爱滑冰，也喜欢音乐，后来要到沈阳参加音乐学院的招生考试，因为解放战争爆发，他就在出关的那个地方参加了解放军，后来在华北军区管弦乐队待了几年，然后转业到中央人民广播电台外国音乐组，专门介绍外国音乐，20世纪 90 年代电台播出音乐节目时，还有"张明达介绍"的字眼播出。1960 年，我因为生活困难就到了新疆库尔勒，在农二师工作，直到 1987 年元月才回到张掖，在张掖糖厂工作直至退休。我时时关注我的母校张掖中学。张掖中学当时修建标准化教室时是兰州建新公司来修的，两栋，1987 年回来时发现教室都拆了。我的女儿也是张掖中学毕业的，现在在地区医院手术室，我的外孙也在张掖中学，今年正好高三毕业。更主要的是我的父亲在张掖中学上过课，是第一任俄语教师，我们和张掖中学有四代的情缘。

我的父亲张任之，中学读书时开始受到新文化运动和进步思想的影响，十八岁参加中国共产党，十九岁被组织委派赴苏联留学，两年学业完成回国，与组织失去关系，办大道书社从事革命宣传工作，后书社被查封，他回到乡下教书，抗战爆发，他辗转来到大西北，1944 年，张掖中学仇涟清校长聘他代课，1950 年，人民政府聘任他到张掖中学当俄语老师，他是张掖中学教职员学习委员会五人之一。20 世纪 50 年代，学校成立卓娅班和保尔班，他是保尔班的班主任。他教课时先让学生唱苏联国歌，我们也受他教的俄语的影响，不知不觉就学会了俄语的单词和句子。1987 年从新疆回到张掖后，遇到那时的学友，学友对我说，我们的俄语都是你的父亲教的，你父亲的俄语教学在省上也得到过好评。记得当时，原张掖中学的陈克彬老师曾对我说，你的父亲那时是很敬业的，教学上每周排课 26 节，这个教室上完课，稍休息就到另一个教室。记得父亲为了给学生学俄语创造条件，在假期他还拿刻刀刻俄语字母用于教学，他还自己订俄文版报纸，用于提高教学业务。1956 年，在张掖山西会馆举行过张掖地区成就展览，有苏联人来参观，他去当俄语翻译，回来对我说，成达，张掖这个地方可真怪，我哪个词都能翻译，唯独翻译到张掖的"楸子"，怎么都对应不上，就直接说了个"楸子"，苏联的翻译也跟着说了"楸子"，这真是一件有趣的事。原张中的老师邓旭东也对我说，1958年大炼钢铁，你父亲也跟着到西关农具厂劳动，夜里送饭吃饭，你父亲把馍馍外表烤成焦黄吃，闻起来那真是个香，以后我们也学你父亲烤馍馍吃。记得是 1958 年年底，父亲因历史问题受到上级组织的处分。不久，我去了新疆，父亲一人承受着政治生活的压力。"文革"中间我回到过张掖，他给我说，现在，你们是幸福的人，因为你们坚持的是毛泽东思想，不像我求学那时，又是无政府主义，又是国家主义派，什么思潮都有，社会混乱，人心迷失。现在，你们要跟着毛泽东思想走，要在政治上追求进步。他用他的笃志敬业影响着我们子女后代做人做事。父亲和我母亲认识后，1940 年结的婚，父亲有知识分子的善良心，对母亲关爱有加，他讨厌张掖地方对妇女的歧视，我们住在学校，他不让我们沾染社会上的恶习陋习。1962 年大办农业时，他自己写退职申请主动为国分忧，张掖中学的蔡博麟书记对他说，张老师，你退职后，一大家子怎么生活？他说自己想办法。他想到新疆我这里来，但当时我们是兵营，他没办法，他又想到新疆伊犁师范他一个学生那里去教书，也因受"伊犁事件"被阻隔，再后来，朋友建议他到西街邮局旁写信谋生，所以他后来就靠给人写信获取生活的收入，再后来"文革"时，西街办事处让他写宣传标语，他认真写好每一个字，再后来，有人请他给孩子辅导学俄语，他也不拿别人的一分报酬。多年的奔波劳累，到 1972 年 12 月底，他心肌梗死发作，就突然离开了我们。他在世时给我写信，送我们子女《毛主席著作选读》，希望我们政治上有所进步。父亲去世时我没有回来，后来因父亲问题受牵连，生活艰辛，1978年，我找有关部门给父亲落实政策，后来为照顾母亲，1987 年，我从新疆调回了张掖，现在，我们的政治清明，生活安定，但回忆那时求学的生活，总是难以忘怀，所以又有了下面对母校的生活的回忆，正值张掖中学百年华诞，算是给母校的献礼。

　　人的一生中有很多转瞬即逝，经过岁月的磨炼，总能留下一些痕迹和使人无法忘却的记忆。虽然如今我已步入七十五岁，倏忽间已物是人非，但六十多年前在张掖中学求学的一段时光，历历在目，仿佛一幕幕电视剧浮现在眼前……

1956年秋，我们这群来自张掖城乡的十来岁的小学生有幸考入了张掖中学，到校后一切都感到无比的新奇。学校的规模设施和师资力量都是我们上过的小学无法比拟的。

那时候的张掖中学还分为一部、二部。一部在木塔寺，二部在地藏寺。这中间还有一个用木栅栏围起来的大操场。学校一部占有面积最大，教室、宿舍和办公室也最多。校内还有大小食堂供师生用餐。尤其是那高大巍峨的木塔格外引人注目。在这儿读书使人倍感自豪。

学校一部的校门是古朴的门楼样式，门向东面临大街而开。学校建筑以木塔为中轴线一字摆开，以校门为始，有八角亭、阅览室、仪器室、实验室、木塔、黑楼（高两层设为图书馆）等建筑，甚是庄严肃穆。在中轴线两边各有教研办公室和学生宿舍，前面是两排各有五间教室的新式砖木结构的建筑。每间教室均有80平方米，安有宽敞明亮的玻璃门窗，室内还有在张掖当时难得一见的木制天花板，每个教室内前后还配有木制垃圾盒。教室外有花坛，开着五颜六色的花，令人心旷神怡。学校有二十多个班，有学生千人，有老师六七十人，有许多是从大学分配来的。还有一些老师操有南方口音，着装整齐，打扮新颖，待人彬彬有礼，使人感到亲切。学校里还有许多高大憨厚的廿岁左右的大哥哥，大姐姐，他们是高中的同学，使我们感到仰慕，不敢接近。

学校的阅览室和仪器室格外宽大，引人注目。阅览室可容纳百人，室内宽敞明亮，摆有大批桌椅供人阅读或举办各种讨论会，平时，里面有各种报纸杂志，供同学们在课外时间阅读。另外一座和阅览室一样大小的建筑是仪器室，配有管理员和实验老师为同学们做实验时作辅导。里面有数理化教学仪器上千种，数千件，可供两个班同时分组进行实验。各种动植物标本、仪器、试验用品琳琅满目，仅当时社会上稀缺的高级显微镜就有20多台，可供同学们做实验时每两人用一台。平常仪器室门窗关闭，特别是密不透风，成天关着的黑色窗帘，给人一种神秘感。

在木塔后面有一座二层古楼（俗称黑楼），雕梁画栋，甚是雄伟，学校图书馆就设在这里。二楼上整个摆满了书架，有中外古今各类书籍，还有许多线装古籍，我们都叫不上书名。当时，我好奇地发现一本《饮冰室文集》，问同学，他们都不知道是谁的书，后来我才从别人处得知是清末戊戌变法七君子之一的梁启超的书，可惜，当时没有看过内容。

木塔前面的空地上有七八口直径近一米的大鱼缸架在木架上，里面有颜色、大小不一的金鱼自由自在地游来游去，供师生闲暇时节观赏。隔一段时间，便有高中同学用手摇抽水机取水，换水，引得我们这些初中小同学围观。

　　另外，学校在僻静处设有一座音乐室，里面有各种乐器，还有两架脚踏风琴以供音乐教学用。特别是那架高大油亮的钢琴发出清脆悠扬悦耳的声响时，令我们这些土生土长的学生们惊叹不已，感受到高雅艺术的魅力。

　　在当时，张掖中学的体育设施也很齐全，除篮球，排球，羽毛球，乒乓球外，还有单双杠，吊环，爬绳，鞍马，肋木，跨栏，跳箱，垫子，平衡木等。教我们体育课的老师是一位叫沈国风的上海青年，我记得那时候每周有两节体育课，每当上体育课时，总有他那灵巧的身姿，为我们演示他那身手不凡的技艺，同学们耐心听他讲解每个动作的要点。他教给我们各式不同的花样及各式惊险动作的步骤和秘诀，不时地守护在我们身边，生怕有闪失。沈老师还教给我们做各式不一花样繁多的垫上运动，示范各种动作，同时纠正同学们的不良动作。让我们大开眼界的是：沈老师让女同学组织了一支体操队，教他们做各式柔美动作，花样繁多，美不胜收。在他的辛勤辅导下，体操队很快就取得了优异的成果。记得在学校里举行汇报表演时，有位叫毕之美的同学，以她那轻盈的身姿在平衡木上展示她的技艺，每个动作灵敏惊险，又不失优美，花样繁多使我们目不暇接，她的动作不时博得同学们和老师的赞赏。后来，毕之美同学被选拔到省城兰州参加比赛，为我们张掖和学校取得了荣光。

　　那时候，学校里除组织学生们学好课堂的学业外，在课间活动时还开展各种文体活动。学校发挥学生会和团支部的作用，及时组织成立了各种兴趣小组并开展活动，有写作小组，音乐小组，体育小组，航模小组等十多个小组。每到各类兴趣活动小组开展活动时，大家都能认真参加，认真探索，耐心学习。记得那时候我报名参加航模小组，还领到了一套三合板模型，自己拼装飞机。负责航模小组的辅导老师是仪器室管理员，一位上海青年鲍定孝老师。在他言传身教下，航模小组的飞机模型表演在学校操场离地面高空十余米的空中飞了四十多分钟，不时地盘旋在空中，做各种动作，还赢得来往行人的赞叹，当时我们竟然还不知道这个神秘，现在才知道是靠遥控操作的。

　　现在回想起来，那时候的人们是多么的纯净呵，那时候的学生们是多么轻松。我记得那时候，我们班有十多名同学都戴着红领巾，是少先队员。我们的辅导员是高中的共青团员。当然，班里还有许多年龄较大的同学。甚至还有两三名已婚女同学。记得有一学期，班里来了一位近三十岁的英俊汉子听课，后来才得知：他是部队的一位团长，部队送他来深造的。班里的同学们相处得如同兄弟姐妹一样，互相关心互相帮助。我们这些年龄小的同学总是格外受到关心。每当我们犯了一点小淘气或恶作剧时，总能得到庇护，那时候的我们是多么幼稚呵。

　　现在回忆起当时的课堂学习来，总觉得那些老师们学识渊博，教学水平较高，教学讲究艺术，讲课生动活泼，语言清晰，深受同学们喜爱。就是枯涩的数理化也能引起同学们极大的兴趣。同学们刻苦学习，勤奋攻读。老师们耐心细致，苦口婆心费尽心思不厌其烦地教，直到同学们弄懂。老师们以身作则，从早晨上早操到晚自习都陪着我们。每次布置作业后，老师们都要将作业带回教研室批改到深夜，第二天再在课堂上点评。老师们用知识滋润着我们饥渴的心田，使我们从一个个无知的少年渐渐成长了起来。

那时，我们的语文是分成了文学和汉语的，当时，本地方言和土语很普遍，教育部提倡在全国推广普通话。教我们汉语课的是王守正老师，虽然是本地人，却操着一口普通话，他着装新潮，教学中发音清晰，态度亲和，百问不厌。他教我们讲普通话，课堂上耐心教，不时矫正我们不正确的发音。还时常组织普通话演讲活动，提高我们汉语学习水平。

那时候学校里分来了许多年青老师，都是大学毕业的。也有许多老教师。除本地人外，有许多老师是外地或南方的。我们这些当年的小淘气，经常在背后学笑南方老师的口音或话语，有时还在课堂恶作剧，使他们下不来台。但对于这些做法，老师们丝毫没有批评或报复之意，反而还自己检讨起来。老师们除了在学习上对同学关心，在生活上也给予照顾，如看到有的农村同学没吃上饭，或没钱购买学习用品时，都能给予资助，老师们的以身作则也影响着同学们相互帮助。

记得刚入校时学校里没通电。早晚上自习课，尤其是晚自习要到九点半才结束，学校里要求同学们自备灯，那时，我们是单人桌凳，到上自习课做作业时，前后桌子一并四人一组，共用两盏灯。灯是自备，煤油由总务处供给。四个人围着两盏灯看书做作业，鼻孔熏得通黑。大家一笑而止。自习上完后就把灯拿到教室门角上的框架上。记得：那时我们班里几位小同学，下课后互相追逐，从教室前门后门跑，玩得真开心，突然间，哐当一声把门角的框子撞到地上了，顿时，同学们都惊呆了，几十盏灯都落地砸碎了……这一来怎么上自习呢？那几位同学惊吓不已……幸亏，班主任老师不太严厉，告知学校后，就给我们班里配了一盏汽灯。只是苦了我们班那位生活委员，每天要赶在上晚自习时把汽灯准备好。那汽灯真好呵，每次把油添好后，把气打足，拿火柴把灯罩一点，扑的一声灯如白昼一样发亮。从此，我们班再也没人把鼻孔熏得通黑了。自此，每到晚自习时，我们班的教室里通亮，惹得其他班的同学羡慕，纷纷向学校要求配汽灯。没过多久，学校里就给每个班都配上了汽灯。这一来，别的班同学都说我们是"因祸得福"，全校从此再也不会在昏暗的光线下上晚自习了。

到第二学期开校时，学校里通上电了，教室、办公室、宿舍都装上了电灯，每到晚上，校园里灯火通明，而我们，又开始走上通向光明未来的学习征途……

时光荏苒，光阴流转，父亲去世已45年，我也到了我父亲那时的年龄。如今，社会发展，民生改善，我们的物质生活丰富起来了，但我们要让我们的后代知道先辈创业的艰辛。回顾历史，是为了更好地面对今天和未来。张掖中学即将迎来他的百年华诞。所以，我回忆写下以上的文字，祝愿我的母校蒸蒸日上，兴旺发达，祝愿我们的祖国繁荣昌盛，走向辉煌。

献给教师的歌

张相贤

你是那样的执着。职业千百样，却做"孩子王"。智慧的钥匙，开启科学的殿堂。

你是那样的欢畅。蜜汁由你精酿，不计情劳神伤。精的丝缕，织就了大地的锦妆。

你是那样的贪知。探古今，求中外；穷真理，究规律。青丝染霜，还搜索枯肠。

你是那样的痴迷。风来了，耸耸肩膀；浪起了，笑声爽朗，四射着灯塔的光亮。

你是那样的清爽。竹满山岗，荷铺池塘。平平常常，绿波荡漾，使人神怡心旷。

你，出奇的坚强。杯羹壶浆，室无器觥，也无一丝惆怅。

你，出奇的豁达。天有晴阴，月有圆缺。宁静淡泊，坦然如常。

太阳升起的地方，就有你的辉煌。颤动的心房，闪烁着你的形象。口碑是华章，万代有绝唱。

咏张掖中学校园木塔诗词五首（阕）

一、张掖木塔赞

周光汉

风雨千秋腰不弯，依然古塔画边关。

九层飞阁巍巍立，两袖清风冷冷环。

独幸神州逢盛世，才将旧貌换新颜。

环球底事留身影[1]，铁骨铮铮立懦顽。

[1]注：写世界游人均摄木塔影回去。

二、万寿寺木塔

施生民

佼然矗立碧云间，俯瞰人寰千百年。

边地合分存眼底，绿洲丰歉载心田。

缅怀百代留长叹，遥看千村笼紫烟。

鱼跃人欢今胜昔，甘州的的赛江南。

三、木塔赞

马国瑞

木塔巍巍近碧霄，飞簷铁马伴歌潮。

刚强品味千秋在，坚毅精神万代骄。

燕子凌云舒壮志，书声盈耳铸情操。

苍天若问人间事，桃李成荫赤帜飘。

注：铁马，飞簷上挂的铁铸风铃。

四、八声甘州咏木塔

任作启

看开皇岁月塔初修，屹然上千年。似刺天长剑，劈妖慑鬼，堪柱旻颠。壁壁雕禽勒兽，翘角欲飞天。会当凌绝顶，鸟瞰祁连。

立脚西陲天府，此鱼肥粮广，裕固挥鞭。且骚诗增彩，墨客赋添妍。讲烽烟五凉逐鹿，道传奇风铃发箴言。观宾众，名显丝路，誉饮人间。

五、木塔吟

苏 政

茕茕孑立，无神无韵，高大的身躯千疮百孔。

招来寒鸦栖身，积起历史灰尘，埋尽信徒的虔诚。

笑迎朝霞，沐浴金风，昂首采撷袅袅的白云。

三中全会光照乾坤，鸟瞰金张掖的风采，满目改革巨变的繁荣。

五喜临门贺张中

周光汉

小序：张中育才合并，强者治校，重振雄风，现为省级示范性高中、省级文明单位、全国基层先进党组织、全国教育系统先进集体，成绩卓然，因以贺之。

（一）

省级示范知名校，荟萃严师育栋梁。

重整雄风连夜苦，满园桃李已芬芳。

（二）

盛世花开别样红，文明陇上数张中。

高楼林立书声朗，戒耻倡荣好校风。

（三）

朵朵葵花永向阳，师生心系党中央。

基层党组评先进，名列中华五百强。

（四）

气爽秋新菊正黄，张中又出状元郎。

年年总有花枝俏，分送清华北大香。

（五）

不辞万苦育群芳，荣得中央又表彰。

教育林中居榜首，永怀赤胆铸辉煌。

丙戌之秋，重阴佳日。周公有感于我校五大业绩，欣然命笔，赋诗歌咏，是之谓"五喜临门贺张中"。

张掖中学诗词楹联欣赏

袁 泽

张掖中学,百年名校,积淀深厚,源远流长。除旧址原先的木塔晨钟、黑楼飞燕等名胜之外,2001 年和育才中学合并迁移新址,到如今,新领导新思路大手笔巧安排,修科技广场,建书香长廊,立名人雕像,我们还能从学校楼宇门亭长廊亭柱的诗词楹联,来探知学校的人文情怀和书香氛围。让我们且走且赏。

从校南门进,首先看到的是诚信楼,它代表学校的第一印象:朴实无华。诚信楼门厅四柱,外柱是十一字长联,"百年名校桃李芬芳结硕果,千秋伟业英才辈出创辉煌"。横额是"桑梓之光"。这是学校工作成就的概括。门楣上挂"2001 年两校合并大事记"匾。门柱内为八字联,"纳百川涓流成大海,通千古经典显高才",是对学校的胸怀气度及养成学生素质的概括。进南校门,向东行三十米,北折前行,东有书香长廊,西有邵逸夫教学楼。书香长廊东西纵贯,南北两条。南廊西头门柱有联:"未出土时便有节,及凌云处尚虚心。"此联用中国传统文化中的竹子来喻人从小立志向,养气节,功成名就时却虚怀若谷的境界和情操。南廊面由西到东依次有三联:其一是"莘莘学子行春雨,济济园丁揽锦涛",表明学生尊师感恩成就学业,老师教书育人一览美景。其二是"丹青意境神精气,琴瑟音容美善真",描述用音乐美术培植人生养成人性的内涵。其三是"培红伫待百花妍,育绿欣观千树茂",是春华秋实育人成才的写照。至南廊东头,门联黑底绿字:右为"金玉银山三宝地",左为"孔孟墨子一圣人"。"三宝"一词和佛教有关,在此喻指学校是思想的圣地,知识的殿堂,精神的家园。同时期望莘莘学子立天地公心,树一等人品,向圣贤看齐,追求卓越,达到治学的顶端。至北廊东头,门联照旧是文雅沉静的黑底绿字,右为"桃李是否罗堂前",左为"榆柳已经荫后檐",巧借诗句,轻启发问,提醒学子,发愤努力。北廊面和南廊面两相对应。廊柱诗词楹联从东到西依次有三,首先是"半城塔楼育英俊,一角山水萃古今",此联表明学校教育事业承前启后继往开来。原先张掖中学在市中心广场,木塔黑楼是名校的亮丽风景,张中的校徽也据此设计。现在,迁至新址后,仿汉唐风格的木塔书院书香长廊,微缩收纳了中国古建筑的特点。坐廊下,看旭日东升,倦鸟西落;行廊中,学子比肩,来去匆匆。移步换景,风景无限,但不变的是张中办学的方针和理念。其次是"一院春风桃李艳,万间广厦栋梁新"。新址新楼,硬件过硬,而连年上扬的升学率和历届英才榜,又证明软件不"软"实力非常。最后是"朱笔春山绛帐业,忠肝义胆桑梓情"。"朱笔"代表教师精批细改学生作业,"春山"喻指育人环境,"绛帐"为教书授业之意。上联表明敬业教风,下联表明求学目的,极激励人心。再往前,眼前为之一亮,原来是旁边的绿地中,矗立为纪念育才中学而建造的育才亭。育才亭悬挂了学校历届优秀学子名录匾。育才亭亭柱有三联:其一是"门迎祁连有睿智,身傍黑水含隽秀",暗示祁连黑河,钟灵毓秀,俊杰人士在此育成。其二是"亭生学子长,园因兰蕙香"。表明学子求学,今日以张中为荣,他日成才,张中以学生为傲的内涵。其三是"重教精神绘蓝图,再聚气质吐珠玉"。预示学子拼搏努力,迎接美好未来。北廊西头是门联,右为"一廊化雨传承汉律唐韵",左为"满苑书香蕴藉明月清风",这十字联最有意味,外嵌华夏兴盛四朝名称,内含百年名校深厚积淀,和如今学校追求的人文情怀卓越教育的办学特色不谋而合。从书香长廊出,西边的邵逸夫教学楼又称启智楼,楼东门有十一字长联曰"鱼跃鹰扬水击三千登鹏路,龙骧虎步捷报一万占鳌头",黑底金粉字,庄重与华丽兼有。如今,高三学子正在此拼搏,做高考前最后的准备。启智楼空间虽然狭小,但此处的德育教化和智育培养却如花绽放,香远益清。楼南门有联"春风桃李崇师道,鸿文德业满乾坤",这大概是 2001 年合并后最早竖起的门柱对联,意含尊师重教,德才兼备,报效社会之意。邵逸夫楼后是学校的主楼,名曰厚德楼,门柱有联曰"学富经天迥,德厚载物丰",红底金字,这是字数最少意蕴却最丰厚的一联,和张中的校风吻合,是张掖中学历史人文的总集成。强调求学最重要的是品德修养和知识积累。厚德楼后是励志楼,历届高三多居此楼,高考连年佳绩多出自此。门柱对联淡绿底金粉字,用白话写成。门厅右联为"沐浴晨风,想一想今天怎么努力",左联为"踏着夕阳,问一问今天进步没有"。立足今天,一日三省,返璞归真,直抵内心,令人回味无穷。

　　至此,我们浏览欣赏完了张掖中学校园的诗词楹联。地虽不广,有容乃大。斯是僻地,唯德维馨。张掖中学创办特色学校,立足在张掖深厚的历史上,崛起在学校百年的底蕴中。如今,学校科技引领,质量强校,立德树人,铸就品质,在向美好未来迈进时,校园的诗词楹联是一个旁注和见证。

2015 年 9 月

张　中　赋

　　名校张中,数迁校址,几易其名,革故鼎新,地处丝路咽喉,塞上江南,得天独厚;名震欧亚通衢,千载古郡人杰地灵。曩昔重点校,桃李数风流;今日省示范,彦俊遍外中。嘉奖覆压弱水,声誉冠盖陇原。

　　忆往昔,宵衣旰食,历尽风霜;看今朝,励精图治,前程似锦。团结务实,敬业奉献,继承名校传统;改革创新,和谐发展,弘扬时代精神。展文明形象,为全国标兵。

　　岁在戊子,教改正兴,增其旧制,扩开新篇:修木塔书苑,建科技广场,采东西精华,纳人文科技。立校训,定理念,树目标,振精神。精细治校,质量立校,名师强校,科技兴校。张中志士,胸怀豪情,上下齐心,再展宏图。

张掖地区育才中学校友纪念文章选辑

回忆母校

校友　刘军

　　基地的小学也开始上课了,由于部队家属中教师缺乏,所以中学不办了。我们都到张掖育才中学上中学。

　　张掖是一座古老的城市，是西北战略重镇兵家必争之地。古张掖也叫作"甘州"，我想甘肃的甘字可能与甘州有关。它是丝绸之路河西三郡中间的一个郡。古长城就是沿着河西三郡通向天下雄关"嘉峪关"的。

　　在张掖经常听到老乡们说：金张掖，银武威。张掖的东面是河西堡，河西堡盛产大米，种大米在甘肃的气候是不可思议的。据说这里的大米是进贡朝廷的，很好吃。它的西侧是临泽，临泽县盛产红枣。这里的红枣据说不生虫，肉多核小。临泽的北侧是平原堡，平原堡有很多废弃的古城堡。这些城堡中有很多破碎的细瓷器。大约是丝绸之路上客商们遇到危险丢弃的。这里有很多的神秘，有很多不为我们知道的故事。

　　在张掖有一个很大的土广场，广场的东边是一大片湿地，有很多的泉眼。泉水清澈凉爽。张掖的东关基本都是居住着回民，这里的回民每家后面都有一个泉，他们用草皮泥组砌一个大圆包把泉眼保护起来，仅仅留一个小口让泉水流出来。这泉水就是他们的生活用水。在这一片干涸的地方也许就是这些泉水，保障了古代人们居住的基本条件，才出现了张掖这个古城。

　　张掖城南面靠近祁连山脉，祁连山上的雪水融化后流向河西走廊，灌溉这里的万亩良田，养育这里的人民。冬天祁连山白雪皑皑，总是披着白色盛装。夏天从张掖城向祁连山上看去山峰依旧是白雪覆盖，农民们已经用山上流下来的浑浊的雪水浇灌麦田了。

　　张掖最大的特色是乌鸦多，而且乌鸦都是花的（黑白相间的颜色）。这和成语"天下乌鸦一般黑"是有出入的。傍晚，乌鸦成群结队地落到树上，鸦鸣声此起彼伏。最可气的是乌鸦的粪便随时都可以光顾到你的衣服上。

　　张掖的树多为杨树，这种树长得很高大，但是树干疙里疙瘩的。当时有一句顺口溜：张掖的树疙里疙瘩,张掖的路坑坑洼洼。张掖城里有一个寺庙那时作为体育馆,里面有一尊睡佛,睡佛两脚并拢有 3～4 米高。我经常去看他,他的眼睛和肚脐都给人破坏了。

　　张掖的沙枣也是最好的，夏天黄色的小沙枣花香飘四溢，既好看也好闻。秋天硕大的沙枣，给我们带来了口福也带来了欢乐。张掖的瓜果都很甜，这是因为河西走廊特有的气候和山上流下来的雪水浇灌、干燥的气候造成的。

　　那时张掖育才中学改名为"张掖红卫兵中学"。我们学校在张掖的南侧，西邻"陈家花园"，提起"陈家花园"我的父母都有很深的感情，他们的部队解放了张掖就居住在"陈家花园"。我上学期间"陈家花园"是张掖军分区所在地。学校对面是张掖七一剧团。张掖育才中学最早是部队办的学校，后来移交给地方。基地的孩子们大部分都在这里上过中学。去了后根据自己的情况我选择上高中一年级。学校当时是按照军事化编制分连、排，不是高一、高二。我被分配在一连一排。

　　学校没有自来水，我们用水都是在井里提水。冬天很冷，我们提的井水寒冷刺骨，洗衣服很费劲，这是我们从来都没有经历过的。学校有锅炉房供应饮用开水。在那里我学会了缝被子，原因是不愿意把被子带回家洗。我们一年有四次回家的机会，寒假和暑假再就是五一和十一回家换季节衣服。学校没有暖气，我们采暖是用煤炉子，也是在那里学会了生炉子和夜间压炉火。同时认识了虱子，也被传染过很多虱子，学会了怎样对付虱子。

在学校做得多的运动就是打篮球，由于我的个子不高，运动条件很差，所以也就是打着玩，什么队也轮不到我。也有机会打打乒乓球，水平很一般。不过我每天都运动，保持了一个好身体。我们宿舍住着6个人，其中3个是部队子弟，2个是地方孩子。有一个地方孩子会武术，那天夜里他给我们表演了一次，虽说是在月光下，我看得不很真切，但是我也是生平第一次真正见到武术，很兴奋。学校组织了宣传队，跟十九军文工团学习舞蹈"洗衣舞"，很好看，我第一次看到学校里自己跳的舞蹈，感觉这才是舞蹈。很羡慕那些跳舞的同学。可是我连唱歌都唱不好很自卑。很快班级里自己也要组织宣传队，我也被拉上去了。不会跳舞不会唱歌，我们说群口词。指导员和连长看了我们班的表演之后，指导员连声肯定。

在学校也参加了很多劳动。学校为了挣钱来挖防空洞，把我们高中的学生拉到农村去给砖窑做砖坯子，规定每人每天做多少块。不久学校又把我们带到平原堡砖瓦厂拉土挣钱。我们负责给机械制砖机的下料口倒土，从几百米以外用人力手推车拉土倒在下料口里面。这里的伙食很怪，馒头都是7.5两一个，我们学校的馒头都是2两一个。7.5两的馒头我也是头一次见到，我根本吃不了一个。根据馒头的分量可以看出劳动的强度有多大。

砖厂不远有一片荒弃的土城堡，古城堡有一片土里都是破碎的瓷片。好像是一个瓷窑的瓷器都给打碎了，瓷器做工都很细致。当时怎么也想不通，在这样一个荒突突的地方怎么会有这细瓷器碎片。现在才理解那是古丝绸之路。有一天我们把农场的狗带上，拿了两把梭镖，去古城堡遗址探宝。走了大约半个小时我们到了一个古城堡或者说是土围子，有很高的土城墙和城门，城墙内还有很多的房间，墙都是土的，当地叫作"干打垒"。我们根据自己的学识，分析这个城堡哪个位置最可能藏有宝物。但是意见分歧很大，就在这时那狗不停地刨一个洞。于是我们就来到洞前，先用梭镖向洞里面捅，洞里面发出嗵嗵的声音，大家兴奋了，说还是狗有灵性。我们就开始挖，因为都是小孩没有力气，用了2个小时我们都累得没劲了，才挖了不到一尺深。眼看要中午了，只好恋恋不舍地放弃了。

学校的劳动终于结束了，开始了很正规的学习。我基础比较好的是数学和物理。英文最差。我原来不喜欢语文，尤其不会作文，不知道写什么，怎么写，就连写信也不会。教我们班语文的老师姓杨，是我们连的指导员。他的文学修养很高，教得很好，念课文都和别人不一样，很有情感。我很爱听他的课，有血有肉。我的语文基础就是从他那里学来的。我真的很感谢他，至今我都快50岁了，我还忘记不了他。由此可见，一个好的老师对于学生是多么重要。

食堂轶事

校友　朱树军

时间回到了40年前，那时也就是十五六岁，正是长身体的时候，粮食是定量制，每天每人一斤粮，早上三两，中午四两，晚上三两，每天最大的感受就是整天肚子饿，尤其是晚上，真是饿得心发慌。

一天晚上近十点钟了，一个很要好的哥们问我，肚子饿不饿？我说当然了，最近不知怎的，总是感到肚子饿。其实正是长身体之时，对能量需求很大，但每天一斤口粮，又没有什么油水，根本不能满足成长的需求。他神秘地跟我说，搞点馒头吃怎么样？我说，那当然好啊，可到哪儿搞呢？十点多钟了，街上早关门了。他说，食堂呀。我明白了，前几天就曾听说有人在食堂搞馒头，原来是他们呀。在以后的几小时中，我是在焦虑的期待中度过的。可以说是既怕又盼望又好奇，怕的是毕竟是去做贼，害怕被别人抓，盼望的是白花花馒头对食欲的诱惑，好奇是锁得好好的食堂怎么就能溜进去？大约晚上12点多钟，哥们来叫我了，除我俩是二班的，其余是一班的。其中有一个也是好哥们。

一班的那个好哥们的功夫可是不一般，别看外表不起眼，也不爱说话，在相当一部分人眼中可能根本瞧不起他，现在可能有些人就已经把他忘了，但在我心中他可真是个人物。他有极强的臂力和腹肌，在学校里时就可以双手吊在单杠上，将双腿直挺挺地收成120度角，保持几分钟。有他在，我知道今晚上不会白费劲了。

学校食堂位于学校的东南角，隔一堵围墙就是马路了，往北就是三排学生宿舍，我们住在第三排宿舍，背后就是学校的主路。

食堂分成两部分，一部分是大师傅做饭的地方，大约有200平方米，在做饭的背后与围墙之间是一个烧火的工作间，有一个小棚子，与食堂的屋顶连在一起。另一部分是就餐和打饭的地方，大约有300平方米，除了打饭，有时也开展一些活动，真在里面吃饭的不多。做饭的操作间屋顶上有两个天窗，做饭时产生的水蒸气和油烟就是通过天窗排向空中的。操作间有三道门，有三个打饭的窗口。学校厨房是关系学生身体健康的关键岗位，但那时几乎没有安保措施，每天大师傅下班时，就用普通插销将三个打饭窗口销住，三道门销住两道，剩下一道就用一把明锁锁住。一般的规矩是，为了早上省时间，头一天把馒头蒸好了，压住火，第二天一早来，打开火，把馒头蒸热了就开饭了。

我们一行六人顺着围墙来到食堂后面烧火的地方，攀着围墙爬上食堂屋顶。隔着围墙可以看到稀暗的路灯下地委门前的马路，夜深人静，天上没有月亮，路上没人也没车。我们六人用手捂住手电筒的头部，不让灯光射得太远，只照亮眼前的屋顶，在青瓦上，我们的脚步很轻，生怕把瓦踩碎，发出一点声音就赶紧蹲下来，生怕惊动人，其实这时人已入睡，谁会想到几个小贼来偷馒头呢。我们摸到天窗边，用平时打背包的绳子捆在一班那哥们的腰上，先将他吊了下去，看着他轻松的样子，我第二个下去。真将手离开天窗的刹那,我忽然觉得无依无靠,只盼着上边的兄弟一定要拉住绳子,掉下去就完了。我紧紧抓住绳子,上面一点一点地放,感觉像是好长时间,脚才碰着了锅台,心里才放下来。我和那哥们将架在锅上的笼屉盖打开,用手电筒照着,急着将馒头放进随身带来的包袱皮内,一共抓了有半笼屉多,约四五十个吧,然后将包袱皮的四角捆上,让上边的兄弟拉了上去。然后,我和他又先后将绳子捆在腰和腋下,让上边的兄弟把我们吊回房顶。吊着的滋味可不好受。之所以吊我下去,主要是因为我那时极瘦,体重轻。顺着原路,六个人带着一包袱皮的胜利果实悄悄地回到宿舍里,迫不及待地抓出馒头大嚼起来,当天晚上睡下去时,感到来张掖后好像肚子从来就没有像那样充实过。

偷馒头的事很快就被发现了,因为做这事的不仅有我们几个,还有其他人也做了,数量一多,肯定就会露馅的。有一天军代表找我谈话,让我交代馒头的事。我一开始还顶着,说不知道,后来军代表说出了许多细节,我才知道有人已招供了。没办法,只好承认了,把事情的经过如实叙述一遍。回到宿舍后,心情很沉重,一是觉得对不起弟兄们,二是想要是被人知道了可怎么办。有相当长一段时间,我都挺沉闷的。后来听说,这事打击面挺大,军代表找了许多人谈话,也有许多没做这事的人蒙受了冤屈。事虽闹得挺大,但毕竟是因为肚子饿,再者偷馒头的人也太多,最后就不了了之,没有耽误大家后来分配工作,也没有在档案上留下污点。这一点还要感谢军代表和工宣队的师傅们。

此事已过去近40年,按照刑法规定,这样几个馒头是定不了罪的,再说也过了追诉时效。这时讲出来,也就是大家笑笑而已。

我 的 老 师

校友 刘蔚蓝

一、语文老师、班主任杜淑琴

杜先生不像教师,更像大婶。当时的她大概也就三十多岁吧,可看起来十分苍老,满脸都是皱纹。很絮叨。讲课时没什么条理,基本上平叙,把原本充满智慧和乐趣甚至激情的文学课,变得如一锅温吞吞的水。

在我的印象中,杜先生体质不好,面黄肌瘦的。她对付我们这一干捣蛋精们的法宝,除了哇哇大哭,就是晕倒。对此我们毫无恻隐之心,反而常常得意,愈发变本加厉起来。杜先生脾气好,性格温柔,从不疾言厉色,也很少伤我们的自尊,加之杜先生的爱人也是我们部队的军人,在我们心底里就对先生有一种依恋,就如同她是"阿姨"一般,很得人心。所以后来在"文革"中,她基本上没受什么冲击……再后来,杜先生好像调回基地去了。

杜先生做我们班主任一年有余,我居然对她老人家的记忆如此之少,远不如记忆别班的老师,想想真有些汗颜。

对不起,杜老师!其实在我内心深处,是很尊重您的。

二、语文老师杨存林

杨先生才高八斗，授业解惑，表现欲极强。教语文很有一套。

杨先生不教我们，只是在杜老师生病时，给我们代教过几课。记得他讲解毛主席诗词《西江月·井冈山》时，声音时高时低，抑扬顿挫，手势忽上忽下，情感丰富，就像演戏一样。

其实杨先生其貌不扬，身材五短，似乎脸上还有一颗痣……但是，这并不妨碍他在学生心目中的地位。我对杨先生的记忆，总是这样一幅画面：一手叉腰，另一手"捏"一支烟（杨先生抽烟的样子异于他人，他是用拇指与食指轻轻地捏着烟尾，而不是像别人夹在食指和中指之间。因而那捏烟的手，像极现如今流行的手势"OK"）。不时地还清清嗓子，同时娓娓向学生们讲述着什么……有时我就想，要是着一袭青色的长衫，围一条白色的长巾，唇上蓄一段浓黑的短须，当年鲁迅先生的形象，大概也就如此吧！杨先生的儒雅和博学，留给我很深的印象。

如今，才华横溢的杨老师安好？

三、数学老师王胡烈

王先生教过我们班的代数，这是一门我极不喜欢的学科。幸亏"文革"让我们中止了考试，否则我也许会沦落到"不及格"的行列中去。

王先生，女性，个子矮小，但身手矫健，篮球打得尤其好。在篮球场上出溜出溜乱钻乱窜，着实了得，等闲人根本奈何不了她。王先生爱说笑，大咧咧的，年纪比我们大个十来岁，也就二十四五岁吧，因此相处起来也算没"代沟"。她教我们的时间不长不短，对她的记忆都淹没在大而化之的细节里了，以致想不出几件具体的事情。

王老师，您现在还好吗？

四、体育老师刁占芳

永远是或紫或红或粉色的绒运动衣；永远是一条几乎看不出蓝色的蓝色运动裤；永远是一拐一拐的内八字脚；永远是脖子上挂着一把哨；永远是乌乌实实的一张脸……一身干巴肉的河北汉子，却有一个娇滴滴的名字：占芳。他是我们的体育老师刁先生。

我的记忆中，全校就他一个体育老师，所以他永远是忙忙碌碌的。他随和风趣，我们一点不怕他。有一次在操场上课，一架飞机轰鸣而过，顿时，激起刚学了些许俄语单词急于"活学活用"的孩子们的兴趣，"萨玛廖特、萨玛廖特"一阵喧哗，这时刁老师大声喝道："什么仨妈俩头的……"一片欢乐。

对刁老师的记忆，就像一池清水，一搅一片漪涟，捧起来又涓滴不存。总之是欢笑、是快乐。我喜欢上体育课。

如今，刁先生已然驾鹤仙去，愿他在另一个世界依然善良。

五、语文老师段炳麟

段先生从未教过我，那时他是一班的班主任。段先生在我的记忆中：身材高瘦而面目阴郁，脸上布满因痤疮而更迭着的众多的坑洼，令人压抑的大黑眼镜后，隐藏着一双从镜框上窥视的眼睛。说实话，我从未敢正视过段先生的眼睛。不知何故，他总让我联想到秃鹫。

若干年后，段先生成了我妹妹的班主任。从小妹的阐述中，我进一步加强了对他的印象：才思敏捷，口若悬河，讲的是那种极力改良过的西北普通话，尽管努力绷着，时不时仍会迸出几句乡音。譬如：红汞的"汞"，他就念成"滚"，导致小妹们很久都一本正经地念"红滚"。段先生讲课激情四"溅"，声情并茂，怪吓人的。他讲毛主席诗词《沁园春·雪》，讲到"只识弯弓射大雕"时，他做出骑马挽弓射箭的架势，顿挫念道"射、大、雕"，"雕"字甫一出口，其后手一扬，段武士的"箭"也就出手了，颇具戏剧性。段先生性情古怪，严厉有余，似乎对部队的孩子有偏见，让人悚然，很不入我和小妹的"法眼"。

几十年后，我和吴佳生、韩冰、王书战等同学一起在一个婚宴上又见段先生，惊讶地发现，段先生既不高瘦，也不阴郁，只是满面坑洼和眼镜后看人的眼睛依旧。段先生是幸福的，那天是他女儿结婚的日子。

段老师垂垂老矣！他不再像秃鹫，只是一个老者而已。

恩师难忘

校友 曹兰萍

"静静的校园里灯光闪烁，我们的老师还在辛勤地工作，作业本上留下微笑的目光，亲爱的老师、亲爱的老师你在想什么……"

这是流传在20世纪70年代后期的一首赞美老师的歌，从那个时代过来的人想必不会陌生，如果碰巧你是张掖育才中学的校友，那么你一定会在当时学校的文艺会演中听过甚至唱过这首歌。

相信这是"拨乱反正"后第一首有影响的歌颂老师的歌。每当想起这首歌，育才中学的校园——偌大的操场、油油的麦田、古老的礼堂，还有那些可亲、可敬、可爱的老师，都涌现在我的眼前。而每当我哼起这支歌，女儿总是诧异地瞪大双眼，"妈妈，你没病吧？这是你从哪个故纸堆中拣来的？这么老土。"我只有苦笑。是啊，三十年过去了，岁月变迁，沧海桑田，今天的孩子，又怎么理解那时的师生关系、理解那时的师生感情呢？

那时的学制，初中两年，高中两年。到我们那一级时，经过小升初、初中升高中、文理分班、选拔尖子班，学生没有同过班的所剩无几，那一级的老师也几乎全都在讲台上"打过照面"。记得临毕业的那一年，一班的班主任是张尔慧老师，高高的鼻子，镜片后一双深邃的眼睛，是教语文的吧。二班班主任王启文老师，虽然普通话不标准，但讲起枯燥的数学定理来也是激情洋溢。三班李辅元老师教体育，示范动作可谓尽善尽美，有板有眼，煞有介事。四班陈启明老师语文课讲得有着四川的麻辣味，尤其是范读课文，高尔基的《海燕》读成川味，那抑扬顿挫语调言犹在耳，摇头晃脑吟诵的姿态历历在目。五班、六班是谁呢？记不太清了，七班好像是陈薇娜老师，有着南方人特有的纤巧、白净、细致，但据说十分"厉害"，尤其是一张利口，总会让"心怀鬼胎"的学生战战兢兢。还有杨存林老师，高高的充满智慧的额头，厚厚的嘴唇，虽未给我代过课，但几次高考动员会上的"演讲"，总让我们热血沸腾，激起我们对未来的憧憬与向往。

在所有尊敬的老师中，段炳麟老师尤让我难忘。他是我复读时的班主任，高高的个子，魁梧的身板，像包青天一样"凶神恶煞"般的神情。他只给我代过不到一年的语文课，如果单从讲课来说，平心而论，他的语文课，远没有陈启明老师讲得丰富、生动、有激情，如果单从与学生的交往来说，他永远不苟言笑，没有对学生"哥们弟兄"般的亲切、随意和活跃；但是，他的勤奋，他的朴素，他的对学生作为个体的人的尊重，他的高尚的师德都像一座教师的标准塑像，矗立在我的心里，为我今天的教师生涯导航。

据说段老师是俄语专业出身，因"文革"取消了俄语课，才改行做了语文教师。记得师母是一个家庭妇女，好像有三个或者更多的孩子，我们在时好像才把家从河北农村迁来，家境很不富裕，这大概是当时教师的普遍状况，而段老师家尤甚。一袭洗得发白的灰色的中山装，是平日里常见的穿着。段老师最大的特点是做事认真：黎明即起，在"日"色蒙蒙的操场上，你会看到他读书的身影；上课绝对是踩着铃声进教室，不打下课铃，而或打了下课铃你都很少见他出来——抓紧一切时间多教一些知识；批改作文，并不全批全改，但凡是有批语的一定是工工整整的楷体，一笔一画，一字一句，"晓之以理，动之以情"，而且经常是自己先写一篇范文，在讲评时一并读给我们听。他经常说的一句话是"你们已经耽误太多的时间，所以要以百倍的努力夺回来"，是他的这句话，给了我们更多的自信与勇气。

段老师对学生绝不以貌取人，以家境取人，这在我们那个干部子弟成堆的学校里最是难能可贵的。在课堂上他总是能让所有的同学都能感受到他的关注，所有想发言的同学都能如愿以偿。现在我已做了二十几年的教师，深深地体会到平等、公正、不抱任何偏见地对待每一个学生说起来容易，做起来却是何等的艰难。想想幼稚的我，曾经为老师不给我写评语而愤愤不平，专门上书诘责，是老师心平气和地为我解开心结，那种大度与宽容，至今仍让我赧颜。也正是由于老师的激励，我，一个甘居人后的安徒生笔下的"丑小鸭"，萌生了进取的愿望，如愿考上了大学，并致力于做一个平凡而伟大的人。

记得那年高考过后的一天，下着大雨，段老师冒雨一路打听来到我家，通知学校参与阅卷的老师从省城带来的消息，我的分数出来了，有希望被大学录取。我一方面欣喜若狂，一方面为老师的尽心尽责而感动，要知道，老师冒雨前来，浑身湿透，家门未进，连口水都没有喝啊！这样的老师现在是越来越少了！离家的前夕，我去拜访段老师，段老师送我一套翦伯赞的《中国通史》，嘱咐我学习要注意方法，嘱咐我要学会用卡片做笔记……谆谆教诲，循循善诱，是老师，又是家长，其教诲使我受益终生。

我工作后的前几年，每逢节假日，还与同学一起拜访过段老师，那时段老师家境已经好多了，住房条件有了很大的改善，师母的工作也得到了妥善的安置，孩子们也相继考上了大学。我们去时经常是一杯茶，一本书，严肃而不失亲切，朴素却愈显庄重。

20 世纪 80 年代末，段老师像育才大多老教师一样，乘着开放搞活的东风，离开了他多年耕耘的学校，调到河北，从此天各一方，再无音讯。我也曾多次打听过其下落，但始终没有结果。

"青青子衿，悠悠我心，但为君故，沉吟至今。"往事如烟，那些曾经爱过我们、被我们爱过的人渐渐地淡出讲台，淡出校园，淡出了我们的视线，但是，那些在当时看来枯燥、乏味的教诲，却始终影响着我们对事物的判断。记得有谁说过："大学，大师之谓也。"意思是说，好的大学的标志，并不在于是否有着一流的基础设施，而是要看有没有一流的教师。我们不幸，正赶上那一个动乱的时代，没有学到更多的知识；而我们有幸，遇到了这些可敬、可佩，有着无私奉献精神的优秀的老师们。

而今的育才，已经从张掖的学校名录中消失了。在母校的那片沃土中，站起了新的张掖中学。虽然我们未曾亲近，但毕竟与母校有着厚重的历史渊源。我们期待着，期待它不仅仅成为造就高校学子的"星工场"，更是培养一流"大师"的摇篮。

在第二十二个教师节来临之际，谨以此篇献给育才中学在 20 世纪 70 年代执教的所有敬爱的老师们。并衷心祝福他们——老有所养，老有所为，老当益壮。

致　育　才

马向东（马凤岗）

创业育才多磨难，呕心沥血三十年。

默默耕耘育桃李，栋梁人才遍人间。

相　聚　首

马向东老师在 1997 年 9 月 14 日与育才同学相聚时所写。

几忆往昔旧日稠，师生离别三十秋。

峥嵘岁月流水去，辉煌年华正当头。

今日相逢人心奋，再展宏图壮志酬。

互道珍重催泪下，育才情谊心中留。

第二章　文献资料

新修张掖师范甲种讲习所碑记

万事以教育为基础，教育以师范为津梁，急务也。寰下车视学，教员少合格，心窃悯之。提议先造师范，询谋佥同，爰代购行台地基，面南背北，鸠工庀材。计成礼堂、教室、储蓄室、教员管理室、自修室、寝室、阅报室、办公室、接待室、休息所、膳堂、浴室、疗养室、厨房、茶室、门房、号房都一百十间。垩之、鬃之、玻璃之。桌凳咸备，另辟操场于门外，纵十五丈、横十丈，以围墙画焉。开工丙辰仲秋，葳事丁巳孟夏，颜曰"师范讲习所"。官绅醵金费钱若干贯，是役也，在事者咸与有力，而精于建筑法，夙夜督核，得以工坚料实，速成而款省，则王君九卿之力最多，可谓勤也。落成特志于石。夫形式为精神所丽，形式一新，精神斯振，勖哉多士，斯将联袂而来乎！他日学成而教，根深则苗茂，源洁则流清，造就英才未可限量也。寰行有日矣，引其端不竟其绪，抱憾何如！开学成材，敢仰望于来者。山川灵秀，必有所钟。赵耿国之文，金秖侯之武，诸生好自为之。寰行矣，是为记。

高镜寰　谨撰

中华民国十一年吉日立

（注：此碑现存张掖市博物馆）

张掖地区行署办公室关于实施《张掖城区普通中学结构调整方案》的批复

张署办发〔1998〕59 号

行署教育处：

行署原则同意《张掖城区普通中学结构调整方案》，请你处与张掖市人民政府做好协调工作，精心组织，加紧实施，并在实施过程中做好深入细致的宣传发动工作和教职工的思想政治工作，确保调整工作稳步顺利进行。

一九九八年六月十二日

附件：

张掖城区普通中学结构调整方案

根据全区教育工作会议精神，本学期开学后我们对张掖城区中学结构调整进行了深入细致的调查研究，广泛征求和听取了教育界内部和社会各界的建议和意见，现提出如下调整方案：

一、基本情况

张掖市城区现有完全中学 5 所，承担全市的高中教学任务和张掖城区的初中教学任务。

现有教学班 121 个，在校学生 7170 人。其中高中教学班 57 个，在校学生 3040 人，平均班额 53.3 人；初中教学班 64 个，在校学生 4130 人，平均班额 64.5 人。现有教职工 567 人，其中高中专任教师 215 人，学历合格率为 61.3%；初中专任教师 206 人，学历合格率为 92.8%。教师中有高级教师 63 人，一级教师 209 人，二、三级教师 190 人。

在 5 所完全中学中，有地区直属中学 2 所，现有教学班 49 个，学生 2849 人。其中：张掖中学有高中教学班 13 个，学生 894 人，班均 68.8 人；有初中教学班 13 个，学生 911 人，班均 70.1 人。育才中学有高中教学班 9 个，学生 353 人，班均 39.2 人；有初中教学班 14 个，学生 691 人，班均 49.4 人。

二、调整原因

近年来，随着科教兴区战略的落实，我区教育事业有了长足发展，许多工作走在了全省前列，但与此同时，教育资源配置不尽合理、教育结构不适应教育发展等一些深层次的问题也日益突出。在诸多问题中，张掖城区普通中学结构不合理已成为急待解决的问题。

1. 高中和初中是两个不同的学段，初中属义务教育阶段，高中属非义务教育阶段。高中和初中的教育目标、课程设置、教学内容、管理方式都有很大的不同。根据《中国教育改革和发展纲要》的有关精神及国家教委的要求和发达地区的情况，高初中分设是今后基础教育办学形式发展的大趋势。原国家教委副主任柳斌在 1998 年度教育工作会议上的讲话中指出"普通中学实行初高中脱钩的建制，有利于提高普通高中的规模效益，有利于普通高中的事业发展，有利于加强初中建设，还可为取消重点初中、完善小学与初中挂钩，实施九年一贯制创造有利条件。从基础教育总体上考虑，进行这项改革利大于弊"。从我区的情况来看，地县主管的 10 所完全中学中已有高台、临泽、民乐三县的完全中学实行了高初中分设办学，保留的 7 所完全中学有 5 所集中在张掖城区，这项改革势在必行。

2. 城区 5 所完全中学均以升学预备教育为主要目标，在高考的压力下，不可避免地出现重视高中教学，忽视初中教学的现象，造成初中教学质量不高，进而直接影响到高中教学质量的提高。城区 5 所中学初中招生的生源主要来自城区小学。城区小学学制是 6 年，学生受小学教育的年限要比农村小学多 1 年，再加上城区各小学师资力量、办学条件等方面的优势，城区小学毕业生的学习成绩明显高于农村。但由于各完全中学既办高中，又办初中，在整个学校管理工作中，初中阶段实际上成了薄弱环节，初中教育质量反而低于一些农村初中，这就从根本上影响了城市中学的整体教育质量。由于初高中整体教育质量不高，在社会压力下，各校为了提高高考升学率，互争生源和办补习班，造成了教育资源的很大浪费。

3. 城区 5 所完全中学都办高中，使有限的高中师资力量和教学设备分散，各学校师资不配套，教学设备利用率低，规模效益差。城区 5 所中学的 215 名高中教师学历合格率仅为 61.3%，而真正能胜任教学的仅占 55% 左右，学科配套率仅为 70% 左右，强学科与弱学科差距较大，高中学科教师严重不配套造成教学整体效果不好，老师教得很苦，学生学得很苦，但教学质量不高。从教学设备看，虽然 5 所中学高中演示实验开出率平均为 95.1%，高中分组实验开出率为 92.1%，但是各学校实验教学仪器设备都仅仅达到国家三类标准，艺术、文体、电教设备普遍短缺，很难适应提高教学质量的需要。

4. 从我区近几年民乐、高台、临泽三县高中独立分设后的实践来看，调整后三校大中专录取人数由调整前的 197 人增加到 382 人。其中：民乐一中由 106 人增加到 188 人，高台一中由 69 人增加到 113 人，临泽一中由 22 人增加到 81 人，分别比调整前增加了 77.3 个百分点、63.8 个百分点和 268 个百分点，增长率均高于全区平均增长率（全区平均增长率为 18.3%），张掖城区 5 校增长率仅为 1.4%，比全区平均增长率低 16.9 个百分点。

5. 从思想和舆论准备来看，调整的时机已成熟。1994 年全区教育工作会议就明确提出，张掖市城区办好两所高中，各县办好一所高中，其余完全中学逐步过渡为独立初中，1994 年开始实施，3 至 4 年基本完成这一转变。经过 4 年的发展，现在认识已经基本统一，地、市教育行政部门和城区 5 所中学的领导及教师绝大多数认为，抓住机遇适时进行调整，对提高我区基础教育办学水平具有重要意义。

三、调整意见

1. 根据张掖市人口和教育发展预测，张掖城区中学今后每年的初中在校生 4500 人左右，高中阶段（包括职业中专和市职教中心）在校生（包括城乡）6000 人左右（其中普高 3000 人，职业中专和职教中心 3000 人）。按照最佳办学规模，张掖城区设 3—4 所初中，2 所普高、2 所职教中心较为合适。目前，已经建有两所职教中心（职业中专），因此，对现有 5 所完中进行调整的基本方案是：在张掖市城区设立 2 所独立高中，3 所独立初中。其中地区办一所独立高中、一所独立初中；张掖市办一所独立高中、2 所独立初中。

2. 张掖中学系省重点中学，办学历史长，师资条件好，在区内外有较大影响。拟办独立高中。育才中学办学条件较好，占地面积大，但高中生源较差，拟办独立初中。张掖中学的初中学生一次性调入育才中学，育才中学高中学生一次性调入张掖中学。调整后，两校的总规模不变。

3. 经与张掖市协商，张掖市二中拟办独立高中，张掖市四中和张掖市一中拟办独立初中。具体调整方案由张掖市教委制订，经市人民政府批准后实施。

4. 调整工作分三步进行：

第一步，5 月份制定调整方案，报请行署批准，积极着手制定实施细则；

第二步，6 月份宣传动员，做好调整前的各项准备工作；

第三步，7 月份完成调整任务，做好下学期的开学准备工作。

四、有关问题的处理意见

本着有利于教育改革和发展，有利于教师队伍的稳定，有利于提高教育质量和办学效益的原则，对调整中的一些具体问题提出以下处理意见：

1. 调整后，张掖中学、育才两校的县级建制不变，校级领导班子干部暂不作调整。

2. 本着先定编（总编制不变）、后调整，大稳定、小调整的原则，按照办学规模，根据工作需要，提出对人员的调整意见。

3. 对张掖中学、育才互相对调的教师，所评聘专业职称不变，职称限额随人调入调进学校。

4. 教师住房维持现状，人员调整后，现住房不变。今后两校在收费等方面一视同仁，与本校教师同等对待。

5. 教学仪器设备作好清理登记工作，待人员调整完成后，根据教学需要进行调整兑换。张掖中学初中仪器调入育才中学，育才中学高中仪器调入张掖中学，并对两校其他多余教学设备做适当调整。

6. 育才中学调整为独立初中后，办学规模增大，加之初中属义务教育阶段免收学费。因此，建议今后地区财政在划拨教育经费时予以考虑。

转发地委、行署《关于批转行署教育处关于
重新组建张掖中学的报告的通知》
张中重建办〔2001〕1 号

张掖中学重组建校工作领导小组各成员单位：

现将中共张掖地委秘书处、张掖地区行署办公室《关于批转行署教育处关于重新组建张掖中学的报告的通知》（〔2001〕46 号）转发你们，请贯彻执行。

附：地委秘书处〔2001〕46 号文件

二〇〇一年五月八日

附件：

关于重新组建张掖中学的报告

（行署教育处 2001 年 4 月 9 日）

张掖中学是原甘肃省 24 所重点中学之一，是我区建校时间最长、影响最大的高级中学，在区内外享有较高的声誉。建校 80 多年培养了大批人才，为我区经济建设和社会发展做出了突出的贡献。

根据国家《国民经济和社会发展第十个五年计划纲要》中提出的"扩大高中阶段教育规模，有步骤地在大中城市和经济发达地区普及高中阶段教育"的要求和张掖地区经济社会发展、张掖市创建河西中心城市、2005 年普及城区高中阶段教育的需求，地委、行署指示要把张掖中学"做大、做实、做强"。张掖中学由于保护木塔、扩建广场和拓宽街道，现占地面积只有 49.49 亩，已很难实现上述目标。为此，本着有利于巩固"普九"成果、有利于发展高中阶段教育、有利于张掖中学的快速发展、有利于分级办学分级管理、有利于现有教育资源充分利用的原则，经多方面反复调查论证，提出张掖中学与育才中学两校合并，重新组建张掖中学。经过几年努力，争取把张掖中学创建成全省一流水平的高级中学。现将有关问题报告如下：

一、两校基本情况

张掖中学现有高中教学班 32 个，在校学生 1910 人，教职工 140 人，占地面积 32994 平方米（49.49 亩），建筑面积 9919.46 平方米。

育才中学现有初中教学班 30 个，在校学生 1340 人，教职工 130 人，占地面积 46000 平方米（69 亩），建筑面积 6800 平方米。

二、两校合并、重新组建张掖中学的实施办法

1. 张中、育才两校合并后，保留"甘肃省张掖中学"的校名，为独立高中，县级建制，容纳学生 3500 人，校址为现育才中学。育才中学建制和校名随之撤销。

2. 原张掖中学的校园校产归重组后的张掖中学所有。张掖中学重新组建后，争取三年内达到甘肃省示范性高中的标准。现育才中学的校园要按省颁示范性高中标准，重新规划，合理布局，一步到位，为创建全省一流水平的高中奠定坚定的基础。

3. 张掖中学和育才中学现有教职工保持相对稳定。重组张掖中学后，对不适应高中教学工作的教师，通过在职进修、自学提高等途径，使之在三年内逐步达到高级中学教学的要求。

4. 两校合并后，从 2001 年秋学期开始停止初中招生，现有育才中学初中学生到 2003 年秋学期全部完成过渡。

5. 地区停办初中后，张掖市要采取有效措施，切实做好初中学生分流工作，确保今年秋季中小学招生工作的顺利进行。同时要从长远考虑，做好城区初中、小学的结构和布局调整工作，使张掖城区学校布局更加合理，中小学教育得到健康、快速、协调的

发展。张掖市在 2000 年扩建中心广场时占用张掖中学校园校产的补偿资金 560 万元留张掖市使用，用于初中、小学建设和分流学生。

6. 建议地委、行署将张掖中学的建设列为西部大开发我区的重点项目之一，在资金、政策等方面给予倾斜，并动员社会各界支持张掖中学的建设，使张掖中学建成全省一流水平的普通高中。

7. 张掖市委、市政府对张掖中学的重组工作要给予大力支持，协调解决好分级办学、学生分流、张掖中学原校园校产拍卖变现、新张掖中学建设等具体问题。

8. 为了确保重组工作顺利实施，建议成立张掖中学重组建校领导小组，由分管教育的专员任组长，组织、宣传、教育、计划、人事、财政、城建、土地、监察、国资、审计、张中、育才等部门和单位的主要负责人以及张掖市人民政府主要领导任成员，协调解决有关具体问题。

专此报告。

二〇〇一年四月九日

甘肃省教育厅
关于命名第三批"甘肃省示范性普通高中"的通知
甘教基〔2004〕50 号

各市、州教育局，有关办学单位：

根据省教育厅《关于第三批省级示范性普通高中评估验收工作的通知》（甘教基〔2004〕15 号），在有关市教育局对学校进行初评，并向省教育厅提交验收申请的基础上，省教育厅组织评估组对会宁县一中等 13 所学校进行了甘肃省示范性普通高中评估验收，并对白银公司一中进行了复查。评估验收组依据《甘肃省示范性普通高中评估验收标准（试行）》，采取定性评价与定量评估相结合的方式，通过听取当地教育行政部门和学校汇报、查阅档案资料、听课、走访社区、召开座谈会等活动，对有关学校整体办学情况进行了量化评估。经省教育厅厅务会议研究，决定命名会宁县一中、张掖中学、白银市一中、金昌市一中、定西市一中、泾川县一中、榆中县一中、兰州西北中学、敦煌中学、嘉峪关市一中、高台县一中、白银公司一中等 12 所学校为甘肃省示范性普通高中，并颁发标牌。希望这些学校开拓创新，与时俱进，继续保持和发扬优良办学传统，突出办学特色，进一步加大教育教学改革力度，努力提高教育教学质量，加强对薄弱学校的帮扶，充分发挥示范性普通高中的示范、辐射作用，在推动当地乃至全省普通高中教育发展以及当地社区先进文化建设中发挥积极作用。

今年各地申报参加省级示范性普通高中评估、预评估的兰州市外国语高中、金塔一中、武威二中、武威六中、民勤四中、临泽一中、临洮中学、天水二中、庄浪一中、水电四局中学等 10 所学校，因办学整体水平与示范性普通高中验收标准仍有差距，没有通过评估验收（金塔一中申请推迟验收）。各市教育局要督促和扶持这些学校，查找不足，采取有力措施，力争使学校整体办学水平能有较大提高。经各市（州）教育局认真、严格评估后，认为具备接受省级示范性普通高中评估验收条件的，可在 2005 年 8 月 30 日以前由市（州）教育局向省教育厅提出评估验收申请，统一安排评估验收。逾期不报者，不列入评估验收计划。

2005 年，省教育厅将对第一批省级示范性普通高中进行复查，复查将主要依据《甘肃省示范性普通高中评估验收标准（试行）》，同时注意考察学校近年来的发展变化情况。对复评达不到合格标准的学校，限期整改。整改仍不合格者，撤销"甘肃省示范性普通高中"称号，收回标牌。有关市、县教育行政部门和学校要高度重视，及早做好各项准备。复查时间、办法将另行通知。

二〇〇四年十二月十六日

抄送：有关学校

甘肃省教育厅办公室	2004 年 12 月 16 日印发

甘肃省张掖中学章程（修改稿）

第一章　总　则

第一条　为适应现代教育发展需要，保障学校依法管理，保障师生合法权益，全面提高办学品质，根据《中华人民共和国教育法》《中华人民共和国教师法》《中华人民共和国未成年人保护法》及《事业单位登记管理暂行条例》等法律法规，制定本章程。

第二条　学校全称为"甘肃省张掖中学"，简称"张中"；英文表述为 Gansu Zhangye High School；学校地址为甘肃省张掖市甘州区南环路 610 号，邮编 734000；学校网址：www. gszyzx. com. cn。

第三条　学校由张掖市人民政府举办，经张掖市事业单位管理局登记批准，是实施三年制高中教育的全日制教育机构，是市直属事业单位、财政全额拨款，县级建制，隶属张掖市人民政府和张掖市教育局管理，具有法人资格的办学机构，独立承担民事责任。

第四条　学校全面贯彻教育方针，坚持教育为社会主义现代化建设服务、为人民服务，把立德树人作为教育的根本任务，培养德智体美全面发展的社会主义建设者和接班人，为高等院校输送合格的新生，为社会培养高素质的公民。

第五条　学校发展定位是建成全省一流、国内知名的现代化品牌学校。

第六条　学校的基本教学语言文字为汉语言文字。学校推广使用普通话和规范字。

第七条　学校办学理念、校训、学校精神、办学宗旨、校风、教风、学风。

办学理念：一切为了学生的主动发展

校　　训：诚　勤　博　雅

学校精神：自强不息　追求卓越

办学宗旨：办人民满意的省级示范性高中

校　　风：厚德　博学　进取　求真

教　　风：敬业　爱生　严谨　创新

学　　风：砺志　勤学　善思　笃行

第二章　管理结构

第八条　校长是学校的法人代表，对外代表学校，对内全面负责学校的教育教学和行政管理工作。副校长协助校长开展工作。

第九条　校长必须执行党的路线、方针、政策，遵守国家的法律、法规，坚持社会主义办学方向，全面实施素质教育，坚持依法治校，探索建立现代学校制度。校长要依靠学校党组织，学校重大问题的决策要充分听取党组织的意见，支持配合党组织开展工作。校长要全心全意依靠教职工，尊重教职工主人翁地位和参与民主管理、民主监督的权利，实行校务公开，定期向教代会报告工作，听取意见，接受评议，保障教职工的合法权益。校长要听取学生对教育教学和管理工作的意见与要求，切实维护学生权益。校长依法享有民事权利，承担民事责任，对学校国有资产负有法律责任。上级领导部门要支持、保障和指导校长正确行使职权。校长行使职权要接受上级领导部门、学校党组织和群众的监督。

第十条　校长的职责：

（一）全面贯彻执行法律、法规和党的方针、政策，坚持社会主义方向，按教育规律办学，面向全体学生，实施素质教育，全面提高教育质量和办学水平。

（二）制订学校各项管理规章制度、发展规划、学年学期工作计划，并组织实施。

（三）依法按规定程序聘任考核教职工，关心教职工的思想、工作、学习、生活，支持教职工参加学习、培训和进修，提高他们的政治、业务素质。维护教职工和学生的合法权益，保护师生安全。

（四）领导和组织德育工作。坚持教书育人、管理育人、服务育人、环境育人，寓德育于学校各项工作之中，不断提高德育工作的针对性和实效性。

（五）领导和组织教学工作。坚持以教学为中心，严格执行国家的课程计划、课程标准，建立和完善教学管理制度。

（六）领导和组织总务工作。贯彻勤俭办学原则，严格执行学校财务制度，管理好校产和财务工作。努力改善办学条件和教职工福利待遇。

（七）配合党组织支持和指导群众组织开展工作。充分发挥群团组织在办学育人工作中的积极作用。

（八）发挥学校教育的主导作用，努力促进学校教育、家庭教育、社区教育的密切合作，形成良好的育人环境。

第十一条　学校党委负责把方向、管大局、保落实，贯彻民主集中制，实行"集体领导、民主集中、个别酝酿、会议决定"，支持和保证校长依法行使职权，维护各方合法权益，推动学校健康发展。

第十二条　党委的主要职责：

（一）全面贯彻执行党的路线方针政策和上级组织决策，贯彻执行党的教育方针，引导监督学校遵守国家法律法规，依法治校、规范管理，确保正确办学方向。

（二）讨论学校发展规划、重要改革、大额财务开支和教学科研、招生录取、基本建设等方面的重大事项，以及涉及师生员工切身利益的重要问题。

（三）坚持党管干部原则，负责干部的选拔、任用、教育、培养、考核和监督。

（四）坚持党管人才原则，讨论人才工作政策措施和奖惩。

（五）坚持立德树人、德育为先，做好思想政治工作和意识形态工作，开展社会主义核心价值观教育，加强学校文化和精神文明建设，推动形成良好校风教风学风。

（六）完善学校党组织设置和工作机制，创建学习型服务型创新型党组织。

（七）领导学校党的纪律检查工作，落实党风廉政建设责任制，加强对违纪违法问题的预防、监督和查处。

（八）领导工会、共青团、妇委会等群团组织和教职工代表大会，做好统一战线工作。

第十三条　学校实行分权制管理结构。教职工代表大会、党委会、校长办公会、校务委员会、家长委员会、学生会等组织，共同组成学校权力机构，决策相应事项。各管理主体互相制约，防止决策失误。

第十四条　学校坚持教代会讨论审定学校重大方针政策的民主决策机制。对关系到学校发展和教职工权益的重大问题，包括学校发展规划、人事聘任方案、工资分配制度、职称推荐方案等，必须经教代会审议通过后方能实施。任何组织和个人均无权改变教代会通过的方案。

第十五条　根据学校实际情况，校长可提议临时召开教代会，经教代会主席团同意后，召开教代会审议相关事项；教代会代表30人及以上提议，可临时召开教代会，提请对有关政策方案修改的建议议程，经全体代表60%以上同意后，方可启动修订政策方案的程序。

第十六条　教代会听取中层干部述职，并进行无记名满意度测评，作为干部聘任的依据。对满意度达到50%而未达60%的中层干部进行诫勉谈话，对满意度未达50%的中层干部予以解聘。

第十七条　学校实行扁平化组织机制，减少学校管理层级。年级下设级部，级部主任兼任级部党支部书记，级部集教育、教学、科研管理于一身。中层部门作为职能部门，按照学校工作的总体规划与年级、级部协调合作开展工作。

第十八条 学校依法健全校内纠纷解决机制，综合运用信访、调解、申诉等争议解决机制处理学校内部各种利益纠纷。学校建立校内申诉制度。分别成立校内学生申诉机构和校内教师申诉机构，明确申诉处理机构的人员组成、受理及处理规则。

第三章 教育教学管理

第十九条 教学管理

（一）以实施素质教育、贯彻课程理念、推进教学创新为教学工作指导思想，全面提高教学质量。

（二）加强教师业务学习与校本培训，坚持业务考试制度及骨干教师的培养与评选制度，落实《青年教师培养实施方案》。

（三）举行教学研讨课、观摩课、汇报课、评优课等形式的公开课，形成长效机制，并做好组织落实与评价工作，引导教师学习先进思想，创新教学方法，提高教师的教学水平。

（四）以课程方案为标准，尊重学生个性，关心学生个体差异，提倡个性化、区别化教学，培养学生的自主学习、主动发展能力和创新精神。

（五）倡导问题意识，坚持"先学后教、以学定教、精讲精练"的原则，落实"以教师为主导、以学生为主体、以训练为主线"的教学要求，完善课堂教学评价制度与方法，切实提高课堂教学的有效性。

（六）进一步完善教学常规管理制度，细化对教师的教案、上课、作业批改、辅导、考试、听课和现代化教学手段应用等日常工作的管理、监督、检查、考核，切实提高教学效益。

（七）进一步完善考试制度与方法，坚持考教分离，以考促教，以考促学，促进教学质量的提高。

（八）规范招生行为，实施"阳光招生"，优化生源，严格学籍管理。规范高考报名行为，杜绝高考报名上的作弊行为。

（九）坚持教材征订原则，严格执行学校教材征订的工作流程和要求。

（十）规范实验流程、鼓励实验创新，完善现代信息技术及多媒体硬件、软件的配备及升级，全面推进学校功能教室、网站的建设，切实发挥服务功效。

第二十条 科研管理

（一）以科研促质量、以质量促发展，积极开展校本研究，创造性地实施课程；以科研课题研究为着力点，总结经验，推广成果，促进教师教学行为和学生学习行为的转变，引领教师专业发展。

（二）加强对学科教研活动的指导检查，规范教研活动流程和内容，落实集体备课制度，提高学科教学研究水平，进而提高课堂教学效率。

（三）组织教师外出学习教育教学理论，了解教育发展的最新动态；激励教师参加各级各类教育教学征文、竞赛活动，开展各学科公开教学和教学研讨活动。

第二十一条　德育管理

（一）全面贯彻党的教育方针，以促进学生的自主发展为目标，以学科教学渗透为主渠道，以校园文化活动为载体，强化管理，建设优良的校风、学风、班风，培养具有实践能力和创新精神的社会主义事业的建设者。

（二）以理想信念教育为核心，以爱国主义教育、集体主义教育、传统美德教育、民族精神教育、安全法制教育、心理健康教育、审美教育为主要内容，开展形式多样的德育精品活动，培养学生正确的世界观、人生观、价值观，培养良好的行为习惯。

（三）重视学生综合素质的评价，鼓励学生多元化、个性化发展，正确引导学生进行自评和互评，提高学生自我教育、自主管理的水平，促进学生全面发展。

（四）切实加强年级组、班级建设，提高年级组长、班主任及任课教师的教育水平，培养班主任向专业化方向发展，建设现代化班集体，增强全员育人意识。

（五）充实完善学校、家庭、社会为一体的德育工作模式和网络。贯彻实施《国旗法》，举行规范的升旗仪式。

第二十二条　安全管理

（一）完善安全防范体系，落实安全工作制度，健全安全应急机制，创新安全工作模式，全面落实安全目标责任制，确保学校安全稳定。

（二）加强安全常规管理和安全专项检查，整治安全隐患并落实整改责任，建立安全信息和安全事故报告制度，加强学生公寓管理，保护学生安全，强化与相关部门沟通，整治校园周边环境。

（三）加强法制安全教育工作，增强师生的安全意识，提高师生的自我防护能力，组织师生开展多种形式的事故预防演练。

第四章　信息公开

第二十三条　按照有关信息公开的规定，真实、完整、及时公开学校以下信息：

（一）学校发展规划，工作计划，改革方案和各项规章制度。

（二）教职工聘任和解聘，定岗、定编、岗位缺员情况，岗位聘任过程及结果。

（三）学校年度财务预算、决算，重大财务的收入、支出情况。

（四）教职工福利、奖励、困难补助等方案的制定和落实。

（五）职称评定、考核、评优工作，中层干部选拔和任用。

（六）党政领导干部评议和廉洁自律情况，学校领导和中层干部述职评议，党风廉洁责任制，违纪违规人员的处罚。

（七）党务公开，包括支部工作计划、总结、发展党员、党费缴纳和后备干部管理等。

（八）大宗物品采购活动，包括采购渠道、价格、质量。

（九）基建维修项目的招标、质量和价格。

（十）其他教职工关心并公开的事项。

第五章　学校督导

第二十四条　坚持以教学为中心、以教师为根本、以学生为主体的原则，遵循监督、指导、评估和反馈职能，规范工作，把握现状，优化过程，反馈结果，提出建议，出台措施。严格履行职责，保证政令畅通，改善工作作风，提升管理水平和服务质量。

第二十五条　切实执行督教、督学、督管制度，以教书育人、管理育人、服务育人的落实情况和校风、教风、学风、班风建设为工作重点进行督导，推动学校实现自我改进、自我约束、自我激励、自我发展、自我完善。

第二十六条　有针对性地对有关教育教学、管理服务等方面的问题进行专题调研，分析情况，查找问题，总结经验，向学校提出改进和加强工作的建议。

第二十七条　切实落实督导反馈通报和教育教学管理工作责任追究制度，发挥检查、督促、帮助、指导的职能，畅通督导网络体系，确保学校工作持续发展。

第六章　学　生

第二十八条　凡被学校录取或转入学校学习的受教育者即取得学校学籍，为学校学生。

第二十九条　学生享有参加学校教育教学各项活动和使用学校提供的教育教学资源的权利，对学校教育教学管理及其改革等提出建议，在思想品德、学业成绩等方面获得公正评价，完成学校规定学业后获得相应的学历证书。

第三十条　遵守《中学生日常行为规范》《学生文明礼仪规则》，尊敬师长，虚心接受班主任和任课教师的管理教育，努力学习，完成学校规定学业，养成良好的思想品德和行为习惯，积极参加校内各种文体活动及社会实践活动，按规定缴纳学费及有关费用。

第三十一条　学校按照省市教育行政部门有关学生学籍管理的规定实行学籍管理，健全学籍档案，严格转学、休学、复学等手续程序。学校对修完规定课程且综合素质、学科学习业绩合格的学生，准予毕业。

第三十二条　学校建立学生成长档案，对学生实施综合素质评定，促进学生全面发展。每学期评价结果记入学生本人档案。

第三十三条　学校对品学兼优、家庭经济困难等符合资助条件的学生，按相应政策提供必要的资助，帮助其克服困难，完成学业。

第三十四条　学生日常行为管理以及优秀学生表彰奖励、违纪违规学生处理，按《张掖中学学生日常行为管理实施细则》执行。

第七章　教职工

第三十五条　学校教职工由专业技术人员、管理人员和工勤人员等组成。

第三十六条 学校实行岗位结构工资，按照上级管理部门有关规定并结合学校实际情况执行。

第三十七条 教职工必须遵守国家宪法、法律和职业道德，维护学校的荣誉和利益，遵守学校的章程和制度，学校必须依法维护和保障教职工的合法权益，教师享有《教师法》规定的权利，履行《教师法》规定的义务。

第三十八条 严谨治学，树立优良教风，刻苦钻研业务，不断学习新知识，探索教育教学规律，改进教育教学方法，提高教育教学和科研水平。要规范言行，以身作则，关心爱护全体学生，尊重学生人格，平等公正地对待学生，保护学生的合法权益，促进学生全面、主动、健康发展。

第三十九条 教师（专业技术人员）、职员、工人应具备国家规定的任职资格，学校按照国家有关规定做好教师（专业技术人员）职称、工人等级的评聘、晋级工作。建立健全业务考核档案。重视教师岗位培训、继续教育，为其进修创造条件，打造优良师资队伍。

第四十条 学校执行国家教师资格制度和教师专业技术职务聘任制度。教师专业技术职务晋升既要达到职称评审文件规定的条件，而且还要以胜任高三教学和担任班主任工作经历作为前提条件。评审一级教师任职资格须具有一年以上的高三教学和一年以上的班主任工作经历；评审高级教师、正高级教师任职资格须在任低一级职务以来具有两年以上的高三教学和三年以上的班主任工作经历。担任中层以上干部经历视为班主任经历；同等条件下高三教学、班主任经历时间长者优先考虑。评审一级教师和高级教师（不含正高级教师）时，在任低一级职务以来，满工作量的前提下，兼任其他工作，等同于班主任工作经历，但必须经学校确认，以行政办公室备案为准。

第四十一条 评选推荐特级教师、陇原名师、省园丁奖、全国优秀教师等省级以上先进时，除满足相关评选条件外，还须具有三年以上的高三教学和五年以上的班主任工作经历，经全校民主测评合格后方可推荐。担任中层以上干部经历视为班主任经历；同等条件下高三教学、班主任经历时间长者优先考虑。

第四十二条 依据《张掖中学教职工学期学年综合考核办法》，学校每学期、每学年对教职工的政治思想、师德师风、责任目标、业务水平、工作态度、工作业绩等进行客观、公正的考核，并作为职称聘任、评优晋级等的重要依据。

第四十三条 依据《张掖中学教职工管理实施细则》对在教育教学、人才培养、教学研究、教学改革和学校建设等方面成绩优秀的教职工，由学校予以表彰奖励，对有突出贡献的教职工，可按程序报请上级有关部门给予表彰奖励；对不认真履行岗位职责、不遵守劳动纪律、出现工作失误、造成负面影响的教职工予以处理。

第八章 班主任

第四十四条 班主任是班级管理的第一责任人，既要按照教育部颁布的《中小学班主任工作规定》行使职权，又要有正确的教育思想，强烈的工作责任心，作风正派，具备相应的教育教学水平。遵循教育规律，履行班主任职责，按照全面发展的要求，开展班级工作，教书育人，建设现代化班集体。

第四十五条　坚持立德树人原则，做好班级日常管理，沟通家校社区，做好学生的综合评价。建立班主任培训机制，加大青年班主任培养力度，开展德育科研，创新载体，丰富内涵，引导班主任向专业化方向发展。

第四十六条　依据《张掖中学班主任考核实施办法》，不断改革完善班主任工作考核、评价、激励和津贴发放机制，在职称聘任、评优晋级中向班主任队伍倾斜。

第九章　学校资产和财务管理

第四十七条　学校资产受法律保护，任何单位、个人不得侵占、私分和挪用。学校对侵占校舍、场地、设施等的行为和侵犯学校名称权及无形资产的行为，应积极履行国有资产管理职责，依法追究侵权者的责任。

第四十八条　学校财务实行全面预算管理制度。每年度提前由学校和各部门根据新年度计划编制年度财务预算，经校长办公会议审议、校长批准后实施。主管财务的副校长为预算执行的第一责任人，财务科长负责预算内支出的审核工作，对是否符合财经纪律、是否符合预算要求予以把关。

第四十九条　学校财务工作必须相互制约。校长只有批准年度预算和根据工作需要批准临时申请项目预算的权力，不对任何具体财务支出签批。主管财务副校长的签批权只能在预算内和校长办公会决议后有效，不得签批预算外的和未经批准的任何支出。

第五十条　实施学校财务内部审计制度，确保财务工作安全、规范。

第五十一条　学校建立健全资产管理制度，建立账目，落实专人管理，定期清点，及时做好变更、增减手续。建立健全内部资产监督制度，保证资料合法、真实、准确、完整。

第五十二条　学校依法接受社会各界的捐赠，出具捐赠收入凭证，建立健全受赠财产的使用制度，加强对受赠财产的管理并接受社会监督。

第五十三条　坚持服务教育教学，认真落实后勤服务管理制度和工作职责，坚持勤俭节约、开源节流的原则，加强水电节约、维修材料支出管理。管理好出租门店、食堂，确保食品安全。

第五十四条　做好基建工程的招投标、规划设计、质量监督、工程预决算等工作。不断提高校医室、打印室服务质量和经济效益。创建新的经济实体，吸纳社会资金，不断增加学校创收。严格执行财产管理和财产损坏赔偿制度。管好、用好各岗位工作人员，确保教学区和公寓区水、暖、电畅通。绿化美化校园、创造优美校园环境。

第十章　学校标识

第五十五条　学校校徽及其寓意。（彩页）

第五十六条　学校校歌为《张掖中学校歌》。（彩页）

第五十七条　学校校旗旗面由校徽和中文校名组成。学校校旗标准旗分红色、蓝色和白色三种设计方案（可根据不同场合选择使用），旗面标准尺寸为 240cm × 160cm（标准 2 号旗），旗杆高度为 3.5 米。要按照规定标准制作和使用校旗，并爱护校旗。

第十一章　附　则

第五十八条　学校建立本章程统领下的学校规章制度体系，包括教育教学、学生管理、教职工管理、财务管理、后勤管理、安全管理制度、各种办事程序以及各种内部组织的组织规则、活动程序、议事规则、应急管理等制度，有关规定的实施按照学校配套细则执行。规章制度的立、改、废均依照民主程序进行。

第五十九条　本章程在实施过程中如与国家新的法律法规条例政策不相符时，以国家法律法规条例政策为准，并及时做出相应的修改。涉及事业单位法人登记事项的，以事业单位登记管理机关核准颁发的《事业单位法人证书》刊载内容为准。

第六十条　本章程的制定权、解释权和修改权属学校教职工代表大会。

第六十一条　本章程经学校教职工代表大会表决通过生效。

后　记

教书育人担大任，鉴往知今创未来。

2017 年，是张掖中学建校 100 周年节点。为承继历史，传承发展，2016 年 3 月，学校决定编纂《甘肃省张掖中学校史（1917—2017）》，向学校百年华诞献礼。10 月 12 日，学校成立校史编纂委员会。党委书记丁一、校长王学舜对校史编辑工作精心策划，纪委书记王常青具体负责，抽调祝孔、袁泽、王丹、刘宗新组成编辑部，正式启动编纂工作。编辑部制定编撰计划，明确分工职责。李晓明负责校友征集工作；郑翠亭负责人物收集工作；何政文负责收集教师的论文、著作、文学艺术作品等；张勇负责收集文献资料；袁泽负责撰写大事记、学校发展简史、凡例、概述、两校历史沿革图，诗文收集；王嘉玺负责学校档案室的资料整理和收集；刘宗新负责提供资料图片；祝孔负责编辑学校发展简史，并对校史进行统编和修改；王丹负责图文扫描、文字编辑及常务工作。11 月，王常青调离学校后，校史的编纂工作由党委书记丁一直接领导。经近半年多的努力，2017 年 5 月，校史编纂完成初稿，丁一同志先后两次统稿，并提出了大量修改意见。2017 年 9 月，经过严格的审定，百年校史即将付梓印行，参加编纂同志如释重负，心理上有一种按时完成任务的轻松感，更有一种不负重托的成就感，充满了成功的喜悦。

总结历史，是为了更好地面对未来。我们是怀着"对历史负责，为现实服务，替未来着想"的强烈责任感和事业心投入工作的。在校史编纂过程中，为勾勒张掖中学百年办学的历史线索，复原先辈传道授业的形神业绩，给后人留下可供借鉴的信史，编纂人员怀着无限热情，在时间短、人员少、资料缺乏的情况下，加班加点，勤奋工作，参编其中。编委会根据现有史料，通过网络平台，多方征求意见，祝孔、袁泽同志先后到省、市档案部门查找相关资料，走访老领导、老教师及他们的后人，收集图文资料，补充完善相关内容。编纂工作更得到了全校教职工和老校友及社会各界热心人士的倾力支持，特别是张掖市史志办公室主任何成才先生亲自审稿，付出了辛勤劳动，并提出宝贵的意见，李晓明、何正文、殷廷琪、汪安山、刘希龙、尹凤玲老师对校史初稿进行了认真校对，他们建言献策热心参与，给予了我们最大的精神支持。

参与其中，我们才感觉到这所百年名校所具有的不平凡的历史。从 1917 年建校到今天的一百年，学校经历了多少时代风雨的洗礼，有多少人为之呕心沥血，默默奉献。

这中间，又有多少的奋争与挫折，苦难与喜悦值得我们记取和书写。所有这些，对我们来说，都是值得珍藏的宝贵财富。然而，时代变化，世事沧桑，很多有价值的史料掩埋在历史的沉积层下，当我们小心翼翼揭开尘封的档案，一步步走近学校真实历史的时候，我们既为前辈筚路蓝缕、创业维艰的精神而感动，又为校址屡迁，机构频变，人员调遣而没有留下比较齐全的资料而遗憾不已。所以，我们只能尽力查漏补缺，弥补完善，根据已有和新发现的资料，如实记载学校的历史和现实。

校史编纂是一项意义深远、责任重大的工作，学校领导给予了高度重视和及时指导。丁一书记、王学舜校长一直关心编纂进程，多次召集校史编纂人员会议，听取汇报，热情指导。编辑部同仁认为，学校百年历史是一代代张中人用辛勤和智慧创造的，他们是张掖中学历史的主人和功臣，校史编纂人员只是学校历史的记录者。从某种意义上看，校史是集体智慧的结晶。

天地是万物的逆旅，生命是长河的浪花。我们的初衷是通过这本《甘肃省张掖中学校史（1917—2017）》，全面系统地反映学校一百年的历程和所取得的成就，尽管编写组所有人员已经尽了最大的努力，可是其中尚存些许问题：年代久远、社会变迁导致的一些档案保存不善；岁月更迭、人事衰变导致的具体事件不详；老同志生卒年月无从考证；部分校友资料不详且无法联系；近期职务变化难以全部准确修正；历史修编本身固有的一些难题等等。这些客观因素都给校史编纂带来一定的困难。当然，这些不能成为托词和借口，由于时间仓促，编纂者自身水平有限，挂一漏万甚或错误之处在所难免，敬请专家学者、领导和老师给予批评指正。也借此机会，谨向在《甘肃省张掖中学校史（1917—2017）》编写过程中，给予我们大力支持和协助的有关部门、同志和提供史料的老同志、老校友及社会热心人士表示衷心感谢。我们也殷切寄希望于后来的修史者修订谬误，添补缺失，以使这部《甘肃省张掖中学校史（1917—2017）》趋于完善。

甘肃省张掖中学校史编纂委员会

2017 年 9 月 8 日